André Busche

Waffenrecht

Praxiswissen für Waffenbesitzer, Handel, Verwaltung und Justiz

Hauptband:

Waffengesetz (WaffG)

Arten waffenrechtlicher Erlaubnisse

Beschussgesetz (BeschG)

Kriegswaffenkontrollgesetz (KrWaffKontrG)

Bestimmungstafeln

Bibliographische Information der Deutschen Nationalbibliothek

Die Deutsche Nationalbibliothek verzeichnet diese Publikation in der Deutschen Nationalbibliographie; detaillierte bibliographische Daten sind im Internet über http://dnb.d-nb.de abrufbar.

Verlag: Juristischer Fachverlag Busche, Gneisenaustraße 1, 24105 Kiel

Tel. 0431 5301000

E-Mail: verlag@abmc.de

Alle Hinweise und Angaben in diesem Buch wurden vom Autor sorgfältig recherchiert. Trotzdem kann keine Gewähr für die Richtigkeit der Angaben gegeben werden. Die Informationen zu Recht und verwandten Themen dienen der allgemeinen Information und nicht der Beratung im Falle eines individuellen rechtlichen Anliegens. Verwenden Sie daher die in diesem Buch bereitgestellten Informationen darum niemals als alleinige Quelle für rechtsbezogene Entscheidungen und ziehen Sie weitere Informationsquellen hinzu.

13. Auflage

ISBN-13: 978-3-96394-024-8

Bitte beachten: Im Internet erhalten Sie unter der Adresse

http://www.bookupdate.de

bei Bedarf umfassende Aktualisierungen zu diesem Buch!

Anregungen zum Buch werden unter **ab@abmc.de** gern entgegengenommen.

Inhaltsverzeichnis

Zur Verwendung des Buches

Wenn bei Paragraphen keine andere Quelle (zB Allgemeine Waffengesetz-Verordnung „**AWaffV**", Beschussgesetz „**BeschG**") genannt wird, beziehen sich Angaben auf das Waffengesetz („**WaffG**"). Der Zusatz **aF** („alter Fassung") ist im Kontext des Absatzes zu betrachten; im Falle des § 13 AWaffV ist es beispielsweise der Stand vor Inkrafttreten der Änderungen 2017.

Bei Verweis auf die **Anlagen** des WaffG ersetzen die Kürzel „A" und „UA" die Begriffe „Abschnitt" und „Unterabschnitt". „Kapitel" meint stets Kapitel des Buches.

Änderungen des Waffengesetzes, die nach Herstellung des Buches vorgenommen werden, werden in der Regel vor Erscheinen der nachfolgenden Auflage als PDF-Datei auf der Website des Verlages unter dem Stichwort „**Book-Update**" zum Download zur Verfügung gestellt. Das gilt auch für etwaige Korrekturen am Inhalt.

Rechtsstand WaffG:	**2. April 2026** (Inkrafttreten der letzten Änderung)
Rechtsstand AWaffV:	**22. Juli 2025** (Inkrafttreten der letzten Änderung)
Redaktioneller Stand:	**1. August 2026**

Abkürzungsverzeichnis

A	......	*Abschnitt (in einer Anlage des WaffG)*
aF	......	*alter Fassung; Rechtslage vor 6.7.2017*
AG	......	*Amtsgericht*
AWaffV	......	*Allgemeine Waffengesetz-Verordnung*
BAFA	......	*Bundesamt für Wirtschaft und Ausfuhrkontrolle*
BeschG	......	*Beschussgesetz*
BeschussV	......	*Beschussverordnung*
BGB	......	*Bürgerliches Gesetzbuch*
BGH	......	*Bundesgerichtshof*
BJagdG	......	*Bundesjagdgesetz*
BKA	......	*Bundeskriminalamt*
BR-Drs.	......	*Bundesratsdrucksache*
BT-Drs.	......	*Bundestagsdrucksache*
BVA	......	*Bundesverwaltungsamt*
BVerfG	......	*Bundesverfassungsgericht*
BVerwG	......	*Bundesverwaltungsgericht*
CIP	......	*Commission Internationale Permanente pour l'Epreuve des Armes à Feu Portatives*
EN	......	*Europäische Norm*
Fn.	......	*Fußnote*
GG	......	*Grundgesetz*
idF	......	*in der Fassung (vom)*
idR	......	*in der Regel*
IPSC	......	*International Practical Shooting Confederation*
iSdG	......	*im Sinne des Gesetzes*
iVm	......	*in Verbindung mit*
KrWaffKontrG	......	*Gesetz über die Kontrolle von Kriegswaffen*
LG	......	*Landgericht*
LKA	......	*Landeskriminalamt*
mVa	......	*mit Verweis auf*
OLG	......	*Oberlandesgericht*
OVG	......	*Oberverwaltungsgericht*
Rn.	......	*Randnummer*
SprengG	......	*Gesetz über explosionsgefährliche Stoffe (Sprengstoffgesetz)*
StGB	......	*Strafgesetzbuch*
StPO	......	*Strafprozessordnung*
UA	......	*Unterabschnitt (in einer Anlage des WaffG)*
UVV	......	*Unfallverhütungsvorschrift*
VG	......	*Verwaltungsgericht*
VGH	......	*Verwaltungsgerichtshof*
VO	......	*Verordnung*
VwVfG	......	*Verwaltungsverfahrensgesetz*
WaffG	......	*Waffengesetz*
WaffRÄndG	......	*Waffenrechtsänderungsgesetz*
WaffRG	......	*Waffenregistergesetz*
WaffVwV	......	*Allgemeine Verwaltungsvorschrift zum WaffG*
WBK	......	*Waffenbesitzkarte*
WS	......	*Waffenschein*
zB	......	*zum Beispiel*

Vorwort des Verfassers und Danksagungen

Komplexität und Beschleunigung des Lebens schlagen sich in Zahl und Umfang der Gesetze nieder. Auch das Waffenrecht entwickelt sich im Laufe der Jahrzehnte, insbesondere aber seit Anfang der 2000er Jahre rasant. Während die Waffengesetze von 1928 und 1938 mit etwas mehr als 30 Paragraphen den Umgang mit Waffen im Grunde umfassend regelten und letztlich bis 1968 in Kraft waren, stellt das heutige Waffenrecht, das in der großen Form zahlreiche damalige Regelungen beibehält, Anwender wie Betroffene vor oftmals kaum lösbare Aufgaben. Die These, dass die Kunst der Gesetzgebung sich umgekehrt proportional zur Zahl der gesetzlichen Regelungen verhält, die in einer Legislaturperiode in Kraft gesetzt werden, wird diesbezüglich gern bemüht – insbesondere das WaffG scheint bei allem dem Gesetzgeber unterstellten guten Willen nur noch komplexer zu werden mit der Folge, dass durchgängig anwendbare Grundgedanken kaum noch zu erkennen sind.

Die Ihnen vorliegende Auflage dieses Praxiskommentars baut auf den Vorauflagen aus 2020 und 2023 auf. Durch Straffung einzelner Kapitel, insbesondere aber umfangreiche Änderungen des Schriftsatzes, ist es gelungen, den Umfang des Hauptbandes erneut zu steigern und damit auch Breite und Tiefe der dargestellten Themengebiete. Jüngste Änderungen des Gesetzes sind berücksichtigt, insbesondere die umfassenden Neuregelungen zum Umgang mit Messern aus dem Oktober 2024 und die Korrekturen erkannter redaktioneller Fehler durch den Gesetzgeber im Juli 2025 einschließlich der Änderungen bezüglich bestimmter Druckluftwaffen.

Das Verstehen einer Norm fördert der traditionelle Grundsatz der juristischen Ausbildung: „Ein Blick in das Gesetz erleichtert die Rechtsfindung." Schreiten Sie, lieber Leser, darum zum Äußersten, wie ein erfahrener Anwender des Waffengesetzes stets zu sagen pflegt, und schlagen Sie die jeweilige Regelung im Gesetzestext nach.

Danken möchte ich, stellvertretend für weitere Begleiter, die mich über die Jahre in Praxis und Lehre durch intensive Diskussionen und stetes Ringen um die „objektive Wahrheit" tatkräftig unterstützen, meinen Kollegen PD **Eberhard Becker**, EPHK **Olaf Weddern** und KHK **Olaf März** sowie insbesondere PHK **Gerhard Schorner** für den intensiven und stets konstruktiven Austausch über rechtliche Fragestellungen.

Dank gilt **Peter Eggers**, dessen Wissen aus mehreren Jahrzehnten Befassung mit dem Waffenrecht in der behördlichen Praxis bei der Einordnung neuer gesetzlicher Regelungen eine unverzichtbare Hilfe ist, OStA **Bernd Winterfeldt**, StA Flensburg, für den angenehmen Austausch über das Recht und Waffensachverständiger Dipl.-Ing. **Matthias Conrad** für Unterstützung bei Ausbildung und Entwicklung sowie die Erstellung von Illustrationen für Gutachten, Forschung und Publikationen.

Ihnen, liebe Leser, sei dieser Praxiskommentar bei Ihrer Beschäftigung mit dem Waffenrecht eine anregende und breit informierende Quelle sowie ein guter Ratgeber für eine maßvolle Anwendung des Rechts.

Kiel, im August 2025

Literaturverzeichnis

Bruckner, Bruno:
Faustfeuerwaffen; Verlag J. Neumann-Neudamm, 1983

Busche, André:
Waffenrecht (Band 1); Juristischer Fachverlag Busche, 2023[12] (Vorauflage)

Fischer, Thomas:
Strafgesetzbuch und Nebengesetze; C. H. Beck, 2023[70]

Gade, Gunther Dietrich:
Waffengesetz; C. H. Beck, 2022[3]

Steindorf, Joachim
(Bearbeiter Gerlemann, J., Heinrich, N., Heinrich, B., Papsthart, C.):
Waffenrecht; C. H. Beck, 2022[11]

Lampel, Walter:
Waffenlexikon; BLV, 1994[10]

Ostgathe, Dirk:
Waffenrecht kompakt; Boorberg-Verlag, 2009[4]

Potrykus, Gerhard:
Waffengesetz; Verlag C. H. Beck, 1959
Waffenrecht; Verlag C. H. Beck, 1973

RUAG Ammotec:
Wiederladen; 2002[9]

Wirnsberger, Gerhard:
Beschusszeichen; DWJ-Verlag, 2003[3]

Abbildungen in diesem Buch erfolgen mit freundlicher Genehmigung von BRÜGGER + THOMET, Thun, C.G.HAENEL GmbH, Suhl, C. J. Herbertz GmbH, Solingen, CARL WALTHER, Arnsberg, Carl Zeiss Sports Optics GmbH, Wetzlar, Haendler & Natermann Sport GmbH, Haller Stahlwarenhaus GmbH, Michelbach/Bilz, Hann. Münden, HECKLER & KOCH, Oberndorf aN, IGB Austria, Ebenthal, RUAG AMMOTEC, Fürth und SIG SAUER, Eckernförde. Dank gilt darüber hinaus der Bundesdruckerei und dem BMI sowie der id pool GmbH sowie den Firmen, die bei einzelnen Abbildungen genannt sind.

1 Waffengesetz (WaffG)

1.1 Grundlagen

Das Waffengesetz regelt den Umgang mit Waffen[1] oder Munition, je nach Art oder Verwendung, durch Freistellung, Verbot oder Erlaubnisvorbehalt. Zentraler Begriff ist das „Bedürfnis" – nur wer ein besonders anzuerkennendes Interesse in wirtschaftlicher oder persönlicher Hinsicht glaubhaft machen kann, erhält in der Regel die Erlaubnis zum Umgang.[2] Grundsätzlich will der Gesetzgeber „so wenig Waffen wie möglich ins Volk" gelangen lassen.[3] Erteilung und Bestehen einer Erlaubnis sind darum an weitere Voraussetzungen geknüpft, etwa körperlich-geistige Eigenschaften des Erlaubnisinhabers. So soll sichergestellt werden, dass legaler Waffenbesitz keine Gefahr für die Allgemeinheit darstellt. Entfällt eine Voraussetzung nach Erteilung der Erlaubnis, ist diese zu widerrufen. Einige Waffenarten sind erlaubnisfrei – Personen, in deren Hand auch diese Gegenstände Schaden anrichten könnten, kann allerdings selbst der Umgang mit diesen Gegenständen verboten werden.[4]

1.2 Systematik

Das **Waffengesetz** (WaffG) regelt gemäß § 1 Abs. 1 WaffG den Umgang mit Waffen oder Munition.[5] **Der Staat schützt** mit den darin enthaltenen Regelungen **die Allgemeinheit vor missbräuchlichem Umgang** mit Waffen und Munition **in ausreichendem Maße.**[6] Das WaffG ist nicht anzuwenden Kriegswaffen im Sinne des **Kriegswaffenkontrollgesetzes**[7] (KrWaffKontrG).

§ 1 WaffG enthält die wesentlichen Gedanken zur Struktur des Gesetzes:

- **Zweckbestimmungen**
    - Regelung des Umgangs mit Waffen oder Munition
    - Berücksichtigung von Sicherheitsbelangen
- **Begriffsbestimmungen**
    - Waffe
    - Umgang

---

[1] *Zum Begriff der Waffe Kapitel 1.3.1.1, zu Munition Kapitel 1.3.3.1*

[2] *Zum Begriff des Bedürfnisses Kapitel 1.7.9*

[3] *BVerwG 1 C 5.99 (13. Juli 1999) nach BVerwG 1 C 115.64 (4. Nov. 1965)*

[4] *Waffenverbot im Einzelfall nach § 41 WaffG, vertiefend Kapitel 1.24*

[5] *Das Gesetz regelt über den Wortlaut des § 1 Abs. 1 WaffG hinaus den Umgang mit Messern, die keine Waffe oder Munition sind, zB durch Verbote für das Führen von Einhandmessern oder „langen" Küchenmessern. Die Nennung im Gesetz außerhalb der Anlage 1 macht diese Messer nicht zu Waffen im Sinne des WaffG.*

[6] *BVerfG 2 BvR 1645/10, Beschluss vom 23. Januar 2013*

[7] *§ 57 WaffG; zum Kriegswaffenkontrollgesetz ausführlich Kapitel 4 des Buches.*

Ergänzend enthält **Anlage 1 WaffG Begriffsbestimmungen**.

§ 2 WaffG ergänzt die Ausführungen zur Struktur in § 1 WaffG durch Regelungen zum dort definierten Begriff des Umgangs, indem

- Mindestalter,
- Erlaubnisvorbehalte und
- Verbote sowie
- Ausnahmen von den vorgenannten Regelungen

festgesetzt werden, die ihrerseits durch nachfolgende Regelungen (zum Mindestalter etwa aus §§ 3, 13, 20 oder 27 WaffG) aufgehoben werden können oder durch die **Waffenliste** (**Anlage 2 WaffG**) ausgestaltet werden.

Das **Beschussgesetz** (BeschG) enthält Vorschriften zur Prüfung und Zulassung von Schusswaffen oder Munition. Es wurde im Zuge der Neuordnung des Waffengesetzes zum Jahre 2003 geschaffen und fasst zunächst die in dem davor gültigen Waffengesetz und seinen Verordnungen enthaltenen technischen Vorschriften für Waffen und Munition zusammen. Es steht gleichberechtigt neben dem Waffengesetz und weicht in einigen Begriffen von diesem ab, was in der Praxis zu beachten ist.

Durch Verordnungsermächtigungen wird das Gesetz von Detailregelungen, etwa den geforderten Sicherheitsnormen für Waffenschränke, entlastet. Der Gesetzgeber kann gemäß Artikel 80 des Grundgesetzes die Exekutive (die ausführende Gewalt, beispielsweise das Bundesministerium des Innern) ermächtigen, zur Ergänzung und zur Ausführung eines Gesetzes **Rechtsverordnungen** zu erlassen, die ebenso wie Gesetze allgemein verbindliche Rechtsvorschriften darstellen. Dabei ist stets zu beachten, dass zentrale Regelungen durch das Gesetz und nicht durch eine Verordnungsermächtigung geregelt werden müssen, damit der Kern der Regelung der Kontrolle des Gesetzgebers unterworfen bleibt, während Details (zum Beispiel Anforderungen an die Sicherheitsstufen von Waffenbehältern oder zum Umgang mit unbrauchbar gemachten Schusswaffen im Altbesitz) in einer Verordnung festgelegt werden können, in ihrer Gestaltungstiefe eine gesetzliche Regelung aber nur ergänzen („Wesentlichkeitsprinzip"). Verordnungsermächtigungen sehen in Einzelfällen vor, dass zumindest der Bundesrat seine Zustimmung zu einer Rechtsverordnung bzw. einzelnen Regelungen einer Rechtsverordnung geben muss, damit diese in Kraft treten kann. Dies ist in der Verordnungsermächtigung explizit zu regeln.

Die **Allgemeine Waffengesetz-Verordnung** (AWaffV) ergänzt das Waffengesetz, die **Beschussverordnung** (BeschussV) das Beschussgesetz.

Die **Allgemeine Verwaltungsvorschrift zum Waffengesetz**, kurz „WaffVwV", bindet lediglich die zuständigen Behörden zur Durchführung des Waffengesetzes (Waffenbehörden) bei Auslegung und Anwendung des Waffengesetzes, wenn die Vorschriften des Gesetzes bestimmte Einzelfälle nicht im Detail erfassen.[8] Die

---

[8] *Ein bekanntes Beispiel ist die von der WaffVwV gelieferte Erläuterung zum erlaubnisfreien Transport von Schusswaffen, etwa durch Sportschützen, wonach eine*

WaffVwV hat keine Gesetzeskraft und keine Bindungswirkung für Betroffene oder die Gerichtsbarkeit.

Ergänzt wird die Anwendung des Waffengesetzes durch das **Gesetz über das Nationale Waffenregister** (WaffRG, „WaffenRegisterGesetz"). Vorschriften der Europäischen Union verpflichten alle Mitgliedsstaaten zur Errichtung und Führung eines solchen Registers. Zweck des Waffenregisters ist die Registrierung der Waffen und wesentlichen Teile, die einer Anzeigepflicht unterfallen. Das sind Schusswaffen, deren Erwerb oder Besitz der Erlaubnis bedürfen, sowie unbrauchbar gemachte Schusswaffen. Darüber hinaus werden weitere Daten erhoben, erfasst und weitergegeben, etwa erlassene Verbote für den Umgang mit Waffen durch bestimmte Personen.

Zu beachten ist neben den Freistellungen für Behörden nach § 55 WaffG die **Verordnung über die Freistellung von Behörden, Dienststellen und Gerichten des Bundes von waffenrechtlichen Vorschriften** (Waffengesetz-Bund-Freistellungsverordnung, WaffGBundFreistV). Fehlt es an einer entsprechenden Landesverordnung, ist eine Freistellung der Angehörigen oder Beauftragten dieser Behörden von den Regeln des WaffG nicht gegeben.

Kriegswaffen unterfallen dem **Kriegswaffenkontrollgesetz** (KrWaffKontrG) als Spezialgesetz. Gemäß § 57 WaffG ist das WaffG auf „Kriegswaffen im Sinne des KrWaffKontrG" nicht anzuwenden. Erst nach Verlust der Kriegswaffeneigenschaft, zB durch Unbrauchbarmachung oder die Streichung einer Kriegswaffenart aus der **Kriegswaffenliste** (Anlage des KrWaffKontrG, kurz „KWL") ist das WaffG auf einen solchen Gegenstand anwendbar.

1.3 Waffen und Munition

1.3.1 Begriffliche Vorbemerkungen

1.3.1.1 Der Begriff der Waffe im WaffG

Wenn in den nachfolgenden Kapiteln von **Waffen** die Rede ist, ist stets darauf zu achten, welche **Art** von Waffe von einer Regelung erfasst wird. So kann von Waffen allgemein die Rede sein, womit sämtliche Waffen gemäß der Definition in § 1 Abs. 2, 4 WaffG in Verbindung mit der Anlage 1 WaffG erfasst sind. Die Formulierung „Waffe im Sinne des WaffG" meint eben dieses Unterfallen unter den Waffenbegriff nach § 1 Abs. 2 WaffG.

Der **Waffenbegriff** wird in Kapitel 1.3.2 ausführlich erläutert.

Schusswaffe dann nicht zugriffsbereit ist, wenn sie „nicht in weniger als drei Sekunden und mit weniger als drei Handgriffen in Anschlag gebracht werden" kann; damit ergänzt WaffVwV Nr. 12.3.3.2 die Definition des Begriffs „zugriffsbereit" in der Anlage 1 Abschnitt 2 Nr. 13 WaffG, die bereits dort den Begriff „unmittelbar" verwendet, ohne aber eine nähere Bestimmung hinsichtlich Zeit- und Handhabungsaufwand vorzunehmen, die in der Praxis entscheidend sein kann.

1.3.1.2 Der Begriff der Schusswaffe

Regelt eine Vorschrift den Umgang mit **Schusswaffen**, bezieht sich diese Regelung zunächst ausschließlich auf Schusswaffen, nicht aber auf sonstige Waffen. Der **Begriff** „Schusswaffe" ist durch Anlage 1 A1 UA1 Nr. 1.1 WaffG definiert und orientiert sich an **Zweckbestimmung** (etwa zu Sport und Spiel, Signalgebung, Jagd, etc.) und **Funktionsprinzip** („Geschoss wird durch einen Lauf getrieben"). Hier besteht die Schwierigkeit darin, die Verwendung des Begriffs „Schusswaffe" in den Regelungen des Gesetzes stets auf seinen Anwendungsbereich zu prüfen. So gibt es den Schusswaffen gleichgestellte Gegenstände, auf die das Waffengesetz vollumfänglich anzuwenden ist wie auf tatsächliche Schusswaffen, obwohl sie per definitionem keine Schusswaffen sind (mangels eines Geschosses beispielweise die sogenannten „Gasrevolver"), und für die unter Umständen besondere Regelungen gelten (etwa zur Befreiung von der Erwerbs- und Besitzerlaubnispflicht). Andere Gegenstände sind dagegen nur den Schusswaffen gleichgestellt, für die sie bestimmt sind, solange das Gesetz nichts anderes bestimmt, etwa die Schalldämpfer oder die wesentlichen Teile.

Der **Schusswaffenbegriff** wird in Kapitel 1.3.2.1 ausführlich erläutert.

1.3.1.3 Der Begriff der Bestimmung

Bei der Prüfung der (Zweck-) **Bestimmung** eines Gegenstandes ist gemäß WaffVwV zu Anlage 1 A1 UA 1 Nr. 1 auf den **Herstellerwillen** abzustellen, soweit er sich aus der Bauart des Gegenstandes ableiten lässt. Auch Benennung, Darstellung der bezweckten Verwendung oder Bewerbung eines Gegenstandes können zur Ermittlung der Bestimmung herangezogen werden. Dabei ist aber von dem ursprünglichen Herstellerwillen nur auszugehen, solange Bauart oder Konstruktion nicht offenkundig eine davon abweichende Verwendung belegen und es sich bei dem behaupteten Bestimmungszweck nicht um eine bloße Schutzbehauptung handelt, um waffenrechtliche Verbote zu umgehen. Die „bloße subjektive Zweckbestimmung des Herstellers kann" nach Aussage des Gesetzgebers „für die waffenrechtliche Einordnung eines Gegenstandes nicht ausschlaggebend" sein.[9]

Dies ist insbesondere bei der Anwendung von Verboten zu beachten, die Gegenstände betreffen, die aufgrund ihrer Konstruktion zwar in der Praxis wie Waffen eingesetzt werden könnten, gleichwohl aber auch einem anderen Zweck dienen könnten, der nicht dem WaffG unterfällt. Lehrbeispiel dazu ist ein Urteil des Bundesverwaltungsgerichts, das als „Jagdlampen-Set"-Urteil[10] klare Regelungen zur Einordnung von Gegenständen schuf.

---

[9] *Gegenäußerung der Bundesregierung zum 3. WaffRÄndG (BT-Drs. 19/13839 vom 9. Oktober 2019, Anlage 4, S. 142, „zu Artikel 1 Nr. 26"); die auf die Bestimmung von Nachtzielgeräten bezogene Aussage gilt für jegliche Erforschung der Bestimmung eines Gegenstandes.*

[10] *BVerwG 6 C 21.08, Urteil vom 24. Juni 2009; das Gericht stellte auf die herstellerseitige Bestimmung ab, wonach das Jagdlampenset zwar mithilfe einer beigeleg-*

Ist aus Bezeichnung oder Bewerbung eines Gegenstandes durch den Hersteller oder Vertreiber eine ausdrückliche und ausschließliche Bestimmung als Waffe im Sinne des WaffG offenkundig („**Single-Use**"), etwa durch die Benennung eines Nachtsichtvorsatzgerätes als „Nachtvisier für Jagdwaffen", ist der Gegenstand Waffe im Sinne des WaffG, da er zwar anderen Zwecken dienen könnte, durch den Hersteller aber zur Verwendung an einer Waffe bestimmt ist, insbesondere durch die gewählte Konstruktion oder Bauart. Im vorgenannten Beispiel sind Nachtsichtvorsatzgeräte, die ausschließlich zur Verwendung an Schusswaffen bestimmt sind, nicht nur Waffen im Sinne des WaffG, sondern unterliegen darüber hinaus einem Verbot zum Umgang, ausgenommen der Umgang durch Inhaber einer Erlaubnis nach § 21 WaffG (Händler/Hersteller) und durch Jäger.[11]

Neben diesen für ausdrücklich und ausschließlich für Schusswaffen bestimmten Zielhilfen gibt es aber auch Nachtsichtvorsatzgeräte, die zwar an dem Zielfernrohr einer Schusswaffe befestigt werden könnten, durch den Hersteller aber nicht ausdrücklich und ausschließlich für diesen Zweck am Markt angeboten werden, sondern allgemein als ein Hilfsgerät für die Beobachtung bei Dunkelheit, das beispielsweise auf Ferngläsern montiert werden kann. In diesem Falle liegt keine ausschließliche Zweckbestimmung des Gegenstandes vor, so dass dieser als „**Dual-Use**"-Gerät bezeichnete Gegenstand mangels einer Bestimmung zur Waffe durch den Hersteller nicht als Waffe im Sinne des WaffG einzustufen ist.

Zu beachten ist, dass ein tatsächliches Verwenden des Gegenstandes zu einer nach Waffengesetz verbotenen Handlung gleichwohl strafbar wäre. Denn zu beachten ist in diesem Falle der Status des betroffenen Gegenstandes im Moment der Verwendung, in diesem Falle die Montage an einer Schusswaffe. Zwar behält dieses Nachtsichtvorsatzgerät seinen „Dual-Use"-Status bei und wird auch dann nicht zu einer Waffe, wenn der Verwender dieses Gerät wie ein solches Nachtsichtvorsatzgerät einsetzt, das im Falle einer tatsächlichen Bestimmung zum Einsatz an einer Waffe eine verbotene Waffe ist. Aber der Verwender stellt den „Dual-Use"-Gegenstand in einen gesetzlich geregelten oder *unzulässigen Verwendungszusammenhang*[12], und eben diese Verwendung missbilligt der Gesetzgeber durch die Verbotsnorm ausdrücklich, nämlich den Umgang mit einer Schusswaffe mit einem daran montierten Nachtsichtvorsatzgerät. Dieser Umgang mit dem Nachtsichtvorsatzgerät

---

ten Montagevorrichtung zum Anleuchten eines Ziels an einer Schusswaffe befestigt werden könnte, aber die als „Jagdlampe" bezeichnete Beleuchtungseinrichtung weder durch ihre Konstruktion noch durch ihre Bauart ausschließlich zum Schusswaffenzubehör bestimmt ist; hier gälte das tatsächliche, durch das Gesetz missbilligte Verwenden als verbotene Handlung, die dabei verwendete Jagdlampe würde dadurch aber nicht zu einer (verbotenen) Waffe; zugleich unterstrich dieses Urteil die Begrenzung der Zuständigkeit des BKA auf die Beurteilung von Gegenständen bezüglich ihres Verbotenseins; die Beurteilung von Verhaltensweisen oder Handlungsformen beim Umgang mit Waffen fällt nicht in die Zuständigkeit des BKA.

[11] *Ausführliche Darstellung Kapitel 1.13.1.7*

[12] *BVerwG 6 C 21.08, Urteil vom 24. Juni 2009, Rn. 21*

wäre zwar nicht als Erwerb und Besitz einer Waffe ohne Erlaubnis strafbar und damit der Gegenstand auch keine verbotene Waffe, aber in summarischer Betrachtung ein Verstoß gegen ein waffengesetzliches Verbot, nämlich der strafbedrohte Umgang mit einer Schusswaffe mit Nachtzielgerät.[13]

Im Falle von **Alltagsgegenständen**, die lediglich durch eine Kombination der Gegenstände ohne technische Veränderung der verwendeten Komponenten als Waffe im strafrechtlichen Sinne eingesetzt werden könnten, ist eine technische Veränderung Voraussetzung für eine Einstufung als Waffe im Sinne des WaffG.[14] Auch hier sind der Gegenstand als solcher und sein ursprünglich durch den Hersteller bestimmter Zweck maßgebend.

Ob ein Gegenstand, der keine Waffe im Sinne des WaffG ist, durch den Verwender objektiv zu einer Waffe **umbestimmt** werden kann, ist zumindest diskussionswürdig. Voraussetzung dafür ist aber aus hiesiger Sicht zumindest eine Bearbeitung des Gegenstandes durch technische Verfahren, um die Beschaffenheit des Gegenstandes bezüglich Form, Abmessungen, Montagemöglichkeit, Material oder Funktionsweise dauerhaft zu ändern und so den Gegenstand dazu zu bestimmen, eine Funktion zu erfüllen, die er zuvor nicht hatte und die ihn zu einer Waffe im Sinne des WaffG macht.

Denkbar ist auch die **vorübergehende Umbestimmung** durch ein **Hineinstellen in einen Verwendungszusammenhang, der waffengesetzlich geregelt ist**, beispielhaft durch Verwenden von Glasmurmeln. Diese sind durch den Hersteller nicht als Geschosse im Sinne des WaffG bestimmt, können aber wie Geschosse verwendet und tatbestandlich im Sinne des WaffG verschossen werden, womit in diesem Falle auch mit dieser Waffe geschossen werden würde, wenn die Glasmurmeln wie Geschosse verwendet würden.

Eine klare **Grenze** setzt dabei Anlage 2 A2 UA1 Satz 3 WaffG, wonach, wenn eine Waffe umgearbeitet worden ist, die Erlaubnispflicht für diesen Gegenstand unverändert bleibt und sich nach der Erlaubnispflicht jener Waffe richtet, aus der er entstanden ist. Diese Spezialregelung bezieht sich nur auf die Erlaubnispflicht, nicht aber auf Verbote – ein Gegenstand kann durch Umbau von Verbotsmerkmalen be-

---

[13] *Jäger, nach § 40 Abs. 3 WaffG von dem Verbot des Umgangs mit Nachtsichtaufsatz- und -vorsatzgeräten ausgenommen, wäre die Verwendung nicht verboten; für das „Dual-Use"-Gerät benötigt der Jäger auch dann keine Erwerbs- oder Besitzerlaubnis in Form einer WBK, wenn dieses „Dual-Use"-Gerät an der Waffe montiert ist, da es auch montiert nicht zu einer Waffe im Sinne des WaffG wird.*

[14] *BKA-Feststellungsbescheid SO11 – 5164.01-Z-384 stuft einen in ein Taschentuch eingeknoteten Golfball nicht als Waffe im Sinne des WaffG ein, da Golfball und Taschenbuch lediglich kombiniert, nicht aber technisch verändert oder umgestaltet wurden; die Verknotung stellt keine technische Veränderung dar; als Beispiel für eine die Einordnung als Waffe begründende Umgestaltung siehe BKA-Feststellungsbescheid SO11 – 5164.01-Z-252 („selbstgebauter Totschläger")*

freit[15] werden, die Erlaubnispflicht der Ursprungs-Waffe bestünde aber für die neu hergestellte Waffe fort.

1.3.2 Waffe (§ 1 Abs. 2)

Bei der Beurteilung eines Sachverhalts ist zunächst zu klären, ob der betroffene Gegenstand nach § 1 Abs. 2 WaffG **Waffe** im Sinne des WaffG ist, also dem **Waffenbegriff** unterfällt. Eingeschränkt wird die Zuordnung durch § 57 WaffG, der zur Kriegsführung bestimmte Waffen (**Kriegswaffen**) ausschließlich den Vorschriften des Kriegswaffenkontrollgesetzes[16] unterwirft.

Neben **Schusswaffen und ihren wesentlichen Teilen** sowie den Schusswaffen **gleichgestellten Gegenständen** (zB Armbrust, Schussapparate, Schalldämpfer) können **tragbare Gegenstände**, die **geeignet** sind, die Angriffs- oder Abwehrfähigkeit von Menschen zu beseitigen oder herabzusetzen, eine **Waffe** sein. Das gilt zum einen für solche tragbaren **Gegenstände**, die **ihrem Wesen nach dazu bestimmt** sind, die Angriffs- oder Abwehrfähigkeit eines Menschen zu beseitigen oder herabzusetzen (zB Hieb- und Stoßwaffen wie Schlagstock, Kampfmesser oder Tonfa, aber auch ein Reizstoffsprühgerät). Zum anderen fallen unter den Waffenbegriff **tragbare Gegenstände**, die zwar **nicht dazu bestimmt, aber** durch Beschaffenheit, Handhabung oder Wirkungsweise **dazu geeignet sind**, die Angriffs- oder Abwehrfähigkeit eines Menschen zu beseitigen oder herabzusetzen, allerdings **nur dann**, **wenn** sie **im Waffengesetz in Anlage 1 A1 UA2 Nr. 2 WaffG ausdrücklich genannt** werden (zB **Faustmesser** des Kürschners).

Einhandmesser[17], als Kategorie und nicht als Waffenart in § 42a WaffG genannt und zugleich definiert, unterfallen nur dann dem Waffenbegriff, wenn die jeweilige Messerart in der Anlage 1 WaffG aufgeführt ist. Gleiches gilt für **Messer mit feststehender**[18] **Klinge über 12 cm Klingenlänge** – nur wenn die Bestimmung, etwa zu Hieb- und Stoßwaffe, gegeben ist, sind solche Messer Waffe im Sinne des WaffG, was im Falle eines Küchenmessers nicht zutrifft. Entscheidend ist, ob der Hersteller einen Gegenstand ausdrücklich als Waffe im Sinne von „Gegenstand zur Herabsetzung der Angriffs- oder Abwehrfähigkeit eines Menschen" bezeichnet oder sich diese Fähigkeit aus der Art oder Konstruktion des Gegenstandes ergibt („ihrem Wesen nach dazu bestimmt"). Unerheblich ist bei einer offenkundigen Bestimmung als Waffe,

---

[15] *Zur Befreiung von Verbotsmerkmalen siehe Seite 196*

[16] *Insbesondere zum Umgang mit unbrauchbar gemachten Kriegswaffen und zum Verhältnis von WaffG und KrWaffKontrG vertiefend Kapitel 4.6*

[17] *Zum Begriff ausführlich Kapitel 1.4.3; der Begriff ist in § 42a Abs. 1 Nr. 3 WaffG als Messer-Kategorie definiert, die eine einhändige Feststellbarkeit der somit beweglichen Klinge voraussetzt und eine Sperrvorrichtung, die manuell aufgehoben werden muss, um die festgestellte (nicht feststehende) Klinge zu lösen.*

[18] *Feststehend ist eine Klinge, die nicht aus ihrer relativen Lage zum Griff gebracht werden kann; das Messer verfügt nicht über eine Vorrichtung, durch die die Klinge in eine andere Lage gebracht werden kann (zB Freigabeknopf des Fallmessers).*

ob der Hersteller diese verneint, worüber final das BKA als zuständige Behörde gemäß § 2 Abs. 5 WaffG eine Entscheidung zu treffen hat.[19] Nicht jedes **Messer** ist Waffe im Sinne des WaffG.[20]

Zu Waffen werden durch Nennung im Gesetz auch solche Messer, die ihrem Wesen nach oder nach dem Willen des Herstellers ursprünglich nicht dazu bestimmt sind, Waffe zu sein, aber (wie jeder schwere, scharfe oder spitze Gegenstand) dazu benutzt werden können, die Angriffs- oder Abwehrfähigkeit eines Menschen zu beseitigen oder auch nur herabzusetzen. Um dem Bestimmtheitsgebot zu genügen und dem Bürger auf diese Weise eine klare Orientierung zu ermöglichen, werden zB Messer, die durch das Gesetz zu Waffen erklärt werden, obwohl es sich ausweislich der Bestimmung durch den Hersteller lediglich um Werkzeuge handelt, in Anlage 1 A1 UA2 Nr. 2.1 WaffG abschließend aufgelistet.[21]

Der **Waffenbegriff** nach § 1 Abs. 2 WaffG erstreckt sich damit auf

- **Schusswaffen**[22] und ihnen **gleichgestellte Gegenstände**[23] (Nr. 1) und
- **tragbare Gegenstände**, die die **Angriffs- oder Verteidigungsfähigkeit eines Menschen** herabsetzen oder beseitigen können und dazu
    - bestimmt sind[24] (Nr. 2 lit. a) oder,
    - ohne dazu bestimmt zu sein, im Gesetz genannt sind[25] (Nr. 2 lit. b).

Systematisch korrespondieren **§ 1 Abs. 2 WaffG** und **Anlage 1 A1** wie folgt:

Nr. 1	↔	**UA1**
Nr. 2 lit. a	↔	**UA2 Nr. 1**
Nr. 2 lit. b	↔	**UA2 Nr. 2**

Dem **Munitionsbegriff** des Waffengesetzes unterfallen Gegenstände nach Anlage 1 A1 **UA3 Nr. 1** WaffG.[26]

---

[19] *Zur Zuständigkeit des BKA vertiefend Kapitel 1.6.3.5*

[20] *Zum Thema „Messer" vertiefend Kapitel 1.3.2.8 und 1.4*

[21] *§ 1 Abs. 4 WaffG; als Waffen (zur Einstufung Kapitel 1.3.2.8.2) unterfallen diese Messer zudem fast ausnahmslos dem Umgangsverbot nach § 2 Abs. 3 WaffG*

[22] *Zum Schusswaffenbegriff ausführlich Kapitel 1.3.2.1*

[23] *Zur Gleichstellung mit Schusswaffen siehe Kapitel 1.3.2.3*

[24] *Ausführliche Darstellung in Kapitel 1.3.2.8.1*

[25] *Ausführliche Darstellung in Kapitel 1.3.2.8.2*

[26] *Ausführliche Informationen zu Munition bietet Kapitel 1.3.3; zwar wird Munition in Anlage 2 A1 WaffG im Kanon der „Verbotenen Waffen" genannt, ist aber nicht Waffe im Sinne des WaffG; zu beachten ist stets, dass der Munitionsbegriff sich nicht auf Geschosse erstreckt, diese aber Verboten unterfallen können.*

Der **Erlaubnispflicht** unterfallen alle Waffen nach Anlage 1 A1 UA1 Nr. 1 bis 4.3 sowie die für diese bestimmte Munition,[27] wobei Ausnahmen von diesen Erlaubnispflichten insbesondere in der Anlage 2 vorgesehen sind.

1.3.2.1 Schusswaffenbegriff (Nr. 1.1)

Schusswaffen sind nach Anlage 1 A1 UA1 Nr. 1.1 WaffG Gegenstände, die

- zum **Angriff**[28] oder zur **Verteidigung**[29], zur **Signalgebung**, zur **Jagd**, zur **Distanzinjektion**, zur **Markierung**, zum **Sport** oder zum **Spiel** bestimmt sind und
- bei denen **Geschosse** durch einen **Lauf** getrieben werden.

Schusswaffen werden rechtlich nach Waffenart und Kaliber unterschieden. Als **Kaliber** wird die **Innenweite des Laufes** bezeichnet. Einzelne Kaliberangaben beziehen sich auf die Abstände der Felder oder der Züge zueinander, geben somit nicht immer den Durchmesser des Geschosses an. Zusätze zur Kaliberangaben beschreiben besondere Patronenlagerformen.

Für die Einordnung als Schusswaffe müssen keine „heißen Gase" das Geschoss durch den Lauf einer Waffe treiben – auch Federdruck- oder Druckluftwaffen sind Schusswaffen, womit sich der Schusswaffenbegriff grundsätzlich auf Paintball-, Gotcha- und Softair- (Airsoft-) Waffen erstreckt.

Tragbare Werkzeuge, die Munition zu anderen als den in Anlage 1 A1 UA 1 Nr. 1.1 WaffG genannten Zwecken abschießen, beispielsweise **Bolzensetzgeräte** oder Geräte, die zu **Schlachtzwecken** bestimmt sind, unterliegen dem Schusswaffenbegriff[30] nur, wenn auf sie keine der in der Regelung zur Gleichstellung in Anlage 1 A1 UA1 Nr. 1.2.2 WaffG genannten Ausnahmen zutrifft.[31] Für das tatbestandsmäßige Abschießen von **Munition** ist es unerheblich, ob es sich dabei um Patronenmunition (mit Geschossen) oder Kartuschenmunition („Platzpatronen") handelt.

---

[27] *§ 2 Abs. 2 WaffG in Verbindung mit Anlage 2 A2 UA1 Satz 1 WaffG*

[28] *Der Begriff „Angriff" setzt mind. eine Rechtsgutsbedrohung voraus; der nicht jagdliche Schuss auf Tiere ist zB bei Schlachtung kein Angriff (s. Begriff "Schlachtzwecke" in Anlage 1 A1 UA1 Nr. 1.2.2 als nicht in Nr. 1.1 genannter Zweck).*

[29] *Die Bestimmung zum Einsatz gegen Menschen (dagegen einschränkend § 1 Abs. 2 Nr. 2 WaffG: „von Menschen") wird hier nicht gefordert; Schusswaffen können auch solche sein, die zum Angriff auf oder zur Verteidigung gegen Tiere bestimmt sind (so auch Gade zum Schusswaffenbegriff zu Anlage 1, Rn. 3a).*

[30] *Beachten Sie die Erweiterung des Waffenbegriffs auf Werkzeuge in § 1 Abs. 2 Nr. 2 lit. b und die Gleichstellung bestimmter tragbarer Gegenstände (siehe Kapitel 1.3.2.3.1.2) mit Schusswaffen gemäß Anlage 1 A1 UA1 Nr. 1.2, 1.2.2, die so Waffen im Sinne des WaffG werden, wenn sie eine andere Bestimmung als Schusswaffen haben und keine befreienden Kennzeichnungen aufweisen.*

[31] *Zu diesen Werkzeugen vertiefend Kapitel 1.3.2.3.1.2*

Blasrohre sind Schusswaffen, da die Definition lediglich das Treiben eines Geschosses[32] durch einen Lauf im Sinne eines rohrförmigen Gegenstandes ausreichender Festigkeit zur Führung[33] fordert.[34] **Bogen** (Sportbogen) und **Armbrust** sind keine Schusswaffen im Sinne des WaffG; die Armbrust ist aber durch Gleichstellung[35] mit Schusswaffen dem WaffG unterworfen, während der Bogen mangels einer entsprechenden Gleichstellung[36] nicht erfasst wird. Eine Armbrust ist Waffe, allerdings nicht Schusswaffe im Sinne des WaffG. Der Gleichstellung können auch **Schussapparate** unterfallen.

Die Einordnung als Schusswaffe fordert eine Konstruktion (Lauf zur Führung von Geschossen), Methode (Geschoss durch Lauf drängen) und eine Bestimmung (in Nr. 1.1 genannte Zwecke). So können zB für den Schießsport bestimmte **Kanonen** Schusswaffen im Sinne des WaffG sein, da eine „**Tragbarkeit**" für die Einstufung als Schusswaffe nicht vorausgesetzt wird.

Gegenstände zum Abschießen von Signalmunition sind Schusswaffen im Sinne des WaffG, auch wenn es sich nur um ein Rohr mit integrierter Auslösevorrichtung handelt. Der Schusswaffenbegriff ist vollumfänglich erfüllt, wenn Bestimmung (Signalgebung) und Lauf[37] gegeben sind.

Schusswaffen verfügen über einen Lauf, durch den ein Geschoss hindurchgetrieben wird. Ist ein laufähnlicher Gegenstand dagegen so konstruiert, dass durch Laufsperren ein Geschoss nicht durch den Lauf getrieben werden kann, handelt es sich le-

---

[32] Zum Begriff des Geschosses siehe Anlage 1 A1 UA3 Nr. 3 WaffG

[33] Definition des Laufes aus Anlage 1 A1 UA1 Nr. 1.3.1

[34] Durch die Ausnahme von den Vorschriften des WaffG gemäß Anlage 2 A3 UA2 Nr. 2 WaffG sind, abgesehen von § 42a WaffG, die Vorschriften des WaffG und damit auch die Einordnung des Blasrohrs als „Schusswaffe" gemäß § 1 Abs. 4 WaffG und der Definition in Anlage 1 WaffG nicht anwendbar; dass Anlage 2 A3 UA2 Nr. 2 WaffG das Blasrohr als Beispiel für eine dort bestimmte Gruppe von „Schusswaffen" benennt, ist offenkundig dem nicht logischen Aufbau des WaffG geschuldet; der Begriff ist nur anwendbar auf Geräte, die ausschließlich durch die Ausatem-Bewegung des Benutzers, die zu einer Druckerhöhung im Innern des Blasrohrs führt, Energie auf das Geschoss übertragen, das diesem steigenden Druck nachgibt und sich in Richtung der Rohrmündung bewegt.

[35] Nähere Ausführungen dazu im Kapitel 1.3.2.3 ab Seite 35; durch die Gleichstellung sind Vorschriften für Schusswaffen auch auf die Armbrust anzuwenden, auch wenn sie keine Schusswaffe im Sinne des WaffG ist und durch die Gleichstellung auch nicht Schusswaffe im Sinne des WaffG wird.

[36] Es mangelt beim Bogen, anders als bei der Armbrust, an einer Sperrvorrichtung zur Speicherung der durch Muskelkraft eingebrachten Energie.

[37] Definition in Anlage 1: Länge, auf der das Geschoss ein gewisses Maß an Führung erfährt, mindestens zwei Innendurchmesser des Rohres; Kunststoff kann die geforderte ausreichende Festigkeit besitzen.

diglich um einen Gegenstand, der nicht Schusswaffe ist, aber diesen gleichgestellt und damit Waffe im Sinne des WaffG ist, wenn er zu den in der Definition der Schusswaffe genannten Zwecken Munition abschießen kann. Diese ist insbesondere zu beachten bei der Einordnung der sogenannten „Gaspistolen“ (SRS-Waffen), aus denen nur Kartuschenmunition verschossen werden kann, wobei der Lauf nur von Schmauchpartikeln durchlaufen werden soll (auch verbotene Kleinstschrote könnten verschossen werden), die aber nicht unter den Begriff „Geschoss“ nach Anlage 1 A1 UA3 WaffG im Sinne eines festen Körpers fallen.

1.3.2.2 Arten von Schusswaffen (Nr. 2)

Anlage 1 A1 UA1 Nr. 2 WaffG führt abschließend die Arten von Schusswaffen auf. Ergänzt wird die Aufzählung durch Ausführungen zu Revolvern.

1.3.2.2.1 Feuerwaffe (Nr. 2.1)

Das **Waffengesetz** definiert eine **Feuerwaffe** als Schusswaffe, bei der ein Geschoss mittels ***heißer Gase***[38] durch oder aus einem Lauf getrieben wird.[39]

Das **Beschussgesetz** (BeschG) erweitert den Begriff der Feuerwaffe um Geräte zum Abschießen von Munition oder hülsenlosen Treibladungen, bei denen kein Geschoss durch den Lauf getrieben wird.[40] Dadurch fallen beschussrechtlich auch **SRS-Waffen** (**S**chreckschuss-, **R**eizstoff-, **S**ignalwaffen, umgangssprachlich als **Gaspistole** oder **Gasrevolver** bezeichnet, die nach Anlage 2 A2 UA2 Nr. 1.3 WaffG von der Erlaubnispflicht freigestellt sind) unter den Begriff der Feuerwaffe; waffenrechtlich sind es in der Regel lediglich den Schusswaffen **gleichgestellte tragbare Gegenstände**, da sie zwar zum Abschießen von Munition bestimmt sind, bei denen aber eben kein Geschoss durch einen Lauf getrieben wird oder werden kann.[41]

Als „**Handfeuerwaffen**“ bezeichnet man sowohl Lang- als auch Kurzwaffen. **Handfeuerwaffen** sind alle **tragbaren Schusswaffen**. Die in der Regel einhändig verwendbaren Kurzwaffen werden differenzierend als **Faustfeuerwaffen** bezeichnet. Der Begriff „**tragbar**“ bezieht sich nicht allein auf das Gewicht des Gegenstandes oder die Fähigkeit eines durchschnittlich kräftigen Menschen, diesen Gegenstand „tragen“ zu können im Sinne von „heben und wegtragen“, sondern setzt voraus, dass dieser Gegenstand dazu bestimmt ist, üblicherweise von einer Person getragen und bei der bestimmungsgemäßen Verwendung in der Hand gehalten zu werden.[42]

---

[38] *Eine chemische Reaktion unter hohem Druck führt zu schneller, starker Erhitzung; genauer müsste die Definition ein Antreiben „mittels Ausdehnung heißer Gase“ fordern.*

[39] *Anlage 1 A1 UA1 Nr. 2.1 WaffG*

[40] *§ 2 Abs. 1 BeschG*

[41] *Anlage 1 A1 UA1 Nr. 1.2.1 WaffG; siehe Kapitel 1.3.2.3.1*

[42] *WaffVwV zu Anlage 1 A1 UA1 Nr. 1.2*

1.3.2.2.2 Automatische Schusswaffe (Nr. 2.2)

Automatische Waffen sorgen ohne einen zusätzlich erforderlichen Handgriff dafür, dass die Waffe nach dem Schuss wieder schussbereit ist. In der Regel sorgen der Rückstoß oder der am Lauf abgenommene und zurückgeführte Gasdruck nach Schussabgabe für die Repetierbewegung des Verschlusses, wobei eine neue Patrone in das Patronenlager eingeführt wird, ausgenommen bei Waffen mit zuschießendem Verschluss. Automatische Waffen sind vorwiegend im militärischen und sportlichen Bereich anzutreffen. Unterschieden werden Vollautomaten und Halbautomaten.

Vollautomaten sind nach der Betätigung des Abzugs nach Schussabgabe wieder schussbereit und der nächste Schuss wird ohne Unterbrechung ausgelöst, bis sich der Finger vom Abzug löst oder der Patronenvorrat aufgebraucht ist (Dauerfeuer). *Feuerstoß* oder *Reihenfeuer* ist die Auslösung einer definierten Anzahl von mehr als einem Schuss je Abzugsbetätigung, wobei derartig eingerichtete Waffen ebenso als Vollautomaten einzuordnen sind.

In Abgrenzung zum Vollautomaten sind **Halbautomaten** nach Betätigung des Abzugs nach Schussabgabe wieder schussbereit, zur erneuten Schussabgabe bedarf es aber einer erneuten Abzugsbetätigung.

Double-Action-Revolver sind keine halbautomatischen Schusswaffen.[43]

Als Vollautomaten gelten auch in Halbautomaten geänderte Vollautomaten, die mit *allgemein gebräuchlichen Werkzeugen/Hilfsmitteln*[44] wieder in Vollautomaten <u>zurück</u>geändert werden können. Ebenso gelten als Automaten Schusswaffen anderer Art, die mit diesen Hilfsmitteln in Automaten geändert werden können. Sind diese Hilfsmittel dagegen nicht ausreichend, um diese Änderungen oder Zurückänderungen zu bewirken, gelten die vorgenannten Regelungen nicht.[45] Dies wäre zB der Fall bei Verstiftungen, die die Umschaltung in einen Vollautomatikmodus blockieren, aber durch Feilen, Sägen oder Ausbohren beseitigt werden können.

Das WaffG 2002 ersetzte den Begriff „**Selbstladewaffe**" durch „automatische Schusswaffe". Davor waren Selbstladewaffen „Schusswaffen, bei denen nach dem ersten Schuss lediglich durch Betätigen des Abzuges weitere Schüsse aus demselben Lauf abgegeben werden können." Dagegen beschreibt die aktuelle Definition **automatische Schusswaffen** als solche „Schusswaffen, die nach Abgabe eines Schusses selbsttätig erneut schussbereit werden und bei denen aus demselben Lauf durch einmalige Betätigung des Abzuges oder einer anderen Schussauslösevorrichtung mehrere Schüsse abgegeben werden können (**Vollautomaten**) oder durch einmalige Betätigung des Abzuges oder einer anderen Schussauslösevorrichtung jeweils nur ein Schuss abgegeben werden kann (**Halbautomaten**)."

---

[43] Anlage 1 A1 UA1 Nr. 2.2 Satz 4 WaffG; siehe Kapitel 1.3.2.2.10

[44] Zum Begriff „allgemein gebräuchliches Werkzeug/Hilfsmittel" s. S. 49

[45] Zur Möglichkeit der Befreiung von Verbotsmerkmalen wie beispielsweise einer vollautomatischen Schussabgabe siehe Kapitel 1.13.1

Die Begriffe „Selbstladewaffe“ und „(halb-)automatische Schusswaffe“ sind nicht bedeutungsgleich, weshalb der Begriff „Selbstladewaffe“ nicht mehr verwendet werden sollte. Dies gilt insbesondere, weil das WaffG vor 2003 Double-Action-Revolver ausdrücklich zu den Selbstladewaffen zählte.[46]

1.3.2.2.3 Repetierwaffe (Nr. 2.3)

Repetierwaffen[47] können Munition in einem Magazin aufnehmen, aus dem diese Munition durch einen händisch betätigten Mechanismus in das Patronenlager oder Kartuschenlager bewegt wird. Das Magazin ist fest in der Waffe verbaut oder als ohne Werkzeug entnehmbares Wechselmagazin ausgeführt.

Repetierbüchsen gelten im Vergleich zu automatischen Waffen als präziser. Zudem sind Automaten im Bereich der Jagd vielerorts, insbesondere in traditionsbewussten Kreisen der Jägerschaft, nicht gern gesehen. Auch hinsichtlich der Sicherheit bieten Repetierer einen Vorteil – der Schütze entscheidet selbst, wann die Waffe wieder schussbereit ist. Bei einer automatischen Waffe nimmt die Waffe dem Schützen diese Entscheidung ab und wird ohne dessen Zutun wieder schussbereit.

Revolver erfüllen nicht vollständig die Definition nach Nr. 2.3, kommen dieser aber konstruktiv und von der Handhabung am nächsten.[48]

1.3.2.2.4 Einzelladerwaffe (Nr. 2.4)

Einzellader verfügen nicht über eine Vorrichtung, die eine automatische oder manuelle Zuführung von Munition oder Geschossen aus einem Magazin, einer Trommel oder einem Gurt in das Patronenlager ermöglicht. Der Verschluss muss händisch geöffnet, die Patrone eingelegt und dann verriegelt werden.

Doppelflinte und Drilling sind Einzellader im Sinne des WaffG, da aus jedem Rohr nur ein einziger Schuss abgegeben werden kann und dann per Hand nachgeladen werden muss. Gleiches gilt für **Vorderladerwaffen.**[49]

Im Bereich der Langwaffen findet man Einzellader im Bereich der Jagdwaffen und der Kleinkaliber-Matchbüchsen, bei den Kurzwaffen im Bereich der Matchpistolen zum Silhouettenschießen. Ein klassischer Einzel-, weil Vorderlader, ist der ein- oder zweiläufige **Terzerol**, eine kleine Pistole.

Zur Abgrenzung gegenüber einer automatischen oder Repetierwaffe bedarf es immer einer Überprüfung der jeweiligen Waffe. Hat die Waffe einen Magazineinschub

---

[46] WaffVwV 1994, Nr. 1.5 zu § 1 Abs. 5 WaffG aF

[47] Der Begriff „Mehrlader“ für Repetierwaffen ist untauglich, da auch automatische Waffen Mehrlader sind; § 3 BeschussV verwendet den Begriff „Mehrladewaffe“.

[48] Vertiefend Kapitel 1.3.2.2.10; das Nationale Waffenregister (NWR) ordnet Revolver, die Kurzwaffe sind, als kurze Repetierfeuerwaffe ein und damit als Waffe der Kategorie B.

[49] WaffVwV zu Anlage 1 A1 UA1 Nr. 1.1

oder ein fest eingebautes, funktionsfähiges Kasten- oder Röhrenmagazin, handelt es sich nicht um einen Einzellader.

Zu beachten sind die Abgrenzungen zu ähnlich klingenden Begriffen:

- einläufig: Die Waffe verfügt nur über einen einzigen Lauf.
- mehrläufig: Die Waffe verfügt über mehr als einen Lauf.
- einschüssig: Die Waffe verfügt nur über einen einzigen Lauf, der vor dem nächsten Schuss von Hand geladen werden muss.
- mehrschüssig: Die Waffe kann mehr als einen Schuss abgeben, weil sie mit mehr als einer Patrone oder einem Geschoss geladen werden kann; dabei kann sie über mehrere Läufe verfügen oder über einen Patronenvorrat, aus dem die Patrone in das Patronenlager geladen wird.

Einzelladerwaffen können sowohl einläufig wie auch mehrläufig sein, solange vor dem Schuss der jeweilige Lauf von Hand geladen werden muss. Das Gesetz sieht Beschränkungen vor, etwa die Erlaubnisfreistellung nach Anlage 2 A2 UA2 Nr. 1.5 WaffG auf einläufige Einzelladerwaffen, die sich an den vorgenannten Begriffen orientieren.

1.3.2.2.5 Langwaffe, Kurzwaffe (Nr. 2.5)

Langwaffen sind Schusswaffen, deren **Lauf und Verschluss** in geschlossener Stellung insgesamt **länger als 30 cm** sind und deren *kürzeste bestimmungsgemäß verwendbare*[50] **Gesamtlänge 60 cm überschreitet**. **Kurzwaffen** sind alle anderen Schusswaffen, somit also Waffen, die **höchstens 60 cm** lang sind, oder deren **Lauf und Verschluss** in geschlossener Stellung eine Gesamtlänge von **höchstens 30 cm** haben. Entscheidend ist das Wort „und" in der Definition der Langwaffe – nur dann, wenn beide Bedingungen, Gesamtlänge der Waffe über 60 cm und Gesamtlänge von Lauf und Verschluss über 30 cm, erfüllt sind, handelt es sich um eine Langwaffe.

Langwaffen mit glattem Lauf werden als **Flinten** bezeichnet, solche mit gezogenem Lauf oder Polygonlauf als **Büchsen**. Mischformen mit Büchsen- und Flintenläufen werden **Kombinierte Waffen** genannt. **Pistolen** sind Kurzwaffen, bei denen Patronenlager und Lauf eine Einheit bilden. Bei einem **Revolver** sind Patronenlager und Lauf einzelne, nicht direkt miteinander verbundene Teile einer Waffe, wobei sich die Patronenlager in einer drehbaren Trommel befinden. Die Trommel erfüllt die Funktion eines Patronenlagers wie auch eines Magazins, ohne dadurch aber Magazin im Sinne des WaffG zu sein. Die Trommel ist als gesondert zu betrachtendes wesentliches Teil wie ein Patronen- oder Kartuschenlager zu behandeln.

---

[50] *Es ist die kürzeste Form zugrundezulegen, in die die betroffene Waffe ohne Nutzung von Werkzeugen unter Aufrechterhaltung der bestimmungsgemäßen Verwendungsfähigkeit gebracht werden kann, etwa durch Einklappen einer Schulterstütze (**Klappschaft**), wenn mit dieser Waffe auch mit eingeklappter Schulterstütze mindestens ein Schuss abgegeben werden kann, die Waffe also weiterhin verwendbar ist. Gleiches gilt bei Ausstattung der Waffe mit einem **Schubschaft**.*

Die Montage einer Waffe in einem **Anschlagschaft** („conversion kit“) ändert nicht den Status der Waffe, an der der Schaft montiert ist, bezüglich ihrer Einstufung als Lang- oder Kurzwaffe. Der Anschlagschaft unterliegt nicht den Vorschriften des WaffG, wenn er nicht wesentliches Teil ist. Letzteres würde in der Praxis voraussetzen, dass die Schäftung nicht allein die Außenform und die Handhabung der Waffe beeinflusst, was bei Anschlagschäften, insbesondere für Pistolen, nicht der Fall ist, da üblicherweise das Griffstück mit Abzugseinheit gegriffen wird (wie ohne an der Waffe montierten Anschlagschaft) und der Schlitten sich im Schaft frei bewegt.

1.3.2.2.6 Schreckschusswaffe (Nr. 2.6)

Eine Schreckschusswaffe verfügt über ein Kartuschenlager und ist zum Abschießen von Kartuschenmunition bestimmt. Verfügt diese Waffe über einen Lauf nach der Definition in Anlage 1 A1 UA1 Nr. 1.3.1.1 WaffG, handelt es sich um eine Schusswaffe. Ist dagegen nur ein Gaslauf zum Ableiten der Verbrennungsgase vorhanden, der nicht geeignet ist, dass Geschosse durch ihn getrieben werden, handelt es sich um einen den Schusswaffen gleichgestellten Gegenstand nach Anlage 1 A1 UA1 Nr. 1.2.1 WaffG.

Schreckschusswaffen mit Bauartzulassung nach Anlage 2 A2 UA2, UA3 WaffG tragen die Kennzeichnung „PTB im Kreis“ oder eine andere erforderliche Kennzeichnung. Sie werden als „SRS-Waffen“ bezeichnet und unterfallen besonderen Regelungen, zB sind Arten des Umgangs erlaubnisfrei oder gelten abweichende Voraussetzungen für die Erteilung einer Erlaubnis.[51] Grundsätzlich sind aber aufgrund der Gleichstellung durch Anlage 1 A1 UA1 Nr. 1.2.1 WaffG auf sie die Vorschriften für Schusswaffen anzuwenden, wenn das Gesetz nicht ausdrücklich eine Ausnahme vorsieht.

Auf andere Schreckschusswaffen sind die Vorschriften für Schusswaffen im Sinne des WaffG vollumfänglich anzuwenden.

1.3.2.2.7 Reizstoffwaffe (Nr. 2.7)

Eine Reizstoffwaffe, die Schusswaffe im Sinne des WaffG ist, verfügt über ein Patronen- oder Kartuschenlager und ist zum Verschießen von Reiz- oder anderen Wirkstoffen bestimmt. Verfügt diese Waffe über einen Lauf nach der Definition in Anlage 1 A1 UA1 Nr. 1.3.1.1 WaffG, handelt es sich um eine Schusswaffe. Ist dagegen nur ein Gaslauf zum Ableiten der Verbrennungsgase vorhanden, der nicht geeignet ist, dass Geschosse durch ihn getrieben werden, sondern lediglich Gasschwaden und Schmauch, die nicht als „feste Körper“ gelten, handelt es sich um einen den Schusswaffen gleichgestellten Gegenstand nach Anlage 1 A1 UA1 Nr. 1.2.1 WaffG.

Reizstoffwaffen mit Bauartzulassung nach Anlage 2 A2 UA2, UA3 WaffG tragen die Kennzeichnung „PTB im Kreis“ oder eine andere erforderliche Kennzeichnung. Sie werden als „SRS-Waffen“ bezeichnet und unterfallen besonderen Regelungen, zB sind bestimmte Arten des Umgangs erlaubnisfrei oder gelten abweichende Voraus-

---

[51] *Vertiefende Informationen zu SRS-Waffen im Kapitel 1.12.2.1*

setzungen für die Erteilung einer Erlaubnis zum Umgang.[52] Grundsätzlich sind aber aufgrund der Gleichstellung durch Anlage 1 A1 UA1 Nr. 1.2.1 WaffG auch auf sie die Vorschriften des WaffG für Schusswaffen anzuwenden, wenn das Gesetz nicht ausdrücklich eine Ausnahme vorsieht.

Auf andere Reizstoffwaffen sind die Vorschriften für Schusswaffen im Sinne des WaffG vollumfänglich anzuwenden.

1.3.2.2.8 Signalwaffe (Nr. 2.8)

Signalwaffen sind zum Verschießen pyrotechnischer Munition bestimmte

- Schusswaffen mit einem Patronen- oder Kartuschenlager oder
- tragbare Gegenstände nach Anlage 1 A1 UA1 Nr. 1.2.1 WaffG (den Schusswaffen gleichgestelltes Abschussgerät)

Der Begriff der Signalwaffe beschränkt sich nicht auf Schusswaffen. Auch Abschussgeräte (etwa SRS-Waffen) sind Signalwaffen im Sinne des WaffG.

Signalwaffen mit Bauartzulassung nach Anlage 2 A2 UA2, UA3 WaffG tragen die Kennzeichnung „PTB im Kreis" oder eine andere erforderliche Kennzeichnung. Sie werden als „SRS-Waffen" bezeichnet und unterfallen besonderen Regelungen, zB sind bestimmte Arten des Umgangs erlaubnisfrei oder gelten abweichende Voraussetzungen für die Erteilung einer Erlaubnis zum Umgang.[53] Grundsätzlich sind aber aufgrund der Gleichstellung durch Anlage 1 A1 UA1 Nr. 1.2.1 WaffG auch auf sie die Vorschriften des WaffG für Schusswaffen anzuwenden, wenn das Gesetz nicht ausdrücklich eine Ausnahme vorsieht.

Auf andere Signalwaffen wie zB **Seenotsignalpistolen**[54] im cal. 4 sind die Vorschriften für Schusswaffen vollumfänglich anzuwenden.

1.3.2.2.9 Druckluft-, Federdruck-, Kaltgaswaffe (Nr. 2.9)

Erläuterungen finden Sie in den vertiefenden Kapiteln ab Seite 186.

1.3.2.2.10 Revolver

Der Revolver ist nicht als eigenständige Art einer Schusswaffe in der Anlage 1 WaffG aufgeführt. Genannt wird nur der **Double-Action-Revolver**.[55] Seine Beschreibung in

---

[52] *Vertiefende Informationen zu SRS-Waffen im Kapitel 1.12.2.1*

[53] *Vertiefende Informationen zu SRS-Waffen im Kapitel 1.12.2.1*

[54] *Ausführliche Darstellung in Kapitel 1.33*

[55] *Anlage 1 A1 UA1 Nr. 2.2 Satz 5 WaffG*

der Anlage 1 WaffG verwendet den gesetzlich nicht mehr[56] definierten Begriff **Trommel**. Beachten Sie die Bildtafel ab Seite 522.

Da das Gesetz an anderen Stellen den Begriff des Revolvers nicht verwendet, um den Umgang mit Waffen zu regeln, sondern zB von mehrschüssigen Kurzwaffen für Patronenmunition spricht, ist die fehlende Zuordnung kaum von praktischer Relevanz, da dieser Begriff auch Revolver umfasst. Lediglich bei einem Erwerb von Repetierlangwaffen wäre die Zuordnung von Revolvern als Revolvergewehr zu den Repetierwaffen von Bedeutung.

Hilfsweise kann die Einordnung einer Schusswaffe als Revolver dadurch geschehen, dass es sich dabei um eine Waffe handelt, die über mindestens ein Geschoss-, Patronen- oder Kartuschenlager verfügt, das in Form einer Bohrung (Kammer) in einer Trommel vorhanden ist. Die Trommel hat neben der Aufgabe des Lagers auch die Funktion eines Patronen- oder Geschossvorrats und ist in der Waffe drehbar auf einer Achse montiert. Die Achse ist so positioniert, dass die Trommel durch Betätigung des Schützen so bewegt werden kann, dass vor Abgabe des Schusses ein Geschoss in einer Kammer so vor den Lauf gebracht wird, dass eine Schussabgabe möglich ist. Dazu ist es in der Regel erforderlich, dass die Mittelachsen der Innendurchmesser von Lauf und Kammer bei unendlicher Länge gleich sind.

Revolver erfüllen die Definitionen der Einzellader- und Repetierwaffen nicht vollständig. Bezüglich der mechanischen Abläufe wäre, müsste eine Zuordnung zu einer der Arten von Schusswaffen erfolgen, die Einordnung als Repetierwaffe naheliegend. Revolver sind bei strenger Auslegung nur Lang- bzw. Kurzwaffe oder Feuerwaffe als Art einer Waffe. Zu unterscheiden sind Perkussionsrevolver (Vorderlader mit Zündhütchenzündung) und Revolver für Patronen- bzw. Kartuschenmunition. Das Nationale Waffenregister (NWR) stützt diese Überlegung und ordnet Revolver, die Kurzwaffe sind, als *kurze Repetierfeuerwaffe* ein und als Waffe der Kategorie B.

1.3.2.3 Den Schusswaffen gleichgestellte Gegenstände

Bestimmte Gegenstände sind den Schusswaffen gleichgestellt. Somit sind grundsätzlich die waffenrechtlichen Vorschriften, die sich auf Schusswaffen beziehen, auch auf diese Gegenstände anwendbar. Die Gleichstellung kann sich sowohl aus der Anlage 1 WaffG als auch aus weiteren Normen ergeben. Es ist zwischen umfassender und beschränkter Gleichstellung zu unterscheiden sowie einer indirekten Gleichstellung, die sich aus der Systematik des Waffengesetzes und seiner Anlage nur mittelbar ergibt.

---

[56] *§ 3 der DVO zum RWaffG 1938 zählte die Trommel zu den wesentlichen Teilen; da die Trommel das Patronenlager darstellt, das wesentliches Teil ist, wird die Trommel seit Inkrafttreten des BWaffG 1968 nicht gesondert im Gesetz genannt.*

1.3.2.3.1 Unbeschränkte Gleichstellung nach Nr. 1.2

Die unbeschränkte Gleichstellung durch Anlage 1 A1 UA1 Nr. 1.2 WaffG bedeutet für die in diesem Kapitel aufgeführten Gegenstände, dass die Vorschriften, die für Schusswaffen gelten, auch auf diese Gegenstände anzuwenden sind, obwohl sie keine Schusswaffen im technischen Sinne nach Definition des WaffG sind. Damit ist beispielsweise auf das Verwenden der **Armbrust**, das nach der Definition der Anlage 1 A2 Nr. 7 WaffG kein Schießen im Sinne des WaffG ist, aber in seiner Wirkung dem Abschießen eines Geschosses aus einer Schusswaffe gleichkommt, das Waffengesetz vollumfänglich anzuwenden, so dass etwa die Bestimmungen für das **Schießen** nach § 10 Abs. 5 WaffG (Schießerlaubnis) oder das **Schießen auf Schießstätten** nach § 27 WaffG auch bei Verwendung der Armbrust gelten.[57] Gleiches gilt für das Erfordernis einer Schießerlaubnis für das Abschießen von Kartuschen mit einer SRS-Waffe mit Zulassungszeichen „PTB im Kreis" außerhalb des eigenen befriedeten Besitztums oder einer Schießstätte.

Voraussetzung für die Gleichstellung ist die Tragbarkeit. Der Begriff „**tragbar**" bezieht sich dabei nicht allein auf das Gewicht des Gegenstandes oder die Fähigkeit eines durchschnittlich kräftigen Menschen, diesen Gegenstand „tragen" zu können im Sinne von „heben und wegtragen", sondern setzt voraus, dass dieser Gegenstand dazu bestimmt ist, von einer Person üblicherweise getragen und bei der Verwendung in der Hand gehalten zu werden.[58] Nicht tragbare Gegenstände wie fest installierte Selbstschussapparate in Obstplantagen werden nicht erfasst.

Zu beachten ist die klare Differenzierung der gleichgestellten Gegenstände, bezogen auf die Zweckbestimmung der Schusswaffen in Nr. 1.1. So müssen Gegenstände der Nr. 1.2.1 den gleichen Zwecken dienen wie Schusswaffen nach Nr. 1.1, während Gegenstände nach Nr. 1.2.2 ausdrücklich anderen Zwecken als den in Nr. 1.1 genannten dienen müssen. Nr. 1.2.3 macht keine diesbezüglichen Vorgaben, so dass eine Zweckbestimmung der hier erfassten Gegenstände weder erforderlich noch hinderlich ist.

1.3.2.3.1.1 Abschussgerät für Munition (1.2.1)

Tragbare Gegenstände, die dazu bestimmt sind, **Munition** zum **Angriff** oder zur **Verteidigung**, zur **Signalgebung**, zur **Jagd**, zur **Distanzinjektion**, zur **Markierung**, zum **Sport** oder zum **Spiel** abzuschießen, sind nach Anlage 1 A1 UA1 Nr. 1.2.1 WaffG den Schusswaffen gleichgestellt. Die Bestimmungsarten entsprechen denen der Schusswaffe in Nr. 1.1. Unter diesen Begriff fallen etwa **SRS-Waffen**[59], wenn diese zum Abschießen von Munition zu den bei der Definition von Schusswaffen genannten Zwecken bestimmt sind, ohne dabei aber über einen Lauf zu verfügen, durch den ein Geschoss getrieben werden kann.

---

[57] *WaffVwV zu Anlage 1 A1 UA1 Nr. 1.2.2, zu § 27, 27.1.1*

[58] *WaffVwV zu Anlage 1 A1 UA1 Nr. 1.2*

[59] *siehe dazu auch Kapitel 1.12.2.1 sowie Bildtafel auf Seite 544*

Selbstschuss- oder „**Alarmgeräte**", die Kartuschenmunition abschießen, um einen Einbrecher zu vertreiben oder eine sich nähernde Person zu melden, werden bestimmungsgemäß befestigt, somit bei Abschuss der Munition nicht in der Hand gehalten. Obwohl Abschussgeräte für Munition sind sie **mangels Tragbarkeit** den Schusswaffen nicht gleichgestellt und **unterfallen nicht dem WaffG**, womit auch die Benutzung **kein Schießen** ist und darum auch keiner Erlaubnis bedarf.[60] Sind sie **zu anderen** als den in Nr. 1.1 genannten **Zwecken bestimmt**, unterfallen sie nicht der Gleichstellung nach Nr. 1.2.1, dann wäre eine Gleichstellung nach Nr. 1.2.2 zu prüfen.

Die für diese Geräte bestimmte **Kartuschenmunition** unterfällt dem WaffG, wird aber durch Anlage 2 A2 UA2 WaffG für bestimmte Umgangsarten von der Erlaubnispflicht ausgenommen, etwa für Erwerb und Besitz.[61]

Das nachfolgend abgebildete Selbstschussgerät kann nach Angaben des Herstellers sowohl zum Vertreiben von Vögeln oder Wild („Vergrämung") eingesetzt werden als auch zur Sicherung von Häusern, indem ein am Boden gespannter Draht bei Berührung den Schlagbolzen (hier: Spannscheibe) durch Zug auslöst und die Kartusche zündet.

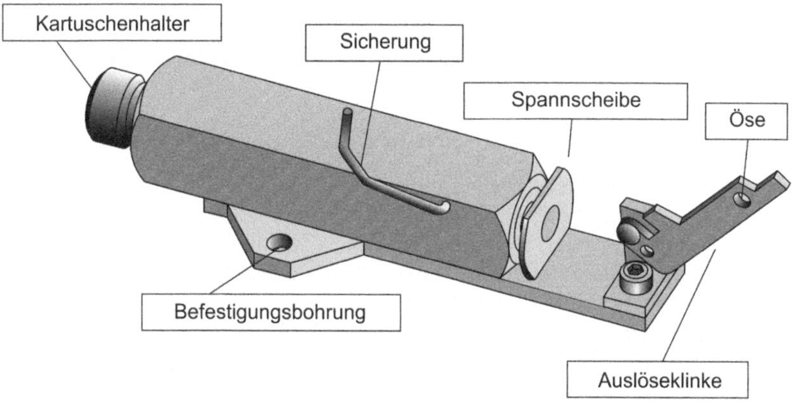

Abbildung mit freundlicher Genehmigung der KIEFERLE GmbH, Gottmadingen

Die in der Abbildung erkennbare Bohrung für eine Schraubbefestigung unterstreicht die Bestimmung als *nicht tragbar* im Sinne des WaffG. Der Montagehinweis des Herstellers, das Gerät am Boden anzubringen, soll verhindern, dass eine Person, die das Gerät auslöst, nicht auf Kopfhöhe dem Gasdruck ausgesetzt wird, um schwerste Verletzungen zu vermeiden.

---

[60] *Vorschriften des Beschussrechts sind aber zu beachten*

[61] *Nicht ausgenommen ist die Erlaubnispflicht für den Handel*

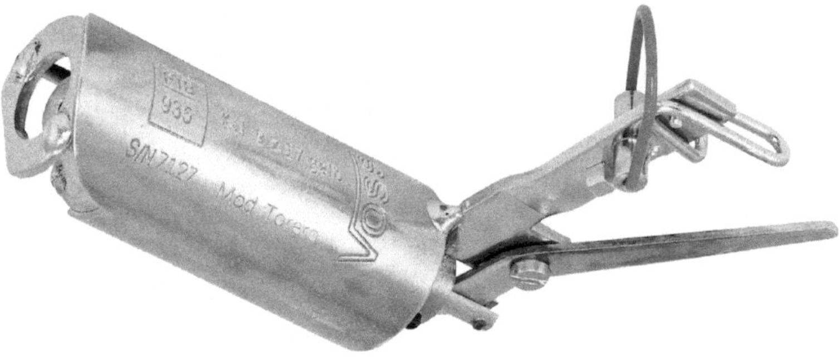

„Wühlmausschussfalle", Abbildung m. frdl. Gen. VOSS GmbH & Co. KG, Wester-Ohrstedt; gut erkennbar Kennzeichnung „PTB im Quadrat" links neben Kaliberangabe „9 x 17 gelb"

Die abgebildete **Wühlmausschussfalle** wird mit einer Kartusche geladen, die durch Freigabe eines federdruck-gestützten Hebels zur Auslösung gebracht wird. Die Falle wird im Erdreich in den Wühlmausgang eingesetzt, somit bei Abschuss der Munition nicht in der Hand gehalten. Somit ist auch in diesem Falle eine Gleichstellung mit einer Schusswaffe mangels Bestimmung als tragbares Abschussgerät nicht gegeben, der Gegenstand somit keine Waffe im Sinne des Waffengesetzes oder diesem unterworfen.

1.3.2.3.1.2 Schussgerät mit Treibladung (1.2.2)

Bestimmte Schussgeräte werden von der EU-Feuerwaffenrichtlinie als Waffen eingestuft, wenn sie nicht nachweislich nur zu technischen Zwecken verwendet werden können. Dazu zählen etwa Schussgeräte zu Schlachtzwecken, aber auch tragbare Befestigungsgeräte („Bolzenschussgeräte"), die jeweils mit Treibladungen betrieben werden. Ein Verschießen fester Körper ist nicht erforderlich, lediglich ein Abschießen von Munition. Somit sind auch solche Geräte zu Schlachtzwecken vom Begriff erfasst, bei denen die Kartuschenmunition abgeschossen wird, um einen im Gerät beweglich befestigten Bolzen zu beschleunigen, ohne ihn zu verschießen.

Erfasst werden von der Gleichstellung nach Nr. 1.2.2 nur Schussgeräte, die **tragbar** sind, **zu anderen** als den in Anlage 1 A1 UA1 Nr. 1.1 WaffG genannten **Zwecken bestimmt** sind, in Anhang IV Nummer 18 der Richtlinie 2006/42/EG **gelistet** sind und **nicht** über die in Anlage 1 A1 UA1 Nr. 1.2.2 lit. a oder b WaffG genannten **Kennzeichnungen** oder Bescheinigungen verfügen. Sie gelten als Waffen im Sinne des Gesetzes.

Gleiches gilt für die für diese Geräte bestimmte **Munition**.[62] Diese unterfällt dem WaffG nur dann, wenn sie für die Verwendung in diesen gleichgestellten Gegen-

[62] *Da Kartuschen für diese nicht vom WaffG erfassten Geräte keine Munition im Sinne des WaffG sind, ist das WaffG auf sie nicht anzuwenden.*

ständen bestimmt ist. In diesem Falle sind Erwerb und Besitz nach § 2 Abs. 4 WaffG iVm Anlage 2 A2 UA2 Nr. 1.9 WaffG erlaubnisfrei. Für den Umgang ist aber ein Mindestalter von 18 Jahren erforderlich sowie die sichere Aufbewahrung in einem verschlossenen Behältnis.

Dem Waffenbegriff und dem WaffG unterfallen nicht bestimmte Produkte, die im technischen oder landwirtschaftlichen Bereich sowie in der Schlachtung verwendet werden, sowie für diese bestimmte Munition. Die Geräte tragen in der Regel die nach deutschem Recht erforderliche Kennzeichnung „PTB im Viereck“ (Abb. unten) oder ein „CE“-Kennzeichen, das die Konformität des Apparats mit europaweit geltenden Vorschriften bestätigt, außerdem verfügen sie über eine Zulassungsbescheinigung der PTB als der in Deutschland zuständigen Prüfstelle. Maßgeblich für die Zulassung ist die sogenannten „Maschinenrichtlinie“ 2006/42/EG (MRL) des Europäischen Parlaments und des Rates vom 17. Mai 2006. Der Richtlinie unterfallen tragbare **Befestigungsgeräte oder -werkzeuge** mit Treibladungen nach DIN EN 15895 und andere Schussgeräte mit Treibladungen wie etwa **Viehschussapparate**.

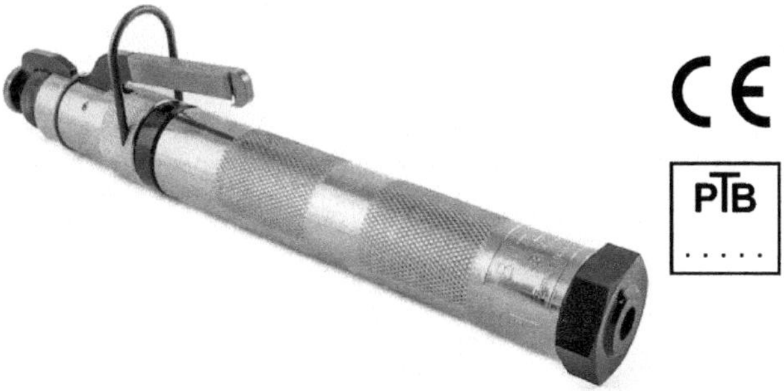

Abbildung mit freundlicher Genehmigung der „turbocut Jopp GmbH“, Bad Neustadt

Schussapparate, die zu Schlachtzwecken verwendet werden („Bolzenschussgerät“), werden beispielsweise mit Kartuschen angetrieben. Die zum Antrieb verwendeten Kartuschen, meist im Kaliber 9 x 17, werden in verschiedenen Ausführungen angeboten, die sich innerhalb einer Produktserie bezüglich des entstehenden Gasdrucks und damit der Energie unterscheiden, mit der der Bolzen aus dem Gerät austritt. Zur Kennzeichnung bedient man sich einer Farbcodierung der Kunststoffkappen, die den Hülsenmund der Kartuschen verschließen.

So bietet etwa der Hersteller „turbocut Jopp“ für verschiedene Modelle der Baureihe „Viehschussapparat Blitz“ folgende vier Kartuschensorten an:

Farbe	Ladung	Tierart
grün	schwach	Ferkel, Kalb, Lamm, Geflügel
gelb	mittel	Schwein, Schaf, Ziege, Kühe, leichte Ochsen
blau	stark	Mittlere Ochsen und Jungbullen
rot	sehr stark	Pferde, schwerste Ochsen, Bullen, großes Schwein

Der Bolzen erreicht dabei eine Beschleunigung bis zum 10.000-fachen der normalen Erdbeschleunigung, die Maximalgeschwindigkeit von mehr als 200 km/h wird in weniger als einer Millisekunde erreicht. Er ist damit das höchstbeanspruchte Bauteil eines Schussapparats und bedarf darum bei der Prüfung der Sicherheit eines solchen Geräts besonderer Beachtung. Der in dem Gerät bei Schussauslösung höchste entstehende Gasdruck ist vergleichbar mit jenem in Handfeuerwaffen.

Neben Schussgeräten zu Schlachtzwecken wird im Bereich der Industrie und des Bauwesens der Gasdruck von Kartuschen genutzt, um tragbare **Befestigungsgeräte** wie **Bolzenschubgeräte** oder **Bolzensetzgeräte** zu betreiben. Insbesondere auf Baustellen ist die Verwendung von Maschinen, die nicht auf ein Stromnetz angewiesen sind und dauerhaft hoher Luftfeuchtigkeit und niedrigen Temperaturen ausgesetzt werden können, weil sie eine andere als elektrische Energie verwenden, ein Anwendungsvorteil.

Das nachfolgend abgebildete Bolzenschubgerät nutzt den Gasdruck der abgeschossenen Kartusche (in der Abbildung mittig als konfektionierte Kartuschen-Disc), um insbesondere Befestigungsarbeiten durchzuführen, bei denen keine Schraubbefestigung erforderlich ist und lediglich ein Nagel (rechts abgebildet in magazinierter Form, wird in den Handgriff vorn am Gerät eingeführt) mit hoher Energie vorgeschoben werden muss. Dazu ist es erforderlich, das Befestigungswerkzeug anzupressen – sogenannte „Freischussgeräte", die Festkörper in den freien Raum verschießen können, sind nicht zulässig, ausgenommen im Bereich der Seefahrt.

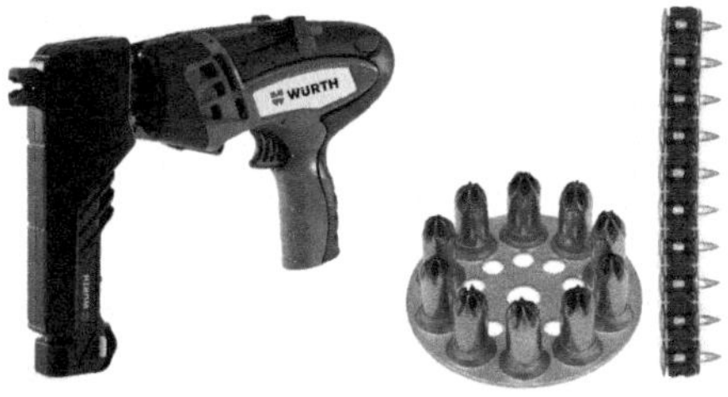

Abbildungen mit freundlicher Genehmigung der Adolf Würth GmbH & Co. KG

Die Eintreibenergie dieses Modells beträgt ca. 520 J, was der Mündungsenergie einer Kurzwaffenpatrone im Kaliber 9 mm x 19 entspricht. Die Nägel werden in dem vorn angebrachten Magazin gelagert und nachgeführt.

Die nachfolgende Zeichnung zeigt am Beispiel des Modells „Blitz Kerner" den Aufbau eines Viehschussapparats. Die Kartusche (17) wird von einem federdruckgetriebenen Schlagbolzen (5) gezündet, wobei der entstehende Gasdruck auf einen federgestützten Schussbolzen (10) wirkt und diesen aus dem Boden des Schussapparats heraustreibt. Der Schussbolzen tritt zwar teilweise aus dem Schussapparat aus, kann aber aufgrund seiner Form den Schussapparat nicht vollständig verlassen. Er soll vielmehr in den Kopf des Schlachttieres eindringen und dort die beabsichtigte Betäubung bewirken. Ein am Boden eingeschraubtes Verschlussstück (9) und ein Gummipuffer (16) halten den Schussbolzen sicher auf.

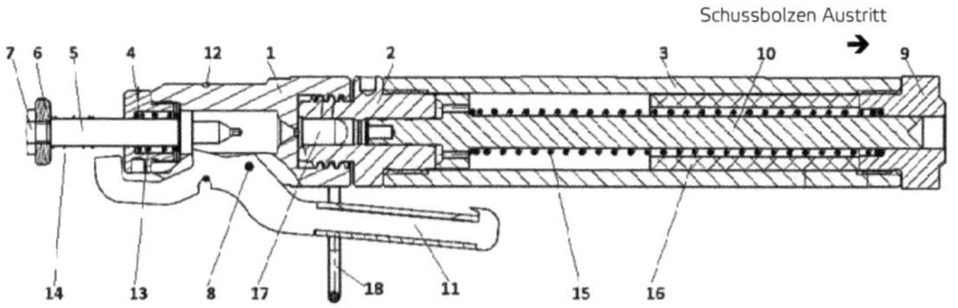

Abbildung mit freundlicher Genehmigung der „turbocut Jopp GmbH", Bad Neustadt

Tragbare („handgehaltene") Befestigungswerkzeuge nach DIN EN 15895 sind mit dem „CE"-Kennzeichen versehen. Nach Anlage 1 A1 UA1 Nr. 1.2.2 lit. a WaffG sind neben dem „PTB"-Zeichen Prüfzeichen anderer Staaten zulässig, mit denen die **gegenseitige Anerkennung** vereinbart wurde (CIP-Staaten, siehe Kapitel 3.9).

Das „CE"-Kennzeichen ist im EU-Raum seit Juni 2011 verbindlich als notwendige Kennzeichnung vorgeschrieben. Davor *in Verkehr gebrachte* Geräte ohne „CE"-Kennzeichen, die beispielsweise nur das Kennzeichen „PTB im Viereck" tragen, dürfen weiterhin verwendet werden, weshalb das Waffengesetz sowohl die PTB- als auch die „CE"-Kennzeichnung jeweils alleinstehend als Voraussetzung für die Ausnahme vom WaffG akzeptiert.

1.3.2.3.1.3 Gegenstände zum Verschießen fester Körper (1.2.3)

Anlage 1 A1 UA1 Nr. 1.2.3 erfasst Gegenstände unabhängig von einer Zweckbestimmung. Voraussetzung für die Gleichstellung mit Schusswaffen und damit die Einstufung als Waffe ist für diese Gegenstandskategorie neben der Tragbarkeit das gezielte Verschießen fester Körper. Beispielabbildungen enthält die Bestimmungstafel auf Seite 546.

Da das WaffG Harpunen und Armbrüste explizit besonderen (befreienden) Regelungen unterwirft, es aber an einer gesetzlichen Definition der vorgenannten Waffen mangelt,[63] werden nachfolgend Armbrust, Pfeilabschussgerät und Harpunengerät ausführlich dargestellt.

1.3.2.3.1.3.1 Armbrust

Anlage 1 A1 UA1 Nr. 1.2.3 WaffG nennt die **Armbrust** als Beispiel für tragbare Gegenstände, die dazu bestimmt sind, feste Körper gezielt zu verschießen und bei denen die eingebrachte Antriebsenergie durch eine Sperrvorrichtung gespeichert werden kann. Das Einbringen der Energie kann dabei sowohl durch Muskelkraft erfolgen als auch durch eine andere Energiequelle. Auch andere Gegenstände, die diese Voraussetzungen erfüllen, können in diese Kategorie fallen, etwa **Harpunen**,

---

[63] *Gemäß § 2 Abs. 5 WaffG hat das BKA durch Feststellungsbescheide für die Praxis Definitionen für das Pfeilabschussgerät und die Armbrust geschaffen, auf die in den nachfolgenden Kapiteln hingewiesen wird.*

die lediglich durch Muskelkraft gespannt werden.[64] Zu beachten ist aber, dass Ausnahmen des WaffG, die sich ausschließlich auf den Umgang mit Armbrüsten beziehen, auch nur auf diese anzuwenden sind, nicht aber auch andere Gegenstände, die der Nr. 1.2.3 unterfallen wie etwa Harpunen oder Pfeilabschussgeräte.

Die Armbrust gibt dem **Bolzen**, der mit ihr verschossen wird, nicht mittels eines Laufes Führung, sondern durch eine andere Konstruktion, die ein gezieltes Verschießen des Geschosses möglich macht, meist eine Schiene. Somit ist die Armbrust mangels eines Laufes nicht Schusswaffe im Sinne des WaffG. Anlage 1 A1 UA1 Nr. 1.2.3 WaffG stellt die Armbrust den Schusswaffen gleich, wenn die Antriebsenergie durch Muskelkraft oder eine andere Energiequelle eingebracht wird und mittels einer Sperrvorrichtung gespeichert werden kann, um ein gezieltes Verschießen zu ermöglichen.

Die klassische Armbrust, historisch auch als Armrust[65] bezeichnet, wurde nach dem Vorbild antiker Katapultwaffen auf Fahrgestellen zur leichten, tragbaren Fernwaffe zu Angriffszwecken weiterentwickelt. Sie besteht in der einfachsten Form aus einem Bogen, der aus Stahl oder einem anderen Material besteht, das gebogen werden kann, aber so elastisch ist, dass nach Freigabe die Bogenarme (die Teile des Bogens zu beiden Seiten des als Säule bezeichneten, meist aus Holz gefertigten Gestells, in dem sich auch die Abzugsvorrichtung befindet) in ihre ursprüngliche Form zurückschnellen. Dabei müssen die Bogenarme zwar elastisch sein, aber zum Biegen eine hohe Zuganstrengung erfordern. Die nicht dehnbare Sehne wird so in Richtung einer Aufnahmevorrichtung gezogen, dass dieser Zug, der auf die Enden des Bogens wirkt, an denen die Sehne befestigt wird, dadurch erhalten bleibt, dass die Sehne in dieser Aufnahmevorrichtung gehalten wird. Wird nun die Abzugsvorrichtung betätigt, wird die Sehne freigegeben und durch Entspannung der Wurfarme unmittelbar beschleunigt. Dabei nimmt die Sehne einen Bolzen mit. Dieser liegt meist auf einer Schiene und gleitet schienengeführt in Richtung der Sehnenbewegung.

Das Waffengesetz bleibt eine Definition der Armbrust schuldig. Somit ist hilfsweise auf die zuvor geschilderte, historisch belegbare Konstruktion abzustellen, die allgemein als Armbrust bezeichnet wird. Um dem Begriff der Armbrust zu unterfallen, bedarf es somit einer Konstruktion, bei der die Energie, die zum Antrieb des Geschosses von der Waffe auf das Geschoss übertragen werden soll, zunächst durch

---

[64] *Zu Harpunen, die Munition zum Antrieb nutzen, Kapitel 1.3.2.3.1.3.3*

[65] *Siehe dazu Wendelin Boeheim „Handbuch der Waffenkunde" 1890; das „b" in dem Wort Armbrust ist im Zuge einer Änderung der Schreibweise um das Jahr 1600 dem Wort „Armrust" hinzugefügt worden, das sich aus den Worten „Arm" und „Rüstung" im Sinne einer „Armrüstung" zusammensetzte; die Kirche des 12. Jahrhunderts „verbot ihren Gebrauch als mörderisch unter Christen und gestattete ihn nur gegen Ungläubige"; die Armbrust galt zu jener Zeit als heimtückische Waffe; bekannt sind auch die als Schnepper, Kugelschnepper oder Balester bezeichneten leichten Armbrustvarianten, die kugelförmige Geschosse verwendeten.*

Muskelkraft oder eine andere Energiequelle[66] in die Konstruktion eingebracht wird. Dabei ist es unerheblich, ob die Kraft über einen direkten Zug an der Sehne, einen Spannhebel, Druckluft, elektrische Energie oder eine Kurbel eingebracht wird, solange die Energie in den Wurfarmen gespeichert wird.

Konstruktionen, die eine elastische Sehne zum Antrieb verwenden, in die die Antriebsenergie eingebracht und gespeichert werden kann, sind keine Armbrust, sondern zB ein Pfeilabschussgerät oder eine Harpune.[67]

Zu beachten sind die Freistellungen der Armbrust[68] von bestimmten Vorschriften (Erwerb, Besitz, Führen, Herstellung, Handel, Verbringen, Mitnahme). Der **Gebrauch einer Armbrust** ist **kein Schießen**[69], da die Definition „Schießen" nach Anlage 1 A2 Nr. 7 WaffG die Verwendung einer Schusswaffe voraussetzt. Die Gleichstellung mit Schusswaffen durch Anlage 1 A1 UA1 Nr. 1.2.3 WaffG macht den gleichgestellten Gegenstand nicht zu einer Schusswaffe.[70] Gleichwohl sind die Vorschriften, die für Schusswaffen gelten, auf die nach Anlage 1 A1 UA1 Nr. 1.2 WaffG gleichgestellten Gegenstände vollumfänglich[71] anzuwenden. Somit gelten bei Verwendung einer Armbrust die Regelungen für das Schießen mit Schusswaffen auf Schießstätten im Sinne von § 27 WaffG sowie außerhalb einer Schießstätte das Erfordernis einer Schießerlaubnis.[72] Der Betrieb einer **Schießstätte für Armbrüste** bedarf der Erlaubnis nach § 27 WaffG.[73]

1.3.2.3.1.3.2 Pfeilabschussgerät

Das Pfeilabschussgerät ist durch Nennung in Anlage 1 A1 UA1 Nr. 1.2.3 WaffG Waffe im Sinne des WaffG.[74] Es ist den Schusswaffen vollumfänglich gleichgestellt. Somit unterliegen Pfeilabschussgeräte mangels gesetzlicher Ausnahmen insbesondere der Erlaubnispflicht für Erwerb und Besitz sowie das Führen, den Handel und die Herstellung. Vorschriften zur Aufbewahrung sowie zum erforderlichen Mindestalter gelten uneingeschränkt.

---

[66] *So BKA-FB SO 13-5164.01-Z-507 vom 2.12.2020; hier wird nur eine in den Wurfarmen der Konstruktion gespeicherte Energie gefordert.*

[67] *Nr. 1.2.3 erfasst auch bestimmte Harpunen, für die eine Freistellung nach Anlage 2 A3 UA1 gilt; vertiefend Kapitel 1.3.2.3.1.3.3*

[68] *Anlage 2 A2 UA2 WaffG; die dort genannten Freistellungen sind ausdrücklich auf Armbrüste beschränkt und erstrecken sich nicht auf Pfeilabschussgeräte.*

[69] *so WaffVwV Anlage 1 A1 UA1 Nr. 1.2.2, A2 Nr. 7 WaffG*

[70] *Schleswig-Holsteinisches VG 7 A 137/06 Rn. 19, Urteil vom 17. Juni 2008, grundsätzlich anwendbar auf Armbrüste und wesentliche Teile*

[71] *VG Freiburg 3 K 857/08, Urt. v. 29. Juni 2009; ebenso VG Aachen 6 K 240/05*

[72] *so WaffVwV 27.1.1, 27.4.2.3, Anlage 1 A1 UA1 Nr. 1.2.2, A2 Nr. 7*

[73] *VG Freiburg 3 K 857/08, Urteil vom 29. Juni 2009*

[74] *3. WaffRÄndG, Regelung trat am 1. September 2020 in Kraft*

Dem Begriff[75] des Pfeilabschussgerätes unterfallen Konstruktionen, bei denen ein hohler fester Körper so über ein Rohr geschoben wird, dass durch schlagartige Erhöhung des Drucks im Innern des Rohrs (zB durch Freisetzung von Druckluft oder durch Lösen einer gespannten Feder, wodurch ein Luftpolster mit Überdruck erzeugt wird) der auf das Rohr aufgeschobene Körper gezielt verschossen werden kann.

Eine Schwierigkeit für den Vollzug des Waffengesetzes ist die Identifikation eines Pfeilabschussgeräts. Da die vorstehend beschriebene Konstruktion äußerlich einer Druckluft- oder Federdruckwaffe ähneln kann, die nach Anlage 2 A2 UA2 Nr. 1.1 und 1.2 WaffG von der Erlaubnispflicht für Erwerb und Besitz ausgenommen wird, ist stets durch Überprüfung der Konstruktion und Funktionsweise festzustellen, um welche Art von Gegenstand es sich handelt. Gleiches gilt hinsichtlich einer Abgrenzung zu Harpunen.

Pfeilabschussgeräte sind erlaubnispflichtige Waffen und damit den Vorschriften zur sicheren Aufbewahrung vollumfänglich unterworfen.[76] Für die Erteilung einer waffenrechtlichen Erlaubnis sind die in § 4 WaffG geforderten Voraussetzungen ausnahmslos zu erfüllen, insbesondere ist der Nachweis der Sachkunde und eines Bedürfnisses erforderlich.

Der **Gebrauch eines Pfeilabschussgeräts** ist **kein Schießen**[77], da die Definition „Schießen" nach Anlage 1 A2 Nr. 7 WaffG die Verwendung einer Schusswaffe voraussetzt. Die Gleichstellung mit Schusswaffen durch Anlage 1 A1 UA1 Nr. 1.2.3 WaffG macht den gleichgestellten Gegenstand nicht zu einer Schusswaffe.[78] Gleichwohl sind die Vorschriften, die für Schusswaffen gelten, auf die nach Anlage 1 A1 UA1 Nr. 1.2 WaffG gleichgestellten Gegenstände vollumfänglich[79] anzuwen-

---

[75] *BKA-FB SO 13-5164.01-Z-506 vom 2.12.2020; da das WaffG keine freistellenden Regelungen für Pfeilabschussgeräte enthält, ist eine abgrenzende Definition zu Armbrust oder Harpune nicht erforderlich.*

[76] *Da für eine Einstufung als Langwaffe die erforderliche Mindestlänge von mehr als 30 cm für Lauf und Verschluss in geschlossener Stellung nach Anlage 1 A1 UA1 Nr. 2.5 WaffG mangels entsprechender Bauteile an einem Pfeilabschussgerät nicht gegeben ist, sind die Vorschriften für die Aufbewahrung erlaubnispflichtiger Kurzwaffen auf Pfeilabschussgeräte anzuwenden, da alle Schusswaffen, die nicht Langwaffen sind, als Kurzwaffen anzusehen sind und durch die unbedingte Gleichstellung des Pfeilabschussgerätes mit Schusswaffen diese Regeln anzuwenden sind.*

[77] *Anlage 1 A2 Nr. 7 WaffG*

[78] *Schleswig-Holsteinisches Verwaltungsgericht 7 A 137/06 Rn. 19, Urteil vom 17. Juni 2008, zur Gleichstellung von Schalldämpfern, anwendbar auch auf die Gleichstellung von Pfeilabschussgeräten*

[79] *VG Freiburg 3 K 857/08, Urteil vom 29. Juni 2009; aufgrund der entsprechenden Gleichstellung von Armbrust und Pfeilabschussgerät mit Schusswaffen ist dieses Urteil analog anzuwenden; ebenso VG Aachen 6 K 240/05*

den. Somit gelten bei Verwendung eines Pfeilabschussgeräts die Regelungen für das Schießen mit Schusswaffen auf Schießstätten im Sinne von § 27 WaffG sowie außerhalb einer Schießstätte das Erfordernis einer Schießerlaubnis.[80]

Der Betrieb der **Schießstätte für Pfeilabschussgeräte** ist erlaubnispflichtig.[81]

Beachten Sie zur Anwendung einer **Altbesitzregelung** für die Beantragung einer Erlaubnis für Pfeilabschussgeräte die Hinweise in Kapitel 1.37.

1.3.2.3.1.3.3 Harpunengerät

Wie die Armbrust werden auch bestimmte **Harpunengeräte** von der Definition erfasst und Schusswaffen gleichgestellt, nämlich Modelle, bei denen keine Munition zum Antrieb verwendet wird. Da Harpunen keine praktische Deliktrelevanz besitzen, werden sie mit Ausnahme des Mindestalters und möglicher Waffenverbote für den Einzelfall gemäß Anlage 2 A3 UA1 WaffG von den Regelungen des WaffG ausgenommen.

Diese Ausnahme gilt allerdings nur, wenn zum Antrieb der Geschosse keine Munition im Sinne des WaffG verwendet wird, etwa im Falle einfacher Konstruktionen durch manuelles Spannen starker Gummibänder, die dann kraftschlüssig mit einem Harpunenpfeil verbunden werden und bei Freigabe der Pfeilhalterung diesen Pfeil beschleunigen und freigeben.

Erfolgt der Antrieb des Harpunenpfeils dagegen durch Kartuschenmunition, sind je nach Konstruktion auch Einordnungen als Schusswaffe (bei Vortrieb des festen Körpers in einem Lauf über eine Strecke von mindestens zwei Kalibermaßen) oder als den Schusswaffen gleichgestellter Gegenstand nach Anlage 1 A1 UA1 Nr. 1.2.1 oder 1.2.2 WaffG vorstellbar – die jeweilige Bestimmung zu einem der in Anlage 1 A1 UA1 Nr. 1.1 WaffG genannten Zweck wäre, so legt es die Legaldefinition in Anlage 2 A2 UA1 WaffG nahe, die Sportausübung. Harpunen mit Munitionsantrieb unterfielen dann Vorschriften für die jeweils zutreffende Waffenart, die Freistellung nach Anlage 2 A3 UA1 WaffG würde in diesem Falle nicht greifen.

1.3.2.3.1.3.4 Weitere Regelungen

Der Umgang mit der Armbrust, Pfeilabschussgeräten und Harpunengeräten erfordert ein Mindestalter von 18 Jahren. Im Falle der Armbrust und des Pfeilabschussgeräts sind die Ausnahmen von diesem Alterserfordernis bei Umgang auf einer Schießstätte grundsätzlich anwendbar.

Die Gleichstellung der vorgenannten Gegenstände nach Nr. 1.2.3 mit einer Schusswaffe und somit die Einordnung als Waffe im Sinne des WaffG entfällt, wenn nur

---

[80] *so auch 27.1.1, Anlage 1 A2 Nr. 7 WaffVwV*

[81] *27.1.1, Anlage 1 A2 Nr. 7 WaffVwV zu § 27 WaffG, so auch VG Freiburg 3 K 857/08, Urteil vom 29. Juni 2009; aufgrund der Gleichstellung von Armbrust und Pfeilabschussgerät mit Schusswaffen ist dieses Urteil analog anzuwenden.*

solche festen Körper bestimmungsgemäß verschossen werden, die mit elastischen Geschossspitzen (zB Gummisaugnapf) versehen sind, bei denen eine maximale Bewegungsenergie der Geschossspitzen je Flächeneinheit von 0,16 J/cm² nicht überschritten wird.[82] Dies gilt für die Armbrust wie auch für Harpunengeräte und Pfeilabschussgeräte.

1.3.2.3.1.4 Auswirkung der Gleichstellung nach Nr. 1.2

Durch die Gleichstellung mit Schusswaffen, ob beschränkt oder unbeschränkt, werden die in Anlage 1 A1 UA1 Nr. 1.2.1 bis 1.2.3 WaffG genannten Gegenstände nicht zu Schusswaffen. Vorschriften, die sich auf Schusswaffen beziehen, sind aber auf diese Gegenstände anzuwenden.

Die Gleichstellung gilt vollumfänglich für die **tragbaren Gegenstände nach Anlage 1 A1 UA1 Nr. 1.2**, die damit grundsätzlich auch der Erlaubnispflicht nach Anlage 2 A2 UA1 WaffG bezüglich des Umgangs unterliegen. Durch die Ausnahmeregelungen der Anlage 2 A2 UA2, 3, A3 WaffG werden beispielweise bauartgeprüfte **SRS-Waffen** (Nr. 1.3, 7.2) und **Armbrüste** (Nr. 1.10, Nr. 3.2, 4.2, 7.8) für bestimmte Umgangsarten freigestellt, während andere Umgangsarten weiterhin erlaubnispflichtig sind (etwa das Führen von SRS-Waffen, das eine Erlaubnis nach § 10 Abs. 4 WaffG erfordert). Das ebenfalls vollumfänglich gleichgestellte **Harpunengerät**, das keine Munition zum Antrieb verwendet, ist durch Anlage 2 A3 UA1 WaffG gänzlich von der Erlaubnispflicht für den Umgang ausgenommen, hier sind allein ein Mindestalterserfordernis und ein eventuell bestehendes Waffenverbot im Einzelfall nach § 41 WaffG zu beachten. Dagegen ist für den Umgang mit **Pfeilabschussgeräten** keine Ausnahme im Gesetz vorgesehen, auf sie ist das Waffengesetz vollumfänglich und uneingeschränkt anzuwenden.

Wenn das Gesetz einer Waffe das Attribut **„erlaubnispflichtig"** voranstellt, beispielsweise von „erlaubnispflichtigen Kurzwaffen" spricht, so wäre damit verkürzend in diesem Beispiel eine Kurzwaffe gemeint, die der Erlaubnispflicht zum Erwerb und Besitz unterliegt.[83] Um diese sperrige Formulierung nicht im gesamten Gesetzestext verwenden zu müssen, beschränkt sich der Wortlaut auf eine im Grunde unzutreffende Verkürzung, da auch eine nicht erlaubnispflichtige Waffe einzelnen Erlaubnispflichten unterfallen kann, beispielsweise die Druckluftwaffe, die nach Anlage 2 A2 UA2 Nr. 1.1 WaffG ohne Erlaubnis erworben und besessen, mangels weiterge-

---

[82] *Anlage 1 A1 UA1 Nr. 1.2.3 WaffG*

[83] *Korrespondierend mit Erläuterung „erlaubnisfrei" in WaffVwV zu § 1, Nr. 1.2, 2. Absatz; zu unterscheiden ist aber im Kontext der Erlaubnisfreiheit zwischen „nicht der Erlaubnispflicht unterliegend" und der „Freistellung von der Erlaubnispflicht", siehe dazu beispielhaft § 13 Abs. 2 AWaffV: Hier wird ein verschlossenes Behältnis nur für solche Waffen gefordert, die von der Erlaubnispflicht freigestellt sind, während erlaubnisfreie Waffe im Sinne der „nicht der Erlaubnispflicht aus Anlage 2 A2 UA1 WaffG unterliegenden Waffen" bezüglich der Aufbewahrung gemäß § 36 Abs. 1 Satz 1 WaffG lediglich gegen unbefugte Wegnahme zu sichern sind.*

hender Freistellung aber ohne Erlaubnis weder geführt noch gehandelt oder hergestellt werden darf. Das ist insbesondere für die Aufbewahrung von Waffen von Bedeutung. Die einschlägige Regelung durch § 36 WaffG iVm § 13 AWaffV bezieht sich grundsätzlich auf jegliche Waffen und Munition, wovon Schusswaffen und ihnen gleichgestellte Gegenstände wie auch tragbare Gegenstände nach § 1 Abs. 2 WaffG erfasst werden. Lediglich Schusswaffen, die der Erlaubnispflicht zum Erwerb und Besitz unterliegen, sind besonders gesichert aufzubewahren.[84] Pfeilabschussgeräte sind erlaubnispflichtige Waffen und damit den Vorschriften zur sicheren Aufbewahrung vollumfänglich unterworfen.[85] SRS-Waffen und Armbrüste, also von der Erlaubnispflicht freigestellte Waffen, sind zwar in verschlossenen Behältnissen aufzubewahren, besonders qualifizierte Sicherheitsbehältnisse sind hier aber nicht erforderlich.[86] Sonstige Waffen, die von vornherein nicht der Erlaubnispflicht unterliegen (CS-Gas, Schlagstock, etc.) müssen gegen den Zugriff Unbefugter (etwa Minderjähriger) gesichert werden.

Die für den Sportschützen relevante Regelung zur **Erwerbsstreckung**[87], wonach innerhalb von sechs Monaten nicht mehr als zwei Schusswaffen erworben werden dürfen, lässt es zunächst notwendig erscheinen, dass auch der Erwerb von den Schusswaffen gleichgestellten Gegenständen wie SRS-Waffe oder Armbrust auf das Erwerbsstreckungsgebot anzurechnen ist. Durch die Erlaubnisfreiheit des Erwerbs dieser Gegenstände nach Anlage 2 WaffG erfolgt allerdings keine derartige Berücksichtigung, gleiches gilt für einen erlaubnisfreien Erwerb aufgrund einer Ausnahme nach § 12 Abs. 1 WaffG, zB zu Leihe oder Verwahrung. Auch erfasst das Erwerbsstreckungsgebot nur solche Waffen, die auf Grundlage des § 14 WaffG erworben wurden, also aufgrund eines nachgewiesenen Bedürfnisses als Sportschütze.[88]

1.3.2.3.2 Beschränkte Gleichstellung nach Nr. 1.3

Die in Anlage 1 A1 UA1 Nr. 1.3 WaffG genannten Gegenstände sind den Schusswaffen gleichgestellt, für die bestimmt sind, solange das Gesetz für den Umgang mit ihnen keine abweichende Regelung enthält. Erfasst sind von dieser beschränkten Gleichstellung sowohl die wesentlichen Teile von Schusswaffen als auch die Schall-

---

[84] *§ 13 Abs. 2 AWaffV*

[85] *Da für eine Einstufung als Langwaffe die erforderliche Mindestlänge von mehr als 30 cm für Lauf und Verschluss in geschlossener Stellung nach Anlage 1 A1 UA1 Nr. 2.5 WaffG mangels entsprechender Bauteile an einem Pfeilabschussgerät nicht gegeben ist, sind die Vorschriften für die Aufbewahrung erlaubnispflichtiger Kurzwaffen auf Pfeilabschussgeräte anzuwenden, da alle Schusswaffen, die nicht Langwaffen sind, als Kurzwaffen anzusehen sind und durch die unbedingte Gleichstellung des Pfeilabschussgerätes mit Schusswaffen diese Regeln anzuwenden sind.*

[86] *Den Regelungen zur Aufbewahrung von Waffen, die von der Erlaubnispflicht freigestellt sind, unterliegen auch Salutwaffen (§ 39b Abs. 3 WaffG)*

[87] *§ 14 Abs. 3 Satz 2 WaffG*

[88] *Vgl. zur Begründung der Nicht-Anrechnung Kapitel 1.3.2.3.2.3*

dämpfer. Bezüglich der *Bestimmung für eine Schusswaffe* ist auf den Willen des Herstellers abzustellen.

1.3.2.3.2.1 Wesentliche Teile von Schusswaffen (Nr. 1.3.1)

1.3.2.3.2.1.1 Einführung

Vorschriften für Schusswaffen sind vollumfänglich auf die für sie bestimmten wesentlichen Teile anzuwenden, wenn das Gesetz nichts anderes bestimmt.[89] Eine *andere Bestimmung* liegt beispielsweise im Falle des Erwerbs eines Austauschlaufs[90] für eine Schusswaffe vor, der durch Anlage 2 A2 UA2 Nr. 2.1 WaffG von der Erlaubnispflicht ausgenommen wird.[91]

Ist der Erwerb und Besitz einer Schusswaffe erlaubnispflichtig, gilt das Gleiche für die für sie bestimmten wesentlichen Teile und Schalldämpfer, es sei denn, dass das Gesetz eine andere Regelung vorsieht.

Ist der Erwerb und Besitz einer Waffe dagegen durch das Gesetz von der Erlaubnispflicht freigestellt (zB Druckluftwaffe mit Kennzeichen „F im Fünfeck"), kann beispielsweise auch ein Lauf, der für diese Waffe bestimmt ist, erlaubnisfrei erworben und besessen werden.

Wesentliche Teile von Schusswaffen sind Waffen im Sinne des WaffG. In der Praxis ist dies insbesondere von Bedeutung, wenn ein wesentliches Teil von der Waffe getrennt transportiert werden soll, da in diesem Falle das wesentliche Teil wie die Gesamtwaffe eingestuft wird und somit alle (erfüllbaren) Voraussetzungen für das erlaubnisfreie Führen vorliegen müssen.

Wird ein wesentliches Teil einer Schusswaffe nicht nur vorübergehend aus dieser entfernt, unterfällt es dem Waffengesetz als eigenständige Waffe, auf die allerdings die Vorschriften für die Herkunftswaffe weiterhin anzuwenden sind, es sei denn, es erfolgt eine Umbestimmung durch Umbau. Ein nur vorübergehendes Entnehmen eines wesentlichen Teils aus der Schusswaffe, etwa zur Pflege oder Reparatur, führt dagegen nicht zu Pflichten im Sinne einer Erwerbs- oder Überlassungsanzeige nach §§ 37 ff. WaffG.

Ist ein wesentliches Teil für eine erlaubnisfrei erwerbbare Schusswaffe bestimmt, könnte aber auch ohne bauliche Veränderung in einer erlaubnispflichtigen Schusswaffe verwendet werden, für deren Erwerb es beispielsweise einer WBK bedarf, fällt es erst dann nach dem Grundsatz einer zwingenden Anwendung der strengeren Vorschrift unter die Erlaubnispflicht, wenn es in eine erlaubnispflichtige Schusswaffe eingesetzt wird oder von der frei erwerbbaren Waffe dauernd getrennt wird

---

[89] *Anlage 1 A1 UA1 Nr. 1.3 WaffG*

[90] *Zur Erlaubnispflicht für Austausch- oder Wechselläufe Kapitel 1.11.3.1.2*

[91] *Zur Auswirkung auf das Erwerbsstreckungsgebot Kapitel 1.3.2.3.2.3*

und nicht lediglich vorübergehend, etwa zur Wartung oder Pflege, um danach wieder in die erlaubnisfrei erwerbbare Schusswaffe eingesetzt zu werden.[92]

Durch die Änderung des WaffG am 1. September 2020 wurde der Katalog der wesentlichen Teile von Schusswaffen nach Anlage 1 A1 UA 1 Nr. 1.3 WaffG hinsichtlich des Umfangs und Inhalts neu gefasst. Die davor mögliche Aufzählung weniger Bauteile, insbesondere im Rahmen von Sachkundeprüfungen oder bei der Überprüfung der sicheren Aufbewahrung[93], ist nun kaum noch möglich, da durch die Neufassung der Definitionen jedes Waffenmodell daraufhin zu prüfen ist, welches seiner Bauteile den Definitionen der wesentlichen Teile, insbesondere die Einstufung als Gehäuse, erfüllt.[94] Insbesondere Nebenbedingungen der Einstufung verhindern eine in der Praxis in wenigen Worten zusammenfassbare Aufzählung.

Zu beachten ist, dass gebrauchsfähige wesentliche Teile von Schusswaffen auch dann der bedingten Gleichstellung unterfallen, wenn sie mit anderen Gegenständen verbunden sind. Sind sie nur vorübergehend nicht gebrauchsfähig, weil sie mit *allgemein gebräuchlichen Werkzeugen* wieder gebrauchsfähig gemacht werden können, verlieren sie ebenfalls nicht ihre Einstufung als wesentliches Teil einer Schusswaffe. Als „**allgemein gebräuchliche Werkzeuge**" gelten solche, die üblicherweise von Heimwerkern verwendet werden, also im nicht-gewerblichen Bereich. Der Gesetzentwurf zur Änderung des WaffG 2008 nannte beispielhaft (die Auflistung ist ausdrücklich nicht abschließend) „die elektrische Handbohrmaschine, Hartmetall-Steinbohrer, Maul- und Steckschlüssel, Kombizange, Seitenschneider, Schleifstein, Parallelschraubstock, Feilen und Heißluftgebläse".[95] Werkzeugmaschinen oder andere Geräte, die nur stationär betrieben werden (etwa Drehbänke, Fräsmaschinen, Elektroschweißgeräte), sind keine allgemein gebräuchlichen Werkzeuge.[96]

---

[92] *Inhaltlich gleichlautend BKA-Feststellungsbescheid SO 11 - 5164.01-Z-152 vom 8. April 2011 mit Verweis auf WaffVwV 1979; wie beschrieben geregelt in WaffVwV 2012 zu Anlage 1 A1 UA1 Nr. 1.3 WaffG*

[93] *Auch bezüglich der Aufbewahrung sind grundsätzlich die Vorschriften anzuwenden, die für die Schusswaffe gelten, für die ein wesentliches teil oder ein Schalldämpfer bestimmt ist; zu beachten sind Erleichterungen durch die Regelungen nach § 13 AWaffV.*

[94] *Eine umfangreiche Handreichung ist diesbezüglich der Leitfaden „Wesentliche Waffenteile im neuen WaffG", das über das Internetportal des BKA in der Version 3.0 Stand Augst 2023 verfügbar ist; auch das vorliegende Buch orientiert sich hinsichtlich der Auslegung der gesetzlichen Definitionen an dieser Publikation, die als behördliche Auslegung des WaffG allerdings lediglich eine orientierende Handreichung darstellt; die Beschaffung und Lektüre wird insbesondere bezüglich der Einstufung des Bauteils „Schlitten" einer Pistole und der Voraussetzung für dessen Einstufung als Verschluss im Sinne des WaffG empfohlen.*

[95] *BT-Drs. 16/7717 S. 24, zu beachten ist auch die Aufzählung in WaffVwV 2012 zu Anlage 1 A1 UA1 Nr. 1.3 WaffG*

[96] *WaffVwV zu Anlage 1 A1 UA1 Nr. 1.3 WaffG*

Eine besondere Regelung wurde im Kontext des **Kriegswaffenkontrollgesetzes** (KrWaffKontrG) und des § 57 WaffG in das Waffengesetz 2008 aufgenommen. Das KrWaffKontrG verwendet nicht den Begriff des *wesentlichen Teils*, stattdessen sind Verschluss und Lauf einer Kriegswaffe ebenfalls als gesonderte eigenständige Kriegswaffen im Sinne des KrWaffKontrG eingestuft. Teile von Kriegswaffen, die bei gleichartigen zivilen Waffenkonstruktionen als wesentliche Teile eingestuft würden, unterfielen vor dieser neuen Regelung weder dem KrWaffKontrG noch dem Waffengesetz, da § 57 WaffG die Anwendung des WaffG auf Kriegswaffen ausschließt. Gleiches galt für Schalldämpfer, die für Kriegswaffen bestimmt waren. Die 2008 nachgesteuerte Regelung in Anlage 1 A1 UA1 Nr. 1.3 Satz 3 WaffG bestimmte nun, dass das Waffengesetz immer dann Anwendung findet, dass Teile von Kriegswaffen und Schalldämpfer für Kriegswaffen immer dann dem WaffG unterfallen, wenn sie die waffengesetzlichen Definitionen für wesentliche Teile erfüllen und nicht von den Vorschriften des KrWaffKontrG erfasst werden. Dies gilt insbesondere dann, wenn betroffene Teile einer Kriegswaffe nicht nur vorübergehend aus dieser Waffe ausgebaut werden, es sich also nicht um eine Zerlegung der Gesamtwaffe zum Zweck der Pflege handelt, oder sich, etwa als „Souvenir" zur Erinnerung an die Armee-Dienstzeit, im Besitz einer Person befinden.

1.3.2.3.2.1.2 Übersicht

Wesentliche Teile einer Schusswaffe sind

- der **Lauf** oder **Gaslauf**,
- der **Verschluss**, bei teilbaren Verschlüssen auch
    - **Verschlusskopf** und
    - **Verschlussträger**,
- das **Patronen**- oder **Kartuschenlager**, wenn es nicht bereits Bestandteil des Laufes sind,
- bei Schusswaffen, bei denen zum Antrieb ein entzündbares flüssiges oder gasförmiges Gemisch verwendet wird,
    - die **Verbrennungskammer** und
    - die **Einrichtung zur Erzeugung des Gemisches,**
- die **Antriebsvorrichtung** bei Schusswaffen mit anderem Antrieb, sofern sie fest mit der Schusswaffe verbunden ist,
- das **Gehäuse**, bei teilbaren Gehäusen auch
    - **Gehäuseoberteil** (oberes Gehäuse) und
    - **Gehäuseunterteil** (unteres Gehäuse) sowie

- **vorgearbeitete** wesentliche Teile von Schusswaffen sowie **Teile oder Reststücke** von **Läufen und Laufrohlingen**, wenn sie mit *allgemein gebräuchlichen Werkzeugen* fertiggestellt werden können
- **und die in Anlage 1 A1 UA1 Nr. 3 aufgeführten Gegenstände.**

Der Begriff „wesentliche Teile" ist zu unterscheiden von der beschussrechtlichen Bezeichnung **„höchstbeanspruchte Teile"** in § 2 Abs. 2 BeschG. Während die Anlage 1 WaffG abschließend die wesentlichen Teile benennt, verwendet § 2 Abs. 2 BeschG den Begriff „insbesondere", wodurch auch andere als die wesentlichen Teile einer Schusswaffe höchstbeanspruchte Teile sein können; die **Begriffe** sind also **nicht deckungsgleich**.

1.3.2.3.2.1.3 Lauf, Gaslauf (Nr. 1.3.1.1)

Lauf im Sinne des WaffG ist ein rohrförmiger Gegenstand, der zum Verschießen von Geschossen bestimmt ist und

- aus einem ausreichend festen Material besteht, um dem Druck, der beim Hindurchtreiben eines Geschosses auf die Wandungen wirkt, zu widerstehen (dabei ist auf den Gasdruck abzustellen, der bei bestimmungsgemäßer Verwendung in dem Lauf entsteht), und
- auf einer Strecke von mindestens dem doppelten Kaliber (im Sinne des Durchmessers eines Vollgeschosses, das aus diesem Lauf verschossen werden soll) dem Geschoss ein gewisses Maß an Führung gibt, womit auch Schrote erfasst sind, die sich in einem glatten Lauf mit gleicher Richtung bewegen (die Zwei-Kaliber-Länge ist nicht zwingend durch die Definition vorgegeben, sondern im Gesetzestext nur als grundsätzlicher Anhaltspunkt für die Einstufung eines Gegenstandes als Lauf genannt).

Bei Messung der **Lauflänge** ist das Patronenlager mit einzubeziehen, wenn es Bestandteil des Laufs ist. Lauflänge ist in diesem Falle der Abstand von der Laufmündung bis zum Patronenlager-seitigen Bauteilende.[97]

Bei Läufen ohne Patronenlager, beispielsweise dem Lauf eines Revolvers, ist die **Lauflänge als ganze Länge des Bauteils Lauf** anzusehen einschließlich des Über-

---

[97] *Diese Definition geht davon aus, dass lediglich zur Klärung der Frage, ob es sich um einen Lauf im Sinne des WaffG handelt, die Länge des Laufbestandteils zu messen ist, die dem Geschoss Führung gibt, diese qualifizierende Einschränkung heranziehbar ist, aber nicht für die Messung der Lauflänge im Sinne einer Bauteillänge; bei Läufen, die ein Patronenlager enthalten, ist dieses auch Bestandteil des Laufes und darum in dessen Gesamtlänge enthalten. Bei einer konkreten Messung ist bei Läufen ohne separates Patronenlager der Abstand von der Laufmündung bis zum Stoßboden des Verschlusses bei geschlossener Waffe die Lauflänge. Vor Messung der Lauflänge sind Anbauteile wie Kompensatoren oder Mündungsfeuerdämpfer, die nicht der Geschossführung dienen, zu entfernen.*

gangskegels, auch wenn in dem Übergangskegel das eintretende Geschoss nicht unmittelbar von einem Zug-Feld-Profil geführt wird. Gemessen wird von der Laufmündung bis zum Horizont des Übergangskegels, also dem Ende des Laufes vor der Trommel.

Auch **Austausch- und Wechselläufe** sowie **Reduzierhülsen** und **Einstecksläufe** unterfallen grundsätzlich dem Laufbegriff. Beachten Sie zu diesen Gegenständen sowie zu **Wechsel- und Einstecksystemen** die vertiefenden Ausführungen ab Seite 174.

Der **Gaslauf** dient ausschließlich der Ableitung von Verbrennungsgasen aus der Waffe heraus. Er ist **kein Lauf**, da er nicht dazu bestimmt ist, dass Geschosse durch ihn hindurchgetrieben werden. Ein Gaslauf kommt üblicherweise in SRS-Waffen anstelle eines Laufes zum Einsatz. Seine Gestaltung (beispielsweise nicht gerader Verlauf) oder Sperren im Lauf verhindern das Verschießen von Geschossen. Er ist **wesentliches Teil** im Sinne des WaffG.

Das **Gasrohr**, das die Verbrennungsgase des Laufes umleitet, um etwa den Verschluss eines automatischen Gewehrs zu betätigen oder zu steuern, zum Beispiel im Colt AR-15, erfüllt die gesetzliche Definition für einen Gaslauf im Sinne des WaffG nicht und ist darum **kein wesentliches Teil**.[98]

1.3.2.3.2.1.4 Verschluss (Nr. 1.3.1.2)

Durch das 3. WaffRÄndG wurde der Begriff des Verschlusses umfassend erweitert. Während zuvor als Verschluss nur das unmittelbar das Patronen- oder Kartuschenlager und den Lauf abschließende Teil galt, spricht die jetzt gültige Definition von *einer Baugruppe einer Schusswaffe, die das Patronen- oder Kartuschenlager nach hinten abschließt*; ergänzend nennt die neue Definition aber auch die Möglichkeit, dass ein Verschluss teilbar sein kann. Beide Teile, nämlich Verschlusskopf wie auch Verschlussträger, werden für sich als wesentliche Teile der Schusswaffe eingestuft, für die sie bestimmt sind, womit neben dem Verschlusskopf auch der Verschlussträger wesentliches Teil im Sinne des WaffG ist, der bislang mangels waffengesetzlicher Regelung gesetzlich nicht relevant war.[99]

Verschlusskopf ist das unmittelbar das Patronen- oder Kartuschenlager oder den Lauf abschließende Teil, beim Verwenden von Patronen- oder Kartuschenmunition die Baugruppe, die sich in nächster Nähe hinter dem Hülsenboden befindet und dazu bestimmt ist, den Hülsenboden abzustützen.

---

[98] *So BKA-Leitfaden (siehe dazu Fußnote 94), S. 60; Gasrohre (Gasröhrchen) sind keine Gasläufe (Hinweis: der BKA-Leitfaden Stand 4/2020 hatte diese fälschlich als wesentliche Teile eingestuft.)*

[99] *Durch die ab dem 1. September 2020 geltende Neudefinition ist die Messung der Gesamtlänge von „Lauf und Verschluss in geschlossener Stellung", die Grundlage für die Einstufung einer Schusswaffe als Lang- oder Kurzwaffe ist, auf eine vollkommen neue Messgrundlage gestellt.*

Verschlussträger ist das Bauteil, welches das Verriegeln und Entriegeln des Verschlusskopfs steuert. Verschlussträger kommen hauptsächlich in automatischen Langwaffen zum Einsatz, es existieren aber auch Kurzwaffen mit einem Verschlusssystem, das aus Verschlusskopf und -träger besteht.

Der **Schlitten** einer halbautomatischen Pistole ist dann Verschluss im Sinne der Regelung, wenn die Baugruppe, die technisch den Verschluss herstellt, nur mit erheblichem Aufwand, insbesondere im Sinne einer Demontage, aus dem Schlitten entnommen werden kann oder der Schlitten als „aus dem Ganzen gearbeitetes Bauteil" unmittelbar den Verschluss herstellt. Ist es dagegen möglich, dem Schlitten den eigentlichen Verschluss im Sinne einer eigenständigen Baugruppe zu entnehmen, ist der Schlittenkörper ohne das eigentliche Verschluss-Bauteil weder Verschluss noch Gehäuseoberteil, somit waffenrechtlich nicht relevant.

1.3.2.3.2.1.5 Patronenlager, Kartuschenlager (Nr. 1.3.1.3)

Das Patronen- oder Kartuschenlager ist immer dann wesentliches Teil einer Schusswaffe, wenn es nicht Bestandteil des Laufes ist im Sinne einer stofflichen Einheit. Moderne halbautomatische Pistolen verfügen in der Regel über eine aus einem Stück gearbeitete Laufeinheit mit Patronen- oder Kartuschenlager. Die Revolvertrommel ist Patronen- bzw. Kartuschenlager.

Ähnlich wie der Lauf definiert sich auch das **Patronenlager** als ein Hohlkörper aus einem ausreichend festen Material, der durch seine Innenabmessungen die Aufnahme von Patronenmunition, Kartuschenmunition oder Ladungen mit oder ohne Geschoss zulässt und dazu bestimmt ist, dass in diesem Hohlraum die Munition oder Ladung gezündet wird.

Ein **Kartuschenlager** ist dagegen lediglich zur Aufnahme von Kartuschenmunition bestimmt, somit für Hülsen mit Ladung, aber ohne Geschoss. Zu den Kartuschenlagern zählen auch **Trommeln von SRS-Revolvern** und **Stangenmagazine kleinerer SRS-Pistolen**, die schrittweise unter dem Lauf nach hinten durchgeschoben werden, um die darin liegenden Kartuschen vor den Lauf zu bewegen und dort zum Abschuss bereitzustellen (wegen der Bestimmung für Kartuschen keine Magazine im Sinne des WaffG).

Bei der Messung der Lauflänge ist das Patronen- oder Kartuschenlager stets mit einzubeziehen, wenn es nicht vom Lauf getrennt ist, wie das etwa beim Revolver der Fall ist (hier sind Lauf und Trommel getrennte Baugruppen). Dabei ist die Lauflänge als Abstand von der Laufmündung (im Sinne des Bereichs, an dem der Lauf dem Geschoss keine Führung mehr gibt) bis zum Boden der eingelegten Patrone oder Kartusche zu messen.

1.3.2.3.2.1.6 Trommel

Der Begriff der Trommel ist gesetzlich nicht definiert. Sie ist Patronenlager und wesentliches Teil im Sinne des WaffG. § 3 der DVO zum RWaffG 1938 zählte die Trommel des Revolvers zu den wesentlichen Teilen; da die Trommel das Patronenlager darstellt, das seinerseits wesentliches Teil ist, wird die Trommel seit Inkrafttreten des BWaffG 1968 nicht mehr gesondert im Gesetz genannt. Die Einordnung als wesentliches Teil und damit für die Gleichstellung mit der Schusswaffe, für die sie bestimmt ist, bestätigt die Definition der Wechseltrommel in Anlage 1 A1 UA1 Nr. 3.4 WaffG, wonach es sich bei Wechseltrommeln um solche Trommeln für ein bestimmtes Revolvermodell handelt, die ohne Nacharbeit ausgetauscht werden können, um Geschosse gleichen Durchmessers zu verschießen, die in einer Hülse abweichender Abmessungen bereitgestellt wird. Da nicht davon auszugehen ist, dass nur eine Wechseltrommel als wesentliches Teil anzusehen ist, ist die Trommel als Mehrzahl von Patronenlagern mittelbar wesentliches Teil einer Schusswaffe.[100]

1.3.2.3.2.1.7 Verbrennungskammer (Nr. 1.3.1.4)

Verbrennungskammern kommen zum Einsatz in Waffen, Schusswaffen, bei denen zum Antrieb des Geschosses ein entzündbares flüssiges oder gasförmiges Gemisch verwendet wird. Grundsätzlich entspricht die Funktionsweise einer Waffe, die ein flüssiges oder gasförmiges Gemisch verwendet, der eine Waffe zum Verschießen von Patronenmunition: Während beim Anzünden einer Patrone das in Pulverform vorliegende NC-Pulver durch den Anzündstrahl in gasförmige Bestandteile umgesetzt wird und bei dieser chemischen Reaktion aufgrund des Raumbedarfs gasförmiger Verbindungen je Molekül ein sehr hoher Gasdruck erzeugt werden kann, wird bei flüssigen oder gasförmigen Gemischen der Gasdruck ebenfalls durch Umsetzung eines Stoffes oder Stoffgemisches erzeugt.

Abweichend von der Patronenmunition ist es aber in der Regel erforderlich, dass für den Vorgang ein eigener Bereich geschaffen wird, in dem der Stoff oder das Stoffgemisch verbrannt werden. Anders als im Falle der Patrone, bei der der Gasdruck unmittelbar auf den vor der Ladung im Hülsenmund positionierten Geschossboden einwirken kann, muss sich bei Waffen mit Verbrennungskammer dieser Hohlraum hinter dem Geschosslager befinden, von wo das Geschoss in und durch den Lauf getrieben wird.

Ist die Aufbereitung eines Stoffgemisches vorgesehen, ist auch die dafür erforderliche **Einrichtung zur Erzeugung des Gemisches** wesentliches Teil.

1.3.2.3.2.1.8 Andere Antriebsvorrichtung (Nr. 1.3.1.5)

Verwenden Schusswaffen andere Antriebsarten als die vorgenannten, ist die Antriebsvorrichtung nur dann wesentliches Teil, wenn sie fest mit der Waffe verbunden ist. **„Fest verbunden"** sind Gegenstände, wenn die Verbindung nicht dazu bestimmt ist, vorübergehend oder endgültig durch Einsatz allgemein gebräuchlicher Werkzeuge oder manuell (insbesondere Verbindung durch Einschrauben) aufgehoben zu werden, ohne dass mindestens einer der zusammengefügten Gegenstände bei diesem Vorgang beschädigt wird; hier ist insbesondere an Verschweißungen oder Einpassungen bei hohen Temperaturen zu denken, die bei Normaltemperatur aufgrund

---

[100] *Auch § 2 Abs. 2 Nr. 7 BeschG verwendet allein den Begriff der „Wechseltrommel" bei der Definition der höchstbeanspruchten Teile.*

der Schrumpfung der bei Hitze ausgedehnten Werkstücke kraft- oder reibschlüssig verbunden werden, nicht aber an Schraubverbindungen oder einfache Verklebungen.

Beispiele für *andere Antriebe* sind Elektromotoren mit sehr hohen Drehzahlen, die die Energie für den Antrieb des Geschosses bereitstellen. Bekannt sind auf Induktion oder Elektromagnetismus basierende Antriebsverfahren, wie sie etwa beim Verschießen metallischer oder nichtmetallischer leitfähiger Körper mit ***Gaußgewehr*** oder ***Railgun*** angewandt werden. Insbesondere bei anderen Antriebsvorrichtungen ist genau zu prüfen, ob es sich bei der Konstruktion um eine Schusswaffe oder einen gleichgestellten Gegenstand im Sinne des WaffG nach der Definition der Anlage 1 WaffG handelt.

Eine *andere Antriebsvorrichtung* im Sinne der Nr. 1.3.1.5 ist das *Hop-up-System*, das häufig in zum Spiel bestimmten Schusswaffen verwendet wird.

1.3.2.3.2.1.9 Gehäuse (Nr. 1.3.1.6)

Das Gehäuse ist das Bauteil einer Waffe, das den Lauf, die Abzugsmechanik und den Verschluss aufnimmt. Gehäuse wurden durch das 3. WaffRÄndG am 1. September 2020 wesentliche Teile im Sinne des WaffG.

Bei **Einzelladerlangwaffen** und **Repetierlangwaffen** ist die Systemhülse das Gehäuse. Somit ist die Schäftung kein Gehäuse im Sinne des WaffG. Gleiches gilt für **halbautomatische Langwaffen**, die **ausschließlich für eine nicht militärische Verwendung** konstruiert wurden.

Bei **Kipplaufwaffen** ist die **Basküle** (Metallgehäuse, das in der Regel die Abzugsmechanik und die Verriegelungseinheit enthält) wesentliches Teil, das in der waffenrechtlichen Praxis **als Gehäuse-Verschluss-Einheit** bezeichnet wird, so dass diese Waffe nur aus zwei wesentlichen Teilen besteht, nämlich Lauf und Gehäuse-Verschluss-Einheit. Verfügt die Waffe über einen separaten Verschlussblock, sind dagegen die Basküle als Gehäuse und der Verschlussblock einzeln zu erfassen, womit drei wesentliche Waffenteile vorliegen (Lauf, Verschluss, Gehäuse).[101]

Andere halbautomatische sowie vollautomatische Langwaffen weisen dagegen ein teilbares Gehäuse auf, das aus einem Gehäuseoberteil und einem Gehäuseunterteil besteht, wobei jedes Gehäuseteil für sich wesentliches Teil ist. Das **Gehäuseoberteil** nimmt den Lauf und Verschluss auf, das **Gehäuseunterteil** die Abzugsmechanik.

Im Falle der **Kurzwaffen** wird das Gehäuseunterteil als **Griffstück** bezeichnet. Kurzwaffen verfügen in der Regel nicht über ein Gehäuseoberteil.[102]

Bei **halbautomatischen Kurzwaffen** enthält das Griffstück im Sinne eines Gehäuseunterteils die Abzugsmechanik. Anders als der Lauf und der Verschluss ist die **Abzugsmechanik** kein wesentliches Teil und darum waffenrechtlich nicht relevant. Be-

---

[101] *BKA-Leitfaden (siehe dazu Fußnote 94), zu Blaser K 95, S. 50*

[102] *Zur Einstufung des Schlittens von Pistolen vertiefend Kapitel 1.3.2.3.2.1.4*

findet sich die Abzugsmechanik in einem **Rahmen**, so dass sie vollständig im Sinne einer Baugruppe aus der Waffe entnommen werden kann, ist dieser Rahmen das **Gehäuseunterteil**, während der Griff der Waffe, der keine Teile der Abzugsmechanik enthält, ebenso wie eine Griffschale waffenrechtlich keine Berücksichtigung findet, da er mangels Abzugseinrichtung nur eine Griffhülle ist.[103] Das gilt auch, wenn die Griffhülle waffentechnisch weitere Aufgaben hat, etwa Halten und Freigabe eines Wechselmagazins mit Magazinlöseknopf oder -hebel.

Bei einem **Revolver** stellt die Konstruktion, die die Trommel im eingeschwenkten Zustand einfasst (waffentechnisch ebenfalls als „Rahmen" bezeichnet), das Griffstück dar. Auch eine ohne vollständige Einfassung gilt der Rumpfrahmen ohne eine über der Trommel liegende Rahmenbrücke als Rahmen und damit als Griffstück und wesentliches Teil.

1.3.2.3.2.1.10 Vorgearbeitete wesentliche Teile (Nr. 1.3.1.7)

Vorgearbeitete wesentliche Teile von Schusswaffen sowie Teile und Reststücke von Läufen und Laufrohlingen gelten als wesentliche Teile, wenn sie mit *allgemein gebräuchlichen Werkzeugen* (zum Begriff siehe Seite 49) fertiggestellt werden können.

1.3.2.3.2.1.11 Begriff des „führenden Waffenteils" (Nr. 1.3.2)

Jede Schusswaffe verfügt über <u>ein</u> führendes wesentliches Teil. Bei Registrierung aller wesentlichen Teile einer Schusswaffe im Nationalen Waffenregister steht das führende wesentliche Teil für die Schusswaffe als Ganzes. Die auf dem führenden wesentlichen Teil befindliche Kennzeichnung gilt dabei als Kennzeichnung der Schusswaffe.

Welches das wesentliche führende Teil einer Waffe ist, hängt von der Konstruktion des jeweiligen Waffenmodells ab. Es gilt die nachstehende aufsteigende Reihenfolge bezüglich der systematischen Ermittlung des führenden Teils, wobei im Falle des Zutreffens einer Definition dieses Teil das führende wesentliche Teil ist:

- Bei Waffen, die ein Gehäuse haben, ist das **Gehäuse** führendes Teil.
  - Handelt es sich um ein <u>teilbares</u> Gehäuse mit Ober- und Unterteil, ist das **Unterteil** führendes Teil.
  - Bei Kurzwaffen ist das **Griffstück Unterteil** und damit das führende Teil.
- Handelt es sich um eine Waffe ohne Gehäuse, ist der **Verschluss** das führende Teil.
- Hat die Waffe weder Gehäuse noch Verschluss, ist der **Lauf** das führende Teil.

Das führende wesentliche Teil ist insbesondere im Falle der Bearbeitung einer Schusswaffe relevant. Wird das führende wesentliche Teil durch ein neues führen-

---

[103] *BKA-Leitfaden (siehe dazu Fußnote 94), zu SIG-Sauer P250, S. 32, mit Verweis auf BKA-Feststellungsbescheid SO11 - 5164.01-Z-149 vom 14. Mai 2008*

des wesentliches Teil ersetzt, bedeutet dies eine Neuherstellung einer Schusswaffe. Werden dagegen andere wesentliche Teile ausgetauscht oder umgearbeitet, handelt es sich lediglich um eine Bearbeitung im Sinne des WaffG.

1.3.2.3.2.1.12 NWR-konforme Begriffsergänzungen[104]

Der Begriff **Gehäuse-Lauf-Einheit** erfasst solche Schusswaffen, bei denen Lauf und Gehäuse im Fertigungsprozess aus einem Stück gefertigt worden sind, eine Trennung von beiden Teilen somit die Waffe zerstören würde. Abweichend handelt es sich nicht um eine Gehäuse-Lauf-Einheit, wenn Lauf und Gehäuse zwar *fest miteinander verbunden*[105] sind, eine Trennung aber nur zu einer Beschädigung, nicht aber zur Zerstörung mindestens eines wesentlichen Teils in diesem Verbund führen würde.

Für **Gehäuse-Verschluss-Einheiten** wie die Basküle einer Kipplaufwaffe gelten die vorstehenden Aussagen vollumfänglich.

1.3.2.3.2.2 Schalldämpfer (Nr. 1.3.3)

Schalldämpfer sind keine wesentlichen Teile von Schusswaffen, sind aber der Schusswaffe, für die sie bestimmt sind, gleichgestellt, wenn das Gesetz nichts anderes bestimmt.[106]

Die funktionelle Baugruppe einer Waffe mit fest in die Waffe integriertem Schalldämpfer (**Schallabsorberwaffe**) gilt als fest mit einer Schusswaffe verbundener Schalldämpfer und unterfällt als solche in der Regel einer Erlaubnispflicht mit Nachweis eines Bedürfnisses.[107]

---

[104] *BKA-Leitfaden (siehe dazu Fußnote 94), S. 18*

[105] *„Fest verbunden" sind Gegenstände, wenn die Verbindung nicht dazu bestimmt ist, vorübergehend oder endgültig durch Einsatz allgemein gebräuchlicher Werkzeuge oder manuell (insbesondere Verbindung durch Einschrauben) aufgehoben zu werden, ohne dass mindestens einer der zusammengefügten Gegenstände bei diesem Vorgang beschädigt wird; hier ist insbesondere an Verschweißungen oder Einpassungen bei hohen Temperaturen zu denken, die bei Normal--emperatur aufgrund der Schrumpfung der bei Hitze ausgedehnten Werkstücke kraft- oder reibschlüssig verbunden werden, nicht aber an Schraubverbindungen oder einfache Verklebungen, die eine zerstörungsfreie Trennung erlauben.*

[106] *Anlage 1 A1 UA1 Nr. 1.3.3 WaffG; die durch Auslegung des WaffG 2002 in der Rechtsprechung und auch in der Lehre vertretene Annahme, dass es sich bei Schalldämpfern nicht um wesentliche Teile handelt, sondern um eine eigenständige Kategorie von Gegenständen, die den Schusswaffen gleichgestellt sind, für die sie bestimmt sind, wird nach Änderung des WaffG 2020 durch die Nummerung der Anlage 1 A1 UA1 Nr. 1.3 bestätigt.*

[107] *Hessischer VGH 11 UE 2912/00, Urteil vom 9. Dezember 2003; dies ist insbesondere zu beachten beim Erwerb von Schallabsorberwaffen für Munition mit Randfeuerzündung, für die die Regelung in § 13 Abs. 9 WaffG nicht gilt; zur Auf-*

Verboten ist der Umgang mit Schalldämpfern, die durch den Hersteller für die **Verwendung** mit einer **verbotenen Schusswaffe bestimmt** sind.

Wird ein Bedürfnis für den Erwerb und Besitz eines erlaubnispflichtigen Schalldämpfers nachgewiesen, kann die zuständige Behörde eine entsprechende Erlaubnis erteilen. Die Regelung nach § 13 Abs. 9 WaffG, wonach für den Umgang mit Langwaffen-Schalldämpfern für Zentralfeuerkaliber durch **Jäger** die Vorschriften für den Umgang mit Langwaffen anzuwenden sind, erlaubt dieser Bedürfnisgruppe einen erleichterten Erwerb.[108]

Der Erwerb und Besitz eines Schalldämpfers kann zB im Falle eines Forstbeamten, der aufgrund seiner beruflichen Tätigkeit nicht durch Verzicht auf die Nutzung einer Schusswaffe oder das Tragen eines Gehörschutzes das Risiko eines Gehörschadens minimieren kann, genehmigt werden – hier tritt das Interesse der Allgemeinheit an einem Nichtgebrauch von Schalldämpfern und einer möglichst geringen Verbreitung dieser Gegenstände[109] hinter die persönlichen und wirtschaftlichen, in diesem Falle sogar existentiellen Interessen des Einzelnen zurück.[110]

Zu beachten ist, dass der Gesetzgeber schon durch die Möglichkeit der Erlaubniserteilung deutlich macht, dass es sich bei einem Schalldämpfer nicht grundsätzlich um eine verbotene Waffe handelt, sondern um eine Waffe, deren Erlaubnisniveau oder Verbot sich an dem jener Schusswaffe orientiert, für die dieser Schalldämpfer durch den Hersteller bestimmt ist. Neben der Verwendung zur Jagd mit Zentralfeuer-Langwaffen, die den Erwerb des Schalldämpfers für Jäger von einer gesonderten Erlaubnispflicht befreit, gibt es beispielsweise ein Bedürfnis zum Umgang mit Schalldämpfern (Lärmschutz bei einem Einsatz von Stadtjägern in Wohngebieten etc.) - sonst wäre anstelle der Gleichstellung mit ausdrücklicher Nennung und Abgrenzung von den wesentlichen Teilen ein Verbot von Schalldämpfern erfolgt.

---

bewahrung von Schallabsorberwaffen in nicht dauernd bewohnten Gebäuden vertiefend Kapitel 1.21.6

[108] *Vertiefend dazu Kapitel 2.9*

[109] *Zur tatsächlichen Gefahr durch Verbreitung von Schalldämpfern vertiefend die einschlägige BKA-Studie aus dem Jahre 2013 zur Deliktrelevanz von Schalldämpfern im legalen Besitz; beachten Sie, dass die Entscheidung in nachfolgender Fn. 110 vor der gesetzlichen Freistellung von der Erlaubnispflicht für Inhaber eines gültigen Jagdscheins und der gesteigerten Verbreitung im Jagdbereich erging.*

[110] *VG Minden 8 K 2217/10, Urteil vom 29. April 2011; der Erforderlichkeit eines Schalldämpfers widersprach der LJV NRW mit Hinweis auf geringe Behinderungen durch Gehörschutz bei der Jagd und den Grundsatz der Waidgerechtigkeit*

Schalldämpfer sind Waffen, nicht aber Schusswaffen nach § 1 Abs. 2 WaffG („den Schusswaffen gleichgestellt") und werden nicht von einer Erlaubnis[111] zum Erwerb und Besitz von „Schusswaffen jeder Art" umfasst.[112]

Schalldämpfer zählen nach § 2 Abs. 2 BeschG (Beschussgesetz) nicht zu den höchstbeanspruchten Teilen einer Schusswaffe und unterliegen damit auch nicht der **Beschusspflicht** nach § 3 BeschG. Damit ist auch die Anbringung von **Prüfzeichen** nicht vorgeschrieben. Gleiches gilt für die **Kennzeichnung** nach § 24 WaffG mit Seriennummer oder Herstellerangabe. Gleichwohl sollte auf freiwilliger Basis vor Eintragung eines Schalldämpfers in eine WBK eine dauerhafte Kennzeichnung (Gravur, Laser etc.) vorgenommen werden, um die Eintragung mit einem eindeutigen Kennzeichen (Seriennummer, Besitzerkürzel) vornehmen zu können.

1.3.2.3.2.3 Auswirkung der Gleichstellung nach Nr. 1.3

Bei **wesentlichen Teilen von Schusswaffen und Schalldämpfern**, die **nach Anlage 1 A1 UA 1 Nr. 1.3 WaffG** nur den Schusswaffen, für die sie bestimmt sind, bedingt gleichgestellt sind, ist eine genauere Betrachtung der Auswirkungen der hier anzuwendenden eingeschränkten Gleichstellung erforderlich. Diese Gegenstände sind insoweit gleichgestellt, dass sich die Gleichstellung lediglich auf jene Schusswaffen bezieht, für die diese wesentlichen Teile oder ein Schalldämpfer bestimmt sind, und nur dann die Vorschriften für die jeweilige Schusswaffe anzuwenden sind, wenn das Gesetz nichts anderes bestimmt.

Die **erste beschränkende Bedingung**, dass sich die Gleichstellung **nur auf die Schusswaffe bezieht, für die dieser Gegenstand bestimmt ist**, führt insbesondere bezüglich wesentlicher Teile in der Praxis nicht zu Problemen, da diese Waffenteile nicht beliebig in verschiedene Modelle eingesetzt werden können. Anders verhält es sich bei Schalldämpfern, da es im Handel auch Varianten gibt, die sowohl an Druckluftwaffen, die nicht der Erlaubnispflicht unterliegen, befestigt werden können als auch an erlaubnispflichtigen Feuerwaffen im cal. .22 lfB. – hier ist im Einzelfall zu prüfen, für welche Waffenart der Schalldämpfer herstellerseitig bestimmt oder an welcher er montiert ist, um eine aus der Gleichstellung abgeleitete Erlaubnispflicht oder Erlaubnisfreiheit zum Umgang festzustellen.

Die **zweite beschränkende Bedingung, dass die Gleichstellung durch abweichende gesetzliche Regelung beschränkt wird**, ist der jeweiligen Vorschrift zu entnehmen. Hier kommt in erster Linie der erleichterte Erwerb von Austauschläufen etc. nach Anlage 2 A2 UA2 Nr. 2, 2a in Betracht, der die Gleichstellung bezüglich der Erwerbserlaubnispflicht durchbricht. Weitere derartige Bestimmungen finden sich in §§ 23 bis 26 WaffG.

---

[111] *§ 18 WaffG, in Ausnahmefällen auch § 17 WaffG*

[112] *Schleswig-Holsteinisches Verwaltungsgericht 7 A 137/06 Rn. 19, Urteil vom 17. Juni 2008, unter Verweis auf Wortlaut § 34 Abs. 5 WaffG (2008)*

Das **Erwerbsstreckungsgebot** nach § 14 Abs. 3 Satz 2 WaffG gilt nicht für den Erwerb von wesentlichen Teilen, deren Erwerb nach Anlage 2 A2 UA2 Nr. 2, 2a WaffG von der Erlaubnispflicht freigestellt ist. Diese Freistellung ist eine *andere Bestimmung*, wodurch eine Gleichstellung mit Schusswaffen bezüglich des Erwerbs ausdrücklich nicht vorliegt. Eine Gleichbehandlung ist aus Sicht des Gesetzgebers in diesem Punkte nicht erforderlich.[113] Die Rechtsprechung hat bestätigt, dass durch die Erlaubnisfreiheit des Erwerbs von Wechselsystemen im gleichen oder kleineren Kaliber das Erwerbsstreckungsgebot diesen Erwerb nicht erfasst.[114] Eine abweichende Auslegung der in diesem Falle bescheidenden Waffenbehörde wurde durch die zuständige Landesbehörde für rechtswidrig erklärt.[115] Der Erwerb eines Austauschlaufs für eine Schusswaffe erhöht nicht die Zahl der Waffen, die sich im Besitz eines Erlaubnisinhabers befinden.

Die **Kontingentierung** wie in §§ 13, 14, 16 WaffG bestimmt zunächst die „Grundausstattung“ mit bestimmten Arten von Schusswaffen (zum Beispiel für Sportschützen: zwei mehrschüssige Kurzwaffen für Patronenmunition, drei halbautomatische Langwaffen). Die Bedeutung für den Erwerb gleichgestellter Gegenstände entspricht den Ausführungen zum Erwerbsstreckungsgebot, womit der erlaubnisfreie Erwerb eines weiteren Laufes nicht auf das Kontingent anzurechnen wäre. Auch könnte die ausdrückliche Nennung von Kurz- und Langwaffen eine Ausnahme durch Gesetz sein, womit die Gleichstellung unwirksam würde und der Erwerb wesentlicher Teile oder Schalldämpfer nicht auf das Kontingent anzurechnen wäre.

Wesentliche Teile und **Schalldämpfer** sind durch die Gleichstellung **keine Schusswaffen** im Sinne des WaffG. Eine Erlaubnis für den Erwerb von Schusswaffen jeder Art nach § 18 WaffG umfasst nicht den Erwerb von Schalldämpfern,[116] wohl aber von wesentlichen Teilen für die aufgrund dieser Erlaubnis erwerb<u>baren</u> Schusswaffen. Der erlaubnisfreie Erwerb von Langwaffen gemäß § 13 Abs. 3 Satz 1 WaffG impliziert den ebenfalls erlaubnisfreien Erwerb wesentlicher Teile von Waffen dieser Art für Jäger.[117]

---

[113] *Bei Inhabern einer WBK wird „durch die* ***Zubilligung weiterer Austausch- und Wechselläufe ... die Zahl der Schusswaffen nicht erhöht****“ (BR-Drs. 74/76, S. 50, „Zu § 4“, Absatz 1). Die Rechtsprechung stützte diese Einschätzung des Gesetzgebers und fügte, unter Hinweis auf den Bundesrat, hinzu, dass wesentliche Teile, anders als eine schussfähige Waffe, „keine erhebliche Gefahr für die öffentliche Sicherheit darstellen“ (BVerwG 1 C 6/81, Urteil vom 02. Dezember 1986).*

[114] *ThürOVG 3 EO 1080/10, Beschluss vom 18. November 2010*

[115] *Thüringer Landesverwaltungsamt 200.11-2132-105/10 EF vom 14. März 2011*

[116] *Schleswig-Holsteinisches VG 7 A 137/06, Urteil vom 17. Juni 2008, Verweis auf Wortlaut § 34 Abs. 5 WaffG 2008; zur Ungleichbehandlung von Schalldämpfern und wesentlichen Teilen BVerwG 6 C 4.18, Urteil v. 28. Nov. 2018, Rn. 13*

[117] *Diese Auslegung (anderer Ansicht die Vorauflage, eine zwingende gesetzliche Regelung fehlt aber zum jetzigen Zeitpunkt) steht in Einklang mit dem gefahrenabwehrenden Charakter des WaffG, da der gültige Jahresjagdschein auch den Erwerb*

1.3.2.3.3 Nicht oder nicht voll funktionsfähige Schusswaffen

Schusswaffen nach Anlage 1 A1 UA1 Nr. 1.4 und 1.5 WaffG, die im technischen Sinne nicht oder nicht mehr schussfähig sind, sowie Anscheinswaffen nach Anlage 1 A1 UA1 Nr. 1.6 WaffG sind Schusswaffen im Sinne des WaffG, ohne zwingend die technische Schusswaffeneigenschaft und ohne die für die Einstufung als Schusswaffe erforderlichen Zweckbestimmungen aufzuweisen.[118] Vorschriften für Schusswaffen sind auf diese Gegenstände anzuwenden, zB die Erlaubnispflicht für Erwerb und Besitz oder Vorschriften zur sicheren Aufbewahrung, wenn gesetzlich nicht eine Befreiung von diesen Vorschriften erfolgt oder das Gesetz anderes bestimmt.

Schnittmodelle von Schusswaffen, die aus einer Schusswaffe entstanden sind, oder wesentlichen Teilen entsprechen in der Praxis nur selten den Anforderungen, die an die Unbrauchbarmachung von Schusswaffen gestellt werden. Sie sind als funktionsfähige Schusswaffen anzusehen, womit Vorschriften für Schusswaffen auf diese Schnittmodelle vollumfänglich anzuwenden sind, es sei denn, die Unbrauchbarmachung wurde entsprechend den gesetzlichen Anforderungen vorgenommen.[119]

1.3.2.3.3.1 Unbrauchbar gemachte Schusswaffen (Nr. 1.4)

Unbrauchbar gemachte Schusswaffen, vormals[120] „Dekorationswaffen" genannt, unterfallen zunächst vollumfänglich den Vorschriften für Schusswaffen, da sie von der Erlaubnispflicht gemäß § 2 Abs. 2 WaffG in Verbindung mit Anlage 2 A2 UA1 Satz 1 WaffG erfasst werden, werden aber für die Umgangsarten Erwerb, Besitz und

---

der vollständigen und funktionsfähigen Langwaffe erlaubt; die Pflicht zur Beantragung einer WBK oder Eintragung in eine solche verhindert ein unkontrolliertes Anhäufen wesentlicher Teile effektiv. Die Beschränkung auf Läufe gleicher oder kleinerer Kaliber nach Anlage 2 A2 UA2 Nr. 2.1 WaffG entfällt in diesem Falle.

[118] Im Falle unbrauchbar gemachter Schusswaffen § 25c Abs. 1 Satz 2 AWaffV, wie WaffVwV zu Anlage 1 A1 UA1 Nr. 1.4, „Die Vorschriften über Schusswaffen gelten auch für unbrauchbar gemachte Schusswaffen"; WaffVwV 10.2 belegt, dass die in Anlage 1 A1 UA1 Nr. 1 bis 4.3 WaffG aufgeführten Gegenstände, wenn sie auch nicht Schusswaffe sind, so doch den Schusswaffen gleichgestellt sind.

[119] Zwar gibt die WaffVwV 2012 zu Schnittmodellen in den Erläuterungen zu Anlage 1 A1 UA1 Nummer 1.4.6 den Hinweis, dass nach Durchführung abweichender Maßnahmen, die nicht vollständig den Anforderungen in Anlage 1 A1 UA1 Nummer 1.4 entsprechen, Schnittmodelle die Schusswaffeneigenschaft verlieren; vor dem Hintergrund der deutlich verschärften Deaktivierungsvorschriften ist nach Änderung des WaffG 2020 davon auszugehen, dass diese von der WaffVwV eingebrachte Vorgehensweise und rechtliche Betrachtung von Schnittmodellen nicht statthaft ist. Diskussionswürdig wäre allerdings die These, dass durch die Umarbeitung der Teile eine Umbestimmung erfolgt, die waffenrechtlich die Bestimmung als Schusswaffe oder deren wesentliches Teil beseitigen könnte.

[120] Da die Vorschriften zur Aufbewahrung ein „dekoratives Aufhängen über dem Kamin" ausschließen, ist der Gattungsbegriff „Dekorationswaffe" unzutreffend.

Überlassung sowie Führen und Handel erlaubnisfrei gestellt.[121] Entscheidend ist die Definition in Anlage 1 A1 UA1 Nr. 1.4 WaffG, wonach eine Waffe „unbrauchbar gemachte Schusswaffe im Sinne des WaffG" ist, wenn sie entsprechend den Maßgaben der EU-Deaktivierungsrichtlinie 2015/2403 verändert und diese Unbrauchbarmachung durch Prüfung eines Beschussamtes bestätigt wurde (**„EU-Deko"**). Das Deaktivierungszeichen ist sichtbar und dauerhaft an der Waffe anzubringen und eine behördliche Bescheinigung auszustellen.

Ist eine Schusswaffe unbrauchbar gemacht worden, ohne die Definition in Anlage 1 A1 UA1 Nr. 1.4 WaffG zu erfüllen, erfüllt aber die Vorschriften des § 25c AWaffV, ist zur Verdeutlichung der Abgrenzung zur *unbrauchbar gemachten Schusswaffe im Sinne des WaffG* von einer **„Alt-Deko"**-Waffe zu sprechen, da diese Waffe keine „unbrauchbar gemachte Schusswaffe" im Sinne des WaffG ist,[122] sondern Schusswaffe im Sinne von § 1 Abs. 2 Nr. 1 WaffG[123]. Die Unterscheidung zwischen „EU-Deko" und „Alt-Deko" ist praxisrelevant; so ist „Anscheinswaffe" (Anlage 1 A1 UA1 Nr. 1.6.3 WaffG) nur die „EU-Deko"-Waffe, ein Führen dieser „EU-Deko"-Waffe gemäß 42a WaffG eine Ordnungswidrigkeit, dagegen das Führen von „Alt-Deko" nicht verboten, aber erlaubnispflichtig (Ausnahme § 12 Abs. 3 WaffG) und ein Führen ohne Waffenschein Straftat nach § 52 Abs. 3 Nr. 2 lit. a WaffG.

Bis zum 1. September 2020 galt eine Schusswaffe als unbrauchbar gemacht, wenn die Prüfung der dauerhaften Unbrauchbarmachung durch ein **Beschussamt** geprüft wurde und durch das **Zulassungszeichen**[124] **auf der Schusswaffe** nachgewiesen wird. Dieses Zulassungszeichen wurde vor Inkrafttreten der BeschussV am 13. Juli 2006 allerdings nicht gestempelt, weshalb bei ab dem 1. April 2003 umgebauten Waffen ohne Stempelung der Zeitpunkt der Unbrauchbarmachung nachzuweisen oder glaubhaft zu machen ist. Der Umfang der erforderlichen Maßnahmen ist davon abhängig, ob die betroffene Schusswaffe nachweislich **vor dem 1. April 2003** nach den seinerzeit geltenden Vorschriften unbrauchbar gemacht worden war oder **vor** Inkrafttreten der EU-Deaktivierungsrichtlinie 2015/2403 am **8. April 2016**.

Auf „Alt-Deko"-Waffen sind nach Wegfall der Freistellung von der Anwendung des WaffG nach Anlage 2 A3 UA2 Nr. 4 WaffG (alter Fassung) zum 1. September 2020 die Regelungen für Schusswaffen im Sinne des WaffG vollumfänglich anzuwenden, ausgenommen Fälle des Altbesitzes und der Überlassung durch Altbesitzer gemäß § 39a WaffG iVm §§ 25c AWaffV.

Die Aufbewahrung von unbrauchbar gemachten Schusswaffen muss in einem verschlossenen Behältnis, allerdings ohne besondere Qualifikation hinsichtlich des

---

[121] *Anlage 2 A2 UA2 Nr. 2b WaffG*

[122] *BT-Drs. 19/13839, S. 99, zu Doppelbuchstabe bb, zu Dreifachbuchstabe aaa*

[123] *§ 25c Abs. 1 Satz 2 AWaffV*

[124] *Abb. 11 der Anlage II der BeschussV; siehe auch Kapitel 3.8*

Materials oder Verschlusses, erfolgen.[125] Dies gilt unabhängig von der Einhaltung der EU-Deaktivierungsrichtlinie.

Im Vergleich gelten

- für **unbrauchbar gemachte Schusswaffen mit EU-Deaktivierungszeichen** gemäß Richtlinie 2015/2403
    - o Definition: Anlage 1 A1 UA1 Nr. 1.4 WaffG
    - o Ausnahme von der **Erlaubnispflicht** für **Erwerb, Besitz und Überlassen**: Anlage 2 A2 UA2 Nr. 2b WaffG
    - o **Ausnahme** von der Erlaubnispflicht für das **Führen**[126]: Anlage 2 A2 UA2 Nr. 3.3 WaffG
    - o **Ausnahme** von der Erlaubnispflicht für den **Handel**: Anlage 2 A2 UA2 Nr. 5.3 WaffG
- für **„Alt-Deko"-Waffen** (ohne EU-Deaktivierungszeichen gemäß Richtlinie 2015/2403)
    - o **Anwendung der Vorschriften** des WaffG für **Schusswaffen** nach § 1 Abs. 2 Nr. 1 WaffG **vollumfänglich**, zB auch für das **Führen** oder den **Handel**, mit

---

[125] *Vertiefend zur Aufbewahrung dieser Waffen Kapitel 1.21.3*

[126] *Die Freistellung von der Erlaubnispflicht für das Führen in Anlage 2 A2 UA2 Nr. 3.3 irritiert, begründet sich aber nach einem Blick auf die Rechtsfolge, die sich ergäbe, wenn unbrauchbar gemachte Schusswaffen im Sinne des WaffG der Erlaubnispflicht für das Führen unterlägen: Ein Verstoß wäre eine Straftat. Intention des Gesetzgebers war die Beibehaltung der Intensität bei der Ahndung von Verstößen, was allerdings nicht gelungen ist. Es gilt zunächst weiter das Führverbot nach § 42a Abs. 1 WaffG für Anscheinswaffen, zu denen die unbrauchbar gemachten Waffen mit EU-Deaktivierungszeichen zählen, so dass der Verstoß gegen § 42a WaffG trotz Freistellung von der Erlaubnispflicht nach wie vor ordnungswidrig ist. Anders die Regelung für „Alt-Deko"-Waffen - das Führen von unbrauchbar gemachten Schusswaffen ohne EU-Deaktivierungszeichen ist ohne behördliche Erlaubnis (Waffenschein) eine Straftat nach § 52 WaffG, da sie nun erlaubnispflichtige Waffen sind. Wichtig: Es gilt für „Alt-Deko"-Waffen die Ausnahme von der Er--aubnispflicht für das Führen nach § 12 Abs. 3 Nr. 2 WaffG, wobei neben dem Tatbestand „nicht zugriffsbreit" der transportbegründende Zweck im Zusammenhang mit dem Altbesitz oder der zum Besitz ermächtigenden Erlaubnis (WBK) stehen muss. Unbrauchbar gemachte Schusswaffen „EU-Deko" müssen dagegen als Anscheinswaffen stets in einem verschlossenen Behältnis transportiert werden, weil die Nicht-Zugriffsbereitschaft nach der „weniger als drei Handgriffe in weniger als drei Sekunden"-Formel der WaffVwV auf die Ausnahmeregelung in § 42a Abs. 2 Nr. 2 WaffG nicht anwendbar ist, die anders als § 12 Abs. 3 WaffG ein verschlossenes Behältnis für eine Ausnahme vom Führverbot zwingend vorschreibt.*

- **Ausnahme** von der Erlaubnispflicht im Falle der **Aufrechterhaltung des Besitzes** und das **Überlassen** bei Erwerb vor dem 1. September 2020 nach § 25c Abs. 1 Nr. 1 für solche Waffen, die gemäß einer der Definitionen in § 25c Abs. 1 Satz 1 Nr. 1 bis 3 AWaffV
    - vor dem 1. April 2003,
    - vor dem 8. April 2016 oder
    - vor dem 28. Juni 2018

  unbrauchbar gemacht wurden.

Die Deaktivierungsbescheinigung des Beschussamtes ist durch den Besitzer der unbrauchbar gemachten Waffe aufzubewahren. Wird die Waffe geführt oder im Sinne eines Beförderns in einem verschlossenen Behältnis transportiert, ist die Deaktivierungsbescheinigung mitzuführen. Eine dauerhafte Überlassung unbrauchbar gemachter Schusswaffen ist nur dann erlaubnisfrei, wenn eine Deaktivierungsbescheinigung mit der Waffe überlassen werden kann. Eine Vernichtung ist nach § 37d WaffG anzuzeigen und die Deaktivierungsbescheinigung der zuständigen Behörde zu übergeben.

Eine „Alt-Deko"-Waffe darf nur von einer Person erworben werden, die über eine Erwerbserlaubnis verfügt, im Falle einer Privatperson eine WBK mit Voreintrag. Auf diese Weise soll sichergestellt sein, dass der Weg solcher Schusswaffen, die nicht nach den im Vergleich mit zuvor geltenden Umbauvorschriften strengeren Vorgaben der Richtlinie 2015/2403 unbrauchbar gemacht worden sind, bei Erfassung im NWR verfolgbar ist.

Nach § 37d WaffG sind Erwerb und Überlassung unbrauchbar gemachter Schusswaffen anzeigepflichtig, lediglich der Besitz ist nicht anzeigepflichtig. Das Abhandenkommen unbrauchbar gemachter Schusswaffen ist unverzüglich nach Bekanntwerden der zuständigen Behörde anzuzeigen. Für „Alt-Deko"-Waffen gelten die Anzeigepflichten nach §§ 37, 37a WaffG.

Abweichend von § 4 WaffG ist für die Erteilung einer Erwerbserlaubnis für „Alt-Deko"-Waffen kein Nachweis der Sachkunde nach § 7 WaffG oder eines Bedürfnisses nach § 8 WaffG erforderlich.[127]

Waffensammler können nicht allein aufgrund einer Erlaubnis nach § 17 WaffG („WBK für Sammler") eine unbrauchbar gemachte Schusswaffe dieser Art erwerben, da das Bedürfnis des Sammlers sich auf Waffen beschränkt, die sich im Originalzustand befinden. Die zuständige Behörde kann allerdings durch die Erteilung einer Erwerbserlaubnis in Form eines Voreintrags in einer Standard-WBK dem Sammler ermöglichen, eine solche Waffe zu erwerben, zB eine historische Waffe, die am Markt nicht im funktionsfähigen Originalzustand zur Verfügung steht.

---

[127] *§ 25c Abs. 3 AWaffV*

Eine ohne zielgerichtetes Bearbeiten unbrauchbar gewordene Schusswaffe, etwa durch Zerstörung durch Sprengung, Korrosion oder Verrottung, ist vernichtet und nicht im Sinne des WaffG „unbrauchbar gemacht". Beachten Sie die Ausführungen zum Begriff „vernichtet" in Abgrenzung zur Unbrauchbarmachung, die nicht gleichbedeutend ist mit der Zerstörung oder Vernichtung einer Schusswaffe, im Kapitel 1.6.1.12. Zur Einstufung von Teilen unbrauchbar gemachter Schusswaffen und Kriegswaffen, die als wesentliche Teile im Sinne des WaffG aus einer unbrauchbar gemachten Waffe entnommen werden, siehe Kapitel 1.3.2.3.2.1.

Beachten Sie ergänzend die Ausführungen zur **Umgangsart** „unbrauchbar machen" nach Anlage 1 A2 Nr. 8.3 WaffG in Abschnitt 1.6.1.11.

1.3.2.3.3.2 Salutwaffe (Nr. 1.5)

Salutwaffen sind veränderte **Langwaffen** zum Abschießen von Kartuschenmunition, die durch Umbau einer meist erlaubnispflichtigen Langwaffe entstanden sind. Erstmals wurde diese Waffenart 2008 im Waffengesetz definiert; zuvor galten für veränderte Langwaffen, die die seinerzeitigen gesetzlichen Vorgaben[128] erfüllten, lediglich Ausnahmen von der Anwendung des WaffG.

Eine Salutwaffe besitzt im Unterschied zu einer unbrauchbar gemachten Schusswaffe ein Kartuschenlager und eine funktionsfähige Abzugseinrichtung, der Lauf ist aber durch Veränderungen nicht mehr dazu geeignet, dass Geschosse durch ihn hindurch getrieben werden, etwa durch Bohrungen in der Laufwandung, durch die der Aufbau des nötigen Gasdrucks unmöglich wird, und durch Sperrstifte, die den Lauf für Geschosse blockieren.

Eine Salutwaffe ist nicht Schusswaffe im engeren technischen Sinne, den Schusswaffen aber gleichgestellt und damit grundsätzlich den Regelungen für Schusswaffen unterworfen.

Dem Begriff „Salutwaffe" Anlage 1 A1 UA1 Nr. 1.5 WaffG unterfallen zwei Arten von Salutwaffen, die sich durch die Art des Umbaus unterscheiden:

- Nr. 1.5.1: Umbau gemäß der in der Nr. 1.5.1 genannten Vorgaben
- Nr. 1.5.2: Umbau vor dem 1. April 1976 entsprechend den Anforderungen[129] des § 3 der Ersten Verordnung zum Waffengesetz vom 19. Dezember 1972

---

[128] *§ 3 der 1. VO zum WaffG, ab 1.4.2003 Anlage 2 A2 UA2 Nr. 1.5 WaffG; eine abweichende Vorschrift fand sich in § 7 der 1. VO zum WaffG für unbrauchbar gemachte Schusswaffen, die allerdings Lang- und Kurzwaffen umfasste, während die Regelung für „veränderte Schusswaffen" nur auf solche über 60 cm Gesamtlänge (somit nicht nur Langwaffen) anwendbar war.*

[129] *§ 3 der 1. VO zum WaffG vom 19. Dez. 1972 fordert diese Umbauten:*

- *Patronenlager mit Öffnung von mind. 5 mm nach außen oder so verschlossen, dass weder Patronen- noch Raketenmunition geladen werden kann*

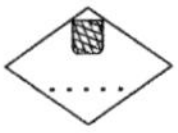

Die Durchführung der Maßnahmen nach Anlage 1 A1 UA1 Nr. 1.5.1 WaffG ist durch die zuständige Behörde (Beschussamt) zu überprüfen. Die bestandene Prüfung wird durch Anbringen des Kennzeichens „*Abbildung 11 der Anlage II der BeschussV*" des Beschussamtes auf dem **Verschluss** der Salutwaffe nachgewiesen.

Salutwaffen sind **keine Anscheinswaffen** im Sinne des § 42a WaffG oder nach der Definition der Anlage 1 WaffG. Die Voraussetzungen für die Einstufung als „unbrauchbar gemachte Schusswaffe" sind wegen des noch vorhandenen Patronenlagers, des funktionierenden Verschlusses und des funktionierenden Auslösemechanismus nicht gegeben.[130]

Auf Salutwaffen sind die Vorschriften für Schusswaffen zunächst vollumfänglich anzuwenden. Für das Führen einer Salutwaffe ist ein Waffenschein[131] erforderlich; ein Kleiner Waffenschein (KWS)[132] erlaubt nicht das Führen von Salutwaffen. Zu beachten ist das Verbot nach § 2 Abs. 3 WaffG in Verbindung mit Anlage 2 A1 Nr. 1.2.8 WaffG für solche Salutwaffen, die aus einer Schusswaffe entstanden sind, die einem Verbot nach § 2 Abs. 3 WaffG in Verbindung mit Anlage 2 A1 WaffG unterfällt.[133]

Der Umgang mit Salutwaffen wird durch § 39b WaffG besonders geregelt. Danach ist für den Erwerb und Besitz von Salutwaffen der Nachweis der Sachkunde nach § 7 WaffG nicht erforderlich, die weiteren Voraussetzungen nach § 4 WaffG für die Erteilung einer Erlaubnis in Form einer Waffenbesitzkarte oder eines Waffenscheins gelten dagegen ausnahmslos, insbesondere der Nachweis eines Bedürfnisses.[134]

Der Nachweis des Bedürfnisses gilt dabei insbesondere als erbracht, wenn der Antragsteller glaubhaft macht, dass er Salutwaffen für Theateraufführungen, Foto-, Film- oder Fernsehaufnahmen oder für die Teilnahme an kulturellen Veranstaltungen oder Veranstaltungen der Brauchtumspflege (siehe Kapitel 2.1.3.3 und 2.6.2) benötigt. Diese Aufzählung ist beispielhaft, aber nicht abschließend ist. Somit ist gemäß § 8 WaffG ein anderes persönliches oder wirtschaftliches Interesse denkbar, für das der Erwerb und Besitz einer Salutwaffe erforderlich und geeignet ist.

- *Lauf auf ganzer Länge oder am Patronenlager sowie an der Öffnung so verschlossen, dass Gasausströmöffnung auf ≤ 3 mm^2 begrenzt ist*
- *Lauf mit dem Gehäuse fest verbunden, wenn Lauf austauschbar wäre*
- *Kein Anschein einer vollautomatischen Selbstladewaffe nach Kriegswaffenkontrollgesetz nach der äußeren Form*

[130] *Anlage 1 A1 UA1 Nr. 1.4 WaffG*

[131] *Erlaubnis nach § 10 Abs. 4 Satz 1 WaffG*

[132] *Der KWS erlaubt nur das Führen von SRS-Waffen, siehe Kapitel 2.7*

[133] *Anlage 2 A2 UA1 Satz 4 WaffG entfiel durch das 3. WaffRÄndG*

[134] *Mit Inkrafttreten des 3. WaffRÄndG am 1. September 2020 entfielen die Erlaubnisbefreiungen für bestimmte Umgangsarten mit Salutwaffen nach § 2 Abs. 4 WaffG iVm Anlage 2 A2 UA2 Nr. 1.5, 1.6, 7.3, 7.4 WaffG*

Auf die **Aufbewahrung von Salutwaffen** sind die Regelungen für Waffen anzuwenden, die von der Erlaubnispflicht freigestellt sind.[135]

Beachten Sie für den Fall des Erwerbs vor dem 1. September 2020 die Ausführungen zu Übergangsvorschriften für Altbesitzer aufgrund der Waffengesetzänderung 2020 im Kapitel 1.37. Hier ist insbesondere die Unterscheidung von erlaubnispflichtigen und verbotenen Salutwaffen von Bedeutung.

1.3.2.3.3.3 Anscheinswaffen (Nr. 1.6)

Der durch die Änderung des Waffengesetzes 2008 wieder eingeführte Begriff der Anscheinswaffe entspricht nicht der ursprünglichen Bedeutung dieses Begriffs im Waffenrecht. Vor dem 1. April 2003 wurden als Anscheinswaffen solche Schusswaffen bezeichnet, die nach „ihrer äußeren Form ... den Anschein einer vollautomatischen Selbstladewaffe hervorrufen, die Kriegswaffe im Sinne des Gesetzes über die Kontrolle von Kriegswaffen ist" (§ 37 Abs. 1 WaffG aF). Solche Schusswaffen unterlagen einem umfassenden Verbot. Diese in der Praxis unscharfe Regelung wurde bei der umfassenden Neuregelung des Waffenrechts 2002 ersatzlos gestrichen. Mit Hieb- und Stoßwaffen sowie bestimmten Messern unterliegen Anscheinswaffen einem Verbot des Führens (§ 42a WaffG).

Der Begriff *Anscheinswaffe* beschreibt keine Art, sondern eine Kategorie von Waffen. Der Begriff wird nur in § 42a Abs. 1 Nr. 1 WaffG (Führverbot) und § 53 Abs. 1 Nr. 21a WaffG (Ordnungswidrigkeit) verwendet. Mithin orientieren sich Aufbewahrungspflichten nicht an der Einordnung als Anscheinswaffe, sondern stets an der eigentlichen Waffenart. So sind unbrauchbar gemachte Schusswaffen als von der Erlaubnispflicht freigestellte Waffen in verschlossenen Behältnissen aufzubewahren, Nachbildungen dagegen sind von dieser Pflicht freigestellt.

Ob die Einordnung als Anscheinswaffe zur Erlaubnispflicht führt, da die Nr. 1.6. in der Spanne der Nr. 1 bis 4.3 der Anlage 1 A1 UA1 WaffG angesiedelt ist, ist praktisch nicht von Bedeutung, da die Waffen der Nrn. 1.6.1 bis 1.6.3 bezüglich einer Erlaubnispflicht und Erlaubnisbefreiungen durch Anlage 2 A2, A3 WaffG im Gesetz geregelt werden, etwa zum Spiel bestimmte Schusswaffen mit nicht mehr als 0,5 J Bewegungsenergie durch § 2 Abs. 2, 4 WaffG iVm Anlage 2 A3 Nr. 1 WaffG. Für unbrauchbar gemachte Schusswaffen nach Anlage 1 A1 UA1 Nr. 1.4 („EU-Deko") entfällt die Erlaubnispflicht für das Führen durch § 2 Abs. 2, 4 WaffG iVm Anlage 2 A2 UA2 Nr. 2.2 WaffG; für andere unbrauchbar gemachte Schusswaffen ist ein Waffenschein erforderlich. Nachbildungen unterfallen als Waffen nach Anlage 1 A1 UA1 Nr. 6 WaffG nicht der Erlaubnispflicht, würden aber durch § 2 Abs. 2, 4 WaffG iVm Anlage 2 A3 Nr. 4 WaffG auch dann von der Erlaubnispflicht freigestellt, wenn die Einordnung als Anscheinswaffe zu einer Erlaubnispflicht führen würde.

Anscheinswaffen im Sinne des Waffengesetzes **sind**

---

[135] *§ 39b Abs. 3, s. Kap. 1.21.3; Erleichterung gilt nicht für verbotene Salutwaffen.*

1. Schusswaffen, die ihrer äußeren Form nach im Gesamterscheinungsbild den **Anschein** erwecken, **Feuerwaffen** zu sein, und **Geschosse verschießen**,[136] **ohne** aber zu deren Antrieb **heiße Gase** zu verwenden (dies trifft in der Praxis allein auf Waffen nach Anlage 2 A3 UA1 Nr. 1 WaffG zu),
2. Nachbildungen (zum Begriff siehe Kapitel 1.12.2.11) von Schusswaffen, die das Aussehen von Gegenständen nach Nr. 1 haben, aber nicht die technischen Eigenschaften von Schusswaffen besitzen (etwa Holzmodelle, aus Marzipan geformte Pistolen usw.) und
3. unbrauchbar gemachte Schusswaffen gemäß Anlage 1 A1 UA1 Nr. 1.4 WaffG, die das Aussehen von Gegenständen nach Nr. 1 haben (sogenannte „Alt-Deko"-Waffen, zur begrifflichen Abgrenzung Kapitel 1.3.2.3.3.1, sind nicht *unbrauchbar gemacht* nach Nr. 1.4 WaffG),

es sei denn, dass

- für das **Führen** einer Waffe ein **Waffenschein** erforderlich ist, zB SRS-Waffen, „Alt-Deko"-Waffen" [137] oder Druckluftwaffen mit dem Aussehen von Feuerwaffen mit mehr als 0,5 J Bewegungsenergie,
- die Gegenstände erkennbar **zum Spiel bestimmt** sind, indem sie deutlich (50 %) kleiner oder größer sind als das Original oder auffällig gefärbt sind, und sie leicht als Spielzeug erkennbar sind,
- sie **für Brauchtumsveranstaltungen** bestimmt[138] sind oder
- sie **Teil einer kulturhistorisch bedeutsamen Sammlung** im Sinne des § 17 WaffG sind oder werden sollen.

Es wird auf den äußeren **Anschein** abgestellt. Mit Inkrafttreten des WaffG 2008 sind die zuvor vom WaffG erfassten **Nachahmungen** von Schusswaffen nicht mehr besonderen Vorschriften unterworfen; es ist unerheblich für die Einordnung als *Anscheinswaffe*, ob im Innern die Funktion einer Waffe simuliert wird.

Beachten Sie zum **Führen von Anscheinswaffen** die Seite 322, zum **Führen von unbrauchbar gemachten Kriegswaffen** die Seite 498. Das **Führverbot** für Anscheinswaffen nach § 42 WaffG wird durch einen Waffenschein nicht aufgehoben. Auch ist **keine Ausnahme** durch eine örtlich oder sachlich zuständige Waffenbehörde nach § 12 Abs. 5 WaffG möglich, da nicht die Ausnahme von der Erlaubnispflicht erforderlich wäre, sondern von einem Verbot – und für diese Ausnahme von dem Verbot des Führens von Anscheinswaffen existiert keine Zuständigkeit.

---

[136] ***Salutwaffen*** *und* ***SRS-Waffen*** *sind mangels eines Verschießens von Geschossen und aufgrund der Erlaubnispflicht zum Führen* ***keine Anscheinswaffen****.*

[137] *Zur Thematik der „Alt-Deko"-Waffen siehe Kapitel 1.3.2.3.3.1*

[138] *Die* ***Befreiungsvoraussetzungen beziehen sich*** *nicht auf das Gesamtbild aus Waffe und Träger, sondern* ***allein auf die Waffe****. Führt zB ein Traditionsschütze eine unbrauchbar gemachte Flinte mit im Lauf eingesteckter Blume im Rahmen eines Umzuges seiner Gilde, handelt es sich tatbestandlich um das Führen einer Anscheinswaffe, da nach dem äußeren Anschein die Waffe eine Feuerwaffe ist.*

1.3.2.4 Weitere Begriffe zu den wesentlichen Teilen (Nr. 3)

Ein **Austauschlauf** (Nr. 3.1) ist für ein bestimmtes Waffenmodell oder -system bestimmt und kann ohne Nacharbeiten in die Waffe eingesetzt werden.

Ein **Wechsellauf** (Nr. 3.2) dient insbesondere zur Instandsetzung einer Waffe. Wechselläufe müssen vom Büchsenmacher an die Waffe angepasst werden.

Ein **Wechselsystem** (Nr. 3.5) besteht aus einem Austauschlauf und dem für seine Verwendung notwendigen Verschluss oder Gehäuseteilen, wenn diese Gehäuseteile technisch erforderlich sind, um das Wechselsystem zu verwenden. Außerdem dürfen Austauschlauf, Verschluss und Gehäuseteile allein keine bestimmungsgemäß verwendbare Waffe im Sinne einer schussfähigen Waffe ergeben.

Wechseltrommeln (Nr. 3.4) sind Trommeln, die ohne Nacharbeit an einer Waffe gewechselt werden können, um Munition eines kleineren Kalibers zu verschießen.

Der Einsatz von **Austauschläufen**, **Wechseltrommeln** oder **Wechselsystemen** kann zum Beispiel sinnvoll sein, wenn man mit einem bestimmten Revolvermodell, das man mit einem kurzen Lauf zur Selbstverteidigung trägt, an einem Scheibenschießen teilnehmen will. Um eine längere Visierlänge und auf diese Weise mehr Präzision zu erreichen, bedient man sich in diesem Fall eines Wechsellaufes von 6 Zoll Länge, der gegen den 3-Zoll-Lauf ausgetauscht wird.

Wenn der Austauschlauf mit dem vorhandenen Verschluss zusammenarbeitet, ein Wechselsystem also nicht erforderlich ist, wäre nur das Magazin der Waffe auszutauschen, etwa um preisgünstigere Kaliber zu verschießen.

Einsteckläufe (Nr. 3.3) werden in den Lauf der Waffe eingeführt, um Geschosse eines kleineren Kalibers ohne weitere Änderungen an der Waffe nutzen zu können.

Einstecksysteme (Nr. 3.6) bestehen aus einem Einstecklauf und dem für seine Verwendung bestimmten Verschluss oder Gehäuseteilen, wenn diese Gehäuseteile technisch erforderlich sind, um das Einstecksystem zu verwenden. Außerdem dürfen Einstecklauf, Verschluss und Gehäuseteile allein keine bestimmungsgemäß verwendbare Waffe im Sinne einer schussfähigen Waffe ergeben.

Einsätze (Nr. 3.7), auch Reduzierstück oder Reduzierpatrone genannt, sind an die Innenabmessungen des Patronenlagers angepasst, um mit Hilfe des Einsatzes Munition kleiner Abmessung verschießen zu können.

Beachten Sie zu den Freistellungen dieser Teile von der Erlaubnispflicht die ergänzenden Ausführungen in den Kapiteln 1.11.3.1.2 (Austausch- und Wechsellauf nebst System, Wechseltrommel) und 1.11.3.1.3 (Einstecklauf nebst System, Einsatz).

1.3.2.5 Sonstige Vorrichtungen für Schusswaffen (Nr. 4)

Während Abschussgeräte für Munition und feste Körper verschießende Geräte, die nicht Schusswaffen sind, ebenso wie wesentliche Teile von Schusswaffen und Schalldämpfer durch die Anlage 1 A1 UA1 Nr. 1.2 und 1.3 WaffG ausdrücklich den Schusswaffen gleichgestellt sind, findet sich bezüglich der **sonstigen Vorrichtungen**

für Schusswaffen nach Anlage 1 A1 UA1 Nr. 4 WaffG **keine** derartige ausdrückliche **Gleichstellung** im Gesetzestext. Ohne diese ausdrückliche Gleichstellung ist die Voraussetzung dafür, diese Vorrichtungen mittels Gleichstellung als Waffen nach § 1 Abs. 2 Nr. 1 WaffG einzuordnen und vollumfänglich den Vorschriften des Waffengesetzes für Schusswaffen zu unterwerfen, grundsätzlich nicht gegeben. Da auch § 2 Abs. 3 WaffG nur den Umgang mit Waffen und Munition, nicht aber mit anderen Gegenständen verbietet, liegt vermeintlich eine Regelungslücke vor.[139]

Die in Anlage 1 A1 UA1 Nr. 4 WaffG beschriebenen Vorrichtungen für Schusswaffen sind fast vollständig in der Liste der „Verbotenen Waffen" in Anlage 2 A1 Nr. 1.2.4 WaffG aufgeführt. Der Wortlaut „für Schusswaffen bestimmte" unterstreicht, dass es sich bei diesen Gegenständen nicht um Schusswaffen oder wesentliche Teile von Schusswaffen handelt, sondern **Vorrichtungen für Schusswaffen.** Sie sind **Waffen im Sinne des WaffG.**[140] Für die Einordnung als Waffe ist es unerheblich, ob es sich bei der Schusswaffe, an der die Vorrichtung montiert werden soll, um eine verbotene, erlaubnispflichtige oder vom Gesetz freigestellte Schusswaffe handelt. Regelungen für die Waffe, an der die Vorrichtung verwendet werden soll oder wird, sind auf die Vorrichtung selbst nicht anzuwenden. Somit ist bei Erlaubnispflichten und Verboten allein auf die Regelung für die jeweilige Vorrichtung abzustellen.

Schon aus der Einbindung der genannten Vorrichtungen in die Liste der „Verbotenen Waffen" und dem Wortlaut von § 1 Abs. 4 WaffG, wonach der Waffenbegriff in der Anlage 1 WaffG „näher geregelt" wird, kann die Absicht des Gesetzgebers abgeleitet werden, dass diese Gegenstände Waffen im Sinne des WaffG sein sollen. Die Einordnung durch den Gesetzgeber ist aus der Erläuterung der WaffVwV zu Anlage 1 A1 UA1 Nr. 4 WaffG allerdings klar ersichtlich, in der wortwörtlich von einer Einordnung als **Waffe im Sinne des Waffengesetzes** die Rede ist. Obgleich die WaffVwV lediglich eine Erläuterung und Entscheidungsgrundlage für das Handeln der Waffenbehörden darstellt, die aber keinen Gesetzesrang hat, kann sie an dieser Stelle zur Einordnung sonstiger Vorrichtungen dienen.

Die Erlaubnispflicht gemäß § 2 Abs. 2 WaffG iVm Anlage 2 A2 UA1 Satz 1 bezieht sich nicht auf Magazine und Magazingehäuse[141], aber auf andere sonstige Vorrich-

---

[139] Diese Lücke wäre durch explizite Gleichstellung von für Schusswaffen bestimmten Vorrichtungen als Nr. 1.2.4 in Anlage 1 A1 UA1 WaffG zu schließen.

[140] WaffVwV zu Anlage 1 A1 UA1 Nr. 4 WaffG

[141] Die im Wege des Gesetzgebungsverfahrens zunächst nicht an die Einordnung der Magazine als „sonstige Vorrichtungen" angepasste Erlaubnispflicht für die Nummern 1 bis 4 von Anlage 1 A1 UA1 WaffG wurde nach Hinweis des Verfassers und anderer Sachverständiger an die verantwortliche Stelle ohne weitere Begründung (korrekterweise) auf die Nummern 1 bis 4.3 beschränkt; ohne diese Umformulierung wären sämtliche Magazine ab dem 1. September 2020 der Erlaubnis- und damit der Eintragungspflicht in einer WBK unterworfen, was weder durch den Gesetzgeber beabsichtigt war noch hätte umgesetzt werden können; sonstige Befreiungen von der Erlaubnispflicht wären nicht vorhanden gewesen.

tungen für Schusswaffen nach Anlage 1 A1 UA1 Nr. 1 bis 4.3. Liegt keine gesetzliche Freistellung nach §§ 12, 13 WaffG oder Anlage 2 A2 oder A3 WaffG vor, bedarf es einer Erlaubnis zum Erwerb und Besitz der sonstigen Vorrichtungen für Schusswaffen nach den Nrn. 4.1 bis 4.3.[142]

1.3.2.5.1 Abgrenzung "Single-Use" / "Dual-Use"

Mit den Begriffen „Single-Use" und „Dual-Use" wird unterschieden:

- Für Schusswaffen ausschließlich bestimmt durch den erklärten oder in ihrer Konstruktion, insbesondere durch eine Schusswaffen-typische Montagemöglichkeit ausgedrückten Herstellerwillen > „Single-Use"
- Für Schusswaffen <u>nicht</u> ausschließlich bestimmt, aber an oder mit ihnen verwendbar, wodurch eine gesetzlich missbilligte Handlung (der Umgang mit einer Vorrichtung, die zu einem Zweck genutzt wird, zu dem eine waffengesetzlich verbotene Waffe nach Anlage 2 A1 Nrn. 1.2.4.1 bis 1.2.4.3 WaffG bestimmt ist) vorgenommen werden könnte > „Dual-Use"

Die Einordnung als „Dual-Use"-Gerät, das zwar an einer Waffe oder einer Zieloptik montiert werden könnte, dessen Hersteller es aber nicht ausdrücklich und nicht ausschließlich für diesen Zweck bestimmt[143] hat, führt dazu, dass dieser Gegenstand grundsätzlich nicht dem WaffG unterfällt.[144] Erst **im Falle der Verbindung** eines **„Dual-Use"**-Geräts mit Schusswaffe oder Zieloptik wäre die **Handlung** als solche, die durch das Verbot des Umgangs mit dem entsprechenden „Single-Use"-Gerät verhindert werden soll, als **durch das Gesetz missbilligte Handlung strafbar**, auch wenn das „Dual-Use"-Gerät damit **keine Waffe** im Sinne des WaffG wird. Der Umgang mit dem „Dual-Use"-Gerät verwirklicht **in fester Verbindung** mit der Waffe oder mit einer Zielhilfe[145] (Zielfernrohr als Primäroptik) **im Zeitraum von Montage**

---

[142] Eine solche Ausnahme von der Erlaubnispflicht ist etwa für Nacht<u>ziel</u>geräte nicht gegeben und aus der Freistellung von dem Umgangsverbot für Jäger nach § 40 WaffG nicht ableitbar, die für Nachtsichtvorsatz- und Aufsatzgeräte lediglich eine Freistellung vom allgemeinen Verbot festlegt, nicht aber von der Erlaubnispflicht; beachten Sie bezüglich der Erlaubnispflicht die Ausführungen zur Unterscheidung zwischen „Single-Use"- und „Dual-Use"-Nachtsicht-Vorsatz- und Aufsatzgeräten in Kapitel 1.3.2.5.3, die insbesondere für den Umgang durch Jäger und Händler von Bedeutung ist; zur Erlaubnispflicht Kapitel 1.13.1.7.

[143] Zur Relevanz der „bloßen subjektiven Zweckbestimmung" durch den Hersteller beachten Sie die Ausführungen in Kapitel 1.3.1.3

[144] WaffVwV zu Anlage 2 A 1 Nr. 1.2.4; "alleinige Voraussetzung ist, dass das Gerät dazu bestimmt und geeignet ist, mit der Waffe verbunden zu werden."

*[145] Gilt auch bei Befestigung an der Zieloptik ohne Verbindung mit einer Waffe; die <u>entstandene</u> **Konstruktion** ist einem **Nachtzielgerät gleichzusetzen** (BKA-Feststellungsbescheid SO11 – 5164.01-Z-355, S. 3, Abs. 5, lit. b)*

bis Demontage die strafbare Handlung, womit es dann **dem WaffG unterfällt**[146] und dadurch u.a. Vorschriften zur **Aufbewahrung verbotener Waffen** einzuhalten sind.

Das BVerwG entschied in einem Fall, der als „Jagdlampen-Urteil" bekannt geworden ist, richtungsweisend für zahllose ähnlich gelagerte Konstellationen im Sinne der grundgesetzlich garantierten Rechtssicherheit.[147] Es verneinte die Erstreckung des Verbots von Vorrichtungen, die für Waffen bestimmt sind, in Anlage 2 A1 WaffG auf solche Gegenstände, die an Waffen montiert werden könnten, aber weder durch ihre Konstruktion noch durch ihre Bauart ausschließlich zum Schusswaffenzubehör bestimmt sind, sondern bei denen es sich vielmehr um eine Verwendungsmöglichkeit handelt, die in der Praxis kaum auszuschließen ist. Somit ist ein Gegenstand nur dann verboten, wenn er durch den Hersteller ausschließlich dazu bestimmt ist, den vom Gesetzgeber missbilligten Zweck zu erfüllen. Andere Geräte, die diesen Zweck zwar erfüllen, bei denen diese Verwendung aber eher ein von ihrem herstellerseitig bestimmten Zweck abweichender Gebrauch ist, unterfallen nicht dem Verbot; hier würde einzig der Verwender aufgrund der Verwirklichung des gesetzlich missbilligten Handlungsunrechts strafbar sein.

Verfügt ein Gegenstand ausschließlich über eine waffentypische Befestigungsmöglichkeit, etwa zur Montage an einer Weaver- oder Picatinny-Schiene, oder ist für die Montage an einem Zielfernrohr besonders vorgerichtet, ist dies ein Indiz für die Bestimmung des Gegenstandes für eine Schusswaffe und damit für die Einstufung als „Single-Use"-Gerät. Gleiches gilt für die Bewerbung eines Gegenstandes durch den Hersteller als ausschließlich für Schusswaffen bestimmtes **Zubehör**.

Ein „Single-Use"-Gerät unterfällt als Waffe im Sinne des WaffG dem Verbot auch, wenn es nicht mit Schusswaffe oder Zieloptik verbunden oder mangels Energie oder montiertem Leuchtmittel nicht einsatzbereit ist. Ein nicht nur vorübergehender Ausfall der Vorrichtung, zB durch Defekt eines Bauteils wie Transistor oder IC, dessen Behebung mehr erfordert als das verwendungstypische Tauschen einer Batterie oder eines Leuchtmittels („Glühbirnchen", LED), befreit den Gegenstand von seiner Verbotseigenschaft und damit vom Verbot des Umgangs.[148] Gleiches gilt für die Einstufung als Waffe gemäß § 1 Abs. 2, Abs. 4 WaffG iVm Anlage 1 WaffG.

---

[146] *BKA-Feststellungsbescheid SO11 – 5164.01-Z-355*

[147] *BVerwG 6 C 21.08, Urteil vom 24. Juni 2009, „Jagdlampenset-Urteil"; das Gericht stellte bei seinem Urteil deutlich auf die herstellerseitige Bestimmung ab, wonach das Jagdlampenset zwar durchaus mithilfe einer beigelegten Montagevorrichtung zum Anleuchten eines Ziels an einer Schusswaffe befestigt werden könnte, aber die als „Jagdlampe" bezeichnete Beleuchtungseinrichtung weder durch ihre Konstruktion noch durch ihre Bauart ausschließlich zum Schusswaffenzubehör bestimmt ist, in diesem Falle gälte das tatsächliche durch das Gesetz missbilligte Verwenden als verbotene Handlung, die dabei verwendete Jagdlampe würde aber dadurch nicht verbotene Waffe im Sinne des WaffG.*

[148] *Die Verbotsbefreiung aufgrund des Defekts nach BGH 1 Str 35/17, siehe dazu auch Kapitel 1.13.1.21 zum Verbot des Springmessers*

Unerheblich für eine Einstufung als „Single-Use"-Gerät ist, dass die Vorrichtung auch für nicht durch das Waffenrecht geregelte Aktivitäten verwendet werden könnte. Maßgeblich ist, dass die Vorrichtung durch ihre Konstruktion oder ihre Bauart ausschließlich als Vorrichtung für Schusswaffen bestimmt[149] ist.

1.3.2.5.2 Abstrahlende Vorrichtungen (Nrn. 4.1, 4.2)

Für Schusswaffen bestimmte Vorrichtungen, die sichtbares Licht oder auch nicht sichtbare Strahlen abstrahlen, um ein Ziel zu markieren oder zu beleuchten, sind verboten. Die ursprünglich im militärischen Bereich verwendete Technik ist dabei in drei Formen dem Verbot unterworfen, wobei es sich hinsichtlich der Definitionen immer um eine Abstrahlung von Licht, das von der Waffe, an der die jeweilige Einrichtung montiert ist, in Schussrichtung abgestrahlt wird, da nur so der jeweils gesetzlich missbilligte Zweck erreicht wird. Voraussetzung für das Verbot ist in allen Fällen eine Bestimmung durch den Hersteller zu dem verbotenen Zweck, es muss sich also um ein „Single-Use"-Gerät handeln. Eine Montage oder Montagemöglichkeit an einer Schusswaffe wird durch das Gesetz nicht vorausgesetzt, gleichwohl ist in der Praxis davon auszugehen, dass sich die Bestimmung für eine Schusswaffe insbesondere durch eine lösbare Verbindung manifestiert, die bei einer Änderung der Richtung der Schusswaffe den Gegenstand mitbewegt.

1.3.2.5.2.1 Zielscheinwerfer

Zielscheinwerfer sind durch den Hersteller ausschließlich dazu bestimmt, an einer Schusswaffe montiert zu werden und das Ziel zu beleuchten. Dabei ist es für die Einstufung als Zielscheinwerfer unerheblich, ob es sich bei dem abgestrahlten Licht um Wellenlängen im sichtbaren oder im für den Menschen nicht sichtbaren Bereich (Infrarotstrahlung, „IR-Strahler") handelt. Entscheidend ist vielmehr, dass die Oberfläche des Ziels beleuchtet wird im Sinne eines Darstellens bei ungünstigen Lichtverhältnissen oder Dunkelheit, ohne einen besonderen Punkt im Sinne eines Laser- oder Zielpunktprojektors (siehe nachfolgendes Kapitel) zu markieren.

Verboten ist das Verwenden eines Leuchtmittels an einer Schusswaffe, um das Ziel einschließlich seiner näheren Umgebung für den Schützen „auszuleuchten". Dabei handelt es sich, in Abgrenzung zu den ebenfalls dem Verbot unterliegenden Lasern oder Zielpunktprojektoren, nicht um ein Beleuchten des tatsächlichen Zielpunktes, so dass es zur gezielten Schussabgabe zusätzlich einer Zielhilfe bedarf.

Eigentlicher Schutzzweck des Verbots ist das Unterbinden des Einsatzes von Lampen im Zuge der Wilderei. Allerdings bezieht sich das Verbot nur auf für die Befestigung an einer Schusswaffe und die Bestimmung des Gegenstandes zu diesem Zweck. Die für Jäger erlaubte Nutzung von Nachtsichtvorsatz- oder -aufsatzgeräten wird durch die nicht erfolgte Freistellung von Zielscheinwerfern, insbesondere von IR-Strahlern, konterkariert, da diese Strahler die Effektivität des Vorsatz- und Aufsatzgeräts deutlich steigern würden und die Ausleuchtung, zB einer Kirrung, mit

---

[149] Beachten zur Thematik der Bestimmung Kapitel 1.3.1.3.

einem nicht an der montierten IR-Strahler, der nicht zur Montage an einer Schusswaffe bestimmt ist, nicht gegen die waffenrechtlichen Verbote verstößt.[150]

1.3.2.5.2.2 Laser, Zielpunktprojektoren

Laser oder Zielpunktprojektoren zeigen dem Schützen punktförmig den theoretischen Treffpunkt des Geschosses auf der Oberfläche des Ziels an, ohne dass es dazu eines Zielvorgangs oder der Verwendung einer Visier- oder Zieleinrichtung bedarf. Dadurch stellen diese Vorrichtungen eine deutlich größere Gefahr dar, wenn sie zu Angriffszwecken verwendet werden, da durch die deutlich schnellere Erfassung des tatsächlichen Zielpunktes auf dem Angegriffenen der Schütze quasi „aus der Hüfte" und gleichwohl „gezielt" schießt und somit sehr viel wahrscheinlicher trifft.

Die Formulierung „für den Schützen erkennbar" setzt nicht zwangsläufig die Verwendung von Licht im sichtbaren Bereich voraus. Da es an einem Zusatz wie „ohne weitere Hilfsmittel" oder „mit bloßem Auge" fehlt, kann aus hiesiger Sicht auch ein Laser im infraroten Bereich, der den Zielpunkt für das menschliche Auge unsichtbar auf das Ziel projiziert, dem Verbot unterfallen, da für einen Schützen, der im Moment der Zielsuche eine Nachtsichtbrille[151] trägt, dieser Zielpunkt erkennbar wäre. Eine Klarstellung wie zum Zielscheinwerfer bezüglich einer Erstreckung auf die Emission von sichtbarem und unsichtbarem Licht bleibt das WaffG schuldig.

Ist ein solcher Gegenstand durch den Hersteller ausschließlich für die Verwendung an einer Schusswaffe bestimmt, unterfällt er dem Verbot. Ist dagegen zB ein handelsüblicher **Laserpointer** mit Klebeband an einer Schusswaffe befestigt, ohne dass der Laserpointer hinsichtlich seiner Konstruktion oder Eigenschaften modifiziert[152] wurde, wird dadurch nur die eigentliche missbilligte Handlung verwirklicht.

Nicht erfasst von Begriff und Verbot sind **Laserpatronen** und **Einsteck-Laser** (Kollimatoren), die mittels Leuchtpunkt den Auftreffpunkt des Geschosses markieren. Da aus einer mehrläufigen Waffe auch geschossen werden könnte, während aus einem

---

[150] *Zu beachten wären in diesem Falle jagdrechtliche Verbote.*

[151] *Da eine Nachtsichtbrille, die der Schütze an seinem Kopf befestigt, keine verbotene Waffe ist, wäre durch Kombination dieser Brille mit einem an der Waffe befestigten Zielpunktprojektor, der unsichtbares Licht abstrahlt, die gesetzliche missbilligte Handlung verwirklicht, ohne dass ein modifizierter „Alltagsgegenstand", der dem WaffG nicht unterfällt, verwendet wird; aus hiesiger Sicht fraglich, ob diese Konstellation im Lichte des Bestimmtheitsgebots strafbar wäre.*

[152] *Eine denkbare Modifikation wäre der Austausch des Tasters, der nur beim Drücken den Laserstrahl aktiviert, gegen einen Schalter, der nach diesem Umbau eine Erfassung des Ziels mit Hilfe eines dauerhaft abgestrahlten Laserlichts ermöglicht; gleiches gilt für eine Veränderung des Laserpointer-Gehäuses in der Art, dass durch eine besondere Formgebung eine für Schusswaffen-Anbauteile gebräuchliche Montagevorrichtung hergestellt wird; in beiden Beispielfällen wäre eine Umbestimmung erfolgt, da durch diese Veränderung des Laserpointers eine neue Verwendung beabsichtigt ist, womit bereits der Besitz verboten wäre.*

Lauf ein markierendes Licht abgestrahlt wird, ist die Verwendung von Laserpatrone oder Einstecklaser nur bei entladener Waffe zulässig, um nicht den gesetzgeberisch missbilligten Zweck nach Anlage 2 A1 Nr. 1.2.4.1 WaffG zu verwirklichen.[153]

1.3.2.5.3 Sichtgebende Vorrichtungen (Nr. 4.3)

Anders als Vorrichtungen nach Nr. 4.1 und 4.2, die Licht abstrahlen, arbeiten die Vorrichtungen nach Nr. 4.3 ohne abgehende Strahlung, indem

- schwache Lichtimpulse durch elektronische Schaltungen bis zu 60.000fach verstärkt werden und für den Schützen elektronisch aufbereitet werden, ohne dass es dazu grundsätzlich einer künstlichen Lichtquelle bedürfen würde (**Restlichtverstärker**),
- **Licht** im Infrarot-Bereich (IR) sichtbar gemacht wird durch Wandlung des unsichtbaren in sichtbares Licht (**Bildwandler**), wobei das IR-Licht auch mittels zusätzlicher aktiver IR-Zielpunktprojektoren oder IR-Zielscheinwerfer auf das Zielobjekt gebracht werden kann, oder
- **Wärmestrahlung** eines Objekts durch elektronische Verfahren im Bereich des sichtbaren Lichts für den Schützen erkennbar **umgewandelt** wird (**Wärmebildwandler**), wobei Wärmeunterschiede (Körperwärme in Abgrenzung zur Wärme der umgebenden unbelebten Gegenstände) nicht nur bei Dunkelheit, sondern auch am Tage erkennbar werden.[154]

Alle unter Nr. 4.3 aufgeführten Varianten sichtgebender Vorrichtungen können sich eines dieser Verfahren bedienen.

Maßgebliche Eigenschaft für die Einordnung als Waffe im Sinne von Anlage 1 A1 UA1 Nr. 4.3 WaffG und als verbotene Waffe nach Anlage 2 A1 Nr. 1.2.4.3 WaffG ist die **Montagemöglichkeit**

- (direkt) an einer Schusswaffe oder
- an einem Zielhilfsmittel (Zielfernrohr)

wenn die Vorrichtung durch den Hersteller ausschließlich zur Verwendung mit einer Schusswaffe bestimmt ist.[155]

---

[153] *Ein Gegenstand, der weder Single-Use- noch Dual-Use-Gerät ist, kann, auch ohne dabei Waffe im Sinne des WaffG zu werden, waffenrechtlichen Verboten unterfallen kann; vertiefend dazu Kapitel 1.3.2.5.1, „Jagdlampenset-Urteil"*

[154] *Wärmebildwandler fallen unter Begriff und Verbot der Nachtsichtgeräte etc.; BKA-Feststellungsbescheid SO11 – 5164.01-Z-382*

[155] *BVerwG 6 C 21.08, Urteil vom 24. Juni 2013*

1.3.2.5.3.1 Nachtsichtgeräte

Für Schusswaffen bestimmte Nachtsichtgeräte verfügen nicht über eine Vorrichtung zum gezielten Schuss. Es handelt sich dabei um Geräte aus dem vorwiegend militärischen Bereich, die zur Montage an Schusswaffen bestimmt sind. Da sie nicht über eine Zielhilfe verfügen, etwa in Gestalt eines Absehens, sind sie für die Jagd sehr viel weniger geeignet als Nachtzielgeräte.

1.3.2.5.3.2 Nachtzielgeräte

Ein Nachtzielgerät verfügt über eine in die Zieloptik vollständig integrierte Zielhilfe, idR ein Absehen („Fadenkreuz"). Somit kann ein Schütze mit einem Nachtzielgerät, ohne dass ein Vorsatz- oder aufsatzgerät erforderlich ist, nach einem der in Kapitel 1.3.2.5.3 dargestellten Verfahren ein Ziel erfassen, wobei dies auch bei Dunkelheit oder schlechten Lichtverhältnissen möglich ist, weil das Nachtzielgerät über eine elektronische Verstärkung oder Bildwandler-Einheit verfügt, die für das menschliche Auge unsichtbare Infrarot-Strahlung oder kaum noch sichtbare Licht-Impulse so aufbereitet, dass er das Ziel optisch erfassen kann und gezielt darauf schießen kann.

1.3.2.5.3.3 Nachtsichtvorsatz- und -aufsatzgeräte

Nachtsichtvorsatz- und -aufsatzgeräte (nachfolgend aus Gründen der Vereinfachung als **NVAG** abgekürzt) zählen zu den Nachtzielgeräten.[156] Anders als die Grundform des Nachtzielgeräts verfügen sie aber nicht über eine integrierte Zielhilfe, sondern nutzen eine separate Zielhilfe, beispielsweise ein Zielfernrohr. Unterschieden wird zwischen Vorsatzgeräten, deren Montage am Objektiv (mündungsnahes Ende des Zielfernrohrs) erfolgt, und den Aufsatzgeräten, die am Okular (Schützenseite) montiert werden. Ein waffenrechtlich relevantes Vorsatz- oder Aufsatzgerät, unabhängig davon, ob es sich um eine Single-Use- oder Dual-Use-Einheit handelt, entsteht durch Kombination mit einer Zielhilfe für eine Schusswaffe

- durch unmittelbare Montage an der Schusswaffe oder
- durch direkte Montage an einer Zielhilfe, die zur Verwendung an einer Schusswaffe bestimmt ist.[157]

Beachten Sie zu Verbot und Erlaubnispflicht Kapitel 1.13.1.7.

1.3.2.5.4 Magazine (Nr. 4.4)

Magazine sind für die Verwendung in Schusswaffen bestimmte Munitionsbehältnisse, die der Aufbewahrung und Zuführung von Patronen im Rahmen des Ladevor-

---

[156] *Anlage 1 A1 UA1 Nr. 4.3 Satz 2 WaffG*

[157] *Vgl. Fußnote 145 mit Hinweis auf BKA-Feststellungsbescheid: Zielfernrohr und Dual-Use-NVAG stehen in Kombination auch ohne Montage an einer Waffe einem Nachtzielgerät gleich; die Konstruktion unterliegt aus diesem Grunde während des Zeitraums der Kombination den Aufbewahrungsvorschriften für verbotene Waffen.*

gangs dienen.[158] Sie bestehen aus Metall oder Kunststoff. Sie entstanden mit Entwicklung der Repetierwaffen im 19. Jahrhundert.

Die Kapazität[159] des Magazingehäuses ist das Maß für die **Kapazität des Magazins**, so dass Verkleben, Verstiften, Klotzen[160] oder ähnliche Maßnahmen, die die Aufnahmekapazität nur vorübergehend[161] verringern, ohne Einfluss auf die Feststellung der tatsächlichen Kapazität sind. Dabei ist auf die durch den Hersteller des Magazins konstruktiv beabsichtigte Kapazität[162] abzustellen, somit wäre auch der Austausch des Zubringerstücks (Bestandteil des Magazins, der die Kraft der Feder auf die eingelegten Patronen überträgt) gegen ein die Kapazität einschränkendes Austauschteil ohne Einfluss.

Zu unterscheiden ist zwischen Wechselmagazinen und fest eingebauten Magazinen. **Magazine und Magazingehäuse** sind aufgrund der Nennung in Anlage 1 A1

---

[158] *Anlage 1 A1 UA1 Nr. 4.4 WaffG; als Ladevorgang gilt das Einführen der Patrone oder Kartusche in das Patronenlager;* ***Stangenmagazine*** *von SRS-Waffen, die unterhalb des Laufes parallel zu diesem durchgeschoben werden, sind lediglich Kartuschenlager, da sie nicht zur Aufnahme von Patronen bestimmt sind.*

[159] *Durch den Hersteller bestimmte Höchstanzahl und Art der Patronen*

[160] ***Verstiftung*** *bezeichnet das Einbringen eines Stahlstiftes in den Magazinkörper im Bereich des Feder, der den Arbeitsweg des Zubringerstücks so verkürzt, dass nur noch eine geringere Anzahl von Patronen geladen werden kann; bei der* ***Klotzung****, insbesondere eines Röhrenmagazins, wird ein Holzklotz in den Federbereich eingelegt, der wie bei einer Verstiftung den Arbeitsweg des Zubringerstücks verkürzt, wobei der Klotz nach Demontage des Magazins (Entfernung des Magazinbodens) mit allgemein gebräuchlichen Werkzeugen entnommen und die ursprüngliche Magazinkapazität wiederhergestellt ist.*

[161] *Wird das Magazingehäuse unter Einsatz technischer Verfahren und Werkzeuge so verändert, dass von einer Herstellung eines Magazingehäuses ausgegangen werden kann, etwa durch Veränderung der Innenabmessungen der Gehäusewandungen durch Anschweißen von Metall- oder Kunststoffplatten, was grundsätzlich den Einsatz nicht allgemein gebräuchlicher Werkzeuge voraussetzt und zu einer nicht bloß vorübergehenden Veränderung führt, und setzt derjenige, der dieses neue Magazin damit aus dem ursprünglichen Magazin hergestellt hat, eine Angabe zu Art und Anzahl der zu ladenden Munition als Beschriftung dazu, handelt es sich um Magazin und Magazingehäuse mit neuer Kapazität; die Beseitigung von Verbotsmerkmalen ist zulässig und durch die Bearbeitung des Ausgangsmaterial mit technischen Verfahren oder Werkzeugen kann ein Gegenstand einer neuen Bestimmung unterfallen, siehe dazu zusammenfassend auch Kapitel 1.3.1.3.*

[162] *Insbesondere bei fest eingebauten Röhrenmagazinen halbautomatischer Waffen ist bei der Überprüfung der Kapazität auf die durch den Hersteller vorgegebene Kaliberangabe abzustellen; die Hülsenlänge (zum Beispiel cal. 12/**76**) ist hier maßgebend, die bloße Möglichkeit zum Befüllen mit Patronen geringerer Abmessungen ist nicht zu berücksichtigen.*

UA1 Nr. 4 **Waffen im Sinne des WaffG**[163], unterliegen aber **nicht der Erlaubnispflicht**.[164] Gleiches gilt für fest eingebaute Magazine, auch wenn diese einer Schusswaffe entnommen worden sind und als funktionelle Einheit vorliegen.

Da Magazine **nicht der Erlaubnispflicht** unterfallen, bedarf der Umgang einschließlich der Bearbeitung, etwa zur Reduzierung der Magazinkapazität durch **Verkürzung des Magazingehäuses**,[165] sowie der Herstellung und des Handeltreibens **nicht einer Herstellungs- oder Handelserlaubnis**.

Auch das **Führen** eines Magazins ist **erlaubnisfrei**, somit sind **keine Vorschriften** bezüglich eines nicht zugriffsbereiten **Transports** zu beachten. Es muss lediglich vor Wegnahme oder Abhandenkommen gesichert werden.

Bestimmte Magazine und Magazingehäuse mit hoher Kapazität[166] unterfallen nach § 2 Abs. 3 WaffG iVm Anlage 2 WaffG einem nicht sanktionierten Umgangsverbot mit Ausnahme der Unbrauchbarmachung. § 58 Abs. 17 WaffG stellt Altbesitzer unter Umständen von diesem Verbot frei.[167] Diese Freistellung kann durch den Altbesitzer nicht auf Dritte übertragen werden, so dass diese Magazine nicht im Zuge der Leihe oder Verwahrung von einem Dritten erworben oder diesem überlassen werden dürfen.[168] Gleiches gilt für Besitzer von Schusswaffen, die nach § 2 Abs. 3

---

[163] *WaffVwV zu Anlage 1 A1 UA1 Nr. 4 WaffG*

[164] *Anlage 2 A2 UA2 Satz 1 WaffG mit Beschränkung auf Anlage 1 A1 UA1 Nr. 1 bis 4.3 WaffG; auch Bearbeitung, Handel und Herstellung von Magazinen sind somit erlaubnisfrei, Verbote aber zu beachten.*

[165] *Damit ist es möglich, dass eine Person, der aufgrund der Regelungen zu Magazinen in § 58 Abs. 17 WaffG der Besitz eines dem Verbot unterfallenden Magazins oder Magazingehäuses gestattet ist, dieses von Verbotsmerkmalen befreien kann (dazu vertiefend Kapitel 1.13.1), indem sie das Magazingehäuse eigenhändig verkürzt und damit tatbestandlich bearbeitet; Dritten, etwa einem Büchsenmacher, ist dies nicht gestattet, da die Ausnahme vom Umgangsverbot für diesen Dritten nicht gilt und ihm damit der Erwerb verboten ist.*

[166] *Auch als „hi-cap" für „high capacity" bezeichnet; zu den Verbotsvoraussetzungen siehe Kapitel 1.13.1.8*

[167] *Wird ein Gegenstand, der dem waffengesetzlichen Verbot unterfällt, mitgeführt, ist es für den Fall einer Kontrolle ratsam, ein Dokument mitzuführen, aus dem die Befugnis zum Umgang mit diesem Magazin klar hervorgeht, etwa die Anzeige des Besitzes gemäß § 58 Abs. 17, 18 WaffG*

[168] *Gleiches gilt für den Umgang durch Erlaubnisinhaber nach § 21 WaffG oder § 26 WaffG, nur bei Vorliegen einer Ausnahmegenehmigung des BKA nach § 40 Abs. 4 WaffG sind Erwerb, Besitz oder Bearbeitung eines solchen Magazins gestattet. Ausgenommen wäre nur die Unbrauchbarmachung, deren Definition aber nicht die Verkürzung eines Magazingehäuses zum Zwecke der weiteren Verwendung umfasst; zur Unbrauchbarmachung ist vorhergehender Erwerb erforderlich.*

WaffG iVm Anlage 2 A1 Nr. 1.2.6 und 1.2.7 WaffG verboten sind, wenn § 58 Abs. 18 WaffG angewendet werden kann, hier ist ein Verleihen nicht zulässig.

Magazine sind **keine wesentlichen Teile** nach Anlage 1 A1 UA1 Nr. 1.3 WaffG und nicht den Waffen gleichgestellt, für die sie bestimmt sind. Magazine sind **Waffen im Sinne des WaffG**. Als Waffen im Sinne des WaffG sind die Vorschriften zum **Mindestalter**[169] sowie zur **Aufbewahrung**[170] auch auf Magazine anzuwenden. Gleiches gilt für **Verbote**, im Falle der Magazine etwa Magazine hoher Kapazität, was insbesondere im Falle der **Leihe**[171] oder der Verwahrung zu beachten ist.[172]

Der Umgang mit **Magazinen hoher Kapazität für Zentralfeuerpatronen** ist **verboten**. Beachten Sie zu **Altbesitzvorschriften** und der fehlenden gesetzlichen **Sanktionierung von Verstößen** das Kapitel 1.13.1.8.

Wechselmagazine[173] sind Magazine, die während ihrer Befüllung bestimmungsgemäß von der Schusswaffe getrennt werden. Die gebräuchlichste Form sind **Stangenmagazine**, die üblicherweise in den Griff einer Pistole eingeführt werden und deren Bodengruppe mit dem unteren Ende des Griffs bündig abschließt. Bei kompakt konstruierten Faustfeuerwaffen wird oft ein Teil der Auflagefläche für die den Griff umschließende Hand durch die Bodengruppe des Magazins dargestellt, die aus dem Griff herausragt. Ebenfalls als Stangenmagazine bezeichnet werden die Kartuschenhalter bestimmter kleinformatiger SRS-Waffen, die nicht in den Griff der Waffe eingeschoben, sondern unter dem Lauf parallel zur Laufseele durchgeschoben werden.

---

[169] § 2 Abs. 1 WaffG; erforderliches Mindestalter von 18 Jahren, Ausnahmen nach § 3 WaffG sind zu beachten; die Erlaubnis zum Umgang mit einer Schusswaffe durch Minderjährige gemäß § 27 Abs. 3, 4 WaffG erstreckt sich auch ohne eine Gleichstellung auf das dabei verwendete Magazin dieser Schusswaffe; dies gilt auch dann, wenn es zum Laden kurzfristig der Schusswaffe entnommen wurde.

[170] Die Befreiung der Person vom Verbot des Umgangs entlässt die Waffe nicht aus dem Status der verbotenen Waffe durch Nennung in Anlage 2 A1 WaffG; zur Aufbewahrung verbotener Magazine siehe den Ergänzungsband zu diesem Buch; dort durch den Autor vertretene Auslegung bestätigen VG Düsseldorf 22 L 1895/24, Beschluss vom 18. September 2024, Rn. 69 ff. und VGH München 24 CS 24.1585, Beschluss vom 16. Dezember 2024; zur Aufbewahrung nicht verbotener Magazine siehe Seiten 274 und 581

[171] Das Überlassen verbotener Magazine, die vom befugten Besitzer aufgrund Ausnahmegenehmigung oder als Altbesitz nach § 58 Abs. 17 WaffG besessen und zum Schießen verwendet werden dürfen, ist bei Verleih oder Übergabe zur Verwahrung mit der für dieses Magazin bestimmten Schusswaffe nicht zulässig, da die Erlaubnisfreiheit für Erwerb und vorübergehenden Besitz nach § 12 Abs. 1 Nr. 1 WaffG zwar für die Waffe einschließlich Magazin gilt, diese Freistellung aber das Verbot zum Umgang mit dem Magazin auf Seiten des Entleihers nicht beseitigt.

[172] Vertiefend Kapitel 1.13.1, insbesondere zur Thematik „Ladekapazität"

[173] Anlage 1 A1 UA1 Nr. 4.4.2

Als **Magazingehäuse**[174] gelten diejenigen Bestandteile von Wechselmagazinen, die dazu bestimmt sind, die Patronen aufzunehmen. Technisch drückt das von einer darunterliegenden Feder angetriebene Zubringerstück die auf ihm liegenden Patronen gegen die Magazinlippen, die auf der offenen Seite des Magazins verhindern, dass die Patronen in Druckrichtung des Zubringerstücks das Magazin verlassen. Waffenrechtlich ist davon auszugehen, dass das Zubringerstück nicht als Magazingehäuse anzusehen ist, sondern lediglich die Teile des Magazingehäuses, die dessen Ladekapazität physikalisch begrenzen. Aus dem Wortlaut der Anlage 1 WaffG wie aus dem Verbot von Magazingehäusen, die eine bestimmte Ladekapazität überschreiten, folgt, dass Magazingehäuse Waffen im Sinne der WaffG sind.

Fest eingebaute Magazine[175] sind häufig bei Repetierwaffen vorzufinden, werden aber auch in anderen Waffenarten verwendet. Sie müssen nicht aus der Waffe entfernt werden, um mit Munition gefüllt zu werden. Kastenmagazine werden durch Eindrücken von Patronen von oben (durch die Bahn des geöffneten Verschlusses) oder mithilfe von Ladestreifen befüllt, während Röhrenmagazine (meist unterhalb des Laufes angebracht) durch Nachschieben weiterer Patronen durch eine Ladeöffnung gefüllt werden. Fest eingebaute Magazine sind begrifflich von den Wechselmagazinen abgegrenzt und gesondert zu betrachten. Die in einer Waffe vorhandene Einhausung eines fest eingebauten Magazins gilt, auch wenn sie die Ladekapazität des fest eingebauten Magazins festlegt, nicht als Magazingehäuse im Sinne des WaffG, da der Begriff des Magazingehäuses nach der Definition in Anlage 1 A1 UA1 Nr. 4.4.3 an Wechselmagazine gebunden ist.

Da die Definition auf die Aufbewahrung und Zuführung von Patronen abstellt, werden die Magazine von **Salut- und SRS-Waffen** nicht von dem waffenrechtlichen Begriff des „Magazins“ erfasst, da in diesen als Munitionsart nur Kartuschen („Hülsen mit Ladungen, die ein Geschoss nicht enthalten“, Anlage 1 A1 UA3 Nr. 1.2 WaffG) aufbewahrt werden, nicht aber Patronen („Hülsen mit Ladungen, die ein Geschoss enthalten“, Anlage 1 A1 UA3 Nr. 1.1 WaffG). Somit sind Vorschriften des WaffG auf Magazine, die für diese Waffen bestimmt sind, nicht anwendbar. Gleiches gilt für Zuführungseinrichtungen, die lediglich Geschosse bereitstellen.

Magazine von **unbrauchbar gemachten Schusswaffen** müssen nach der EU-Deaktivierungsrichtlinie 2015/2403 mit der Waffe fest verbunden[176] und dürfen da-

---

174 *Anlage 1 A1 UA1 Nr. 4.4.3*

175 *Anlage 1 A1 UA1 Nr. 4.4.1; von einem* ***festen Einbau*** *ist auszugehen, wenn das Magazin nur durch Demontage der Waffe, insbesondere unter Einsatz von allgemein gebräuchlichen Werkzeugen, aus der Waffe entnommen werden kann.*

176 *„****Fest verbunden****“ sind Gegenstände, wenn die Verbindung nicht dazu bestimmt ist, vorübergehend oder endgültig durch Einsatz allgemein gebräuchlicher Werkzeuge oder manuell (insbesondere Verbindung durch Einschrauben) aufgehoben zu werden, ohne dass mindestens einer der zusammengefügten Gegenstände bei diesem Vorgang beschädigt wird; hier ist insbesondere an Verschweißungen (auch durch chemische Verfahren) oder Einpassungen bei sehr hohen*

mit nicht mehr entnehmbar sein. Bei einer unbrauchbar gemachten Schusswaffe, die nicht die Anforderungen der EU-Deaktivierungsrichtlinie 2015/2403 erfüllt, aber durch Regelungen der AWaffV als sogenannte „Alt-Deko" besonderen Vorschriften unterworfen ist, ist ein Wechselmagazin in der Regel entnehmbar und voll funktionsfähig. Die Regelungen des WaffG, somit auch Verbote, sind mangels einer Gleichstellungsregelung auf dieses Magazin auch anzuwenden, wenn die Waffe, für die es bestimmt ist, erleichternden oder wegfallenden Regelungen unterliegt.[177]

Ladestreifen, die der Zuführung von Patronen in fest eingebaute Magazine dienen, sind keine Magazine im Sinne des WaffG und werden von dessen Regelungen nicht erfasst. Es handelt sich um eine Art von Hilfsgerät zur Einführung von Patronenmunition, die eigentliche Funktion des Magazins als funktionellem Bestandteil, der dem Patronenlager Patronen zuführt, wird von einem Ladestreifen nicht bewirkt. Insofern sind auch **Speedloader** für die schnelle Befüllung von Trommeln lediglich als Zubehör anzusehen, das nicht den Regelungen des WaffG unterfällt.

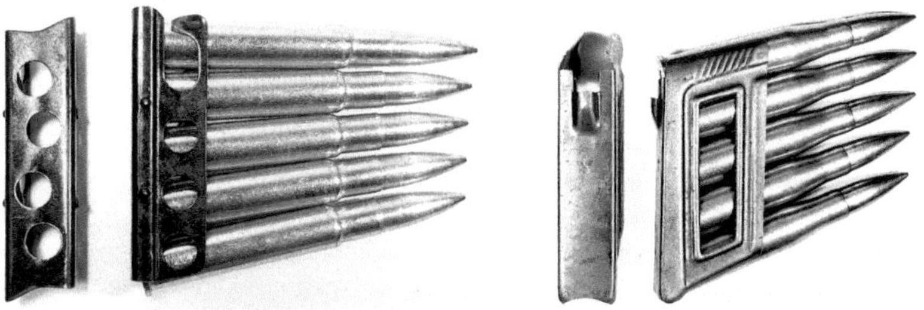

Abb. mit freundl. Genehmigung der Fa. Waffenhof Gurtner, Antiesenhofen (Österreich)

Zu unterscheiden sind **Ladestreifen** (Abbildung links) und **Laderahmen** (Abbildung rechts), die mit den Patronen in den Magazinschacht eingeführt werden und dort auch verbleiben. Sie dienen der Aufbewahrung und der Zuführung von Patronen. Der **Magazinschacht** ist eine Höhlung in der Waffe, der dazu bestimmt ist, Patronen aufzunehmen, die dem Ladevorgang direkt zugeführt werden sollen. Laderahmen haben die Aufgabe, in einem Magazinschacht ohne entsprechende Aufnahmevorrichtung (somit ohne die Charakteristik eines fest eingebauten oder in die Waffe eingeführten Magazins) den Patronen, auf die die Kraft einer darunter befindlichen Feder wirkt, die erforderliche Führung zu geben, damit die Patrone aus dem Magazinschacht in den Verschlussweg und von dort in das Patronenlager gelangen kann.

Temperaturen zu denken, die aufgrund der Schrumpfung der bei Hitze ausgedehnten Werkstücke bei Normaltemperatur form- oder reibschlüssig verbunden werden, nicht aber an Verschraubungen oder einfache Verklebungen.

[177] *Strenge Auslegung aufgrund des präventiven Charakters des WaffG; anwendbar sind Regeln zur verbotsbefreienden Anmeldung eines verbotenen Magazins nach § 58 WaffG; auf Magazine von unbrauchbar gemachten Waffen, die nach § 2 Abs. 3 iVm Anlage 2 A1 WaffG verboten sind, sind die Regelungen zur Besitzstandswahrung in § 58 WaffG anwendbar.*

Diese Feder ist Bestandteil der Waffe und nicht mit dem Laderahmen verbunden. Bei einem Magazin im Sinne des WaffG sind alle funktionellen Elemente, die zur Zuführung von Patronen im Zuge des Repetiervorgangs erforderlich sind, notwendige und konstruktiv zusammenwirkenden Bestandteile des Magazins (Gehäuse mit Lippen zur Führung, Feder und darauf aufgesetzter Zubringer als Vortrieb). Dagegen ist eine Konstruktion, die sich zur Führung der Patronen eines entnehmbaren Laderahmens bedient, der keine mit ihm fest verbundene Feder zum Vortrieb der Patronen besitzt und ohne diese Feder keine Zuführung im Zuge des Ladevorgangs bewirken kann, kein Magazin im Sinne des WaffG, das im Sinne einer Ladevorrichtung gemäß EU-Feuerwaffenrichtlinie nicht nur den darin befindlichen Patronen Führung gibt, sondern auch deren Transport und damit eine Zuführung der Patronen im Zuge des Ladevorgangs bewirkt oder maßgeblich ermöglicht.[178] Die Definition des Magazins in Anlage 1 A1 UA1 Nr. 4.4 WaffG nennt die Eigenschaft „Behältnis", womit bei analoger Auslegung zum strafrechtlichen Begriff des Behältnisses eine Konstruktion beschrieben wird, die einen anderen Gegenstand als Raumgebilde umfasst, sofern dies konstruktiv möglich und beabsichtigt ist. Auch weist der bei der Definition des Magazingehäuses in Anlage 1 A1 UA1 Nr. 4.4.3 WaffG verwendete Begriff des „Gehäuses" auf eine Auslegung im Sinne einer *den Inhalt schützenden umgebenden Einhausung* hin. Da in der Definition in Anlage 1 A1 UA1 Nr. 4.4 WaffG nicht von einer *Vorrichtung* die Rede ist, erfüllt ein Laderahmen trotz funktioneller Eignung nicht die Voraussetzung zur Einordnung als Magazin im Sinne des WaffG, sondern ist vielmehr nur als *funktioneller Bestandteil* eines Magazins anzusehen. Mangels einer eigenständigen funktionellen Eignung als Magazin und auch mangels der Merkmale Behältnis oder Gehäuse wird ein Laderahmen somit nicht dem Magazinbegriff zu unterwerfen sein.

Auf **Clips**, die randlose Patronen in der Trommel eines Revolvers festhalten, und für **Patronengurte** (Munitionsgurte) sind die Ausführungen zu Laderahmen analog anzuwenden. Sie sind keine Magazine oder Waffen im Sinne des WaffG, womit das Waffengesetz auf diese Gegenstände nicht anzuwenden ist.

Bekannt sind Pistolenmodelle, die als **subkompakte Schusswaffen** besonders kleine Abmessungen haben. Dieser Vorteil, insbesondere im polizeilichen Bereich, wird dabei durch zwei Faktoren erkauft, zum einen eine geringere Kapazität des meist **stark gekürzten Standardmagazins**, zum anderen ein kürzerer und damit schlechter zu haltender Griff. Durch Verwendung längerer Magazine mit ergonomisch geformten Griffverlängerungen können die genannten Nachteile ausgeglichen werden.

Keine Magazine im Sinne des WaffG sind **Schaftmagazine**. Dabei handelt es sich entweder um Munitionsvorratsbehälter, die im Schaft der Waffe verborgen sind, oder um am Schaft angebrachte Etuis, in denen Munition lose oder in Schlaufen mitgeführt werden kann. Da aus diesem Patronenvorrat die Munition nicht unmittelbar in das Patronenlager der Waffe geführt werden kann, sondern erst dem Schaftmagazin per Hand entnommen und dann in das Patronenlager eingelegt werden muss, erfüllen sie nicht die Definition für Magazine nach Anlage 1 A1 UA1 Nr. 4.4

---

[178] *So auch BT-Drs. 19/13839, S. 94, „zu Doppelbuchstabe ee"*

WaffG. Zu beachten ist allerdings bei der Aufbewahrung das Vorliegen einer nicht getrennten Aufbewahrung von Waffe und im Schaftmagazin befindlicher Munition.

1.3.2.6 Reizstoffe (Nr. 5)

Reizstoffe werden in der Anlage 1 als eigene Waffenart geführt. Die Substanz ist Waffe im Sinne des WaffG. In Abgrenzung sind die strengeren Vorschriften des KrWaffKontrG auf Anwendbarkeit zu prüfen, wenn es sich um eine Substanz handelt, die in der Kriegswaffenliste aufgeführt wird (zur Thematik Kapitel 4.2.2).

Reizstoff im Sinne des WaffG ist eine Substanz, die bei ihrer bestimmungsgemäßen Anwendung auf den Menschen eine belästigende Wirkung durch Haut- und Schleimhautreizung, insbesondere auf due Augen ausüben und resorptiv („bei Aufnahme in den Körper") nicht giftig wirken. Erst die Bestimmung zur Bewirkung einer der genannten Reaktionen bei einer anderen Person qualifiziert eine so wirkende Substanz als Reizstoff im Sinne des WaffG. Der Aggregatzustand ist unerheblich, der Stoff kann in fester bzw. pulvriger, flüssiger oder gasförmiger Form vorliegen.

Reizstoffe unterliegen nicht der Erlaubnispflicht nach § 2 Abs. 2 WaffG in Verbindung mit Anlage 2 A2 UA1 Satz 1 WaffG. Der Umgang erfordert ein Mindestalter von 18 Jahren. Die Aufbewahrung muss lediglich eine Wegnahme durch Unbefugte verhindern, eine besondere Qualifikation der Sicherungsmaßnahme, etwa die Aufbewahrung in einem verschlossenen Behältnis, ist nicht erforderlich.

1.3.2.7 Nachbildungen von Schusswaffen (Nr. 6)

Anlage 1 A1 UA1 Nr. 6 WaffG definiert die Nachbildung insbesondere in Abgrenzung zu unbrauchbar gemachten Schusswaffen. Eine Nachbildung

- hat die äußere Form einer Schusswaffe,
- wurde aber nicht als Schusswaffe hergestellt und
- ist nicht geeignet, aus ihr Munition, Ladungen oder Geschosse zu verschießen, was neben dem Verschießen von Patronen- oder Kartuschenmunition („Platzpatronen") auch das Verschießen von Kunststoffkugeln, die Geschosse im Sinne des WaffG sind, umfasst, und kann nicht mit allgemein gebräuchlichen Werkzeugen so umgebaut oder verändert werden, dass aus ihr Munition, Ladungen oder Geschosse verschossen werden können.

In der Praxis ist bei der Frage nach der Form auf den Erwartungshorizont eines Durchschnittsbürgers abzustellen. Ist ein Gegenstand nicht aufgrund der Kriterien für das Nichtvorliegen einer Anscheinswaffe nach Anlage 1 A1 UA1 Nr. 1.6 WaffG, insbesondere Größenverhältnis zum Original oder Farbe, für Dritte eindeutig als zum Spiel bestimmt erkennbar, muss zB eine Fantasiewaffe im Stil einer „Star-Wars-Strahlenwaffe" deutlich von der äußeren Form der der Allgemeinheit aus den Medien vertrauten Schusswaffen abweichen, um nicht Nachbildung im Sinne des WaffG zu sein. Nachbildungen unterliegen nicht der Erlaubnispflicht nach § 2 Abs. 2 WaffG in Verbindung mit Anlage 2 A2 UA1 Satz 1 WaffG.

Durch Anlage 2 A3 UA 2 Nr. 4 WaffG sind Nachbildungen von der Anwendung des WaffG fast vollständig ausgenommen; nur § 42a WaffG, der das Führen von Anscheinswaffen verbietet, gilt auch für Nachbildungen.

1.3.2.8 Tragbare Gegenstände (Anlage 1 A1 UA2)

Die durch Anlage 1 A1 UA2 WaffG als Waffen eingestuften tragbaren Gegenstände unterfallen gemäß Anlage 2 A2 UA1 Satz 1 WaffG nicht der Erlaubnispflicht, da diese gemäß § 2 Abs. 2, 4 WaffG iVm Anlage 2 A2 UA1 Satz 1 WaffG auf Waffen nach Anlage 1 A1 UA1 Nr. 1 bis 4.3 WaffG beschränkt ist.

Zu beachten sind die auf Waffen anwendbaren Regelungen zum Umgang bezüglich des Mindestalters sowie zum Waffenverbot (§ 41 WaffG) und dessen Durchsetzung (§ 46 WaffG). Das Verbot des Führen nach § 42 WaffG ist anwendbar, das auf Waffen bezogene Verbot des Führens nach § 42a WaffG nur auf Hieb- und Stoßwaffen sowie auf Anscheinswaffen (Anlage 1 A1 UA1 Nr. 1.6) und bestimmte Messer.[179]

1.3.2.8.1 Waffe durch Bestimmung (Nr. 1)

Ist ein Gegenstand dazu bestimmt, die Angriffs- oder Abwehrfähigkeit eines Menschen herabzusetzen oder zu beseitigen, ist dieser Gegenstand Waffe im Sinne des WaffG. Die Bestimmung ergibt sich idR aus der Bezeichnung oder Werbung des Herstellers. Das Wesen, also die offenkundig bezweckte Art der Wirkung des Gegenstandes zu Angriffs- und Verteidigungszwecken gegen Menschen, kann aber zu einer Einstufung als Waffe führen, wenn die behauptete Zweckbestimmung offensichtlich unzutreffend ist und die herrschende Verkehrsauffassung von einer Verwendung als Waffe ausgeht. Der Gesetzgeber nennt beispielhaft **Hieb- und Stoßwaffen**. Anlage 1 A1 UA2 Nr. 1.1 WaffG definiert diese als Gegenstände, die nach ihrem Wesen dazu bestimmt sind, unter unmittelbarer Ausnutzung der Muskelkraft durch Hieb, Stoß, Stich, Schlag oder Wurf Verletzungen beizubringen, zB **Kampfmesser**,[180] **Dolch** oder **Schlagstock**, aber auch **Schlagring** und **Wurfstern**. **Handfesseln** sind, da sie dazu bestimmt sind, die Abwehrfähigkeit eines Menschen herabzusetzen, indem sie ihm angelegt werden und danach ohne Zutun des Handelnden wirken, keine tragbaren Gegenstände im Sinne von § 1 Abs. 2 Nr. 2 WaffG.

Weitere Waffen nach § 1 Abs. 2 Nr. 2 lit. a WaffG sind insbesondere

- Elektroimpulsgeräte
- Reizstoffsprühgeräte (kein Lauf, somit keine Schusswaffe)
- Flammenwerfer (Flamme länger als 20 cm)
- Brandsätze („Molotow-Cocktails“)
- Schleudern mit Armstütze[181] sowie Armstützen für vorgenannte Schleudern

---

[179] *Zur rechtlichen Einordnung von **Messern** ergänzend Kapitel 1.4*

[180] *Zu „Regelungen des WaffG zu Messern“ vertiefend Kapitel 1.3.2.8*

[181] *„Präzisionsschleuder“; die bloße Möglichkeit einer Montage durch Aufnahmevorrichtung an der Schleuder reicht aus*

Beachten Sie: Die **Aufzählung in Anlage 1 A1 UA2 Nr. 1 WaffG ist nicht abschließend**, anders als die Aufzählung in Anlage 1 A1 UA2 Nr. 2 WaffG.

Historische Waffen wie **Hellebarde**, **Partisane**, **Morgenstern**, **Streitkolben** und **Streitaxt** wie auch **Langstock** (**Kobudo**-Waffe „**Bo**") erfüllen den Waffenbegriff, da sie dazu konstruiert sind, die Angriffs- oder Abwehrfähigkeit eines Menschen herabzusetzen und diese Konstruktionen ihre Wirksamkeit nicht dadurch eingebüßt haben, dass sie heute nicht mehr im (Kriegs-) Gebrauch sind. Insbesondere die Verwendung des Morgensterns bei Auseinandersetzungen „im Milieu" zeigt die immer noch vorhandene Eignung zur Nutzung als Waffe und die Notwendigkeit, den Umgang mit diesen Gegenständen den Regelungen des WaffG zu unterwerfen.

1.3.2.8.1.1 Hieb- und Stoßwaffen (Nr. 1.1)

Hieb- und Stoßwaffen sind gemäß Anlage 1 A1 UA2 Nr. 1.1 WaffG Gegenstände, die nach ihrem Wesen dazu bestimmt sind, unter unmittelbarer Ausnutzung der Muskelkraft durch Hieb, Stoß, Stich, Schlag oder Wurf Verletzungen beizubringen. Ziel muss gemäß § 1 Abs. 2 Nr. 2 lit. a WaffG ein Mensch sein, womit Gegenstände, die Tieren Verletzungen beibringen sollen, nicht Hieb- und Stoßwaffe sind.[182]

Arten der Bewegung und der Wirkung werden abschließend aufgezählt und sind differenziert zu betrachten. Der **Hieb** ist als Schlag mit einem scharfen Gegenstand (Klinge) zu verstehen. Der **Stich** setzt das Vorhandensein eines spitzen Gegenstandes voraus, der in den Körper eindringen kann. **Schlag** und auch **Stoß** dagegen sind die Einwirkungen eines bewegten Körpers auf einen anderen, wobei ein Stoß ein gerade geführter Angriff ist, während ein Schlag kreisförmig ausgeführt wird. **Wurf** ist eine Bewegung, die einem Körper ein gewisses Maß an Bewegungsenergie vermittelt, um sich von der werfenden Hand in eine Richtung zu bewegen, die von der Fallbewegung aufgrund der einwirkenden Schwerkraft abweicht.

Andere als die in Nr. 1.1 aufgezählten Formen der Anwendung, etwa ein Drücken, das kein Stoßen darstellt, oder ein Reißen, sind vorstellbar. Die Einordnung als Hieb- und Stoßwaffe ist aufgrund der klaren Definition der Nr. 1.1 strittig.

Das **Nunchaku** oder **Würgeholz** wird als Gegenstand zum Drosseln von Menschen in der Anlage 1 A1 UA2 Nr. 1.2.6 WaffG dem Waffenbegriff unterworfen. Obwohl der treffende Schlag deutlich intensiver empfunden wird und auch wirkt als bei Verwendung eines gleich langen Stabes gleichen Materials, wird lediglich die durch Muskelkraft eingebrachte Energie verwendet. Ein Nunchaku ist darum auch als Hieb- und Stoßwaffe anzusehen, womit Vorschriften für Hieb- und Stoßwaffen anzuwenden sind, etwa das Führverbot nach § 42a Abs. 1 Nr. 2 WaffG. Allerdings tritt die Ordnungswidrigkeit in der Praxis hinter die Straftat des verbotenen Umgangs nach § 52 Abs. 3 Nr. 1 WaffG iVm § 2 Abs. 3 WaffG zurück.

---

[182] *Die Bestimmungen zu Tierabwehrgeräten nach Anlage 1 A1 UA2 Nr. 2.2 WaffG und Anlage 2A1 Nr. 1 Nr. 1.4.4 WaffG sind hier kein Auffangtatbestand, da sie nur Geräte erfassen, die nicht allein unter unmittelbarer Ausnutzung der Muskelkraft des Handelnden wirken, also keine Hieb- und Stoßwaffen sind.*

Schaukampfwaffen, die sich zB durch stumpfe Schneiden und abgerundete Spitzen auszeichnen, sind **mangels Herstellerbestimmung keine Hieb- und Stoßwaffen**[183] und **damit** gemäß § 1 Abs. 2 Nr. 2 lit. a WaffG **keine Waffen**. Ebenso ist eine Umbestimmung von Hieb- und Stoßwaffen und damit Ausschluss aus der Einordnung als Waffe durch Abstumpfen und Abrunden von Klingen möglich.[184] **Trotz** grundsätzlicher **Eignung** zur Verletzung von Menschen, die auch einer stumpfen Klinge innewohnt, sind derartige Gegenstände **mangels Nennung im Gesetz** auch gemäß § 1 Abs. 2 Nr. 2 lit. b WaffG **keine Waffen** im Sinne des WaffG. Das WaffG findet auf diese tragbaren Gegenstände somit gemäß § 1 Abs. 2 WaffG keine Anwendung.

Bei **Wuchtwaffen**, deren Bewegungsenergie auch bei stumpfer Einwirkung auf den Körper zu Verletzungen führt, zB Streitkolben, Morgenstern oder Streitflegel, ist die Einordnung als Schaukampfwaffe analog möglich, wenn die Energie durch Verformung der Waffe am Ziel weitgehend vernichtet wird oder ihre Konstruktion aus besonders leichten Materialien keine Wucht im Sinne eines auf den getroffenen Körper wirkenden Impulses erzeugen kann, der zu einer Herabsetzung oder Beseitigung der Angriffs- oder Abwehrfähigkeit führen kann. Schaukampfwaffen sind **keine Anscheinswaffen** im Sinne des WaffG.

In Kapitel 1.13.1 behandelte Verbote nach § 2 Abs. 3 WaffG iVm Anl. 2 A1 WaffG:

Hieb- und Stoßwaffe (Nr. 1.1)	**Anl. 2 A1 Nr.**	**Kapitel im Buch**
Geeignet, einen anderen Gegenstand vorzutäuschen	1.3.1	1.13.1.11
Mit Gegenständen des täglichen Gebrauchs verkleidet	1.3.1	1.13.1.11
Stahlrute	1.3.2	1.13.1.12
Totschläger	1.3.2	1.13.1.13
Schlagring	1.3.2	1.13.1.14
Wurfstern	1.3.3	1.13.1.15

1.3.2.8.1.2 Weitere tragbare Gegenstände (Nr. 1.2)

In Ergänzung zur Nr. 1.1 zählt Anlage 1 A1 UA2 Nr. 1.2 WaffG wiederum beispielhaft tragbare Gegenstände auf, die eine andere Wirkungsweise oder Energiequelle haben als durch Muskelkraft unmittelbar erzeugte Einwirkungen mechanischer Art. Aus diesem Grunde ist auch der sogenannte „Molotow-Cocktail" in seinen verschiedenen Ausführungen, obwohl geworfen, nicht als Hieb- und Stoßwaffe anzusehen.

---

[183] *Vgl. WaffVwV zu Anlage 1 A1 UA2 Nr. 1.1, Absatz 3: „... wegen abgestumpfter Spitzen und stumpfer Schneiden offensichtlich nur ... zur Brauchtumspflege (zB nachgebildete Degen, Lanzen) ... geeignet ..."; aaO: gleiches gilt für Sportwaffen*

[184] *Analog zur zulässigen Befreiung von Verbotsmerkmalen, siehe Seite 196*

Art der Waffe (Anlage 1 A1 UA2 Nr. / Beschreibung)	Anlage 2 A1 Nr.	Kapitel im Buch
1.2.1: Verletzung durch andere als mechanische Energie	1.3.6	1.13.1.18
1.2.2: Reizstoffsprühgerät (bis zwei Meter)	1.3.5	1.13.1.17
1.2.3 lit. a: Reiz- o, Wirkstoff über zwei Meter Wirkreichweite nach Versprühen oder Ausstoß	1.3.5	1.13.1.17
1.2.3 lit. b: Ausstoß anderer als kinetischer Energie, zB elektr.-magn. Strahlung, Laser- oder Schallwaffe	1.3.6	1.13.1.18
1.2.4: Flammenwerfer	1.3.4	1.13.1.16
1.2.5: USBV/Brandsätze etc. (Molotow-Cocktail)	1.3.4	1.13.1.16
1.2.6: Drosselgeräte	1.3.8	1.13.1.20

Diese im Kapitel 1.13.1 erläuterten Verbote zum Umgang nach § 2 Abs. 3 WaffG iVm Anlage 2 A1 WaffG beziehen sich auf tragbare Gegenstände nach Nr. 1.2. Das angegebene Kapitel enthält eine Beschreibung der jeweiligen Waffe. Gegenstände, die in der Anlage 1 eigenständigen Definitionen unterfallen, können in der Anlage 2 unter Umständen gemeinsamen Kategorien verbotener Waffen zugeordnet sein, was in der Tabelle durch gleiche Nummern der Anlage 2 A1 erkennbar ist.

1.3.2.8.1.3 Schleudern mit Armstütze und Armstützen (Nr. 1.3)

Die in der Nr. 1.3 beschriebene Schleuder, die zur Erreichung einer höheren Durchschlagsfähigkeit mit einer Armstütze ausgerüstet oder ausrüstbar ist, sowie die dem Waffenbegriff ebenfalls unterfallen Armstütze werden im Kapitel 1.13.1.19 zum Verbot ausführlich dargestellt.

1.3.2.8.2 Waffe durch gesetzliche Einordnung (Nr. 2)

Ist ein Gegenstand ursprünglich nach dem Willen des Herstellers oder Erfinders nicht zu Angriffs- oder Verteidigungszwecken gegen Menschen bestimmt, würden zahlreiche Gegenstände nicht unter den Waffenbegriff fallen, die aus polizeilicher Sicht „beliebte" Waffen bestimmter Tätergruppen sind, insbesondere aufgrund ihrer Effektivität. Darum ist neben den zu Angriffs- oder Verteidigungszwecken bestimmten und hergestellten Gegenständen auch eine abschließende Aufzählung bestimmter Gegenstände in der Anlage 1 A1 UA2 Nr. 2 WaffG aufgeführt, die auch ohne eine herstellerseitige Bestimmung Waffen im Sinne des WaffG sind.[185]

Nach § 1 Abs. 4 WaffG unterfallen § 1 Abs. 2 Nr. 2 lit. b WaffG die in Anlage 1 A1 UA2 Nr. 2 WaffG abschließend genannten Messer (**Springmesser**[186], **Fallmesser**,

---

[185] *Gesetzlich zur Waffe erklärte Messer behandelt vertiefend Kapitel 1.4.2, das Regelungen des WaffG zum Umgang mit Messern umfassend erläutert.*

[186] *Ausführliche Darstellung ab Seite 212; dort sind auch die Definitionen für die in diesem Kapitel behandelten Gegenstände genannt, die aus Gründen der Über-*

Faustmesser und **Faltmesser** (**Butterflymesser)** sowie nicht-mechanisch Schmerzen-auslösende Geräte für den Einsatz am Tier (**Tierabwehrgeräte**[187]), **außer für Tierhaltung und Hundeausbildung bestimmte** Gegenstände wie **Viehtreiber**, **Teletac**[188] usw.. Nicht erfasst werden **Baseballschläger**.

Die Einstufung als Waffe durch Anlage 1 A1 UA2 Nr. 1 WaffG ist nicht gleichzusetzen mit einem Verbot nach § 2 Abs. 3 WaffG iVm Anlage 2 A1 WaffG.

Einige sog. „milieu-typische" Gegenstände wie das **Balisong**-Messer (**Butterfly**, **Faltmesser**) wurden ursprünglich als Werkzeuge entwickelt und genutzt (im Falle des Balisong auf den Philippinen für Fischer als Arbeitsmesser, möglicherweise auch in Frankreich). Ein **Balisong-Trainer** (stumpfes Metallteil anstelle einer Klinge, mit der das Feststellen des Balisong („Flippen") gefahrlos geübt werden kann) ist mangels Klinge im Sinne eines scharf geschliffenen oder mit einer Spitze versehenen Bauteils **keine Waffe** im Sinne des WaffG.[189] Beachten Sie zu **Einhandmessern** Kapitel 1.4.3.

1.3.3 Munition, Ladung und Geschoss (Anlage 1 A1 UA3)

1.3.3.1 Munitionsbegriff

Mit dem Begriff **Munition** bezeichnet das Waffengesetz zum Verschießen aus **Schusswaffen** bestimmte

- **Patronen**munition (Hülse enthält Ladung und Geschoss),
- **Kartuschen**munition (Hülse mit Ladung, aber ohne Geschoss),
- **hülsenlose Munition** (meist an das Geschoss-/Patronenlager den aufnehmenden Laufbereich angepasst geformter **Pressling**, der in einer Schusswaffe oder einem dieser gleichgestellten Gegenstände zum Zwecke des Verschießens passend aufgenommen werden kann; der Begriff dabei gilt für Presslinge mit und ohne Geschoss) und
- **pyrotechnische Munition** (Munition ohne ballistische Wirkung) als
  - Patronenmunition,
  - unpatronierte Munition oder
  - fest mit der Antriebsvorrichtung verbunden, zB „Vogelschreck".

Ladungen und **Geschosse** sind **keine Munition** im Sinne des WaffG. Zu beachten sind **Verbote** für den Umgang mit **bestimmten Geschossarten**, wobei überwiegend nur für Munition bestimmte Geschosse erfasst sind.[190]

---

sichtlichkeit unmittelbar mit Hinweisen zu den Verboten und diesbezüglich zu beachtenden Ausnahmen ab der angegebenen Seite konzentriert dargestellt werden.

[187] *Zum Tierabwehrgerät zusammenfassende Darstellung in Kapitel 1.13.1.25*

[188] *Zu beachten sind hier Vorschriften des Tierschutzgesetzes.*

[189] *Siehe ergänzend Kapitel 1.13.1.24*

[190] *Beschränkung Anlage 2 A1 Nr. 1.5.4 WaffG durch Anlage 1 A3 Nr. 1.5 WaffG*

Anzündhütchen unterliegen nicht dem WaffG. Anzuwenden ist das Sprengstoffgesetz, wenn der enthaltene Anzündsatz mehr als 0,2 g wiegt.[191]

Sprengstoffrechtliche Regelungen, zB Lagerrichtlinien für Explosivstoffe, **gelten** gemäß § 1b Abs. 1 Nr. 3 SprengG **nicht** für **Munition im Sinne des WaffG**. Ausgenommen ist gemäß § 1b Abs. 1 Nr. 3 lit. d SprengG lediglich der Umgang mit Fundmunition im Sinne von § 3 Abs. 1 Nr. 16 SprengG.

Eine **Hülse** muss nur aus einem festen (nicht flüssigen oder gasförmigen, nicht unbedingt formstabilen oder metallischen) Material bestehen, zB Papier oder Pappe.

Für **Bolzensetzgeräte** oder in der Schlachtung verwendete **Bolzenschussgeräte** bestimmte Kartuschenmunition ist dann keine Munition im Sinne des WaffG, wenn sie durch den Hersteller für ein nicht den Schusswaffen nach Anlage 1 A1 UA1 Nr. 1.2.2 gleichgestelltes Gerät bestimmt ist. Der Handel mit Kartuschen für diese nicht vom WaffG erfassten Geräte unterliegt nicht der Erlaubnispflicht.

Die **Erlaubnispflicht für Erwerb und Besitz** ergibt sich nach Anlage 2 A2 UA1 WaffG daraus, ob die Munition für eine Waffe nach § 1 Abs. 2 Nr. 1 WaffG iVm Anlage 1 A1 UA1 Nrn. 1 bis 4.3 WaffG bestimmt ist. Die Bestimmung ergibt sich primär aus dem Kaliber. Ist die Schusswaffe, für die die Munition bestimmt ist, von der Erlaubnispflicht freigestellt, wirkt sich das nicht auf die Erlaubnispflicht der Munition aus; eine gesetzliche Freistellung ist mithin gesondert erforderlich, zB im Falle der SRS-Waffen nach Anlage 2 A2 UA2 Nr. 1.3 WaffG die Freistellung für SRS-Munition durch Anlage 2 A2 UA2 Nr. 1.4 WaffG. **Papierpatronen** für erlaubnisfreie Vorderladerwaffen unterfallen, da sie als „Ladung und Geschoss in Hülse" Patronenmunition sind, mangels gesetzlicher Freistellung der **Erlaubnispflicht**.

Zu gesetzlichen **Verboten von Munitions- und Geschossarten** beachten Sie die Informationen ab Seite 224, zu **Kriegswaffenmunition** ab Seite 496.

1.3.3.2 Ladung

Ladungen sind **Hauptenergieträger** zur Abgabe eines Schusses als

- **Antriebsmittel** für Geschosse oder Wirkstoffe,
- Mittel zur Erzeugung von **Schall- oder Lichtimpulsen** oder
- **Anzündsatz** zum direkten Antrieb des Geschosses.

Die Ladung kann in **loser Schüttung** (idR Pulver) **in Munition** sowie als **vorgefertigte Ladung oder in loser Form** in eine Waffe (zB Perkussionswaffe, historische Waffe) nach Anlage 1 A1 UA 1 Nr. 1.1 oder Nr. 1.2.1 WaffG eingegeben werden. Der Begriff des „Hauptenergieträgers" beschränkt sich nicht auf einen bestimmten Aggregatzustand (fest, flüssig, gasförmig), womit **Flüssigkeiten** und **zündfähige Gase** bei Bestimmung zum Einsatz in Waffen oder Munition bei Eingabe in loser Form Ladung sind. Ladung ist auch der Anzündsatz einer Randfeuerpatrone oder Anzündhütchen, wenn ein Geschoss ohne weiteres Pulver direkt angetrieben werden soll.

---

[191] *1. SprengV, §1 Abs. 1 Nr. 2a*

1.3.3.3 Geschoss

Geschosse sind als Waffen oder für Schusswaffen bestimmte feste Körper oder gasförmige, flüssige (zB mit Gel gefüllte Paintball-Geschosse) oder feste (zB mit Bleischrot gefüllter Nylon-Beutel, sog. „bean-bag") Stoffe in Umhüllungen. Ein Mindestgewicht oder -volumen ist nicht gesetzlich festgelegt, so dass auch sehr leichte feste Körper, zB die Schrote in Kleinschrotmunition, Geschosse im Sinne des WaffG sind. Gasförmige und flüssige Wirkstoffe, die ohne Umhüllung verschossen werden, sind keine Geschosse. Gleiches gilt für nach vorn oder oben aus dem Gaslauf austretende Verbrennungsprodukte oder Pulverreste (Schmauch).

1.4 Messer im Kontext des WaffG

1.4.1 Übersicht

Das Waffengesetz verwendet den Begriff „Messer", eine Definition wie für den Begriff „Schusswaffe" enthält es aber nicht. Hilfsweise könnte man von einem tragbaren Gegenstand sprechen, der mit mindestens einer Klinge ausgestattet ist, die so beschaffen ist, dass mit dieser Klinge geschnitten, unter Umständen aber auch gestochen werden kann. Material und Ausformung der Klinge sind grundsätzlich unerheblich für die Einordnung als Messer, ebenso die Art der Klingenmechanik, womit jegliche Gegenstände mit feststehender, feststellbarer oder ausstellbarer Klinge vom Gattungsbegriff „Messer" erfasst werden.

Die Umgangsart des Führens im Sinne des WaffG bezieht sich lediglich auf Waffen. Mithin fehlt es im Falle eines Messers, das nicht Waffe im Sinne des WaffG ist, im Grunde an einer Legaldefinition. Eine Änderung in Anlage 1 A2 Nr. 4 WaffG ist daher überfällig; bis dahin ist aber davon auszugehen, dass der Begriff „Führen" auch auf Messer anzuwenden ist.

Als **Klinge** eines Messers[192] ist eine Baugruppe anzusehen, die Teil des Messers ist und durch die Bewegung der Hand des Benutzers einen Schnitt, einen Stich oder einen Hieb ermöglicht. Der geschärfte Teil der Klinge wird als **Schneide** bezeichnet.

Feststehend ist eine Klinge, die nicht aus ihrer relativen Lage zum Griff gebracht werden kann; das Messer verfügt nicht über eine Vorrichtung, durch die die Klinge in eine andere Lage gebracht werden kann (zB Freigabeknopf des Fallmessers).

Beachten Sie stets diese Grundsätze: **Nicht alle Messer sind Waffen. Alle Messer** unterfallen aber den **Führverboten nach § 42 und § 42b WaffG.**

Messer werden im Gesetz namentlich genannt und zum Teil definiert in

---

[192] *Zu beachten ist der im Werkzeugbereich verwendete Klingenbegriff, der waffenrechtlich unerheblich ist; bei Werkzeugen ist die Klinge der Teil eines Gegenstandes, der die Bestimmung dieses Gegenstandes wirksam umsetzt; im Falle eines Schraubendrehers zB dessen Spitze, die so geformt ist, dass durch Formschluss die Drehwirkung einer Kraft, die auf den Griff wirkt, auf die Schraube übertragen wird.*

- § 42a Abs. 1 Nr. 3 WaffG (Einhandmesser, feststehendes Messer)
- Anlage 1 A1 UA2 Nr. 2.1 WaffG
- Anlage 2 A1 Nr. 1.4.1 bis 1.4.3 WaffG

oder können aufgrund ihrer Eigenschaften oder generell erfasst sein von

- § 1 Abs. 2 Nr. 2 iVm Anlage 1 A1 UA2 Nr. 1.1 WaffG
- § 42 Abs. 1 WaffG (Messer, die Waffe im Sinne des WaffG sind)
- § 42 Abs. 4a WaffG (alle Messer, die nicht Waffe im Sinne des WaffG sind)
- § 42 Abs. 5 WaffG (alle Messer, Verbotszonen nach Landesrecht)
- § 42a Abs. 1 Nr. 2 WaffG (Hieb- und Stoßwaffe)
- § 42b Abs. 1 WaffG (alle Messer, öffentlicher Personenfernverkehr)
- § 42c WaffG (Kontrollbefugnisse)
- Anlage 1 A1 UA2 Nr. 1.1 WaffG (Begriff der Hieb-/Stoßwaffe)

Das besondere **Führverbot nach § 42a WaffG**, das das Führen, also den Besitz eines Messers *außerhalb des eigenen Hausrechtsbereichs*[193], generell verbietet, sofern kein **berechtigtes Interesse** vorliegt, hat insbesondere für Jäger eine herausragende Bedeutung. Ein berechtigtes Interesse besteht zB für das Mitführen bei der Jagd oder im Zusammenhang damit, etwa auf dem Weg ins Revier und zurück. Zudem gelten weitere Ausnahmen, zB für den Transport in einem verschlossenen Behältnis.

Die Führverbote für Messer werden im Kapitel 1.24.3 ausführlich dargestellt. Beachten Sie insbesondere die Begriffsdifferenzierung in Kapitel 1.24.3.1.1.

Waffenrechtlich ist bei der Bewertung einer Situation nicht nur zu prüfen, ob es sich um eine durch das Waffengesetz geregelte **Umgangsart** handelt, sondern ob es sich um die von der Regelung erfasste **Messerart** handelt. Grundsätzlich gilt, dass ein **Messer** dann **nicht zugriffsbereit** ist, wenn es nur mit **mehr als drei Handgriffen** erreicht werden kann.[194] Der Begriff **„erreicht"** beschreibt dabei nicht erst ein schon stoßbereites Halten oder eine Verwendbarkeit des Messers, sondern nur das erste kontrollierende Ergreifen des Messergriffs.[195]

Ein **Einhandmesser**[196] unterfällt gemäß § 42a WaffG dem generellen Führverbot, ist aber nicht in jedem Falle „Waffe" im Sinne des WaffG. Waffe wäre zB ein solches Einhandmesser, das dazu bestimmt ist, als Hieb- und Stoßwaffe zu dienen, also die

---

[193] *Vereinfachte Formel; korrekt ist Führen das „Ausüben der tatsächlichen Gewalt außerhalb der eigenen Wohnung oder Geschäftsräume, des eigenen befriedeten Besitztums oder einer Schießstätte".*

[194] *Anlage 1 A2 Nr. 13 WaffG*

[195] *Eine Legaldefinition ist der Anlage 1 nicht zu entnehmen.*

[196] *Zum Begriff und zur Thematik ausführlich Kapitel 1.4.3*

Angriffs- oder Abwehrfähigkeit eines Menschen herabzusetzen oder zu beseitigen. Gleiches gilt für Spring- oder Fallmesser, die durch die Nennung im Gesetz (Anlage 1) Waffen sind, aber aufgrund ihrer einhändigen Bedienung und Klingenfeststellbarkeit auch Einhandmesser. Ebenfalls nicht zwangsläufig Waffe im Sinne des WaffG sind die in § 42a WaffG genannten „feststehenden Messer". Sie unterfallen ab einer Klingenlänge über 12 cm der Regelung des § 42a Abs. 1 Nr. 3 WaffG.

Zusammenklappbare Messer unterfallen nicht den Regelungen des Führverbotes nach § 42a WaffG, solange sie nicht einhändig feststellbar sind. Eine Bewerbung dieses Messers als „klassische Verteidigungswaffe" durch den Hersteller in einem Verkaufsprospekt würde aber zur Einstufung als Hieb- und Stoßwaffe im Sinne des WaffG führen, womit dieses Messer wiederum dem Führverbot nach § 42a Abs. 1 Nr. 2 WaffG unterfallen würde. In der Praxis hilft das folgende **Prüfschema**:

- **Besitz** verboten (da Verbot des Umgangs), wenn
  - Springmesser (Abbildung, Definition, Ausnahme S. 563)
  - Fallmesser (Abbildung, Definition S. 564)
  - Faustmesser (Abbildung, Definition, Ausnahme S. 565)
  - Faltmesser, Butterfly (Abbildung, Definition S. 566)
  - Waffe im Sinne des WaffG und
    - Besitzer nicht volljährig oder
    - Waffenbesitzverbot nach § 41 Abs. 1 WaffG
- Wenn Besitz erlaubt, **Führen**[197] verboten gemäß
  - §§ 42 Abs. 1, 4a und 5, 42b WaffG auf öffentlichen Veranstaltungen und im Bereich des öffentlichen Personenfernverkehrs und in Verbotszonen, insbesondere im Bereich des öffentlichen Personennahverkehrs nach landesrechtlicher Regelung:
    - Jegliche Waffe im Sinne des WaffG
    - Messer jeglicher Art, unabhängig von Klingenlänge/-art
  - § 42a WaffG als ortsunabhängiges Verbot des Führens von
    - Hieb- und Stoßwaffen gem. Anlage 1 (zB Kampfmesser),
    - Einhandmessern unabhängig von der Klingenlänge (dazu vertiefend Kapitel 1.4.3) oder
    - feststehenden Messern mit Klingenlänge über 12 cm

Die **Klingenlänge** kann zB von der Spitze der Klinge bis zur Parierstange gemessen werden (siehe auch nachfolgende Beispielabbildungen). Fehlt eine Parierstange oder steht der Übergang zum Griff nicht im rechten Winkel zur Mitte der Längsachse der Klinge, ist von der Spitze der Klinge bis zu dem der Spitze nächstliegen-

---

[197] *Zum Begriff des Führens im Sinne des WaffG siehe Kapitel 1.6.1.4*

den Punkt des Griffs zu messen.[198] Die Länge des geschliffenen Teils der Klinge ist unerheblich, der nicht geschliffene Bereich wird in die Berechnung einbezogen.

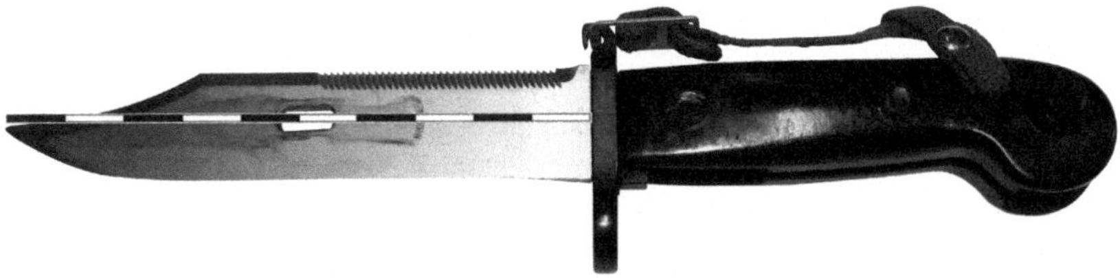

Oben: Bajonett mit senkrechter Parierstange, Messlinie des geringsten Abstands zwischen „Klingenspitze“ und „Übergang zwischen Klingenkörper und Griff“

Unten: Beispielhafte Darstellung der Messung der entscheidenden wirksamen Klingenlänge bei einem Messer mit geschwungener Parierstange am Übergang von Klinge und Griff; die theoretische Klingenlänge (gestrichelt) findet keine Berücksichtigung

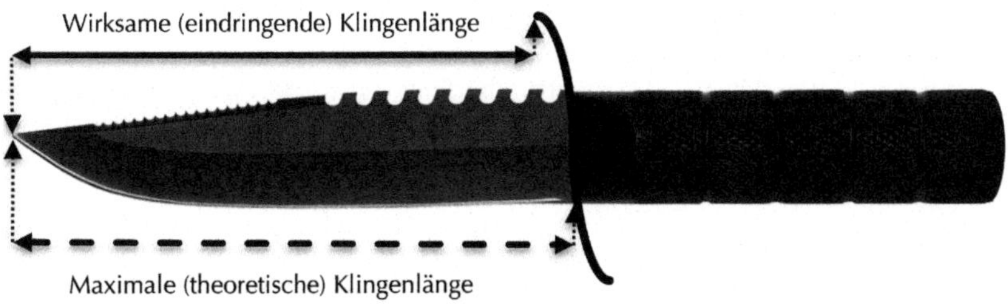

1.4.2 Messer, die Waffe im Sinne des WaffG sind

Abzustellen ist bei der Frage, ob ein Messer **Hieb- oder Stoßwaffe** (genauer Stichwaffe) ist, zunächst auf seine originäre **Bestimmung durch den Hersteller**. Ist es dazu bestimmt und geeignet, die Angriffs- oder Abwehrfähigkeit eines Menschen herabzusetzen oder zu beseitigen, ist die Definition nach § 1 Abs. 2 Nr. 2 lit. a WaffG in Verbindung mit Anlage 1 A1 UA 2 Nr. 1.1 WaffG erfüllt – in diesem Falle ist es eine **Waffe im Sinne des WaffG**. Hinweise sind typische Konstruktionsmerk-

---

[198] Ergänzend zu einer möglichen Ermittlung der Klingenlänge die „Hinweise zur waffenrechtlichen Beurteilung als Hieb- und Stoßwaffen“ des Bayerischen Landeskriminalamtes, Sachgebiet 207, aus dem Jahre 2016, die auf eine „wirksame Klingenlänge“ abstellen, die sich an der möglichen Eindringtiefe orientiert; eine gesetzliche Vorschrift zur Ermittlung der Klingenlänge existiert nicht, so dass der jeweilige Einzelfall hinsichtlich des Schutzzwecks der Norm (zB Führverbot) zu prüfen ist; als Kriterium für die Eindringtiefe wird ein Stoß durch den Zwischenraum zweier Rippen („Interkostalraum“) herangezogen, bei dem insbesondere Messer mit Parierstange durch die Rippen an einem tieferen Eindringen gehindert werden und somit nur der „wirksame Teil des Messers“, somit die Klinge samt nicht geschliffenem Teil die im Brustkorb liegenden lebenswichtigen Organe verletzen kann.

male jener Messerarten, die dazu bestimmt sind, Menschen zu verletzen, beispielsweise militärische **Kampfmesser**.[199]

Handelt es sich dagegen um ein **Springmesser**, **Fallmesser**, **Faustmesser** oder **Faltmesser** (Butterfly), ist die Einstufung als Waffe auch dann gegeben, wenn der Hersteller das jeweilige Messermodell nicht ausdrücklich dazu bestimmt hat, die Angriffs- oder Abwehrfähigkeit eines Menschen herabzusetzen oder zu beseitigen – diese vier Messerarten sind aufgrund ihrer Eignung zum Einsatz gegen Menschen und die **Nennung im Gesetz** nach dem Willen des Gesetzgebers **Waffen**[200] im Sinne des WaffG.[201]

1.4.3 Einhandmesser

Messer verschiedenster Art fallen durch ihre Bedienbarkeit unter den Gattungsbegriff „Einhandmesser", darunter auch solche Messer, die Waffe im Sinne des WaffG sind, zB Springmesser und Fallmesser. Da § 1 Abs. 2 Nr. 2 lit. b WaffG von einer „Nennung im Gesetz" spricht, die Grundlage für eine Einordnung als „Waffe" ist, könnte auch das in § 42a Abs. 1 Nr. 3 erste Alternative WaffG genannte und definierte **Einhandmesser** Waffe im Sinne des WaffG sein.[202] Die Begründung zu den Änderungen in dem WaffG 2008 weist allerdings ausdrücklich[203] darauf hin, dass Einhandmesser nicht grundsätzlich Waffen im Sinne von § 1 WaffG sind, wenn sie nicht, zB als Spring- oder Fallmesser, Waffe im Sinne des WaffG sind. Die Eigenschaft „Einhandmesser" allein reicht nicht zur Einstufung als Waffe aus.

Die Beschränkung auf die „Nennung im Gesetz" in § 1 Abs. 2 Nr. 2 lit. b WaffG, die sich nur auf Nennung in der Anlage 1 WaffG bezieht, umfasst Einhandmesser nicht. Zur Waffe im Sinne des WaffG erklärt, weil „im Gesetz genannt", ohne dass es eine Herstellerbestimmung zur Waffe gibt, sind nur Spring-, Fall-, Falt- und Faustmesser, die in Anlage 1 A1 UA2 Nr. 2.1 WaffG abschließend aufgezählt werden.

Einhandmesser sind **Messer**, deren **Klinge einhändig feststellbar ist**, wovon auszugehen ist, wenn die Klinge durch einhändige Bedienung aus einer die Schneide vor Zugriff schützenden Lage in eine Position bewegt werden kann[204] (durch Schub aus einer Umhüllung oder durch Schwenken um eine Drehachse), aus der diese Klinge erst nach Aufheben einer mechanischen Blockierung zurückbewegt werden kann, die nicht allein durch eine Kraft in Schwenk- oder Schubbewegungsrichtung der

---

[199] *zB das Fairbairn-Sykes-Kampfmesser, dessen Klinge (sehr schlank, beidseitig geschliffen, Klingenlänge fast 20 cm) auch aus sehr dicken Stoffen gearbeitete Armeekleidung leicht durchstoßen konnte, ebenso die Rippenzwischenräume, um schwere Verletzungen an inneren Organen zu erzeugen.*

[200] *§ 1 Abs. 2 Nr. 2 lit. b WaffG iVm Anlage 1 A1 UA2 Nr. 2 WaffG*

[201] *Vertiefende Darstellungen in Kapitel 1.3.2.8.2 und 1.13.1.21 ff.*

[202] *Nicht in Anlage 1 A1 UA2 Nr. 2 WaffG aufgenommen*

[203] *BT-Drs. 16/8224, S. 17-18*

[204] *auch ohne dazu bestimmt zu sein: BKA-FB SO11-5164.01-Z-269*

Klinge überwunden wird, sondern nur durch ein bewusstes und aktiv bewirktes Lösen der Feststellvorrichtung. Auf die **Klingenlänge** stellt § 42a Abs. 1 Nr. 3 WaffG im Falle des Einhandmessers nicht ab; das Führverbot für Einhandmesser gilt somit unabhängig von ihrer Klingenlänge.[205]

Taschenmesser-artige Messervarianten, deren Klinge einhändig ausgeschoben oder ausgeschwenkt werden kann, zählen nur dann nicht zu den Einhandmessern, wenn die Klinge in geöffnetem Zustand des Messers aus ihrer Endposition ohne Lösen einer Sperrvorrichtung[206] allein durch Druck auf die Klinge entgegen derer Ausschwenkbewegung zurückbewegt werden kann, zB gegen Federdruck („slip joint" als am weitesten verbreitete „Verschlussform" von Taschenmessern, etwa das „Schweizer Offiziersmesser") oder magnetisches Halten. Erforderlich für die klare Einordnung als Einhandmesser ist stets das aktive Lösen einer mechanischen Sperrvorrichtung. Typische **Taschenmesser** mit Nagelhau (Kerbe für das Öffnen mit dem Fingernagel) einschließlich der sogenannten **„Schweizer Offiziersmesser"**, deren Klingen nicht durch eine aktiv zu lösende Feststellvorrichtung am Einklappen gehindert werden, gelten nicht als Messer mit einer feststellbaren Klinge.

Neben den im Handel als Einhandmessern explizit beworbenen Modellen zählen nach der genannten Definition auch die insbesondere im Bereich des Trockenbaus verwendeten **Cuttermesser** (meist mit herausschiebbaren, automatisch nach Loslassen des Schubstückes arretierenden Klingen, die nach Abnutzung stückweise abgebrochen werden und dann wieder vorgeschoben werden) zu den Einhandmessern. Auch **Multitools**[207] können unter die Definition fallen, wenn es dem Träger möglich ist, mit lediglich einer Hand eine Klinge des Multitools im Sinne der vorgenannten Definition für ein Einhandmesser festzustellen und aus der Arretierung zu lösen.

Einhändig bedienbare Messer, deren Klinge durch einhändige Bedienung aus dem Griff ausgeschoben und nach Loslassen der Ausschubvorrichtung durch einen Mechanismus ohne aktives Tun eines Menschen wieder in den Griff zurückgezogen wird (so zB als „Sicherheitsmesser" zum Öffnen von Umverpackungen im Lagerbereich gebräuchlich), sind keine Einhandmesser, da die Klinge nicht feststellbar ist. Sie gleichen äußerlich und in der Bedienung Cuttermessern, die Klinge ist aber außerhalb des Griffs nicht feststellbar und wird nach Loslassen des Schubknopfes oder Ablegen des Messers in den Griff gezogen, so dass keine Gefahr für Menschen durch ein mit offener Klinge abgelegtes Arbeitsmittel besteht.

Zu beachten ist, dass **auch Fall- und Springmesser** als **Einhandmesser** anzusehen sind, wenn sie dessen Definition erfüllen. Dagegen erfüllen **Butterfly-Messer** (Faltmesser) in der Regel nicht die Definition, da die Klinge zwar einhändig aus den umhüllenden Griffteilen hervorkommt, aber nicht festgestellt wird im Sinne einer

---

[205] *BT-Drs. 16/8224, S. 17; gilt nur für Messer mit feststehender Klinge*

[206] *BKA-Feststellungsbescheid SO 23-5164.01-Z-458 vom 2. Juli 2019*

[207] *Zur Thematik der Multitools ergänzend Kapitel 1.4.5*

technischen Arretierung, sondern die Klinge lediglich so lange feststeht, wie die Griffe in der Hand gehalten werden.[208]

Einhandmesser, die nicht Spring- oder Fallmesser oder als andere Messerart Waffe sind, sind keine Waffen im Sinne des WaffG und **keinen Vorschriften für die Aufbewahrung** oder **zum Mindestalter** unterworfen. Sie unterfallen in jeder Ausführung den Führverboten nach § 42 Abs. 4a (öffentliche Veranstaltungen), Abs. 5 (Verbotszonen) und § 42b WaffG (öffentlicher Personenfernverkehr). Zu beachten sind zudem landesrechtliche Vorschriften im öffentlichen Personennahverkehr. Beachten Sie zur Thematik die ausführliche Darstellung in Kapitel 1.24.3.

1.4.4 Sonstige Messer, insbesondere Jagdmesser

Eindeutig als Werkzeug oder Alltagsgegenstand bestimmte Messer wie etwa **Küchenmesser**, **Machete** (Buschmesser, Haumesser) oder **Filettiermesser** eines Anglers werden als feststehendes Messer von dem Führverbot des § 42a WaffG erfasst, wenn die Klingenlänge 12 cm überschreitet. In diesem Falle würde etwa das Führen gemäß § 42a Abs. 2 WaffG nur erlaubt sein, wenn das Messer entweder in einem verschlossenen Behältnis mitgeführt wird oder für das Führen ein **berechtigtes Interesse** vorliegt, zB bei der Jagdausübung oder im Zusammenhang damit.

Jagdnicker und Hirschfänger sind als Werkzeuge, Gebrauchsmesser oder Zierrat anzusehen, sofern sie nur über eine einseitig geschliffene Klinge verfügen.[209] **Jagdnicker** haben eine schlanke Klinge, die lang genug ist, um neben der allgemeinen Verwendung als Gebrauchsmesser im Jagdbetrieb ein Stück Wild durch einen Stich in das Genick schnell und sicher zu erlösen (Jägersprache „mit der kalten Waffe abfangen"). **Hirschfänger** ermöglichen das Töten eines größeren und damit wehrhafteren Wildes in Situationen, in denen ein Jagdnicker aufgrund seiner Größe nicht geeignet ist. Hirschfänger ähneln dem **Saufänger**, der aber eine beidseitig geschliffene, sehr viel breitere und schwerere Klinge aufweist und für das Abfangen von Schwarzwild bestimmt ist. Der auf eine Stange aufgesteckte Saufänger, der wie eine Lanze verwendet werden kann, wird als **Saufeder** bezeichnet.

Messer mit **beidseitig geschliffenen Klingen** werden durch den Gesetzgeber als **Hieb- und Stoßwaffe** angesehen, unabhängig von einer herstellerseitig angegebenen oder behaupteten Bestimmung. Dies betrifft ausdrücklich auch beidseitig geschliffene Hirschfänger und Saufänger.[210] Die früher gebräuchlichen Hirschfänger mit einseitig geschliffener Klinge von bis zu 40 cm Klingenlänge werden heute mehr

---

[208] *Können die Griffteile des Faltmessers mittels eines Überwurfs o.ä. einhändig arretiert und festgestellt werden, wäre dies ein Einhandmesser.*

[209] *WaffVwV zu Anlage 1 A1 UA2 Nr. 1.1 WaffG, Absatz 4; eine Klinge ist auch dann beidseitig geschliffen, wenn der beidseitige Schliff lediglich im Bereich der Klingenspitze über eine ausreichend lange Strecke vorhanden ist, um die Eindringfähigkeit eines Dolches zu erzielen (siehe auch Gade zu Anlage 1, Rn. 94a)*

[210] *WaffVwV zu Anlage 1 A1 UA2 Nr. 1.1 WaffG, Absatz 5*

als dekoratives Beiwerk geführt. Sie wurden ursprünglich als „Seitengewehr" bei der Jagd seitlich am Gürtel geführt.

Auch für Jagdmesser gelten die **Führverbote** nach §§ 42, 42a und 42b WaffG, allerdings besteht bei Ausübung der Jagd und im Zusammenhang damit ein berechtigtes Interesse, diese zu führen, so dass ein Jäger bei Ausübung der Jagd sowie im Zusammenhang mit der Jagd, etwa bei Fahrt oder Gang in das oder aus dem Revier, diesen Führverboten nicht unterfällt.

Jagdmesser, die nicht Waffe im Sinne des WaffG sind, unterfallen den Führverboten nach § 42 Abs. 4a (öffentliche Veranstaltungen), Abs. 5 (Verbotszonen) und § 42b WaffG (öffentlicher Personenfernverkehr). Zu beachten sind zudem landesrechtliche Vorschriften im öffentlichen Personennahverkehr. Beachten Sie zur Thematik die vertiefenden Ausführungen in Kapitel 1.24.3.

1.4.5 Multitools

Multitools mit Messerklingen fallen unabhängig von einer einhändigen Bedienbarkeit, der Art der Feststellung der Klinge oder der Klingenlänge unter das Führverbot nach § 42 Abs. 4a (öffentliche Veranstaltungen), Abs. 5 (Verbotszonen) und § 42b WaffG (öffentlicher Personenfernverkehr). Zu beachten sind zudem landesrechtliche Vorschriften im öffentlichen Personennahverkehr. Beachten Sie zur Thematik die Ausführungen in Kapitel 1.24.3.

Multitools, die eine einhändig feststellbare Klinge haben, fallen zudem unter das Führverbot des § 42a WaffG für Einhandmesser.

1.5 Umgang (§ 1 Abs. 3)

Umgang hat gemäß § 1 Abs. 3 WaffG, wer diese erwirbt, besitzt, überlässt, führt, verbringt, mitnimmt, damit schießt, diese herstellt, bearbeitet, instand setzt, unbrauchbar macht oder damit Handel treibt.

Die Art des Umgangs entscheidet über Erlaubnispflicht, Verbot oder Erlaubnisfreiheit des Ausübens der tatsächlichen Gewalt über bestimmte Gegenstände. So befreit § 12 WaffG Arten des Umgangs zu bestimmten Anlässen von der Erlaubnispflicht, § 2 Abs. 3 iVm Anlage 2 A1 WaffG unterwirft dagegen jeglichen Umgang mit dort genannten Waffen oder Munitionsarten mit Ausnahme der Unbrauchbarmachung einem Verbot. In diesen wie auch in weiteren Vorschriften des WaffG, insbesondere bei der Prüfung der Strafbarkeit oder Ordnungswidrigkeit nach §§ 51 ff. WaffG, ist stets exakt zu prüfen, um welche Art von Waffe oder Munition es sich handelt und welche Umgangsart in der Befassung des Betroffenen mit diesem Gegenstand verwirklicht wurde, bevor die Prüfung von Erlaubnispflicht, Verbot oder Erlaubnisfreiheit erfolgen kann und, im Falle eines Verstoßes gegen das WaffG, die zutreffende waffengesetzliche Folge in Form von Freiheits- oder Geldstrafe sowie Geldbußen und der obligatorischen oder fakultativen Einziehung ermittelt werden kann. Da mehrere Arten des Umgangs zusammenfallen können, ist in der Praxis jede Form des Umgangs zu prüfen.

„**Tatsächliche Gewalt**" bedeutet, dass der Inhaber der tatsächlichen Gewalt (**Besitzer**) nach seinem Willen über die Waffe oder Munition anders als ein Besitzdiener frei verfügen kann. Dabei ist es unerheblich, ob er in dem betrachteten Moment oder Zeitraum diese tatsächliche Gewalt wirklich ausübt – entscheidend ist allein, dass der Betroffene die Möglichkeit dazu hat und sich dieser Möglichkeit bewusst ist. Dabei folgt auf den Erwerb der Besitz und das Überlassen, wobei ein Überlassen nicht zwangsläufig eine Besitzaufgabe zur Folge hat.[211]

Der **Besitzdiener**[212] hat Umgang, indem er für den eigentlichen Besitzer die tatsächliche Gewalt über eine Waffe oder Munition im Rahmen von dessen Erwerbsgeschäft oder in einem ähnlichen Verhältnis ausübt, bei dem er den sich auf die Sache beziehenden Weisungen des Anderen Folge zu leisten hat. Die Rechte des Besitzers stehen ihm im Umfang seiner Dienstanweisungen ebenso zu wie die Pflichten, etwa Maßnahmen zur sicheren Aufbewahrung.

1.6 Begriffe zum Umgang (§ 1 Abs. 4, Anlage 1 A2)

1.6.1 Arten des Umgangs

1.6.1.1 Erwerb (Anlage 1 A2 Nr. 1)

Es erwirbt, wer die tatsächliche Gewalt über Waffe oder Munition erlangt, sie also an sich nimmt. Dieses An-sich-nehmen muss willentlich erfolgen.

Es handelt sich bei einem Erwerb um einen Vorgang, der keine zeitliche Ausdehnung besitzt, sondern unmittelbar durch den Besitz abgelöst wird, der sich an jeden Erwerb anschließt, da auf das Erlangen der tatsächlichen Gewalt unmittelbar das Ausüben der tatsächlichen Gewalt folgen muss.

Die **Erlaubnis** zum Erwerb wird idR durch **Ausstellung einer Waffenbesitzkarte** (WBK) oder einen **Voreintrag** in eine WBK erteilt.[213] Grundsätzlich ist der Erwerb von Waffen nach Anlage 1 A1 UA1 Nrn. 1 bis 4.3 WaffG und der für sie bestimmten Munition erlaubnispflichtig. **Ausnahmen** ergeben sich insbesondere aus Anlage 2

---

[211] *Zur Besitzausübung durch mehrere Personen NJW 1977, 1737 zu BayObLG RReg. 4 St 108/76, Beschl. v. 30. Dez. 1976; auch WaffVwV zu Anlage 1 A2 Nr. 2*

[212] *§ 855 BGB; unter dem Begriff sind im waffenrechtlichen Kontext insbesondere* ***Arbeitnehmer*** *von Waffenhändlern oder -herstellern zu nennen, die zB im Zuge einer Beförderung von Waffen der Freistellung von der Erlaubnispflicht nach § 12 Abs. 3 Nr. 2 WaffG in dem Maße unterfallen wie der eigentliche Besitzer. Der Besitzdienerschaft wird allerdings durch § 12 Abs. 1 Nr. 3 lit. a im Falle eines Arbeitnehmers durch die Erforderlichkeit einer verbindlichen* ***Dienstanweisung*** *eine sinnvolle Grenze gesetzt; die weiteren Ausnahmen aus § 12 Abs. 1 Nr. 3 WaffG sind analog anwendbar; siehe auch WaffVwV zu Anlage 1 A2 Nr. 1 und 2*

[213] *Ausführliche Darstellung in Kapitel 2.1 ff.*

A2 UA2 Nr. 1, 2 und A3 WaffG sowie aus § 12 Abs. 1, 2 WaffG[214] unter den dort beschriebenen Voraussetzungen. Besonders zu beachten ist die Freistellung von der Erwerbserlaubnispflicht für Jagd-Langwaffen nach § 13 Abs. 3, 4 WaffG, der Erwerb durch Sportschützen nach § 14 Abs. 6 WaffG sowie Sammler nach § 17 WaffG.

Es erwirbt auch, wer die Waffe eines Dritten an sich nimmt, auch wenn dieser Dritte selbst noch die tatsächliche Gewalt ausübt – Gesetz und Rechtsprechung gehen von der Möglichkeit aus, dass mehrere Personen zur gleichen Zeit die tatsächliche Gewalt über eine Waffe ausüben können.[215]

Ein Erwerb, der ohne eine grundsätzlich gesetzlich vorgeschriebene Erlaubnis erfolgt, muss etwa durch eine Ausnahme in § 12 Abs. 1, 2 WaffG oder Anlage 2 A2 UA2 Nr. 1, 2 WaffG von der Erlaubnispflicht freigestellt sein, um nicht als Verstoß gegen das Waffengesetz geahndet zu werden.

Der **Kauf** von Waffe oder Munition ist **kein Erwerb**. Er ist auch ohne waffenrechtliche Erlaubnis möglich, Übergabe der Waffe und der Erwerb sind aber erst gestattet, wenn die Berechtigung zum Erwerb nachgewiesen ist.

1.6.1.2 Besitz (Anlage 1 A2 Nr. 2)

Es **besitzt**, wer die **tatsächliche Gewalt** über Waffe oder Munition **ausübt**, sie zB im Waffenschrank aufbewahrt[216] oder bei sich trägt. Der Besitz folgt als Art des Umgangs <u>unmittelbar</u> auf den Moment des Erwerbs. Er **setzt** wie der Erwerb ein **Wissen** um das Ausüben der tatsächlichen Gewalt **voraus**, womit in einem Wohnhaus vom vorherigen Bewohner verborgene Waffen oder durch Dritte im Geschäft einer Person verborgen abgelegte Waffen keinen Besitz durch den Betroffenen bedeuten.[217]

Die Erlaubnis zum Besitz wird idR durch Eintragung in eine **WBK**[218] erteilt. Besitz von Waffen nach Anlage 1 A1 UA1 Nrn. 1 bis 4.3 WaffG und der für sie bestimmten Munition ist erlaubnispflichtig. **Ausnahmen** gelten nach Anlage 2 A2 UA2 Nr. 1, 2 und A3 WaffG sowie aus § 12 Abs. 1, 2 WaffG[219].

---

[214] *Ausführliche Darstellung in Kapitel 1.11.2.1 ff.*

[215] *NJW 1977, 1737 zu BayObLG RReg. 4 St 108/76*

[216] *Die Anwesenheit des Besitzers am Lagerort ist nicht erforderlich; auch muss der Betroffene weder Eigentum an der Waffe noch Befugnis zum Besitz haben .*

[217] *Stellt der Betroffene aber fest, dass sich eine Waffe in seinem Besitz befindet, sind die Vorschriften zum Fund nach § 37c WaffG zu beachten.*

[218] *Ausführliche Darstellung in Kapitel 2.1 ff.*

[219] *Ausführliche Darstellung in Kapitel 1.11.2.1 ff.*

Wird der Besitz über eine Waffe **außerhalb** der **eigenen Wohnung**, der **eigenen Geschäftsräume**, des **eigenen befriedeten Besitztums**[220] oder einer **Schießstätte** ausgeübt, wird die Waffe **geführt**[221].

1.6.1.3 Überlassen (Anlage 1 A2 Nr. 3)

Es überlässt, wer anderen die tatsächliche Gewalt über die Waffe oder Munition einräumt, sie zB weitergibt oder einem Dritten die Möglichkeit einräumt, die tatsächliche Gewalt zu erlangen, etwa durch mangelnde Sorgfalt bei der Aufbewahrung, die eine Wegnahme ermöglicht, oder durch ein nicht nur kurzfristiges Ablegen innerhalb des eigenen Zugriffsbereichs, so dass der Zugriff eines Dritten unterbunden werden kann. Dies gilt auch, wenn der Überlasser auf den Umgang des Erwerbers physischen Einfluss nehmen könnte, der Erwerber (und unmittelbare Besitzer) aber nach eigenem Willen über die Waffe verfügen kann.[222]

Dabei muss der Dritte im Moment der Überlassung nicht anwesend sein, etwa im Falle einer Besitzaufgabe durch Ablegen einer Waffe am Straßenrand. Hier ist in der Regel davon auszugehen, dass die Waffe durch eine zufällig vorbeikommende Person an sich genommen wird, was beim Vergraben einer Waffe im Wald oder durch ein Versenken in einem morastigen Tümpel nicht zu erwarten wäre. Aus den vorgenannten Überlegungen ist ein Wille des möglichen Erwerbers zum Erlangen der tatsächlichen Gewalt nicht erforderlich, um ein Überlassen zu verwirklichen.

Das Überlassen ist die einzige Art des Umgangs, die von der **Erlaubnispflicht** nach Anlage 2 A2 UA1 Satz 1 WaffG nicht erfasst wird. Zu beachten ist die gesetzliche Verpflichtung nach § 34 Abs. 1 WaffG, Waffen oder Munition nur an Personen zu überlassen, die zum Ausüben der tatsächlichen Gewalt berechtigt sind, womit dem Überlasser die Pflicht auferlegt wird, die Zulässigkeit der Überlassung selbst zu prüfen. Verstöße gegen § 34 Abs. 1 WaffG werden im Falle der Überlassung erlaubnispflichtiger Waffen oder Munition als Straftat, im Falle der Überlassung nicht erlaubnispflichtiger Waffen oder Munition als Ordnungswidrigkeit geahndet.[223]

Die Überlassung einer Waffe ist im Alltag schnell verwirklicht. So kann sich im Falle eines Aushändigens einer Waffe an einen privaten Besucher, der nicht über eine waffenrechtliche Befugnis verfügt, ein Waffenbesitzer nicht auf Ausnahmeregelungen von der Erlaubnispflicht berufen, da die einschlägigen Vorschriften nach § 12 Abs. 1 WaffG eine solche Ausnahme für erlaubnispflichtige Waffen nicht vorsehen. Dies gilt auch, wenn der eigentliche Besitzer unmittelbar neben dem Besucher steht

---

[220] *Als „befriedetes Besitztum" gilt beispielsweise ein durch eine Umzäunung deutlich vom öffentlichen Raum abgetrenntes Gelände; siehe zum befriedeten Besitztum auch Kapitel 1.6.1.4; ausführlich Fischer, Rn. 9 zu § 123 StGB.*

[221] *siehe Kapitel 1.6.1.4*

[222] *NJW 1977, 1737 zu BayObLG RReg. 4 St 108/76; ebenso WaffVwV zu Anlage 1 A2 Nr. 3: es ist keine vollständige Aufgabe der tatsächlichen Gewalt erforderlich*

[223] *§§ 52 Abs. 3 Nr. 7, § 53 Abs. 1 Nr. 16 WaffG*

und auf diesen einwirken könnte, da der Besucher Ort und Ausrichtung der Waffe zumindest teilweise bestimmen kann.[224] Von besonderer Bedeutung für die waffenrechtliche Zuverlässigkeit ist insbesondere die Überlassung von Waffen durch ein Überlassen der Schlüssel zu einem Waffenschrank, die sich schon durch ein nachlässiges Aufbewahren der Schlüssel ergeben kann.[225]

Zu beachten sind neben der Vorschrift des § 34 Abs. 1 WaffG **Strafvorschriften**[226] zum **Überlassen verbotener Waffen oder Munition**. Während das Überlassen nicht der Erlaubnispflicht unterfällt, schließt ein gesetzliches Verbot des Umgangs auch die Umgangsart des Überlassens ein. Insbesondere im Falle der Überlassung verbotener Waffen, die für bestimmte Gruppen von Personen vom Umgangsverbot ausgenommen sind (zB Springmesser[227], Faustmesser[228]), ist die Überlassung an diese Berechtigten vom Umgangsverbot ausgenommen. Entscheidend ist in diesen Fällen aber, dass das Überlassen nur durch eine Person erfolgen darf, die ebenfalls von dem Verbot des Umgangs ausgenommen ist, durch Gesetz oder behördliche Entscheidung.

1.6.1.4 Führen (Anlage 1 A2 Nr. 4)

Führen ist das Ausüben der tatsächlichen Gewalt über eine **Waffe außerhalb** der **eigenen**[229] **Wohnung** oder **Geschäftsräume**, des **eigenen befriedeten Besitztums** oder einer **Schießstätte**; die Begriffe sind nach § 123 StGB auszulegen.[230] Die Ausübung der tatsächlichen Gewalt kann nur eigenhändig erfolgen, nicht mittelbar.[231] Eine Absicht zur Ausrüstung (oder Verwendung) sowie Zugriffs- oder Schussbereitschaft sind nicht erforderlich.[232] **Fahrzeuge**[233] sind als bewegliche Sache **kein befriedetes Besitztum**, zB Wohnwagen, Flugzeuge, Boote oder Schiffe.[234] Bestimmte

---

[224] *Siehe auch OLG Koblenz 1 OLG 32 Ss 153/21, Beschluss v. 15. Februar 2022*

[225] *WaffVwV zu Anlage 1 A2 Nr. 3 nennt als Überlassen das Aushändigen von Zweitschlüsseln; zur Schlüsselaufbewahrung Kapitel 1.21.4*

[226] *§§ 51 Abs. 1, 52 Abs. 1, 3 WaffG*

[227] *Siehe Kapitel 1.13.1.21*

[228] *Siehe Kapitel 1.13.1.23*

[229] *Hat eine Person Hausrecht, handelt es sich um eigene Räumlichkeiten oder Bereiche; die gemietete Wohnung ist eigene Wohnung im Sinne des WaffG; der Vermieter kann dem Mieter den Umgang mit Waffen nicht untersagen (AG Hannover 546 C 2917/10, Urteil vom 20. August 2010).*

[230] *BT-Drs. VI/2678, S. 26; zum Wohnungsbegriff WaffVwV zu Anlage 1 A2 Nr. 4*

[231] *BGH 5 Str 170/97, Beschluss vom 8. Juli 1997; zu beachten ist aber die Thematik der Besitzdienerschaft.*

[232] *BT-Drs. VI/2678, S. 26, zu § 4, 4. Absatz*

[233] *Dies gilt für jegliche Art von Fahrzeugen einschließlich Wasser-, Luft- und Schienenfahrzeugen.*

[234] *Fischer, Rn. 9 zu § 123 StGB*

Bereiche von Fahrzeugen können aber **Wohnung** sein, etwa Schlafbereiche eines LKW oder die Wohnzwecken dienenden Abschnitte eines **Wohnmobils**.[235]

Auch Gegenstände, die keine Waffe sind, können im Sinne des WaffG geführt werden.[236] Der Begriff ist in diesen Fällen analog anzuwenden.[237] Dies gilt auch für etwaige Führverbote.

Munition wird **nicht von der Definition des Führens in Anlage 1 A2 WaffG erfasst**, sie befindet sich auch außerhalb des befriedeten Besitztums lediglich im Besitz. Der Transport von Munition ist daher erlaubnisfrei, die Regeln für Schusswaffen nach § 12 Abs. 3 WaffG sind nicht anzuwenden, ebenso nicht die Vorschriften zu den Ausweispflichten nach § 38 WaffG; es muss lediglich die Berechtigung zum Besitz der Munition gegeben sein.

Das Ausüben der tatsächlichen Gewalt in den genannten Bereichen ist bloßer Besitz im Sinne des WaffG. Ein „Bei-sich-tragen" einer Waffe in der eigenen Wohnung oder auf dem eigenen Grundstück ist kein Führen.

Die Erlaubnis zum Führen wird durch einen **Waffenschein** nach § 10 Abs. 4 WaffG erteilt. Abweichend wird im Falle der **SRS-Waffen** nach Anlage 2 A2 UA2 Nr. 1.3 WaffG gemäß Anlage 2 A2 UA3 Nr. 2.1 WaffG die Erlaubnis durch Ausstellung eines **Kleinen Waffenscheins** erteilt.[238]

Das Führen von Waffen nach Anlage 1 A1 UA1 Nrn. 1 bis 4.3 WaffG ist erlaubnispflichtig. **Ausnahmen** ergeben sich aus Anlage 2 A2 UA2 Nr. 3[239] und A3 WaffG sowie aus § 12 Abs. 3 WaffG[240] unter den dort beschriebenen Voraussetzungen, aus § 13 WaffG für Jäger[241] und den §§ 55, 56 WaffG.

Zu beachten ist insbesondere das **erlaubnisfreie Führen** nach § 12 Abs. 3 Nr. 2 WaffG, auch „Transport" genannt. Es handelt sich um ein Führen im Sinne des

---

235 *Zur Anwendbarkeit des Wohnungsbegriffs auf bestimmte Bereiche eines Fahrzeuges, insbesondere Wohnmobil und Wohnwagen BGH 3 StR 456/09, Beschluss vom 01. April 2010; vertiefende Darstellung in Kapitel 1.21.9*

236 *Beispiel: Das Führen von Messern nach §§ 42 Abs. 4a, 42b WaffG.*

237 *Aus hiesiger Sicht handelt es sich um ein Versäumnis des Gesetzgebers; die Anwendung des Begriff trotz fehlender Tatbestandsmäßigkeit ist aber angezeigt.*

238 *Beide Erlaubnisse werden in Kapitel 2.6 und 2.7 ausführlich dargestellt.*

239 *Ausnahmen bestehen für Schusswaffen mit Lunten- oder Funkenzündung, deren Modell vor dem 1. Januar 1871 entwickelt worden ist, für Armbrüste und unbrauchbar gemachte Schusswaffen; die Ausnahme für unbrauchbar gemachte Schusswaffen befreit dieses Führen nur von der Erlaubnispflicht und von einer Strafbarkeit, während das Führverbot nach § 42a WaffG für Anscheinswaffen gilt und ein Verstoß dagegen lediglich als Ordnungswidrigkeit geahndet werden kann.*

240 *Vertiefend Kapitel 1.11.2.2, zum Europäischen Feuerwaffenpass Kapitel 2.10*

241 *Ausführliche Darstellung in Kapitel 2.9.5*

WaffG, auch wenn sich die Waffe in einem Behältnis (zB **Futteral**, **Waffenkoffer**) befindet, da der Träger den Ort bestimmen kann, an dem sich die Waffe befindet – er übt somit die tatsächliche Gewalt außerhalb der eigenen Wohnung oder Geschäftsräume, des eigenen befriedeten Besitztums oder einer Schießstätte aus. Auch der Wortlaut der Einleitung des § 12 Abs. 3 WaffG verwendet den Begriff „Führen", womit Ausnahmen Fälle des Führens sind.

1.6.1.5 Verbringen (Anlage 1 A2 Nr. 5)

Eine Waffe oder Munition **verbringt**, wer diese „über die Grenze zum dortigen Verbleib oder mit dem Ziel des Besitzwechsels in den, durch den oder aus dem Geltungsbereich des Gesetzes zu einer anderen Person oder zu sich selbst transportieren lässt oder selbst transportiert. Verbringen setzt einen Grenzübertritt voraus, bezieht sich nicht auf den Transport im Inland.

1.6.1.6 Mitnahme (Anlage 1 A2 Nr. 6)

Vom Verbringen zu unterscheiden ist die **Mitnahme**[242], die im Zuge des Gesetzgebungsverfahrens zum WaffG 2002 als ergänzende, eigenständige Umgangsart eingeführt wurde.[243] Eine Waffe oder Munition nimmt mit, wer diese **ohne Aufgabe des Besitzes**[244] und **zur Verwendung** (zB Schießwettkampf, Jagd) vorübergehend auf einer Reise nach, aus oder durch Deutschland transportiert. Somit scheidet ein (auch nur vorübergehendes) Belassen der Waffe im Ausland aus, da dies eine Aufgabe des Besitzes bedeuten würde, zB bei einem längerfristigen Jagdaufenthalt im Ausland an Wochenenden, während der Erlaubnisinhaber unter der Woche in Deutschland ist. Mitnahme setzt wie Verbringen einen Grenzübertritt voraus, ist aber im Unterschied zum Verbringen ein Grenzübertritt mit der Intention, den Besitz über die Waffe während der Reise nicht aufgeben und am Ende der Reise diese Waffe über die Grenze mit zurückzubringen.

1.6.1.7 Schießen (Anlage 1 A2 Nr. 7)

Es schießt im Sinne des WaffG, wer mit einer Schusswaffe **Geschosse** durch einen Lauf[245] verschießt, **Kartuschenmunition** abschießt, **Wirkstoffe** (zB Reizstoff, „Tränengas") mit Patronen- oder Kartuschenmunition verschießt oder pyrotechnische Munition verschießt.

Das **Schießen** mit Waffen nach Anlage 1 A1 UA1 Nrn. 1 bis 4.3 WaffG ist **erlaubnispflichtig**, Ausnahmen sind gelten nur für das Schießen auf einer behördlichen

---

[242] *Zur gesetzlichen Regelung durch § 32 WaffG siehe Kapitel 1.18.3*

[243] *BT-Drs. 14/8886, S. 119; zuvor war in BT-Drs. 14/7758, S. 70, 71 zu § 31 WaffG von einem „vorübergehenden Verbringen" die Rede*

[244] *Eine Besitzaufgabe führt dazu, dass statt Mitnahme Verbringung vorliegt.*

[245] *Das Verschießen nicht durch, sondern aus einem Lauf, zB aus Vorderladerwaffen, bei denen das Geschoss nicht durch den Lauf geführt wird, da es sich bereits darin befindet, wird erfasst (WaffVwV zu Anlage 1 A1 UA 1 Nummer 1.1).*

genehmigten Schießstätte[246], für das Schießen mit Waffen nach Anlage 2 A3 WaffG, da diese nur anderen Vorgaben des WaffG unterworfen sind und für das **Schießen außerhalb von Schießstätten** im Falle der Ausnahmen nach § 12 Abs. 4 WaffG.

Das Abfeuern („Abtun") von **Böllern** (pyrotechnische Gegenstände, zB Kartusche bei Verwendung von Böllerkanonen, Ladung von Hand- und Standböllern) gilt **nicht als schießen** und bedarf somit keiner Schießerlaubnis (so fallen Böller auch nicht unter den Begriff der Waffe und auch nicht unter die Regelungen des Waffengesetzes). Das **Abfeuern einer Vorderladerwaffe**, die **nur Pulver**, **nicht** aber ein vor dem Pulver liegendes **Geschoss** enthält, ist mangels Verwendung von Munition oder des Verschießens von Geschossen durch einen Lauf **kein Schießen**.

Kein Schießen ist die Verwendung anderer Geräte als Schusswaffen wie Armbrüsten, Pfeilabschussgeräten, Harpunengeräten oder Bögen. Armbrust und Pfeilabschussgerät sind den Schusswaffen gleichgestellt[247], auf den **Gebrauch der Armbrust und des Pfeilabschussgeräts sind die Vorschriften für das Schießen mit Schusswaffen** anzuwenden.[248] Durch die Freistellung[249] von **Harpunen** ist deren Gebrauch in der Praxis kaum verfolgungsrelevant.

Bögen sind keine Waffen im Sinne des WaffG und unterliegen keine Regelungen des WaffG, da sie weder über einen Lauf verfügen noch über eine Speichermöglichkeit für eingebrachte Energie.

1.6.1.8 Herstellen (Anlage 1 A2 Nr. 8.1)

Als **Herstellung** gilt das **Erzeugen** des jeweiligen Endproduktes oder seiner wesentlichen Teile aus Rohteilen oder Materialien sowie das **Ersetzen des führenden wesentlichen Teils** bei einer Waffe durch ein Teil, **das noch nicht in einer Waffe verbaut war.**[250] Herstellung ist auch das Zusammenfügen einer Waffe aus separat erworbenen wesentlichen Teilen.[251] Die Neuschaffung eines Gegenstandes durch Ein-

---

[246] *§ 12 Abs. 4 Satz 1 WaffG*

[247] *Anlage 1 A1 UA1 Nr. 1.2.3*

[248] *VG Freiburg 3 K 857/08, Urt. v. 29. Juni 2009; ebenso VG Aachen 6 K 240/05; ergänzend WaffVwV 27.1.1, 27.4.2.3, Anlage 1 A1 UA1 Nr. 1.2.2, A2 Nr. 7; ausführlich zu Armbrust und Pfeilabschussgerät Kapitel 1.3.2.3.1.3.1 ff.*

[249] *Anlage 2 A3 UA1, ausgenommen Mindestalter und Waffenverbot*

[250] *Steindorf § 21, Rn. 10:* ***Reparaturwaffen*** *sind nach Austausch des führenden wesentlichen Teils nur nach Vorlage einer erneuerten Erwerbserlaubnis (Voreintrag in der WBK oder erlaubter Erwerb nach § 14 Abs. 6 innerhalb des Kontingents) an den bisher befugten Besitzer auszuhändigen.*

[251] *Steindorf Anlage 1, Rn. 209; auf* ***Modularwaffen*** *(„Baukastensystem", das eine Konfiguration eines Waffenmodells ermöglicht, indem wesentliche Teile ohne Nachbearbeitung zu einer funktionsfähigen Schusswaffe zusammengefügt werden können, ohne Spezialwerkzeug oder -kenntnisse einsetzen zu müssen; Bildtafel S. 534) wohl nicht anwendbar, da die Regelung durch § 19 DVO RWaffG von einem*

satz von technischen Verfahren oder Werkzeugen, die zu einer Änderung des Ausgangsgegenstandes bezüglich seiner Abmessungen, Formgebung oder Beschaffenheit (Material, Funktion oder objektiv erkennbare Verwendungsbestimmung) führt, ist Herstellung einer neuen Waffe anzusehen, der Schaffende Hersteller.[252] Eine Schusswaffe ist **hergestellt**, wenn sie **weißfertig** im Sinne von § 2 Abs. 5 BeschG ist oder der **Austausch des führenden wesentlichen Teils abgeschlossen** ist. Wiederladen von Hülsen ist Herstellen, bei nicht gewerbsmäßigem Vorgehen erlaubnisbefreit (Anlage 2 A2 UA2 Nr. 6.1 WaffG). Herstellen ohne Erlaubnis wird gemäß § 52 Abs. 1 Nr. 2 lit. c WaffG mit mindestens sechs Monaten Freiheitsentzug bestraft, unabhängig von der Art der Schusswaffe bzw. des wesentlichen Teils.

1.6.1.9 Fertigstellen (Anlage 1 A2 Nr. 8.1a)

Fertiggestellt ist eine Waffe, sobald sie mit dem Beschusszeichen nach § 6 BeschG versehen wurde oder, sofern die Waffe nicht der Beschussprüfung unterliegt, sobald sie zum **In-Verkehr-bringen**[253] bereitgehalten wird.

1.6.1.10 Bearbeiten / Instandsetzen (Anlage 1 A2 Nr. 8.2)

„**Bearbeiten**" und „**Instandsetzen**" erfordern eine Erlaubnis. Der Begriff ist nur auf Schusswaffen anwendbar. Die Erteilung einer Erlaubnis zur gewerblichen oder im Rahmen einer wirtschaftlichen Unternehmung selbstständig betriebenen Waffenherstellung nach § 21 WaffG setzt regelmäßig eine Ausbildung als Büchsenmacher voraus, wenn der Erlaubnisinhaber *in handwerklicher Betriebsweise* arbeitet. Soll die Bearbeitung oder Instandsetzung nicht gewerblich erfolgen, setzt die dafür erforderliche Erlaubnis nach § 26 WaffG zumindest überdurchschnittliche Kenntnisse der Waffentechnik voraus, weshalb die Erlaubnis in der Regel nur Inhabern einer Erlaubnis nach § 18 WaffG (Sachverständiger) erteilt wird.

Zusammenfügen von Teilen anderer (inländischer) Hersteller ausging; der BKA-Leitfaden (siehe dazu auch Fn. 94) sieht im Zusammenfügen der Teile oder im erstmaligen Einsetzen des führenden Waffenteils einer Modularwaffe eines Herstellers keine Herstellung im Sinne des WaffG.

[252] *Vertiefend zur Umbestimmung von Waffen Kapitel 1.3.1.3*

[253] *In Ermangelung einer waffenrechtlichen Definition des Begriffs „In-Verkehr-bringen" ist der Rückgriff auf vorhandene Legaldefinitionen erforderlich und zulässig; in Anlehnung an § 2 ProdSG könnte die Erklärung lauten: „In-Verkehr-bringen ist das erstmalige Überlassen einer Waffe oder Munition im Geltungsbereich des WaffG oder BeschG."; ebenfalls denkbar wäre im Kontext des § 146 StGB gemäß der Kommentierung Fischer: „In-Verkehr-bringen ist jede Handlung, durch die Waffe oder Munition aus der Verfügungsgewalt des Herstellers oder Verbringers so entlassen wird, dass ein anderer im Geltungsbereich des WaffG tatsächlich in die Lage versetzt wird, mit ihr nach Belieben umzugehen."; insbesondere anwendbar scheint § 4 Abs. 17 AMG in angepasster Form: „In-Verkehr-bringen ist das Vorrätighalten von Waffe oder Munition zur Überlassung, das Feilhalten, das Feilbieten und die Überlassung an andere.".*

Als **Bearbeitung** (Nr. 8.2) gelten das Instandsetzen oder der Umbau einer Schusswaffe sowie das Austauschen wesentlicher Teile.

Als **Umbau** (Nr. 8.2.1) einer Schusswaffe gelten das Verkürzen[254], das Abändern der Schussfolge oder eine Veränderung, nach der andere Munition oder Geschosse anderer Kaliber aus der Waffe verschossen werden können. Als einzige Art der Bearbeitung kann der Umbau auch Herstellung einer Waffe sein, insbesondere bei Umbestimmung des Verwendungszwecks.

Als **Austausch** (Nr. 8.2.2) gilt die Einpassung wesentlicher Teile in eine Schusswaffe, die eine Nacharbeit erfordern, insbesondere eines Wechsellaufs, es sei denn, es handelt sich um die Herstellung einer Schusswaffe.

Eine Schusswaffe wird **instandgesetzt** (Nr. 8.2.3), wenn (materialschwächende) Arbeiten an der Schusswaffe durchgeführt werden, die eine Beschusspflicht gemäß § 3 Absatz 2 des Beschussgesetzes auslösen. Keine Instandsetzung ist es, wenn die Tätigkeit **Herstellung** (Nr. 8.1) oder **Umbau** (Nr. 8.2.1) einer Schusswaffe ist oder der **Austausch** (Nr. 8.2.2) wesentlicher Teile.

Keine Instandsetzung, Bearbeitung oder Herstellung ist das Zusammensetzen einer zuvor zur Reinigung oder ähnlichen Zwecken, beispielsweise zum Versand, zerlegten Schusswaffe. Das Einsetzen eines Austauschlaufs gemäß der Definition nach Anlage 1 A1 UA1 Nr. 3.1 WaffG ist kein Austausch nach Nr. 8.2.2 und darf somit auch ohne besondere Erlaubnis insbesondere durch den Waffenbesitzer durchgeführt werden, ebenso durch einen Waffenhändler im Zuge der Überlassung zum Zwecke der Vorführung des Ein- und Ausbaus.

Handelt es sich um lediglich geringfügige Änderungen, beispielsweise am Schaft oder an der Visierung, wird nicht von einer Bearbeitung ausgegangen, so dass diese Arbeiten an einer Schusswaffe ohne besondere Erlaubnis durchgeführt werden dürfen. Auch das Brünieren (Behandlung einer metallischen Oberfläche mit einer Salzlösung, sauer oder basisch, um einen Rostschutz zu erzeugen) einer schadhaften Stelle an der Oberfläche gilt als „geringfügig". Die vorgenannten Tätigkeiten, die insbesondere die Verschönerung, optische Aufarbeitung oder Anpassung einer Schusswaffe (hier ist insbesondere an die Anpassung eines Langwaffenschafts zu denken, wobei gilt: „Der Lauf schießt, der Schaft trifft!") dienen und keine Arbeiten an der Schusswaffe darstellen, die sie einer Pflicht zum Beschuss unterwerfen, dürfen nicht nur durch Inhaber einer Erlaubnis zur Waffenherstellung oder durch den Waffenbesitzer durchgeführt werden – die Freistellung von der Erlaubnispflicht nach § 12 Abs. 1 Nr. 2 WaffG erstreckt sich auch auf andere Gewerbetreibende

---

[254] *Handelt es sich um ein Verkürzen nicht wesentlicher Teile, etwa das Schaftes, dann ist dieses Verkürzen nur dann ein Umbau, wenn die Art der Waffe sich aufgrund der neuen Länge ändert, zB wenn die Gesamtlänge nicht mehr 60 cm in der kürzesten bestimmungsgemäß verwendbaren Gesamtlange übersteigt und damit aus einer Langwaffe eine Kurzwaffe wird; dagegen ist das Kürzen eines Laufs in jedem Falle ein Umbau, zudem löst diese Arbeit die Beschusspflicht aus.*

wie Graveure oder Schäfter, wobei andere Vorschriften des WaffG, insbesondere zur sicheren Aufbewahrung, auch von diesen einzuhalten sind.

1.6.1.11 Unbrauchbarmachen (Anlage 1 A2 Nr. 8.3)

Bei der durch das WaffG 2020 eingeführten Umgangsart des Unbrauchbarmachens handelt es sich nicht um eine eigenständige Umgangsart. Vor Schaffung dieser Art des Umgangs war das Ansetzen eines Werkzeugs stets eine Bearbeitung und erforderte eine Erlaubnis zur Waffenherstellung.

Als Unbrauchbarmachung gilt die Durchführung von Maßnahmen des Anhangs I Tabelle II bis III der Durchführungsverordnung (EU) 2015/2403 („EU-Deaktivierungsrichtlinie"). Erfolgen Arbeiten an einer Schusswaffe ausschließlich zu diesem Zweck, ist nicht von einem Bearbeiten im Sinne von Anlage 1 A2 Nr. 8.2 auszugehen, sondern aufgrund der spezielleren Regelung nur von einer Unbrauchbarmachung nach Nr. 8.3. Durch die Freistellung der Unbrauchbarmachung von der Erlaubnispflicht (Anlage 2 A2 UA2 Nr. 10) bedarf es keiner Erlaubnis zur Herstellung nach §§ 21, 26 WaffG.[255]

1.6.1.12 Abgrenzung des Begriffs „vernichtet"

Der Gesetzgeber hat mit dem 3. WaffRÄndG den Begriff des „Vernichtens" aus seinem Schattendasein als mögliche behördliche Aktion nach Einziehung von Schusswaffe oder Munition nach § 46 Abs. 7 WaffG herausgeholt. Die Anzeigepflichten nach §§ 37b Abs. 1, 37d Abs. 1 Nr. 3 WaffG verwenden das erfolgte Vernichten als Tatbestandsmerkmal und unterscheiden den Zustand „vernichtet" von der Handlung „Unbrauchbarmachung". Hier ist sprachlich genau zu unterscheiden zwischen Status und Umgangsart.

Gleichwohl enthält das Waffengesetz weder eine Definition des Begriffs „vernichtet" noch listet es Vernichten als Art des Umgangs in § 1 Abs. 3 WaffG oder als Begriff in Anlage 1 A2 WaffG auf. Auch kann eine Schusswaffe das Attribut „unbrauchbar gemacht" als qualifizierende Beschreibung und damit als Ordnungskriterium tragen, womit sie Waffe und gemäß § 25c AWaffV sogar Schusswaffe im Sinne des WaffG sein könnte, während nach Vernichtung der „rauchende Rest" keine Waffe im Sinne des WaffG mehr ist, womit die Bezeichnung „vernichtete Waffe" sinnlos wäre.

---

[255] *Da der Erwerb einer erlaubnispflichtigen Waffe, die unbrauchbar gemacht werden soll, ebenso wie der Besitz dieser Waffe durch den gewerblichen Ausführenden grundsätzlich der Erlaubnispflicht unterliegt, könnte aus Sicht des Verfassers ein möglicher Fall einer „ähnlichen Arbeit" im Sinne von § 12 Abs. 1 Nr. 2 WaffG vorliegen; von der Erforderlichkeit einer Erlaubnis zum Handel mit Schusswaffen kann mangels einer Definition des Handeltreibens, die den gewerbsmäßigen Erwerb und Besitz umfasst, nicht ausgegangen werden; somit bedürfte der gewerbliche Ausführende keiner Erlaubnis für Erwerb und vorübergehenden Besitz, müsste aber sonstige Vorschriften des WaffG, etwa zur Aufbewahrung, einhalten.*

Die Aussage der WaffVwV 2012 zu Anlage 1 A1 UA1 Nr. 1.4 WaffG zur Unbrauchbarmachung, die Zerstörung stelle „eine weitergehende Form der Unbrauchbarmachung dar, die darauf abzielt, die Waffe als Gegenstand zu vernichten", definierte hilfsweise die erlaubnisfreie Zerstörung. Vernichten von Schusswaffe oder Munition war und ist keine Bearbeitung.[256]

Die Unterscheidung zwischen **„vernichtet"** nach § 37b Abs. 1 WaffG und **„unbrauchbar gemacht"** nach § 37b Abs. 2 WaffG macht es durch die fehlende Definition für den Status „vernichtet" und der mit dem 3. WaffRÄndG eingeführten Umgangsart „Unbrauchbarmachen" erforderlich, den Begriff „vernichtet" hilfsweise zu definieren. Die Definition der Unbrauchbarmachung erschwert diese Aufgabe noch. So wird etwa im strafrechtlichen Kontext das Vernichten von Urkunden oder Grenzsteinen nach § 274 StGB in der Literatur[257] als ein „Aufheben der Gebrauchsfähigkeit" im Falle von Urkunden bzw. technischen Aufzeichnungen oder als „völliges Beseitigen der Substanz" im Falle von Grenzsteinen angegeben, was insbesondere bei Anwendung des Vernichtungsbegriffs im Kontext der Urkunde bedeuten würde, dass Unbrauchbarmachung auch Vernichtung ist.

Vor dem Hintergrund der in der WaffVwV genannten Definition der Unbrauchbarmachung wäre von <u>erfolgter</u> Vernichtung auszugehen, wenn die Schusswaffe und ihre Bestandteile über das für eine Unbrauchbarmachung geforderte Maß hinaus verändert wurden. Hier wäre aber fraglich, in welcher Größenordnung einer weitergehenden Beseitigung technischer Merkmale oder Eigenschaften erfolgen müsste, um von einer Vernichtung zu sprechen. Eine weitere Voraussetzung für die Bejahung einer erfolgten Vernichtung einer Schusswaffe oder ihrer wesentlichen Teile könnte das Zerkleinern der Schusswaffe und ihrer Teile sein - nur stellte sich hier die Frage nach der höchstzulässigen Restgröße der entstehenden Teile.

Hilfsweise kann unter Einbeziehung der vorgenannten Quellen und unter Berücksichtigung der Definitionen für die Unbrauchbarmachung eine **Schusswaffe** oder **ein wesentliches Teil einer Schusswaffe** als vernichtet gelten, wenn von jedem wesentlichen Teil der aus einem Stoff bestehende, volumenmäßige Hauptbestandteil durch Schmelzen, Schneiden, Trennen, Zerspanen, Verrottung, Korrosion, Einwirkung von Gasdruck oder in ähnlicher Weise in mindestens drei Teile geteilt wurde, die jedes nicht die Form oder Funktionsfähigkeit dieses wesentlichen Teils haben und von denen ein Teil mindestens ein Drittel, nicht aber mehr als die Hälfte der Masse dieses Hauptbestandteils hat, wenn die Schusswaffe nicht durch einen chemischen oder thermischen Prozess vernichtet wurde. Insbesondere bei der Vernichtung von Läufen ist aufgrund der definierenden Funktion, einem Geschoss Führung zu geben, entweder eine Auftrennung des Laufes über die gesamte Länge in zwei Hälften parallel zur Laufseele oder ein Abschneiden von „Laufscheiben" in der Länge von weniger als zwei Felddurchmessern senkrecht zur Laufseele vorzunehmen. Ein so zerstörter Lauf kann als vernichtet gelten, insbesondere dann, wenn die

---

[256] *Somit keine Herstellungserlaubnis erforderlich; siehe Fußnote 255*

[257] *so Fischer, Rn. 4 ff. zu § 274 StGB*

Laufhälften verbogen werden; gleiches gilt, wenn ein Lauf durch Korrosion oder Verrottung untergegangen ist und die Eigenschaften eines Laufs nicht mehr besitzt, insbesondere dann, wenn der Lauf dem Gasdruck nicht widerstehen würde.

Munition ist **unbrauchbar oder vernichtet**, wenn sie die **Definition nach Anlage 1 A1 UA3 WaffG nicht mehr erfüllt**, zB wenn aus einer Patrone die Ladung (Pulver) entfernt wird und der Anzündsatz der Patrone nicht direkt zum Antrieb der Geschosse dient, er somit keine Ladung im Sinne des WaffG ist. Werden aus einer Patrone Ladung und Anzündsatz entfernt, ist von einer Vernichtung auszugehen, da weder Hülsenkörper noch Geschoss (ausgenommen verbotene Geschosse nach § 2 Abs. 3 WaffG iVm Anlage 2 A1 WaffG) allein oder in Kombination als Munition dem WaffG unterfallen. Ein solches **Delaborieren** von Munition setzt eine Erlaubnis nach SprengG voraus, da bei diesem Vorgang Sprengstoff gewonnen wird.

1.6.1.13 Handeln (Anlage 1 A2 Nr. 9)

Waffenhandel treibt, wer gewerbsmäßig oder selbstständig im Rahmen einer wirtschaftlichen Unternehmung Schusswaffen oder Munition ankauft, feilhält[258], Bestellungen entgegennimmt oder aufsucht[259], anderen überlässt oder den Erwerb, den Vertrieb oder das Überlassen vermittelt. Das **gewerbliche Verleihen** von Schusswaffen im Rahmen des Betreibens einer **Paintball-Arena** oder eines **Event-Services** (zB gewerbsmäßige Organisation von Veranstaltungen mit Waffen) ist eine Form des Waffenhandels und bedarf der Erlaubnis nach § 21 WaffG. Gewerbliches **Versteigern** ist als Vermittlung Waffenhandel im Sinne des WaffG.

Beim „**Handel**" stellt der Gesetzgeber auf eine wirtschaftliche (gewerbsmäßige oder selbständige) Unternehmung ab. Eine Abgrenzung zwischen Privatverkauf und „Handel" ist fließend.[260] So fehlt es bei einem Verkauf von Munition „zum Selbstkostenpreis" auf Schießstätten von Vereinen regelmäßig an der Gewinnerzielungsabsicht. Allerdings können auch Jäger oder Waffensammler, die Schusswaffen regelmäßig in kurzen Zeitabständen erwerben und überlassen (etwa durch Ankauf von Nachlässen), den **Tatbestand des unerlaubten Handelns** mit Schusswaffen erfüllen. Kaufen und Verkaufen unter Sammlern nach § 17 WaffG ist allerdings bedürfnistypisch, da zum Optimieren einer Sammlung regelmäßig Stücke erworben

---

[258] ***Feilhalten*** *ist eine veraltete Bezeichnung für ein erkennbares Bereitstellen zu Verkaufszwecken; das Mittelhochdeutsche bezeichnet mit „veil" eine zum Verkauf stehende, also käufliche Ware; in Abgrenzung zum Feilhalten ist* ***Feilbieten*** *eine gesteigerte Aktivität das Anbieters, was potentielle Käufer insbesondere durch Werbung oder preislich attraktive Angebote zum Erwerb verführen soll; gewerberechtlich ist Feilbieten das Bereithalten zur sofortigen Übergabe nach Kaufabschluss (Ennuschat/Wank/Winkler, GewO, 9. Auflage 2020, zu § 55, Rn. 38)*

[259] *Als „Aufsuchen von Bestellungen" gilt jede Tätigkeit, die darauf abzielt, einen festen Auftrag auf künftige Lieferung einer bestimmten Ware zu erhalten.*

[260] *Siehe Rechtsprechung zum Begriff des „gewerblichen Händlers" auf Internet-Auktionsplattform in: BGH I ZR 3/06, Urteil vom 4. Dezember 2008*

und überlassen werden, weshalb beim Sammler nur ein regelmäßiges Überlassen an Inhaber anderer Bedürfnisarten problematisch zu sehen ist, es sei denn, die Gewerbsmäßigkeit kann einwandfrei nachgewiesen werden.

1.6.2 Ergänzende Begriffe zum Umgang

1.6.2.1 Kinder und Jugendliche (Anlage 1 A2 Nrn. 10, 11)

Die Begriffe „Kind" und „Jugendlicher" werden zwar in anderen Gesetzen bestimmt, aus systematischen Gründen aber auch in Anlage 1 für **Kinder** (Personen, die noch nicht 14 Jahre alt sind) und **Jugendliche** (Personen, die mindestens 14, aber noch nicht 18 Jahre alt sind) für die Anwendung des WaffG festgelegt.

1.6.2.2 Schussbereit (Anlage 1 A2 Nr. 12)

Anlage 1 A2 Nr. 12 WaffG bestimmt eine Waffe als schussbereit, wenn die Waffe geladen ist. Durch die Verwendung des umfassenderen Begriffs der „Waffe" anstelle des Begriffs „Schusswaffe" bezieht sich die Eigenschaft „schussbereit" nicht allein auf Schusswaffen, sondern auch auf diesen gleichgestellte Gegenstände. Somit werden von dem Begriff Geräte nach Anlage 1 A1 UA1 Nr. 1.2.1 WaffG (insbesondere die durch Anlage 2 A2 UA2 Nr. 1.3 WaffG bestimmten SRS-Waffen) ebenso erfasst wie Armbrüste[261] als Geräte nach Anlage 1 A1 UA1 Nr. 1.2.3 WaffG. Magazine sind Waffen, können aber nicht im Sinne der Begriffsbestimmung „geladen" sein.

„Geladen" ist eine Waffe, wenn „Munition oder Geschosse in der Trommel, im in die Waffe eingefügten[262] Magazin oder im Patronen- oder Geschosslager sind, auch wenn sie nicht gespannt ist". Damit ist eine Waffe auch dann geladen, wenn sich Munition oder Geschoss zwar in dem eingefügten Magazin befinden, aber noch nicht im Patronen-, Kartuschen- oder Geschosslager. Ein Revolver mit ausge-

---

[261] *Zur Gleichstellung der Armbrust und der Erweiterung der waffenrechtlichen Bestimmung für Schusswaffen auf die Armbrust siehe Kapitel 1.3.2.3.1.3.1*

[262] *Auch ein nicht vollständig eingeführtes Magazin ist eingefügt und die Waffe damit schussbereit; der Begriff ist durch den Gesetzgeber sprachlich unpräzise gewählt, da im Gegensatz zum „Einführen" der Begriff „Einfügen" ein genaues Eingepasst-sein beschreibt, das im Falle eines Magazins erst nach dem Einrasten gege--en ist, nicht aber schon zuvor während des Einführens; gleichwohl kann die tele--logische Auslegung der Vorschrift nur zum Ergebnis haben, dass ein noch nicht vollständig in die verwendungsbereite Endposition eingeführtes Magazin, das Munition enthält, als eingefügt gelten muss; die Entscheidung VGH München 24 CS 24.1306, 24.1307, Beschluss vom 05. November 2024, Rn. 20, die auf die Minimierung eines* ***Ergreifensrisikos*** *als Sinn und Zweck der gesetzlichen Vorgabe, Schusswaffen nur ungeladen aufzubewahren, verweist, ist auf nicht vollständig eingefügte Magazine analog anwendbar, da auch das nur halb eingeschobene Magazin mit einem Stoß vollständig in die Waffe eingefügt werden kann; wenn es mit Munition oder Geschossen gefüllt ist, könnte die Waffe durch den Schützen unmittelbar durchgeladen werden, die Schussabgabe könnte unmittelbar erfolgen.*

schwenkter Trommel[263] ist, wenn sich in mindestens einer Kammer der Trommel Munition oder ein Geschoss befindet, geladen.[264] Neben Munition, insbesondere Patronen- und Kartuschenmunition, erfasst die Bestimmung Geschosse nach Anlage 1 A1 UA3 Nr. 3 WaffG. Der Begriff „ungeladen" aus § 13 Abs. 2 AWaffV ist nicht legaldefiniert und aus der Negation des Begriffs „geladen" abzuleiten.

Munition oder Geschosse, die nicht mit der Waffe verwendet werden können, in der sie sich befinden, können nicht bewirken, dass die Waffe geladen ist (zB im Falle von Patronen oder Kartuschen, die zwar im eingefügten Magazin der Waffe liegen, aber aufgrund ihrer Außenmaße nicht so in das Patronenlager eingeführt werden können, dass eine Schussabgabe erfolgen kann). Gleiches gilt für Munition und Geschosse, die nicht durch den Ladevorgang aus dem Magazin unmittelbar in das Patronen-, Kartuschen- oder Geschosslager überführt werden können, zB aus einem Schaftmagazin.[265]

1.6.2.3 Zugriffsbereit (Anlage 1 A2 Nr. 13)

Die Definitionen von „nicht zugriffsbereit" sind durch das Gesetz für Schusswaffe und Messer unterschiedlich festgelegt, was eine hohe Praxisrelevanz hat.

1.6.2.3.1 Schusswaffe

Eine **Schusswaffe** ist **zugriffsbereit**, wenn sie unmittelbar[266] in Anschlag gebracht werden kann. Darunter ist nach den gesetzgeberischen Erläuterungen in der WaffVwV zu verstehen, dass die Schusswaffe durch den Verwender auf eine Person gerichtet werden kann, zB mit dem Ziel der Schussabgabe oder auch der Bedrohung. **Nicht zugriffsbereit** ist die **Schusswaffe**, wenn sie in einem verschlossenen Behältnis mitgeführt wird.

Eine klare Trennung der Zustände „zugriffsbereit" und „nicht zugriffsbereit" ist durch die gesetzgeberisch gewählte Formulierung nicht möglich, sie schließen sich aber nicht gegenseitig aus. Vielmehr handelt es sich um eine Art „Wahlfreiheit", die durch WaffVwV zu § 12, Nr. 12.3.3.2, Satz 3 ausdrücklich eröffnet wird.[267]

1.6.2.3.2 Messer

Ein **Messer** ist **nicht zugriffsbereit**, wenn es nur mit **mehr als drei Handgriffen** erreicht werden kann.

---

[263] *Die Trommel ist auch im ausgeschwenkten Zustand Patronenlager.*

[264] *VGH München 24 CS 24.1306, 24.1307, Beschl. v. 05. Nov. 2024, Rn. 20*

[265] *Zum Begriff des Magazins und des Ladevorgangs ausführlich Kapitel 1.3.2.5.4*

[266] *WaffVwV zur Anlage 1 A2 Nr. 13 WaffG: „in weniger als drei Sekunden mit weniger als drei Handgriffen"; eine weitaus umfassendere Darstellung enthält die Begründung des Gesetzgebers in BT-Drs. 16/7717, S. 25 zum Begriff.*

[267] *Zur Vertiefung der Thematik siehe Kapitel 1.11.2.2*

In der Praxis führt diese Definition zu Anwendungsproblemen, da weder der Begriff „Handgriff" noch das „Erreichen" durch das Gesetz bestimmt sind. Die Einführung durch die Änderung des WaffG 2024 konnte nicht auf § 42a WaffG aufbauen, da das Führen der dort erfassten Messer lediglich im Falle der dort genannten Ausnahmen von dem Verbot ausgenommen war, und eine Ausnahme forderte den Transport in einem verschlossenen Behältnis, nicht aber eine Nicht-Zugriffsbereitschaft, wie sie bereits für Schusswaffen im Falle der Beförderung nach § 12 Abs. 3 Nr. 2 WaffG als Ausnahmevoraussetzung verwendet worden war.

Hilfsweise sollte der Begriff **„erreicht"** nicht erst das schon stoßbereite Halten oder eine Verwendbarkeit des Messers beschreiben, sondern bereits das erste kontrollierende Ergreifen des Messergriffs. Als **Handgriff** ist das vorsätzliche, aktive Tun zu verstehen in der Absicht, das Messer zu erreichen im Sinne eines Beseitigens von Zugriffshindernissen wie Klett- oder Reißverschlüssen an einer Hosentasche.

1.6.2.4 Mitgliedsstaat (Anlage 1 A2 Nr. 14)

Der Begriff Mitgliedsstaat im Sinne des WaffG umfasst neben den **Mitgliedsländern** der **Europäischen Union** auch die **Schengenstaaten** Schweiz, Liechtenstein, Norwegen und Island.

1.6.3 Grundsätze des Umgangs (§ 2)

Während § 1 WaffG Gegenstand und Zweck des Gesetzes und die Definitionen der Begriffe „Waffe" und „Umgang" enthält, beschreibt § 2 WaffG das grundsätzliche Erfordernis von Mindestalter sowie Erlaubnispflichten, Verbote und Freistellungen des Umgangs mit Waffen oder Munition sowie die Zuständigkeit für Entscheidungen über Zweifelsfälle.

1.6.3.1 Mindestalter (§ 2 Abs. 1)

§ 2 Abs. 1 WaffG[268] fordert ein **Mindestalter** von 18 Jahren für den **Umgang mit Waffen oder Munition**. Für bestimmte Arten von Waffen und Munition heben spezielle Regelungen diese Regelung zum Mindestalter auf, etwa § 27 Abs. 3 WaffG für das Schießen <u>auf Schießstätten</u>[269] durch Kinder und Jugendliche mit näher bestimmten Arten von Schusswaffen und Munition.

1.6.3.2 Erlaubnispflicht (§ 2 Abs. 2)

§ 2 Abs. 2 WaffG bestimmt eine **Erlaubnispflicht zum Umgang mit Waffen oder Munition**, die in der Anlage 2 A2 WaffG genannt sind. An dieser Stelle wird im WaffG erstmals auf Anlage 2 als **„Waffenliste"** verwiesen.

---

[268] *Beachten Sie auch die speziellen Regelungen in § 3 WaffG, siehe Kapitel 1.6.4*

[269] *Zu beachten ist, dass der Umgang außerhalb von Schießstätten nicht unter die Ausnahme des § 27 Abs. 3 WaffG fällt, etwa das Schießen mit einem Druckluftgewehr im privaten befriedeten Besitztum oder in einem Gebäude.*

Die Erlaubnispflicht erstreckt sich auf die Waffen, die in der Anlage 1 A1 UA1 WaffG in den Nummern 1 bis 4.3 genannt sind. Weitere Gegenstände, die von den Regelungen des WaffG erfasst sind, unterfallen nicht der Erlaubnispflicht, womit der Umgang mit diesen Gegenständen erlaubnisfrei ist, solange er keinem Verbot unterliegt, der sich auf einen bestimmten Gegenstand[270] bezieht oder auf eine bestimmte Umgangsart[271].

1.6.3.3 Umgangsverbot (§ 2 Abs. 3)

§ 2 Abs. 3 WaffG **verbietet den Umgang mit Waffen oder Munition**, die **in Anlage 2 A1 genannt** sind. Da Waffen, die nicht in der Anlage 1 A1 UA1 Nr. 1 bis 4.3 WaffG aufgeführt sind, nicht der Erlaubnispflicht unterliegen, ist der Umgang mit ihnen ab 18 Jahren gestattet, solange der Umgang nicht nach § 2 Abs. 3 WaffG iVm Anlage 2 A1 WaffG verboten ist. Verbote gelten auch, wenn andere Regelungen, ausgenommen Anlage 2 A3 WaffG, eine Erlaubnispflicht aufheben. Zu prüfen sind regelmäßig auch die Verbote aus §§ 41, 42 oder 42a WaffG.

Die Thematik der verbotenen Waffen behandelt Kapitel 1.13.1.

1.6.3.4 Ausnahmen von Verbot und Erlaubnispflicht (§ 2 Abs. 4)

§ 2 Abs. 4 WaffG bestimmt **Ausnahmen von Erlaubnispflichten und Verboten** durch Anlage 2 A1 und A2 WaffG, womit zB für einige Kategorien von Schusswaffen oder Munition die Erlaubnispflicht für bestimmte Arten des Umgangs entfällt.[272] Andere Waffenarten werden nach § 2 Abs. 4 iVm Anlage 2 A3 ganz oder teilweise aus der Anwendung des WaffG entlassen.[273]

Zu beachten sind Ausnahmen durch § 12 WaffG[274] sowie durch weitere Regelungen des WaffG für dort bestimmte Personengruppen oder Anlässe.

Ausnahmen von Erlaubnispflichten heben Verbotsnormen nicht auf, Verbotsbefreiungen bedeuten keine unmittelbare Aufhebung der Erlaubnispflicht.

---

[270] *zB Faustmesser: Waffe durch Nennung in Anlage 1 A1 UA2 Nr. 2.1.3 WaffG, erlaubnisfreier Umgang nach § 2 Abs. 2 WaffG, weil diese Nennung nicht in Anlage 1 A1 UA1 Nr. 1 bis 4.3 WaffG erfolgt, aber Verbot nach § 2 Abs. 3 WaffG in Verbindung mit Anlage 2 A1 Nr. 1.4.2 WaffG*

[271] *zB Einhandmesser: Keine Waffe im Sinne des WaffG mangels Nennung in der Anlage 1 WaffG, damit erlaubnisfreier Umgang nach § 2 Abs. 2 WaffG, aber Verbot des Führens nach § 42a Abs. 1 Nr.3 WaffG*

[272] *Anlage 2 A2 WaffG, vertiefend Kapitel 1.11.3*

[273] *Anlage 2 A3 WaffG, vertiefend Kapitel 1.11.4*

[274] *Vertiefend zu § 12 WaffG siehe Kapitel 1.11.2*

1.6.3.5 Einstufung in Zweifelsfällen (§ 2 Abs. 5)

Ist fraglich, wie ein Gegenstand waffenrechtlich einzuordnen ist, entscheidet das **Bundeskriminalamt** (BKA).[275] Die Entscheidungen ergehen in Form von **Feststellungsbescheiden.**[276] Neben den zuständigen[277] Behörden des Bundes und der Länder können auch die Hersteller und Importeure solcher Gegenstände sowie deren Erwerber und Besitzer einen Antrag auf Prüfung an das BKA richten, soweit sie ein berechtigtes Interesse an der Entscheidung glaubhaft machen können. Davon wird regelmäßig auszugehen sein, wenn wirtschaftliche Verluste drohen oder eine zukünftige Handlung wie etwa eine Einfuhr von Waffen gegen gesetzliche Vorschriften verstoßen würde.

Durch die zentrale Zuständigkeit[278] des BKA für diese Entscheidungen wird vermieden, dass einzelne Waffenbehörden oder Landeskriminalämter einen Gegenstand in ihrem Zuständigkeitsbereich als verboten ansehen oder entscheiden, dass ein Gegenstand unter besondere Regelungen wie etwa das Führverbot von Anscheinswaffen nach § 42a WaffG fällt.[279] Entscheidungen des BKA haben keinen Gesetzesrang, sie dienen zur Klärung von Zweifelsfällen, idR von konkreten Einzelfällen.[280]

Eine gesetzlich bestimmte und damit durch den legitimierten Gesetzgeber in einem verfassungsgemäß vorgegebenen Verfahren geschaffene Regelung kann nicht durch das BKA aufgehoben oder verändert werden.[281]

1.6.4 Umgang durch Kinder und Jugendliche (§ 3)

Für **Kinder und Jugendliche** gilt ein **umfassendes Verbot des Umgangs mit Waffen und Munition**. Da aber zur Förderung des Sports, für die Ausbildung zum Jäger oder

---

[275] *§ 2 Abs. 5 in Verb. mit § 48 Abs. 3 WaffG, § 6 Abs. 4 AWaffV*

[276] *Die Feststellungsbescheide sind abrufbar auf der Website www.bka.de; zur Navigation ist auf der Startseite der Begriff „Feststellungsbescheid" einzugeben.*

[277] *Die jeweilige Zuständigkeit wird auf Bundes- und Landesebene geregelt.*

[278] *Eingeführt mit dem WaffG 2002, zuvor siehe WaffVwV 1994, Nr. 37.1*

[279] *So verneint das BKA mit Ergänzung zum Feststellungsbescheid SO 11 – 5164.01 Z 174 (2007/2011) die Einstufung als Anscheinswaffe für das schusswaffenähnlich geformte Tierabwehrgerät „Piexon JPX Jet Protector", wodurch es nicht dem WaffG unterliegt; damit ist ein Lasermodul für ein solches Tierabwehrgerät mangels Bestimmung keine Vorrichtung für Schusswaffen (Feststellungsbescheid SO 23 – 5164.01 Z 428, Abschnitt Ergebnis, Nr. 9) und somit nicht verboten.*

[280] *BVerwG 6 C 21.08, Urteil vom 24. Juni 2009; Begrenzung der Zuständigkeit des BKA auf die Beurteilung von Gegenständen bezüglich ihres Verbotenseins; die Beurteilung von Verhaltensweisen oder Handlungsformen beim Umgang mit Waffen fällt nicht in die Befugnis des BKA.*

[281] *OLG Karlsruhe, Urteil vom 27. April 2007 - 1 Ss 75/ 06 – Unwirksamkeit BKA-FB KT 21 / ZV 25-55164.01-Z-33 zur Einstufung von Spielzeugwaffen*

Tätigkeit in Handwerk und Handel Ausnahmen erforderlich sind, beschränken §§ 3 und 27 WaffG das absolute Umgangsverbot aus § 2 Abs. 1 WaffG für bestimmte Umgangsarten und Lebensbereiche.

§ 3 Abs. 1 WaffG erlaubt Jugendlichen den **Umgang mit Waffen oder Munition im Rahmen der beruflichen Ausbildung oder Tätigkeit unter Aufsicht eines weisungsberechtigten Waffenberechtigten**. Nicht ausgenommen ist der Umgang außerhalb des beruflichen Bereichs, zB im befriedeten Besitztum („Schießen mit Luftgewehr im Garten durch Jugendliche“).

§ 3 Abs. 2 WaffG erlaubt **Jugendlichen** den **Umgang mit geprüften Reizstoffsprühgeräten**. Somit ist sowohl der Erwerb und Besitz als auch das Führen dieser Waffen („Gasspray“, „CS-Gas“, „Tränengas“; aber: „Gaspistolen“ oder „Gasrevolver“ nicht erfasst[282]) ab 14 Jahren unter Beachtung der Verbote aus §§ 41, 42 WaffG erlaubt.

Für den Umgang auf Schießstätten gilt grundsätzlich gemäß § 27 Abs. 3 WaffG abweichend von den Altersbeschränkungen der §§ 2, 3 WaffG:

Waffenart	Mindestalter
Druckluft-, Federdruckwaffen und Waffen, bei denen zum Antrieb der Geschosse kalte Treibgase verwendet werden (Anlage 2 A2 UA2 Nr. 1.1 und 1.2 WaffG) *Beispiel: Luftgewehr mit „F im Fünfeck“*	12 Jahre
Schusswaffen bis zu einem Kaliber von 5,6 mm lfB (.22 l.r.) für Munition mit Randfeuerzündung, wenn die Mündungsenergie höchstens 200 Joule (J) beträgt und Einzellader-Langwaffen mit glatten Läufen mit Kaliber 12 oder kleiner *Beispiel: KK-Büchse bis 200 J, Flinte cal. 12 o. kleiner (Hinweis: Bei einer kombinierten Waffe wie Bock oder Drilling darf ein Büchslauf nicht geladen werden)*	14 Jahre

Für **jegliche anderen Schusswaffen** gilt auf Schießstätten das **Mindestalterserfordernis von 18 Jahren**, was auch **Armbrüste** einschließt.

Zu beachten sind gesetzliche Ausnahmen (zum Beispiel § 27 Abs. 5 WaffG: **ab 14 Jahren jegliche Jagdwaffen** ohne Beschränkung der Waffenart und des Kalibers bei der **Jagdausbildung**). Insbesondere sind die weiteren Einschränkungen durch § 27 Abs. 3 WaffG zu beachten hinsichtlich Zustimmungserfordernissen und der Befähigung der Aufsichtsperson.

An ortsveränderlichen Schießstätten, die dem **Schießen zur Belustigung** dienen (zB „Schießbude“ auf dem Jahrmarkt), darf gemäß § 27 Abs. 6 auch Kindern unter 12 Jahren das Schießen mit Druckluft-, Federdruckwaffen und Waffen, bei denen zum

---

[282] *Zu den SRS-Waffen Kapitel 1.12.2.1 sowie Bildtafel auf Seite 544*

Antrieb der Geschosse kalte Treibgase verwendet werden (Anlage 2 A2 UA2 Nr. 1.1 und 1.2 WaffG), gestattet werden, wobei Anforderungen aus dieser Ausnahmeregelung einzuhalten sind.

1.7 Voraussetzungen für den Umgang (§ 4)

1.7.1 Übersicht

Der **Umgang mit Waffen oder Munition**, die der Erlaubnispflicht unterliegen, bedarf der **Erlaubnis der zuständigen Behörde**. Das ist nach § 3 VwVfG jene Behörde, in deren Bezirk der Antragsteller seinen **gewöhnlichen Aufenthalt**[283] hat - in der Regel der Erstwohnsitz, in begründeten Fällen aber auch der Zweitwohnsitz, etwa bei Studierenden. Die Vorschrift ist neben der WBK auch auf Waffenschein und Kleinen Waffenschein anzuwenden, insbesondere im Rahmen der Regelüberprüfung.

Die deutsche Staatsangehörigkeit oder ein Wohnsitz im Bundesgebiet ist nicht Voraussetzung für eine waffenrechtliche Erlaubnis, womit neben **deutschen Staatsangehörigen** und anderen Personen, die ihren gewöhnlichen Aufenthalt im Bundesgebiet haben, auch Menschen aus anderen **Mitgliedsstaaten**[284] und **Drittstaaten** eine Erlaubnis in Form einer WBK oder eines Waffenscheins erteilt werden kann, wobei der Versagungsgrund nach § 4 Abs. 2 WaffG insbesondere im Falle ausländischer Antragsteller in der Praxis zu einem erhöhten Prüfaufwand führt, da die prüfende Stelle unter Umständen auch im Heimatland Erkundigungen zur Person einholen kann, was aber zur sicheren Klärung der Zuverlässigkeit unerlässlich ist.[285]

Grundsätzlich gelten nachfolgende Voraussetzung für die Erteilung einer waffenrechtlichen Erlaubnis, wenn nicht durch Gesetz anderes bestimmt wird, etwa der Verzicht auf den Nachweis des Bedürfnisses bei Erben, **Mindestalter** (Seite 118), **Zuverlässigkeit** (Seite 119), **persönliche Eignung** (Seite 134), Nachweis der **Sachkunde** (Seite 141) und **Bedürfnis** (Seite 144).

Bei Beantragung von **Waffenschein** oder **Schießerlaubnis** wird der Nachweis einer bestehenden **Haftpflichtversicherung** für Personen- und Sachschäden in Höhe von einer Million Euro gefordert, die den beabsichtigten Umgang mit Schusswaffen und Munition abdeckt. Der Erlaubnisinhaber ist verpflichtet, Kündigungen dieser Versi-

---

[283] Nach WaffVwV zu § 11 WaffG hat eine Person ihren gewöhnlichen Aufenthalt an dem Ort, an dem sie sich aus persönlichen oder beruflichen Gründen ständig oder nicht nur vorübergehend aufhält; die Grundsätze des Verwaltungsverfahrensrechts zur Bestimmung des gewöhnlichen Aufenthaltsortes finden Anwendung.

[284] Anlage 1 A2 Nr. 14 WaffG; neben den Staaten der Europäischen Union sind vom Begriff auch Schweiz, Norwegen, Liechtenstein und Island erfasst.

[285] WaffVwV zu § 4 WaffG; die Erlaubnis soll insbesondere dann nach § 4 Abs. 2 WaffG versagt werden, wenn die Zuverlässigkeit (§ 5 WaffG) wegen des Aufenthalts außerhalb des Bundesgebietes nicht den gesetzlichen Vorschriften voll entsprechend überprüft werden kann; zur Thematik ergänzend Kapitel 1.10.

cherung unverzüglich der erteilenden Behörde mitzuteilen. Zudem ist vor Erteilung einer Erlaubnis die Möglichkeit der **sicheren Aufbewahrung** nachzuweisen. Die gesetzlichen Anforderungen nach §§ 36 WaffG und 13 AWaffV sind zu erfüllen.

Die Prüfung der **Zuverlässigkeit** (vorwerfbares Handeln) und der **persönlichen Eignung** (nicht vorwerfbare körperliche oder geistige Einschränkungen) soll in regelmäßigen Abständen **(Regelüberprüfung)**, jeweils **mindestens** aber **nach** Ablauf von **drei Jahren** wiederholt werden. Dies umfasst für Inhaber eines Waffenscheines oder einer Schießerlaubnis das Bestehen der Haftpflichtversicherung. Die zuständige Behörde kann den Erlaubnisinhaber mit den **Kosten** der Regelüberprüfung belasten.[286]

Zur Erforschung des Sachverhalts kann sie nach § 4 Abs. 5 WaffG in begründeten Einzelfällen das **persönliche Erscheinen** des Antragstellers oder des Erlaubnisinhabers verlangen.[287] Ein solcher **begründeter Einzelfall** liegt insbesondere vor, wenn **Tatsachen** Zweifel an der Zuverlässigkeit oder persönlichen Eignung begründen. **Anhaltspunkte** hierfür können sich beispielsweise aus dem **Schriftverkehr** oder aus **Telefonaten** des Antragstellers oder Erlaubnisinhabers **mit der zuständigen Behörde** oder aus **allgemein zugänglichen Quellen** ergeben. Zur **Erforschung des Sachverhalts** ist die zuständige Behörde befugt, **in öffentlich zugänglichen Quellen zu recherchieren** und diese Erkenntnisse insbesondere in die Prüfung der Zuverlässigkeit oder persönlichen Eignung einfließen zu lassen. **Öffentlich zugänglich** sind solche Quellen, die nicht einem nach besonderen Merkmalen ausgewählten Personenkreis zur Verfügung stehen sollen oder ohne Zugangsbeschränkung abfragbar oder wahrnehmbar sind, beispielsweise von Internet-Suchmaschinen gelieferten Abfrageergebnisse, aber auch Zeitungen, Plakatierungen an öffentlichen Straßen und Wegen, Flugblätter, Rundfunk- oder Fernsehbeiträge. Eine **Recherche** ist ein systematisches Vorgehen der Behörde, bei dem auch gezielt solche Informationen zum Zweck der Auswertung zusammengetragen werden, die nicht allein durch direktes Hören oder Sehen eines Mitarbeiters erlangt werden können; dabei darf aber die Intensität der Maßnahmen nicht nachrichtendienstlichen Mitteln wie Abhören oder verdeckte Filmaufnahmen gleichkommen, was die Beschränkung auf öffentlich zugängliche Quellen verdeutlicht.

Ist der Nachweis eines Bedürfnisses Voraussetzung für eine Erlaubnis, erfolgt die **Prüfung des Fortbestehens dieses Bedürfnisses regelmäßig nach Ablauf von jeweils fünf Jahren** nach den Maßstäben für die erstmalige Erteilung der jeweiligen Erlaubnis. Der Zeitraum, auf den sich die Prüfung des Bedürfnisses bezieht, orientiert sich an der Art des Bedürfnisses. So wird zur Prüfung des Fortbestehens des Bedürfnisses eines Sammlers idR der gesetzlich vorgesehene Zeitraum ausreichend sein, während bei einer gefährdeten Person in begründeten Fällen vorzeitig geprüft werden sollte, ob die Gefährdung noch besteht. Sportschützen unterliegen besonderen Regelungen.[288]

---

286 *BVerwG 6 C 30.08, Urteil vom 1. September 2009*

287 *Eine Weigerung des Betroffenen kann zur Unzuverlässigkeit führen.*

288 *Vertiefend Kapitel 2.1.3.2*

Für die Prüfung des **Bedürfnisses** zum Erwerb und Besitz sowie das Führen von Schusswaffen ist § 8 WaffG die zentrale Vorschrift, auch für die Regelung spezieller Bedürfnisse. Er enthält eine **beispielhafte,** aber **nicht abschließende Aufzählung bestimmter Bedürfnisgruppen**. Regelt das Waffengesetz das Bedürfnis nicht ausdrücklich durch Schaffung einer Bedürfnisgruppe wie etwa bei Jägern (§ 13 WaffG) oder Sportschützen (§ 14 WaffG), die in § 8 WaffG ausdrücklich genannt werden, muss bei der Bewertung eines angegebenen Bedürfnisses erforscht werden, ob ein Bedürfnis im Sinne von § 8 WaffG nachgewiesen wird, und zwar durch Prüfung im Sinne des Normzwecks (zB Tierarzt, Schießstandbetreiber).

Zentrale Forderung des Gesetzes und Maßstab der Entscheidung ist, dass die Belange der öffentlichen Sicherheit und Ordnung bei Erteilung einer waffenrechtlichen Erlaubnis berücksichtigt werden. Es erfolgt eine Abwägung zwischen dem Interesse des Einzelnen an der Erlaubnis zum Umgang mit Waffen und dem Bedürfnis der Allgemeinheit nach Schutz vor Gewalt.

Eine **Erlaubnis zum Erwerb und Besitz** von **Waffen** wird durch Ausstellung einer **Waffenbesitzkarte (WBK)** oder durch Eintragung in eine bereits vorhandene WBK erteilt. **Die Erlaubnis zum Erwerb und Besitz** von **Munition** ergibt sich entweder aus der **WBK** oder wird durch Ausstellung des **Munitionserwerbsscheins** erteilt. Die **Erlaubnis zum Führen** einer **Waffe** wird durch den **Waffenschein** erteilt. **Eintragungen** in diese Dokumente dürfen nur durch die zuständige Behörde vorgenommen werden.[289] Die Vornahme einer Eintragung durch andere Personen, auch durch den Inhaber der Erlaubnis, ist ohne Datenveränderung keine Urkundenfälschung, aber gesetzlich nicht zulässig.

Die WBK ist binnen zwei Wochen nach Erwerb[290] oder Überlassung einer Waffe der zuständigen Behörde zur **Berichtigung** vorzulegen. Die Siegelung durch die Behörde bei Anzeige stellt keine Erlaubniserteilung[291] für den Besitz dar, sondern dient der Nachverfolgung von Überlassungen – unerlaubter Besitz mangels rechtzeitiger Anzeige ist somit nicht gegeben.[292]

1.7.2 Alterserfordernis (§§ 2, 3, 13, 14, 27)

Grundsätzlich darf eine Person erst mit Vollendung des 18. Lebensjahres Umgang mit Waffen oder Munition haben.[293] In bestimmten Fällen werden weitere Altersgrenzen durch das Waffengesetz festgelegt. **Sportschützen** dürfen erst mit **21 Jahren** Schusswaffen oder Munition erwerben und besitzen, es sei denn, es handelt sich um Waffen oder Munition im Kaliber .22 lfB. mit Randfeuerzündung (Kleinkaliber)

---

[289] *§ 37g WaffG*

[290] *Ausnahme für Erwerb: WBK nach § 18 WaffG, siehe Seite 423*

[291] *Gilt für die „Grüne WBK"; anders WBK nach §§ 14 Abs. 6, 17, 18 WaffG*

[292] *Zur Begründung BT-Drs. 14/7758, S. 58 „Zu Absatz 1"*

[293] *§ 2 Abs. 1 WaffG*

und einer Mündungsenergie bis zu 200 Joule oder um Einzellader-Flinten cal. 12 oder kleiner (zB cal. 16).[294]

Bei Erteilung der **ersten waffenrechtlichen Erlaubnis** ist grundsätzlich die **persönliche Eignung**[295] zum Umgang mit Schusswaffen durch eine medizinisch-psychologische Untersuchung nachzuweisen, wenn der Antragsteller noch nicht **25 Jahre** alt ist. Ausgenommen von dieser Regel sind Jäger und Dienstwaffenträger; ebenfalls ausgenommen sind Sportschützen, wenn Waffen oder Munition in den Kalibern .22 lfB. mit Randfeuerzündung (Kleinkaliber) und einer Mündungsenergie bis zu 200 Joule oder um Einzellader-Flinten cal. 12 oder kleiner (zB 16) erworben werden sollen.

Jugendliche[296] dürfen mit Waffen oder Munition im Rahmen eines beruflichen **Ausbildungs- oder Arbeitsverhältnisses** umgehen, wenn ein weisungsbefugter Berechtigter sie beaufsichtigt. Für Erwerb, Besitz und Führen gilt gleiches im Rahmen der **Ausbildung zum Jäger**, wenn der Sorgeberechtigte und der Leiter der Ausbildung zustimmen.[297] Zudem dürfen Jugendliche **Umgang mit geprüften Reizstoffsprühgeräten** haben.[298]

Für das Schießen auf einer Schießstätte durch **Kinder**[299] ab 12 Jahren und Jugendliche beachten Sie die Vorschriften des § 27 WaffG.

1.7.3 Zuverlässigkeit (§ 5)

1.7.3.1 Einführung

Ob ein Erlaubnisinhaber zuverlässig ist in dem Sinne, dass ihm der Umgang mit Waffen oder Munition erlaubt werden kann, ohne die öffentliche Sicherheit und Ordnung zu gefährden, entscheiden insbesondere sein juristisch bewertbares Verhalten in der Vergangenheit oder eine auf Tatsachen gestützte Prognose. Der **Maßstab der Bewertung** ist nach ständiger Rechtsprechung streng anzulegen. Dem individuellen Interesse eines Antragstellers oder Erlaubnisinhabers, den Besitz über Waffen auszuüben, steht das öffentliche Interesse gegenüber, das mit jedem Waffenbesitz verbundene Sicherheitsrisiko möglichst gering zu halten.[300] Die bei Prüfung der waffenrechtlichen Zuverlässigkeit in bestimmten Fällen vorzunehmende Prognose hat sich an dem Zweck zu orientieren, die Risiken, die mit jedem Waffenbesitz ohnehin verbunden sind, nur bei solchen Personen hinzunehmen, die

---

294 § 14 Abs. 1 WaffG

295 § 6 WaffG, siehe auch Kapitel 1.7.5

296 Abgrenzung zum Begriff „Kind": ab 14 Jahren, noch nicht 18 Jahre alt

297 § 13 Abs. 8 WaffG

298 § 3 Abs. 2 WaffG, siehe auch Kapitel 1.12.2.13

299 Kind: Person, die noch nicht 14 Jahre alt ist

300 VG Arnsberg 14 K 3810/09, Urteil vom 22.November 2010

nach ihrem Verhalten Vertrauen darin verdienen, dass sie mit Waffen und Munition jederzeit und in jeder Hinsicht ordnungsgemäß umgehen.[301]

§ 5 **Abs. 1** WaffG nennt Gründe, die **in jedem Falle** („absolute Unzuverlässigkeit") der Erteilung einer Erlaubnis entgegenstehen oder zu einem Widerruf oder einer Rücknahme erteilter Erlaubnisse führen. Dazu zählen rechtskräftige **Verurteilungen** (Nr. 1) und *„Tatsachen, die die Annahme rechtfertigen"* (**Prognose**), dass die erforderliche Zuverlässigkeit nicht vorliegt (Nr. 2).

Die in Abs. 1 Nr. 2 genannten möglichen Auswirkungen eines Umgangs mit Waffen und Munition sind jeweils Szenario einer Prognose auf Grundlage feststehender Tatsachen, die ihrerseits keinen Bezug zum WaffG aufweisen müssen. Gleichwohl wäre eine Verwirklichung waffenrechtlich so bedenklich und in hohem Maße gefährlich für die Allgemeinheit, dass, anders als in den Fällen des Abs. 2, eine Widerlegung im Einzelfall nicht zugelassen wird.[302] So kann bereits ein erstmaliger Verstoß gegen Vorschriften des WaffG als Tatsache ausreichend sein für eine negative Prognose, sofern diese darauf hindeutet, dass sich der Waffenbesitzer mit einer gewissen Wahrscheinlichkeit erneut nicht ordnungsgemäß verhalten wird; eine an Sicherheit grenzende Wahrscheinlichkeit ist insoweit nicht erforderlich.[303]

§ 5 **Abs. 2** WaffG stellt auf eine Regelvermutung ab – hier ist zu prüfen, ob eine **Ausnahme von der Regel** vorliegt („fakultative Unzuverlässigkeit"), dass bei Vorliegen der in Abs. 2 genannten Tatbestände der Betroffene unzuverlässig im Sinne der WaffG ist. Es ist regelmäßig von der **Unzuverlässigkeit** auszugehen (**Regelunzuverlässigkeit**), solange keine entlastenden Momente festgestellt werden, die den vorhaltbaren Tatbestand ausnahmsweise derart in einem milden Licht erscheinen lassen, dass die nach der Wertung des Gesetzgebers in der Regel durch eine solche Straftat begründeten Zweifel an der Vertrauenswürdigkeit des Betroffenen bezüglich des Umgangs mit Waffen und Munition nicht gerechtfertigt sind.[304]

Das Waffenrecht ist **Gefahrenabwehrrecht**. Das rechtsstaatliche Grundprinzip der **Unschuldsvermutung**, im Strafprozessrecht bekannt als Grundsatz „in dubio pro reo", ist auf § 5 WaffG **nicht anzuwenden**.[305]

Bei der Einbeziehung von **Eintragungen im Bundeszentralregister** (BZR) hebt § 52 Abs. 1 Nr. 4 BZRG das Verwertungsverbot nach § 51 Abs. 1 BZRG im Falle der Beantragung von WBK, Jagdschein oder Waffenschein auf.

---

[301] *BVerwG 6 C 30.13, Urteil vom 22. Oktober 2014*

[302] *Bayerischer VGH 21 CS 13.1758, Beschluss vom 28. November 2013*

[303] *BVerwG 6 C 30.13, Urteil vom 22. Oktober 2014*

[304] *BVerwG 3 B 12.08, Beschluss vom 21. Juli 2008*

[305] *Zur Thematik auch BVerfG 1 BvR 1326/90, 1 BvR 2257/01*

1.7.3.2 Absolute Unzuverlässigkeit wegen Verurteilung (Abs. 1 Nr. 1)

Zu prüfen sind Deliktart und Strafmaß. In allen Varianten dürfen seit Rechtskraft des Urteils nicht mehr als zehn Jahre vergangen sein. Ein **Bezug der Tat** zum **Waffenrecht muss nicht vorliegen**.

1.7.3.2.1 Verbrechen

Der Betroffene ist nach § 5 Abs. 1 Nr. 1 **lit. a** WaffG absolut unzuverlässig, wenn es sich bei der verurteilten Tat um ein **Verbrechen**[306] handelte. Maßgeblich ist die Einstufung der zugrundeliegenden Tat im Grundtatbestand als Verbrechen, nicht aber das schlussendlich ergangene Strafmaß.

1.7.3.2.2 Vorsätzliches Vergehen mit einjähriger Mindeststrafe

Bei einer Verurteilung wegen eines **Vergehens**[307] ist nach § 5 Abs. 1 Nr. 1 **lit. b** WaffG die absolute Unzuverlässigkeit gegeben, wenn die Tat **vorsätzlich** begangen wurde und eine **Freiheitsstrafe von mindestens einem Jahr** verhängt wurde. Eine Aussetzung des Strafvollzugs zur Bewährung ist unerheblich.

1.7.3.2.3 Katalogstraftaten

Durch die Änderung des WaffG 2024 wurde § 5 Abs. 1 Nr. 1 WaffG um lit. c ergänzt und damit die Liste der Kriterien für die Unzuverlässigkeit. Absolut unzuverlässig ist danach, wer zu einer **Freiheitsstrafe oder Geldstrafe von mindestens 90 Tagessätzen** wegen einer der nachfolgend **aufgelisteten staatsgefährdenden und extremistischen Straftaten** rechtskräftig verurteilt worden ist. Es handelt sich dabei um Delikte, die als Friedensverrat, Hochverrat und Gefährdung des demokratischen Rechtsstaates sowie Landesverrat und Gefährdung der äußeren Sicherheit sowie der Bildung krimineller oder terroristischer Vereinigungen in der Regel ein klarer Beleg für die Ablehnung und aktive Bekämpfung des Gesellschaftssystems sind, da sich die verurteilte Person gesichert extremistisch oder staatsgefährdend betätigt hat. Der legale Besitz von Waffen oder Munition ist für die nach diesen Normen verurteilten Personen nicht mit dem Schutzzweck des WaffG vereinbar.[308]

Die nachfolgende Auflistung beschränkt sich vornehmlich auf die Überschriften der einzelnen Vorschriften. In einigen Fällen ist der Bezeichnung eine notwendige Ergänzung beigefügt, die Klammern gesetzt wird. Die Lücken innerhalb des im Strafgesetzbuch normierten Komplexes erklären sich daraus, dass andere Straftaten dieses Themenkreises als Verbrechen bereits zur Unzuverlässigkeit führen.[309]

---

[306] *§ 12 Abs. 1 StGB*

[307] *§ 12 Abs. 2 StGB*

[308] *Ein legaler Erwerb und Besitz von Waffen oder Munition ist allerdings auch nicht das aufrichtige Begehren der genannten Personen und Personengruppen.*

[309] *Kritisch anzumerken ist, dass sämtliche neu aufgenommenen Straftaten bei verständiger Würdigung bereits nach § 5 Abs. 2 WaffG relevant gewesen wären.*

(alle aufgelisteten §§ StGB)

80a	Aufstacheln zum Verbrechen der Aggression
83 Abs. 2	Vorbereitung eines hochverräterischen Unternehmens (gegen ein Bundesland)
84 Abs. 1 bis 3	Fortführung einer für verfassungswidrig erklärten Partei
85 Abs. 1 Satz 1 und Abs. 2	Verstoß gegen ein Vereinigungsverbot
87 Abs. 1	Agententätigkeit zu Sabotagezwecken
87a	Ausübung fremder Einflussnahme und darauf gerichtete Agententätigkeit
88 Abs. 1	Verfassungsfeindliche Sabotage
89 Abs. 1	Verfassungsfeindliche Einwirkung auf Bundeswehr und öffentliche Sicherheitsorgane
89a Abs. 1 bis 3, 8	Vorbereitung einer schweren staatsgefährdenden Gewalttat
89b Abs. 1	Aufnahme von Beziehungen (zu Vereinigung nach § 129a) zur Begehung einer schweren staatsgefährdenden Gewalttat
89c Abs. 1 und 2, 8	Terrorismusfinanzierung
91 Abs. 1	Anleitung zur Begehung einer schweren staatsgefährdenden Gewalttat
95 Abs. 1	Offenbaren von Staatsgeheimnissen
96 Abs. 2	Landesverräterische Ausspähung; Auskundschaften von Staatsgeheimnissen (das Staatsgeheimnis wird amtlicherseits oder auf amtl. Veranlassung geheim gehalten)
97b	Verrat in irriger Annahme eines illegalen Geheimnisses
98, soweit nicht ein Fall des § 98 Abs. 2 vorliegt	Landesverräterische Agententätigkeit (Absatz 2 nennt Strafmilderungsumstände, die auf die Zuverlässigkeitsprüfung anzuwenden sind)
99 Abs. 1, soweit nicht ein Fall des 99 Abs. 3 vorliegt	Geheimdienstliche Agententätigkeit (Abs. 3 verweist auf § 98 Abs. 2 StGB, also Strafmilderungsumstände, die auf die Zuverlässigkeitsprüfung anzuwenden sind)
100a Abs. 1 in Verb. mit Abs. 4	Landesverräterische Fälschung[310]
129, 129a Abs. 3 und 5, auch in Verbindung mit 129b Abs. 1	Bildung krimineller oder terroristischer Vereinigungen, auch im Ausland (im Falle terroristischer Vereinigungen auch Bildung oder Tätigkeit mit dem Zweck der Androhung von Straftaten)

[310] Ein Lapsus des Gesetzgebers war der in der ursprünglichen Gesetzesverkündung (und auch den vorhergehenden Drucksachen) fehlerhafte Verweis auf § 100 StGB, wie dem Referentenentwurf des BMI aus dem Mai 2025 zu entnehmen ist.

1.7.3.3 Absolute Unzuverlässigkeit wegen negativer Prognose (Abs. 1 Nr. 2)

Nach Abs. 1 Nr. 2 können Tatsachen die Vermutung der absoluten Unzuverlässigkeit rechtfertigen.

Tatsachen[311] sind strafrechtlich betrachtet zB Geschehnisse, Zustände und Verhältnisse, nach verbreiteter Definition alles, was wahr oder falsch sein kann und der Nachprüfbarkeit grundsätzlich zugänglich ist.[312] Es handelt sich bei Tatsachen um Vorgänge oder Zustände der Vergangenheit oder Gegenwart.[313] Sie sind insbesondere von Gerüchten, Vermutungen oder vagen Anhaltspunkten abzugrenzen.[314]

Bei der Beurteilung handelt es sich um eine in die Zukunft gerichtete **Prognose**, die die Vorgaben für Beurteilungen nach den Bestimmungen des VwVfG erfüllen muss. Während die zugrundeliegende **Tatsache** selbst **keinen waffenrechtlichen Verstoß** darstellen muss, muss sich die **Prognose zwingend** auf ein zu erwartendes **waffenrechtliches Fehlverhalten** beziehen.

Die Prüfung der Zuverlässigkeit ist unter Einbeziehung und Bewertung aller der Behörde bekannten Tatsachen vorzunehmen, die für die zu treffende zukunftsbezogene Beurteilung bedeutsam sein können. Die **Prognose** hat sich am Zweck des Gesetzes zu orientieren, die Risiken, die mit jedem Waffenbesitz verbunden sind, nur bei solchen Personen hinzunehmen, die nach ihrem Verhalten Vertrauen darin verdienen, dass sie mit Waffen und Munition **jederzeit und in jeder Hinsicht ordnungsgemäß** umgehen.[315] Zentrale Frage bei der Stellung der Prognose ist, ob sich aus dem bisherigen Verhalten des Antragstellers oder anderer Personen Anhaltspunkte dafür ergeben, dass mit hoher Wahrscheinlichkeit in der Zukunft Schäden für hohe Rechtsgüter eintreten werden, wenn der Antragsteller eine waffenrechtliche Erlaubnis erhält oder besitzt. Das in der Vergangenheit gezeigte regelwidrige Verhalten muss die Annahme rechtfertigen, dass der Betroffene den konkret vorgeworfenen Verstoß, einen gleichartigen oder auch nur einen anderen Verstoß gegen Vorschriften des WaffG oder anderer Schutzgesetze begehen wird. Dabei genügt es, dass bei verständiger Würdigung aller Umstände eine gewisse Wahrscheinlichkeit für eine nicht ordnungsgemäße Ausübung des erlaubnispflichtigen Umgangs mit Waffen verbleibt, ein **Restrisiko muss nicht hingenommen werden**.[316] Dabei ist zu be-

---

[311] *Zur Abgrenzung des Begriffs siehe Kapitel 1.27.2.2.3.2 zu § 46 Abs. 4 WaffG*

[312] *siehe Fischer, Rn. 2 zu § 186 StGB*

[313] *BayVGH 24 CS 24.948, Beschluss vom 5. November 2024, Rn. 20*

[314] *BayVGH 24 CS 24.948, Beschluss vom 5. November 2024, Rn. 20; zur Abgrenzung im Falle anonymer Hinweise insbesondere SächsOVG 6 B 18/24, Beschluss vom 19. August 2024*

[315] *BVerwG 6 B 4.08, Beschluss vom 31. Januar 2008*

[316] *BVerwG 1 B 215.93, Beschluss vom 02. November 1994; siehe auch OVG Schleswig-Holstein 4 MB 16/24, Beschluss vom 23. April 2025*

denken, dass **Wiederholung den Verhaltenskanon des Menschen** kennzeichnet.[317] Für die verhaltensbasierte Prognose einer missbräuchlichen Verwendung von Schusswaffen kann auch eine für Außenstehende ernstzunehmende Drohung mit einem Schusswaffengebrauch bei unbefugtem Betreten des Grundstücks ausreichen.[318] Eine zeitliche Begrenzung der Verwertbarkeit der Erkenntnisse ist nicht vorgesehen.[319]

Ist zu erwarten, dass der Betroffene <u>zukünftig</u> Waffen oder Munition

- missbräuchlich oder leichtfertig verwenden,
- Unberechtigten überlassen oder
- mit diesen nicht vorsichtig oder sachgemäß umgehen,
- insbesondere diese aber nicht sorgfältig verwahren wird,

ist der Betroffene unzuverlässig. Eine <u>an Sicherheit</u> grenzende Wahrscheinlichkeit ist für eine negative Prognose nicht erforderlich.[320]

Missbräuchlich ist die Verwendung von Waffen oder Munition, wenn damit die Grenzen des rechtlichen Dürfens überschritten werden.

Leichtfertig handelt, wer sich in krasser Weise *mit besonderem Leichtsinn oder besonderer Gleichgültigkeit*[321] über die gebotene Sicherheit hinwegsetzt und damit einen besonders schweren Pflichtverstoß begeht.[322] Es handelt sich um eine besondere Sorglosigkeit und einen erhöhten Grad der **Fahrlässigkeit**.

---

[317] VG München M 2 S 22.2183, Beschluss vom 19. Juli 2022 (zur Thematik RUSO, B. 2009: Der Mensch als genetisch veranlagter Wiederholungstäter. In: HELLER, H. (Hrsg.): Wiederholungen. Von Wellengängen und Reprisen in der Kulturentwicklung, Lit Verlag, Wien)

[318] OVG Schleswig-Holstein 4 MB 16/21, Beschluss vom 16. Juli 2021 (im konkreten Fall Drohung mit Notwehrexzess mittels Waffen durch Warnhinweisschild)

[319] VG Düsseldorf 18 K 1111/06, Urteil vom 20.12.2006; gleichwohl ist fraglich, warum die in Abs. 1 Nr. 1 festgelegte Höchstgrenze der Berücksichtigung eines Strafurteils nicht auch für die Tatsachenverwertbarkeit nach Nr. 2 gelten sollte.

[320] BVerwG 6 C 30.13, Urteil vom 22. Oktober 2014; siehe auch oben S. 120: die Unschuldsvermutung gilt im Recht der Gefahrenabwehr nicht, denn das strafrechtliche „in dubio pro reo" stünde dem zentralen Schutzgedanken des Waffenrechts, bei der Prognose (Abs. 1 Nr. 2) oder Prüfung der Ausnahme von der Regelvermutung (Abs. 2) <u>kein Restrisiko</u> (dazu S. 123) hinzunehmen, unvereinbar gegenüber.

[321] VG Münster 1 K 744/07, Urteil vom 16. Mai 2008; siehe auch Fußnote 322

[322] VG Münster 1 K 744/07, Urt. v. 16. Mai 2008: „Die Besorgnis künftigen leichtfertigen Gebrauchs ist etwa bei Menschen gegeben, die aus Anlage oder gewohnheitsmäßig zum Leichtsinn oder vorschnellen, die Folgen ihres Verhaltens nicht bedenkenden, Handelns neigen oder sich über ihr Tun keine Rechenschaft ablegen. Sie kann auch aus einem einzigen Vorfall gezogen werden, wenn darin ein übergroßes Maß an Unvorsichtigkeit bei der Verwendung von Waffen zu Tage tritt."

Vorsichtig ist der Umgang mit Waffen oder Munition, wenn durch geeignete Verhaltensweisen gefahrenträchtige Situationen vermieden werden. Solche geeigneten Verhaltensweisen geben im waffenrechtlichen Kontext zB Unfallverhütungsvorschriften der Berufsgenossenschaften vor, etwa für Jäger oder Unternehmer und Mitarbeiter im Bewachungsgewerbe.

Sachgemäß geht mit Waffen oder Munition um, wer grundlegende Vorsichtsmaßregeln beachtet, insbesondere Unfallverhütungsvorschriften.

Sorgfältig verwahrt werden Waffen oder Munition, wenn Dritten die einfache Wegnahme von Waffen zum schnellen, sofortigen Gebrauch erschwert wird. Neben der Pflicht zur **sicheren Aufbewahrung** in Behältnissen ist insbesondere an Fälle vorübergehender Aufbewahrung außerhalb der Wohnung nach § 13 Abs. 9 AWaffV zu denken, zB auf Reisen.

Auch wenn § 5 Abs. 1 Nr. 2 lit. b WaffG bei einem Verstoß gegen Aufbewahrungsvorschriften die Möglichkeit eröffnet, aufgrund der zentralen Bedeutung der sicheren Aufbewahrung von Waffen und Munition bereits bei einer einzigen und auch erstmaligen Verfehlung des Verpflichteten eine negative Prognose zu stellen, ist bei Beachtung des Verhältnismäßigkeitsgrundsatzes fraglich, ob jeglicher Aufbewahrungsverstoß zur absoluten Unzuverlässigkeit führen soll. Vielmehr ist stets zu prüfen, ob der Schweregrad des Verstoßes in diesem Falle die Annahme der absoluten Unzuverlässigkeit rechtfertigt.[323] Wird dies verneint, kann es sich um einen Fall der Regelunzuverlässigkeit nach § 5 **Abs. 2** Nr. 5 WaffG handeln.

1.7.3.4 Fakultative Unzuverlässigkeit (Abs. 2 Nrn. 1, 2)

Betrachtet werden bezüglich der Regelunzuverlässigkeit nach den Nrn. 1 und 2 konkrete singuläre Vorgänge der Vergangenheit. Die Behörde hat die Pflicht, Verurteilungen oder ihr bekannt gewordene Erkenntnisse in ihre Prüfung einfließen zu lassen, ob im konkreten Falle eine Ausnahme von der Regelvermutung der Unzuverlässigkeit vorliegt. Die im Gesetz aufgeführten Tatbestände belegen in der Regel die Unzuverlässigkeit des Betroffenen, sind aber widerlegbar. Somit ist, wenn keine Fakten das Vorliegen einer Ausnahme von der Regelvermutung begründen, von der Unzuverlässigkeit des Betroffenen auszugehen. Ein **Ausnahmefall** kommt nach der Rechtsprechung des Bundesverwaltungsgerichts dann in Betracht, wenn die Umstände des Verstoßes gegen das WaffG die Verfehlung des Betroffenen ausnahmsweise derart in einem milderen Licht erscheinen lassen, dass die nach der Wertung des Gesetzgebers in der Regel durch eine solche Tat begründeten Zweifel an der für die waffenrechtliche Erlaubnis vorausgesetzten Vertrauenswürdigkeit des Betroffenen bezüglich des Umgangs mit Waffen und Munition nicht gerechtfertigt sind.[324] Dabei sind nur die jeweils betrachtete Verfehlung und das Verhalten sowie die Einstellung des Betroffenen im Moment des Verfehlens zu bewerten, nicht aber vor-

---

[323] *Als Beispiel OVG Münster 20 A 2384/20, Urteil vom 30. August 2023*

[324] *BayVGH 24 B 20.2220, Beschluss vom 13. April 2021 mit Verweis auf BVerwG 1 CB 24/91, Beschluss vom 19. September 1991*

und nachtatbezogenes Verhalten, womit eine zur Entlastung angeführte „ansonsten tadellose Lebensführung" oder ein „einwandfreies Verhalten im Umgang mit Waffen oder Munition" unbeachtet bleibt.[325] Erforderlich ist eine tatbezogene Prüfung in Gestalt einer Würdigung der Schwere der konkreten Verfehlung und der Persönlichkeit des Betroffenen, wie sie in seinem konkreten Verhalten zum Ausdruck gekommen ist.[326] Die Regelvermutung der waffenrechtlichen Unzuverlässigkeit, die auf strafrechtlichen Verurteilungen beruht, kann nur durch tatbezogene Umstände entkräftet werden; dies gilt auch für die Würdigung der Persönlichkeit des Betroffenen.[327]

Die Prüfung muss den Anforderungen an die Beurteilung im Falle unbestimmter Rechtsbegriffe nach VwVfG genügen, sachfremde Erwägungen sind nicht einzubeziehen und allgemeine Bewertungsmaßstäbe wie die verfassungsrechtlich geforderte Verhältnismäßigkeit zu beachten. Die Entscheidung, ob eine Ausnahme von der Vermutung der Regelunzuverlässigkeit vorliegt, ist zu treffen und in angemessenem Umfang zu begründen.

Drei Tat-Kategorien sind bei § 5 Abs. 2 **Nr. 1** WaffG zu unterscheiden:

- Vorsätzliche Straftaten (Deliktart unerheblich)
- Fahrlässige Straftaten mit Waffen, Munition oder explosionsgefährlichen Stoffen sowie fahrlässig begangene gemeingefährliche Delikte
- Straftaten nach WaffG, KrWaffKontrG, SprengG oder BJagdG

Es muss eine rechtskräftige **Verurteilung** ergangen sein in Form von

- Geldstrafe in Höhe von mindestens 60 Tagessätzen (TS) oder
- mindestens zweimal einer geringeren Geldstrafe,
- Freiheitsstrafe[328] oder Jugendstrafe[329] oder
- die Verhängung von Jugendstrafe ausgesetzt worden sein.

Der **Eintritt der Rechtskraft** der letzten[330] Verurteilung darf nicht länger als **fünf Jahre** zurückliegen. Wird eine **Freiheitsstrafe nach** § 56 StGB **zur Bewährung** ausgesetzt, ist das Strafmaß in voller Höhe zu berücksichtigen.

Der Zeitablauf bedeutet nicht in jedem Falle das Vorliegen einer Ausnahme von der Regelvermutung. Die Erfüllung des Zeitkriteriums ist eine notwendige, aber keine hinreichende Bedingung für die Annahme eines Ausnahmefalls.[331] Ob ein Ausnah-

---

[325] *VG München M 7 S 17.3502, M 7 S 17.4504, Beschluss vom 21. Februar 2018*

[326] *Bayerischer VGH 21 CS 18.658, Beschluss vom 06. Juni 2018, Rn. 25*

[327] *VGH Baden-Württemberg 1 S 2751/06, Beschluss vom 13. April 2007*

[328] *§ 38 Abs. 2 StGB, mindestens ein Monat Freiheitsentzug*

[329] *§ 18 Abs. 1 JGG, mindestens sechs Monate Freiheitsentzug*

[330] *Bei Erforderlichkeit zweier geringerer Geldstrafen als 60 TS darf die Rechtskraft der älteren betrachteten Verurteilung auch länger als fünf Jahre zurückliegen.*

[331] *VGH Baden-Württemberg 6 S 929/24, Urteil vom 1. Juli 2025*

mefall vorliegt, ist unter Berücksichtigung aller Umstände des Einzelfalls zu prüfen, was regelmäßig die Beiziehung der einschlägigen Ermittlungs- und Strafakten voraussetzt und die bewertende Fallprüfung durch die Waffenbehörde.

*Die **Mitgliedschaft** (**Nr. 2**) in einem **Verein**, der als Organisation unanfechtbar **verboten** wurde oder einem unanfechtbaren **Betätigungsverbot** nach dem **Vereinsgesetz** unterliegt, belegt in der Regel die Unzuverlässigkeit, wenn seit Beendigung der Mitgliedschaft **zehn Jahre** noch nicht verstrichen sind. Gleiches gilt für die Mitgliedschaft in einer **Partei**, deren **Verfassungswidrigkeit** das Bundesverfassungsgericht festgestellt hat.*

1.7.3.5 Fakultative Unzuverlässigkeit (Abs. 2 Nrn. 3 – 5)

Es sind auch solche Handlungen zu betrachten, die nicht durch ein Strafurteil bewertet wurden oder durch eine Mitgliedschaft in einer verbotenen Gruppe (Verein) oder Partei eine bestimmte Qualität erreichen. So ist gemäß **Nr. 3** in der Regel unzuverlässig, wer **in den letzten fünf Jahren**

a) Bestrebungen **einzeln** verfolgt hat, die

aa) gegen die **verfassungsmäßige Ordnung** gerichtet sind,

bb) gegen den Gedanken der **Völkerverständigung**, insbesondere gegen das **friedliche Zusammenleben der Völker**, gerichtet sind oder

cc) durch Anwendung von **Gewalt** oder darauf gerichtete Vorbereitungshandlungen auswärtige Belange der Bundesrepublik gefährden,

b) **Mitglied** in einer Vereinigung[332] war, die solche Bestrebungen verfolgt oder verfolgt hat, oder

c) eine solche **Vereinigung unterstützt** hat.

Erfasst werden **Reichsbürger**, **Selbstverwalter**[333] und andere Personen, die die unter aa bis cc aufgezählten Ziele in den letzten fünf Jahren verfolgt oder unterstützt haben oder haben sollen. Ausreichend für eine Berücksichtigung bei der Prüfung der Zuverlässigkeit ist, dass Tatsachen die Annahme rechtfertigen, dass der Betroffene den Tatbestand verwirklicht hat.

Der Gesetzgeber nennt die Widerlegbarkeit der Vermutung der Unzuverlässigkeit einen risiko<u>intoleranten</u>[334] Ansatz, um den Schutz der Allgemeinheit zu erhöhen. Zur Prüfung herangezogene Tatsachen[335] müssen die Unzuverlässigkeitsvermutung schlüssig belegen. Vage Anhaltspunkte, die nicht auf <u>nachprüfbaren</u> Tatsachen beruhen, reichen in der Regel nicht aus.

---

[332] *Siehe ThürOVG 3 EO 453/23, Beschluss vom 19. Februar 2024, sowie VG Gera 1 K 443/24 Ge, 1 K 1085/24 Ge, 1 K 1086/24 Ge vom 10. Februar 2026*

[333] *VG Ansbach AN 16 K 17.02004, Urteil vom 12. Februar 2021*

[334] *Keine Unschuldsvermutung im Gefahrenabwehrrecht, siehe Fn. 320*

[335] *Zum Begriff „Tatsache“ siehe Definition auf Seite 123*

Nach **Nr. 4** ist in der Regel unzuverlässig, wer **innerhalb der letzten fünf Jahre mehr als einmal wegen Gewalttätigkeit** mit richterlicher Genehmigung **in polizeilichem Präventivgewahrsam** gewesen ist.

Das Tatbestandsmerkmal **„wiederholt"** (Nr. 5, **1. Alt.**) erfüllt, wer **mehr als einmal** gegen Vorschriften eines der in Abs. 2 Nr. 1 lit. c genannten Gesetze (WaffG, BJagdG[336], KrWaffKontrG, SprengG) verstößt. **Weder** ein wiederholtes Verstoßen gegen **dieselbe Bestimmung** oder **dasselbe Gesetz noch** eine **zeitliche Nähe** der Verstöße zueinander[337] ist erforderlich, ebenso wenig die **Strafbarkeit** des Verstoßes (**Straftat**) oder eine **rechtliche Würdigung** durch Staatsanwaltschaft oder Gericht. **Ausreichend** ist der in dem wiederholten Verstoßen erkennbare ***Hang zur Missachtung der Rechtsordnung***, speziell gegen die genannten Gesetze, die dem Schutz der Allgemeinheit dienen – das Verstoßen durch eine Straftat, wie es Abs. 2 Nr. 1 zwingend voraussetzt, ist im Falle des Abs. 2 Nr. 5 nicht erforderlich.

Ein **gröblicher Verstoß** (Nr. 5, **2. Alt.**) liegt vor, wenn er nach seinem objektiven Gewicht und dem Grad der Vorwerfbarkeit eine schwerwiegende Zuwiderhandlung gegen eines der in Abs. 2 Nr. 1 lit. c genannten Gesetze darstellt. Ausgangspunkt der Bewertung, ob eine Verletzung von Vorgaben gröblich ist, ist der ordnungsrechtliche Zweck; der Gesetzgeber will das mit jedem Waffenbesitz verbundene Sicherheitsrisiko möglichst gering halten. Es soll nur bei Personen hingenommen werden, die nach ihrem Verhalten Vertrauen darin verdienen, dass sie mit der Waffe stets und in jeder Hinsicht ordnungsgemäß umgehen. Entscheidend ist, ob die Rechtsverletzung gemessen an den genannten Zielsetzungen objektiv schwer

---

[336] *Verstöße gegen Landesjagdgesetze werden durch diese Regelung erfasst; die Föderalismusreform ermöglicht Landesjagdgesetzgebung, die als konkurrierende Gesetzgebung das BJagdG vollständig ersetzen kann; Taten, die durch die Regelung der Nr. 5 in die Bewertung der Zuverlässigkeit einfließen sollen, könnten bei Beschränkung auf das BJagdG nicht berücksichtigt werden, was aber dem waffengesetzgeberischen Willen nicht entsprechen würde; auch ist durch den Verweis auf jagdrechtliche Vorschriften in § 17 Abs. 4 Nr. 1 lit. d und Nr. 2 BJagdG naheliegend, die Einbeziehung von Verstößen gegen landesrechtliche Jagdgesetze anzunehmen; Hamburgisches OVG 5 Bf 25/17 bejaht in anderem Zusammenhang, aber mit gleicher Intention, die Zulässigkeit analoger Anwendung: Danach ist im umgekehrten Falle (BJagdG greift auf Katalogtaten nach WaffG zu) die Berücksichtigung eines strafrechtlichen Ermittlungsverfahrens als Anlass einer Aussetzung des Verfahrens zur Erteilung des Jagdscheins auch dann zulässig, wenn es sich nicht um Katalogtaten nach § 17 Abs. 4 Nr. 1 BJagdG handelt, auf die § 17 Abs. 5 Satz 1 BJagdG quasi abschließend verweist, diese Taten aber im Falle einer Verurteilung im Sinne von § 5 Abs. 1 oder 2 Nr. 1 WaffG führen können und damit zum Verlust der Zuverlässigkeit; bei Auslegung nach dem Wortlaut der Norm ist problematisch, dass § 5 Abs. 2 Nr. 1 lit. c WaffG das BJagdG explizit benennt und gerade nicht auf „jagdrechtliche Vorschriften" und damit außerhalb dieses Gesetzes geregelte Verstöße verweist.*

[337] *Bayerischer VGH 24 B 20.2220, Beschluss vom 13.04.2021, Rn. 24*

wiegt und in subjektiver Hinsicht dem Betreffenden als grobe Pflichtverletzung zuzurechnen ist, sei es, weil er vorsätzlich gehandelt hat oder sich als besonders leichtsinnig, nachlässig oder gleichgültig gezeigt hat. Verstöße gegen das WaffG, die vorsätzliche Straftaten darstellen, sind regelmäßig gröbliche Verstöße.[338] So ist der Besitz eines Butterflymessers ein gröblicher Verstoß gegen das Waffengesetz.[339] Verstöße gegen Aufbewahrungsvorschriften sind regelmäßig gröbliche Verstöße.[340] Gleiches gilt für Anzeigepflichten.[341]

Für **Verstöße nach Nr. 5** gilt die **Fünf-Jahres-Frist** nach Nr. 1 **nicht**.[342]

1.7.3.6 Verwahrung in einer Anstalt (Abs. 3)

Nach § 5 Abs. 3 WaffG darf die Zeit, in welcher der Betroffene auf behördliche oder richterliche Anordnung in einer Anstalt verwahrt worden ist, nicht auf die Fristen nach Absatz 1 und 2 angerechnet werden.

1.7.3.7 Aussetzung im Falle von Straftaten (Abs. 4)

Hinsichtlich der Straftaten nach Abs. 1 Nr. 1 und Abs. 2 Nr. 1 kann die zuständige Behörde die Entscheidung über den Antrag auf Erteilung einer waffenrechtlichen Erlaubnis bis zum rechtskräftigen Abschluss des Verfahrens aussetzen, wenn ein Verfahren noch nicht abgeschlossen worden ist.

1.7.3.8 Einholung von Auskünften (Abs. 5)

Neben der Einholung einer **unbeschränkten Auskunft aus dem Bundeszentralregister** (BZR)[343] und einer Auskunft aus dem **zentralen staatsanwaltschaftlichen Verfahrensregister hinsichtlich bestimmter Straftaten**[344] (ZStV) sind Stellungnahmen folgender Behörden einzuholen bezüglich der Fragestellung, ob Tatsachen über die betroffene Person vorliegen, die Bedenken gegen die waffenrechtliche Zuverlässigkeit begründen. Die Anfragen sind zu richten an die für die Meldeadresse

---

[338] *VG München M 7 K 16.4911, Urt. v. 15. Feb. 2017; die Wertung des Gerichts wird auf vors. Straftaten gegen die anderen genannten Normen anwendbar sein.*

[339] *OVG Lüneburg 11 ME 135/19, Beschluss vom 26. April 2019*

[340] *Bayerischer VGH, 21 CS 13.1758, Beschluss vom 28. November 2013*

[341] *VGH München 24 ZB 19.1204, Beschluss vom 20. Juli 2020*

[342] *WaffVwV zu § 5, Nr. 5.4, Abs. 3 Satz 2; somit quasi unbefristete Verwertbarkeit, allerdings unter Berücksichtigung des Verhältnismäßigkeitsgrundsatzes*

[343] *§ 2 Abs. 1 Nr. 9 BZRG*

[344] *Diese Anfrage soll sich nur auf Straftaten nach § 5 Abs. 2 Nr. 1 WaffG beziehen. Das ZStV enthält, anders als das BZR, Informationen zu nicht abgeschlossenen Ermittlungsverfahren und damit aktuellere Angaben zu den juristisch bewertbaren Aspekten einer Person. Zu beachten ist, dass gemäß § 5 Abs. 5 Satz 2 per--onenbezogene Daten, die aus dem ZStV erhoben wurden, nur für den Zweck der waffenrechtlichen Zuverlässigkeitsprüfung verwendet werden dürfen.*

- zuständige Dienststelle der Landespolizei[345] oder der nach Landesrecht und Organisation zentralen Polizeidienststelle oder des Landeskriminalamtes,
- die nach Rechtsverordnung nach § 58 Abs. 1 BPolG bestimmten Bundespolizeibehörde sowie
- das Zollkriminalamt[346]

als **Regelabfragebehörden**. Soweit im Einzelfall erforderlich, ist eine Anfrage an das Bundeskriminalamt als **Bedarfsabfragebehörde** zu richten.[347]

Auch das örtlich zuständige **Landesamt**[348] **für Verfassungsschutz** (LfV) ist in die Prüfung durch Auskunftsersuchen einzubinden, ob Tatsachen, die dort bekannt sind, Bedenken gegen dessen Zuverlässigkeit gemäß Absatz 2 Nr. 2 und 3 begründen. Liegt der Wohnsitz der betroffenen Person außerhalb des Geltungsbereichs des WaffG, ist das Bundesamt für Verfassungsschutz (BfV) für die Erteilung der Auskunft zuständig.[349]

§ 6a WaffG bestimmt **Nachberichtspflichten** der Behörden, die von der Waffenbehörde angefragt wurden, sowie **Löschvorschriften** hinsichtlich der gespeicherten Erkenntnisse.[350]

Neben der Aktenlage können auch **Zeugenaussagen** eingeholt werden, die dazu beitragen, den Sachverhalt oder offene Fragen aufzuklären.[351]

---

[345] *Dabei handelt es sich um eine zentrale Dienststelle der Landespolizei, die für die Bearbeitung zuständig ist; in diese Stellungnahme sollen neben Tatsachen, die Bedenken gegen die Zuverlässigkeit begründen, auch die Ergebnisse der Prüfung nach § 5 Abs. 2 Nr. 4 WaffG bezüglich des polizeilichen Präventivgewahrsams wegen Gewalttätigkeit einfließen.*

[346] *Das* ***Steuergeheimnis*** *nach § 30 AO (Abgabenordnung) steht einer Übermittlung von Daten zu einem Steuerpflichtigen durch die gesetzliche Regelung in § 43 Abs. 2 Satz 2 WaffG nicht entgegen.*

[347] *Diese Bedarfsabfrage ist dann durchzuführen, wenn die Landespolizei der anfragenden Waffenbehörde mitteilt, dass das BKA über Erkenntnisse bezüglich der betroffenen Person verfügt.*

[348] *Liegt der Hauptwohnsitz des Betroffenen außerhalb Deutschlands, ist zuständige Behörde das Bundesamt für Verfassungsschutz.*

[349] *Dies wird in der Regel im Falle von Erlaubnisinhabern der Fall sein, für die das Bundesverwaltungsamt (BVA) als Waffenbehörde zuständig ist.*

[350] *Kapitel 1.7.6*

[351] *Zur Zulässigkeit und Durchführung siehe Kapitel 1.27.1.1*

1.7.3.9 Beispiele

Ein Verstoß gegen die **Pflicht zur sicheren Aufbewahrung** kann die Feststellung der waffenrechtlichen Unzuverlässigkeit rechtfertigen[352], wobei selbst ein **einmaliger Verstoß ohne** die **konkrete Gefährdung** Dritter die Unzuverlässigkeit belegen kann.[353] Der **Verlust einer Schusswaffe**[354] kann ausreichend für die Annahme der Unzuverlässigkeit sein – bereits ein einmaliges Fehlverhalten dieser Art führt zu einer negativen Prognose und rechtfertigt den Widerruf einer Erlaubnis, da von Waffen und Munition eine große Gefahr für Leib und Leben Dritter und damit für höherrangige Rechtsgüter ausgeht, wenn diese in die Hände Unbefugter kommen.[355] Eine Unzuverlässigkeit nach § 5 Abs. 1 Nr. 2 WaffG kann anzunehmen sein, wenn die im Verhalten des Betroffenen zum Ausdruck gekommene **aggressive Gesinnung** erkennen lässt, dass er in Konflikt- oder Stresssituationen nicht so besonnen reagiert, wie es von einem Waffenbesitzer zu jeder Zeit und in jeder Situation erwartet werden muss.[356] Äußerungen in **sozialen Netzwerken** wie **facebook** dürfen als Tatsachen herangezogen werden, dass eine Person Waffen leichtfertig oder missbräuchlich verwenden wird.[357] Zur Unzuverlässigkeit führt der **missbräuchliche oder leichtfertige Umgang mit Schusswaffen** oder Munition, etwa durch einen Schuss in die Luft, um damit auf den Lärm einer Party in der Nachbarschaft „einzuwirken",[358] oder durch **Befestigen einer Lampe** an einer Jagdwaffe,[359] etwa als Zielhilfe. Verstöße gegen **Unfallverhütungsvorschriften**, zB das Überwinden von Hindernissen mit Munition im Patronenlager der Waffe,[360] belegen die absolute Unzuverlässigkeit. Das **Laden einer Waffe**, ohne dass es zu einem vom Bedürfnis umfassten Zweck erfolgt und erforderlich ist, zB durch einen Jäger außerhalb der Jagd oder

---

[352] *VGH Baden-Wbg. 1 S 1391/11, Beschluss vom 3. August 2011; OVG Berlin-Brandenburg 11 S 7.11, Beschluss vom 16. Juni 2011; VG Minden 8 K 2308/05, Urteil vom 6. Januar 2006: Problemfeld Ehegatten ohne waffenrechtliche Erlaubnis*

[353] *VGH München 24 ZB 20.1648, Beschluss vom 14. Oktober 2020; auch einschlägig OVG Nordrhein-Westfalen 20 B 782/10, Beschluss vom 08. Dez. 2010*

[354] *§ 5 Abs. 1 Nr. 2 lit. b WaffG*

[355] *OVG Lüneburg 11 LA 389/09, Beschluss vom 19. April 2010; BayVGH München 21 CS 10.164, 21 C 10.731, Urteil vom 24. März 2010*

[356] *OVG Lüneburg 11 ME 365/19, Beschluss vom 10. Januar 2020; ebenso VG Gießen 9 K 8133/17.GI, Urteil vom 5. März 2020, Rn. 21; siehe auch OVG Schleswig-Holstein 4 MB 16/21, Beschluss vom 16. Juli 2021 (im konkreten Fall Drohung mit Notwehrexzess mittels Waffen durch Warnhinweisschild)*

[357] *BayVGH 21 ZB 16.1678, Beschl. v. 12. Dez. 2018; Äußerungen zu Waffen und deren Nutzung, die den Eindruck einer erheblichen Aggressivität erwecken*

[358] *OVG Rheinland-Pfalz 7 A 10410/10.OVG, Beschluss vom 29. April 2010*

[359] *BayVGH München 21 CS 10.392, Urteil vom 30. März 2010; in diesem Falle ebenfalls geahndet: Verstoß gegen Transportvorschriften*

[360] *Verbot nach § 3 Abs. 3 VSG 4.4 („UVV Jagd"); siehe auch Kapitel 2.9.6*

durch einen Sportschützen außerhalb der Schießstätte, kann zur Unzuverlässigkeitsvermutung führen.[361] Die Mitgliedschaft in einer Rockergruppierung rechtfertigt die Vermutung der Unzuverlässigkeit.[362] Das **Überlassen einer Schusswaffe ohne gültiges Beschusszeichen**, nach BeschG lediglich eine Ordnungswidrigkeit und nicht von § 5 Abs. 2 Nr. 5 WaffG erfasst, kann als nicht sachgemäßer Umgang zur Vermutung der Unzuverlässigkeit führen. Waffenbesitzern ist ein **Mäßigungsgebot** auferlegt. Die **Mitgliedschaft** in einer **nicht verbotenen politischen Partei** führt idR zur Unzuverlässigkeit, wenn der Betroffene selbst **verfassungsfeindliche Bestrebungen** verfolgt.[363] Insbesondere Handlungen, die Dritte gefährden, sind bei einer Prüfung zu beachten – eine Verurteilung wegen **Trunkenheit im Straßenverkehr** kann Anhaltspunkt für eine Regelunzuverlässigkeit sein. Erhält die Behörde im Zuge der Regelüberprüfung Kenntnis von einer Verurteilung wegen Trunkenheit („typische Trunkenheitsfahrt", Vermutung einer „hohen Alkoholtoleranz"), kann sie auf eine mangelnde Zuverlässigkeit schließen und Erlaubnisse widerrufen.[364] Es können **Erkenntnisse über Personen im Umfeld des Antragstellers** berücksichtigt werden (idR Lebens- oder Ehepartner), die auf den Antragsteller besonderen (negativen) Einfluss nehmen oder ungehinderten Zugriff auf Waffen erlangen könnten, die aber selbst durch Vorstrafen nicht mehr zuverlässig sind.[365] Eine strafgerichtliche Verurteilung wegen eines **Vermögensdelikts** (Steuervergehen) lässt einen Rückschluss auf charakterliche Unzulänglichkeiten und damit für die Unzuverlässigkeit zu. Dabei ist es unerheblich, ob die Verurteilung aufgrund mündlicher Verhandlung oder durch **Strafbefehl** erfolgte.[366]

Ob im Falle eines Widerrufs nach § 45 WaffG nachträglich eingetretene Tatsachen zur Versagung einer Erlaubnis „hätten führen müssen", ist stets nach der Rechtslage im Zeitpunkt der behördlichen Entscheidung zu beurteilen. Dies gilt auch in Fällen, in denen die die Vermutung der Unzuverlässigkeit rechtfertigenden Tatsachen bereits vor dem Inkrafttreten der Neuregelung des Waffengesetzes erfolgt waren, als

---

[361] *OVG Lüneburg 8 ME 50/06, Beschl. v. 19. Mai 2006; siehe auch Kapitel 2.9.5*

[362] *BVerwG 6 C 3.14, Urteil vom 28. Januar 2015*

[363] *BVerwG 6 C 29.08, Urteil vom 30. September 2009; durch das 3. WaffRÄndG faktisch in § 5 Abs. 2 Nr. 3 WaffG gesetzt.*

[364] *VG Minden 8 K 570/07, 14. September 2007 mit Bezug auf BVerwG 1 C 31.92 und BVerwG 1 CB 24.91, trotz mittlerweile wieder erteilter Fahrerlaubnis nach Sperrzeit; VG Mainz 3 L 823/12.MZ, Entscheidung vom 10. Juli 2012: Entzug der Fahrerlaubnis bei Handlungen unter starker Alkoholisierung ohne Bezug zum Straßenverkehrsrecht (Randalierer) zulässig*

[365] *OVG Saarlouis 1 B 355/08, Beschluss vom 11. Dezember 2008; das Gericht führt bisherige Rechtsprechung fort, stellt aber klar, dass konkrete Tatsachen vorliegen müssen, die einen maßgeblichen Einfluss des Ehepartners belegen; Folgen der Mitwirkung einer unzuverlässigen Person am Waffenhandel mit Hinweis auf besondere Anforderungen BayVGH 21 ZB 16.1783, Beschluss v. 01. März 2018*

[366] *VGH München 24 ZB 19.2526, Beschluss vom 21. Februar 2020*

der entsprechende Tatbestand nicht zur Vermutung der Unzuverlässigkeit geführt hätte.[367]

Ein Verhalten, das die Negativprognose für zukünftiges missbräuchliches Verwenden von Waffen begründet, erlaubt auch ohne vorherige Begutachtung nach § 6 WaffG die Vermutung der absoluten Unzuverlässigkeit.[368]

1.7.4 Exkurs: Umgang mit Waffen unter Alkoholeinfluss

Der **Gebrauch einer Schusswaffe unter Alkoholeinfluss** führt zum Verlust der Zuverlässigkeit.[369] Das **Mitführen einer Waffe** in einem abgeschlossenen Behältnis ist **kein Gebrauch machen** im Sinne dieser Entscheidung, **kann** aber gleichwohl die **Unzuverlässigkeit begründen**, da es die Prognose nach § 5 Abs. 1 Nr. 2 lit. b WaffG rechtfertigt.[370] Dies gilt auch für ein Hantieren mit der Waffe, ohne von der Waffe Gebrauch zu machen.[371]

Was unter „Alkohol<u>einfluss</u>" konkret zu verstehen ist, etwa in Form verlässlicher und durch eine Blutprobe ermittelbare Promillewerte, ist weder gesetzlich noch durch die Rechtsprechung vorgegeben oder geklärt. Vielmehr ist darauf abzustellen, dass sicher ausgeschlossen werden kann, dass der im Körper des Betroffenen befindliche und wirksame Alkohol zu alkoholbedingten Ausfallerscheinungen führt.[372] Dabei ist allerdings nicht auf die spezifischen körperlichen Voraussetzungen abzustellen oder auf die vor dem Alkoholgenuss eingenommene Mahlzeit, sondern vielmehr auf die durchschnittliche Lebenserfahrung, ob die genossene Menge an Alkohol zu Ausfallerscheinungen führen <u>könnte</u>. Unmittelbar vor und bei einem Schusswaffengebrauch besteht ein vollständiges Alkoholkonsumverbot.[373]

Anders als die im folgenden Kapitel dargestellte, die persönliche Eignung nach § 6 WaffG ausschließende Alkohol<u>abhängigkeit</u>, die durch einen Gutachter festzustellen oder auszuschließen ist, kann der Umgang unter Alkoholeinfluss Tatsache sein, die der behördlichen Prognose nach § 5 Abs. 1 Nr. 2 Buchst b. WaffG zugrundezu-

---

[367] *VGH Baden-Württemberg 1 S 976/04, Beschluss v. 19. August 2004, anders: BayVGH München 21 CS 03.2056, Beschluss v. 14. Nov. 2003*

[368] *VG Gießen 9 K 8133/17.GI, Urteil vom 5. März 2020, Rn. 21*

[369] *BVerwG 6 C 30.13, Urteil v. 22. Okt. 2014, nach OVG Münster 20 A 2430/11*

[370] *OVG Lüneburg 11 ME 35/16, Beschluss vom 22. März 2016*

[371] *VGH Baden-Württemberg 1 S 1726/17, Urteil vom 26. Oktober 2018*

[372] *BVerwG 6 C 30.13 weist diesbezüglich in Rn. 18 einen Widerspruch auf: Zunächst wird auf Nüchternheit abgestellt, dann aber auf eine Menge von Alkohol, die die Reaktionsfähigkeit mindern könnte; insofern ist aus dieser Entscheidung nicht eindeutig ersichtlich, dass eine absolute Nüchternheit gefordert ist.*

[373] *HH OVG 5 Bf 475/19.Z, Beschluss vom 26. Februar 2021; dagegen stellte BayVGH 24 CS 20.1010, Beschluss vom 18. Juni 2020, auf die Hinnehmbarkeit eines gewissen Quantums an Alkoholkonsum ab.*

legen ist. Entscheidend ist, ob der jeweilige Umgang, selbst mit geringer Wahrscheinlichkeit, durch den Grad der Alkoholisierung des Waffenbesitzers und seinen tatsächlichen Zustand im Moment des Umgangs eine Gefahr für die Belange der öffentlichen Sicherheit und Ordnung darstellte. Ob und in welchem Umfang alkoholbedingte Ausfallerscheinungen eintreten, ist unerheblich.

Insbesondere das **Schießen** mit Schusswaffen darf nur unter der Bedingung erfolgen, dass vom Gebrauch der Waffe kein Risiko für Dritte ausgeht. Wird die Waffe **schussbereit geführt**, etwa bei der Jagd oder im Zusammenhang damit, zur Selbstverteidigung oder bei einer Bewachungstätigkeit, muss der Waffenträger nüchtern sein, da die Waffe zum Zwecke einer möglichen Schussabgabe geführt wird. Hier ist analog zum Dienst im Bewachungsgewerbe nach der DGUV Vorschrift 23 die Nüchternheit des Waffenführenden zu fordern, um Unglücksfällen effektiv vorzubeugen.

1.7.5 Persönliche Eignung (§ 6 WaffG, § 4 AWaffV)

1.7.5.1 Begriff

Der Begriff der persönlichen Eignung beschreibt eine wesentliche Voraussetzung für die Erteilung oder Aufrechterhaltung einer waffenrechtlichen Erlaubnis sowie, im Falle des Fehlens der erforderlichen persönlichen Eignung, für die Möglichkeit der Erteilung eines Waffenverbots für den Einzelfall nach § 41 Abs. 1 WaffG. Gleiches gilt für die Sicherstellung von Waffen.[374]

Wie im Falle der Zuverlässigkeit nach § 5 WaffG differenziert das Gesetz zwischen Fällen des obligatorischen Entfallens der erforderlichen persönlichen Eignung (§ 6 Abs. 1 <u>Satz 1</u> WaffG) und des regelmäßigen Entfallens der erforderlichen persönlichen Eignung (§ 6 Abs. 1 <u>Satz 2</u> WaffG)

Die erforderliche persönliche Eignung besitzen nach § 6 Abs. 1 Satz 1 WaffG Personen nicht, wenn Tatsachen[375] die Annahme rechtfertigen,

- dass der Betroffene
    - geschäftsunfähig,
    - abhängig von Alkohol oder anderen Rauschmitteln, psychisch krank, debil oder
    - aufgrund anderer in der Person liegender Umstände mit Waffen und Munition
        - nicht vorsichtig oder sachgemäß umgehen kann oder
        - nicht sorgfältig verwahren kann, oder
- dass die konkrete Gefahr einer Fremd- oder Selbstgefährdung besteht.

---

[374] *VG Oldenburg 11 B 4175/06, Beschluss vom 26. September 2006*

[375] *Zum Begriff der Tatsache ausführlich Kapitel 1.7.3.3*

Die erforderliche persönliche Eignung besitzen nach § 6 Abs. 1 Satz 2 WaffG Personen in der Regel nicht, wenn Tatsachen die Annahme rechtfertigen, dass sie in ihrer Geschäftsfähigkeit beschränkt sind.

Die persönliche Eignung bezieht sich nicht nur auf geistige, sondern auch auf körperliche Eigenschaften. Somit kann bei einer Überprüfung der körperlichen Eignung, etwa der Seh- oder Hörleistung, ein Facharzt der entsprechenden Richtung das erforderliche Gutachten erstellen. Die körperliche Gesundheit bezieht sich auf die Fähigkeit, eine Waffe sicher zu beherrschen. Im Falle einer chronischen Erkrankung, die diese Fähigkeit vorübergehend einschränken kann (zB Epilepsie, Diabetes Mellitus), ist sicherzustellen, dass Symptomatiken wie etwa Ausfallerscheinungen, Bewusstlosigkeit, Krämpfe o. ä. durch Einnahme geeigneter Medikamente unterdrückt werden können. Es ist in diesem Falle durch ein amts- oder fachärztliches Gutachten (§ 4 AWaffV) nachzuweisen, dass sich der Antragsteller in ärztlicher Behandlung befindet und aus fachkundiger Sicht keine Bedenken bestehen, die gegen einen Umgang mit Waffen sprechen, bei dem jederzeit eine absolute Kontrolle des Körpers gewährleistet sein muss.

Die Versagungsgründe nach § 6 Abs. 1 WaffG, speziell die „**Abhängigkeit**", müssen nicht durch rechtskräftiges Urteil festgestellt worden sein. Für einen Widerruf von Erlaubnissen genügt der tatsachengestützte begründete Verdacht, dass der Inhaber der waffenrechtlichen Erlaubnis alkoholabhängig ist. Ein Nachweis der Alkoholabhängigkeit ist nicht erforderlich.[376]

1.7.5.2 Prüfungsverfahren

Sowohl zur Prüfung eines obligatorischen wie auch eines regelmäßigen Wegfalls der erforderlichen persönlichen Eignung nach § 6 Abs. 1 Satz 1 und 2 WaffG hat die zuständige Behörde, ähnlich dem Verfahren zur Prüfung der Zuverlässigkeit, Stellungnahmen folgender Behörden einzuholen bezüglich der Fragestellung, ob dort Erkenntnisse über die betroffene Person vorliegen bezüglich der in Abs. 1 genannten Eigenschaften, die zum Wegfall der erforderlichen persönlichen Eignung führen könnten.

Die Anfragen sind zu richten an

- die für die Meldeadresse zuständige Dienststelle der Landespolizei[377] oder der nach Landesrecht und Organisation zentralen Polizeidienststelle oder des Landeskriminalamtes,

---

[376] *VG Ansbach AN 14 K 16.00416, Urteil vom 22. Juli 2016*

[377] *Dabei handelt es sich um eine zentrale Dienststelle der Landespolizei, die für die Bearbeitung zuständig ist; in diese Stellungnahme sollen neben Tatsachen, die Bedenken gegen die Zuverlässigkeit begründen, auch die Ergebnisse der Prüfung nach § 5 Abs. 2 Nr. 4 WaffG bezüglich des polizeilichen Präventivgewahrsams wegen Gewalttätigkeit einfließen.*

- die (analog der vorgenannten zuständigen) Polizeidienststellen der innegehabten Wohnsitze im Inland der betroffenen Person, beschränkt auf die letzten zehn Jahre vor Durchführung der zu diesem Zeitpunkt vorzunehmenden Prüfung der persönlichen Eignung,
- die nach Rechtsverordnung nach § 58 Abs. 1 BPolG bestimmten Bundespolizeibehörde sowie
- das Zollkriminalamt[378]

als **Regelabfragebehörden**.

Der persönlichen Eignung können auch im **Erziehungsregister** eingetragene Entscheidungen oder Anordnungen[379] entgegenstehen. Es ist darum im Zuge der behördlichen Prüfung ebenfalls zu berücksichtigen.

Auch der subjektive Eindruck beim Kontakt mit dem Antragsteller kann Zweifel an dessen persönlicher Eignung aufkommen lassen oder im Falle der Anordnung des persönlichen Erscheinens gemäß § 4 Abs. 5 WaffG zur Klärung beitragen. So kann etwa festgestellt werden, ob erforderliche Kenntnisse der deutschen Sprache in Wort und Schrift, die für den sicheren Umgang mit Waffen oder Munition unverzichtbar sind, vorhanden sind.[380]

Werden der zuständigen Behörde Tatsachen bekannt, die Bedenken gegen die persönliche Eignung des Betroffenen begründen, zB dass die Person **alkoholabhängig** ist, hat die Behörde nach § 6 Abs. 2 WaffG den Antragsteller zur Vorlage eines amts- oder fachärztlichen oder fachpsychologischen Gutachtens nach § 4 AWaffV zu verpflichten. Gleiches gilt für den Fall, dass begründete Zweifel an Bescheinigungen bestehen, die von dem Antragsteller beigebracht worden sind. Die Forderung der Behörde kann nicht angefochten werden. Verweigert der Antragsteller die Mitwirkung, darf die Behörde auf **Nichteignung** schließen.[381]

---

[378] *Das **Steuergeheimnis** nach § 30 AO (Abgabenordnung) steht einer Übermittlung von Daten zu einem Steuerpflichtigen durch die gesetzliche Regelung in § 43 Abs. 2 Satz 2 WaffG nicht entgegen.*

[379] *§ 60 Abs. 1 Nr. 1 bis 7 BZRG*

[380] *WaffVwV zu § 6, Nr. 6.7; danach kann sich ein Mangel an persönlicher Eignung auch daraus ergeben, dass die für den Umgang mit Waffen und Munition erforderlichen Kenntnisse der deutschen Sprache in Wort und Schrift fehlen, der in begründeten Einzelfällen aber ausgeglichen werden kann, zB durch Hilfspersonen.*

[381] *§ 4 Abs. 6 AWaffV; einschränkend aber BayVGH 24 CS 24.948, Beschluss vom 5. November 2024, Rn. 20*

Der Antragsteller hat die **Kosten** des Gutachtens zu tragen.[382] Er hat die Behörde darüber zu **informieren**, wen er mit der Erstellung des Gutachtens beauftragt hat[383] – so soll verhindert werden, dass im Falle eines negativen Gutachtens ein weiterer Gutachter beauftragt wird („Gutachter-Hopping"). Ein im Rahmen eines fahrerlaubnisrechtlichen Verfahrens gegen den Betroffenen eingeholtes medizinisch-psychologisches Gutachten kann geeignet sein, den aufgrund erheblichen Alkoholkonsums bestehenden Verdacht der Abhängigkeit auch im waffenrechtlichen Verfahren auszuräumen.[384]

1.7.5.3 Ausnahmen und Verfahren

Antragsteller unter 25 Jahren haben vor Erteilung der ersten waffenrechtlichen Erlaubnis für den Erwerb und Besitz einer Schusswaffe (nicht aber für das Führen[385]) ein Gutachten („**MPU**") über ihre geistige Eignung vorzulegen. Ausgenommen sind Anträge für den Erwerb und Besitz von Kleinkaliberwaffen bis 200 Joule oder Einzellader-Flinten Kaliber 12 oder kleiner.[386] **Jäger** sind nach § 13 Abs. 2 WaffG von der Pflicht zur Begutachtung für Antragsteller unter 25 Jahren **ausgenommen**. Hier geht der Gesetzgeber davon aus, dass die lange Zeit[387] der Ausbildung zum Jäger Ausbildern und Prüfern ausreichend Gelegenheit gibt, ungeeignete Personen zu erkennen und durch Ausschluss aus der Ausbildung zu verhindern, dass diese Personen als Jäger Waffen erwerben können. Auf einen Jäger, für den § 6 Absatz 3 gemäß § 13 Absatz 2 Satz 1 nicht gilt, ist § 6 Absatz 3 auch dann nicht anzuwenden, wenn er eine entsprechende Schusswaffe in anderer Eigenschaft erwerben will, etwa als Sportschütze, da die persönliche Eignung einer Person insoweit nur einheitlich beurteilt werden kann.[388]

---

[382] *§ 6 Abs. 2 WaffG*

[383] *§ 4 Abs. 3 AWaffV; die Mitteilung muss nach Auftragserteilung erfolgen (BR-Drs. 415/03, S. 39), faktisch aber vor Beginn der Untersuchung*

[384] *Hessischer VGH 4 B 2306/16, Beschluss vom 22. November 2016*

[385] *Gilt für WS und KWS; siehe Gade zu § 10, Rn. 70*

[386] *Es ist zweifelhaft, ob diese Ausnahme genutzt werden kann, um die Pflicht zur Begutachtung der persönlichen Reife zum Umgang mit einer Großkaliber-Waffe zu umgehen, indem der erste Antrag auf Erteilung einer Erlaubnis die Ausnahme-Kaliber oder -Waffenarten betrifft und folgende Erlaubnis für eine Großkaliberwaffe nicht die erste waffenrechtliche Erlaubnis wäre. Hier ist davon auszugehen, dass eine Beantragung der privilegierten Kaliber/Waffen nicht anzurechnen ist und bei erstmaliger Beantragung eines nicht erfassten Kalibers bei Personen unter 25 Jahren, die nicht von einer der weiteren Ausnahmen des Gesetzes erfasst sind, ein Gutachten zum Nachweis der persönlichen Eignung zu fordern ist.*

[387] *Diese Argumentation ist angesichts einer derzeit zunehmenden Zahl sogenannter „Intensiv-Lehrgänge" von wenigen Tagen Dauer zumindest diskussionswürdig.*

[388] *WaffVwV zu § 6, Nr. 6.4*

Ist der Antragsteller **Dienstwaffenträger** („Amtsbonus"), etwa Polizeivollzugs- oder Zollbeamter,[389] **entfällt** bei Personen unter 25 Jahren die **Begutachtung**. Voraussetzung dafür ist eine Bescheinigung des Dienstherrn des Antragstellers, dass eine Begutachtung der geistigen Eignung bereits stattgefunden hat, etwa in der Ausbildung, und dass der Antragsteller ohne Einschränkung zum Umgang mit Dienstwaffen berechtigt ist.

Als **Gutachter** kommen nach § 4 Abs. 2 AWaffV in Betracht Amtsärzte, Psychiater, approbierte Psychotherapeuten, Fachärzte für psychotherapeutische Medizin und Fachpsychologen. **Zwischen Gutachter** und **Antragsteller** darf in den fünf Jahren vor Begutachtung **kein Behandlungsverhältnis** bestanden haben. Dies hat der Gutachter zu bestätigen. Er darf Kontakt mit dem behandelnden Arzt (Hausarzt oder Facharzt) des Antragstellers aufnehmen, um sich ein umfassendes Bild zu verschaffen. Zentrale Frage des Gutachtens ist, ob der Antragsteller die **nötige geistige und emotionale Reife** besitzt, um **verantwortungsvoll** mit Schusswaffen umzugehen.

1.7.6 Nachberichtspflichten (§ 6a)

Die am 20. Februar 2020 in das Waffengesetz eingeführte Regelung zur Nachberichtspflicht der Verfassungsschutzbehörde[390] wurde mit Wirkung ab 31. Oktober 2024 auf die anderen nach § 5 Abs. 5 WaffG abzufragenden Behörden erweitert. Gegenüber der Vorgängerregelung ist die Anzahl der zu speichernden Merkmale („Datenkranz") erweitert worden, um der Verpflichtung zum Nachbericht effektiv nachkommen zu können.[391] Nachberichtspflichtig ist die Verfassungsschutzbehörde im Falle der Erlangung von Erkenntnissen nach dem Zeitpunkt der letzten Mitteilung an die Waffenbehörde, die für die der Beurteilung der Zuverlässigkeit bedeutsam sind oder sein können.

Neben den Verfassungsschutzbehörden verpflichtet § 6a WaffG auch die anderen in §§ 5 und 6 WaffG genannten Regelabfragebehörden[392] zum Nachbericht nach Erlangung von nach §§ 5 oder 6 WaffG relevanten Tatsachen, die diesen Behörden im Nachhinein bekannt geworden sind. Der Umfang der bei diesen Behörden zu speichernden Daten entspricht der Verpflichtung für die Verfassungsschutzbehörde.

---

[389] *Gilt grundsätzlich nicht für Soldaten; im Falle der Angehörigen der Militärpolizei (Feldjäger) ist aus hiesiger Sicht allerdings eine Begutachtung aufgrund des polizeilichen Charakters dieser Tätigkeit verzichtbar.*

[390] *Dies kann sowohl ein Landesamt wie auch das Bundesamt sein.*

[391] *Zu speichern sind nach § 6a Abs. 1 Satz 2 WaffG Name, Vorname, Geburtsdatum, Geburtsname, Geschlecht, Geburtsort, Geburtsland, Wohnort und Staatsangehörigkeit der betroffenen Person, Ausstellungsdatum sowie Befristung der Erlaubnis, Art der Erlaubnis, Behördenkennziffer der anfragenden Behörde und Ak--enfundstelle in den sogenannten „gemeinsamen Dateien" nach § 6 Bundesverfas--ungsschutzgesetz (BVerfSchG).*

[392] *Das BKA als Bedarfsabfragebehörde ist nicht nachberichtspflichtig.*

Lehnt die Behörde einen Antrag ab, widerruft eine Erlaubnis, nimmt sie zurück oder entfällt die Nachberichtspflicht aus einem anderen Grund[393], muss die Waffenbehörde dies allen zum Nachbericht verpflichteten Behörden unter Angabe des jeweiligen Grundes unverzüglich mitteilen. Zu beachten sind besondere **Löschpflichten** für die nachberichtspflichtigen Behörden: Sie haben

- im Falle von Antragsablehnung, Widerruf oder Rücknahme einer Erlaubnis die gespeicherten Daten des Betroffenen unverzüglich zu löschen sowie
- gespeicherte personenbezogene Daten nach Ablauf von 39 Monaten[394] gerechnet ab dem Zeitpunkt der Anfrage durch die Waffenbehörde zu löschen.

Die Waffenbehörde hat die besonderen Aufbewahrungspflichten nach § 44a Satz 2 WaffG im Falle der Versagung einer waffenrechtlichen Erlaubnis zu beachten.

1.7.7 Mitteilungspflichten an die Jagdbehörde (§ 6b)

Welche Verwaltungsbehörde örtlich oder sachlich zuständige **Jagdbehörde** im Sinne des Bundesjagdgesetzes (BJagdG) ist, regelt sich nach landesrechtlichen Vorschriften und ist damit nicht Gegenstand der Gesetzgebung des Bundes. Gemäß § 17 Abs. 1 Satz 2 BJagdG obliegt die Prüfung der Zuverlässigkeit und persönlichen Eignung eines Betroffenen der nach § 48 Abs. 1 Satz 1, Abs. 2 WaffG sachlich zuständigen Behörde (**Waffenbehörde**). Die Waffenbehörde teilt der Jagdbehörde gemäß § 44 Abs. 2 WaffG das Ergebnis dieser Prüfung mit und die tragenden Gründe, die zu diesem Ergebnis geführt haben. Auch wenn die zu überprüfende Person nicht Inhaber einer waffenrechtlichen Erlaubnis sein sollte, ist die Waffenbehörde gleichwohl als gesetzlich benannte Behörde für die im Zusammenhang mit der Jagdscheinerteilung vorzunehmende Überprüfung zuständig.

Hat die Waffenbehörde im Rahmen der nach § 4 Abs. 3 WaffG vorgeschriebenen regelmäßigen Überprüfung des Betroffenen bereits seine Zuverlässigkeit und persönliche Eignung festgestellt, zB im Falle eines eines WBK-Inhabers, der aufgrund des Bedürfnisgrundes „Jagd" über eine gültige waffenrechtliche Erlaubnis verfügt, nicht aber über einen gültigen Jagdschein als jagdrechtliche Erlaubnis, löst die Anfrage der Jagdbehörde aus Anlass der Jagdscheinerteilung keine erneute Durchführung des Prüfungsverfahrens[395] aus; vielmehr ist das Vorliegen von Zuverlässigkeit und persönlicher Eignung durch die Waffenbehörde lediglich zu bestätigen.

---

[393] *zB Versterben, Verzicht, vorzeitige Rückgabe (BT-Drs. 20/12805, S. 34)*

[394] *Die gesetzliche Regelung in § 6a Abs. 3 Satz 3 WaffG bezieht sich auf die regelmäßige Gültigkeitsdauer der Zuverlässigkeitsüberprüfung, die nach aktueller Rechtslage nach § 4 Abs. 3 WaffG nach spätestens 36 Monaten erneut durchzuführen ist; somit ergibt sich mit den drei Monaten als Karenzzeit in § 6a Abs. 3 Satz 3 WaffG ein Gesamtzeitraum von 39 Monaten.*

[395] *BT-Drs. 20/12805, S. 40, BJagdG, „Zu Nummer 1 (§ 17)", 2. Absatz*

§ 6b WaffG verpflichtet die Waffenbehörde, in Fällen des Wegfalls von Zuverlässigkeit oder persönlicher Eignung die seinerzeit anfragende Jagdbehörde über diesen Umstand zu informieren. Da nicht jeder Jagdscheininhaber auch Inhaber einer waffenrechtlichen Erlaubnis sein muss, weil er die Jagd lediglich mit Leihwaffen[396] ausübt, ist diese Mitteilungspflicht insbesondere als Nachberichtspflicht der für die Prüfung von Zuverlässigkeit und persönlicher Eignung zuständigen Waffenbehörde an die Jagdbehörde von besonderer Wichtigkeit. Zudem ist in Fällen einer unterjährigen Prüfung der Zuverlässigkeit oder persönlichen Eignung aufgrund eines Anlasses, der zum Widerruf nach § 45 Abs. 2 WaffG führen könnte, durch die Regelung in § 6b WaffG sichergestellt, dass auch die Jagdbehörde in den Besitz der Erkenntnisse gelangt und nach dem Entfallen einer Voraussetzung für den für Dritte sicheren Umgang mit erlaubnispflichtigen Waffen und Munition auch den Jagdschein einziehen kann.[397]

Neben der obligatorischen Abfrage des Vorliegens von Zuverlässigkeit und persönlicher Eignung hat die Jagdbehörde eine zusätzliche Prüfung der Zuverlässigkeit und körperlichen Eignung gemäß § 17 Abs. 1 Satz 1 Nr. 2, Abs. 3 und Abs. 4 BJagdG durchzuführen. Die in den Regelungen genannten Negativ-Formulierungen gleichen inhaltlich nur auf den ersten Blick den waffengesetzlichen Regelungen. Die Jagdbehörde nimmt diese zusätzliche Prüfung unter Einbeziehung der Erkenntnisse der Behörden[398] vor, die ihr von der Waffenbehörde übermittelt worden sind.

Im Sinne eines konsequenten Datenaustausches der Waffen- und Jagdbehörde ist die Regelung in § 18a BJagdG zu betrachten. Danach ist die Jagdbehörde ihrerseits zur Mitteilung an die Waffenbehörde verpflichtet, wenn

- ein Jagdschein (§ 15 BJagdG) oder Jugendjagdschein (§ 16 BJagdG)
  - erstmalig erteilt oder
  - verlängert worden ist,
- die Jagdbehörde eine Überprüfung nach § 17 BJagdG vorgenommen hat[399]

---

[396] *Ohne Inhaber einer WBK als Jäger zu sein, beschränkt sich die Leihe gemäß § 13 Abs. 3, 5, 9 WaffG auf Jagd-Langwaffen und die für diese bestimmte Munition sowie Schalldämpfer für Langwaffen für Zentralfeuermunition; beachten Sie vertiefend die ausführliche Darstellung in Kapitel 2.9.2.*

[397] *Der Jagdschein lässt nach § 13 WaffG in den dort bestimmten Fällen die Erlaubnispflicht für den Erwerb von Langwaffen etc. entfallen; er ist keine waffenrechtliche Erlaubnis und darum dem unmittelbaren Zugriff der Waffenbehörde entzogen; darum ist es unbedingt erforderlich, in Fällen eines Entfallens der Voraussetzungen für die Erteilung oder Aufrechterhaltung einer waffenrechtlichen Erlaubnis auch die für die jagdrechtliche Erlaubnis zuständige Behörde über den Entfall der Erteilungsvoraussetzungen zu informieren, um deren unverzügliche Reaktion zu ermöglichen, in der Regel die Einziehung des Jagdscheins.*

[398] *Zu den nach § 5 Abs. 5 WaffG abzufragenden Behörden Kapitel 1.7.3.8*

[399] *Das Ergebnis der Überprüfung ist der Waffenbehörde zu übermitteln.*

- oder Maßnahmen ergriffen wurden nach
  - § 18 BJagdG (Einziehung des Jagdscheins)
  - § 40 BJagdG (Einziehung von Gegenständen mit Tatbezug)
  - § 41 BJagdG (Gerichtliche Anordnung der Entziehung des Jagdscheines)
  - § 41a BJagdG (Verbot der Jagdausübung).

Die Regelungen zu Speicherungs- und Löschpflichten in § 6a WaffG finden im Zusammenhang mit § 6b WaffG und §§ 18a BJagdG keine Anwendung.[400]

1.7.8 Sachkunde (§ 7 WaffG, §§ 1 bis 3 AWaffV)

Umfang und Inhalt der **Sachkundeprüfung** sind in § 1 der Allgemeinen Waffengesetz-Verordnung (AWaffV) geregelt. Die durch eine Prüfung, die auf Grundlage des aktuellen **Fragenkatalogs des BVA** abzulegen ist, nachzuweisende Sachkunde umfasst danach **ausreichende Kenntnisse**

- **über Rechtsvorschriften** für Umgang mit Waffen und Munition des Waffenrechts, des Beschussrechts sowie zu Notwehr und Notstand,
- **auf waffentechnischem Gebiet** über Schusswaffen (Langwaffen, Kurzwaffen und Munition) hinsichtlich Funktionsweise sowie Innen- und Außenballistik, Reichweite und Wirkungsweise des Geschosses, bei verbotenen Waffen, die keine Schusswaffen sind, auch über die Funktions- und Wirkungsweise sowie die Reichweite, sowie
- über die **sichere Handhabung** von Waffen oder Munition einschließlich ausreichender Fertigkeiten im Schießen mit Schusswaffen.

Die bestandene **Jägerprüfung** oder eine ihr gleichgestellte bestandene Prüfung gelten als Nachweis der Sachkunde.[401] Durch die Bescheinigung eines Ausbildungsleiters für das Schießwesen kann noch vor Ablegen der Jägerprüfung ein Nachweis der erforderlichen Sachkunde geführt werden, die zur Erteilung einer befristet gültigen Erwerbs- und Besitzerlaubnis während der Ausbildung erforderlich ist. Diese Bescheinigung muss die Bestätigung enthalten, dass „die erforderlichen Kenntnisse

---

[400] *BT-Drs. 20/12805, S. 41, BJagdG, „Zu Nummer 1 (§ 17)", 3. Absatz*

[401] *§ 3 Abs. 1 Nr. 1 lit. a AWaffV; die erste Erteilung des Falknerjagdscheins setzt nach § 15 Abs. 7 BJagdG neben der Falknerprüfung eine Jägerprüfung voraus; nach BVerfG 1 BvR 290/78 erfüllt auch eine „eingeschränkte Jägerprüfung", zB nach § 17 JFPO (Bayern), die Forderung des BJagdG; da die Lehr- und Prüfungsgebiete der Waffensachkunde nach § 1 AWaffV nicht Gegenstand einer solchen eingeschränkten Jägerprüfung sind, setzt der Besitz des Falknerjagdscheins nicht in jedem Falle den vorherigen Nachweis erforderlicher Kenntnisse der Waffensachkunde nach § 3 AWaffV voraus und kann darum nicht als verlässlicher Nachweis der Sachkunde dienen; auch ein Falkner müsste somit den Nachweis einer bestandenen uneingeschränkten Jägerprüfung erbringen, um seine waffengesetzlich erforderliche Sachkunde für den Umgang mit Waffen und Munition nachzuweisen.*

durch Teilnahme an einem Lehrgang für die Ablegung der Jägerprüfung erworben" wurden.[402]

Anstelle einer **Sachkundeprüfung** kann der Nachweis der Sachkunde auch durch **Ausbildung** oder **Tätigkeit** geführt werden, etwa als Ingenieur oder Büchsenmacher. Die Tätigkeit als **Polizeivollzugsbeamter** mit erfolgreich abgelegter Laufbahnprüfung ersetzt die Sachkundeprüfung nur, wenn seitens der zuständigen Dienststelle bestätigt wird, dass eine Ausbildung stattgefunden hat, die eine Sachkunde vermittelt hat, die insbesondere im Bereich der waffenrechtlichen Lehrgangs- und Prüfungsinhalte der anzustrebenden Sachkunde für das nachzuweisende Bedürfnis entspricht, oder die Befähigung für die Behörde offensichtlich ist.

Die 2008 für den Nachweis der Fachkunde abgeschaffte „**Ersitzung**" ist für die Sachkunde weiterhin möglich.[403] Personen, die mindestens drei Jahre als Vollzeitkraft im **Handel mit Schusswaffen und Munition** tätig gewesen sind, sind sachkundig, wenn diese Tätigkeit aufgrund ihrer Art geeignet war, die für den Umgang mit der jeweils beantragten Waffenart oder Munition erforderlichen Sachkunde zu vermitteln. Bei überwiegend in der Buchhaltung oder mit Lagerarbeiten befassten Personen ist davon nicht auszugehen.

Der Nachweis der Sachkunde muss sich auf den **aktuellen Stand** des Umfanges und Inhalts einer Sachkundeprüfung beziehen. Insofern kann bei Antragstellern, deren Prüfung der Sachkunde vor Inkrafttreten des geltenden Waffengesetzes erfolgte, durch den Sachbearbeiter eine Überprüfung der Sachkunde verlangt oder auch selbst durchgeführt werden.

Sachkundenachweise werden idR **für bestimmte Waffen- oder Munitionsarten** ausgestellt. Diese sind im Nachweisdokument aufzuführen. So kann durch die zuständige Behörde festgestellt werden, ob die Sachkunde für die beantragte Waffen- bzw. Munitionsart nachgewiesen wird. Gleiches gilt für Angabe, für welche Bedürfnisart oder Bedürfnisarten die erforderliche Sachkunde vermittelt und geprüft wurde.

Anforderungen an die Sachkunde unterscheiden sich nach dem Profil des Antragstellers. So ist eine von einem Sportschützen erworbene Sachkunde nicht ausreichend, um als Nachweis der Sachkunde für Mitarbeiter im Bewachungsgewerbe oder für gefährdete Personen durch die zuständige Behörde anerkannt zu werden. Entsprechende Auflagen werden schon mit der Erteilung der Erlaubnis für staatlich anerkannte Ausbildungsträger erteilt, um etwa eine Mindeststundenzahl für die Ausbildung festzulegen. Gleiches gilt für die Prüfungsanforderungen: Während bei einem Sportschützen das sichere Beherrschen der Schusswaffe, nicht aber eine Trefferleistung zu prüfen ist, muss ein Berufswaffenträger wie auch eine gefährdete Person, die Schusswaffen in der Öffentlichkeit schussbereit führen wollen, gute Schießleistungen erbringen, da beim Einsatz der Schusswaffe in der Öffentlichkeit für Unbeteiligte eine große Gefahr besteht, wenn das Ziel verfehlt wird.

---

[402] *Ergänzend Kapitel 2.9.11*

[403] *§ 3 Abs. 1 Nr. 2 lit. b AWaffV*

Die **Lehrgangsteilnahme** setzt kein **Mindestalter** voraus. Zu beachten ist aber § 2 WaffG, der nur volljährigen Personen eine Teilnahme gestattet. Besteht ein **Waffenverbot** nach § 41 Abs. 2 WaffG, darf dem Betroffenen keine Waffe überlassen werden, was dessen Teilnahme an einem Sachkundelehrgang ausschließt.

Grundsätzlich kann die örtlich und sachlich zuständige Behörde einen **Prüfungsausschuss** bilden (§ 2 Abs. 1 AWaffV), der aus drei Personen bestehen muss. Alle Mitglieder der Prüfungskommission müssen sachkundig sein, mithin die Sachkunde durch Prüfung nachgewiesen haben oder durch eine andere nach § 3 AWaffV als Alternativnachweis eingeordnete Weise sachkundig im Sinne des WaffG sein (zB Jägerprüfung, Fachkundenachweis, Gesellenprüfung für das Büchsenmachergewerbe; auch eine mindestens dreijährige Vollzeittätigkeit im Waffenhandel, die geeignet war, die notwendigen rechtlichen und praktischen Kenntnisse über den Umgang mit Waffen oder Munition zu erwerben, gilt als Nachweis der Sachkunde, ausgenommen Vollzeittätigkeiten als Lagerarbeiter oder Buchhaltungskraft). Die Prüfungskommission kann dabei auch aus Personen bestehen, die nicht der Behörde angehören. Es ist lediglich zu beachten, dass nur eines der Kommissionsmitglieder im Waffenhandel oder in der Waffenherstellung tätig sein darf. Das gilt mangels einer ausdrücklichen Beschränkung sowohl für haupt- wie auch für nebenberuflich in diesen Bereichen tätige Personen.

§ 3 AWaffV eröffnet die Möglichkeit, die Sachkunde im Rahmen einer beruflichen oder anderweitigen Ausbildung, insbesondere der Ausbildung zum Luft- oder Wasserfahrzeugführer, zu erlangen sowie durch Lehrgänge der anerkannten Schießsportverbände oder staatlich anerkannter Träger.

Die staatliche Anerkennung von Lehrgängen zur Erlangung der Sachkunde setzt neben der Ausstattung mit den erforderlichen Lehrmitteln, was auch die notwendigen Waffen einschließt, und einem Mindeststundenansatz, der sich nach den Bedürfnisarten unterscheidet, auch geeignete Lehrkräfte voraus. Neben der Sachkunde muss die Eignung am jeweiligen Lehrgebiet bewertet werden. So wird der Unterricht in rechtlichen Themen in der Regel überdurchschnittliche Kenntnisse der waffenrechtlichen Thematiken voraussetzen. Gleiches gilt für die praktische Vermittlung waffen- und schießtechnischer Lehrgangsinhalte. Die Forderung nach dem Nachweis der Sachkunde kann aber entfallen, wenn die Lehrkraft nicht Mitglied der Prüfungskommission ist und die Eignung für die Vermittlung durch Nachweis einer juristischen Ausbildung oder die Ausbildung zum Schießausbilder oder Schießsportleiter als gegeben anzusehen ist.[404]

Zugleich ergibt sich die Eignung des Ausbilders nicht allein aus dessen nachgewiesener Sachkunde; vielmehr muss die für das jeweilige Unterrichtsfach erforderliche Kenntnis nachgewiesen werden, die aufgrund der Notwendigkeit einer erfolgreichen Vermittlung des Lehrstoffs überdurchschnittliche Kenntnisse der jeweiligen Materie voraussetzt. Dieser Nachweis muss nicht zwangsläufig durch einen berufs-

---

[404] *WaffVwV zu § 7, Nr. 7.5.3, dritter Absatz*

qualifizierenden Abschluss erbracht werden, sondern kann auch durch langjährige intensive Befassung mit dem jeweiligen Fach nachgewiesen werden.

1.7.9 Bedürfnis (§ 8)

1.7.9.1 Übersicht

Das Bedürfnis, mit Waffen oder Munition umzugehen, gilt als **glaubhaft gemacht**, wenn dieses persönliche oder wirtschaftliche Interesse besonders anzuerkennen ist und Waffe oder Munition geeignet und erforderlich ist, um dieses Interesse zu verwirklichen. Dies erfordert eine plausible, in sich widerspruchsfreie und nachvollziehbare Begründung, die nach den Gesamtumständen und der allgemeinen Lebenserfahrung eine überwiegende Wahrscheinlichkeit des Vorliegens der für die behaupteten Tatsachen belegt.[405] Die Feststellung eines Bedürfnisses zum Umgang[406] mit Waffen oder Munition orientiert sich primär an dem Verhältnis der generellen Belange der öffentlichen Sicherheit und Ordnung einerseits und den privaten Interessen des Einzelnen andererseits.[407] Die **Verwendung der Waffe** ist **an das Bedürfnis gebunden**, das der Erlaubnis zugrunde liegt.[408]

§ 8 WaffG stellt Gruppen heraus, deren Bedürfnis besonders anzuerkennen ist.[409] Es handelt sich um eine nicht abschließende Aufzählung, die die in den §§ 13 ff., 28, 28a WaffG speziell geregelten Bedürfnisarten aufzählt. Sieht das WaffG in diesen Paragraphen keine spezielle Regelung vor, zB Erleichterungen oder Sonderregelungen zum Umgang, sind die in § 8 WaffG festgelegten Anforderungen zu erfüllen. § 8 WaffG ist anzuwenden, wenn die begehrte Erlaubnis, etwa ein Schalldämpfer für Kurzwaffen im Falle eines Jägers, in der systematisch vorrangigen Norm, hier § 13 WaffG, nicht geregelt ist; es handelt sich um eine Einzelfallprüfung.[410]

Die Erlaubnisbehörde muss **abwägen**, ob dem Interesse des Antragstellers das Interesse der Bevölkerung entgegensteht, die Zahl der Waffen in privater Hand gering zu halten. So muss etwa eine gefährdete Person eine **konkrete und erhebliche Gefahr** benennen, die durch eine waffenrechtliche Erlaubnis **verringert** werden kann. Ein Sportschütze muss eine Bescheinigung beibringen, dass er die Waffe zur Ausübung seines Sports benötigt. Zudem muss die beantragte Waffe oder Munition **geeignet** und **erforderlich** sein, den **Zweck** des Bedürfnisses zu **erfüllen. Geeignet** bedeutet, dass der damit verfolgte Zweck überhaupt erreicht oder zumindest geför-

---

[405] *Vgl. Runderlass des Ministeriums für Umwelt, Naturschutz und Verkehr NRW 58.88.04.17-000001 vom 9. Januar 2024*

[406] *Nicht nur Erwerb u. Besitz, auch Führen o. Schießen (BT-Drs. 14/7758, S. 129)*

[407] *BT-Drs. 14/7758, S. 129, „Zu Nummer 18“*

[408] *Ergänzend zur Bedürfniszweckbindung Kapitel 1.11.2.2 und 1.7.9.2*

[409] *Umfassende Darstellung der genannten Bedürfnisarten als Voraussetzung zur Erteilung einer Erlaubnis ab Seite 370*

[410] *OVG Berlin-Brandenburg 11 B 11.16, Urteil vom 06. April 2017*

dert werden kann. **Erforderlich** sind Waffe oder Munition, wenn es keine mildere Maßnahme gibt, die denselben Erfolg mit gleicher Sicherheit erzielt.

Entfällt das Bedürfnis, ist die erteilte **Erlaubnis zu widerrufen.**[411] So kann ein **Sportschütze**, der den Schießsport nicht mehr regelmäßig betreibt, kein Bedürfnis mehr geltend machen.[412] Die bloße Mitgliedschaft in einem Schützenverein ist kein Bedürfnis.[413] Wie bei Erteilung der Erlaubnis ist die regelmäßige Ausübung des Schießsports auch danach der zuständigen Behörde auf Verlangen nachzuweisen. Gleiches gilt für den **Jäger**, dessen Bedürfnis bei Aufgabe der Jagd entfällt.

Die Bedürfnisprüfung wird insbesondere bei Beantragung eines Waffenscheines sehr restriktiv zu führen sein. Das Bedürfnis wurde zB bei einem Arzt angenommen, der bei nächtlichen Krankenbesuchen mehrfach mit Waffen bedroht worden war,[414] nicht aber bei einem Waffenhändler, der sich auf eine besondere Gefahr beim Transport von Waffen in großer Stückzahl berief.[415] Auch die Klage eines Gerichtsvollziehers auf Ausstellung eines Waffenscheines wurde abgewiesen.[416]

Gehen Waffen eines Erlaubnisinhabers unter (zB **Naturkatastrophe**, **Brand**), kommen diesem schuldlos auf anderem Wege abhanden oder werden trotz Einhaltung gesetzlicher Aufbewahrungsvorschriften durch einen **Diebstahl** entwendet, ist das Bedürfnis nicht erneut nachzuweisen. Vielmehr ist nach Auslegung nach Sinn und Zweck der gesetzlichen Vorschriften[417] für jede betroffene Waffe unverzüglich eine neue Erlaubnis zum Erwerb und Besitz einer Waffe dieser Art und dieses Kalibers zu erteilen, da die Erlaubnis für eine Waffe dieser Art und dieses Kalibers nicht widerrufen oder zurückgenommen wurde, sondern faktisch fortbesteht.

1.7.9.2 Bedürfniszweckbindung und Verwendbarkeit

Eine Waffe darf nur erlaubnisfrei geführt (auch der Transport in einem verschlossenen Behälter ist Führen) werden, wenn dies zu einem Zweck geschieht, für den ein Bedürfnis glaubhaft gemacht wird. An dieser Regelung scheitert etwa der Wunsch eines Erben, der ohne waffenrechtliches Bedürfnis anderer Art eine Erbwaffe auf

---

[411] *Zum diesbezüglichen Widerruf und Ausnahmen ausführlich Kapitel 1.27.2.1.3*

[412] *VG Darmstadt 5 K 38/10.DA, Urteil vom 27. August 2010*

[413] *VG Darmstadt 5 K 321/10.DA, Urteil vom 21. Januar 2011; zu beachten ist aber die Regelung zum Nachweis des Bedürfnisses für Sportschützen zehn Jahre nach Erteilung der ersten waffenrechtlichen Erlaubnis nach § 14 Abs. 4 Satz 3 WaffG für Waffen, die nicht aufgrund § 14 Abs. 5 WaffG erworben wurden.*

[414] *VG Arnsberg 14 K 50/06, Urteil vom 5. November 2007*

[415] *VG Darmstadt 5 K 147/08.DA, Urteil vom 30. April 2009*

[416] *VG Stuttgart 5 K 521/10, Urteil vom 20. September 2011*

[417] *Das Gesetz enthält keine Regelung für diese Art der Besitzbeendigung; die Regelung in § 12 Abs. 1 Nr. 4 lit. b WaffG zum erlaubnisfreien Wiedererwerb nach dem Abhandenkommen stützt die Auslegung, dass kein erneuter Bedürfnisnachweis erforderlich ist, um eine Erlaubnis zum erneuten Erwerb zu erteilen.*

einer Schießstätte „ausprobieren" möchte – er darf zwar auf der Schießstätte die Waffe erlaubnisfrei schießen, solange er die Vorgaben des § 9 AWaffV einhält, doch der Transport der Waffe von der eigenen Wohnung zur Schießstätte ist ihm nicht gestattet. Gleiches gilt für Sammler, die mit einer Waffe ihrer Sammlung an einem Sport-Wettkampf teilnehmen wollen[418] – Ausnahmen gelten für einen Werkstattbesuch oder einen Funktionstest der Waffe, wobei dessen Umfang restriktiv zu handhaben ist. Der Gesetzgeber begründet die Bedürfniszweckbindung in § 12 Abs. 3 Nr. 1 WaffG damit, dass Waffensammler ihre Sammlerwaffen bedürfnisfremd zum Sportschießen verwendet hatten. Damit handelten sie entgegen der vom BVerwG und mehreren Verwaltungsgerichten der Länder ergangenen Rechtsprechung aufgrund der Materialien zum Gesetzgebungsverfahren, „wonach sich eine kulturhistorisch bedeutsame Sammlung darauf beschränkt, dass eine Mehrzahl oder Vielzahl von Waffen ... zusammengebracht werden und ... nicht gebraucht werden".[419]

Somit wäre es im Grunde nicht zulässig, dass ein Sportschütze, der zugleich Jäger ist und für beide Bedürfnisarten Waffen besitzt, diese für den jeweils anderen Bedürfniszweck verwendet. Folgt man dieser Auslegung, ergibt sich allerdings ein Widerspruch zur gerichtlichen Auslegung der Vorschriften, wonach ein Jäger, der eine weitere Kurzwaffe mit Hinweis auf ein konkretes Bedürfnis (als Jagdwaffe) beantragt, auf seine als Sportschütze erworbenen Kurzwaffen verwiesen werden kann.[420]

Grundsätzlich müssen die Eigenschaften der vorhandenen Waffen und der beabsichtigte Zweck in jedem Falle beachtet werden. Es ist aber festzustellen, dass zB von einer Verwendung einer Jagdwaffe zum Sportschießen keine besondere Gefahr ausgeht und darum einem bedürfnisübergreifenden Gebrauch keine grundsätzlichen Bedenken entgegenstehen. Wird ein Jäger auf die Verwendung von Sportwaffen verwiesen, die sich bereits mit dem Bedürfnis „Sportschießen" in seinem Besitz befinden, ist stets zu prüfen, ob diese Sportwaffen geeignet sind, im jagdlichen Kontext geführt zu werden. Dagegen könnte beispielsweise eine verringerte Führigkeit aufgrund großer Lauflänge sprechen oder eine Visierung, die ein schnelles Ziehen verhindert, wenn etwa eine Kurzwaffe zur Verteidigung im Jagdschutz oder im Falle der Abwehr gegen annehmendes Schwarzwild geführt werden soll. Die in der Literatur[421] vertretene Ansicht, dass eine Ausleihe an sich selbst im Sinne eines Ausleihens zwischen zwei anerkannten Bedürfnissen zulässig ist, würde einen Weg aufzeigen, die in der Gesetzesbegründung dargestellte strenge Trennung an die gerichtliche Auslegung anpassen zu können und das jeweils vorliegende Bedürfnis für die Anwendung des § 12 Abs. 3 Nr. 2 WaffG anzuerkennen.

---

[418] *VG Darmstadt 5 E 1211/06, Urteil vom 1. Oktober 2007*

[419] *BT-Drs. 14/7758 S. 61*

[420] *VG Würzburg 9 K 24.1328, Urteil vom 17. März 2025, mit Verweis auf OVG NRW 20 A 529/10, Beschluss vom 20. Dezember 2011 (bestätigte mit ergänzenden Anmerkungen VG Köln 20 K 2236/08, Urteil vom 21. Januar 2010); siehe auch BayVGH München 21 ZB 08.2782, Beschluss vom 25. März 2010*

[421] *Gade zu § 12, Rn. 21b*

1.7.10 Versicherungsnachweis (§ 4 Abs. 1 Nr. 5)

Bei Beantragung von **Waffenschein** oder **Schießerlaubnis** ist nachzuweisen, dass für den Antragsteller eine **Haftpflichtversicherung** für Personen- und Sachschäden in Höhe von einer Million Euro abgeschlossen wurde und besteht. Zu beachten ist, dass die Bestätigung des Versicherungsunternehmens bei Beantragung der Erlaubnis nicht älter sein sollte als drei Monate. Das Versicherungsunternehmen ist nach § 117 Abs. 2 VVG verpflichtet, die für die Erlaubniserteilung zuständige Behörde zu informieren bei

- Beendigung des Vertrags, insbesondere infolge einer Kündigung durch den Versicherten, aber auch durch die Gesellschaft,
- Ausscheiden aus einer Gruppenversicherung oder
- Änderungen des Versicherungsvertrages, die dazu führen, dass die geforderten Versicherungsleistungen nicht mehr in Anspruch genommen werden könnten durch einen Geschädigten.

Da die Nachhaftung des Versicherers auf einen Monat begrenzt ist, sollte im Falle einer Mitteilung der Gesellschaft der Erlaubnisinhaber unverzüglich kontaktiert werden. Besteht kein Versicherungsschutz, ist die Erlaubnis unverzüglich zu widerrufen und der Erlaubnisinhaber auf seine Verpflichtung[422] zur Rückgabe des Erlaubnisdokuments sowie aller damit zusammenhängenden Dokumente hinzuweisen.[423]

1.7.11 Nachweis der sicheren Aufbewahrung (§ 36)[424]

Die Pflicht zum Nachweis der sicheren Aufbewahrung ist in § 36 Abs. 3 Satz 1 WaffG gefordert. **<u>Vor</u> Erteilung** einer waffenrechtlichen Erlaubnis ist nachzuweisen, dass zur Aufbewahrung der beantragten Waffen oder Munition ein Behältnis, ein Waffenraum oder eine andere Art der Aufbewahrung (zB Mietfach bei gewerblicher Aufbewahrung) zur Verfügung stehen, die die gesetzlichen Anforderungen für eine sichere Aufbewahrung erfüllen. Dabei muss das Behältnis neben seiner nachgewiesenen Qualifizierung auch hinsichtlich seiner Abmessungen geeignet sein, die betroffene Waffe aufzunehmen. Der Anzeigepflicht unterliegt der Erlaubnisinhaber auch bei **Änderungen von Art oder Ort** der Aufbewahrung.

1.7.12 Beschränkungen, Nebenbestimmungen, Anordnungen (§ 9)

Erlaubnisse, die durch die zuständige Behörde erteilt werden, können durch **Befristungen** und **Auflagen** sowie **inhaltlich beschränkt** werden. Die Beschränkung muss

---

[422] § 46 Abs. 1 WaffG; siehe vertiefend Kapitel 1.27.2.2.1

[423] Dies ist in der Praxis insbesondere im Falle von Erlaubnisinhabern nach § 28 WaffG bedeutsam, denen neben dem Waffenschein nach § 10 Abs. 4 WaffG im Falle einer größeren Zahl von Mitarbeitern Ersatzdokumente ausgestellt werden, die das Führen von Schusswaffen erlauben.

[424] Zur Thematik der sicheren Aufbewahrung ausführlich Kapitel 1.21

der Abwehr von Gefahren für die öffentliche Sicherheit und Ordnung dienen. Das ist idR der Fall, wenn ein unbeschränkter Umgang durch den Inhaber der Erlaubnis eine Gefahr oder nachteilig für Leben oder Gesundheit von Menschen wäre. Auflagen müssen geeignet sein, den jeweils verfolgten Zweck zu erreichen und müssen an eine konkrete Gefahr für die öffentliche Sicherheit und Ordnung anknüpfen. Zudem müssen sie angemessen und inhaltlich ausreichend bestimmt sein.[425] Die Erteilung von Auflage, Befristung oder inhaltlicher Beschränkung ist zu begründen.

Ein Beispiel ist ein **Kleiner Waffenschein (KWS)**, dessen Erteilung mit der Auflage verbunden wird, eine **SRS-Waffe nur verdeckt führen** zu dürfen.[426] In diesem Falle beauflagt die Behörde den Inhaber der Erlaubnis, ohne dass das Gesetz verdecktes Führen ausdrücklich fordert. Dies kann zB damit begründet werden, dass das offene Führen einer SRS-Waffe, die in der Regel optisch nicht von einer Feuerwaffe zu unterscheiden ist, Passanten beunruhigen, Notrufe auslösen und Polizeieinsätze bewirken könnte, die zu einer unnötigen Bindung von Einsatzmitteln führen.

Zu beachten ist, dass neben den Regelungen in § 9 WaffG auch andere Vorschriften des WaffG den Inhaber einer Erlaubnis beschränken können, beispielsweise § 36 Abs. 6 WaffG, auch in Verbindung mit § 9 WaffG.[427]

Zuwiderhandlungen gegen Auflagen und Anordnungen sind, abgesehen von wenigen Ausnahmen, Ordnungswidrigkeiten gemäß § 53 Abs. 1 Nr. 4 WaffG.

---

[425] *VG Arnsberg 14 K 265/11, Urteil vom 28. November 2011*

[426] *So verbindet die für das Gebiet des Landes Berlin zuständige Waffenbehörde grundsätzlich die Erteilung eines KWS mit der Auflage, die SRS-Waffe verdeckt zu führen, was in der jeweiligen Erlaubnis vermerkt wird; der Internetauftritt der Behörde enthält einen entsprechenden Hinweis (Quelle: „https://www.berlin.de/polizei/service/waffenbehoerde/erlaubnisfreie-waffen/", abgerufen am 22. Mai 2020); die Auflage gilt auch außerhalb Berlins; umgekehrt handelt es sich nicht um eine gesetzliche Regelung für das Gebiet Berlins, weshalb das Führen von SRS-Waffen dort Erlaubnisinhabern ohne entsprechende Auflage nicht untersagt ist; der Begriff des „verdeckten Führens" ist nicht gesetzlich definiert, landläufig ist darunter ein Bei-sich-Tragen einer Schusswaffe zu verstehen, die zugriffsbereit ist, aber durch die Kleidung des Besitzers den Blicken Dritter entzogen ist, womit für eine andere Person nicht erkennbar sein darf, dass eine Schusswaffe geführt wird; auch bei plötzlichen Bewegungen oder beim absehbar erforderlichen Ablegen eines Kleidungsstückes darf das Führen der Schusswaffe nicht erkennbar sein.*

[427] *§ 36 Abs. 6 WaffG gestattet der zuständigen Behörde, im Einzelfall intensivere Maßnahmen zum Schutz vor Wegnahme von Waffen oder Munition von dem Erlaubnisinhaber zu fordern; so ist im Falle eines psychisch kranken Familienmitglieds, das im Haushalt eines Waffenbesitzers lebt, die Erteilung einer Auflage nach §§ 9 Abs. 1, Abs. 2 Satz 2 iVm 36 Abs. 6 WaffG zulässig, die eine Aufbewahrung der Schusswaffen außerhalb der gemeinsamen Wohnung festlegt (so Thüringer OVG 3 EO 946/05, Beschluss vom 10. März 2006).*

1.8 Waffenrechtliche Erlaubnisse (§ 10)

1.8.1 Einführung

Erlaubnisse, Verbote und Freistellungen für den Umgang mit Waffen oder Munition sind der **zentrale Regelungsbereich** des Waffengesetzes.[428] Nach Einführung der Definitionen zu Waffen in § 1 WaffG und zu dem Umgang mit ihnen in §§ 2, 3 WaffG nennt § 4 WaffG die grundsätzlich erforderlichen Voraussetzungen für die Erteilung einer Erlaubnis. Spezielle Vorschriften, etwa für Erben von Schusswaffen, die zB weder Sachkunde noch Bedürfnis nachweisen müssen, sind zu beachten.

Das **Bedürfnisprinzip** ist ein zentrales Element des WaffG. Die Möglichkeit, ein Bedürfnis nachzuweisen, ist nicht auf bestimmte Gruppen natürlicher oder juristischer Personen beschränkt wie Waffensammler, Jäger oder Bewachungsunternehmer, die nach §§ 13, 14, 16, 17, 18, 19, 28 und 28a WaffG besonderen Vorschriften unterliegen, zB spezifischen Regeln zum Nachweis des Bedürfnisses. Ist ein Bedürfnis nicht durch die vorgenannten Normen besonders geregelt, ist auf die Regelung in § 8 WaffG zurückzugreifen, wonach ein besonders anzuerkennendes Interesse in persönlicher oder wirtschaftlicher Hinsicht nachzuweisen ist und Waffe oder Munition zur Erreichung des Bedürfniszwecks geeignet und erforderlich sein muss.

Eine Erlaubnis zum Erwerb und Besitz von Schusswaffen umfasst nicht den Erwerb und Besitz von gleichgestellten Gegenständen wie wesentlichen Teilen oder Schalldämpfern, soweit das Gesetz nicht eine andere Bestimmung[429] enthält. Die Gleichstellung aus Anlage 1 A1 UA1 Nr. 1.3 WaffG bedeutet nicht, dass sich eine Erlaubnis für den Erwerb auf wesentliche Teile oder Schalldämpfer[430] erstreckt.

1.8.2 Erlaubnispflicht

Grundsätzlich ist jeglicher Umgang mit Waffen im Sinne von § 1 Abs. 2 Nr. 1 in Verbindung mit Anlage 1 A1 UA1 Nr. 1 bis 4.3 WaffG und der für sie bestimmten Munition erlaubnispflichtig[431] – ausgenommen das Überlassen von Waffen oder Munition. Diese vermeintliche Sicherheitslücke wird aber durch die Verpflichtung

---

[428] *Das Beschussgesetz (BeschG) regelt demgegenüber die technischen Voraussetzungen für den Umgang mit Schusswaffen und ihnen gleichgestellten Gegenständen sowie sonstigen technischen Geräten.*

[429] *zB Anlage 2 A2 UA2 Nr. 2, 2a WaffG; so bedarf der Erwerb von Wechsel- und Austauschläufen sowie Wechselsystemen gleichen oder kleineren Kalibers für eine Waffe, die in einer WBK des Erwerbers eingetragen ist, keiner Erlaubnis, lediglich Anzeige- und Eintragungspflichten nach §§ 37a, 37g WaffG sind zu beachten.*

[430] *Zu Schalldämpfern Schleswig-Holsteinisches Verwaltungsgericht 7 A 137/06, Urteil vom 17. Juni 2008, unter Verweis auf Wortlaut § 34 Abs. 5 WaffG*

[431] *Anlage 2 A2 UA1 WaffG*

des Überlassers, sich von der Befugnis des Erwerbers zu überzeugen und die Überlassung nur bei gegebener Befugnis des Erwerbenden vorzunehmen, geschlossen.[432]

1.8.3 Arten und Erteilung der Erlaubnis

Die Erlaubnis zum **Erwerb und Besitz** von **Waffen** wird durch eine **Waffenbesitzkarte** (WBK) erteilt, für **Munition** durch einen **Munitionserwerbsschein** (MES) oder durch Eintragung in einer WBK.[433] Die Erlaubnis zum **Führen** einer Waffe wird durch einen **Waffenschein** (WS) erteilt, die Erlaubnis zum **Schießen** durch eine **Schießerlaubnis**. Erlaubnisse sind bei den nach § 48 Abs. 1, 3 WaffG zuständigen Behörden zu beantragen. Die eigentliche Erlaubniserteilung, ob zum Erwerb und Besitz, zum Führen oder zum Schießen, ist lediglich ein Verwaltungsakt (VA). Die jeweilige **Urkunde**, ob Waffenbesitzkarte, Waffenschein oder Schießerlaubnisschein, **verkörpert** diese **Erlaubniserteilung**. Durch die Vorlagepflicht der Waffenbesitzkarte zur Korrektur der darin erfolgten Einträge nach einem Erwerb oder einer Überlassung werden die Erlaubnis (VA) und die Urkunde (Verkörperung des VA) in Übereinstimmung gebracht.

Erlaubnisse und **Bedürfnisvoraussetzungen** sind **in Kapitel 1.36** für die verschiedenen Bedürfnis- und Erlaubnisarten dargestellt. Eine vertiefende Betrachtung zu **Erteilung und Entzug waffenrechtlicher Erlaubnisse** enthält das Kapitel 1.27 unter besonderer Berücksichtigung der Voraussetzungen für den Widerruf einer Erlaubnis.

1.8.4 Zuordnung

Eine Waffe ist stets einer einzigen Erlaubnis in Form eines Dokuments für die betreffende Erlaubnisart zuzuordnen.[434] So ist für die Erlaubnis zum Erwerb und Besitz einer Waffe eine WBK nach § 10 Abs. 1 WaffG auszustellen, zum befugten Führen ist ein Waffenschein nach § 10 Abs. 4 WaffG erforderlich. Es ist stets die Zuordnung zu einer Erlaubnis vorzunehmen, die durch ein Dokument nachgewiesen werden

---

[432] *§ 34 Abs. 1 WaffG*

[433] *Die WBK nach § 10 Abs. 1 WaffG ist bei entsprechender Eintragung als Erlaubnisdokument für Munitionserwerb und -besitz verwendbar, wobei die Erlaubniserteilung für den Munitionserwerb grundsätzlich erst nach Anzeige des Erwerbs der betreffenden Waffe erfolgen soll; die WBK für Sportschützen nach § 14 Abs. 6 WaffG erlaubt den Erwerb und Besitz von Munition für die darin eingetragenen Schusswaffen; eingetragen ist eine Waffe nach Bestätigung der Besitzerlaubnis durch das Siegel in der letzten Spalte der WBK, siehe auch Kapitel 2.1.1.2*

[434] *Neben der beabsichtigten eindeutigen Zuordnung einer Waffe zu einer Person ist die Beschränkung, für eine Waffe für eine bestimmte Umgangsart nur eine einzige zu diesem Zeitpunkt gültige Erlaubnis zu erteilen, auch sprachlich aus § 10 Abs. 1 WaffG abzuleiten, wo für eine Mehrzahl von Gegenständen („Waffen") die Erteilung der Erlaubnis durch Ausstellung einer Waffenbesitzkarte und durch Eintragung in eine Waffenbesitzkarte (für beide Alternativen: Einzahl) vorgesehen ist.*

kann. Auf Antrag, der nicht begründet werden muss, wird für jede Waffe eine gesonderte WBK ausgestellt.

Die Möglichkeit, dass eine Waffenbesitzkarte auf mehrere Personen ausgestellt werden kann, beseitigt nicht die Eindeutigkeit der Zuordnung einer Waffe zu einer waffenrechtlichen Erlaubnis. Insbesondere wird der Strafanspruch des Staates nicht vereitelt, da bei einer Erlaubnis nach § 10 Abs. 2 WaffG, die auf mehrere Personen ausgestellt wird,[435] jede dieser Personen alle Voraussetzungen für die Erteilung der Erlaubnis zum Umgang mit den auf dieser WBK eingetragenen Waffen erfüllen muss und allen Rechten und Pflichten unterworfen ist, was die Zurechnung von Verstößen mit einer in der gemeinsamen WBK eingetragenen Waffe einschließt.[436] Auch die Ausstellung einer WBK für Vereine als juristische Personen ist möglich.

1.8.5 Eintragungen in Erlaubnisdokumenten

Eintragungen in waffenrechtliche Erlaubnisse sind nur durch die zuständige Behörde zur Durchführung des Waffengesetzes vorzunehmen. Als eingetragen gilt eine Waffe, deren Erwerb der zuständigen Behörde angezeigt wurde, wenn diese Anzeige durch Siegelung in der WBK bestätigt wurde.

Eintragungen durch den WBK-Inhaber oder Dritte sind unzulässig. Sie stellen einen Verstoß gegen das Waffengesetz dar, sind aber nicht explizit durch dieses Gesetz als Ordnungswidrigkeit oder Straftat erfasst. Grundsätzlich sind sie auch keine Urkundenfälschung im Sinne des Strafgesetzbuches, es sei denn, die Eintragung, beispielsweise eines Voreintrags, wird zum Zwecke der Täuschung im Rechtsverkehr vorgenommen.

Die eigentliche Erlaubniserteilung, ob zum Erwerb und Besitz, zum Führen oder zum Schießen, ist lediglich ein Verwaltungsakt. Die jeweilige Urkunde, ob Waffenbesitzkarte, Waffenschein oder Schießerlaubnisschein, verkörpert diese Erlaubniserteilung. In diesem Zusammenhang ist auch die Vorlagepflicht der Waffenbesitzkarte zur Korrektur der darin erfolgten Einträge nach einem Erwerb oder einer Überlassung zu betrachten – auf diese Weise werden Erlaubnis und Urkunde in Übereinstimmung gebracht.

1.8.6 Inhaber der Erlaubnis

Die WBK kann auf natürliche Personen sowie auf bestimmte juristische Personen, nämlich schießsportliche oder jagdliche Vereinigungen, ausgestellt werden. Besitzen mehrere Personen eine Schusswaffe, etwa Eheleute, die Jäger sind und Waffen gemeinsam nutzen, kann eine gemeinsame WBK auf diese Personen ausgestellt werden. Gleiches gilt für Erbengemeinschaften. Eine familiäre Verbundenheit ist keine Voraussetzung zur Erteilung, ebenso wenig eine häusliche Gemeinschaft.

---

[435] *Beachten Sie dazu Kapitel 1.8.6*

[436] *VG Regensburg RO 4 K 14.1958, Urteil vom 25. November 2015; siehe zum Mitbesitz und der Haftung auch Kapitel 2.1.1.1*

Der Waffenschein wird in der Regel natürlichen Personen erteilt. Für ein Bewachungsunternehmen ist der Unternehmer Inhaber der Erlaubnis.

1.8.7 Wegfall der Erlaubnis

Entfällt die waffenrechtliche Erlaubnis durch Fristablauf, Rücknahme oder Widerruf, ist die **Waffe** grundsätzlich einem Berechtigten zu überlassen oder zu vernichten. Zugleich entfallen damit zusammenhängende Erlaubnisse, etwa zum Erwerb und Besitz von **Munition** aufgrund des Eintrags einer Schusswaffe in einer WBK. So ist beispielsweise der Besitz von Munition für eine Langwaffe im Kaliber .223 Rem. nicht mehr erlaubt, wenn die Munition aufgrund des Eintrags der Waffe in der WBK erworben und besessen wurde und die Waffe selbst nicht mehr besessen wird.

1.8.8 Pflicht zur Rückgabe des Dokuments

Nach **Erlöschen der Erlaubnis**, etwa bei Austragung der letzten Waffe aus einer WBK, im Falle der Rücknahme oder eines Widerrufs, ist das Erlaubnisdokument unaufgefordert und unverzüglich der zuständigen Behörde zurückzugeben.[437]

Eine WBK ohne darin eingetragene Waffe oder gültigen Voreintrag zum Waffenerwerb hat keine Gültigkeit. Sie kann somit nicht genutzt werden, um aufgrund von § 12 Abs. 1 Nr. 1 WaffG eine Waffe zur Leihe, zur Verwahrung oder zum Transport zu erwerben und vorübergehend zu besitzen.

1.8.9 Verzicht auf die Erlaubnis

Eine waffenrechtliche Erlaubnis, ob Waffenbesitzkarte oder Kleiner Waffenschein, ist ein begünstigender Verwaltungsakt. Der Verzicht auf die Erlaubnis ist dem Erlaubnisinhaber möglich. Ein zu diesem Zeitpunkt bereits von der zuständigen Behörde gemäß § 45 Abs. 2 Satz 1 WaffG aufgrund von Zweifeln am Fortbestand der Zuverlässigkeit oder persönlichen Eignung eingeleitetes Widerrufsverfahren erledigt sich damit aber nicht. Vielmehr ist dieses mit dem Ziel fortzusetzen, dass die behördlichen Maßnahmen, die im Zuge einer neuerlichen Beantragung der dann tätigen Behörde durch Hinweise auf die dem Widerruf zugrundeliegenden Tatsachen bezüglich des Antragstellers bekannt werden. Grundsätzlich besteht ein öffentliches Interesse daran, dass der Wegfall der Berechtigung zum Umgang mit Waffen durch einen im Waffengesetz vorgesehenen Verwaltungsakt verbindlich geregelt wird und auf dieser Grundlage durch eine Eintragung im NWR sowie im Bundeszentralregister dokumentiert werden kann.[438]

---

[437] *§ 46 Abs. 1 Satz 2 WaffG; dazu vertiefend Kapitel 1.27.2.2.1*

[438] *BVerwG 6 C 36.15, Urteil vom 17. November 2016; zu beachten ist aber § 5 Nr. 5 lit. d WaffRG, in Kraft getreten 2020 – die Norm qualifiziert die Erklärung eines Verzichts während oder außerhalb eines eingeleiteten Widerrufs- oder Rücknahmeverfahrens als Anlass zur Übermittlung an das NWR, womit die in dem genannten Urteil getroffenen Überlegungen hinfällig sind, da bei Abfrage des NWR dieser Verzicht angezeigt wird.*

1.8.10 Verbote

Gesetzliche Verbote zum Umgang mit Waffen können nur durch eine gesetzliche Regelung für bestimmte Personengruppen oder durch eine Ausnahmezulassung des BKA[439] für eine bestimmte Person aufgehoben werden, nicht aber durch eine Erlaubnis einer örtlich zuständigen Waffenbehörde. Nicht zulässig sind Ausnahmeerteilungen durch andere Behörden oder mangels Gesetzgebungskompetenz des BKA generelle Ausnahmen von Verboten, etwa durch einen Feststellungsbescheid.[440]

1.8.11 Das Nationale Waffenregister (NWR)

Seit Inkrafttreten des WaffG 2020 sind **Ordnungsnummern** (NWR-IDs) erforderlich, um im gewerblichen Bereich einen Überlassungsvorgang durchführen zu können. NWR-IDs dienen der Verwaltung der Daten, die zu Person oder Waffe erfasst wurden. Sie werden, anders als Seriennummern, nicht an der Waffe angebracht. Die NWR-ID wird dem Besitzer von der Waffenbehörde mitgeteilt und ist etwa erforderlich, um eine Waffe in Reparatur zu geben oder an einen Händler zu veräußern. Schon schlichte Reparaturarbeiten an Schusswaffen zwingen etwa den Büchsenmacher, von seinem Kunden die NWR-IDs zu fordern, wenn er eine Waffe zur Instandsetzung annimmt und vorübergehend besitzt.

Allerdings sind Ausnahmen zu beachten, etwa für die zuvor geschilderte Situation: Wird die Waffe voraussichtlich nicht länger als einen Monat in der tatsächlichen Gewalt des Gewerbetreibenden sein, kann die Anzeige an das NWR durch den Büchsenmacher unterbleiben, hier wäre nur die Führung einer Ersatzdokumentation erforderlich, aus der im Falle einer Kontrolle hervorgeht, wem diese Waffe, die sich in der Werkstatt befindet, zuzuordnen ist und aus welchem Grund sie sich dort befindet. Gleiches gilt für den Waffenbesitzer, der bei behördlicher Kontrolle der Aufbewahrung einen schriftlichen Beleg vorhalten sollte[441], wo sich die Waffe befindet, die im Zuge der Kontrolle nicht im Waffenschrank vorgefunden wird.

Die durch das NWR erforderlich gewordenen Pflichten zur elektronischen Anzeige sowie die sonstigen Regelungen zu Anzeigepflichten und zu Ausnahmen können Sie dem Kapitel 1.19 entnehmen.

Das NWR generiert Ordnungsnummern, die als „NWR-ID“ bezeichnet werden. Ordnungsnummern werden für die unterschiedlichen Daten im Zusammenhang mit dem Besitz von Schusswaffen vergeben, nämlich für

- Grunddaten der Person eine Personen-ID („P...“),

---

[439] *§ 2 Abs. 5 in Verb. mit § 48 Abs. 3 WaffG, § 6 Abs. 4 AWaffV*

[440] *OLG Karlsruhe, Urteil vom 27. April 2007 - 1 Ss 75/ 06 – Unwirksamkeit Feststellungsbescheid des BKA vom 18. Juni 2004 (KT 21/ZV 25-55164.01 - Z - 33) zur Einstufung von Spielzeugwaffen mit neuer Festlegung der Energiegrenze*

[441] *Eine gesetzliche Verpflichtung besteht nicht; der Verbleib der Waffe kann aber durch einen schriftlichen Nachweis (zB Leihdokument) leichter erklärt werden.*

- Grunddaten der Erlaubnis (WBK) eine Erlaubnis-ID („E..."),
- Grunddaten der Waffe eine Waffen-ID („W...") und
- Grunddaten des wesentlichen Teils eine Waffenteil-ID („T...").

Bei Erwerb einer Waffe von einem Händler ist die NWR-ID des Erwerbers und seiner Erlaubnis (WBK) erforderlich, damit der Händler den Erwerb an das NWR übermitteln kann. Anders der Erwerb mit einem Jagdschein, hier kann auf die NWR-ID verzichtet werden, wenn der Jäger noch nicht im Besitz einer WBK ist. Beim Erwerb auf Jagdschein wird bei Anzeige des Erwerbs bei der Behörde eine WBK ausgestellt und die Waffe eingetragen, womit der Jungjäger eine NWR-ID zugeteilt bekommt, oder die Eintragung in eine bereits vorhandene WBK vorgenommen.

1.9 Erwerb und Überlassung von Waffen oder Munition

Der Erwerb erlaubnispflichtiger **Schusswaffen** ist in der Regel nur aufgrund einer Erlaubnis der zuständigen Behörde gestattet. Sie ist zu erteilen, wenn der Antragsteller die in Kapitel 1.7 genannten Voraussetzungen erfüllt.

Die Erlaubnis zum Erwerb wird idR durch **Voreintrag** in der WBK dokumentiert, der für den Zeitraum von einem Jahr den **Erwerb** der von diesem Voreintrag nach Art und Kaliber umfassten Waffe erlaubt **sowie** den **Besitz**[442] dieser Waffe. Erlaubt eine WBK ohne Voreintrag den Erwerb (zB WBK für Sportschützen nach § 14 Abs. 6 WaffG), ist der Besitz gesondert zu erlauben, was durch Siegelung in der WBK nach Anzeige des Erwerbs und Vorlage der WBK zur Berichtigung dokumentiert wird.

Die Erwerbserlaubnis ist durch den Überlasser zu prüfen. Diese Regel nimmt den Überlasser, also denjenigen, der einem anderen die Gewalt über die erlaubnispflichtige Waffe einräumt, in die Pflicht – denn anders als für den Erwerb ist für das Überlassen keine Erlaubnis erforderlich, es entfällt also die vorherige Prüfung durch die Behörde. Macht der Überlasser einen Fehler, indem er zB einem WBK-Inhaber eine Waffe überlässt, ohne dass dieser eine Erwerbserlaubnis (zB Voreintrag) hat und es sich nicht um eine vorübergehende Überlassung handeln soll, verstößt er gegen das WaffG.

Der Erwerb von **Munition** erfordert in der Regel eine Erwerbsberechtigung. Mögliche Formen des befugten Erwerbs von Munition sind unter anderem:

- WBK mit gesiegeltem Feld „Munitionserwerbsberechtigung" für die betreffende Waffe
- WBK für Sportschützen für darin eingetragene Waffen
- Jagdschein (Tages- / Jahresjagdschein) für Langwaffenmunition
- Munitionserwerbsschein für darin eingetragene Munitionsarten
- Handelserlaubnis
- Erlaubnisfrei zum sofortigen Verbrauch auf der Schießstätte

---

[442] *Zur Besitzerlaubnis durch Voreintrag siehe Kapitel 2.1.1.1 und Fußnote 1062*

1.9.1 Ablauf aus Sicht des nicht gewerblichen Erwerbers

1. Beantragung der Erwerbserlaubnis
2. Behörde prüft Vorliegen der Erteilungsvoraussetzungen
   a. Mindestalter
   b. Zuverlässigkeit und persönliche Eignung
   c. Sachkunde
   d. Bedürfnis
   e. Nachweis der sicheren Aufbewahrung
3. Ausstellung einer WBK (oder Voreintrag) durch Behörde
4. Vorlage der Erwerbserlaubnis bei Überlasser
5. Vorlage der WBK bei zuständiger Behörde binnen 14 Tagen
6. Eintragung des Erwerbs in WBK durch die Waffenbehörde

1.9.2 Ablauf aus Sicht des nicht gewerblichen Überlassers

1. Prüfung der Erwerbserlaubnis durch den Überlasser, ob
   a. Voreintrag in der WBK,
   b. WBK für Sammler oder Sachverständige,
   c. WBK für Sportschützen (Waffenarten beachten),
   d. Jahresjagdschein (nur Langwaffen) oder
   e. Waffenhandels- oder Waffenherstellungserlaubnis
   f. den Erwerb einer Waffe dieser Art und dieses Kalibers umfasst
2. Ausstellung eines Lieferscheines (zB Kaufvertrag mit Zeitangabe der Überlassung, bei Versand: Übergabedatum an Paketdienst)
3. Vorlage der WBK zur Austragung der Waffe bei der eigenen Waffenbehörde binnen 14 Tagen nach Überlassung

1.10 Erlaubnisse mit Bezug zu Mitgliedsstaaten (§ 11)

Nach den EU-Richtlinien zum Umgang mit Waffen bedarf eine Person, die ihren gewöhnlichen Aufenthalt in einem anderen Mitgliedstaat hat, zum Erwerb einer erlaubnispflichtigen Schusswaffe oder der für diese bestimmten Munition neben der Erlaubnis des Mitgliedstaates, in dem der Erwerb stattfinden soll, der vorherigen Zustimmung ihres Heimatstaates. Der Erwerb unterliegt in diesem Fall der Erlaubnispflicht sowohl des Wohnsitzstaates als auch des Staates, in dem die Waffe erworben werden soll. Diese Regelungen sind durch § 11 WaffG in nationales Recht überführt worden und ergänzen bzw. beschränken §§ 4 ff. WaffG.[443] Die Erforderlichkeit einer Zustimmung nach § 29 WaffG ist zusätzlich zu prüfen.

---

[443] Zum Begriff des „gewöhnlichen Aufenthalts“ und der Erstreckung der Erteilungsfähigkeit auch auf ausländische Antragsteller Kapitel 1.7.1; zur Entstehung des § 11 WaffG siehe auch BR-Drs. 596/01, S. 110, 111

1.10.1 Erwerb in Deutschland (Absatz 1)

So darf gemäß Absatz 1 einer **Person**, ihren **gewöhnlichen Aufenthalt in anderen Mitgliedsstaaten** im Sinne der Anlage 1 A2 Nr. 14 WaffG hat (Absatz 1), nur dann eine Erlaubnis zum Erwerb und Besitz von Schusswaffen der Kategorie A bis C nach Anlage 1 A3 Nr. 1 bis 3 WaffG oder der für diese bestimmten Munition erteilt werden, wenn sie die Anforderungen nach § 4 Abs. 1 Nr. 1 bis 3 WaffG erfüllt[444] und mit dieser Erlaubnis

- Waffe oder Munition vom Ort des Erwerbs durch das Bundesgebiet eigenhändig bis zur Bundesgrenze befördert werden soll mit dem Ziel der Verbringung in einen anderen Mitgliedsstaat (Selbstvornahme, die auch als Bedürfnis im Sinne von § 8 WaffG bei einer sofortigen Verbringung anzusehen ist; auch die sonstige Anforderungen an Zuverlässigkeit etc. sind vor dem Hintergrund der nur kurzfristigen Ausübung der tatsächlichen Gewalt im Bundesgebiet von der Behörde nach den Erfordernissen des Einzelfalls im erforderlichen Umfang zu prüfen), wobei dieser andere Staat seine Zustimmung zur Verbringung im Vorwege erteilt haben muss, wenn es sich um eine Waffe der Kategorie B oder für diese bestimmte Munition handelt, oder
- Erwerb von Waffe oder Munition beabsichtigt sind, ohne diese verbringen zu wollen, der Antragsteller also die tatsächliche Gewalt über diese im Geltungsbereich des Waffengesetzes ausüben will, was bei Antragstellung zu erklären und auch nachvollziehbar zu begründen ist, etwa im Falle eines Jägers mit Ausländer-Jahresjagdschein und eigener Jagd in Deutschland; der Mitgliedsstaat, in dem der Antragsteller seinen gewöhnlichen Aufenthalt hat, muss diesem Erwerb und Besitz in Deutschland zuvor zugestimmt haben.

1.10.2 Erwerb in anderem Mitgliedsstaat (Absatz 2)

Hat die betroffene **Person** ihren **gewöhnlichen Aufenthalt in Deutschland** und will in einem anderen Mitgliedsstaat eine Waffe der Kategorie B oder für diese bestimmte Munition erwerben und sich zu diesem Zweck von diesem anderen Mitgliedsstaat eine entsprechende Erlaubnis nach dortigem Recht erteilen lassen, ist nach Absatz 2 seitens der deutschen Waffenbehörde eine Erlaubnis in Form einer Zustimmung erforderlich, die zu erteilen ist, wenn, abweichend von in Absatz 1 festgelegten Erforderlichkeit, dass alle Voraussetzungen des § 4 WaffG erfüllt sein müssen, der Antragsteller zuverlässig und persönlich geeignet ist. Die Zustimmung ist gemäß § 28 AWaffV zu beantragen und wird mit einem Formular nach Anlage 11 (Waffe) oder 12 (Munition) der WaffVordruckVwV erteilt.

---

[444] *Besitzt die Person einen Europäischen Feuerwaffenpass (siehe Kapitel 2.10), gelten nach WaffVwV zu § 11, Nr. 11.2 diese Anforderungen als erfüllt.*

1.11 Erlaubnispflichtiger Umgang

1.11.1 Erlaubnispflichtige Waffen und Munition

Nach Anlage 2 A2 **UA1** WaffG **bedarf** der **Umgang** (Erwerb, Besitz, Führen, Verbringen, Mitnehmen, Schießen, Herstellung, Bearbeitung, Instandsetzung und Handel sowie Unbrauchbarmachung) mit Waffen nach Anlage 1 A1 UA1 Nrn. 1 bis 4.3 und der für diese Waffen bestimmten Munition grundsätzlich **einer Erlaubnis, ausgenommen** das **Überlassen**. Wird im WaffG ohne konkreten Kontext auf eine Erlaubnispflicht abgestellt, etwa bei den Regelungen zur Aufbewahrung, ist regelmäßig die **Erlaubnispflicht für den Erwerb und Besitz** gemeint.[445]

Wird eine erlaubnispflichtige Feuerwaffe in eine Waffe **umgearbeitet**, deren Erwerb und Besitz unter wegfallenden oder erleichternden Voraussetzungen möglich wäre, zB Umbau einer Vorderschaftrepetierflinte in eine Einzellader-Flinte, gelten die **Erlaubnispflichten der Ursprungswaffe** (hier: Repetierer mit glattem Lauf) für die entstandene Waffe (hier: Einzellader) fort. Diese Regelung bezieht sich auf die Erlaubnispflicht, nicht aber auf Fälle, in denen Verbotsmerkmale der Ursprungswaffe beseitigt werden[446] und Verbote nicht auf die entstandene Waffe anwendbar sind.

Anlage 2 A2 **UA2** WaffG enthält **Ausnahmen** von bestimmten Erlaubnispflichten für bestimmte Waffen. Hier ist jeweils zu prüfen, ob Ausnahmen für diese Art des Umgangs auf diese Waffe anzuwenden sind. **§ 12 WaffG** befreit dagegen bestimmte Umgangsarten mit jeglichen Waffenarten von der Erlaubnispflicht. Stets sind beide Freistellungskomplexe darauf zu prüfen, ob dieser Umgang mit dieser Waffe von der Freistellung erfasst wird.

Anlage 2 A2 **UA3** WaffG regelt die Entbehrlichkeit einzelner Voraussetzungen für die Erlaubniserteilung, **ohne die Erlaubnispflicht zu verändern**.

Eine Übersicht der **Ausnahmen in Anlage 2 A2 WaffG** enthält **Kapitel 1.11.3**.

Anlage 2 **A3** WaffG stellt die dort genannten Waffen von der Erlaubnispflicht frei. Eine Darstellung der Ausnahmen enthält **Kapitel 1.11.4**. Die in Anlage 2 A3 UA2 WaffG genannten Waffen unterliegen dem Verbot des Führens nach § 42a WaffG, nicht aber einer Erlaubnispflicht für das Führen.

Ist eine Waffe nach Anlage 1 A1 UA1 Nrn. 1 bis 4.3 WaffG oder Munition weder nach Anlage 2 A2 UA2, UA3 WaffG noch nach Anlage 2 A3 WaffG von einzelnen Erlaubnispflichten ausgenommen und der Umgang auch nicht durch § 12 WaffG von der Erlaubnispflicht freigestellt, gilt die Erlaubnispflicht nach Anlage 2 A2 UA1 Satz 1 WaffG. Erlaubnispflichtig ist beispielsweise der Umgang mit **Kartuschenmunition**, die zum Abschießen in erlaubnispflichtigen Waffen bestimmt ist, etwa **Manöverpatronen**, da sich eine Ausnahme für diese Kartuschenmunition in Anlage 2

---

[445] *Siehe auch WaffVwV zu § 1, Nr. 1.2 zum Begriff „erlaubnisfrei"*

[446] *Zur Möglichkeit der **Befreiung von Verbotsmerkmalen** Kapitel 1.13.1*

A2 UA2 WaffG nicht findet – die Ausnahmen für Kartuschenmunition umfassen nicht solche für Schusswaffen nach Anlage 1 A1 UA1 Nr. 1.1 WaffG.

Die Ausnahme von einem Verbot durch gesetzliche Regelung (§ 40 Abs. 3 WaffG) oder Entscheid der zuständigen Behörde (§ 40 Abs. 4 WaffG) beseitigt nicht eine bestehende Erlaubnispflicht.[447] Die Erwerbserlaubnis ist bei der für die Erlaubniserteilung zuständigen Behörde zu beantragen.

1.11.2 Ausnahmen von der Erlaubnispflicht nach § 12

Die Ausnahmeregelungen nach § 12 WaffG können als „Anpassung an die Erfordernisse der Lebenswirklichkeit" angesehen werden. Beispiele dafür wären der Paketzusteller, der ohne waffenrechtliche Erlaubnis im Besitz einer Schusswaffe ist, die sich in einem Paket befindet, oder der Sportschütze, der mangels eines Waffenscheins seine Waffe nicht zur Schießstätte transportieren dürfte, weil auch dieser Transport in einem verschlossenen Koffer ein Führen im Sinne des WaffG darstellt.

Der in § 12 WaffG als Voraussetzung genannten WBK stehen andere Erlaubnisse wie die Waffenhandels- oder -herstellungserlaubnis gleich, in eingeschränktem Umfang hinsichtlich der Art der Waffe und der Art des Umgangs auch der Tages- oder Jahresjagdschein.[448]

Die in der Praxis wichtigsten Ausnahmen nach § 12 WaffG sind:

- **Leihe** Schusswaffe: Bis zu einem Monat, nur Inhaber einer WBK und Verwendung nur zu einem von dem Bedürfnis umfassten Zweck
- **Verwahrung** und **Transport** Schusswaffe: Vorübergehend, privat nur durch Inhaber einer WBK, gewerblich ohne WBK möglich
- **Gewerblicher Erwerb und vorübergehender Besitz**: Keine Vorgabe
- **Erwerb und vorübergehender Besitz im Auftrag** eines Vereins: Umgang nur im Rahmen erteilter Weisungen
- **Führen** (Transport): Bedürfniszweck, nicht zugriffs-/ schussbereit
- **Erwerb Munition**: Zum sofortigen Verbrauch auf der **Schießstätte**
- **Schießen**: Auf der Schießstätte und an bestimmten Orten

Ist der Umgang mit einer Waffe oder Munition nicht von der Erlaubnispflicht erfasst,[449] etwa mit Hieb- und Stoßwaffen oder geprüften Reizstoffsprühgeräten, oder ist ein Gegenstand von der Anwendung des WaffG bezüglich der Erlaubnispflichten

---

[447] *WaffVwV zu § 34, Nr. 34.1, 4. Absatz; dies gilt auch im Falle einer durch das BKA erteilten Ausnahmegenehmigung nach § 40 Abs. 4 WaffG*

[448] *WaffVwV zu § 12, Nr. 12.1.1; bei Tages- oder Jahresjagdschein ist die Beschränkung der Gleichstellung auf Langwaffen in § 13 Abs. 4 zu beachten.*

[449] *Erlaubnispflicht nach § 2 Abs. 2 WaffG iVm Anlage 2 A2 UA1 WaffG: Erfasst sind lediglich Waffen im Sinne des § 1 Absatz 2 Nummer 1 iVm Anlage 1 A1 UA 1 Nummern 1 bis 4.3.*

vollständig ausgenommen,[450] sind insbesondere die in § 12 Abs. 3 WaffG Ausnahmevoraussetzungen mangels einer Erlaubnispflicht irrelevant.[451]

1.11.2.1 Erlaubnisfreier Erwerb und Besitz (Abs. 1, 2)

Die Umgangsarten Erwerb und Besitz werden in den Kapiteln 1.6.1.1 und 1.6.1.2 dieses Buch grundlegend behandelt.

Der Regelungsumfang umfasst insbesondere Fragen des Erwerbs und des vorübergehenden Besitzes von Waffen im Zuge der privaten Leihe oder Verwahrung. Freigestellt werden auch Situationen des gewerbsmäßigen Umgangs mit Waffen, zB im Zuge des Transports durch Logistikunternehmen oder den Umgang durch Beschäftigte[452] von Erlaubnisinhabern.

Nicht die Überlassung, sondern der Erwerb und der Besitz werden erlaubnisfrei gestellt. Der Grund dafür ist, dass die Überlassung von Waffen oder Munition grundsätzlich keiner Erlaubnis bedarf, sondern vollumfänglich in der Verantwortung des Überlassenden liegt, der seinerseits prüfen muss, dass der Erwerber die erforderliche Erlaubnis zum Erwerb besitzt.[453]

Die in § 12 Abs. 1 WaffG zusammengefassten Ausnahmetatbestände bedürfen keiner Eintragung in die Waffenbesitzkarte. Somit sind weder das Erwerben und Besitzen zur Leihe oder zur Verwahrung erlaubnis- oder eintragungspflichtig noch das Überlassen durch den Verleiher der betroffenen Schusswaffen. Aufgrund der Ausweispflichten nach § 38 WaffG sind gleichwohl alle erlaubnisfreien Überlassungs- und Erwerbsvorgänge zu dokumentieren, etwa durch einen datierten Leih- oder Verwahrschein.

1.11.2.1.1 Leihe, Verwahrung, Beförderung (Abs. 1 Nr. 1)

Eine Waffe kann einem Berechtigten zur **Leihe**, **Verwahrung** oder Beförderung überlassen werden, etwa bei möblierter Untervermietung der eigenen Wohnung. Wie im Falle einer gemeinschaftlichen WBK nach § 10 Abs. 2 WaffG bleibt der abgebende eigentlich Umgangsberechtigte für Verstöße_mit dieser Waffe durch den vorübergehend zum Besitz Berechtigten verantwortlich, soweit ihm dieser Verstoß vorgeworfen[454] werden kann, etwa im Falle einer ihm bekannten fehlenden Aufbewahrungsmöglichkeit.

---

[450] *§ 2 Abs. 4 iVm Anlage 2 A3 WaffG*

[451] *Waffengesetzliche Verbote, insbesondere nach § 42a WaffG, sind gleichwohl zu beachten, da Verbote unabhängig von Erlaubnissen oder Erlaubnisfreistellungen gelten; siehe dazu Fn. 447*

[452] *Die Freistellung für Beschäftigte nach § 12 Abs. 1 Nr. 3 lit. a WaffG setzt ein Arbeits- oder Ausbildungsverhältnis sowie eine umfassende Weisung voraus, siehe dazu auch WaffVwV zu § 12, Nr. 12.1.3*

[453] *§ 34 Abs. 1 WaffG sowie Anlage 2 A2 UA1 WaffG*

[454] *BT-Drs. 14/7758, S. 54, zu § 5 WaffG, Einführungstext*

Der **Erwerber zur Verwahrung** muss im Besitz einer gültigen WBK sein, wodurch gewährleistet ist, dass er sachkundig, zuverlässig und persönlich geeignet ist. Das Vorhandensein eines zu dieser Waffe passenden Bedürfnisses im engeren Sinne ist nicht erforderlich, da die Waffe lediglich zur Verwahrung erworben und vorübergehend besessen wird, mithin nicht genutzt werden darf. Eine Frist für die Dauer der Verwahrung ist nicht vorgesehen, es muss sich aber um einen vorübergehenden Zustand handeln, mithin ein Ende absehbar sein und der Intention des Gesetzgebers nach eine Anlassbezogenheit gegeben sein. Gleiches gilt für die **Beförderung** (Transport) von Waffen und Munition im nicht gewerbsmäßigen Bereich. Die **Überlassung von Schlüsseln** für einen Behälter, in dem Waffen aufbewahrt werden, an einen anderen WBK-Inhaber ist davon **nicht gedeckt.**[455]

Anders der **Erwerb zur Leihe** einer Waffe – da die Waffe *zum Zwecke der Benutzung* verliehen wird, muss der Entleiher (Erwerber und vorübergehender Besitzer) im Besitz einer WBK sein, die aufgrund eines **Bedürfnisses** erteilt worden ist, das den **Umgang mit einer Waffe der geliehenen Art umfasst** (Bedürfniszweckbindung). Der Begriff „Leihe" wird im Gesetz nicht verwendet, § 12 Abs. 1 Nr. 1 lit. a WaffG spricht nur von einem Erwerb und lediglich vorübergehendem, **auf einen Monat begrenztem** Besitz. Der Besitz der geliehenen Waffe **nach Ablauf der Frist** ist ein **Umgang ohne Erlaubnis.** Eine **Kettenleihe** im Sinne einer mindestens zweimaligen, aufeinander unmittelbar folgenden Leihe (Dauerleihe) ist **unzulässig.**[456] Die **Leihe innerhalb der Person** bei mehreren Bedürfnissen ist zulässig.[457]

Zwar darf zB der Inhaber einer „WBK für Sportschützen", die den Erwerb und Besitz von Halbautomaten nicht vorsieht, einen Halbautomaten mit <u>dieser</u> WBK nicht erwerben und dauerhaft besitzen, doch ist die <u>Leihe</u> als Erwerb mit nur vorübergehendem Besitz für bis zu einem Monat möglich, wenn die genehmigte Sportordnung des Verbandes, in dem dieser Sportschütze Mitglied ist und der das Bedürfnis als Sportschütze bestätigt hat, eine Disziplin enthält, die mit Halbautomaten geschossen werden kann.[458]

---

[455] *OVG Berlin-Brandenburg 11 S 7.11, Beschluss vom 16. Juni 2011*

[456] *BayVGH 24 ZB 25.1424, Beschluss vom 18. Dezember 2025*

[457] *Ergänzend zur „Bedürfniszweckbindung" Kapitel 1.7.9.2*

[458] *Zu beachten ist, dass sowohl die WBK, die mit Voreintrag etwa den Erwerb halbautomatischer Waffen erlaubt, wie auch die WBK für Sportschützen nach § 14 Abs. 6 WaffG grundsätzlich auf dem Nachweis des Bedürfnisses nach § 14 Abs. 2 WaffG beruhen. Somit ist die Zulässigkeit der Leihe zwar eine WBK gebunden, die Art der Waffen, die geliehen werden können, ist aber stets aus dem der WBK zugrundeliegenden Bedürfnis abzuleiten, nicht aus dem Kanon der Waffenarten, die mit dieser Waffe erwerbbar wären. Abweichend entschied VG Darmstadt 5 E 1211/06 mit Urteil vom 1. Oktober 2007: „Weil die* ***WBK für Sportschützen*** *den Erwerb von halbautomatischen Langwaffen oder mehrschüssigen Kurzwaffen für Patronenmunition nicht vorsieht, ist auch die Leihe dieser Waffen mit dieser WBK*

Andere beschränkende Regelungen (Mindestalter, Bedürfnisbindung etc.) dürfen nicht durch Leihe umgangen werden. Die **Leihe** ist auf **einen Monat** befristet. Wird diese Frist überschritten, der vorübergehende Besitz also über den Zeitraum von einem Monat ohne eine waffenrechtliche Erlaubnis, insbesondere eine behördliche Ausnahmegenehmigung nach § 12 Abs. 5 WaffG, hinaus aufrechterhalten, ist der (Straf-) Tatbestand des unerlaubten Besitzes einer Waffe erfüllt. Eine sog. *Ketten-Leihe* oder Dauer-Leihe im Sinne einer quasi unterbrechungsfreien Aneinanderreihung von Leihvorgängen ist zwar gesetzlich nicht explizit untersagt, widerspricht aber der Intention des Gesetzgebers. Keine Auswirkung haben **Kontingentierung** und **Erwerbsstreckungsgebot** auf die Zulässigkeit einer Leihe oder Verwahrung, umgekehrt sind weder Leihe noch Verwahrung für Kontingentierung und Erwerbsstreckungsgebot relevant.

Im Falle der sogenannten „**Erben-WBK**" gemäß § 20 WaffG ist die Auslegung, die Verwahrung von Schusswaffen sei durch das bloße Vorhandensein einer beliebigen WBK zulässig, zumindest kritisch zu sehen, da die auf der Erben-WBK eingetragenen Waffen blockiert werden müssen und der WBK-Inhaber im Rahmen der Verwahrung die tatsächliche Gewalt über schussfähige, nicht-blockierte Waffen ausüben würde. Gleiches gilt für WBK-Inhaber, die lediglich unbrauchbar gemachte Schusswaffen besitzen oder Feuerwaffen nach Anlage 2 A2 UA3 Nr. 1 WaffG.

Jäger bedürfen für die Leihe einer Langwaffe oder eines Schalldämpfers für Langwaffen mit Zentralfeuerkaliber lediglich eines gültigen **Jagdscheins**.[459] Für die Leihe einer Kurzwaffe bedarf der Jäger dagegen einer WBK; für die Leihe der Kurzwaffe muss auf dieser WBK aber weder ein Voreintrag für den Erwerb einer Kurzwaffe existieren noch eine Kurzwaffe eingetragen sein. Dies gilt auch für den Fall der Aufbewahrung und Beförderung einer Kurzwaffe durch den Inhaber eines Jagdscheins.

Im Falle von Leihe, Verwahrung oder Beförderung sind durch einen **Beleg** die betroffenen Waffen (Seriennummer) und Munition, die Beteiligten (also eigentlicher und vorübergehender Besitzer mit Daten der WBK) und das Datum der Überlassung zu dokumentieren. Dieser Beleg ist bei der **Beförderung** mitzuführen[460] und dient mit der WBK als Nachweis des legitimen Besitzes der betreffenden Waffe. Zudem ist bei einer Kontrolle der sicheren Aufbewahrung von Waffen durch dieses Dokument der Nachweis über Herkunft oder Verbleib der darin beschriebenen Schusswaffen zu führen.

Von der Anzeigepflicht des Erwerbs oder der Überlassung nach § 37a WaffG im Rahmen von Leihe oder Verwahrung sind Inhaber einer WBK oder einer gleichge-

---

nicht möglich." Dieser generellen Einschränkung, die sich aus der Art der WBK ergibt, kann aus Sicht des Verfassers allerdings nicht gefolgt werden.

[459] *§ 13 Abs. 4 WaffG; der Jagdschein nach § 15 Abs. 1 Satz 1 BJagdG, mithin sowohl Tages- als auch Jahresjagdschein, steht für den erlaubnisfreien Erwerb und vorübergehenden Besitz von Langwaffen der WBK gleich, nicht aber der Jugendjagdschein nach § 16 BJagdG*

[460] *§ 38 Abs. 1 lit. g WaffG; Vordruck-Download unter www.sv-busche.de*

stellten Erlaubnis sowie Inhaber einer Erlaubnis nach § 26 WaffG nach § 37e Abs. 3, 4 WaffG ausgenommen. Zu beachten ist die Anzeigepflicht des Inhabers einer Erlaubnis nach § 21 WaffG, auf den sich die Freistellung nach § 37e Abs. 3, 4 WaffG nicht erstreckt, er muss nach § 37 WaffG insbesondere den praxisrelevanten Leihvorgang als Überlassung und später als Rückerwerb elektronisch anzeigen.

1.11.2.1.2 Gewerbsmäßiger Umgang (Abs. 1 Nr. 2)

Freigestellt von der Erlaubnispflicht sind der Erwerb und vorübergehende Besitz von Waffen im Rahmen gewerbsmäßiger Tätigkeiten zum Zweck der

- Beförderung (Kurier, Postbote, Paketfahrer u.a.),
- Lagerung (Speditionsbetrieb, Lagereibetrieb u.a.) und
- Verschönerungen oder ähnlicher Arbeiten (Gravuren, Brünierungen etc.; auch Schäftereien fallen unter diese Regelung).

Auch wenn der vorübergehende Umgang, der im Falle der Beförderung das Führen umfasst, mit der Waffe erlaubnisfrei gestellt ist, hat der betroffene Betrieb in Gestalt der verantwortlichen natürlichen Person die waffenrechtlichen Regelungen, insbesondere zum sicheren Transport und zur sicheren Aufbewahrung, vollumfänglich einzuhalten.[461] Betroffene Unternehmer den Umfang erforderlicher Maßnahmen durch eine sachkundige Person regelmäßig prüfen und die eigenen Mitarbeiter regelmäßig schulen lassen, um im Falle von Verstößen gegen waffenrechtliche Vorschriften durch diese auf Weisung tätigen Personen nicht persönlich zu haften. Grundsätzlich sollten auch die Auftraggeber der Transporte im eigenen Interesse die durch den Versanddienstleister regelmäßig prüfen, um ihre Sorgfaltspflicht nicht zu verletzen (insbesondere bei offenkundigen Schwächen des Sicherheits- oder Transportkonzepts eines Dienstleisters).

1.11.2.1.3 Umgang auf Weisung (Abs. 1 Nr. 3)

Eine besonders umfassende Freistellung stellt die Regelung nach Nr. 3 dar, die allein unter Beachtung des Mindestalters nach § 2 WaffG bzw. möglicher Ausnahmen nach § 3 WaffG für Kinder und Jugendliche, aber ohne die Notwendigkeit eines persönlichen Bedürfnisses oder nachgewiesener Sachkunde Personen den Erwerb und vorübergehenden Besitz erlaubt, die auf Weisung eines Berechtigten oder im Rahmen erteilter Weisungen tätig werden. Hier ist zu beachten, dass in diesen Fällen etwaige Verstöße des vorübergehenden Besitzers immer auf den eigentlich Berechtigten zurückfallen, weshalb eine besondere Sorgfalt bei der Auswahl beauftragter Personen empfohlen wird. Der Beauftragte ist weisungsgebunden und darf nicht nach eigenem Ermessen über die Waffe verfügen, weshalb in diesem Zusam-

---

[461] Bei Überlassung zur gewerbsmäßigen Beförderung ist der Überlasser dafür verantwortlich, dass die ordnungsgemäße Beförderung sichergestellt ist und Vorkehrungen gegen ein Abhandenkommen getroffen werden (§ 34 Abs. 2 WaffG); zum Umfang der erforderlichen Maßnahmen im Falle von gewerblichen Transporten von Waffen oder Munition vertiefend die Ausführungen im Ergänzungsband.

menhang auch von einem „willenlosen Muskel" gesprochen wird, der lediglich eine klar umrissene Weisung auszuführen hat.

Die Ausnahme gilt sowohl für den Erwerb von einem Berechtigten wie auch für einen Berechtigten, zB bei Abholung einer Waffe nach einer Reparatur.

Die Ausnahme bezieht sich ausschließlich auf Personen, die tätig werden

- aufgrund eines **Arbeits- oder Ausbildungsverhältnisses** (zB Fahrt zur Schießstätte mit Waffen einer Sicherheitsfirma, Auslieferung durch Angestellte eines Waffenhändlers etc.),
- als **Beauftragter einer schießsportlichen oder jagdlichen Vereinigung** (zB volljähriger Bruder eines jugendlichen Sportschützen, der die Vereinswaffe für den Schützen zu einem Wettkampf transportieren soll, oder Vereinsmitglied ohne eigene Waffe für Teilnahme an einem Wettkampf außerhalb des Vereins),
- als **Charterer von seegehenden Schiffen** zur Abgabe von Seenotsignalen (damit darf eine erlaubnispflichtige Signalpistole als Ausrüstung für die Dauer der Fahrt durch den Schiffsvermieter überlassen werden)

  und
- als **Beauftragter** einer in § 55 Abs. 1 Satz 1 bezeichneten Stelle:
  - Obersten Bundes- und Landesbehörden
  - Deutsche Bundesbank
  - Bundeswehr und in der Bundesrepublik Deutschland stationierten ausländischen Streitkräfte
  - Polizeien des Bundes und der Länder
  - Zollverwaltung

Eine **Beauftragung durch Privatpersonen**, etwa zur Abholung einer Privatwaffe nach Reparatur in der Büchsenmacherei, wird **nicht erfasst**.

Der Besitz von Waffen ist in den vorgenannten Fällen auf den tatsächlich erforderlichen Zeitraum zu beschränken. Nicht zulässig ist es, andere gesetzliche Regelungen zu umgehen, etwa die Erlaubnispflicht für den längerfristigen Besitz einer Feuerwaffe durch einen Sportschützen, indem diesem eine Vereinswaffe nicht ausschließlich für den Besuch einer einzelnen, in der Weisung explizit nach Ort und Zeitraum benannten Veranstaltung überlassen wird, sondern etwa für das erste Jahr seiner Vereinsmitgliedschaft.

1.11.2.1.4 Wiedererwerb (Abs. 1 Nr. 4)

Die Norm schließt eine gesetzeslogische Lücke, indem beispielsweise bei **Erwerb einer an einen Dritten ausgeliehenen Waffe** durch den eigentlichen Erlaubnisinhaber, also den Verleiher, hiermit gesetzlich festgelegt wird, dass dieser (Wieder-) Erwerb erlaubnisfrei ist, wenn der Vorgang ohne Änderung der WBK erfolgen darf. Dies umfasst sowohl Fälle des Verleihens oder des Überlassens zur Verwahrung wie die Überlassung an Händler, etwa zum Zwecke des Kommissionsverkaufs oder der Reparatur.

Kommt eine erlaubnispflichtige Waffe oder Munition abhanden, zB durch Verlust oder Diebstahl, ist die Anzeigepflicht nach § 37b Abs. 3 WaffG zu beachten, wonach das **Abhandenkommen** der Waffe unverzüglich der Waffenbehörde anzuzeigen ist. Erlangt der Erlaubnisinhaber wieder die tatsächliche Gewalt über diese Waffe, etwa durch Rückgabe einer entwendeten und von der Polizei zurückgegebenen Schusswaffe, ist die Anzeigepflicht nach § 37a Abs. 1 WaffG (Wiedererwerb als Erwerb) zu beachten.

1.11.2.1.5 Erwerb auf der Schießstätte (Abs. 1 Nr. 5)

Diese Regelung bildet in beispielhafter Form die Funktion des § 12 WaffG ab, indem sie als Ausnahme von der Erlaubnispflicht, in der Regel in Form einer Waffenbesitzkarte mit Voreintrag für die betreffende Waffe, die Möglichkeit schafft, auf der Schießstätte mit der Schusswaffe eines Dritten oder einer Vereinswaffe Schießübungen zu absolvieren, ohne während dieser Zeit durch den eigentlichen Besitzberechtigten in Eingriffsnähe begleitet zu werden. Der Übende hat vorübergehend die tatsächliche Gewalt über die Waffe, besitzt sie also - ohne diese Ausnahmeregelung könnte ein Heranführen von Anfängern im Schießsport oder auch ein Ausprobieren anderer Waffenmodelle nicht im sinnvollen Umfang erfolgen.

Zu beachten ist die Einschränkung, dass der Besitz nur vorübergehend und nur zum Schießen auf der Schießstätte gestattet ist, auf der die Waffe erworben wurde; ein Ausleihen der Waffe auf der einen Schießstätte und nachfolgendes Ausprobieren auf einer anderen Schießstätte ist somit nicht zulässig, dies wäre nur im Zuge der Leihe nach Abs. 1 Nr. 1 lit. a und damit nur durch den Inhaber einer WBK statthaft.

1.11.2.1.6 Mitnahme nach § 32 WaffG (Abs. 1 Nr. 6)

Die Regelung stellt den Besitz einer Waffe erlaubnisfrei, die in oder durch den Geltungsbereich des WaffG mitgenommen wird. Sie setzt eine behördliche Erlaubnis nach § 32 WaffG voraus.[462] Die Freistellung macht die Erteilung einer waffenrechtlichen Erlaubnis in Form einer WBK überflüssig. Im Zuge des berechtigten Transports stellt § 12 Abs. 3 Nr. 2 WaffG diesen erlaubnisfrei, wenn die Waffe weder schussbereit noch zugriffsbereit ist; als Bedürfnis und dessen Zweck ist der Transportvorgang selbst anzusehen.

1.11.2.1.7 Munition (Abs. 2)

Freistellungen von der Erlaubnispflicht für Erwerb und vorübergehenden Besitz von Waffen nach Abs. 1 Nr. 1 bis 4 gelten nach Abs. 2 **Nr. 1** auch für die für diese

---

[462] *In der Regel erfolgt diese Mitnahme erlaubnisfrei durch den Inhaber eines Europäischen Feuerwaffenpasses (EFP); vertiefend Kapitel 2.10*

Waffen erforderliche Munition, die Voraussetzungen nach § 12 Abs. 1 WaffG müssen aber vollständig vorliegen.

Darüber hinaus erlaubt Abs. 2 **Nr. 2** ohne Erlaubnis den **Erwerb** und Besitz von Munition auf einer nach § 27 WaffG zugelassenen Schießstätte für dort erworbene Munition, wenn diese Munition **zum sofortigen Verbrauch auf dieser Schießstätte** bestimmt ist. Eventuell am Ende eines Schießtrainings noch nicht verschossene Munition ist einem Berechtigten zu überlassen, da durch die Ausnahmeregelung die Besitzberechtigung nur bis zum Verlassen der Schießstätte besteht. Die Menge der Munition, die im Rahmen dieser Regelung auf der Schießstätte erlaubnisfrei erworben werden darf, muss sich dabei immer an dem realistisch[463] zu erwartenden Bedarf im Rahmen dieser einen aktuell geplanten Trainingseinheit orientieren.

Erlaubnisfrei ist nach Abs. 2 **Nr. 3** der Besitz von Munition, die nach **§ 32 WaffG** in oder durch den Geltungsbereich des WaffG berechtigt **mitgenommen** wird.

1.11.2.2 Erlaubnisfreies Führen (Abs. 3)

Die Umgangsart Führen[464] wird in Kapitel 1.6.1.4 dieses Buches grundlegend dargestellt. Es führt eine Waffe, wer die tatsächliche Gewalt außerhalb der eigenen Wohnung oder Geschäftsräume, des eigenen befriedeten Besitztums oder auf ein Schießstätte ausgeübt. Somit ist Führen das Besitzen außerhalb der vorgenannten Bereiche. Ein weiterer entscheidender Unterschied ist, das man Munition zwar besitzen, aber nicht führen kann, da die Definition in Anlage 1 A2 Nr. 4 WaffG lediglich Waffen erfasst. Somit wird Munition stets und ortsunabhängig nur besessen.

Auf einer Schießstätte bedarf es keiner gesonderten Erlaubnis, wenn der Schütze hier eine Waffe (im Holster) trägt, da auf einer Schießstätte per Definition Waffen nicht geführt werden. Allerdings sollte sich jeder Schütze, um Unstimmigkeiten auszuschließen, beim Schießleiter oder der Aufsicht über die örtlichen Gepflogenheiten informieren. Auch ist zu prüfen, welche Bereiche eines Besitztums Schießstätte sind. Beachten Sie hinsichtlich des Begriffs der Schießstätte im Sinne des WaffG und die Regelungen zum Waffenbesitz in diesem Bereich Kapitel 1.16.2.

1.11.2.2.1 Befriedetes Besitztum etc. eines Dritten (Abs. 3 Nr. 1)

Das **Führen der Waffe auf dem befriedeten Besitztum, in der Wohnung oder in den Geschäftsräumen eines Dritten** ist von der Erlaubnispflicht freigestellt, sofern dieses Führen durch den Erlaubnisinhaber an diesem Ort

---

[463] *Dies wird in der Regel die kleinste Verpackungseinheit sein.*

[464] *In der Praxis wird insbesondere der Transport einer Waffe, der stets ein Führen im Sinne des WaffG darstellt, mit den Umgangsarten Verbringen (siehe Kapitel 1.6.1.5 oder Mitnahme (siehe Kapitel 1.6.1.6) verwechselt; als Merkhilfe kann dienlich sein, dass Führen immer nur Transportvorgänge oder einen Umgang im Innern des Bundesgebiets darstellt, während Verbringen wie auch Mitnahme immer mindestens einen Grenzübertritt voraussetzen.*

- mit Einverständnis des Zustimmungsberechtigten und
- zu einem von dem Bedürfnis des Erlaubnisinhabers umfassten Zweck

  oder
- im Zusammenhang damit erfolgt.

Ein **Hotelzimmer** gilt hinsichtlich der Begrifflichkeit der Regeln des WaffG als eigene Wohnung des Hotelgastes, somit wird eine Waffe dort nicht geführt.[465]

Das **Erfordernis der Bindung an den Bedürfniszweck** gilt sowohl im Hausrechtsbereich Dritter (Abs. 3 Nr. 1) als auch beim erlaubnisfreien Führen im Sinne eines Transports (Abs. 3 Nr. 2, siehe Kapitel 1.11.2.2.2). Besitzt die Person, die die Waffe führt, keine eigene waffenrechtliche Erlaubnis, sondern liegt ein Fall des erlaubnisfreien Erwerbs und Besitzes nach § 12 Abs. 1 Nr. 3 WaffG vor, etwa als **Mitarbeiter** eines Waffenhändlers, der eine Waffe an einen Kunden ausliefert, ist auf das Bedürfnis der Person abzustellen, die als Erlaubnisinhaber die betroffene Person zu diesem Transport oder Führen angewiesen hat.[466] Bedarf es dagegen zum Erwerb und Besitz eines Gegenstands keines Bedürfnisnachweises, etwa im Falle der von der Erlaubnispflicht freigestellten SRS-Waffen nach Anlage 2 A2 UA2 Nr. 1.3 WaffG, ist davon auszugehen, dass es zum Umgang auch in den Fällen des § 12 Abs. 3 Nr. 1, 2 WaffG keines Bedürfnisses bedarf.

Als **Bedürfnis** gilt dabei nicht das momentan verfolgte Anliegen, sondern das besonders anzuerkennende Interesse, dass zur Erteilung der waffenrechtlichen Erlaubnis glaubhaft gemacht wurde. Ist zum Erwerb und Besitz keine Erlaubnis erforderlich, orientiert sich das Bedürfnis zum Führen am **herstellerseitigen Verwendungszweck** der Waffe. Das Bedürfnis des Sportschützen deckt den Transport einer Waffe, die auf seiner WBK für Sportschützen eingetragen ist, von seiner Wohnung zur Schießstätte und zurück, auch die Fahrt zum Büchsenmacher, da die Wartung der Waffen von seinem Bedürfniszweck gedeckt wird. Die Fahrt zu einem Schützenbruder, um dessen Expertise in Sachen Waffenreinigung zu nutzen, wäre vom Bedürfniszweck gedeckt, nicht aber, wenn der Sportschütze seine Sportwaffe im Rahmen einer Bewachungstätigkeit auf dem Gelände eines Dritten führt.

1.11.2.2.2 Transport (Abs. 3 Nr. 2)

Der Transport (Beförderung) einer Waffe von der eigenen Wohnung zur Schießstätte ist Führen im Sinne des Waffengesetzes. Dabei ist es unerheblich, ob die Waffe zugriffsbereit am Körper getragen oder in einem verschlossenen Koffer transportiert

---

465 *KG Berlin IV 121 Ss 126/15 (144/15), Beschluss vom 20. August 2015*

466 *Der Mitarbeiter handelt als **Besitzdiener** auf Anweisung und damit auch Gefahr des eigentlichen Besitzers (Erlaubnisinhabers), solange er die ihm durch Dienstanweisung vorgegebenen Anweisungen, insbesondere Einschränkungen der Möglichkeit zur freien Verfügung über die Waffe, einhält; ergänzend zur **Besitzdienerschaft** Kapitel 1.5, insbesondere Fn. 212.*

wird – es handelt sich immer dann um ein Führen im Sinne des WaffG, wenn die tatsächliche Gewalt über eine Waffe außerhalb des eigenen befriedeten Besitztums, der eigenen Wohnung oder Geschäftsräume oder einer Schießstätte ausgeübt wird.

Gemäß § 12 Abs. 3 Nr. 2 WaffG bedarf einer Erlaubnis zum Führen von Waffen, also eines Waffenscheins, nicht, wer die Waffe **nicht schussbereit** und **nicht zugriffsbereit** von einem Ort zu einem anderen Ort **befördert**, **wenn** dieser Transport **vom Bedürfnis gedeckt** ist oder **im Zusammenhang damit** (zum Begriff des Bedürfniszwecks siehe vorangegangenes Kapitel 1.11.2.2.1) erfolgt. Dabei ist die Waffe insbesondere in einem **verschlossenen Behältnis nicht zugriffsbereit. Munition** kann per Definition nicht geführt, sondern lediglich besessen werden und ist **gegen Wegnahme durch Dritte oder Abhandenkommen zu sichern**.

Die Rechtsprechung definiert das „**verschlossene Behältnis**" im Zusammenhang mit Delikten nach §§ 202, 243 StGB[467] als ein verschließbares Behältnis, das über eine **besondere Vorrichtung** verfügt, die **geeignet und bestimmt** ist, die **Wegnahme** einer Sache zu **erschweren**. Bedingung ist die Sicherung durch ein **Schloss**, eine sonstige **technische Schließeinrichtung** oder auf andere Weise. So wird auch das **feste Verschnüren eines Rucksacks** als „gegen einen ordnungswidrigen Zugriff von außen besonders gesichert" angesehen[468] - diese niedrigschwellige Auslegung des Begriffs „verschlossen" sollte angesichts der generellen Pflicht zur besonderen Absicherung von Schusswaffen allerdings nicht auf Transportbehältnisse für erlaubnispflichtige Schusswaffen angewandt werden. Schon die Konkretisierung der Anforderungen an den Zustand des Behältnisses durch die Änderung des WaffG 2008[469] zeigt, dass als Verschluss nur ein solch festes Zugriffshindernis angesehen werden darf, dessen Überwindung erst durch Einsatz eines zerstörenden Werkzeuges (etwa Messer gegen Kabelbinder), eines Schlüssels oder eines Codes (Zahlenschloss) möglich wird.

Die WaffVwV zur Anlage 1 A2 Nr. 12 und 13 WaffG definiert eine Schusswaffe[470] als **zugriffsbereit**, wenn sie **unmittelbar**[471] **in Anschlag gebracht**[472] **werden kann**; **nicht zugriffsbereit** ist sie insbesondere, wenn sie in einem verschlossenen Behältnis mitgeführt wird. WaffVwV Nr. 12.3.3.2, 3. Absatz, belegt die grundsätzliche Zulässigkeit des **Transports in einem unverschlossenen Behältnis**, wenn die Schusswaffe dabei **nicht zugriffsbereit** ist.

Der Transport in einem verschlossenen Waffenkoffer mit Zahlen- oder Vorhängeschloss erfolgt „nicht zugriffsbereit". Gleiches gilt für ein gleichartig gegen Öffnung

---

[467] *siehe Fischer, Rn. 6 zu § 123 StGB, Rn. 14 zu § 243 StGB*

[468] *AG Kiel 597 Js-OWi 27781/09, Urteil vom 07. August 2009*

[469] *Der Begriff „geschlossen" wurde durch „verschlossen" ersetzt.*

[470] *Zum „zugriffsbereiten Messer" ausführlich Kapitel 1.24.3.1.4*

[471] *unmittelbar: in weniger als drei Sekunden mit weniger als drei Handgriffen*

[472] *„in Anschlag bringen": gezielt auf einen Menschen richten*

gesichertes Futteral oder eine aufklappbare Kunststoffbox, die durch Umkleben mit starkem Klebeband oder Verwenden von Kabelbindern fest verschlossen ist.[473]

Der beste Schutz gegen eine Wegnahme ist der Umstand, dass das Mitführen von Waffe oder Munition von außen nicht erkennbar ist. Grundsätzlich sollte Dritten während des Transports der Zugriff auf die Waffe möglichst erschwert werden, etwa durch Transport im separat verschlossenen **Kofferraum**, um etwa an einer Ampel zu verhindern, dass Unberechtigte den Kofferraum öffnen. Fahrer von Kombis und Geländewagen können durch geeignete Maßnahmen verhindern, dass die Waffe aus dem Laderaum nach Einschlagen einer Autoscheibe entnommen werden kann – zB durch eine Laderaumabdeckung oder Anschließen des Koffers. Eine **Ausnahme** gilt nach § 13 Abs. 6 WaffG für **Jäger** – sie dürfen **im Zusammenhang mit der Jagd** ihre **nicht schussbereite** Waffe **zugriffsbereit** führen; dies gilt für die Fahrt in das Revier und zurück einschließlich kurzer Pausen, die unmittelbar mit dem Bedürfniszweck zusammenhängen, zB „Schüsseltreiben" oder Besorgungen.

Munition muss bei einem Transport getrennt von der Schusswaffe, aus der sie verschossen werden kann, befördert werden, um die Forderung **„nicht schussbereit"** zu erfüllen. Anlage 1 A2 Nr. 12 WaffG definiert **„schussbereit"** als **„geladen"**; das befüllte und in die Waffe eingefügte[474] Magazin sowie eine Patrone oder ein Geschoss im Patronen- oder Geschosslager bedeuten **„geladen"**, ebenso die gefüllte Trommel des Revolvers, unabhängig davon, ob die Trommel ausgeschwenkt ist.[475] Ist die Munition außerhalb der Waffe, zB in einer Schachtel oder im entnommenen Magazin, ist die Forderung des Gesetzes auch im gleichen Transportbehältnis erfüllt. **Magazine** selbst können **nicht „geladen" im Sinne des WaffG** sein.

Ein **separates Transportieren** von Waffe und Munition in unterschiedlichen Behältnissen oder in durch Verschlussvorrichtungen voneinander trennbaren Innenfächern ist **nicht vorgeschrieben.** Das 2017 entfallene Gebot der getrennten Aufbewahrung von Waffe und Munition war lediglich auf die Aufbewahrung in gesetzlich geforderten Sicherheitsbehältnissen anzuwenden.[476] Als Anwendungsfall des § 13 Abs. 9 AWaffV darf eine Waffe im Fahrzeug auch während einer Rast zusammen mit der passenden Munition aufbewahrt werden, wenn der Berechtigte das Fahrzeug verlässt. Munition und Waffe können in unterschiedlichen Behältnissen aufbewahrt werden, um bei Wegnahme eines Behältnisses die unmittelbar drohende Gefahr einer missbräuchlichen Waffenverwendung auszuschließen.

---

[473] *Handelt es sich um eine zweiteilige Box, bei der durch Umwicklung des Griffs ein Aufklappen der Halbschalen verhindert wird, genügt das stramme Umwinden des Griffs mit einem ausreichend zugfesten Kabelbinder.*

[474] *Mit der Verwendung des Begriffs „eingefügt" umfasst die Regelung nicht nur eingeführte Magazine, sondern auch fest eingebaute Magazine.*

[475] *Die Trommel ist auch im ausgeschwenkten Zustand Patronenlager.*

[476] *Vgl. BT-Drs. 18/11239, S. 46 sowie WaffVwV zu § 36, Nr. 36.2.15*

Die „**Beförderung** von einem Ort zum anderen" meint zB den direkten Weg zur Schießstätte, wenn das Schießen mit der Waffe im Zusammenhang mit dem Bedürfnis erfolgt. Allerdings stellt eine kurze Unterbrechung der Fahrt zur Schießstätte, etwa der Halt an einem Gasthof oder ein Tankstop, keinen Verstoß dar, solange Waffe und Munition nicht unbeaufsichtigt sind oder so im Fahrzeug aufbewahrt werden, dass für Dritte keine Hinweise auf das Mitführen von Waffen im Fahrzeug erkennbar sind. Eine mehrstündige Unterbrechung, bei der Waffen oder Munition im Fahrzeug aufbewahrt werden, ist nicht von § 12 Abs. 3 Nr. 2 WaffG gedeckt.[477] Dazu zählen zB Fahrten, die für einen längeren Zeitraum unterbrochen werden, etwa die Fahrt zur Schießstätte, die durch einen mehrstündigen Büroaufenthalt unterbrochen wird.[478] Es muss beispielsweise im Falle des Sportschützen ein **unmittelbarer Zusammenhang von der Entnahme** der Waffe aus der sicheren Aufbewahrung in einem Behältnis und dem **Transport** mit dem anerkannten **Bedürfnis** bestehen, indem der Erlaubnisinhaber von seinem Wohnsitz zur Schießstätte fährt. Ein **Abweg** im Sinne eines nicht nur kleinen **Umweges**, der sich dadurch auszeichnet, dass die Wegrichtung geändert wird und sich der Weg in seiner Gesamtheit nicht nur unbedeutend verlängert, kann die Freistellung durch § 12 Abs. 3 Nr. 2 WaffG entfallen lassen.[479] Gleiches für einen Jäger, der die Erlaubnisfreistellung aus § 13 Abs. 6 Satz 1 2. Hs. WaffG in Anspruch nimmt.

Wird der Waffenbesitzer durch eine befugte Person angehalten (etwa Zoll- oder **Polizeikontrolle**), können die Beamten verlangen, dass die WBK als Nachweis zum befugten Umgang mit der mitgeführten Waffe vorgelegt wird.[480] Da ein bedürfnisgedecktes Führen nur dann erlaubnisfrei ist, wenn die Waffe nicht schussbereit und nicht zugriffsbereit[481] ist, darf der Transportbehälter **erst auf ausdrückliche Aufforderung geöffnet werden**, da die Waffe nach Öffnung des Behälters zugriffsbereit ist.

1.11.2.2.3 Langwaffe bei Sportwettkampf (Abs. 3 Nr. 3)

Teilnehmer an genehmigten[482] Sportwettkämpfen, die eine Langwaffe nicht schussbereit auf festgelegten Strecken führen, sind von der Erlaubnispflicht freigestellt.

---

[477] *VG Düsseldorf 22 K 7560/11, Urteil vom 10. Mai 2013, Rn. 37; in diesem Falle wäre das Führen erlaubnispflichtig, ein Verstoß idR eine Straftat*

[478] *VG Sigmaringen 10 K 335/18, Urteil vom 24. Januar 2019, Rn. 70; auch VG Düsseldorf 22 K 7560/11, Urteil vom 10. Mai 2013, Rn. 37*

[479] *In der Festlegung aus hiesiger Sicht unverhältnismäßig VG Stade 1 B 85/23, Beschluss vom 16. Februar 2023*

[480] *§ 38 WaffG; zu beachten ist Nr. 1 lit. g, der die Fälle der Leihe, der Verwahrung und des Führens durch Bewachungskräfte regelt*

[481] *§ 12 Abs. 3 Nr. 2 WaffG (Empfehlung: Koffer mit Zahlenschloss)*

[482] *WaffVwV zu § 12, Nr. 12.3.4: „Die Begriffe „genehmigte Sportwettkämpfe" und „festgelegte Wegstrecken" machen deutlich, dass es auf organisatorische Erfordernisse hinsichtlich des konkreten Ereignisses und des konkreten Parcours an-*

Regeln des Genehmigungsinhabers, zB Veranstalter von Biathlon-Wettbewerben, sind dabei einzuhalten. Die Ausnahme findet auch für Teamangehörige bzw. Helfer des Athleten oder Personen, die in den Veranstaltungsablauf organisatorisch eingebunden sind, Anwendung.

So dürfen Biathleten, die den Regeln entsprechend an genehmigten Sportwettkämpfen teilnehmen, in diesem Rahmen ebenfalls erlaubnisfrei schießen. Dabei sind Vorgaben des Veranstalters hinsichtlich der Bereiche, aus denen geschossen werden darf, und hinsichtlich der Ziele zwingend einzuhalten.[483]

1.11.2.2.4 Signalwaffe für Notfälle und Notfallübungen (Abs. 3 Nr. 4)

Das Führen einer Signalwaffe beim **Bergsteigen**, als verantwortlicher Führer eines **Wasserfahrzeuges**[484] auf <u>diesem</u> Fahrzeug oder bei **Not- und Rettungsübungen** ist erlaubnisfrei. Bei Not- und Rettungsübungen darf mit Signalwaffen geschossen werden (§ 12 Abs. 4 Nr. 4 WaffG), in anderen Fällen, insbesondere in „echten" Notsituationen, kann das Schießen insbesondere durch § 34 StGB gerechtfertigt sein.

Der Begriff der Übung muss eng ausgelegt werden. Er setzt die Einbindung einer staatlich anerkannten Organisation aus dem Bereich der „Behörden- und Organsiationen mit Sicherheitsaufgaben" (BOS) wie Rettungs- und Sanitätsdienst, Katastrophenschutz oder Wasser- bzw. Bergrettung voraus, zB Wasserwacht, DLRG, DGzRS oder Bergwacht. Den „offiziellen Charakter" der Übung kann zB die befugte Verwendung von BOS-Funktechnik im Rahmen der Übung hinreichend belegen.

Die **Freistellung des Führens und Schießens von der Erlaubnispflicht** gilt **unabhängig von der Erlaubnispflicht für den Erwerb** der jeweils verwendeten Signalwaffe und Munition. In Frage kommen erlaubnispflichtige Signalwaffen ebenso wie von der Erlaubnispflicht freigestellte SRS-Waffen nach Anlage 2 A2 UA2 Nr. 1.3 WaffG.

1.11.2.2.5 Signalgebung bei Sportveranstaltung (Abs. 3 Nr. 5)

Erlaubnisfrei ist das Führen von Schreckschuss- oder Signalwaffen als Signalgeber bei Sportveranstaltungen, wenn optische oder akustische Signalgebung erforderlich ist. Der Begriff der Sportveranstaltung ist gesetzlich nicht definiert, aber wie die Begriffe „Sportwettkampf" und „Übung" in den Nrn. 3 und 4 eng auszulegen. Gleich-

---

kommt. „Genehmigt" bedeutet, dass die Sportart nach einer genehmigten Sportordnung abläuft. Als Sportwettkampf ist auch das Training anzusehen."

[483] Der Bereich, in dem im Zuge des Wettkampfs geschossen werden darf, ist durch die Behörde in der Genehmigung für das Schießen festzulegen; dies wird immer ein Sachverständigen-Gutachten voraussetzen, in dem hinsichtlich des Schutzes der Zuschauer genaue Vorgaben zum Schützenstand enthalten sind; ist der Bereich Schießstätte im Sinne von § 27 WaffG, entfällt das Verbot des Führens von Waffen nach § 42 Abs. 1 WaffG gemäß § 42 Abs. 4 Nr. 2 WaffG.

[484] Da ein Boot ebenso wie ein PKW kein befriedetes Besitztum ist, wird eine Signalpistole an Bord geführt, weshalb es neben der Befreiung in § 12 Abs. 1 Nr. 3 lit. d WaffG auch der Erlaubnisbefreiung in Abs. 3 bedarf.

wohl ist nicht ersichtlich, dass es sich um einen eingetragenen Verein oder einen im Landessportverband organisierten Verein handeln muss. Eine Sportveranstaltung ist aber eine von dem regelmäßigen Trainingsbetrieb differenzierbare besondere Veranstaltung, die nicht zwingend die Anwesenheit von Publikum voraussetzt.

Handelt es sich um eine **öffentliche Veranstaltung** im Sinne des § 42 Abs. 1 WaffG, ist das dort normierte **Führverbot** zu beachten, das durch die Erlaubnisfreistellung für das Führen nicht aufgehoben wird. Eine Ausnahme nach § 42 Abs. 4 WaffG ist nicht ersichtlich. Somit muss rechtzeitig vor Beginn der Veranstaltung eine **Ausnahme** nach § 42 Abs. 2 WaffG bei der Waffenbehörde beantragt werden, die nach § 49 Abs. 2 Nr. 5 WaffG örtlich zuständig ist.

Mit Schreckschuss- oder Signalwaffen darf bei Sportveranstaltungen im Auftrag der Veranstalter geschossen werden, wenn dies erforderlich ist, etwa als Start- oder Beendigungszeichen bei einer Regatta (§ 12 Abs. 4 Nr. 5 WaffG). In Frage kommen erlaubnispflichtige Schreckschuss- und Signalwaffen ebenso wie von der Erlaubnispflicht freigestellte SRS-Waffen nach Anlage 2 A2 UA2 Nr. 1.3 WaffG.

1.11.2.2.6 Reiseausnahme (Abs. 3 Nr. 6)

Keiner Erlaubnis bedarf das Führen eines wesentlichen Teils einer Schusswaffe, wenn zB **auf Reisen im Zusammenhang mit dem Sport oder der Jagd** eine Schusswaffe aufbewahrt werden muss, zB in einem **Hotelzimmer**, aber auch in den **Räumlichkeiten eines privaten Gastgebers**. Um in diesen Situationen bei einem Diebstahl der Waffe die Gefahr eines unmittelbaren Missbrauchs zu verringern, gestattet § 12 Abs. 3 Nr. 6 WaffG das Führen eines wesentlichen Waffenteiles, zB des Laufes, wenn man es aus der Waffe ausgebaut hat und nun etwa im Restaurant bei sich trägt. Allerdings muss auch die „Rest-Waffe" in der Unterkunft so gut wie möglich gegen eine Wegnahme geschützt werden. Werden einzelne Teile verschiedener Waffen mitgeführt, darf sich aus diesen keine funktionsfähige Waffe zusammensetzen lassen.

1.11.2.3 Erlaubnisfreies Schießen (Abs. 4)

Da selbst von erlaubnisfrei erwerbbaren Druckluftwaffen eine Gefahr ausgeht, ist **Schießen** grundsätzlich **nur auf genehmigten Schießstätten**[485] **erlaubnisfrei**, da hier durch spezielle Kugelfangeinrichtungen eine Gefährdung des Schützen und Dritter bei Einhaltung der Sicherheitsvorschriften weitgehend ausgeschlossen ist. Doch auch außerhalb genehmigter Schießstätten ist es in gewissen Situationen erlaubt, mit bestimmten Waffen zu schießen.

Nicht von der Erlaubnispflicht **freigestellt** ist das **Schießen mit SRS-Waffen im öffentlichen Raum**. Dies gilt auch für Inhaber eines Kleinen Waffenscheins, insbesondere in der **Silvesternacht**.

---

[485] *Ausführlich zum Begriff der Schießstätte Kapitel 1.16.2*

1.11.2.3.1 Befriedetes Besitztum (Abs. 4 Nr. 1)

Außerhalb des öffentlichen Raumes („auf befriedetem Besitztum", zB ein für Außenstehende erkennbar privates Grundstück oder Bauwerk) darf durch den Hausrechtsinhaber oder mit seiner Zustimmung mit bestimmten Schusswaffen auch ohne Erlaubnis geschossen werden. Die Ausnahme gilt für

- Schusswaffen
  - mit einer Geschossenergie bis 7,5 Joule, zB einer von der Erlaubnispflicht befreiten Druckluftwaffe[486] und
  - nach § 7 BeschG bauartzugelassene[487] Schusswaffen,

  wenn die angetriebenen Geschosse das befriedete Besitztum nicht verlassen können[488],

sowie für

- Schusswaffen, aus denen nur Kartuschenmunition verschossen werden kann (zB Salutwaffen oder SRS-Waffen).

1.11.2.3.2 Langwaffe bei Sportwettkampf (Abs. 4 Nr. 2)

Die Ausnahme wird in Kapitel 1.11.2.2.3 erläutert.

1.11.2.3.3 Schusswaffen für Kartuschenmunition (Abs. 4 Nr. 3)

Das Schießen mit Schusswaffen, aus denen nur Kartuschenmunition verschossen werden kann (zB Salutwaffen oder SRS-Waffen), ist darüber hinaus erlaubnisfrei für

---

[486] *Zur Erlaubnispflichtbefreiung für Druckluftwaffen ausführlich Kapitel 1.12.2.2; In diesem Zusammenhang ist stets darauf hinzuweisen, dass der Umgang durch Minderjährige dadurch nicht erlaubt wird; da es ein Schießen außerhalb einer Schießstätte nach § 27 WaffG ist, gilt als Voraussetzung zum Umgang das Mindestalter von 18 Jahren; die Überlassung eines erlaubnisfreien Druckluftgewehres an einen Minderjährigen in einem solchen Falle führt nach § 5 Abs. 1 WaffG zum Verlust der Zuverlässigkeit.*

[487] *Insbesondere Schusswaffen mit einem Patronen- oder Kartuschenlager bis zu 5 Millimeter Durchmesser und bis zu 15 Millimeter Länge oder mit einem Patronen- oder Kartuschenlager kleiner als 6 Millimeter Durchmesser und kleiner als 7 Millimeter Länge, bei denen dem Geschoss eine Bewegungsenergie von nicht mehr als 7,5 Joule (J) erteilt wird (§ 7 Abs. 1 Satz 2 Nr. 1 Beschussgesetz)*

[488] *Es ist nicht ausreichend, dass die Geschosse in der jeweiligen Situation das befriedete Besitztum nicht verlassen oder verlassen haben, sondern es muss durch Aufbauten (Geschossfänge, zB eine fensterlose Garage, in die durch das geöffnete Tor hineingeschossen wird) oder die Größe des Grundstücks nach allgemeiner Lebenserfahrung ausgeschlossen sein, dass das Geschoss das Besitztum verlassen kann.*

Mitwirkende an Theateraufführungen, Filmaufnahmen u.ä.[489] sowie zum Vertreiben von Vögeln in landwirtschaftlichen[490] Betrieben.

1.11.2.3.4 Signalwaffe für Notfälle und Notfallübungen (Abs. 4 Nr. 4)

Die Ausnahme wird in Kapitel 1.11.2.2.4 erläutert.

1.11.2.3.5 Signalgebung bei Sportveranstaltung (Abs. 4 Nr. 5)

Die Ausnahme wird in Kapitel 1.11.2.2.5 erläutert.

1.11.2.4 Behördliche Einzelerlaubnis (Abs. 5)

Die zuständige Behörde, in der Regel die örtlich zuständige Waffenbehörde, kann gemäß § 12 Abs. 5 WaffG über die in der Norm genannten Tatbestände hinaus für den konkreten Einzelfall weitere Ausnahmen von den Erlaubnispflichten genehmigen, wenn besondere Gründe vorliegen und die Belange der öffentlichen Sicherheit und Ordnung dem nicht entgegenstehen. Davon ist auszugehen, wenn sich durch die konkrete Ausnahme keine negativen Folgen für die Sicherheit der Bevölkerung ergeben. Dies ermöglicht Ausnahmen von Erlaubnispflichten, nicht aber Ausnahmen von gesetzlichen Verboten, etwa zum Umgang mit verbotenen Waffen oder Munition, da diese in die ausschließliche Befugnis des BKA fallen.[491] So sind auch Ausnahmen von dem Führverbot für Anscheinswaffen nach § 42a Abs. 1 WaffG durch die Waffenbehörde nicht möglich, die über die Ausnahmeregelungen nach § 42a Abs. 2 WaffG hinausgehen.[492]

1.11.3 Ausnahmen nach Anlage 2 A2 WaffG

1.11.3.1 Erlaubnisfreier Umgang nach UA2

Ausnahmen von der Erlaubnispflicht für den Umgang mit Waffen nach Anlage 1 A1 UA1 Nr. 1 bis 4.3 WaffG werden nachfolgend beispielhaft dargestellt. Beachten Sie auch Kapitel 1.12, insbesondere Kapitel 1.12.2.

1.11.3.1.1 Übersicht

Anlage 2 A2 UA2 WaffG entbindet einzelne Formen des Umgangs mit bestimmten Waffenarten von der Erlaubnispflicht. Die betroffenen Waffenarten verlieren ihre Waffeneigenschaft nicht, womit Verbote in anderen Vorschriften des WaffG trotzdem gelten, zB das Führverbot für Waffen nach § 42 WaffG – das Verbot besteht auch bei Wegfall der Erlaubnispflicht für das Führen, etwa von Armbrüsten, oder bei einem berechtigten Führen von SRS-Waffen mit dem Kleinen Waffenschein.

---

[489] *Film- / TV-Aufnahmen, Öffentlichkeitsvorführungen in Film- / TV-Studios.*

[490] *zB Wein- und Obstbau, Fischereiwirtschaft*

[491] *§ 40 Abs. 4 WaffG, siehe auch Kapitel 1.24.1*

[492] *Ergänzend dazu Fußnote 857 auf Seite 307*

Erlaubnisfrei ab 18 Jahren sind insbesondere **Erwerb und Besitz** von

- Druckluft-, Federdruck-, Kaltgas-Waffen mit „F im Fünfeck", die die Voraussetzungen nach Anlage 2 A2 UA 1 Nr. 1.1 erfüllen,[493]
- Druckluft-, Federdruck-, Kaltgas-Waffen, Herstellung & Inverkehrbringen vor 1970 oder in der ehemaligen DDR,
- Schreckschuss-, Reizstoff-, Signalwaffen mit Zeichen „PTB im Kreis" oder einer anderen Kennzeichnung eines EU-Mitgliedsstaates,
- historische Vorderlader (Modell entwickelt vor 1871, umfasst
  - Schusswaffen mit Lunten-, Funken-, Zündnadelzündung sowie
  - einläufige Einzellader mit Zündhütchenzündung) und
- Armbrüste sowie
- Kartuschenmunition für Schussapparate, Salutwaffen, SRS-Waffen und
- pyrotechnische Munition der Klasse „PM I".

Erlaubnisfrei ist der **Handel** mit **Vorderladerwaffen** (Modell entwickelt vor 1871) mit

- Zündnadelzündung sowie
- von einläufigen Einzelladern mit Zündhütchenzündung.

Erlaubnisfrei sind **Führen**[494], **Herstellung** und **Handel** von

- Vorderladern (Modell entwickelt vor 1871) mit Lunten- oder Funkenzündung,
- Armbrüsten und
- unbrauchbar gemachten Schusswaffen.

Erlaubnisfrei ist das **Unbrauchbarmachen** von Waffen. Beachten Sie, dass der bei Fremdwaffen zwangsläufig vorangehende Erwerb idR erlaubnispflichtig ist, was eine Erlaubnis nach § 21 WaffG erforderlich macht.

1.11.3.1.2 Austausch- und Wechselläufe / -systeme (Nr. 2.1)

Austauschläufe können ohne Anpassungsarbeiten in die Waffe eingesetzt werden – sie dürfen „von jedermann gegen den vorhandenen Lauf ausgetauscht werden". Ein **Wechsellauf** dient zur **Instandsetzung** einer Waffe. Wechselläufe werden vom Büchsenmacher an die Waffe angepasst.

Als **wesentliche Teile** unterliegen **Läufe**, **Verschlüsse** und **Trommeln** den Vorschriften, die für die Waffe gelten, für die sie bestimmt sind.[495] Besteht die Möglichkeit

---

[493] *Siehe vertiefend Kapitel 1.12.2.2*

[494] *Durch die generelle Erlaubnisbefreiung in UA2 Nr. 3 müssen beim Führen der dort genannten Waffen die Voraussetzungen nach § 12 Abs. 3 Nr. 2 WaffG nicht beachtet werden. So dürfen diese Waffen auch zugriffsbereit geführt werden.*

[495] *Beachten Sie Kapitel 1.3.2.3*

des erlaubnisfreien Erwerbs der Waffe, für die ein wesentliches Teil bestimmt ist, etwa im Falle der Langwaffen für Inhaber eines Jahresjagdscheins, ist der Erwerb des wesentlichen Teils erlaubnisfrei; die Erlaubnis zum Besitz ist gesondert zu beantragen.

Für **Inhaber einer WBK**[496] ist der Erwerb eines Austausch- oder Wechsellaufes nebst notwendiger Verschlüsse (die Kombination aus Austauschlauf und dem für ihn bestimmten Verschluss wird als **Wechselsystem** bezeichnet) für eine in einer WBK des Erwerbers eingetragene[497] Waffe **erlaubnisfrei** (Anlage 2 A2 UA2 Nr. 2 WaffG). Dies gilt für gleiche und kleinere Kaliber. Wenn Sie dagegen ein System bzw. einen Lauf eines größeren Kalibers verwenden möchten, ist dieser Erwerb nicht durch die eingetragene Waffe gedeckt. Im Grundsatz gilt gleiches für **Wechseltrommeln** – hier wird aber auf gleiches oder kleineres Kaliber und Gasdruck abgestellt.

Die Erlaubnis zum Erwerb und Besitz von **Munition** ist gesondert zu beantragen. Sie ergibt sich nicht aus der Erlaubnis für die eingetragene Waffe.

Erwerb und **Überlassung** durch WBK-Inhaber sind binnen zwei Wochen der zuständigen Behörde unter Vorlage der WBK **anzuzeigen** (§§ 37a, 37g WaffG). Durch Eintragung in die WBK wird der **Besitz** erlaubt. Für andere Berechtigte als WBK-Inhaber, zB **Händler und Hersteller**, gilt die **Pflicht zur Anzeige nach § 37 WaffG** bei Erwerb und Überlassung.

Der erlaubnisfreie Erwerb nach Anlage 2 A2 UA2 Nr. 2 WaffG ist nicht dem **Erwerbsstreckungsgebot** unterworfen und nicht auf die Zahl der in dem betroffenen Zeitraum erworbenen Schusswaffen anzurechnen.[498]

Eine **Beschusspflicht** besteht in der Praxis **in Ausnahmefällen** bei der Verwendung von Austauschläufen und Wechselsystemen, die selbst eine Beschussprüfung bestanden haben,.[499] Insbesondere der **Austausch eines höchstbeanspruchten Teils**, zB eines Austauschlaufs eines Kalibers, dessen Höchstgebrauchsgasdruck höher ist als der der Waffe, in dem er verwendet werden soll (zB .357 SIG in einer Waffe, die im Kaliber .40 S&W beschossen ist), bedingt einen erneuten Beschuss.[500]

1.11.3.1.3 Einsteckläufe, Einstecksysteme, Einsätze

Einsteckläufe, -systeme und Einsätze sind erlaubnisfrei für Erwerb und Besitz, wenn die vorgesehene Waffe bereits in der WBK eingetragen ist.[501]

---

[496] *Der Jahresjagdschein ist in diesem Falle nicht der WBK gleichgestellt.*

[497] *Zum Begriff der „eingetragenen Waffe" siehe Kapitel 2.1.1.1 und 2.1.1.2*

[498] *Vertiefend zur Thematik siehe Kapitel 1.3.2.3.2.3*

[499] *Informationen zur Freistellung von der Beschusspflicht siehe Kapitel 3*

[500] *Vertiefend Ausführungen auf Seite 477*

[501] *Anlage 2 A2 UA2 Nr. 2a WaffG; zum Begriff „eingetragen" Kapitel 2.1.1.2*

Einsteckläufe werden in den Lauf der Waffe eingeführt, um Geschosse eines geringeren Kalibers ohne weitere Veränderungen an der Waffe aus dieser verschießen zu können. Sie benötigen in der Regel keinen eigenen Verschluss. Der Begriff „**Einstecksystem**" beschreibt dagegen Einsteckläufe einschließlich des für sie bestimmten, erforderlichen Verschlusses.

Einsätze sind an die Innenabmessungen des Patronenlagers angepasst, um mit Hilfe des Einsatzes Munition kleiner Abmessung verschießen zu können. Sie sind dann von der Regelung nach Anlage 2 A2 UA2 Nr. 2a WaffG erfasst, wenn sie nicht ein Einstecklauf im Sinne der Definition sind.

Eine **Eintragungspflicht** und **Anzeigepflicht für den Erwerb und auch für die Überlassung** besteht bei den Regelungen nach Anlage 2 A2 UA2 Nr. 2 WaffG nur für Austausch- und Wechselläufe, nicht aber für Einsteckläufe und Einsätze (beachten Sie den Unterschied der Regelung in Anlage 2 A2 UA2 Nr. 2 und Nr. 2a WaffG). Ein **Eintrag** ist im Falle von Einsteckläufen und Einsätzen allerdings **empfehlenswert**, da ansonsten ein Munitionserwerb aufgrund fehlender Erlaubnis nur eingeschränkt möglich ist. Für andere Berechtigte als WBK-Inhaber, zB **Händler und Hersteller**, gilt die **Pflicht zur Anzeige nach § 37 WaffG** bei Erwerb und Überlassung.

1.11.3.1.4 Unbrauchbar gemachte Schusswaffen

Die Freistellung von den Erlaubnispflichten für Erwerb, Besitz und Überlassen sowie für das Führen und das Handeln mit unbrauchbar gemachten Schusswaffen wurden im Zuge der Änderungen zum 1. September 2020 in das Waffengesetz aufgenommen und ersetzten die Ausnahmeregelung in Anlage 2 A3 UA2 Nr. 4 WaffG.

Zu beachten ist die Beschränkung der Freistellungen nach UA2 auf solche Schusswaffen, die gemäß Anlage 1 A1 UA1 Nr. 1.4 WaffG nach den derzeit geltenden Vorschriften zur Deaktivierung von Schusswaffen unbrauchbar gemacht worden sind und ein Deaktivierungszeichen tragen. Andere unbrauchbar gemachte Schusswaffen unterfallen gesonderten Vorschriften. Beachten Sie dazu die umfassende Darstellung in Kapitel 1.3.2.3.3.1.

1.11.3.2 Freistellung von Erlaubnisvoraussetzungen nach UA3

Während UA2 bestimmte Arten des Umgangs, differenziert nach der jeweiligen Waffenart, von Erlaubnispflichten ausnimmt, enthält UA3 Vorschriften, die die Erteilung einer waffenrechtlichen Erlaubnis erleichtern, indem entgegen § 4 WaffG einzelne Erlaubnisvoraussetzungen erforderlich sind, insofern auf den entsprechenden Nachweis verzichtet werden kann.

1.11.3.2.1 Erwerb und Besitz ohne Bedürfnisnachweis (Nr. 1)

Erwerb und Besitz von Feuerwaffen, deren Geschoss nicht mehr als 7,5 J erteilt wird, und der für sie bestimmten Munition sind erlaubnispflichtig, die entsprechende Erlaubnis kann aber gemäß UA3 **Nr. 1** erteilt werden, ohne dass ein Bedürfnis im Sinne von § 8 WaffG glaubhaft gemacht werden muss, die Waffe das Kennzeichen

„F im Fünfeck" oder eine andere anerkannte Kennzeichnung trägt. Bei den betroffenen Waffen handelt es sich in der Regel um Waffen im **Kleinstkaliber** 4mm M20.

Nur geborene (als Kleinstkaliber-Waffe ursprünglich hergestellte Waffen), nicht aber gekorene (durch Umbau einer Waffe größeren Kalibers) Waffen unterfallen der Ausnahme nach Anlage 2 A2 UA3 Nr. 1 WaffG, da sich nach Anlage 2 A2 UA1 Satz 3 die Erlaubnispflicht einer umgebauten Waffe nach den Vorschriften bestimmt, die für die Ursprungswaffe gelten.[502]

Vollautomatische Waffen, die nicht Kriegswaffe sind, unterliegen nach einem Umbau, der die Verbotseigenschaft „Vollautomat" dauerhaft beseitigt, als halbautomatische Schusswaffen der Erlaubnispflicht, wenn keine weiteren Verbotsmarkmale vorhanden sind.[503]

Für die Erteilung der Erlaubnis ist der Nachweis der Sachkunde zu erbringen. Das Mindestalter von 18 Jahren sowie Zuverlässigkeit und Persönliche Eignung sind für Erteilung und Aufrechterhaltung der Erlaubnis erforderlich. Es handelt sich um erlaubnispflichtige Schusswaffen und Munition, die vollumfänglich den Aufbewahrungsvorschriften nach § 36 WaffG unterfallen.

1.11.3.2.2 „Kleiner Waffenschein" (Nr. 2)

Durch die Gleichstellung von tragbaren Gegenständen zum Abschießen von Munition zu Schusswaffen-Zwecken unterfallen SRS-Waffen nach Anlage 2 A2 UA2 Nr. 1.3 WaffG grundsätzlich der Erlaubnispflicht für das Führen, wenn die tatsächliche Gewalt über die zugriffsbereite oder schussbereite Waffe außerhalb des eigenen befriedeten Besitztums, der eigenen Wohnung oder Geschäftsräume oder außerhalb einer Schießstätte erfolgt.

Die Spezialregelung nach Anlage 2 A2 UA3 **Nr. 2** WaffG erlaubt dieses Führen, wenn der Betroffene einen Kleinen Waffenschein besitzt. Für die Erteilung der Erlaubnis sind, anders als bei einem „großen" Waffenschein, Nachweise für Sachkunde und Bedürfnis sowie das Bestehen einer Haftpflichtversicherung, die in § 4 WaffG als Voraussetzung für die Erteilung einer waffenrechtlichen Erlaubnis zum Führen verlangt werden, nicht erforderlich. Das Mindestalter von 18 Jahren sowie Zuverlässigkeit und Persönliche Eignung sind dagegen für Erteilung und Aufrechterhaltung der Erlaubnis erforderlich. Beachten Sie zum Kleinen Waffenschein Kapitel 2.7.

---

[502] *Ergänzend Kapitel 1.36.7*

[503] *VG Wiesbaden 6 K 922/09.WI, Urteil vom 23. November 2009; die Beseitigung von Verbotsmerkmalen ist zulässig und die Entlassung aus dem Verbotsstatus keine wegfallende oder erleichterte Erlaubnisvoraussetzung im Sinne der Anlage 2 A2 UA1 Satz 3 WaffG; zum möglichen Wegfall von Verbotsmerkmalen auch BGH 1 StR 35/17 im Falle eines Springmessers mit defekter Feder, somit nur vorübergehendem Wegfall.*

1.11.4 Ausnahmen nach Anlage 2 A3 WaffG

Anlage 2 A3 **UA1** WaffG befreit bestimmte **Harpunengeräte** von den Regeln des Waffengesetzes – einzig das Mindestalter[504] von 18 Jahren ist zu beachten. Zudem dürfen Personen, gegen die ein **Waffenverbot**[505] besteht, keinen Umgang mit diesen Harpunengeräten haben.

Anlage 2 A3 **UA2** WaffG stellt die dort erfassten Waffen von der Anwendung des WaffG frei, ausgenommen ist lediglich das Führverbot nach § 42a WaffG, das aber wiederum nur auf Anscheinswaffen anwendbar wäre.

Anlage 2 A3 UA2 **Nr. 1** WaffG stellt **zum Spiel bestimmte Schusswaffen** mit einer Mündungs-Geschossenergie von nicht mehr als 0,5 J und **Spielzeugwaffen** von den Regeln des Waffengesetzes frei.

Gleiches gilt nach Anlage 2 A3 UA2 **Nr. 2** WaffG für Gegenstände, die zwar nach der Definition aus Anlage 1 A1 UA1 Nr. 1.1 WaffG Schusswaffe sind, bei denen aber die für den Antrieb eines damit verschossenen festen Körpers (Geschoss) erforderliche Energie durch Muskelkraft eingebracht wird und nicht gespeichert werden kann. Ein Blasrohr erfüllt beispielsweise die Definition einer Schusswaffe (ein fester Körper wird zum Zwecke des Spiels durch einen rohrförmigen, Führung gebenden Gegenstand getrieben), aufgrund des Antriebs allein durch eine Ausatembewegung ohne die Möglichkeit einer Speicherung dieser „Druckluft" außerhalb des Blasrohr-Schützen sind die Voraussetzungen für die Ausnahme erfüllt.

Bei den zum Spiel bestimmten Gegenständen nach Anlage 2 A3 UA2 **Nr. 3** WaffG handelt es sich um typische Spielzeuge ohne den technischen Charakter einer Schusswaffe, vielmehr erfolgt ein Zünden von sogenannten „Knallplätzchen", die in Ringform oder als langer Papierstreifen (Schussbänder) mit einer schlagempfindlichen Zündmasse aus Kaliumchlorat und Phosphor, um einen minimalen und idR harmlosen „Knall" zu erzeugen, wobei es sich um pyrotechnische Munition im Sinne des WaffG handelt.

Anlage 2 A3 UA2 **Nr. 4** WaffG stellt Nachbildungen von Schusswaffen von der Anwendung des WaffG mit Ausnahme von § 42a WaffG frei.

Zu beachten ist, dass die vor dem 1. September 2020 in Anlage 2 A3 UA2 WaffG als Nr. 4 aufgeführten **Dekorationswaffen** nur jene Umbauten erfassten, die nach § 7 der Ersten Verordnung zum Waffengesetz vom 24. Mai 1976 unbrauchbar gemacht wurden oder nach dem 1. April 2003, was durch ein Zulassungszeichen nachzuweisen war. Durch die Änderungen des WaffG 2020 sind diese unbrauchbar gemachten Waffen nun besonderen Regelungen unterworfen und nicht mehr weitgehend von der Anwendung des WaffG ausgenommen, sondern Schusswaffen im Sinne des WaffG und damit alle gesetzlichen Regelungen des WaffG unterworfen, wobei einschränkend bei Aufrechterhaltung des Besitzes eine Besitzstandsregelung

---

[504] *§ 2 Abs. 1 WaffG*

[505] *§ 41 Abs. 1 WaffG*

in § 25c AWaffV zumindest die Erlaubnispflicht für Erwerb und Besitz aufhebt. Zu beachten ist, dass die Regelungen zu Mindestalter und Aufbewahrung auch für diese „Alt-Deko"-Waffen gelten.[506]

1.11.5 Erlaubnisfreiheit

Zu unterscheiden ist zwischen Waffen, die nicht der Erlaubnispflicht unterfallen, weil sie nicht in der Anlage 1 A1 UA1 Nr. 1 bis 4.3 WaffG aufgeführt sind, und Waffen, die von der Erlaubnispflicht freigestellt sind, da sie zwar in der Anlage 1 A1 UA1 Nr. 1 bis 4.3 WaffG aufgeführt sind, aber durch eine der vorhergehend erläuterten Regelungen von Erlaubnispflichten freigestellt werden. Diese Differenzierung ist insbesondere bei den Regelungen zur Aufbewahrung von Waffen zu beachten, die lediglich im Falle von Waffen, die von der Erlaubnispflicht freigestellt sind, eine Aufbewahrung in einem verschlossenen Behältnis fordern, während Waffen, die von vornherein nicht der Erlaubnispflicht unterfallen, lediglich gegen unbefugte Wegnahme gesichert werden müssen, was auch durch Verschraubung an einer massiven Wand gelingt, die nur mit einem Werkzeug gelöst werden kann.

Nicht von der Erlaubnispflicht erfasst sind die tragbaren Gegenstände nach Anlage 1 A1 **UA2** WaffG – Hieb- und Stoßwaffen und weitere Gegenstände[507] unterliegen den Vorschriften des Waffengesetzes, was etwa die Aufbewahrung oder das Mindestalter für den Umgang angeht, nicht aber der Erlaubnispflicht.

Der Umgang mit geprüften[508] **Reizstoff-Sprühgeräten** ist erlaubnisfrei, da es sich bei diesen zwar um Waffen, nicht aber um Schusswaffen handelt (anders: **Reizstoffwaffen**[509] zum Verschießen von Reiz- oder anderen Wirkstoffen – diese sind Schusswaffen im Sinne des WaffG). Der Umgang mit Reizstoffsprühgeräten ist bereits ab 14 Jahren erlaubt.[510]

1.12 Umgang mit historischen und freien Waffen

1.12.1 Vorderladerwaffen

Historische Schusswaffen, aber auch nach dem Vorbild historischer Modelle konstruierte Schusswaffen jüngerer Bauart (**Repliken**) erfahren durch die Vorschriften der Anlage 2 WaffG eine weitgehende Befreiung von den Vorschriften des WaffG. Dabei handelt es sich in der Regel um Vorderladerwaffen. Grundsätzlich ist zu beachten, dass nicht jede Vorderladerwaffe mit **Luntenzündung**, **Funkenzündung**, **Zündnadelzündung** oder **Zündhütchenzündung (Perkussionswaffen)** in den Genuss der nachfolgend dargestellten Ausnahmen kommt. Beachten Sie darum bei den

---

[506] *Zu unbrauchbar gemachten Schusswaffen siehe Kapitel 1.3.2.3.3.1*

[507] *§ 1 Abs. 2 Nr. 2 lit. a und b WaffG*

[508] *Anlage 2 A1 Nr. 1.3.5 WaffG*

[509] *Anlage 1 A1 UA1 Nr. 2.7 WaffG*

[510] *§ 3 Abs. 2 WaffG*

erläuterten Regelungen die Einschränkungen bezüglich Zündung und Konstruktion sowie die Umgangsarten, auf die sich die jeweilige Ausnahme konkret bezieht.

Die nachfolgend genannten Zündverfahren behandelt vertiefend der Ergänzungsband zu diesem Buch.

1.12.1.1 Historisches Vorbild

Die nachfolgend dargestellten Befreiungen von den Vorschriften des Waffengesetzes gelten nur für solche Schusswaffen, die die genannten **Konstruktionsmerkmale** aufweisen und die beschriebene **Zündungsart** verwenden. Entscheidend ist dabei aber auch der **Zeitpunkt** der Entwicklung, genauer der **Herstellung des ersten Modells dieser Waffe**. Fehlt es an einem historisch belegten Vorbild, etwa im Falle der Tingle-Pistole als Perkussions-Vorderlader, sind Ausnahmen des WaffG nicht anwendbar.[511]

Handelt es sich um eine Schusswaffe, die nicht vor dem 1. Januar 1871 hergestellt wurde, ist zu prüfen, ob das erste Modell dieser Schusswaffe vor diesem Zeitpunkt hergestellt worden ist. Das Gesetz nimmt also ausdrücklich nicht auf den Zeitpunkt der Herstellung Bezug, sondern lediglich auf die Herstellung des Modells. Somit bedarf es in Zweifelsfällen immer der sachverständigen Begutachtung, um eine Aussage bezüglich eines tatsächlichen historischen Vorbildes treffen zu können.

1.12.1.2 Einstufung als Schusswaffe

Allein das Alter der Waffe oder der Konstruktionsidee, die einem Nachbau zugrunde liegt, macht aus diesem Gegenstand kein harmloses Spielzeug. Auch Vorderladerwaffen wurden für den Kampf oder für die Jagd erdacht und sind bezüglich ihrer Feuerkraft und Zerstörungsfähigkeit mancher erlaubnispflichtigen Schusswaffe unserer Tage überlegen. Die Herstellung von Schwarzpulver ist zwar erlaubnispflichtig und damit dem Unbefugten verboten, gleichzeitig aber „kein Hexenwerk“; auch die Geschosse sind leicht herstellbar, und selbst die Anzündhütchen sind frei erwerbbar. Gleichwohl stellt der Gesetzgeber diese Waffen weitgehend von den Vorschriften des WaffG frei.

Beachten Sie, dass in einigen Bundesländern die **Jagdausübung mit Vorderladerwaffen** durch die Landesgesetzgebung ausdrücklich verboten ist.

1.12.1.3 Beachtung des Waffenverbotes

Die Freistellung von bestimmten Erlaubnispflichten tritt hinter ein behördliches Verbot des Umgangs mit Waffen nach § 41 WaffG zurück. Ist gegen eine Person ein Waffenverbot ausgesprochen, kann dieses auch den Umgang mit erlaubnisfrei erwerbbaren Schusswaffen umfassen.

---

[511] *VG Frankfurt am Main 5 K 4408/16.F, Urteil vom 15. August 2019*

1.12.1.4 Erfordernis Mindestalter

Grundsätzlich sind auch diese Gegenstände Schusswaffen und damit Waffen im Sinne des WaffG. Somit gelten bei Wegfall von Erlaubnispflichten die sonstigen Voraussetzungen für den Umgang mit Schusswaffen, womit zB das Erfordernis eines **Mindestalters**[512] für den Umgang zu beachten ist.

1.12.1.5 Erlaubnisfreier Erwerb und Besitz

Schusswaffen mit **Zündhütchenzündung (Perkussionswaffen)**, deren Modell vor dem 1. Januar 1871 entwickelt worden ist, können ohne Erlaubnis erworben und besessen werden, wenn es sich um **Einzelladerwaffen** mit **nur einem Lauf** handelt. Ursprünglich mehrschüssige Perkussionsrevolver, die zu einschüssigen Einzelladerwaffen abgeändert worden sind, indem die Gewinde zur Aufnahme der Pistone in den Trommelbohrungen bis auf eines entfernt oder die Bohrungen dauerhaft verschlossen bzw. erweitert wurden, fallen nicht unter diese Befreiung.[513]

Ebenso können **ein- oder mehrläufige Schusswaffen** ohne Erlaubnis erworben und besessen werden, wenn das Zündverfahren eine

- **Luntenzündung**,
- **Funkenzündung** oder
- **Zündnadelzündung**

und das Modell dieser Waffe vor dem 1. Januar 1871 entwickelt worden ist.

Schusswaffen mit **Stiftfeuerzündung** wie das **Lefaucheux**-Gewehr werden von der Ausnahme der Anlage 2 **nicht erfasst** und unterliegen darum **immer** der grundsätzlichen **Erlaubnispflicht** für Erwerb und Besitz.

1.12.1.6 Erfordernis Aufbewahrung

Die Anforderungen an die Aufbewahrung richten sich nach der Erlaubnispflicht für Erwerb und Besitz. Unterliegt eine Schusswaffe der Erlaubnispflicht, gelten die Aufbewahrungsvorschriften für erlaubnispflichtige Schusswaffen in vollem Umfang. Erfolgt eine Freistellung für die im vorangehenden Kapitel beschriebenen Waffentypen, bleibt es aber bei dem Erfordernis eines Mindestalters. Zudem verlangt § 36 WaffG von jedem Besitzer einer Waffe, ob erlaubnispflichtig oder nicht, die erforderlichen Vorkehrungen zu treffen, damit diese nicht von Unbefugten, im Falle erlaubnisfreier Schwarzpulverwaffen von Kindern und Jugendlichen an sich gebracht werden können. Hier ist gesetzlich keine konkrete Anforderung an das Behältnis gestellt worden, gleichwohl muss der Waffenbesitzer im Falle einer Wegnahme der Waffen nachweisen, dass er zumindest für einen Grundschutz gesorgt hat, etwa durch den Einschluss in einem stabilen Holzschrank oder in einer Glasvitrine, die mit einem Schlüsselschloss gegen unbefugte Öffnung geschützt wird.

---

[512] *§ 2 Abs. 1 WaffG; gesetzliche Ausnahmen finden sich zB in § 3 WaffG*

[513] *Vgl. OVG Lüneburg 11 ME 135/19, Beschluss vom 26. April 2019, Rn. 14*

1.12.1.7 Erlaubnisfreies Führen

Schusswaffen, deren Modell vor 1871 entwickelt worden ist, mit

- **Luntenzündung** oder
- **Funkenzündung**

dürfen nach Anlage 2 A2 UA2 Nr. 3 WaffG ohne Erlaubnis geführt werden. Anders als im Falle der Freistellung von der Erlaubnispflicht nach § 12 Abs. 3 Nr. 2 WaffG, die voraussetzt, dass die geführte Waffe nicht zugriffsbereit ist, dürfen sie idF zugriffsbereit sein. Verbote nach § 42 WaffG sind zu beachten, das Führverbot nach § 42a WaffG gilt dagegen nicht.

Beachten Sie, dass es bei Schusswaffen, die eines der genannten Zündungssysteme verwenden, unerheblich ist, ob diese ein- oder mehrläufig sind.

Schusswaffen mit anderen Zündungsarten, zB **Zündnadel-**, **Zündhütchen-** und **Stiftfeuerzündung,** sind **von dieser Freistellung <u>nicht</u> erfasst.**

1.12.1.8 Erlaubnisfreie Herstellung

Schusswaffen, deren Modell vor dem 1. Januar 1871 entwickelt worden ist, können ohne Erlaubnis hergestellt werden, wenn sie eines der folgenden Zündverfahren aufweisen:

- **Luntenzündung**
- **Funkenzündung**

Beachten Sie, dass es bei Schusswaffen, die eines der genannten Zündungssysteme verwenden, unerheblich ist, ob diese ein- oder mehrläufig sind.

Schusswaffen mit anderen Zündungsarten, zB **Zündnadel-**, **Zündhütchen-** und **Stiftfeuerzündung,** sind **von dieser Freistellung <u>nicht</u> erfasst.**

1.12.1.9 Erlaubnisfreier Handel

Schusswaffen mit **Zündhütchenzündung (Perkussionswaffen)**, deren Modell vor dem 1. Januar 1871 entwickelt worden ist, können ohne Erlaubnis gehandelt werden, wenn es sich um **Einzelladerwaffen** mit **nur einem Lauf** handelt.

Ebenso können **ein- oder mehrläufige Schusswaffen** ohne Erlaubnis gehandelt werden, wenn das Zündverfahren eine

- **Luntenzündung,**
- **Funkenzündung** oder
- **Zündnadelzündung**

und das Modell dieser Waffe vor 1871 entwickelt worden ist.

Schusswaffen mit **<u>Stift</u>feuerzündung** wie das **Lefaucheux**-Gewehr werden von der Ausnahme **nicht erfasst** und unterliegen der grundsätzlichen **Erlaubnispflicht** für den Handel.

1.12.1.10 Keine Ausnahme für das Schießen

Das Schießen mit historischen Waffen, insbesondere Feuerwaffen, und Nachbauten, deren Modell vor 1871 entwickelt worden ist, unterliegt mit Ausnahme der Freistellung von in § 12 Abs. 4 WaffG und in der Anlage 2 A3 UA2 WaffG bestimmten Fällen immer der Erlaubnispflicht. Die Art der Zündung ist hier unerheblich.

1.12.1.11 „Historische" Feuerwaffen für Patronenmunition

Bereits einige Jahre vor dem Stichtag der Ausnahmeregelung legten Konstrukteure erste Schusswaffen vor, die nicht mehr von vorn „gestopft", sondern „von hinten" mit Patronen geladen wurden, also „Hinterlader". So verwendete der **Sharps**-Karabiner bereits in den 1850er Jahren Papierpatronen, die in das Patronenlager eingelegt werden konnten, wenn der Blockverschluss der Waffe geöffnet wurde. Die Zündung erfolgte über Anzündhütchen oder mittels Zündpillen - deren automatisierte Zuführung zeigte bereits den Weg zur Entwicklung der automatischen Waffen an.

Bei dem **Gallager**-Gewehr wurde der Lauf durch Betätigung des Abzugsbügels entriegelt, nach vorn geschoben und dann nach unten gekippt. Nach dem Entriegeln wurde der Lauf von hinten mit Patronen ohne Zündvorrichtung geladen, die Zündung erfolgte über ein außen auf einen Piston (Zündstöckel, zum Pulverraum führender Zündkanal) aufgesetztes Anzündhütchen.

Bei Modellen, die vor 1871 entwickelt wurden und die Zündung über ein Anzündhütchen außerhalb des Patronenlagers erzeugen, handelt es sich bei Sharps wie auch Gallager um Schusswaffen, die den weiter oben genannten Freistellungen für Vorderladerwaffen mit Zündhütchenzündung ebenfalls unterliegen, sofern es sich um einläufige Einzelladerwaffen handelt. Das **Henry**-Gewehr wird von der Freistellung nicht erfasst, da es Patronen mit Randfeuerzündung verwendet.

Das **Dreyse-Zündnadelgewehr** unterfällt den Freistellungen für Zündnadelwaffen, ebenso das Modell von **Chassepot**. Schusswaffen mit **Stiftfeuerzündung** wie das **Lefaucheux**-Gewehr werden von den Ausnahmen der Anlage 2 nicht erfasst und unterliegen darum immer der grundsätzlichen Erlaubnispflicht.

1.12.2 „Freie Waffen"

Die Bezeichnung dieses Kapitels entspricht zwar der üblichen Sprachregelung für die nachfolgende Gruppe von Waffen, ist aber im Grunde falsch. Beim Umgang mit den nachfolgend dargestellten Arten von Schusswaffen und Gegenständen ist der Besitzer nicht gänzlich von den Regelungen des Gesetzes freigestellt – sie unterliegen den Regelungen des Waffengesetzes, haben aber eine Gemeinsamkeit: Ihr Erwerb und Besitz ist von der Erlaubnispflicht freigestellt, wobei diese Freistellung teilweise nur unter bestimmten Voraussetzungen besteht, zB das Einhalten bestimmter Energiegrenzen und Kennzeichnungspflichten bei Druckluftwaffen. Das Erfordernis des Mindestalters ist ebenso zu beachten wie eventuelle Erlaubnispflichten, beispielsweise für das Führen, für den Handel und die Herstellung.

1.12.2.1 SRS-Waffen und Munition für SRS-Waffen

Die für diese Art von Gegenständen, die den Schusswaffen gemäß Anlage 1 A1 UA1 Nr. 1.2.1 WaffG gleichgestellt sind, übliche Kurzbezeichnung „**SRS-Waffe**" steht für **S**chreckschuss-, **R**eizstoff-, **S**ignalwaffen. Dabei wird, verwendet man das Kürzel, grundsätzlich davon ausgegangen, dass die nach Anlage 2 A2 UA2 Nr. 1.3 WaffG erforderlichen Kennzeichen vorhanden sind.

SRS-Waffen, die zum Nachweis der **Bauartzulassung** das **Zulassungszeichen** „PTB im Kreis" mit der jeweiligen Kennnummer tragen, und die für sie bestimmte **Kartuschenmunition** können gemäß § 2 Abs. 4 iVm Anlage 2 A2 UA2 Nr. 1.3 lit. a WaffG unter Beachtung anderer gesetzlicher Vorgaben, etwa zum Mindestalter nach § 2 WaffG, **erlaubnisfrei erworben und besessen** werden. Gleiches gilt für solche SRS-Waffen, die den Rechtsvorschriften eines anderen Mitgliedstaates der Europäischen Union entsprechen.[514] Andere Schreckschuss-, Reizstoff- oder Signal-Waffen sind WBK-pflichtig, sie unterfallen nicht der Freistellung von der Erlaubnispflicht nach Anlage 2 A2 UA2 Nr. 1.3 WaffG und auch nicht der Erleichterung für die Erteilung der Erlaubnis zum Führen von SRS-Waffen nach Anlage 2 A2 UA3 Nr. 2 WaffG. Dies gilt beispielweise für „**Startwaffen**", die lediglich Gasaustrittsöffnungen oberhalb einer geschlossenen Laufimitation aufweisen und in vielen Fällen keine PTB-Kennzeichnung aufweisen.

Von der Erlaubnispflicht freigestellte SRS-Waffen und die für sie bestimmte Munition unterliegen nicht der Pflicht zur **Aufbewahrung** in einem qualifizierten Behältnis, sondern lediglich in einem verschlossenen Behältnis.

Waffentechnisch unterscheiden sich SRS-Waffen neben dem verwendeten Material durch die Art des Laufes und Patronenlagers von „scharfen" Waffen. Der Lauf einer SRS-Waffe ist ein **Gaslauf**, das bedeutet, er dient allein zur Ableitung der Verbrennungsgase. Damit keine Geschosse durch diesen Lauf verschossen werden können, ist er mit Sperrelementen blockiert oder auch verschwenkt (dies gilt besonders für die Trommeln von Gasrevolvern, deren Bohrungen entsprechend schräg eingebracht werden). So wird sichergestellt, dass SRS-Waffen nur zum Verschießen von **Kartuschenmunition** (umgangssprachlich „Platzpatronen") oder Munition mit **Reizstoffen** sowie zum Abschießen von **pyrotechnischer Munition** mit Hilfe eines Abschussbechers benutzt werden können.

Das **Verbot** von **Kleinschrotmunition** nach § 2 Abs. 3 WaffG iVm Anlage 2 A1 WaffG bezieht sich auf Patronen mit besonders feinen Schroten, die zum Verschießen aus Kartuschenlagern von SRS-Waffen bestimmt sind.

---

[514] Voraussetzung dafür ist nach Anlage 2 A2 UA2 Nr. 1.3 lit. b WaffG, dass dieser Mitgliedsstaat der Europäischen Kommission als Maßnahme zur Umsetzung der Durchführungsrichtlinie (EU) 2019/69 die Festlegung technischer Spezifikationen für Schreckschuss- und Signalwaffen mitgeteilt hat.

SRS-Waffen nach Anlage 2 A2 UA2 Nr. 1.3 sind keine Schusswaffen, sondern als tragbare Gegenstände zum Abschießen von Munition nach Anlage 1 A1 UA1 Nr. 1.2.1 WaffG lediglich Schusswaffen gleichgestellt und damit Waffen im Sinne des WaffG. Zu beachten ist, dass SRS-Waffen die Definitionen der Schusswaffenarten nach Anlage 1 A1 UA1 Nr. 2.6 bis 2.8 WaffG in der Regel teilweise erfüllen.

Vorgeschriebene **Kennzeichen** auf einer SRS-Waffe sind Name oder Warenzeichen des Herstellers oder Importeurs und die Kaliberbezeichnung.

SRS-Waffen unterliegen als Feuerwaffen[515] im Sinne des BeschG der Beschusspflicht und tragen neben den genannten Kennzeichen ein **Beschusszeichen**.[516] SRS-Waffen im Kaliber 6 mm Flobert Platz unterliegen nicht der Beschusspflicht und tragen kein Beschusszeichen.[517]

Neben den dargestellten Verteidigungswaffen *Gasrevolver* und *Gaspistole* zählen auch **Signalgeber** zu den SRS-Waffen. Sie verschießen pyrotechnische Gegenstände, zB im Notfall auf See oder im Gebirge. Gleiches gilt bei Benutzung eines **Abschussbechers**, der an einer SRS-Waffe montiert wird und zum Abschießen von pyrotechnischen Gegenständen dient. Der Abschussbecher ist **kein wesentliches Teil**, insbesondere **kein Lauf**, wenn er nicht der gesetzlichen Definition entspricht.

Neben Knallpatronen zur Signalgebung kommen in SRS-Waffen zur Selbstverteidigung Reizstoffpatronen zum Einsatz. Die Patronen tragen je nach enthaltenem (Reiz-) Stoff unterschiedliche Farbmarkierungen:

- Gelb für CS-Gas
- Braun für Pfefferkonzentrat
- Blau für CN-Gas
- Rot für andere Reizstoffe
- Grün für Knallpatronen

Wird eine **SRS-Waffe zugriffsbereit und schussbereit geführt**, muss neben dem **Kleinen Waffenschein**[518] auch der Personalausweis oder Pass mitgeführt und Polizeibeamten auf Verlangen zur Prüfung überlassen werden.[519] Diese Verpflichtung gilt auch gegenüber anderen zur Personenkontrolle Berechtigten wie Zollbeamten oder Bundespolizisten, nicht aber gegenüber Mitarbeitern von Privatfirmen oder Bewachungsunternehmen.

---

[515] *§ 2 Abs. 1 Nr. 2 BeschG*

[516] *§ 6 Abs. 1 BeschG*

[517] *§ 4 Abs. 1 Nr. 2 BeschG*

[518] *Zum Führen von SRS-Waffen und dem Kleinen Waffenschein Kapitel 2.7*

[519] *§ 38 Abs. 1 WaffG*

1.12.2.2 Druckluftwaffen

Druckluftwaffen werden landläufig als **Luftgewehre** und **Luftpistolen** bezeichnet, obwohl sie keine Luft verschießen. Die Bezeichnung „Luftdruckwaffe" ist ebenfalls falsch, denn weder wird der Luftdruck außerhalb der Waffe durch Abzugsbetätigung wesentlich verändert noch dient der Luftdruck zur Funktion der Waffe. Druckluftwaffen sind Schusswaffen.

Die korrekte Bezeichnung „Druckluftwaffe" ist schon ein Hinweis auf die Funktionsweise – Luft wird durch einen Kolben in einem Zylinder verdichtet. Der Kolben wird bei vielen Waffenmodellen durch einen seitlich montierten Hebel in den Zylinder geschoben – der Lauf bleibt in diesem Falle unbewegt, wodurch die Waffe eine hohe Präzision erreicht.

Ein „Ratschengeräusch" beim Spannen der Waffe mit einem Seitenhebel ist ein Hinweis auf eine besondere Art von Sicherheitseinrichtung – damit der hohe Druck im Zylinder nicht dazu führt, dass der Seitenhebel plötzlich nach außen schnellt, wird eine Folge von Sicherheitsrasten beim Benutzen des Hebels überwunden, wobei das Geräusch einer Ratsche entsteht. Nach dem Spannen wird der Spannhebel in seine Ruhestellung zurückgeführt – wenn er aus dieser Ruhestellung nicht mehr herausbewegt werden kann, ist das ein Hinweis auf den Waffenzustand (gespannt).

Die komprimierte Luft hat das Bestreben, sich wieder auszudehnen, wird aber in dem Zylinder gehalten. Erst nach Freigabe eines Ventils kann sich die Luft wieder ausdehnen und aus dem Zylinder ausströmen. Dabei wirkt sie auf ein Geschoss und treibt dieses durch den Lauf, weil es der Kraft, die auf das Geschoss wirkt, keinen wesentlichen Widerstand entgegensetzen kann.

Zum **Entladen** oder **Sichern** wird bei einer Waffe mit feststehendem Lauf die Waffe zum Entladen in einen sicheren Kugelfang abgeschossen, weil der Spannhebel aus Sicherheitsgründen im gespannten Zustand nicht aus seiner Ruhestellung bewegt werden kann; das Geschosslager kann also nicht geöffnet werden, weshalb der Abzug zu betätigen ist. Verschossen werden aus Druckluftwaffen im sportlichen Bereich in der Regel Diabolos (Bleikelchgeschoss) mit 4,5 mm Durchmesser.

Druckluftwaffen unterliegen nicht der **Beschusspflicht**, sondern sind nur nach § 24 WaffG zu **kennzeichnen. Waffenrechtlich** zählen sie zu den Schusswaffen. Ausgenommen von der Erlaubnispflicht für Erwerb und Besitz sind nach Anlage 2 A2 UA2 WaffG solche Druckluftwaffen,

- (Nr. 1.1) bei denen die Bewegungsenergie der Geschosse den Wert von 7,5 J nicht übersteigt und die das Kennzeichen „F im Fünfeck" tragen, wobei im Falle von Waffen, die nach ihrer Beschaffenheit **in Bezug auf Geschosse mit einer Länge über 30 mm**[520] **mehrschüssig** sind, für die betroffene Waffe die Bestätigung der zuständigen Behörde zum Aufbringen des Kennzeichens „F

---

[520] *Die Regelung bezieht sich insbesondere auf Nadelgeschosse; siehe Fn. 607*

im Fünfeck" vor dem 24. Juli 2025 vorgelegen haben muss oder das Kennzeichen auf der betroffenen Waffe vor diesem Datum aufgebracht worden war[521],

oder

- (Nr. 1.2) bei denen es sich um eine vor 1970 hergestellte Waffe oder solche aus DDR-Produktion handelt (hier ist keine Energiegrenze zu beachten).

Das **Führen von Druckluftwaffen** ist **erlaubnispflichtig**, ausgenommen solche Modelle, die unter die Freistellung durch Anlage 2 A3 UA2 (≤ 0,5 J) fallen. Die Erlaubnis wird durch einen **Waffenschein** nach § 10 Abs. 4 WaffG erteilt; ein Kleiner Waffenschein nach § 10 Abs. 4 Satz 2 WaffG ist nicht ausreichend.

Weitschuss-Druckluftgewehre können Geschossen deutlich mehr als 7,5 J Bewegungsenergie übertragen – Freistellungen von der Erlaubnispflicht wie für die vorgenannten Druckluftwaffen entfallen, sie sind WBK-pflichtig.

Vorläufer heutiger Druckluftgewehre waren die bis in das 19. Jahrhundert verwendeten **Windbüchsen**. Sie speicherten die für bis zu 20 Schuss erforderliche Druckluft in einer Windflasche, die oft mit Leder überzogen war und auch als Kolben diente. Die Mündungsenergie lag deutlich über 7,5 J. Sie wurden zu Sport und Jagd, aber auch militärisch genutzt. Historische Windbüchsen unterfallen regelmäßig der Freistellung von der Erlaubnispflicht für Druckluftwaffen vor Herstellungsdatum 1970.

1.12.2.3 Federdruckwaffen

Federdruckwaffen speichern die vom Schützen mittels Hebelkraft eingebrachte Energie durch Spannen einer Feder im Innern der Waffe. Die Kraft der gespannten Feder kann durch Betätigung des Abzugs, wodurch sich die Feder entspannen und die zuvor gespeicherte Kraft freigegeben wird, auf verschiedene Arten auf das Geschoss wirken, beispielsweise durch eines der beiden folgenden Prinzipien:

- Das Geschoss wird direkt mittels **Stoßes** durch den Lauf getrieben.

---

[521] *Da sich aus dem Kennzeichen selbst kein Rückschluss darauf ziehen lässt, wann die entsprechende Bestätigung bzw. Kennzeichnung aufgebracht wurde, ist eine unmittelbare Feststellung der Erlaubnisbefreiung in der Praxis kaum möglich; die Kennzeichnung als solche bestätigt allein die Einhaltung der Energiegrenze. Die* ***Freistellungsregelung*** *selbst bedeutet* ***in der praktischen Umsetzung****, dass bei einer Druckluftwaffe die Kennzeichnung „F im Fünfeck" zur Freistellung von der Erlaubnispflicht für Erwerb und Besitz führt, es sei denn, es ist eine mehrschüssige Waffe, die Geschosse mit einer Länge über 30 mm verschießen kann, insbesondere Nadelgeschosse – eine solche mehrschüssige Druckluftwaffe ist nur dann von der Erlaubnispflicht freigestellt, wenn das „F im Fünfeck" vor dem 24. Juli 2025 auf der Waffe angebracht war oder hätte angebracht werden dürfen. Im Falle einer vor dem 24. Juli 2025 rechtmäßig angebrachten Kennzeichnung wären somit auch mehrschüssige Druckluftwaffen, die Geschosse mit einer Länge über 30 mm verschießen könnten, von der Erlaubnispflicht freigestellt.*

- Ein Kolben wird in einem Zylinder bewegt; im Zylinder wird die vorhandene Luft sehr schnell komprimiert und gelangt durch eine Öffnung hinter das Geschoss; da dieser Bereich abgedichtet ist, gibt das Geschoss dem **Gasdruck** nach und wird durch den Lauf getrieben.

Gespannt wird die Feder entweder über den Lauf (**Knicklauf** als einfache Konstruktion, bei welcher der Lauf als Hebel wirkt und über eine Stange nahe der Knickachse die Feder im Innern der Waffe spannt) oder über einen seitlich montierten **Hebel** (wie *Druckluftwaffe*, siehe voriges Kapitel).

Da bei einer einfach konstruierten Federdruckwaffe der Kolben die Waffe insgesamt bewegt, sind solche Waffen nicht zum Wettkampfschießen geeignet. Höherwertige Modelle gleichen durch mechanische Maßnahmen den Impuls, der durch die Bewegung des Kolbens ausgelöst wird, aus.

Waffen mit Knicklauf können durch erneutes Abknicken des Laufes und Entnahme des Geschosses entladen werden; bei feststehenden Läufen gelten die Hinweise des vorigen Kapitels.

Rechtlich gelten die Ausführungen zu Druckluftwaffen.

1.12.2.4 Druckgaswaffen

Neben komprimierter Luft, die durch die Kraft des Schützen in die Waffe „gepumpt" wurde oder in einem Druckbehälter erhältlich ist, können beim Einsatz von Druckgaswaffen auch Gase zum Einsatz kommen. Anders als die Umgebungsluft stehen sie in einem Behälter unter hohem Druck und können nach Betätigen des Abzuges auf das Geschoss wirken.

Rechtlich gelten die Ausführungen zu Druckluftwaffen.

1.12.2.5 Gotcha / Paintball

Paintball-Waffen (**Gotcha-Waffen**) verschießen mit Farbe gefüllte Kugeln im Kaliber .68, die von Federkraft oder Gasdruck durch den Lauf getrieben werden, und erfüllen somit den Schusswaffenbegriff. Für die Einordnung als Druckluft-, Federdruck- oder Kaltgaswaffe, die von der Erlaubnispflicht für Erwerb und Besitz freigestellt ist, ist es erforderlich, dass die Bewegungsenergie der Geschosse 7,5 J nicht übersteigt. Die Einhaltung dieser Vorschrift bei dem geprüften Serienmodell wird durch das Kennzeichen „F im Fünfeck" nachgewiesen. Damit sind Erwerb und Besitz ab 18 Jahren erlaubnisfrei, das Führen aber nur mit **Waffenschein** gestattet. *Zum Schießen mit diesen Waffen beachten Sie Kapitel 1.11.2.3*

Erlaubnisfreies Führen einer Paintball-Waffe mit „F im Fünfeck" ist möglich, wenn es auf einer Schießstätte oder auf dem **befriedeten Besitztum**, in der Wohnung oder in den Geschäftsräumen eines Dritten erfolgt und es sich bei dieser Waffe nicht um eine Anscheinswaffe im Sinne des WaffG handelt. Sofern das Führen der Waffen an diesem Ort mit Einverständnis des Zustimmungsberechtigten geschieht, bedarf es keiner waffenrechtlichen Erlaubnis. Als **befriedetes Besitztum** gilt beispielsweise ein durch eine Umzäunung deutlich vom öffentlichen Raum abgetrenntes Gelände. Das Führen im Sinne eines **Transports** muss nach § 12 Abs. 3 Nr. 2 WaffG erfolgen, empfohlen wird der Transport in einem verschlossenen Behältnis.

Hallen oder Anlagen für das Ausüben von Paintball-Spielen (**Paintball-Arena**) fallen nicht unter den Begriff der Schießstätte, da es ihnen an den für eine Schießanlage typischen Vorrichtungen mangelt.[522] Ist sichergestellt, dass die Geschosse das Gelände nicht verlassen können, darf mit einer Paintball-Waffe mit dem Zeichen „F im Fünfeck" hier auch geschossen werden, **ohne** dass es einer **Schießerlaubnis** oder einer Zulassung des Bereiches als Schießstätte bedarf, wenn der Inhaber des Hausrechts zustimmt oder selbst schießt.[523]

Der gewerbliche **Verleih** von Paintball-Schusswaffen, die nicht als zum Spiel bestimmte Schusswaffen bis zu 0,5 J kinetischer Geschossenergie nach Anlage 2 A3 WaffG von der Anwendung des WaffG ausgenommen sind, bedarf einer Erlaubnis zum Waffenhandel.

Die Rechtsprechung sieht einen **Verstoß** gegen die **Menschenwürde** durch **Paintball** oder **Reball** mittlerweile **nicht** mehr **gegeben**[524].

Für Paintball-Waffen, ausgenommen zum Spiel bestimmte Schusswaffen mit nicht mehr als 0,5 J kinetischer Geschossenergie, gilt das **Verbot von Vollautomaten** – die Verbotsnorm (Anlage 2 A1 WaffG) ist nicht auf Feuerwaffen beschränkt, sondern bezieht sich allgemein auf Schusswaffen.

1.12.2.6 Softair-Waffen

Softair-Waffen sind in der Regel Schusswaffen, aus denen durch Gasdruck oder Federdruck Kunststoffkügelchen (BB genannt) mit 6 mm Durchmesser verschossen werden. Beachten Sie zu den Voraussetzungen für das Schießen Kapitel 1.11.2.3.

Für **Softair-Waffen** gelten die Vorschriften für Schusswaffen, es sei denn, es handelt sich um zum Spiel bestimmte Schusswaffen oder Spielzeug. Um als **zum Spiel bestimmt** zu gelten, darf die Bewegungsenergie des Geschosses 0,5 Joule (J) nicht überschreiten. Um **Spielzeug** im Sinne des WaffG zu sein, muss der Gegenstand die entsprechende CE-Kennzeichnung tragen.[525] Diese Softair-Waffen sind nach Anlage 2 A3 UA2 WaffG von der Anwendung des WaffG mit Ausnahme des § 42a WaffG ausgenommen und unterfallen nur dem Führverbot. Beachten Sie zum Mindestalter zum Umgang mit zum Spiel bestimmten oder Spielzeugwaffen Kapitel 1.12.2.9.

---

[522] *BayVGH München 21 B 98.2184, Urteil vom 27. Juni 2000*

[523] *§ 12 Abs.4 Nr. 1 lit. a WaffG*

[524] *OVG Lüneburg 1 LC 244/07, Urteil vom 18. Februar 2010; mit Verweis auf besondere Auflagen ebenfalls BayVGH 15 BV 09.2719, Urteil vom 27. November 2012; zuvor ablehnend BayVGH 21 B 98.2184, Urteil vom 27. Juni 2000); zu beachten auch BVerwG 6 C 17.06, Urteil vom 13. Dezember 2006*

[525] *Zum Thema „Spielzeugwaffen" siehe auch Kapitel 1.12.2.9*

Bei Überschreitung des Grenzwertes von 0,5 J findet das Waffengesetz vollständig auf diese Schusswaffe Anwendung. Für Softair-Waffen mit der Kennzeichnung „F im Fünfeck" ist die Freistellung von Erlaubnispflicht nach Anlage 2 A2 UA2 Nr. 1.1 oder 1.2 WaffG zu beachten. Ohne Kennzeichen „F im Fünfeck" ist für Erwerb und Besitz eine WBK erforderlich. Das Mindestalter von 18 Jahren gilt auch hier.

Hallen oder Anlagen für das Ausüben von Softair-Spielen (**Softair-Arena**) fallen nicht unter den Begriff der Schießstätte, da es ihnen an den für eine Schießanlage typischen Vorrichtungen mangelt.[526] Somit ist **Personen unter 18 Jahren** das Schießen mit solchen Waffen dort **verboten**, § 27 WaffG ist nicht anwendbar. Der **Verleih** von Softair-Schusswaffen, die nicht nach Anlage 2 A3 WaffG von der Anwendung des WaffG ausgenommen sind, bedarf einer Erlaubnis zum Waffenhandel.

Für Softair-Waffen, die nicht nach Anlage 2 A3 UA2 WaffG von der Anwendung des WaffG ausgenommen sind, gilt das **Verbot von Vollautomaten** – die Verbotsnorm ist nicht auf Feuerwaffen beschränkt, sondern bezieht sich allgemein auf Schusswaffen, somit auch auf Softair-Waffen über 0,5 J und Paintballwaffen. Für diese Softair-Waffen, die nicht gemäß Anlage 2 A3 UA2 WaffG von der Anwendung des WaffG ausgenommenen sind, gilt die **Erlaubnispflicht für das Führen** vollumfänglich. Sie sind gemäß Anlage 1 A1 UA1 Nr. 1.6 Satz 2 WaffG nicht Anscheinswaffe, da zum Führen ein **Waffenschein** nach § 10 Abs. 4 Satz 1 WaffG erforderlich ist.[527]

1.12.2.7 AEG-Softair-Waffen

Das Kürzel AEG steht für **A**utomatic **E**lectric **G**un und bezeichnet Softair-Waffen, bei denen die Energie, die auf das Geschoss wirkt, durch einen elektrischen Antrieb in einen Energiespeicher (Feder) eingebracht wird. Nach Betätigung des Abzugs wird die Waffe durch die elektrisch angetriebene Mechanik wieder schussbereit. AEG-Softair-Waffen werden auch als **Vollautomaten** angeboten.[528]

1.12.2.8 LEP-Waffen

Das Kürzel LEP steht für **L**uft-**E**nergie-**P**atrone (korrekte Bezeichnung wäre DEP als Kürzel von Druckluft-Energie-Patrone). Der als Patrone bezeichnete Adapter enthält unter Druck stehende Luft, die nach Schlag auf ein Ventil ein Geschoss, das sich im vorderen Teil des Adapters befindet, antreibt. LEP-Waffen sind Schusswaffen.

Auf LEP-Waffen, die durch Umbau einer erlaubnispflichtigen Waffe entstanden sind, sind die für die Originalwaffe geltenden waffenrechtlichen Vorschriften anzuwenden.[529] LEP-Waffen, die als solche hergestellt wurden („geborene LEP-Waffen"), sind erlaubnisfrei zu erwerben, wenn sie das Kennzeichen „F im Fünfeck" tragen.

---

[526] *BayVGH München 21 B 98.2184, Urteil vom 27. Juni 2000*

[527] *Ein Kleiner Waffenschein nach § 10 Abs. 4 Satz 4 WaffG ist nicht ausreichend.*

[528] *siehe auch Ausführungen in Kapitel 1.12.2.9*

[529] *Anlage 2 A2 UA1 WaffG*

1.12.2.9 Zum Spiel bestimmte Waffen, Spielzeugwaffen

Spielzeugwaffen[530] im Sinne der EU-Spielzeugrichtlinie und **zum Spiel bestimmte Schusswaffen**[531] unterfallen nicht dem **„Vollautomatenverbot"**, da diese Gegenstände gemäß **Anlage 2 A2 UA3 Nr. 1 WaffG** von der Anwendung des WaffG ausgenommen sind. Zu beachten ist in diesem Falle lediglich das Führverbot, insbesondere für Anscheinswaffen, aus § 42a WaffG. Explizit ausgenommen von der Definition „Anscheinswaffe" sind dabei nur solche offenkundig zum Spiel bestimmten Gegenstände", die deutlich kleiner oder größer sind als das Original (+/- 50 Prozent) oder neonfarbene Materialen enthalten, deren Drohpotential also gering ist. Hier greift das Führverbot des § 42a WaffG nicht.

Auch zum Spiel bestimmte, im Gesetz in **Anlage 2 A2 UA3 Nr. 3 WaffG** gesondert genannte **Gegenstände zum Abschießen von Zündblättchen, -bändern, -ringen (Amorces) oder Knallkorken**[532] werden von der Anwendung des WaffG ausgenommen und unterfallen lediglich § 42a WaffG, vorausgesetzt, sie können nicht mit allgemein gebräuchlichen Werkzeugen in eine Schusswaffe oder einen anderen einer Schusswaffe gleichstehenden Gegenstand umgearbeitet werden.

1.12.2.10 Schusswaffen ohne Munition oder sonstige Speicher

Verschießt eine Schusswaffe nach Anlage 1 A1 UA1 Nr. 1.1 WaffG feste Körper ausschließlich durch Muskelkraft ohne eine Möglichkeit der Speicherung der so eingebrachten Antriebsenergie durch eine Sperrvorrichtung, unterliegt sie nach **Anlage 2 A3 UA2 Nr. 4 WaffG** mit Ausnahme des Führverbotes nach § 42a WaffG nicht dem WaffG. Von dieser Befreiung werden insbesondere **Blasrohre** erfasst.

1.12.2.11 Nachbildungen

Nachbildungen nach **Anlage 1 A1 UA1 Nr. 6 WaffG** sind, anders als unbrauchbar gemachte Schusswaffen, niemals schussfähig gewesen, somit nicht aus Schusswaffen entstanden. Sie unterfallen idR dem Begriff der Anscheinswaffe.

Nachbildungen von Schusswaffen sind Gegenstände,

- die nicht als Schusswaffen hergestellt wurden,
- die die äußere Form einer Schusswaffe haben,

---

[530] *Die Abgabe von Spielzeugwaffen an Kinder (Personen unter 14 Jahren) ist nach der EU-Spielzeugrichtlinie 2009/48/EG nicht zulässig. Somit ist trotz Freistellung von den Vorschriften des WaffG mit Ausnahme des Führverbots gemäß Anlage 2 A3 UA2 WaffG eine Altersgrenze im Zuge der Überlassung zu beachten.*

[531] *Schusswaffe, die dem aus ihr verschossenen Geschoss eine Bewegungsenergie von nicht mehr als 0,5 J übertragen kann*

[532] *Bei Knallkorken handelt es sich um feste Körper, die einen Knallsatz enthalten, der angeschlagen wird und dessen Umsetzung den Knallkorken antreibt; Knallkorken sind pyrotechnische Gegenstände der Klasse T1.*

- aus denen nicht geschossen werden kann und
- die nicht mit allgemein gebräuchlichen Werkzeugen so umgebaut oder verändert werden können, dass aus ihnen Munition, Ladungen oder Geschosse verschossen werden können.

Erfüllt ein Gegenstand die im Gesetz[533] genannten Bedingungen, unterliegt er nach **Anlage 2 A3 UA2 Nr. 4 WaffG** mit Ausnahme des Führverbotes nach § 42a WaffG nicht dem WaffG, insbesondere nicht den Vorschriften der sicheren Aufbewahrung.

Lichtpunktgewehre (LPG) sind Nachbildungen von Schusswaffen, die bei Betätigung des Abzugs einen Lichtimpuls in Richtung des anvisierten Zieles senden. Ein Lichtpunktgewehr unterfällt, wenn es den Anschein einer Feuerwaffe hervorruft, dem Begriff der Anscheinswaffe. Das Verbot des Führens von Anscheinswaffen ist zu beachten, andere Vorschriften wie zum Mindestalter sind gemäß Anlage 2 A3 WaffG nicht anwendbar. Der Besitz von Lichtpunktgewehren auf Schießstätten ist kein Führen im Sinne des WaffG; außerhalb von Schießstätten ist aber das Führen gemäß § 42a WaffG verboten, wenn es sich um die Nachbildung einer Feuerwaffe und somit eine Anscheinswaffe handelt, da das Verbot des Führens von Anscheinswaffen nicht durch ein berechtigtes Interesse aufgehoben werden kann. Die Verwendung eines Lichtpunktgewehrs ist kein Schießen im Sinne des WaffG, die Verwendung auf einer Schießstätte mithin nicht an ein Mindestalter gebunden; auch Vorschriften zur Aufsicht beim Schützen etc. sind auf den Gebrauch nicht anwendbar.

1.12.2.12 Elektroimpulsgeräte

Elektroimpulsgeräte sind Waffen.[534] Elektroimpulsgeräte ohne amtliche Zulassung (Prüfzeichen „PTB E im Trapez“) unterliegen einem Umgangsverbot. Ausnahmen sind möglich, es sei denn, es handelt sich um Distanz-Elektroimpulsgeräte.

Der Umgang mit Elektroimpulsgeräten unterliegt mit Ausnahme des Mindestalters von 18 Jahren[535] nicht der Erlaubnispflicht.[536]

Neben den Verboten nach Anlage 2 A1 Nrn. 1.3.6 und 1.4.4 WaffG ist nur das Führverbot nach § 42 WaffG zu beachten – es handelt sich bei Elektroimpulsgeräten nicht um Hieb- und Stoßwaffen, womit für diese Gegenstände das Führverbot nach § 42a WaffG nicht gilt.

---

[533] *Anlage 1 A1 UA1 Nr. 6 WaffG*

[534] *§ 1 Abs. 2 Nr. 2 lit. a WaffG iVm Anlage 1 A1 UA2 Nr. 1.2.1 WaffG; zum Verbot vertiefend Kapitel 1.13.1.18 und 1.13.1.25; zusammenfassende Erläuterungen auch auf Bildtafel ab Seite 552*

[535] *§ 2 Abs. 1 WaffG*

[536] *§ 2 Abs. 4 WaffG iVm Anlage 2 A2 UA1 WaffG*

Bereits das WaffG 2002 untersagte den Umgang mit den bis dahin nicht von dem § 37 WaffG aF erfassten Elektroimpulsgeräten (alternative Bezeichnungen Elektroschockgerät, Elektroschlagstock etc.), sofern sie durch ein Prüfzeichen nicht amtlich zugelassen sind.[537] Das Verbot sollte gemäß § 58 Abs. 7 WaffG 2002 zum 1. September 2003 nicht wirksam werden, um eine Überlassung an Berechtigte oder Unbrauchbarmachung zu ermöglichen, allerdings auch eine persönliche Ausnahmegenehmigung nach § 40 Abs. 4 WaffG zu beantragen. Mit Bekanntmachung vom 28. August 2003 verlängerte das BKA als zuständige Behörde mittels Ausnahmegenehmigung[538] für Handel und Besitzer den zeitlichen Aufschub und wies darauf hin, dass weitere Verlängerungen folgen würden, wenn eine Prüfung oder Zulassung weiterhin nicht möglich sei oder erfolge.

Mit Bekanntmachung[539] vom 17. Dezember 2010 genehmigte das BKA Privatpersonen, nicht aber dem Handel, unbefristet den **Besitz** von Geräten ohne Prüfzeichen, deren Modelle vor dem 11. Oktober 2002 hergestellt und die nachweislich vor dem 1. Januar 2011 vom derzeitigen Besitzer erworben wurden. Das **Führen** der Geräte sowie der **Neuerwerb** nach dem 1. Januar 2011 sind **verboten**. Das **Überlassen** an Dritte muss durch das BKA genehmigt werden (Ausnahme Überlassung an Polizei oder Behörde).

Geräte ohne Prüfzeichen sind für Altbesitzer nach den 2011 geltenden Vorschiften zur Aufbewahrung als verbotene Waffe mindestens in einem Behältnis der Stufe B nach VDMA 24992 gegen unbefugte Wegnahme geschützt aufzubewahren.

1.12.2.13 Reizstoffsprühgeräte

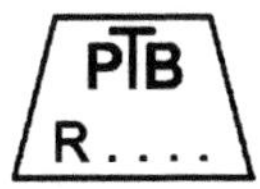

Der Umgang mit geprüften[540] **Reizstoffsprühgeräten** (Prüfzeichen „PTB R im Trapez" oder auch „BKA-Raute") ist grundsätzlich erlaubnisfrei, da es sich bei diesen Gegenständen zwar um Waffen, nicht aber um Schusswaffen handelt (Reizstoffwaffen[541] zum Verschießen von Reiz- oder anderen Wirkstoffen sind Schusswaffen).

Zudem ist der Umgang mit Reizstoffsprühgeräten ab 14 Jahren erlaubt; das für den Umgang mit Waffen erforderliche Mindestalter ist abgesenkt. [542] Ein **Tierabwehrspray** ist mangels Bestimmung zum Einsatz gegen Menschen kein Reizstoffsprühgerät und keine Waffe.[543]

---

[537] *Anlage 2 A1 Nr. 1.3.6 WaffG 2002*

[538] *ZV 25 – 5166.00 – 145/2003*

[539] *SO 11 – 5166.00-2010-9134993*

[540] *Anlage 2 A1 Nr. 1.3.5 WaffG; zur Bestimmung Anlage 1 A1 UA2 Nr. 1.3.6; beachten Sie die Bildtafel ab Seite 550*

[541] *Anlage 1 A1 UA1 Nr. 2.7 WaffG*

[542] *§ 3 Abs. 2 WaffG*

[543] *BGH 3 StR 445/20, Urteil vom 29. Juli 2021*

1.13 Einstufung von Waffen, Munition und Gegenständen

Der **Begriff der Waffe** nach § 1 WaffG umfasst nur solche Gegenstände, die in der Anlage 1 WaffG entweder ausdrücklich genannt werden (zB Totschläger), wobei es sich auch um beispielhafte Aufzählungen handeln kann, oder Eigenschaften aufweisen, die für eine Einstufung als Waffe erforderlich sind (etwa das gezielte Verschießen fester Körper). Andere Gegenstände sind keine Waffen im Sinne des WaffG (zB Tierabwehrspray oder bestimmte Messer mit feststehender Klinge), können aber dessen Regelungen unterliegen (zB Einhandmesser gemäß § 42a Abs. 1 Nr. 3 WaffG).

Ist ein Gegenstand Waffe im Sinne des WaffG, sind die grundsätzlichen Regelungen zum Umgang aus § 2 WaffG zu beachten, solange das Gesetz keine Ausnahmen vorsieht. **§ 12 WaffG** enthält für Waffen oder Munition Ausnahmen von der Erlaubnispflicht für bestimmte **Situationen**. Diese gelten allgemein und beziehen sich insbesondere auf die zugrundeliegende Verwendung der Waffe, etwa zur Nutzung im Rahmen der Leihe.

Anlage 2 A2 UA1 WaffG unterwirft **dort bestimmte Waffen** oder **Munition** der Erlaubnispflicht. **Andere Waffen** sind grundsätzlich **erlaubnisfrei.**

Anlage 2 A2 UA2 WaffG stellt **dort bestimmte Waffen oder Munition** von dort bestimmten **Umgangsarten** von der Erlaubnispflicht frei.

Anlage 2 A2 UA3 WaffG statuiert die **Entbehrlichkeit einzelner Voraussetzungen für die Erteilung** einer waffenrechtlichen Erlaubnis.

Anlage 2 A3 WaffG nimmt bestimmte Waffen **ganz oder teilweise von den Regelungen des WaffG aus**, nennt aber Regelungen, die auch für diese Gegenstände gelten sollen, etwa das Erfordernis eines Mindestalters zum Umgang oder das Führverbot nach § 42a WaffG.

Bei der Prüfung von Verstößen gegen das WaffG ist stets zu prüfen, ob die begangene Handlung mit dem jeweiligen Tatobjekt durch eine der vorgenannten Normen von der Erlaubnispflicht freigestellt war. Zu beachten sind weitere Ausnahmen wie § 3 Abs. 2 WaffG für den Umgang mit geprüften Reizstoffsprühgeräten, § 13 Absatz 7 und 8 WaffG und § 40 WaffG für den Umgang mit Faustmessern oder Nachtzieltechnik sowie die Ausnahmen, die in der Regel bei den Verboten geschaffen werden (zB §§ 42, 42a WaffG, aber auch Ausnahmen des Verbots von Springmessern in Anlage 2 A1).

Ist fraglich, wie ein Gegenstand waffenrechtlich einzuordnen ist, entscheidet auf Antrag das **Bundeskriminalamt.**[544] Die Entscheidungen ergehen in Form von **Feststellungsbescheiden**, die öffentlich bekannt gemacht werden. Die Erteilung einer Erlaubnis zum Umgang mit verbotenen Waffen durch die örtlich zuständige Waffenbehörde ist gesetzlich nicht vorgesehen.

---

[544] *§ 2 Abs. 5 in Verb. mit § 48 Abs. 3 WaffG, § 6 Abs. 4 AWaffV, beachten Sie zur Zuständigkeit des BKA das Kapitel 1.6.3.5*

1.13.1 Verbotene Waffen (§ 2 Abs. 3, Anlage 2 A1)

*Beachten Sie zum Begriff des **Umgangsverbotes** Kapitel 1.6.3.3, bezüglich der **Strafvorschriften** ergänzend die Ausführungen in Kapitel 1.30.2.*

Das **Verbot** des Umgangs aus § 2 Abs. 3 WaffG iVm Anlage 2 A1 WaffG gilt nicht, wenn der Umgang im behördlichen oder gerichtlichen Auftrag erfolgt.[545] Gleiches gilt, wenn eine Ausnahme durch das BKA zugelassen wurde.[546] Auch die Annahme einer verbotenen Waffe durch den Inhaber einer Erlaubnis nach § 21 WaffG zum Zwecke der **Beseitigung von Verbotsmerkmalen** (beispielsweise Laufverlängerung im Falle einer Vorderschaftrepetierflinte nach Anlage 2 A1 Nr. 1.2.1.2 WaffG, aber auch Ersatz des Laufes) ist Erwerb einer verbotenen Waffe und bedingt eine zuvor erteilte und bestehende Ausnahmegenehmigung des BKA.

Eine **Ausnahme vom Verbot** nach § 2 Abs. 3 WaffG durch § 40 WaffG **beseitigt nicht eine bestehende gesetzliche Erlaubnispflicht** für den Erwerb nach § 2 Abs. 2 WaffG iVm Anlage 2 A2 UA1 WaffG.[547] Insbesondere im Falle einer gutachterlichen Tätigkeit ist stets zu prüfen, ob der Gutachter über die entsprechende Erwerbserlaubnis verfügt, da § 40 WaffG lediglich Ausnahmen von dem Verbot des Umgangs bestimmen kann.[548]

Erlaubnisse zum Umgang, gesetzliche Freistellungen von Erlaubnispflichten oder die Erlaubnisfreiheit durch fehlende Erlaubnispflicht heben gesetzliche Verbote zum Umgang allgemein[549], in bestimmten Situationen oder für Umgangsarten[550] nicht auf. Es bedarf immer der gesetzlichen Verbotsausnahme oder der Entscheidung des BKA als zuständiger Behörde.

Verboten ist jeglicher Umgang mit den in Anlage 2 A1 WaffG aufgeführten Waffen **mit Ausnahme der Unbrauchbarmachung**. Das gilt insbesondere für Fälle der Mitnahme („Durchfuhr"), zB im Falle eines ausländischen Jägers, der durch Deutschland ein hier verbotenes Nachtzielgerät mitnimmt.

Nur durch ausdrückliche Nennung und eine ausreichend nachvollziehbare Beschreibung im Gesetzestext wird das grundgesetzlich geforderte Bestimmtheitsgebot erfüllt, was in der Praxis problematisch sein kann, zB durch die bloße Bezeichnung „Totschläger" in Anlage 2 A1 Nr. 1.3.2 WaffG ohne gleichzeitige Erklärung, welche konstruktiven Merkmale ein solcher Gegenstand aufweisen müsste. Zu beachten sind Ausnahmen von Verboten durch **Ausnahmegenehmigung** des BKA oder

---

[545] *§ 40 Abs. 2 WaffG*

[546] *§ 40 Abs. 4 WaffG*

[547] *WaffVwV zu § 34, Nr. 34.1, 4. Absatz; dies gilt auch im Falle einer durch das BKA erteilten Ausnahmegenehmigung nach § 40 Abs. 4 WaffG.*

[548] *Vertiefend Umgang durch Gutachter etc. Kapitel 1.35*

[549] *§ 2 Abs. 3 WaffG iVm Anlage 2 A1 WaffG*

[550] *beispielsweise § 42 WaffG*

durch gesetzliche Regelungen, die sich auf einzelne verbotene Waffen beziehen (etwa Springmesser mit bestimmten Eigenschaften[551], die vom Verbot ausgenommen werden) und einzelne Personengruppen vom Umgang mit bestimmten Waffen oder Munition teilweise freistellen.[552] Auch gesetzliche Verbote für einzelne Umgangsarten nach §§ 40 ff. WaffG, etwa das verbotene Führen von Waffen im Zuge öffentlicher Veranstaltungen, sind stets zu prüfen.

Ein in der behördlichen Praxis, insbesondere im Bereich der polizeilichen Strafverfolgung oft nicht beachteter Prüfpunkt ist die **nicht zwangsläufige Strafbarkeit oder Ordnungswidrigkeit eines Verstoßes** gegen waffengesetzliche Verbote nach § 2 Abs. 3 WaffG iVm Anlage 2 A1 WaffG. Bei der Prüfung auf Strafbarkeit oder Ordnungswidrigkeit sind die §§ 51 ff. WaffG vollständig darauf zu überprüfen, ob für die jeweilige Waffen-, Munitions- oder Umgangsart eine besondere Regelung vorliegt, möglicherweise der Gesetzgeber aber in diesen Normen keine Sanktion vorgesehen hat. Beispielsweise wird der Umgang mit einem Magazin, das dem Verbot nach § 2 Abs. 3 WaffG iVm Anlage 2 A1 Nr. 1.2.4.3 ff. unterfällt, nicht durch eine Strafvorschrift oder als Ordnungswidrigkeit sanktioniert,[553] ebenso nicht der Umgang mit vollautomatischen Kaltgaswaffen oder SRS-Waffen.[554] Hier ist seitens der zuständigen Waffenbehörde der **Verlust der Zuverlässigkeit** nach § 5 Abs. 2 Nr. 5 WaffG zu prüfen, während gleichzeitig eine **Einziehung** des betreffenden Gegenstandes nach **landesgesetzlichen Regelungen zur Gefahrenabwehr** erfolgen muss.

Gemäß § 40 Abs. 5 Satz 2 WaffG kann eine Waffe **von Verbotsmerkmalen befreit** werden, zB Vollautomaten nach Umbau in eine halbautomatische Waffe, der nicht rückgängig gemacht werden kann.[555] Ebenso fällt ein Gegenstand selbst bei nur vorübergehendem Verlust der verbotsbegründenden Eigenschaft (in dem konkreten Fall Defekt der Feder in einem Springmesser) nicht unter das Verbot aus § 2 Abs. 3 WaffG iVm Anlage 2 A1 WaffG,[556] solange der Defekt nicht behoben ist.

---

[551] *Diese Ausnahme besteht durch Beschränkung innerhalb der Regelung in Anlage 2 A1 Nr. 1.4.1 Satz 2 WaffG.*

[552] *Etwa § 40 WaffG mit Ausnahmen für Gutachter, Jäger, Pelzverarbeiter und Händler sowie Hersteller, auch Erben; dabei sind die Ausnahmen ihrerseits Einschränkungen unterworfen.*

[553] *Zur Nicht-Ahndung des Umgangs mit verbotenen Magazinen Kapitel 1.13.1.8*

[554] *§ 51 WaffG stellt nur den verbotenen Umgang mit Vollautomaten für Patronenmunition unter Strafe; damit sind sowohl Druckluft-, Federdruck- und Kaltgaswaffen als auch SRS-Waffen zum Abschießen von Kartuschenmunition nicht von dieser Norm erfasst.*

[555] *VG Wiesbaden, Urteil vom 23. November 2009, Az.: 6 K 922/09.WI; zu beachten ist die Strafbarkeit des Umgangs, hier Besitz, direkt vor der Befreiung; somit kommt diese Möglichkeit nur bei Besitz einer Genehmigung nach § 40 Abs. 4 WaffG in Betracht, zB Serienumbau verbotener Schusswaffen durch Hersteller*

[556] *BGH 1 StR 35/17, Beschluss vom 11. Mai 2017; grundsätzlich muss auch die abgerundete und abgestumpfte Klinge das Verbot eines Messers aufheben.*

Ausnahmen von Verboten des Umgangs, etwa im Falle von Altbesitz, der die weitere Nutzung ermöglicht (etwa Magazine hoher Kapazität), erstrecken sich jeweils nur auf den berechtigten Besitzer, nicht aber auf Dritte, die etwa im Zuge der Leihe oder Verwahrung diese verbotene Waffe von dem Ausnahmebetroffenen erwerben sollen. Eine Überlassung an diese Dritten würde als Überlassung an Unberechtigte die Zuverlässigkeit des Überlassenden in Frage stellen. Gleiches gilt im Falle der Überlassung an den Inhaber einer Handels- oder Herstellungserlaubnis – auch dieser müsste über eine entsprechende Erlaubnis zum Umgang mit verbotenen Waffen verfügen, wenn er nicht durch Gesetz vom Verbot freigestellt[557] ist.

Hinweis: Nachfolgende Nummernangaben in den Überschriften beziehen sich auf Anlage 2 A1 WaffG. In den folgenden Kapiteln wird die Verbotsnorm erläutert, ohne deren Wortlaut wiederzugeben. Es ist daher sinnvoll, vor und bei Lektüre der einzelnen Kapitel den Gesetzestext aufzuschlagen.

1.13.1.1 Waffe nach Verlust der Kriegswaffeneigenschaft (Nr. 1.1)

Kriegswaffen unterliegen nicht dem WaffG, sondern dem **Kriegswaffenkontrollgesetz**; unter anderem mit Streichung aus der **Kriegswaffenliste** verlieren diese Waffen die Kriegswaffeneigenschaft; sie fallen dann nicht mehr allein unter das KrWaffKontrG.[558]

Das Verbot nach Nr. 1.1 bezieht sich **ausschließlich** auf **Waffen**, die ihre Kriegswaffeneigenschaft durch **Streichung aus der Kriegswaffenliste** (KWL) verloren haben. Unbrauchbar gemachte Kriegswaffen haben zwar ebenfalls ihre Kriegswaffeneigenschaft verloren, der Gesetzgeber beabsichtigte mit dieser Verbotsregelung in Anlage 2 WaffG aber nur ein Verbot der aus der KWL gestrichenen, aber noch funktionsfähigen Schusswaffen.[559]

Ausgenommen von dem Verbot sind halbautomatische tragbare Schusswaffen. Zu begründen ist diese Ausnahme mit der Verwendung solcher Waffen im jagdlichen und sportlichen Bereich. Da hier bereits die Verwendung halbautomatischer Waffen zulässig ist und lediglich im Bereich des Sportschießens durch § 6 AWaffV Einschränkungen bestehen, kann davon ausgegangen werden, dass die Ausnahme in Nr. 1.1 die Belange der öffentlichen Sicherheit und Ordnung nicht beeinträchtigt, da von diesen Arten von Schusswaffen auch im Falle von Waffen die aus der KWL gestrichen wurden, keine erhöhte Gefahr ausgeht.

1.13.1.2 Vollautomatische Schusswaffe (Nr. 1.2.1.1)

Der Umgang mit Vollautomaten im Sinne der Anlage 1 A1 UA1 Nr. 2.2 WaffG ist verboten (**Vollautomatenverbot**). Dieses Verbot gilt für alle Arten von Schusswaffen, die nicht nach Anlage 2 A3 WaffG von der Anwendung des Waffengesetzes

---

[557] Beispielhaft siehe § 40 Abs. 3 Satz 6 WaffG

[558] Zur Konkurrenz von WaffG und KrWaffKontrG ausführlich Kapitel 4.6

[559] Vertiefend Kapitel 4.3.1 mit Quellenangabe zur Gesetzesentstehung

ausgenommen sind. Zwar verboten, aber nicht strafbar ist der Umgang mit vollautomatischen Druckluft-, Federdruck- oder Kaltgaswaffen sowie SRS-Waffen. Die Befreiung von dem verbotsbegründenden Merkmal „vollautomatisch" durch Umbau in einen Halbautomaten ist möglich.[560]

Beachten Sie auch die Darstellung in den Bestimmungstafeln ab Seite 510.

1.13.1.3 Vorderschaftrepetierflinte (Nr. 1.2.1.2)

Unter dem Eindruck des Amoklaufs von Erfurt im April 2002, bei dem der Täter eine Vorderschaftrepetierflinte mit Kurzwaffengriff mitführte, wurde unmittelbar nach Verkündung des neuen Waffengesetzes im Oktober 2002, somit mehrere Monate vor Inkrafttreten des eigentlichen Gesetzes am 1. April 2003, das Verbot von Vorderschaftrepetierflinten („Pump-Action" / "Pumpgun") mit **Kurzwaffengriff anstelle eines Hinterschafts**[561] wirksam. Unter Beachtung des Verbotszwecks ist auch bei einem **Klappschaft** davon auszugehen, dass eine so ausgerüstete Waffe dem Verbot unterfällt.

Mit Änderung des Waffengesetzes zum 1. April 2008 wurde das bestehende Verbot auf sonstige Vorderschaftrepetierflinten mit

- einer **Gesamtlänge unter 95 cm** oder
- einer **Lauflänge unter 45 cm**

erweitert.

Beachten Sie die Darstellung in den **Bestimmungstafeln** auf Seite 526 sowie zur Anwendung des Verbots auf **Waffen in Flintenkalibern mit gezogenem Lauf** Kapitel 1.36.6.2.

VSRF mit zu- oder umschaltbarem halbautomatischem Nachladesystem sind als Repetierwaffe und Automaten zu behandeln. Hier ist die im Einzelfall gefahrenmin-

---

[560] *VG Wiesbaden, Urteil vom 23. November 2009, Az.: 6 K 922/09.WI*

[561] *Bei der Bewertung einer Schäftung ist bezüglich des Vorhandenseins eines Schaftes darauf abzustellen, ob Formgebung, insbesondere die Länge des Schaftes geeignet ist, um die Waffe bei bestimmungsgemäßem Gebrauch der Waffe mit diesem Schaft in der Schulter des Schützen abzustützen; ist der Griff der Waffe dagegen bloß mit einer Art „Rumpfschaft" ausgestattet, deren Vorhandensein das Verbot unterlaufen soll und nicht als Schaft zu gebrauchen ist, bleibt die Waffe vom Verbot umfasst; ebenso ist unter Beachtung des gesetzgeberischen Willens, besonders „führige" Vorderschaftrepetierflinten zu verbieten, dann von einem Verbot auszugehen, wenn der Griff nicht die Form eines üblichen Kurzwaffengriffs im Sinne eines Pistolen- und Revolvergriffs hat, sondern zum sicheren Halten und Bedienen der Waffe bestimmt und geeignet ist, dabei aber durch eine sehr kompakte Bauweise in seinen Abmessungen einem Kurzwaffengriff entspricht und das Abfeuern der Waffe ohne Abstützen in der Schulter ermöglicht. Ergänzt der Kurzwaffengriff nur den feststehenden Schaft, greift das Griff-bezogene Verbot nicht.*

dernde Einordnung vorzunehmen – so wäre in diesem Beispiel davon auszugehen, dass der Zustand „Automat" als Art der Waffe bei der Beantragung einer Erwerbserlaubnis anzusetzen wäre, bei dem Verbot der „Vorderschaftrepetierflinte mit Kurzwaffengriff" dagegen der Zustand „Repetierwaffe", da in beiden Fällen der Einordnung Gefahren durch einen nicht bedürfnisbegründeten Umgang vermindert werden (so auch BKA-Feststellungsbescheid SO11-5164.01-Z-180 vom 11. Februar 2009).

1.13.1.4 Getarnte Schusswaffe (Nr. 1.2.2)

Die Kapitelüberschrift fasst die gesetzliche Formulierung verkürzend, dafür aber griffiger und merkbarer zusammen. Das Verbot nach Nr. 1.2.2 bezieht sich auf Schusswaffen, die ihrer Form nach geeignet sind,

- einen anderen Gegenstand vorzutäuschen oder
- die mit Gegenständen des täglichen Gebrauchs verkleidet sind.

Beispielhaft nennt der Text

- Koppelschlosspistolen (Gürtelschnalle mit Abschusseinrichtung),
- Schießkugelschreiber (siehe Bildtafel auf Seite 527),
- Stockgewehre (Gehstock mit darin eingearbeitetem Lauf, Patronenlager und Abzug, der Schuss erfolgt durch die Stockspitze, siehe Bildtafel auf Seite 527) und
- Taschenlampenpistole (Taschenlampe, die neben einer Leucht- auch eine Abschussvorrichtung für Munition darstellt; erfasst sind auch Taschenlampen, die Reizstoff-Kartuschen abschießen).

1.13.1.5 Wildererwaffe (Nr. 1.2.3)

Mit dem Begriff „Wildererwaffe" wird beispielhaft eine durch Nr. 1.2.3 beschriebene Schusswaffe beschrieben, die über den für den Jagd- und Sportzweck allgemein üblichen Umfang hinaus

- zusammengeklappt,
- zusammengeschoben,
- verkürzt oder
- schnell zerlegt

werden kann. Ein Beispiel zeigt die Bildtafel ab Seite 528.

Die im Gesetz nicht enthaltene Definition eines „allgemein üblichen Umfangs" erschwert insbesondere in der polizeilichen Praxis eine klare Zuordnung. Insbesondere die zunehmende Verbreitung sogenannter „Take-down-Waffen", die von Jägern (nicht von Wilderern) für ihre schnelle Zerlegbarkeit mit Hilfe weniger Knopfdrücke geschätzt werden, macht klare Zuordnungen unmöglich, somit ist immer auf den Einzelfall abzustellen. Gleiches gilt für das früher verwendete Verbotsmerkmal eines Laufaußengewindes für die Montage eines Schalldämpfers.

1.13.1.6 Laser, Lampe, Projektor (Nr. 1.2.4.1)

Für Schusswaffen bestimmte Vorrichtungen nach Anlage 1 A1 UA1 Nrn. 4.1 und 4.2 WaffG, die das Ziel beleuchten (zB Zielscheinwerfer) oder markieren (zB Laser oder Zielpunktprojektoren) unterfallen dem Verbot nach Nr. 1.2.4.1. Ausnahmen sind auch für Personen, die vom Umgangsverbot mit Nachtsichtvorsatz- und -aufsatzgeräten ausgenommen[562] sind, nicht vorgesehen.[563] Eine ausführliche Darstellung, insbesondere zu den Abgrenzungen zwischen den Geräten der Nrn. 4.1 und 4.2, enthält Kapitel 1.3.2.5.2. Das Verbot gilt unabhängig von gesetzlichen Freistellungen, denen die Schusswaffe unterfallen kann, an der die Vorrichtung montiert ist oder nach Herstellerangabe montiert werden soll, etwa im Falle von Spielzeug- oder zum Spiel bestimmten Schusswaffen bis 0,5 J.

1.13.1.7 Nachtsicht- und Nachtzielgerät (Nr. 1.2.4.2)

Für Schusswaffen bestimmte („Single-Use", dazu vertiefend Kapitel 1.3.2.5.1) Vorrichtungen nach Anlage 1 A1 UA1 Nr. 4.3 WaffG unterfallen dem Verbot ebenso wie das Montieren eines Gerätes mit gleicher Funktionsweise, das nicht ausschließlich für Schusswaffen bestimmt ist. Das Verbot gilt unabhängig von gesetzlichen Freistellungen, denen die Schusswaffe unterfallen kann, an der die Vorrichtung montiert ist oder nach Herstellerangabe montiert werden soll, etwa im Falle von Spielzeug- oder zum Spiel bestimmten Schusswaffen bis 0,5 J. Eine ausführliche Darstellung, insbesondere zu Abgrenzungen zwischen Gerätearten, enthält Kapitel 1.3.2.5.3.

Eine **Ausnahme** besteht nach § 40 Abs. 3 Satz 4 und 6 WaffG[564] für Inhaber eines gültigen Jagdscheins im Sinne von § 15 Absatz 2 BJagdG[565] und Inhaber einer Erlaubnis nach § 21 Abs. 1 und 2 WaffG für Handel oder gewerbliche Herstellung. Die Befreiung von dem Verbot **beschränkt** sich auf **Nachtsichtvorsatzgeräte und Nachtsichtaufsatzgeräte**, so dass Zielfernrohre mit eingebauter Nachtsichtausstattung (Nachtzielgeräte) auch für die vorgenannten Personengruppen dem Umgangsverbot umfassend unterliegen.[566]

---

[562] *Nach § 40 Abs. 3 S. 4 (Jäger) und S. 6 (Händler u. Hersteller) WaffG*

[563] *Editorischer Hinweis: Eine geplante Änderung des WaffG in Bezug auf Vorrichtungen, die das Ziel beleuchten, stand bei Drucklegung dieses Buches noch aus.*

[564] *seit Inkrafttreten der Gesetzesänderung am 20. Februar 2020*

[565] *Nur Jahres- und Tagesjagdschein; Jugendjagdscheininhaber sind von der Befreiung ausgenommen und unterliegen vollumfänglich dem Verbot, auch im Rahmen der Leihe oder der Verwendung einer Waffe mit darauf montiertem Nachtsichtvorsatz- oder Aufsatzgerät.*

[566] *Editorischer Hinweis: Eine geplante Änderung des WaffG in Bezug auf Nachtzielgeräte stand bei Drucklegung dieses Buches noch aus.*

Die Freistellung von dem Verbot nach § 40 Abs. 3 Sätze 4 und 6 WaffG erstreckt sich nicht auf Vorrichtungen, die nach Nr. 1.2.4.1 verboten sind, insbesondere nicht auf an der Waffe oder der Zieloptik montierte Infrarot-Aufheller oder Leuchten. Verfügt ein Nachtsichtvorsatz- oder -aufsatzgerät über eine integrierte Beleuchtungseinrichtung, die die Wirkung einer verbotenen Vorrichtung nach Nr. 1.2.4.1 hat, ist die Freistellung nach § 40 Abs. 3 Sätze 4 und 6 WaffG für die gesamte Vorrichtung, mithin das komplette Nachtsichtvorsatz- oder -aufsatzgerät, unwirksam.

Im Falle des **Jägers** bedeutet die **Freistellung von dem Verbot** nach § 2 Abs. 3 WaffG durch § 40 Abs. 3 Satz 4 WaffG **nicht zugleich eine Befreiung von einer bestehenden Erlaubnispflicht** nach § 2 Abs. 2 WaffG iVm Anlage 2 A2 UA1 Satz 1 WaffG, da Jäger nach dem Wortlaut nur „abweichend von § 2 Absatz 3" Umgang haben dürfen.[567] Handelt es sich um eine Vorrichtung nach Anlage 1 A1 UA1 Nr. 1.2.4.3 WaffG, ist eine Erwerbserlaubnis bei der zuständigen Behörde zu beantragen, die durch einen Voreintrag erteilt wird.

Erfasst von der Freistellung nach § 40 Abs. 3 Sätze 4 und 6 WaffG ist neben den „Single-Use"-Geräten auch die Verwendung von „Dual-Use"-Geräten an Schusswaffen oder Zieloptiken durch die freigestellten Personengruppen.[568]

1.13.1.8 Magazin-bezogene Verbote

Beachten Sie zum Begriff des Magazins Kapitel 1.3.2.5.4, dort insbesondere die Hinweise zur **Aufbewahrung** von Magazinen.[569]

---

[567] *Zur Veranschaulichung kann das folgende „Deckenmodell" des Verfassers dienen: § 2* ***Abs. 2*** *WaffG legt über eine Waffe eine Decke, auf der „Erlaubnispflicht" steht. § 2* ***Abs. 3*** *WaffG legt darüber eine weitere Decke mit der Aufschrift „Verbot". Somit ist zunächst beim Blick auf die verdeckte Waffe nur das Verbot zu sehen. „Zieht" im Falle erlaubnispflichtiger Waffen § 40 WaffG, der Freistellungen von Verboten regelt, gesetzessystematisch aber keine Erlaubnisfreistellungen, gemäß § 40 Abs. 3 Satz 4 WaffG diese Verbotsdecke von der Waffe, liegt über der Waffe noch die „Erlaubnispflicht-Decke". Der Auslegungshinweis durch die WaffVwV zu § 34 WaffG, Nr. 34.1, zur fortbestehenden Erlaubnispflicht im Falle von Ausnahmen von Verboten durch das BKA nach § 40 Abs. 4 WaffG ist aus hiesiger Sicht auf gesetzliche Ausnahmen von Verboten nach § 40 Abs. 3 WaffG analog anwendbar und stützt die getroffene Aussage zur Erlaubnispflicht.*

[568] *Der in den Empfehlungen der Ausschüsse des Bundesrates (BR-Drs. 363/1/19 vom 9. September 2019, S. 10, „zu Artikel 1 Nr. 26") geäußerte Auslegung, das Gesetz sehe nur eine Befreiung des Verbots des Umgangs mit „Dual-Use"-Geräten vor, wurde in der Gegenäußerung der Bundesregierung zum 3. WaffRÄndG (BT-Drs. 19/13839 vom 9. Oktober 2019, Anlage 4, S. 142, „zu Artikel 1 Nr. 26") deutlich widersprochen; danach gilt die Verbotsbefreiung sowohl für Waffen nach Anlage 1 A1 UA1 Nr. 4.3 WaffG („Single-Use") wie auch für die Verwendung der Geräte, die als „Dual-Use"-Güter nicht den Vorschriften des WaffG unterfallen.*

[569] *Zur Aufbewahrung verbotener Magazine siehe Fn. 170*

Das jeweilige Verbot gilt nur, wenn alle genannten Kriterien erfüllt sind. Somit unterfallen beispielsweise Magazine für Randfeuerpatronenkaliber wie cal. .22 lfB. nicht dem Verbot. Gleiches gilt für die Magazine von Salut- und SRS-Waffen, da diese keine Patronen-, sondern Kartuschenmunition aufnehmen und darum keine Magazine im Sinne des Waffengesetzes sind.

Ein **Verstoß** gegen das Verbot ist **weder Straftat noch Ordnungswidrigkeit**.[570] Dieser Verstoß gegen das WaffG kann aber gemäß § 5 Abs. 2 Nr. 5 WaffG dazu führen, dass eine Person unzuverlässig im Sinne des WaffG ist.

Die Freistellung von dem Verbot des Umgangs in Fällen des Altbesitzes gemäß § 58 Abs. 17, 18 WaffG oder durch eine Ausnahmegenehmigung nach § 40 Abs. 4 WaffG kann durch den Altbesitzer nicht auf Dritte übertragen werden, so dass diese Magazine nicht zur **Leihe** oder **Verwahrung** von einem Dritten erworben oder diesem überlassen werden dürfen.[571] Eine **Verwendung** des Magazins **durch** den berechtigten **Altbesitzer** ist **gestattet**.

Entscheidend ist die **herstellerseitige Bestimmung** der **Kapazität**. Sie ist für unveränderte Wechselmagazine praktisch kaum bedeutsam, allerdings für Röhrenmagazine, weil in diesen die Patronen nicht über-, sondern hintereinander liegen und durch das Laden kürzerer Patronen, die aufgrund gleichen Geschossdurchmessers aus dieser Waffe auch verschossen werden können, die angegebene Kapazität überschritten werden kann, was aber nur bei Halbautomaten von Bedeutung ist.

Die **Beseitigung von Verbotsmerkmalen** ist auch im Falle von Magazinen möglich. Dabei darf die Verringerung der Kapazität, die mit dem geringsten Aufwand das Magazin aus dem Verbot befreien würde, nicht nur vorübergehend sein, zB im Sinne einer Blockierung, die mit allgemein gebräuchlichen Werkzeugen wieder beseitigt werden kann. Vielmehr ist konstruktiv die Kapazität endgültig zu begrenzen, indem beispielsweise das Magazingehäuse verkürzt wird.

Zu beachten ist die **Sonderregelung** in Anlage 2 A1 Nr. 1.2.4.4 2. Hs. WaffG, wonach ein Wechselmagazin, das **sowohl in Kurz- als auch in Langwaffen verwend-**

---

[570] *Die vermeintliche Regelungslücke ist bewusst gesetzt; der Gesetzgeber begründete die fehlende Sanktionierung damit, dass von Magazinen wie auch von Waffen mit fest eingebauten Magazinen keine besondere Gefahr für die öffentliche Sicherheit ausgeht (BT-Drs. 19/13839 S. 90, zu lit. b, zu lit. aa); insbesondere seien Verstöße mit Waffen mit fest eingebautem Magazin durch ihre Erlaubnispflicht mit bestehenden Vorschriften für den unerlaubten Umgang ausreichend sanktioniert.*

[571] *Gleiches gilt für den Umgang durch einen Erlaubnisinhaber nach § 21 WaffG oder § 26 WaffG, zB zur* ***Reparatur einer Waffe****; er dürfte mit einer ihm erteilten Ausnahmegenehmigung durch das BKA gemäß § 40 Abs. 4 WaffG ein solches Magazin erwerben, besitzen oder bearbeiten. Ausgenommen ist nur die Unbrauchbarmachung, deren Definition aber nicht die Verkürzung eines Magazingehäuses zum Zwecke der weiteren Verwendung umfasst; die Beseitigung von Verbotsmerkmalen darf in der Praxis nur durch den befugten Besitzer höchstselbst erfolgen.*

bar ist, nur dann als Magazin für Kurzwaffen und damit als Magazin mit einer größeren erlaubten Kapazität gilt, wenn der Besitzer nicht gleichzeitig über eine Erlaubnis zum Besitz einer Langwaffe verfügt, in der das Magazin verwendet werden kann. Es ist also unerheblich, ob dieses Magazin in der Langwaffe verwendet werden soll oder wird. Hat der Besitzer eine entsprechende Langwaffe, ist auch das Magazin, das in einer Kurzwaffe verwendet werden kann oder für sie bestimmt ist, als Magazin für eine Langwaffe einzustufen, womit es sich bei Überschreitung der Kapazitätsgrenze von zehn Patronen um eine verbotene Waffe handelt.

Anders als im Falle der halbautomatischen Jagdlangwaffen, die vor Änderung des BJagdG 2016 nur eine bestimmte Ladekapazität aufweisen durften,[572] betrifft das Verbot nach § 2 Abs. 3 WaffG iVm Anlage 2 A1 WaffG nur das Magazin, nicht den Ladezustand der Waffe. So ist die Verwendung eines vollständig gefüllten Magazins, das 20 Patronen fasst, in einer Kurzwaffe auch zulässig, wenn sich eine 21. Patrone im Patronenlager befindet.

1.13.1.8.1 Wechselmagazin für Kurzwaffe (Nr. 1.2.4.3)

Verboten sind nach Nr. 1.2.4.3

- Wechselmagazine, die
- für Kurzwaffen
- für Patronenmunition
- in Zentralfeuerkaliber bestimmt sind und
- mehr als 20 Patronen[573] des kleinsten Kalibers aufnehmen können, für die das Magazin herstellerseitig bestimmt ist.

1.13.1.8.2 Wechselmagazin für Langwaffe (Nr. 1.2.4.4)

Verboten sind nach Nr. 1.2.4.4

- Wechselmagazine, die
    - für Langwaffen
    - für Patronenmunition
    - in Zentralfeuerkaliber bestimmt sind und
- mehr als 10 Patronen des kleinsten Kalibers aufnehmen können, für die das Magazin herstellerseitig bestimmt ist.

---

[572] *Im Falle der Verwendbarkeit von Wechselmagazinen war nach einem richtungsweisenden Urteil des BVerwG (6 C 60.14 vom 7. März 2016) der Besitz einer HA-Langwaffe mit Wechselmagazin vor Änderung des BJagdG nicht mehr gestattet – der zuvor über Jahre nie angezweifelte Wille des Gesetzgebers trat hinter die von dem Gericht nach dem Wortlaut des Gesetzes ausgelegte Bestimmung zurück.*

[573] *Die Zahl von 10/20 wird als „hi-cap-Grenze" (high-capacity) bezeichnet.*

1.13.1.8.3 Magazingehäuse (Nr. 1.2.4.5)

Magazingehäuse sind verbotene Waffen, wenn sie für ein **Wechselmagazin** bestimmt sind, das nach Anlage 2 A1 Nr. 1.2.4.3 oder 1.2.4.4 WaffG verboten ist. Durch das vorübergehende Verbinden von Magazingehäusen entsteht kein neues Magazingehäuse, somit ist die Gesamtkapazität der verbundenen Magazingehäuse nicht entscheidend für ein Verbot.

1.13.1.8.4 HA-Kurzwaffe mit fest eingebautem Magazin (1.2.6)

Das Verbot der Wechselmagazine für Kurzwaffen nach Nr. 1.2.4.3 findet im Verbot von Kurzwaffen, die über ein fest eingebautes Magazin verfügen, seine Entsprechung in der Nr. 1.2.6. Das Verbot **beschränkt** sich hier allerdings unter Beibehaltung der Regelungen zur Höchstkapazität und Munitions-Eigenschaften (20 Stück, Patronenmunition, Zentralfeuer) **auf** fest eingebaute Magazine **halbautomatischer Kurzwaffen**.

1.13.1.8.5 HA-Langwaffe mit fest eingebautem Magazin (1.2.7)

Das Verbot der Wechselmagazine für Langwaffen nach Nr. 1.2.4.4 findet im Verbot von Langwaffen, die über ein fest eingebautes Magazin verfügen, seine Entsprechung in der Nr. 1.2.7. Das Verbot **beschränkt** sich hier allerdings unter Beibehaltung der Regelungen zur Höchstkapazität und Munitions-Eigenschaften (10 Stück, Patronenmunition, Zentralfeuer) **auf** fest eingebaute Magazine **halbautomatischer Langwaffen**.

1.13.1.9 PSM-Pistole (Nr. 1.2.5)

Verboten ist der Umgang mit mehrschüssigen Kurzwaffen Baujahr 1970 oder jünger für Zentralfeuermunition in Kalibern unter 6,3 mm, wenn der Antrieb der Geschosse nicht ausschließlich durch den Zündsatz erfolgt. Unter das Verbot der Nr. 1.2.5 fällt insbesondere die PSM-Pistole. Das Kürzel „PSM" steht für „Pistolet Samosarjadnij Malogabaritnij", zu deutsch etwa „kleine Selbstladepistole". Es handelt sich um eine Anfang der 1970er Jahre in der UdSSR entwickelte Taschenpistole, die bei kleiner Bauform Geschosse verschießt, die insbesondere Schutzwesten durchdringen können.

Durch die Verwendung kleinkalibriger Geschosse, die mit der Ladung typischer Großkaliber-Kurzwaffen angetrieben werden, stellen leichte ballistische Schutzwesten, die ihren Träger vor Munition der Kaliber 9 mm x 19 oder .357 Mag. schützen können, bei Beschuss mit einer PSM-Pistole keinen wirksamen Schutz dar. Darum wurde diese Art von Waffen, deren sehr kleine Geschosse von einer sehr starken Ladung angetrieben werden, mit Änderung des WaffG 2008 in den Verbotskanon aufgenommen.

Zu beachten ist, dass sich dieses Verbot beschränkt auf

- **Kurzwaffen** (Ausschluss: Langwaffen)
  - mit **Zentralfeuermunition** (Ausschluss: Randfeuermunition)

- in **Kalibern unter 6,3 mm**,
- deren Geschosse **nicht allein durch den Anzündsatz angetrieben** werden (Ausschluss: zB Kleinstkaliber 4 mm M20, die zum Antrieb des Geschosses nur die Energie des Anzündhütchens nutzen).

1.13.1.10 Salutwaffe aus Schusswaffe nach Anlage 2 A1 (Nr. 1.2.8)

Der Umgang mit Salutwaffen, die durch Umbau aus einer Schusswaffe entstanden sind, die in Anlage 2 A1 WaffG genannt wird, ist verboten.

Da das Verbot keine Einschränkungen enthält, die auf einen Umbau ab einem bestimmten Datum abstellen oder auf die Frage, ob eine nach Abschnitt 1 zum jetzigen Zeitpunkt verbotene Schusswaffe bereits zum Zeitpunkt des Umbaus der betroffenen Salutwaffe im Abschnitt 1 aufgelistet war, ist davon auszugehen, dass das Verbot sich bezüglich der Ursprungswaffe auf den jeweils aktuellen Stand der Anlage 2 A1 WaffG bezieht.

Die Unbrauchbarmachung einer solchen Salutwaffe ist gemäß Anlage 2 A1 Einschub im 1. Halbsatz WaffG nicht verboten, doch setzt die Straffreiheit des zwangsläufigen vorherigen Besitzes der Waffe eine Ausnahmegenehmigung nach § 40 Abs. 4 WaffG voraus. Alternativ kann durch die Beseitigung der verbotsbegründenden Eigenschaft[574] an der Ursprungswaffe vor dem Beginn der Umarbeitung in eine Salutwaffe das Verbot für die Salutwaffe selbst aufgehoben werden, wobei auch hier der Besitz vor Abschluss der Umbaumaßnahme nur im Falle des Vorliegens einer Ausnahmegenehmigung nach § 40 Abs. 4 WaffG straffrei ist. Dies gilt im Falle der Unbrauchbarmachung wie bei der Bearbeitung auch für Dienstleister.

1.13.1.11 Getarnte Hieb- und Stoßwaffe (Nr. 1.3.1)

Die Kapitelüberschrift fasst die tatsächliche gesetzliche Formulierung verkürzend, dafür merkbarer zusammen. Wie schon die Formulierung der Nr. 1.2.2, die den Umgang mit „getarnten" Schusswaffen verbietet, bezieht sich das Verbot nach Nr. 1.3.1 auf **Hieb- und Stoßwaffen**, die

- ihrer Form nach geeignet[575] sind, einen anderen Gegenstand vorzutäuschen, oder
- die mit Gegenständen des täglichen Gebrauchs verkleidet sind.

Dazu zählen insbesondere Stockwaffen[576] wie Stockdegen oder Stockmesser sowie Schirmdegen, die zur Verwendung als Hieb- und Stoßwaffe bestimmt sind.

---

[574] *Zur Befreiung von Verbotsmerkmalen siehe Seite 196*

[575] *Zugrundezulegen ist der Kenntnishorizont eines Durchschnittsbürgers.*

[576] *Bei einer Stockwaffe ist die Waffe Bestandteil eines harmlos wirkenden Wander- oder Gehstocks und wird durch Teilung des Stocks einsatzbereit. Auch Stockgewehre (als Stock getarnte Schusswaffen) sind Stockwaffen.*

Waffen, die nicht Hieb- oder Stoßwaffe nach Anlage 1 A1 UA1 Nr. 1.1 WaffG sind, beispielsweise Elektroimpulsgeräte in Gestalt einer Taschenlampe (dabei ist die Taschenlampe meist funktionsfähig und das Elektroimpulsgerät[577] nur eine Art „Sonderausstattung"), unterfallen dem Verbot nach Nr. 1.3.1 nicht. Hier wäre das Verbot von Elektroimpulsgeräten, die nicht das vorgeschriebene Prüfzeichen tragen, zu beachten.[578] Beachten Sie auch die Bestimmungstafel auf Seite 577.

1.13.1.12 Stahlrute (Nr. 1.3.2)

Stahlruten sind biegsame Gegenstände aus Metall, die zusammengeschoben werden können und in der Regel mit einem Metallkopf versehen sind. Somit ist das Verbot ausschließlich auf solche biegsamen Gegenstände anzuwenden, die die vorgenannten konstruktiven Eigenschaften erfüllen, wobei ein aus Metall bestehender Kopf am frei beweglichen Ende der in der Hand geführten Stahlrute nicht zwingend vorhanden sein muss.

Bei Teleskopschlagstöcken handelt es sich in der Regel nicht um Stahlruten im Sinne des WaffG, da die ineinander schiebbaren Teile des Teleskopschlagstocks nicht biegsam sind und so nicht die Verletzungsmechanik bewirken können, die das Verbot der Stahlrute begründet. Unerheblich ist, welche Länge der Schlagstock im eingeschobenen Zustand hat.[579]

Beachten Sie auch die Bestimmungstafel auf Seite 557.

1.13.1.13 Totschläger (Nr. 1.3.2)

Ein Totschläger besteht in der einfachsten Ausführung aus einem vernähten Stück Leder, in das ein biegsames Stück Fiberglas eingelegt wurde und das an einem Ende eine ausreichend schwere Metallkugel enthält, während am anderen Ende der Täter das Leder im Sinne eines Griffs umfasst, das zu diesem Zweck mit einer Schlaufe ausgestattet ist (siehe Seite 558).

Anders als eine Stahlrute, die ebenfalls über den Peitscheneffekt eine besonders intensive Schlagwirkung an dem getroffenen Körper erzielt, ist ein Totschläger nicht zusammenschiebbar. Als Körper, der durch Nutzung des Peitscheneffekts bei einem Schlag auf den Schädel oder in das Genick eines Opfers schwerste bis lebensbedrohliche Verletzungen bewirkt, können anstelle von massiven Metallkugeln auch

---

[577] In der Praxis handelt es sich bei solchen Kombinationsgeräten meist um Importe ohne das notwendige Prüfzeichen (zB „PTB-E im Trapez").

[578] Kapitel 1.13.1.18

[579] Dieser Vollzugshinweis bezüglich der Länge im eingeschobenen Zustand in der WaffVwV zu Anlage 2 A1 Nr. 1.3.2 ist insbesondere bedeutsam für solche Modelle, die im eingeschobenen Zustand besonders kurz sind und ausfahrbereit so in die Hand genommen werden können, dass sie bei geschlossener Hand nicht über deren Außenseiten hinausragen und somit nicht sichtbar bereitgehalten werden.

Füllungen von Eisen- oder Bleistaub sowie Quarzsand in eine Umhüllung eingenäht sein.

Abzugrenzen sind die zum Einsatz gegen Menschen bestimmten Totschläger von den früher gebräuchlichen „Kaninchen-Tötern", die die gleiche Konstruktion aufweisen, aber durch den Hersteller eine andere Zweckbestimmung haben und somit nicht dem WaffG unterfallen.

1.13.1.14 Schlagring (Nr. 1.3.2)

Bei Schlagringen handelt es sich in der Regel um aus Metall hergestellte und der Hand angepasste Nahkampfwaffen. Sie haben nicht die natürliche Weichheit der zur Faust geformten Hand, die bei einem Schlag oder Stoß normalerweise auf den Körper des Gegners trifft, dabei eine größere Auftrefffläche hat und durch Verformung einen Teil der Schlag- bzw. Stoßenergie verbrauchen.

Der in der Hand liegende Teil des Schlagrings ist mit einem Durchgriff oder mehreren Öffnungen für die Finger versehen. An der Schlagseite (über den Fingern liegend) können ausgeprägte Spitzen vorhanden sein. Zur Erhöhung der Schlagkraft stützen sich Schlagringe an der Innenhand ab.[580]

Da auch Schlagringe, die nicht oder nicht ausschließlich aus Metall bestehen, die gleiche durch das Gesetz missbilligte Wirkung erzielen, ist auch dann von einem Schlagring auszugehen, wenn ein Gegenstand aus einem Material hergestellt wird, der bezüglich seiner Festigkeit mit einem Schlagring aus Metall vergleichbar ist, etwa aus einem ausreichend festen Kunststoff. Da die Masse eines Schlagrings bezüglich seiner missbilligten Wirkung praktisch nicht ins Gewicht fällt, können auch leichte Kunststoffe zur Verwendung kommen, wenn sie die entsprechende Härte besitzen. Insofern ist ein Schaumstoff-Schlagring keine Waffe im Sinne des WaffG.

Für die Einstufung als Schlagring entscheidend ist die der Hand angepasste Bauform und darüber hinaus die klare Zweckbestimmung.[581] Dabei ist bezüglich der Anpassung an die Hand erforderlich, dass der Gegenstand durch ein Hineingreifen der Finger in den Gegenstand gehalten wird und der Gegenstand dabei so auf dem Handballen aufliegt, dass er sich bei Einwirken einer Kraft von außen (quasi im Moment des Auftreffens des Stoßes oder Schlags auf den Zielkörper) am Handballen abstützen kann, um die kinetische Energie der Kombination von Hand und Arm auf die den Gegner treffende Fläche zu übertragen.

Beachten Sie ergänzend die Bestimmungstafel auf Seite 575.

1.13.1.15 Wurfstern (Nr. 1.3.3)

Wurfsterne wurden in Deutschland mit der Flut der sogenannten „Kung Fu-Filme" ab Mitte der 1960er Jahren dem breiteren Publikum bekannt. Einen weiteren Popu-

---

[580] *WaffVwV zu Anlage 2 A1 Nr. 1.3.2*

[581] *BKA-FB SO11-5164.01-Z-89 vom 19. Dezember 2007*

laritätsschub erlebten diese exotisch anmutenden Wurfscheiben durch die Ausstrahlung der TV-Serie „Kung Fu" ab 1975 im Zweiten Deutschen Fernsehen (ZDF). Wie auch im Falle des Nunchaku begannen insbesondere Kampfsportbegeisterte, im Rahmen des „Kobudo"-Trainings den fernöstlichen Meistern nachzueifern.

Die gesetzliche Definition beschreibt Wurfsterne generalisierend als „sternförmige Scheiben, die nach ihrer Beschaffenheit und Handhabung zum Wurf auf ein Ziel bestimmt und geeignet sind, die Gesundheit zu beschädigen". Schon dem Namen nach unterfallen Wurfsterne der Definition der Hieb- und Stoßwaffe nach § 1 Abs. 4 WaffG iVm Anlage 1 A1 UA 2 Nr. 1.1 WaffG, da sie durch unmittelbare Ausnutzung der Muskelkraft beschleunigt und geworfen werden und dem Getroffenen Verletzungen beibringen.

Die Eignung setzt dabei nicht zwingend eine Konstruktion aus Metall voraus, auch ein ausreichend dichter Kunststoff oder eine Kombination aus Metall und Kunststoff genügt für die Einordnung, die ausreichend Bewegungsenergie in das Ziel bringen kann, um dem Opfer einen körperlichen Schaden zuzufügen. Gleiches gilt für Wurfsterne aus Stein oder Glas.

Der Begriff „sternförmig" ist kritisch zu betrachten. Klassische Wurfsterne sind oftmals simple geometrische Formen wie Dreiecke oder Quadrate, ohne dadurch an Effektivität einzubüßen. Sternförmig sind diese Formen nicht, gleichwohl wäre der Begriff des Wurfsterns auch auf sie anzuwenden, da die Art ihrer Verwendung der eines Wurfsterns entspricht. Durch das Abstellen auf die Scheibenform werden Wurfkugeln mit Stacheln und auch Krähenfüße nicht von Begriff und Verbot erfasst.

Bei der Bestimmung ist auf die herstellerseitige Bestimmung abzustellen. Somit sind Bauteile, die zwar in ihrer Form einem Wurfstern ähneln (etwa der Zahnkranz eines Kettenantriebs beim Fahrrad oder eine quadratische Stahlplatte mit zentraler Bohrung, als Distanzstück im Metallbau verwendet), aber nicht durch technische Verfahren wie Feilen, Sägen oder Stanzen verändert wurden, nicht als Wurfstern im Sinne des WaffG anzusehen.

Insbesondere nicht **angeschliffene Wurfsterne** erzielen den vom Gesetz missbilligten Erfolg, da auch das Auftreffen der stumpfen Ecke erhebliche Verletzungen beim Getroffenen hervorrufen kann. Zudem ist ein Anschleifen des Wurfsterns für den Werfer sogar von Nachteil, da sich der scharfkantige Wurfstern sowohl schlechter festhalten als auch mitführen lässt.

Beachten Sie die Bestimmungstafel auf Seite 559.

1.13.1.16 „Molotow-Cocktail" / USBV (Nr. 1.3.4)

Unter der allgemein bekannten und verwendeten Bezeichnung „Molotow-Cocktail", die das Gesetz nicht erwähnt, beschreibt der Wortlaut von Anlage 2 A1 Nr. 1.3.4 WaffG zwei Varianten, die sich nach Wirkprinzip und Aufbau unterscheiden:

- „Klassischer" Molotow-Cocktail: Leicht entflammbare Stoffe werden verteilt und entzündet, so dass schlagartig ein Brand entstehen kann

- USBV („Unkonventionelle Spreng- und Brand-Vorrichtung"): Explosion kann ausgelöst werden unter Verwendung explosionsgefährlicher oder explosionsfähiger Stoffe.

Zu beachten ist § 40 Abs. 1 WaffG, wonach über den bloßen Umgang hinaus das Anleiten oder Auffordern zu Herstellung eines Gegenstandes, der die vorgenannten Definitionen erfüllt, eine verbotene Handlung ist.

Auch Gegenstände nach Anlage 1 A1 UA2 Nr. 1.2.4 WaffG, beispielsweise Flammenwerfer, unterfallen dem Verbot nach Nr. 1.3.4.

Demgegenüber enthält § 40 WaffG in Absatz 3 Satz 2 und 3 eine umfangreiche Befreiung von dem Verbot, insbesondere für Inhaber sprengstoffrechtlicher Erlaubnisse oder Befähigungsscheine. Da von der Ausnahme vom Umgangsverbot nach Anlage 2 A1 Nr. 1.3.4 WaffG auch die Teilnehmer staatlicher oder staatlich anerkannter Lehrgänge ausgenommen werden, muss folgerichtig das Verbot nach § 40 Abs. 1 WaffG ebenfalls für die durch Abs. 3 Satz 2 und 3 genannten Fälle als aufgehoben gelten, da ansonsten der Leiter der Ausbildung den erforderlichen Lehrstoff nicht vermitteln könnte, ohne sich strafbar zu machen.

1.13.1.17 Reizstoffsprühgeräte (Nr. 1.3.5)

Dem Verbot nach Nr. 1.3.5 unterliegen Gegenstände mit Reiz- oder anderen Wirkstoffen, es sei denn, dass die Stoffe als gesundheitlich unbedenklich amtlich zugelassen sind und die Gegenstände

- in der Reichweite und Sprühdauer begrenzt sind und
- zum Nachweis der gesundheitlichen Unbedenklichkeit, der Reichweiten- und der Sprühdauerbegrenzung ein amtliches Prüfzeichen tragen.

Die Differenzierung nach Anlage 1 A1 UA2 WaffG zwischen den Nrn. 1.2.2 und 1.2.3 erfolgt in der Anlage 2 A1 Nr. 1.3.5 nicht, allerdings auch kein alleiniger Verweis auf die Nr. 1.2.3.

§ 3 Abs. 2 WaffG setzt das Mindestalter für den Umgang mit geprüften Reizstoffsprühgeräten von 18 auf 14 Jahre herab. Als Nachweis der Prüfung im Sinne der Norm ist die in Nr. 1.3.5 als Voraussetzung für die Ausnahme von dem Verbot genannte Unbedenklichkeitskennzeichnung anzusehen.

Eine ausdrückliche Beschreibung der Wirkungsweise enthält die Nr. 1.3.5 nicht. Aus der Formulierung der ersten Alternative „in der Reichweite und Sprühdauer" lässt sich aber schließen, dass das Verbot für Gegenstände gelten soll, die Reiz- oder andere Wirkstoffe, zB Säuren, Laugen oder betäubende bzw. willensbeeinflussende Substanzen, versprühen.

Tierabwehrsprays (Bildtafel Seite 548) sind keine Reizstoffsprühgeräte, da sie nicht zum Einsatz gegen Menschen bestimmt sind.[582]

Beachten Sie die Bildtafel auf Seite 550.

1.13.1.18 Nutzung anderer als mechanischer Energie (Nr. 1.3.6)

Die beispielhafte Aufzählung der Nr. 1.3.6 beschränkt sich auf Geräte, die Elektrizität nutzen, um einem Menschen Verletzungen beizubringen. Zu denken ist aber auch an Infraschall- oder Mikrowellen-Strahler oder Blendmittel auf Laser-Basis, die ebenfalls unter Ausnutzung einer anderen als mechanischen Energie Menschen Verletzungen beibringen.

1.13.1.18.1 Elektroimpulsgerät zum Einsatz gegen Menschen

Der Umgang ist verboten, wenn das Gerät kein Prüfzeichen trägt. Beachten Sie zu älteren Prüfzeichen die Ausführungen in Kapitel 1.12.2.11 sowie die zusammenfassende Darstellung ab Seite 552.

1.13.1.18.2 Distanz-Elektroimpulsgerät

Distanz-Elektroimpulsgeräte sind eine besondere Form des Elektroimpulsgeräts. Anders als die Standardausführung, bei der Nähe und direkter Kontakt zwischen den Beteiligten erforderlich sind, damit der Verwender die an dem Gerät fest montierten Elektroden an Körper oder Kleidung der anderen Person halten kann, wird bei einem Distanz-Elektroimpulsgerät der elektrische Impuls

1. von dem eigentlichen Gerät über einen leitfähigen Flüssigkeitsstrahl auf die andere Person übertragen oder
2. über Leitungen mit dem eigentlichen Gerät verbundene Elektroden zur Übertragung des Elektroimpulses am Körper aufgebracht (sogenannte „**Air-Taser**“),

so dass der Verwender aus einer Distanz von mehreren Metern die andere Person mit dem Distanz-Elektroimpulsgerät angreifen oder abwehren kann.

Die gesetzgeberisch gewählte Formulierung der Nr. 1.3.6 deckt ein sehr breites Spektrum an Konstruktionsmöglichkeiten ab. So muss es sich bei der Leitung der o.g. Nr. 2 nicht um Drähte handeln, vielmehr wären dadurch auch andere leitfähige Materialien erfasst einschließlich Kunststoffschläuchen, die mit einer leitfähigen Flüssigkeit gefüllt sind.

1.13.1.19 Schleuder, Armstütze (Nr. 1.3.7)

Präzisionsschleudern sind keine Hieb- und Stoßwaffen, sondern in der Anlage 1 A1 UA2 Nr. 1.3 WaffG als eigene Art tragbarer Gegenstände nach § 1 Abs. 2 Nr. 2 lit. a genannt, die dazu bestimmt sind, die Angriffs- oder Abwehrfähigkeit eines Men-

---

[582] *Zur Begründung siehe ausführliche Darstellung in Kapitel 1.12.2.13*

schen herabzusetzen.[583] Als Abgrenzung zu allgemein gebräuchlichen Schleudern, wie sie etwa von Kindern mit einer Astgabeln und einem Haushaltsgummi zum Spiel verwendet werden, weisen Präzisionsschleudern zur Erreichung einer höchstmöglichen Bewegungsenergie eine **Armstütze oder eine vergleichbare Vorrichtung** auf oder sind für eine solche Vorrichtung eingerichtet, verfügen also beispielsweise über entsprechende Aufnahmeöffnungen für Armstützen.

Die bereits bei der Regelung zur Präzisionsschleuder genannten **Armstützen** und **vergleichbaren Vorrichtungen**, die für Präzisionsschleudern bestimmt sind, sind wie die Präzisionsschleudern selbst Waffe im Sinne des WaffG und somit auch dann Regelungen des WaffG unterworfen, wenn sie nicht an der Schleuder montiert sind.

Das Verbot in Nr. 1.3.7 umfasst Präzisionsschleudern, Armstützen und vergleichbare Vorrichtungen ohne Ausnahme.

Beachten Sie die Bestimmungstafel auf Seite 562.

1.13.1.20 Drosselgerät, Nunchaku, Würgeholz (Nr. 1.3.8)

Das Verbot beschreibt Gegenstände, die aufgrund ihrer Beschaffenheit und Handhabung dazu bestimmt sind, durch Drosseln die Gesundheit zu schädigen. Beispielhaft wird das Nunchaku genannt, ein Gegenstand, der im Deutschen mit dem Begriff „Würgeholz" umschrieben wird, was die bestimmungsgemäße Verwendung dieser im Fernen Osten entwickelten Waffe aber nur teilweise beschreibt.

Es handelt sich bei einem Nunchaku meist um zwei Hölzer, die durch eine Kette oder ein Seil flexibel verbunden sind.[584] In der Praxis wird meist die durch die Schleuderbewegung und den Peitscheneffekt im nicht erfassten Holzstab enorme Bewegungsenergie genutzt, um einer anderen Person teilweise schwere Verletzungen beizubringen, insbesondere im Kopfbereich.

Da ein Nunchaku im zusammengelegten Zustand nur geringe Abmessungen hat, somit unauffällig mitgeführt werden kann, und mit geringem Aufwand aus zwei Hölzern und einer Schnur ohne besonderes Geschick herstellbar ist, handelt es sich um eine Waffe, die insbesondere unter Jugendlichen weit verbreitet ist. Professionell hergestellte Nunchakus, insbesondere mit einer Kette als flexibler Verbindung und Griffhölzern aus schwerem Material (etwa Edelholz), sind in ihrer Schlagwirkung noch höher einzuschätzen.

---

[583] *Durch die erforderliche Bestimmung zum Einsatz gegen Menschen fallen Schleudern mit Armstütze, die bestimmungsgemäß in der Fischerei zum Köderauswurf oder beim Spiel mit Hunden als Apportierhilfe zum Einsatz kommen sollen, nicht unter das waffenrechtliche Verbot.*

[584] *Bekannt sind auch Nunchaku-Ausführungen mit drei Hölzern und zwei flexiblen, aber sehr kurzen Verbindungen, die nicht geeignet sind, durch Drosseln die Gesundheit zu schädigen; diese Ausführungen werden nicht vom waffengesetzlichen Verbot erfasst, sondern sind lediglich als Hieb- und Stoßwaffe anzusehen.*

Die verbotsbegründende Beschreibung, das Nunchaku sei als Würgeholz verwendbar, ist zutreffend. Die Nutzung des Nunchakus im Bereich des „Kobudo" (Kampfkunst mit Waffen) umfasst neben den Würge- aber insbesondere Schlag- und Blocktechniken. Gleichwohl werden auch sogenannte „Soft-Nunchakus", deren Griff-„Hölzer" aus Schaumstoff-gepolsterten Kunststoffröhren bestehen, von dem waffenrechtlichen Verbot umfasst.[585]

Das Verbot beschränkt sich aber nicht nur auf Nunchakus, sondern auf jegliche Geräte, die dazu bestimmt sind, durch Drosseln, also Ausüben eines Drucks auf den Hals und damit eine Unterbrechung der Versorgung der Lunge mit Atemluft, insbesondere aber durch eine Unterbrechung der Blutzirkulation, eine Person an der Gesundheit zu schädigen. Bereits kurzfristige Unterbrechungen der Blutzirkulation haben erhebliche gesundheitliche Auswirkungen.

Beim Drosseln wird die Kompression des Halses durch ein Strangwerkzeug verursacht, welches durch aktive, meistens manuelle Kraft zugezogen wird.[586] Somit ist dieses Verbot auf jegliche Gegenstände anzuwenden, die durch Krafteinsatz eine Verengung einer Öffnung, in der sich der Hals eines Menschen befindet, bewirken soll, um dessen Angriffs- oder Abwehrfähigkeit herabzusetzen.

Die klassische Garotte ist ein Metalldraht mit zwei Holzstücken an den Enden, die als Zuggriffe dienen, und wird einem Opfer meist von hinten über den Kopf geworfen, wobei der Draht so stark gewählt wird, dass es auch möglich ist, die Garotte als eine Art vorgeknotete Schlinge zu werfen. Seile, die zu diesem Zweck durch spezielle Knoten vorbereitet sind, unterfallen dem Begriff des Drosselgeräts. Auch auf eine Schlinge, die sich am Ende eine Kunststoffrohres befindet und sich, in der Konstruktion vergleichbar mit einer Fangschlinge für Raubkatzen oder Alligatoren, durch Zug am innen verlegten Doppelseil zusammenziehen lässt, ist der Begriff des Drosselgeräts anwendbar – dazu muss diese Konstruktion aber durch den Hersteller ausdrücklich dazu bestimmt sein, eine Person durch Strangulation zu kontrollieren.

Beachten Sie die Bestimmungstafel auf Seite 561.

1.13.1.21 Springmesser (Nr. 1.4.1)

Springmesser sind Messer, deren Klinge auf Knopf- oder Hebeldruck hervorschnellt und hierdurch oder beim Loslassen der Sperrvorrichtung festgestellt werden kann. Das Hervorschnellen kann durch ein seitliches Herausspringen oder eine Bewegung aus der Griffspitze heraus erfolgen, wobei dieser Vorgang durch eine Kraft erfolgt, die in die kraftspeichernde Vorrichtung dieses Springmessers eingebracht wird (idR durch das Einklappen oder Einschieben der Klinge gegen eine Federkraft) und in

---

[585] *Feststellungsbescheid BKA KT 21/ZV 25 – 5164.01 – Z – 23/2004 vom 5. Februar 2004; damit ist klargestellt, dass die Kombination aus zwei Elementen, die flexibel verbunden sind, unabhängig vom Material immer verboten ist.*

[586] *Definition aus Dokument „Schädigung durch Strangulation", Mai 2012, der Schweizerischen Gesellschaft für Rechtsmedizin*

dieser Vorrichtung gespeichert, bis durch Betätigung eines Knopfes oder Hebels das Hindernis beseitigt wird, das die Bewegung der Klinge hemmt, auf die die kraftspeichernde Vorrichtung im Sinne eines Antriebs in die einzig mögliche Bewegungsrichtung wirkt.

Der Begriff beschränkt sich mangels Benennung der Art des Antriebs nicht allein auf Konstruktionen, die auf Federn basieren, in denen durch den Benutzer eine Kraft gespeichert wird, sondern grundsätzlich ist als Springmesser jegliche Konstruktion zu betrachten, die die in der Anlage 1 WaffG beschriebene Aktion bewirkt.

Nach BKA-Feststellungsbescheid KT21/SO 11-5164.01-Z-76 handelt es sich bei einem Springmesser nicht um eine Waffe gemäß § 1 Abs. 2 Nr. 2 lit. b WaffG, wenn die Klinge bis zu 41 mm lang und bis zu 10 mm breit ist („Kleinstmesser"); in diesem Falle entfällt auch das Verbot. Zu beachten sind aber auch im Falle der Kleinstmesser die Führverbote nach §§ 42 Abs. 4a und 42b WaffG.

Abzugrenzen ist das Springmesser von einem **Klappmesser mit federunterstütztem Klappmechanismus.**[587] Bei diesem handelt es sich grundsätzlich um ein Messer im Sinne der §§ 42 Abs. 4a, 42b WaffG. Tritt die Bestimmung zum Einsatz gegen Menschen im Sinne einer Hieb- und Stoßwaffe hinzu, handelt es sich bei diesem Klappmesser um eine „geborene" Waffe im Sinne von § 1 Abs. 2 Nr. 2 lit. a WaffG. Die Einordnung als „gekorene" Waffe nach § 1 Abs. 2 Nr. 2 lit. b WaffG scheidet dagegen bei dieser Messerart mangels Nennung in Anlage 1 A1 UA2 Nr. 2.1 WaffG aus.

Ein Springmesser ist **Waffe** gemäß § 1 Abs. 2 Nr. 2 lit. b WaffG iVm Anlage 1 A1 UA2 Nr. 2.1.1 WaffG, **aber keine Hieb- und Stoßwaffe**, wenn es an der ausdrücklichen Bestimmung nach Anlage 1 A1 UA2 Nr. 1.1 WaffG fehlt. Somit wäre bei der Prüfung des Führverbots nach § 42a WaffG nur auf die Eigenschaft als **Einhandmesser** abzustellen, die im Falle des Springmessers gegeben ist, es sei denn, die Klinge ließe sich, wenn sie bei dem Hervorschnellen den maximal möglichen Weg zurückgelegt hat, ohne Lösen einer Arretierung einklappen, zB gegen Federdruck.

Springmesser sind **vom Umgangsverbot ausgenommen**, wenn die Klinge

- seitlich aus dem Griff springt und

---

[587] *BKA-Feststellungsbescheid KT21/ZV25-5164.01-Z-17 vom 9. September 2004; Abgrenzungskriterium ist die Erforderlichkeit des Lösens einer Sperrvorrichtung zum Öffnen des Messers, wodurch eine gespeicherte Energie zum Zwecke des Ausschwenkens der Klinge durch Druck auf einen Knopf oder Hebel auf die Klinge wirken kann, wohingegen bei einem federunterstütztem Klappmesser die Klinge, teilweise auch durch Druck auf einen Hebel, lediglich aus ihrer Rast bewegt wird, um dann mit Federunterstützung in Richtung der Feststellposition zu schwenken; in der Praxis kann durch Zug an der im Griff liegenden (eingeklappten) Klinge festgestellt werden, um welche Messerart es sich handelt: Während bei einem Springmesser die eingeklappter Klinge durch Zug am Klingenrücken nicht herausgezogen werden kann, ist dies bei einem Klappmesser mit federunterstütztem Klappmechanismus problemlos möglich.*

- der Klingenteil außerhalb des Griffs höchstens 85 mm lang <u>und</u>
- die Klinge nicht zweiseitig geschliffen ist

<u>und zusätzlich</u>

- der Besitzer **ein berechtigtes Interesse** hat, das eine **einhändige Nutzung erforderlich** macht, <u>oder</u>
- der **Umgang im Zusammenhang mit der Berufsausübung** erfolgt.

Die Voraussetzungen für die Ausnahme von der Anwendung des Verbots lassen sich somit in zwei Gruppen zusammenfassen, nämlich

- **objektive Voraussetzungen** (messbare Eigenschaften des Messers, unabhängig von der Person des Verwenders und dem jeweiligen Verwendungszweck);
    - Seitliches Springen
    - Länge der Klinge
    - Schliff der Klinge
- und **subjektive Voraussetzungen**, die sich aus der Person des Verwenders und der beabsichtigten Nutzung des Messers ergeben, mithin nicht messbar oder an dem Gegenstand selbst festzumachen sind, sondern von der jeweiligen Person und ihrer Lebenssituation abhängen.

Erfüllt ein Springmesser die objektiven Voraussetzungen für eine Ausnahme von dem Verbot, müssen die subjektiven Voraussetzungen in der Person des Besitzers ebenso gegeben sein.

Das Gesetz stellt in der **ersten subjektiven Befreiungsvariante** auf ein **berechtigtes Interesse** ab, **das eine einhändige Nutzung erforderlich macht**, nicht aber auf eine gesetzlich bestimmte Personengruppe.[588] Vielmehr überlässt es der Gesetzgeber dem Betroffenen selbst, die Erforderlichkeit des Umgangs mit einem Springmesser zu sehen. Da sich die Ausnahme von dem Verbot des Umgangs naturgemäß nicht auf den Zeitraum der tatsächlichen Verwendung zu dem erforderlichen Zweck beschränkt, ist bereits diese erste mögliche subjektive Ausnahme eine kaum eingeschränkte Möglichkeit des Anerkennens einer Ausnahme, da der Gesetzgeber auf Nutzergruppen wie Segler, Bergsteiger[589], Angler oder Jäger abstellt, ohne aber konkrete Nachweise für diese Freizeitbeschäftigung und deren aktuelles Bestehen zu

---

[588] *In diesem Falle bleibt von Interesse, ob die gesetzliche Regelung, da es sich in der Rechtsfolge im Falle des verbotenen Umgangs um eine Straftat handelt, den Anforderungen des Bestimmtheitsgrundsatzes nach Art. 103 Abs. 2 GG genügt.*

[589] *Im Zusammenhang mit der Beschreibung des Erklimmens größerer Höhen werden in amtlichen Druckwerken zu der Änderung des WaffG 2024 drei Varianten synonym verwendet: „Bergsteigen", „Bergsteigern" und „Bergesteigen".*

fordern, wie es durch einen Segelschein, die Mitgliedschaft in einem Bergsteigerverein, einen Angelschein oder einen Jagdschein möglich wäre.

Eine Handreichung des Bundesministeriums des Innern[590] (BMI) setzt als notwendige Voraussetzung für ein **berechtigtes Interesse** voraus, dass zwischen dem Interesse und dem Umgang mit dem Springmesser ein innerer Zusammenhang besteht.[591] Dabei ist es nicht erforderlich, dass das berechtigte Interesse nur im jeweiligen Moment der konkreten, das berechtigte Interesse begründenden Tätigkeit besteht. Das berechtigte Interesse besteht danach auch bei einem Segler, Bergsteiger oder Jäger auf der Rückreise von der konkreten Tätigkeit (etwa von einem Segeltörn, einer Bergbesteigung oder einer Jagd). Das bestehende berechtigte Interesse muss allerdings eine einhändige Nutzung erforderlich machen.[592]

Die **zweite Möglichkeit**, durch Erfüllen einer subjektiven Voraussetzung zusätzlich zu den objektiven Voraussetzungen aus dem Verbot entlassen zu werden, ist der **Umgang im Zusammenhang mit der Berufsausübung**.

Der Begriff des „Berufs" ist weit auszulegen und nicht auf Lehrberufe oder solche Tätigkeiten beschränkt, die nur aufgrund einer besonderen Ausbildung oder nach

---

[590] *Handreichung „Waffengesetzänderungen 2024: Fragen & Antworten", abgerufen von http://www.bmi.bund.de am 2. April 2025*

[591] *Handreichung (wie vor) zur Definition des „berechtigten Interesses": „Ein berechtigtes Interesse liegt nur dann vor, wenn zwischen dem Interesse und dem Umgang mit dem Springmesser ein innerer Zusammenhang besteht. Notwendig ist, dass, nach allgemeiner Lebenserfahrung, bei der Verfolgung des Interesses bzw. bei der durch das Interesse motivierten Verfolgung eines Ziels ein Springmesser typischerweise verwendet wird und die Erreichung des Ziels durch die Verwendung eines Springmessers gefördert wird."*

[592] *Die vorgenannte Handreichung nennt aus hiesiger Sicht kaum überzeugende Beispiele für eine Erforderlichkeit, insbesondere unter Einbeziehung der ergänzenden und den Beispielen nachfolgenden Einschränkung („Erforderlich kann die einhändige Nutzung auch bei einer körperlichen Beeinträchtigung sein, die die Nutzung eines anderen – nicht grundsätzlich verbotenen Messers – ausschließt."); so werden sich Springmesser insbesondere im Bereich des Segelns kaum antreffen lassen, ebenso wenig im Bereich des Bergsteigens; vielmehr ist ein in der Regel stabileres Einhandmesser, das nicht dem grundsätzlichen Verbot unterfällt, hier eine Variante, auf die nach dem vorgenannten einschränkenden Beispiel der Handreichung zu verweisen wäre und dessen Verwendung praxistauglicher ist. Der Begriff der „Erforderlichkeit" ist in diesem Zusammenhang anders auszulegen als im Falle des § 8 WaffG oder des § 19 WaffG, siehe dazu auch Kapitel 1.7.9 und 2.1.3.4, wonach die Erforderlichkeit voraussetzt, dass kein milderes Mittel verfügbar ist, das die gleiche Wirksamkeit besitzt; ausweislich der Materialien zur Waffengesetzänderung 2024 hat der Gesetzgeber ausdrücklich darauf verzichtet, den praktisch möglichen Verweis auf nicht verbotene Messer verbindlich vorzusehen, die eine gleichwertige einhändige Bedienbarkeit aufweisen.*

bestandener staatlich anerkannter Prüfung ausgeübt werden oder werden dürfen. Beruf ist vielmehr nicht nur die aufgrund einer persönlichen "Berufung" ausgewählte und aufgenommene Tätigkeit, sondern jede auf Erwerb gerichtete Beschäftigung, die sich nicht in einem einmaligen Erwerbsakt erschöpft.[593] Die o.g. Handreichung des BMI erklärt zur Weite des Zusammenhangs mit der Berufsausübung im Sinne einer negativen Abgrenzung, dass dieser Zusammenhang dann nicht gegeben ist, wenn „der Umgang mit einem Springmesser für die Ausübung eines Berufes unter keinerlei ersichtlichen Aspekten wenigstens nützlich ist.“ Mithin kann von einem Zusammenhang beispielsweise dann ausgegangen werden, wenn

- ein Zauberkünstler zur Steigerung des Effekts seines künstlerischen und auf Erwerb ausgerichteten Vortrags ein Springmesser verwenden will,
- ein Requisiteur ein Springmesser für die Ausstattung von Kriminalfällen vorhält, um es
- einem Schauspieler zu überlassen, der es während der Szene oder des Auftritts besitzt.

Weitere, auch durch den Gesetzgeber gegebene Beispiele sind Händler und Hersteller sowie Berufsjäger und Angehörige von Feuerwehr, Rettungsdienst und Katastrophenschutz.[594]

Somit ist die weitere subjektive Ausnahme ebenfalls sehr weit gefasst, da neben anerkannten Handwerksberufen wie beispielsweise Maurer, Maler oder Bodenleger, bei deren Tätigkeit ein einhändig feststellbares Springmesser einen gewissen Nutzen hat, auch jegliche andere auf nicht nur einmaligen Erwerb ausgerichtete Tätigkeit, bei der ein Umgang mit einem Springmesser unter „keinerlei ersichtlichen Aspekten wenigstens nützlich ist“ von dem Verbot des Umgangs zumindest subjektiv befreit. So ist auch in der Tätigkeit eines Lehrbeauftragten für die Beschulung von behördlichem Personal, das mit Springmessern und der Überprüfung ihrer Besitzer befasst ist, etwa Marktaufsichten, Angehörige kommunaler Ordnungsdienste oder Angestellte von Waffenbehörden im aufsuchenden Aufbewahrungskontrolldienst, ein Zusammenhang mit der Berufsausübung gegeben, der nicht „unter keinerlei ersichtlichen Aspekten wenigstens nützlich“ ist.

---

[593] *BVerfG 1 BvF 1/91 Rn. 94, Urteil vom 17. Februar 1998; ergänzender Auszug: „Die in Art. 12 Abs. 1 GG gewährleistete Berufsfreiheit umfasst jede Tätigkeit, die auf Dauer angelegt ist und der Schaffung und Aufrechterhaltung einer Lebensgrundlage dient.“*

[594] *Ergänzende Anmerkung: Der Kreis der Privilegierten lässt sich insbesondere durch den Wortlaut der Handreichung „unter keinerlei ersichtlichen Aspekten wenigstens nützlich“ kaum beschränken; somit ist, anders als in den Materialien zur Entstehung des Gesetzes 2024 (BT-Drs. 20/12805 und 20/13413) als Zielsetzung formuliert, von einer weitgehenden Unwirksamkeit der Regelung auszugehen.*

Entfällt das Verbot, so bleibt das Springmesser aufgrund der Nennung in der Anlage 1 WaffG aber eine Waffe im Sinne des WaffG. Damit sind neben den Vorschriften zum **Mindestalter** die **Führverbote** nach §§ 42, 42a WaffG zu beachten, da es sich einerseits um eine Waffe (§ 42 WaffG), andererseits bei einem Springmesser auch stets um ein Einhandmesser (§ 42a WaffG) handelt.

Ausgehend von der Überlegung, dass sich die Gefährlichkeit eines Springmessers nicht dadurch verringert, dass **mehr als eine Klinge** nach der beschriebenen Betätigung hervorspringt, ist das **Verbot auch auf solche Varianten** anzuwenden.

Die Ausnahme aufgrund der subjektiven Komponente kann sich nur auf Tätigkeiten beziehen, die von dieser Ausnahme erfasst sind. Mithin sind andere Verwendungen des Springmessers nicht von dem Umgangsverbot befreit. Dies ist insbesondere für die Frage der Aufbewahrung für den Zeitraum der Nichtbenutzung von Bedeutung.

Die **Aufbewahrung eines Springmessers** nach Anlage 2 A1 Nr. 1.4.3 WaffG muss gemäß § 36 WaffG iVm § 13 Abs. 2 Nr. 3 lit. b AWaffV mindestens in einem Behältnis[595] des Widerstandsgrades 0 nach EN 1143-1 Stand Mai 1997 oder jünger erfolgen, und zwar unabhängig von einem individuellen Wegfall des Umgangsverbots aufgrund eines in der Person des Besitzers grundsätzlich gegebenen berechtigten Interesses oder eines Umgangs im Zusammenhang mit der Berufsausübung. Ein Springmesser ist grundsätzlich eine verbotene Waffe im Sinne von § 2 Abs. 3 WaffG iVm Anlage 2 A1 WaffG, da im Falle der Aufbewahrungsvorschriften stets „aus Sicht des Unberechtigten", somit desjenigen gedacht werden muss, dessen Zugriff auf den aufbewahrten Gegenstand verhindert werden muss;[596] diesem Unberechtigten kann weder ein berechtigtes Interesse noch ein Zusammenhang mit der Berufsausübung zugestanden werden, wenn der gefahrenabwehrende Sinn und Zweck des Waffengesetzes der Auslegung der gesetzlichen Regelungen zugrunde gelegt wird. Auch kann nicht, wie vor Änderung des WaffG zum 31. Oktober 2024, allein auf die objektiven Verbotsbefreiungen als Differenzierungsmerkmal abgestellt werden. Da von einem Springmesser aus Sicht des Gesetzgebers, bekundet durch das gesetzliche Verbot und die Ahndung eines Verstoßes als Straftat gemäß § 52 Abs. 3 Nr. 1 WaffG sowie die Gesetzesbegründungen in BT-Drs. 20/12805 und 20/13413, eine Gefahr für die Allgemeinheit ausgeht, die sich bereits aus dem Besitz und nicht

---

[595] *Im Falle des Altbesitzes eines Behälters der Stufe B nach VDMA 24992 Stand Mai 1995 ist gemäß § 36 Abs. 4 WaffG die Aufbewahrung des Springmessers auch in diesem Behältnis möglich; die Mengenbegrenzungen bei Nutzung dieses Behältertyps zur Aufbewahrung verbotener Waffen gemäß der seinerzeit geltenden Regelungen sind zu beachten.*

[596] *Aufgrund des Wegfalls der Verbotsbefreiung im Falle des „Durchschnittsbürgers", der die Voraussetzungen für den Wegfall des Verbots eben nicht erfüllt, ist bei der Zuordnung des Springmessers auf eine nicht vorliegende subjektive Verbotsbefreiung mit Wirkung für den Unberechtigten abzustellen; mithin ist mit Änderung des WaffG zum 31. Oktober 2024 jegliches Springmesser, das nicht als Kleinstmesser anzusehen ist, wie ein verbotenes Springmesser aufzubewahren.*

erst durch ein Führen ergibt, insbesondere bei öffentlichen Veranstaltungen, sind die Vorkehrungen gegen ein Abhandenkommen oder die Wegnahme durch Unberechtigte entsprechend der vorgenannten gesetzlichen Vorgabe (§ 13 Abs. 2 Nr. 3 lit. b AWaffV) für diese Waffenart uneingeschränkt zu ergreifen.[597]

Bei **Defekt der Feder**, die für das Ausschieben oder Ausschwenken der Klinge erforderlich ist, oder bei einem **Defekt der Feststellvorrichtung** entfällt die verbotsbegründende Eigenschaft und damit die Einordnung als verbotene Waffe.[598] Zu prüfen wäre im Falle einer defekten Feder bei intakter Feststellvorrichtung allerdings die Einstufung als verbotenes Fallmesser sowie die Einordnung des Messers als Einhandmesser. Bei defekter Feststellvorrichtung handelt es sich lediglich um ein Messer, da sowohl die Einordnung als Waffe wie auch als Einhandmesser die Feststellbarkeit der Klinge tatbestandlich voraussetzen.

Berechtigte nach dem Bundesversorgungsgesetz (Kriegsopfer etc.), die ein Springmesser vor dem 30. Juni 2003 durch die Versorgungsbehörden der Länder erhalten haben, dürfen es nach BKA-Ausnahmegenehmigung ZV 25-2-5166.00-489/03 vom 10. November 2003 sowohl **besitzen** als auch **führen**. § 42a WaffG ist auf dieses Einhandmesser nicht anzuwenden. Bezüglich der sicheren Aufbewahrung ist hier lediglich die im Feststellungsbescheid erteilte Auflage zu beachten, eine Pflicht zur Aufbewahrung dieses Gegenstandes, der für den Betroffenen ein ständiger Begleiter für die Erledigung von Angelegenheiten des täglichen Lebens ist, würde dem mit der Ausnahmegenehmigung verfolgten Ziel widersprechen. Bezüglich des **Führverbots nach § 42a** Abs. 1 Nr. 3 WaffG ist das Springmesser als Einhandmesser anzusehen, aufgrund des offenkundig vorliegenden **berechtigten Interesses** des Besitzers findet das Verbot gemäß § 42a Abs. 2 Nr. 3 WaffG in diesem Falle aber keine Anwendung. Gleiches muss für Verbotszonen gelten. Dagegen unterfällt der Berechtigte nach Bundesversorgungsgesetz dem Verbot des Führens bei öffentlichen Veranstaltungen nach § 42 Abs. 1 WaffG, da ein berechtigtes Interesse keine generelle Ausnahme nach § 42 Abs. 4 WaffG bedeutet.

Die Überlassung an einen Berechtigten ist nicht von der Erlaubnispflicht umfasst. Nach § 34 Abs. 1 Satz 1 WaffG dürfen Waffen nur an Berechtigte überlassen werden, deren Berechtigung offensichtlich ist oder nachgewiesen worden ist. Eine Offensichtlichkeit der Berechtigung scheidet bei Privatpersonen regelmäßig aus. Die Berechtigung zum Umgang mit Springmessern aufgrund einer Ausnahme von dem gesetzlichen Umgangsverbot ist durch geeignete Nachweise oder durch eine Plausibilitätsprüfung mündlicher Angaben durch den Überlasser zu prüfen.[599]

---

[597] *Siehe als analoge Thematik die Aufbewahrung verbotener Magazine, deren Besitz einem Betroffenen aufgrund einer gesetzlichen Regelung erlaubt ist, auch Fn. 170; zur Magazinthematik ausführlich VG Düsseldorf 22 L 1895/24, Beschluss vom 18. September 2024, Rn. 69 ff.*

[598] *BGH 1 StR 35/17, Beschluss vom 11. Mai 2017*

[599] *Zum Nachweis einer erfolgten Prüfung der Berechtigung sollte ein Überlasser ein geeignetes Protokoll anfertigen, aus dem neben den Daten des Erwerbers auch*

Beachten Sie ergänzend zu diesem Kapitel die Bestimmungstafel auf Seite 563 sowie die Ausführungen in den Kapiteln 1.4 sowie 1.3.2.8.2.

1.13.1.22 Fallmesser (Nr. 1.4.1)

Fallmesser im Sinne des WaffG sind Messer, deren Klingen beim Lösen einer Sperrvorrichtung durch ihre Schwerkraft oder durch eine Schleuderbewegung des Arms oder der Hand aus dem Griff hervorschnellen und selbsttätig oder beim Loslassen der Sperrvorrichtung festgestellt werden. Verbotsbegründende Eigenschaft ist die Möglichkeit, das Fallmesser unauffällig im Vorfeld einer körperlichen Auseinandersetzung oder eines Überfalls in der Hand zu führen und dann die Klinge unmittelbar einsatzbereit machen zu können, ähnlich der Verwendung eines Springmessers.[600]

Bei einem **Defekt der Feststellvorrichtung** entfällt die verbotsbegründende Eigenschaft und damit die Einordnung als verbotene Waffe.[601] Gleiches muss folgerichtig gelten, wenn die außerhalb des Griffs stehende Klinge nicht eingeschoben werden kann, da erst danach die das Verbot begründende Schleuder- oder Fallbewegung stattfinden könnte. Ob die Unmöglichkeit, die Klinge einzuschieben, auf einem technischen Defekt oder einem Umbau beruht, ist in diesem Moment unerheblich.

Der BKA-Feststellungsbescheid KT21/SO 11-5164.01-Z-76 zu „Kleinstmessern" kann prinzipiell auch auf Fallmesser übertragen werden, da die Klinge auch hier keine andere Wirkung hätte als im Falle eines Butterfly- oder Springmessers, womit in diesem Falle auch das Verbot entfallen würde.

Zu beachten ist die mögliche Freistellung sog. „**Rettungsmesser**" oder „**Rescue-Tools**" durch BKA-Feststellungsbescheid KT21/ZV25-5164.01-Z-20/2003, der allerdings eine speziell geformte Klinge fordert.

Berechtigte nach dem Bundesversorgungsgesetz (Kriegsopfer etc.), die ein Fallmesser vor dem 30. Juni 2003 durch die Versorgungsbehörden der Länder erhalten haben, dürfen es nach BKA-Ausnahmegenehmigung ZV 25-2-5166.00-489/03 vom 10. November 2003 sowohl **besitzen** als auch **führen**. § 42a WaffG ist auf dieses Einhandmesser nicht anzuwenden. Bezüglich der sicheren Aufbewahrung ist hier lediglich die im Feststellungsbescheid erteilte Auflage zu beachten, eine Pflicht zur Aufbewahrung dieses Gegenstandes, der für den Betroffenen ein ständiger Begleiter für die Erledigung von Angelegenheiten des täglichen Lebens ist, würde dem mit dem Feststellungsbescheid verfolgten Ziel widersprechen. Bezüglich des Führverbots nach § 42a Abs. 1 Nr. 3 WaffG ist das Fallmesser ein **Einhandmesser**, aufgrund des offenkundig vorliegenden berechtigten Interesses des Besitzers findet das Verbot gemäß § 42a Abs. 2 Nr. 3 WaffG in diesem Falle aber keine Anwendung. Gleiches muss für Verbotszonen gelten. Dagegen unterfällt auch der Berechtigte nach Bun-

---

dessen Angaben zur vorgebrachten Ausnahme, evtl. Kopien vorgelegter Nachweise, hervorgehen; Datenschutzregelungen sind zu beachten.

[600] Zu den Motiven des Gesetzgebers BT-Drs. 14/7758, S. 91

[601] BGH 1 StR 35/17, Beschluss vom 11. Mai 2017

desversorgungsgesetz dem Verbot des Führens bei öffentlichen Veranstaltungen nach § 42 Abs. 1 WaffG, da selbst ein berechtigtes Interesse keine generelle Ausnahme nach § 42 Abs. 4 WaffG bedeutet.

Beachten Sie die Bestimmungstafel auf Seite 564 sowie Kapitel 1.3.2.8.2.

1.13.1.23 Faustmesser (Nr. 1.4.2)

Ein Faustmesser in ein Messer mit einem quer zur feststehenden oder feststellbaren Klinge verlaufenden Griff, das bestimmungsgemäß in der geschlossenen Faust geführt oder eingesetzt wird. Das Faustmesser ist herstellerseitig nicht zur Waffe bestimmt, sondern dient Jägern und Kürschnern als Werkzeug bei der Gewinnung und Bearbeitung von Tierhäuten. Durch den senkrecht zur Klinge stehenden Griff kann die Kraft optimal in die Klingenbewegung umgesetzt werden. Darum sieht das Gesetz für diese Personengruppen eine Ausnahme vom Verbot des Umgangs vor.[602]

Das Faustmesser ist bezüglich seiner Wirkung im Rahmen einer körperlichen Auseinandersetzung nicht zu unterschätzen. Da es in der geschlossenen Faust gehalten wird und sich der in der Regel große Griff an der Handinnenfläche abstützt, wird die zwischen zwei Fingern hindurchgeführte Klinge mit der vollen Wucht des Fauststoßes geführt. Diese kinetische Energie (Bewegungsenergie) wird dabei nicht nur aus der Kontraktion der Muskulatur des Stoßarms geführt, sondern speist sich ergänzend aus der gleichgerichteten Bewegung der Schulter und oftmals auch des gesamten Körpers, wenn sich der Messerträger auf sein Gegenüber zubewegt. Insbesondere ausgebildete Kampfsportler, die bei einem Fauststoß in der Lage sind, alle an der Körperbewegung beteiligten Muskelgruppen optimal zu koordinieren, erreichen im Idealfall eine enorme Konzentration auf den Punkt der Berührung, der bei Verwendung eines Faustmessers ungefähr dessen Position in der Hand entspricht.

Doch nicht nur der Stoß oder Schlag als gerade oder bogenförmige Bewegung der messerführenden Hand ist zu beachten, beide Bewegungen führen die Klinge im Moment des Auftreffens senkrecht durch die Oberfläche des getroffenen Körpers. Ebenfalls sehr effektiv ist das Reißen durch die Körperoberfläche des Gegenübers, der auch dabei schwerste Verletzungen erleiden kann, insbesondere an den möglicherweise zur Abwehr erhobenen Armen oder im Gesichtsbereich. Die Klinge kann durch den Griff nicht nur kraftvoll in Stichrichtung bewegt werden, sondern auch in Hiebrichtung, also senkrecht zur eigentlichen Stichrichtung im Sinne eines Schneidens. Vergleichbar ist diese Verletzungsmechanik mit dem Krallenschlag ei-

---

[602] § 40 Abs. 3 WaffG; die Voraussetzung für eine Verbotsausnahme kann entfallen (zB Jäger nach Ablauf der Gültigkeit des Jagdscheins); zu zu beachten ist, dass sonstige Vorschriften, insbesondere zum Mindestalter, zum Waffenverbot im Einzelfall sowie zur Aufbewahrung uneingeschränkt auch für diese Personengruppen gelten; insbesondere sind Vorschriften zur Aufbewahrung von verbotenen Waffen zu beachten, da das Faustmesser auch im Falle der Ausnahme vom Verbot des Umgangs grundsätzlich verbotene Waffe im Sinne des WaffG bleibt.

nes Raubtiers (oder auch der Hauskatze), der zwar nur oberflächliche, aber trotzdem die Abwehrfähigkeit stark herabsetzende Folgen hat.

Trotz der beschriebenen Wirkungsweise sind Faustmesser **nicht notwendigerweise Hieb- und Stoßwaffen** im Sinne des WaffG.

Der verbotsbefreiende BKA-Feststellungsbescheid KT21/SO 11-5164.01-Z-76 vom 19. Dezember 2006 für „Kleinstmesser" mit einer bis zu 41 mm langen Klinge gilt nicht für Faustmesser, wie die jüngere Einstufung[603] eines „**Mini-Faustmessers**" mit einer 32 mm langen Klinge als verbotenem Gegenstand belegt. Es ist nicht erforderlich, dass die Klinge mittig am Griff des Faustmesser befestigt ist, wie die mit gleichem Feststellungsbescheid ergangene Entscheidung des BKA für ein „**Hibben Claw**" („Krallenmesser") besagt. Die Montage von mehr als einer Klinge führt nicht zu einer Ausnahme vom Verbot oder der Einstufung als Waffe im Sinne des WaffG.[604]

Die Überlassung an einen Berechtigten ist von der Erlaubnispflicht nicht umfasst. Nach § 34 Abs. 1 Satz 1 WaffG dürfen Waffen nur an Berechtigte überlassen werden, deren Berechtigung offensichtlich ist oder nachgewiesen worden ist. Eine Offensichtlichkeit der Berechtigung scheidet bei Privatpersonen regelmäßig aus. Die Berechtigung zum Umgang mit Springmessern aufgrund einer Ausnahme von dem gesetzlichen Umgangsverbot ist durch geeignete Nachweise oder durch eine Plausibilitätsprüfung mündlicher Angaben durch den Überlasser zu prüfen.[605]

Beachten Sie die Bestimmungstafel auf Seite 565 sowie Kapitel 1.3.2.8.2.

1.13.1.24 Butterfly-Messer (Nr. 1.4.3)

Gemäß § 1 Abs. 2 Nr. 2 lit. b WaffG nach BKA-Feststellungsbescheid KT21/SO 11-5164.01-Z-76 handelt es sich bei einem Butterfly-Messer nicht um eine Waffe, wenn die Klinge bis zu 41 mm lang und bis zu 10 mm breit ist („Kleinstmesser"); somit würde in diesem Falle auch das Verbot entfallen.

Butterfly-Messer können nur dann als Einhandmesser im Sinne des WaffG eingestuft werden und somit dem Führverbot nach § 42a WaffG unterfallen, wenn die Griffteile einhändig miteinander im Sinne einer Arretierung verbunden werden können.

---

[603] *BKA-FB SO 11-5164.01-Z-111 vom 7. Dezember 2007*

[604] *BKA-FB KT 21 / ZV 25 5164.01-Z-15 vom 7. Juli 2004, BKA-FB KT 21 / ZV 25 5164.01-Z-16 vom 8. Juli 2004*

[605] *Zum Nachweis einer erfolgten Prüfung der Berechtigung sollte ein Überlasser ein geeignetes Protokoll anfertigen, aus dem neben den Daten des Erwerbers auch dessen Angaben zur vorgebrachten Ausnahme, evtl. Kopien vorgelegter Nachweise, hervorgehen; Datenschutzregelungen sind zu beachten.*

Vom Begriff des Butterfly- oder Faltmessers werden die Klingen von Multitools auch dann nicht erfasst,[606] wenn es sich bei diesem Multitool um eine Konstruktion mit zweigeteiltem, schwenkbarem Griff handelt.

Ein **Balisong-Trainer** (stumpfes Metallteil anstelle einer Klinge, mit der das Öffnen und Schleudern des Balisong, sog. „Flippen", gefahrlos geübt werden kann) ist mangels Klinge und Bestimmung sowie aufgrund fehlender Eignung zum Herabsetzen der Angriffs- oder Abwehrfähigkeit **keine Waffe** im Sinne des WaffG. Ein lediglich stumpf gemachtes oder abgestumpftes Butterfly-Messer dagegen würde dem Waffenbegriff weiterhin unterfallen.

Beachten Sie die Bestimmungstafel auf Seite 566 sowie Kapitel 1.3.2.8.2.

1.13.1.25 Geräte zur Verwendung am Tier (Nr. 1.4.4)

Im Wirkmechanismus entsprechen die **Elektroimpulsgeräte** zur Verwendung am Tier, die beispielhaft nach Anlage 1 A1 UA2 Nr. 2.2 WaffG als Waffen im Sinne des WaffG eingeordnet werden, wie auch die Konstruktionsvariante, die nach Anlage 2 A1 Nr. 1.4.4 WaffG verboten ist, den Elektroimpulsgeräten, die zum Einsatz gegen Menschen bestimmt sind.

Tierabwehrspray zählt nicht zu den „Tierabwehrgeräten" nach Anlage 1 A1 UA2 Nr. 2.2 WaffG, die als durch Nennung im Gesetz gekorene Waffen eine andere als mechanische Energie verwenden. Das Versprühen oder Ausstoßen von Reizstoffen zur Tierabwehr ist keine Energieübertragung oder -verwendung, der Tatbestand somit nicht erfüllt. Das Verbot nach § 2 Abs. 3 WaffG iVm Anlage 2 A1 Nr. 1.4.4 WaffG ist auf Tierabwehrspray darum ebenfalls nicht anwendbar.

Waffe im Sinne des WaffG sind **nach Anlage 1** A1 UA2 Nr. 2.2 WaffG „Gegenstände, die bestimmungsgemäß unter Ausnutzung einer anderen als mechanischen Energie Tieren **Schmerzen** beibringen (zB Elektroimpulsgeräte), mit Ausnahme der ihrer Bestimmung entsprechend im Bereich der Tierhaltung oder bei der sachgerechten Hundeausbildung Verwendung findenden Gegenstände (zB Viehtreiber)". Allgemein kann in diesem Zusammenhang von **Tierabwehrgeräten** gesprochen werden. Von der gesetzlichen Regelung sind nicht allein Elektroimpulsgeräte erfasst, sondern jegliche Vorrichtungen, die sich einer nicht mechanischen Einwirkung bedienen, um Tieren Schmerzen beizubringen. Elektrische Impulse sind das in der Praxis am weitesten verbreitete Wirkprinzip, denkbar wären aber auch Geräte, die unter Nutzung anderer Wirkprinzipien dem Tier Schmerzen beibringen, etwa durch punktuelle Hitzeeinwirkung (Wärmeenergie).

Finden Geräte entsprechend ihrer jeweiligen Bestimmung im Bereich der Tierhaltung oder der sachgerechten Hundeausbildung Verwendung, handelt es sich nicht um Waffen im Sinne des WaffG, womit die für Waffen grundsätzlich geltenden Vorschriften, etwa das Mindestalter von 18 Jahren oder das Waffenverbot nach § 41 WaffG, nicht anzuwenden sind.

---

[606] *WaffVwV zu Anlage 1 A1 UA 2 Nr. 2.1.4 WaffG*

Die Formulierung „Verwendung finden" ist sowohl interpretierbar als das tatsächliche Verwenden als auch als eine rein herstellerseitige Bestimmung, die dem Gerät innewohnt, ohne den Benutzer aber daran zu hindern, das Gerät anderweitig zu nutzen, etwa zur Verwendung gegen Menschen einschließlich der damit zusammenhängenden Handlungen wie etwa dem Führen des Gegenstands. Stellt man auf die herstellerseitige Bestimmung ab, würden Geräte für die Tierhaltung oder Hundeausbildung nicht dem Waffenbegriff und damit nicht der Anwendung des WaffG unterfallen. Auch die nicht bestimmungsgemäße Verwendung würde das Gerät dann nicht zur Waffe im Sinne des WaffG machen, sondern lediglich bedeuten, dass dieses Gerät durch den Benutzer in einen gesetzlich geregelten Zusammenhang gestellt wird und dann den Regelungen für die entsprechende Waffe unterfällt, in diesem Falle unter anderem Mindestalter und Aufbewahrung.

Dem **Verbot nach Anlage 2** A1 Nr. 1.4.4 WaffG unterfallen „Gegenstände, die unter Ausnutzung einer anderen als mechanischen Energie Tieren **Verletzungen** beibringen (zB Elektroimpulsgeräte), sofern sie nicht als gesundheitlich unbedenklich amtlich zugelassen sind und ein amtliches Prüfzeichen tragen zum Nachweis der gesundheitlichen Unbedenklichkeit oder bestimmungsgemäß in der Tierhaltung Verwendung finden", in der Tierhaltung also auch ohne Prüfzeichen. Elektroimpulsgeräte werden an dieser Stelle nur beispielhaft genannt, somit gelten die zum Begriff nach Anlage 1 oben gemachten Ausführungen sinngemäß. Es wird aber in der Anlage 2 das Tatbestandsmerkmal „Verletzungen" genannt, während die Anlage 1 lediglich „Schmerzen" als Tatbestandsmerkmal aufzählt.

Das Verbot ist aus vorgenannten Gründen darum nicht zwingend anzuwenden auf sämtliche Gegenstände nach Anlage 1 A1 UA2 Nr. 2.2 WaffG, da eine Konstruktion zum Beibringen von Schmerzen nicht die Voraussetzungen des Verbots erfüllt, wonach dem Tier bei bestimmungsgemäßer Verwendung Verletzungen beigebracht werden können. Während ein Schmerz ohne physisches Einwirken erzeugt werden kann, wird von einer Verletzung regelmäßig erst auszugehen sein, wenn durch Einsatz des Mittels die körperliche Unversehrtheit nicht nur unerheblich beeinträchtigt wird, etwa durch Hautschnitte oder Zerstörung von Nervenbahnen.

Das Verbot nach § 2 Abs. 3 WaffG iVm Anlage 2 A1 Nr. 1.4.4 WaffG gilt nicht, wenn das Gerät

- gesundheitlich unbedenklich, amtlich zugelassen und zum Nachweis der Unbedenklichkeit mit amtlichem Prüfzeichen versehen ist oder
- bestimmungsgemäß in der Tierhaltung Verwendung findet.

Wie bereits die zuvor erläuterte Ausnahme zur Einstufung als Waffe ist auch die Ausnahme von dem Verbot im Falle der bestimmungsgemäßen Verwendung in der Tierhaltung nicht an den Moment des Verwendens am Tier begrenzt. Vielmehr ist davon auszugehen, dass Viehhalter oder Transporteur auch dann von dem Verbot und den Vorschriften zum Umgang mit der verbotenen Waffe, zB zur Aufbewahrung, freigestellt ist, wenn dieses Arbeitsgerät außerhalb der Arbeitszeit auf dem

Betriebsgelände lediglich aufbewahrt wird oder von ihm auf dem Weg zwischen Bauernstelle/Betrieb und Weide auf einer öffentlichen Straße mitgeführt wird.

Aus grundsätzlichen Erwägungen müssen sich die Freistellungen aufgrund der angenommen bestimmungsgemäßen Verwendung außerhalb der tatsächlichen Verwendung auch auf Händler beziehen, die mit diesen Artikeln vom Erwerb bis zur Überlassung an den Kunden Umgang haben.

1.13.2 Verbotene Munition und Geschosse (Nr. 1.5)

Gemäß § 57 Abs. 1 WaffG ist auf Munition, die Kriegswaffe ist (siehe dazu Kapitel 4.6), das WaffG nicht anwendbar. Einzelne Verbote nach Anlage 2 A1 Nr. 1.5, zB Leuchtspurmunition und -geschosse, stellen Auffangtatbestände für solche Munition und Geschosse dar, die vom KrWaffKontrG nicht erfasst werden, aber als besonders gefährlich eingestuft werden.

1.13.2.1 Verbotene Geschosse

- Geschosse mit **Betäubungsstoffen** für Angriff oder Verteidigung
- **Hartkerngeschosse**
- Geschosse aus
  - **panzerbrechender Munition,**
  - Munition mit **Spreng- und Brandsätzen** oder **Leuchtspursätzen**

1.13.2.2 Verbotene Munition

Folgende Munitionstypen sind verboten (ausgenommen pyrotechnische Munition, die zur Gefahrenabwehr bestimmt ist):

- **Reizstoffmunition** ohne amtliche Zulassung (PTB-Zeichen)
- **panzerbrechende Munition**
- Munition mit **Leuchtspursätzen**, **Spreng- und Brandsätzen**
- Munition mit **Treibspiegelgeschoss**, auch mit **Nadelgeschossen**[607]
- Munition mit **Hartkerngeschoss**

---

[607] *Definition nach Anlage 2 A1 Nr. 1.5.3: „Patronenmunition für Schusswaffen mit gezogenen Läufen, deren Geschosse im Durchmesser kleiner sind als die Felddurchmesser der dazugehörigen Schusswaffen und die mit einer Treib- und Führungshülse umgeben sind, die sich nach Verlassen des Laufes vom Geschoss trennt"; **Nadelgeschosse** selbst unterfallen nicht dem Verbot (das Verbot von Nadelgeschossen durch § 8 Abs. 1 Nr. 1 der 1. WaffV entfiel mit Einführung des WaffG 2002 zum 1. April 2003 ersatzlos).*

- Knallpatronen oder Reizstoffmunition, die durch feste Bestandteile bis 1,5 m vor der Laufmündung Verletzungen hervorrufen können
- Für Patronenlager nach Tabelle 5 der Maßtafeln, aktuell die Anlage III der BeschussV, bestimmte **Kleinschrotmunition** („Grenaille", Kartuschenmunition für das Verschießen von Schrot aus **SRS-Waffen**)
- Munition, die ausschließlich in **Kriegswaffen** Verwendung finden soll oder zur ausschließlichen Verwendung durch staatliche Stellen nach § 55 Abs. 1 Satz 1 WaffG dienen soll („Behördenmunition")

1.13.2.3 Wirkung und Identifikation

Neben der Darstellung der Wirkungsweise werden in diesem Kapitel auch Hinweise zur Identifikation der Munitionstypen gegeben. Zu beachten ist, dass Farbcodierungen nicht international genormt sind, so dass bestimmte Farbstellungen bei Munition auch andere Bedeutungen haben können.

1.13.2.3.1 Accelerator- (Treibspiegel-) Munition

Die waffenrechtliche Definition ergibt sich aus Anlage 2 A1 Nr. 1.5.3. Wie der Name „Accelerator" (Beschleuniger) nahelegt, wird durch die Verwendung eines größeren Kalibers für die Umhüllung des eigentlichen Geschosses dafür gesorgt, dass dieses kleinere Geschoss sehr viel schneller wird als die übliche Munition seines Kalibers, deren Energie aufgrund von Hülsenform und Hülsengröße meist nicht gesteigert werden kann. Im Lauf wird das Geschoss von einer Art Mantel, meist einem topfförmigen Treibspiegel, umgeben, der sich außerhalb des Laufs von dem Geschoss löst.

Ein **Grund für das Verbot** liegt in der Sorge, dass Geschosse, die den Lauf „verhüllt" durchlaufen, keine Laufspuren aufweisen und keiner Waffe zugeordnet werden können. Sie sind „**Geschosse ohne Vergangenheit**".

Das **Verbot** nach Anlage 2 A1 Nr. 1.5.3 WaffG beschränkt sich auf **Patronenmunition zum Verschießen aus Schusswaffen mit gezogenen Läufen**. „**Sabots**", die für glatte Läufe (Flintenläufe) bestimmt sind, unterfallen nicht dem Verbot. Ein Feststellungsbescheid zu Treibspiegelmunition[608] stellte auf die durch den Hersteller erfolgte Zweckbestimmung ab.

---

[608] BKA SO 11 – 5164.01-Z-29 vom 22. September 2009; diskussionswürdig ist, ob ein tatsächliches Verschießen aus einem gezogenen Flintenlauf als eine vom Gesetz missbilligte Handlung strafbar wäre, da in diesem Falle der Schutzzweck des Verbots, dass sich auf dem Geschoss keine auswertbaren Laufspuren abzeichnen, nicht mehr verwirklichen lässt und Schießen als Umgangsart von dem Verbot nach Anlage 2 A1 umfasst wird.

1.13.2.3.2 Patronenmunition mit Geschoss mit Hartkern

Zum Durchschlagen von gepanzerten Platten ist normale Munition nicht geeignet. Mit Hartkerngeschossen ist es möglich, auch solche Schutzmaßnahmen zu überwinden. Der Hartkern besteht aus einem Metall, das durch eine spezielle Behandlung eine bestimmte Härte erlangt hat. Unter Härte versteht man allgemein den Widerstand eines Werkstoffes gegen das Eindringen eines festeren Körpers. Sie wird als **Brinellhärte** oder **Vickershärte** angegeben. Zur **Identifikation** kann eine schwarz gefärbte Geschossspitze dienen, wie sie nebenstehend abgebildet ist.

Neben der Härte des Kerns ist auch sein höheres Gewicht entscheidend für die panzerbrechende Eigenschaft. Der Mantel dient als umhüllendes und formbares Transportmittel für den harten Kern – als ganzes (im Sinne eines *ganz aus einem Material* gefertigten) Geschoss könnte der Kern nicht ohne Hilfsmittel (siehe unten) aus einem gezogenen Lauf verschossen werden, da die für das Verschießen erforderliche Anpassung an das Feld-Zug-Profil des Laufes nicht möglich wäre. Der Kern wird entweder vollständig umschlossen (Abbildung Geschoss unten links), ist auf einen Geschosssockel aufgesetzt (Abbildung Geschoss unten rechts; der Sockel ist im Durchmesser etwas größer als das Geschoss, dessen Durchmesser nicht größer sein darf als der Felddurchmesser des Laufes, um das Zug-/Feld-Profil nicht zu beschädigen) oder wie der Bleikern eines Teilmantel-Geschosses (Patrone rechts) lediglich im Seitenbereich umfasst.

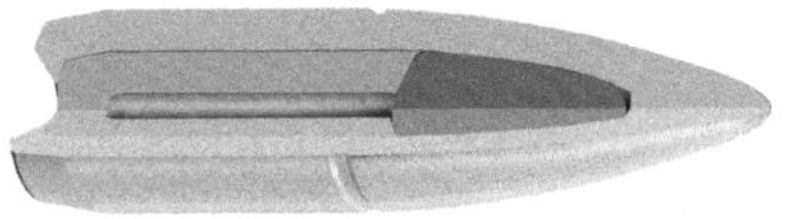

1.13.2.3.3 Patronenmunition mit Geschoss mit Leuchtspursatz

Leuchtspur-Geschosse (Tracer) sind an ihrer Bodenseite mit einem Brennsatz ausgerüstet. Der Brennsatz, ein spezielles Gemisch von Chemikalien, entzündet sich nach Verlassen des Laufes und zeigt auf diese Weise die Flugbahn des Geschosses. Leuchtspurmunition ist vornehmlich im militärischen Bereich, besonders als effektive MG-Munition, im Einsatz.

Identifikation: Rote Geschossspitze

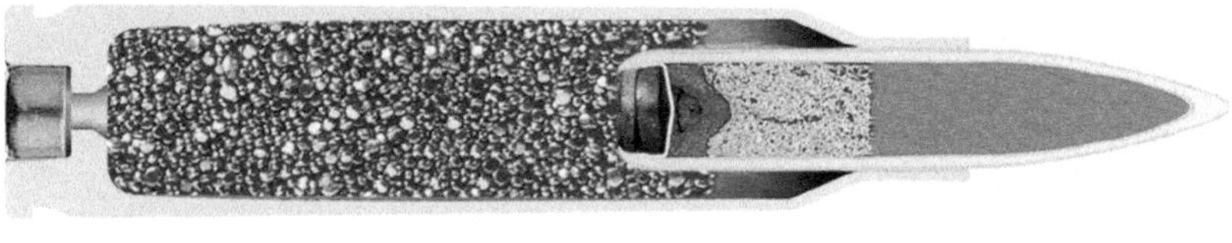

1.13.2.3.4 Patronenmunition mit Geschoss mit Sprengsatz

Das Geschoss kann einen Sprengsatz enthalten, der beim Auftreffen auf das Ziel explodiert. Dabei ist die erforderliche Auftreffenergie so hoch, dass in der Regel nur ein hartes Ziel diese Energie freisetzen kann, nicht aber ein menschlicher Körper. Helle Flammen sollten dem Schützen die Möglichkeit geben, das getroffene Ziel auch auf große Entfernung zu erkennen – die Geschosse wurden dafür zB versehen mit gelbem Phosphor („B-Geschoss", Beobachtungsgeschoss der Wehrmacht) oder Bariumsuperoxid-Magnesium (Streitkräfte der UdSSR und des Warschauer Paktes).

Der enthaltene Sprengsatz kann genutzt werden, um im Innern eines leicht gepanzerten Fahrzeuges oder Raumes eine Explosion zu erzeugen. Zum Durchschlagen der Panzerung enthalten solche Geschosse idR neben dem Sprengsatz einen Hartkern, der die Panzerung durchschlägt und den Explosivstoff oder Brandsatz in den geschützten Innenraum trägt.

Fälschlicherweise werden auch manipulierte Vollmantel-Geschosse (Dum-Dum), Teilmantel-Geschosse oder bestimmte jagdliche Geschosse, die stark „aufpilzen", als „Explosivgeschosse" bezeichnet. **Leuchtspurgeschosse** fallen **nicht** unter den Begriff **Explosivgeschoss**.

Patronenmunition, die ein Geschoss mit Sprengsatz enthält, ist bei Handfeuerwaffen (bis cal. .50) unüblich. Beispiel für eine Patrone, die ein Geschoss mit Sprengsatz enthält und als Munition für Kriegswaffen nicht dem WaffG unterfällt, ist die *Raufoss Mk 211* im Kaliber 12,7 x 99 mm NATO (Identifikation: **Geschossspitze grün** mit darunter liegendem weißem Ring, Modellbezeichnung des norwegischen Herstellers *Nammo* ist „NM140 MP"), die neben einem Sprengsatz einen Hartkern, der sich hinter dem Explosivstoff befindet, sowie einen Brandsatz in der Geschossspitze enthält. **Mittelkaliber** (20 mm bis 30 mm) mit Sprengsatz haben eine **olivgrüne Färbung der Geschossspitze**.

1.13.2.3.5 Flechette

Bei Flechettes handelt es sich um Patronen mit Nadelgeschossen (Pfeilgeschossen). Es gibt beispielsweise Flechette-Munition im Kaliber .223 Rem., die nur einen Pfeil enthält, sowie Schrotkaliber, mit denen ein ganzes Pfeilbündel abgeschossen werden kann. In der Regel werden die Pfeilgeschosse, die mit kleinen Leitwerken ausgerüstet sind, um den Flug zu stabilisieren, mit einem Treibspiegel oder einem Treibkäfig beschleunigt, um den Pfeil durch den Lauf zu bewegen. Es handelt sich damit auch um eine Art von Treibspiegelmunition mit unterkalibrigem Geschoss.

1.13.2.3.6 Kriegswaffenmunition / Behördenmunition

Das erst im Jahre 2008 in das Waffengesetz eingeführte Verbot betrifft Munition, die durch den Hersteller zur ausschließlichen Verwendung durch staatliche Stellen, die in § 55 WaffG aufgelistet sind, bestimmt ist.

Dem Verbot nach Anlage 2 A1 Nr. 1.5.7 WaffG unterliegt, soweit sie nicht unter die Vorschriften des Gesetzes über die Kontrolle von Kriegswaffen oder des Sprengstoffgesetzes fällt, Munition, die bestimmt ist zur ausschließlichen Verwendung

- in Kriegswaffen oder
- durch die in § 55 Abs. 1 Satz 1 bezeichneten Stellen, somit
    - die obersten Bundes- und Landesbehörden und die Deutsche Bundesbank,
    - die Bundeswehr und die in der Bundesrepublik Deutschland stationierten ausländischen Streitkräfte,
    - die Polizeien des Bundes und der Länder sowie
    - die Zollverwaltung.

Der Begriff „Behördenmunition" wird im WaffG nicht verwendet.

Die ausschließliche Bestimmung[609] für Kriegswaffen oder die vorgenannten Stellen kann sich dabei sowohl aus der Artikelbezeichnung wie auch aus dem Umstand ergeben, dass eine Abgabe nur an die vorbezeichneten Stellen erfolgt. Maßgeblich ist der Herstellerwille, nicht die Möglichkeit zur Verwendung der Munition in Kriegswaffen oder Waffen, die von den Stellen nach § 55 Abs. 1 Satz 1 WaffG verwendet werden. Da mit diesen Waffen auch sonstige Munition verschossen werden kann und in der Praxis auch wird, bliebe ein derart umfassendes Verbot konturlos.

In der Hauptsache handelt es sich bei dieser Munition um Patronenmunition, die bereits nach den Nrn. 1.5.2 bis 1.5.4 dem Verbot des Umgangs unterliegt. Eine Erläuterung, welche sonstige Patronenmunition dem Verbot nach Nr. 1.5.7 konkret unterfällt, bleibt der Gesetzgeber auch in der WaffVwV sowie den heranziehbaren Dokumenten zum Gesetzgebungsverfahren schuldig, weshalb in der Praxis bei einem Verstoß zu prüfen wäre, ob es an der grundgesetzlich erforderlichen Bestimmtheit des Verbots fehlt.

Unter das Verbot fallen die Patronen des Kalibers 20 mm x 139, die nicht dem KrWaffKontrG unterfallen. Munition fällt nur dann unter Nr. 49 ff. KWL, wenn sie Zerstörung im Ziel hervorrufen kann. Keine Kriegswaffen sind Kartuschenmunition, Übungsmunition, Überdruck- und Beschusspatronen. Übungsmunition mit pyro-

---

[609] *Zum Begriff der Bestimmung ausführlich Kapitel 1.3.1.3; beachten Sie die nachfolgenden Ausführungen zur Rechtsprechung, die auf Fußnote 613 verweisen.*

technischer Markierungsladung (Blitz/Rauch) und Plastiktrainingsmunition sind keine Kriegswaffen, wenn eine sprengkräftige Ladung fehlt.[610]

Nicht erfasst vom Begriff der Munition für Kriegswaffen sind zum Beispiel Patronen des Kalibers 4,6 mm x 30, obwohl diese Munition ursprünglich von Heckler & Koch (HK) für die ebenfalls durch dieses Unternehmen entwickelte Maschinenpistole HK MP7, die Kriegswaffe im Sinne des KrWaffKontrG ist, entworfen worden war, um Körperpanzerungen leichter durchschlagen zu können.[611] Die Übersicht der für die Verwendung mit der MP7 vorgesehenen Munitionsarten sieht unter anderem eine Patrone mit einem Vollgeschoss aus einer Kupfer-Zink-Legierung vor („Action SX").

Die ursprüngliche Bestimmung dieser Patrone für die Verwendung in Kriegswaffen durch den Hersteller ist zwar belegt. Die Patrone im Kaliber 4,6 mm x 30, deren Geschoss keine Kriegswaffenmunition-typischen Merkmale im Sinne von Zusätzen oder Eigenschaften aufweist, ist aber auch im zivilen Bereich anzutreffen. So ist zB die Repetierbüchse 1771 des Herstellers Anschütz in diesem Kaliber verfügbar, die Patrone wird insbesondere im Bereich des Sportschießens[612] verwendet. Somit scheint fraglich, ob sich das Verbot aus dem Kaliber ableiten lässt.

In der Praxis problematisch ist, dass die Bestimmung einer einzelnen Patronensorte zur ausschließlichen Verwendung durch Militär oder Polizei/Zoll durch den Herstellerwillen allein, nachvollziehbar etwa durch Produktbezeichnung, Werbung oder Vertriebsbeschränkungen seitens des Herstellers, in der jüngeren Rechtsprechung offenbar nicht ausreicht. Ein Beispiel für ist die nachfolgend abgebildete Patrone der Firma MEN. Sie wird von dem Verbot nach Nr. 1.5.7 nicht erfasst.[613] Zu

---

[610] *Erläuterungen zur Kriegswaffenliste (KWL), Nr. 49; abrufbar unter www.zoll.de; vertiefend zu Kriegswaffenmunition siehe Kapitel 4.2.2.2*

[611] *Damit entspricht diese Entwicklung der sowjetischen PSM-Pistole, deren Kaliber (5,45 mm x 18) für diesen Zweck prädestiniert war. Beachten Sie, dass das Verbot der PSM-Pistole nach Anlage 2 A1 Nr. 1.2.5 WaffG sich auf Kurzwaffen dieses Kalibers, nicht aber die Munition bezieht.*

[612] *Bei der Jagd wäre aufgrund der Anforderungen an die kinetische Energie des Geschosses nur die Verwendung zur Bejagung von Raubzeug möglich.*

[613] *Das Landgericht Schwerin hat in einem Verfahren zum unerlaubten Besitz dienstlich gelieferter Munition, das gegen einen Polizeibeamten geführt wurde, die im Rahmen einer Durchsuchung aufgefundenen Patronen, die an Behörden als gekennzeichnetes Los geliefert wurden, lediglich als erlaubnispflichtig eingestuft (LG Schwerin 34 KLs 15/19 Rn. 73 ff., Rn. 595, Urteil vom 19. Dezember 2019); das Urteil erging lediglich wegen Besitzes ohne Erlaubnis nach § 52 Abs. 3 Nr. 2 lit. b WaffG, aber nicht nach § 52 Abs. 3 Nr. 1 WaffG; beachten Sie diesbezüglich die Kritik an der Regelung in Steindorf zu Anlage 2, Rn. 80, die, insbesondere im Hinblick auf den Bestimmtheitsgrundsatz, auch aus hiesiger Sicht zutreffend ist.*

beachten ist allerdings, dass diese Munition nicht CIP-konform ist[614] und eine gewerbliche Überlassung beschussrechtlich unzulässig ist.

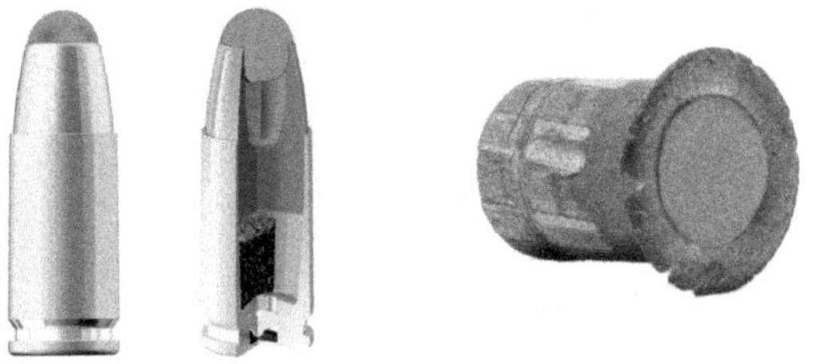

MEN PEP 2.0 (PolizeiEinsatzPatrone), rechts Geschoss nach Auftreffen

Eingeführt wurde die PEP als Ersatz für Vollmantel-Munition, um einen Angreifer sicher aufhalten zu können. Die Abbildung zeigt den Geschossaufbau (Geschoss aus Tombak-Vollmaterial mit Kunststoffeinlage in der Hohlspitze, um eine definierte Verformung sicherzustellen; rechts: Restkörper nach Deformation mit Laufspuren).

1.14 Erben (§ 20)

1.14.1 Übersicht

Erbt eine Person eine **Schusswaffe** (Munition ist nicht vererbungsfähig, Ausnahme: Munitionssammlung), ist **innerhalb eines Monats nach Annahme** des Erbes eine WBK durch den Erben zu beantragen. Wird das Erbe nicht innerhalb der gesetzlichen Annahmefrist[615] ausgeschlagen, beginnt die Frist für die Antragstellung nach Ablauf dieser Annahmefrist. **Erbwaffen** im Sinne der Norm sind **nur** erlaubnispflichtige Schusswaffen oder gleichgestellte Gegenstände aus dem **Nachlass des Erblassers**. Die **Inbesitznahme** ist nach § 37c WaffG **unverzüglich anzuzeigen**.

Erben **gleichgestellt**[616] sind nach § 20 WaffG **Vermächtnisnehmer**[617] und Personen, die die Waffen nach dem letzten Willen des Erblassers bei Erfüllung einer Auflage erhalten sollen („**durch Auflage Begünstigte**"). Zu beachten ist, dass die Anmeldefrist für diesen Personenkreis einen Monat nach dem Erwerb der Waffen beträgt.

---

[614] *Insbesondere aufgrund des höheren Gasdrucks und einer Geschosshärte über 25 HB (Härte-Brinell); die Prüfung erfolgt nicht mit CIP-Messmitteln, sondern nach Technischen Richtlinien (TR) der Behörden.*

[615] *§ 1944 BGB, sechs Wochen, u.U. (Auslandsaufenthalt) sechs Monate*

[616] *Nachfolgend ist, wenn Ausnahmen nicht genannt werden, mit dem Begriff des Erben stets auch die gleichgestellte Person gemeint.*

[617] *Als Vermächtnis gilt die Zuwendung eines Vermögensvorteils durch den Erblasser per Testament oder ähnliches; der Vermächtnisnehmer ist nicht Erbe, hat aber einen schuldrechtlichen Anspruch nach § 2174 BGB.*

Nicht anwendbar ist § 20 WaffG auf **sonstige Personen**, die die Waffen eines Verstorbenen erwerben wollen. Ein Erwerb dieser Waffen, etwa durch einen Bekannten oder nicht erbberechtigten Verwandten des Erblassers, unterliegt dem allgemeinen Verfahren nach § 4 Abs. 1 WaffG.

Die **Nichtbeantragung einer WBK** durch den Erben ist **keine Straftat**, sondern gemäß § 53 Abs. 1 Nr. 7 WaffG eine Ordnungswidrigkeit. Nach Ablauf der Frist nach § 20 WaffG ist der Besitz zwar unberechtigt, aber durch spezialgesetzliche Regelung keine Straftat wegen unerlaubten Besitzes. Zu beachten ist, dass der Umgang mit der Waffe entgegen einem zuvor erteilten Waffenverbot nach § 41 WaffG auch vor Fristablauf strafbar ist.[618]

Hinterlassene **Munition** ist umgehend unbrauchbar zu machen oder einem Berechtigten zu überlassen, es sei denn, der Erbe ist im Besitz einer Munitionserwerbserlaubnis für die betreffenden Kaliber und erwirbt diese somit berechtigt. Ein Anspruch auf die Erteilung einer Erwerbserlaubnis ist durch § 20 WaffG nicht vorgesehen, somit bedarf es unabhängig vom Erbfall der Erteilung einer Erlaubnis nach § 10 Abs. 3 WaffG iVm § 4 Abs. 1 WaffG. Ausnahmen gelten für die Vererbung einer **Munitionssammlung**.[619]

1.14.2 Erbwaffen aus legalem Vorbesitz

War der Verstorbene zum Besitz der Waffen berechtigt, muss gemäß § 20 Abs. 2 WaffG der Erbe für die Erteilung einer WBK, abweichend von § 4 Abs. 1 WaffG, lediglich zuverlässig und persönlich geeignet sein. Der Nachweis von Bedürfnis oder Sachkunde ist dagegen nicht erforderlich.

Ein Mindestalter von 18 Jahren ist durch die Sonderregelung in § 20 Abs. 2 WaffG für die Erteilung der WBK nicht erforderlich, womit aber die allgemeine Regelung in § 2 Abs. 1 WaffG, dass zum Umgang mit Waffen nur volljährige Personen berechtigt sind, nicht aufgehoben wird. Somit kann eine WBK für die geerbten Waffen ausgestellt werden, die aber mit der Auflage zu versehen ist, dass dem Inhaber der WBK der Umgang mit den darin eingetragenen Waffen vor Vollendung des 18. Lebensjahres nicht erlaubt wird. Sie sind vielmehr bis zu diesem Zeitpunkt einem Dritten zur Verwahrung zu überlassen, der über die erforderlichen Voraussetzungen verfügt. Dies gilt auch für blockierte Waffen. Ausnahmen vom Mindestalter, etwa für Inhaber eines Jugendjagdscheins, sind vollständig anwendbar.

Der Erbe hat die geerbten Waffen mit einem anerkannten **Blockiersystem**[620] auszurüsten. Dies setzt keine Auflage voraus, sondern lediglich die schriftliche Aufforderung durch die zuständige Behörde. Die **Blockierpflicht entfällt**, wenn der Erbe über eine **Erlaubnis** zum Umgang mit Schusswaffen **aufgrund eines Bedürfnisses** nach § 8 WaffG oder §§ 13 ff. WaffG verfügt.

---

[618] *BGH 4 StR 539/92, Beschluss vom 24. November 1992*

[619] *§ 17 Abs. 3 WaffG; zum Erben einer* ***Waffensammlung*** *s. Kapitel 2.3*

[620] *siehe Kapitel 1.14.6*

Die **Nutzung** der durch Erbfall erworbenen Waffe ist dem Besitzer **nur gestattet**, wenn er ein **Bedürfnis** für die Erbwaffe gesondert nachweist und eine Erlaubnis zum Besitz gemäß § 4 Abs. 1 WaffG erteilt worden ist. Ohne Nachweis eines Bedürfnisses ist die Nutzung der Erbwaffe nicht zulässig.[621]

Geerbte Schusswaffen, für die kein Erlaubnisverfahren gemäß § 4 Abs. 1 WaffG durchlaufen wurde und somit kein Bedürfnis für die Erlaubnis zum Besitz nachgewiesen werden musste, werden auf die Waffenkontingente anderer Erlaubnisse des Erben, die aufgrund eines Bedürfnisses nach den §§ 13 oder 14 WaffG erteilt worden sind, nicht angerechnet, womit auch das Erwerbsstreckungsgebot in diesen Fällen nicht berührt wird.[622]

1.14.3 Erbwaffen aus illegalem Vorbesitz

Hatte der Erblasser keine Erlaubnis zum Besitz der Waffe, ist die Gewalt über diese Waffe nach Weisung der Waffenbehörde zunächst aufzugeben. In Frage kommt gemäß § 37c WaffG neben der Überlassung der Waffe an einen Erwerbsberechtigten oder die Sicherstellung durch die Behörde auch eine Unbrauchbarmachung oder Vernichtung.

§ 20 Abs. 2 WaffG regelt lediglich den Fall des legalen Vorbesitzes. Mangels ausdrücklichen Ausschlusses ist für Fälle eines illegalen Vorbesitzes aber eine Anwendung des § 20 WaffG möglich. Danach kann die Ausstellung einer WBK beantragt werden, wenn die Voraussetzungen nach § 20 Abs. 1 WaffG und § 4 Abs. 1 WaffG vorliegen. Damit ist eine Legalisierung einer vormals illegalen Waffe möglich. Eine Vernichtung oder Unbrauchbarmachung ist auf diese Weise vermeidbar, was im Falle hochwertiger, vormals illegal besessener Waffen zu beachten ist. Zu beachten sind die in Abs. 1 genannten Fristen, nämlich für den Erben binnen eines Monats nach der Annahme der Erbschaft oder dem Ablauf der für die Ausschlagung der Erbschaft vorgeschriebenen Frist. Für den Vermächtnisnehmer oder durch Auflage Begünstigten beginnt diese Frist von einem Monat erst mit dem Erlangen der tatsächlichen Gewalt (Erwerb) der Schusswaffen.

Behördlich ist zu prüfen, ob die betroffene Waffe zur Sachfahndung ausgeschrieben ist. In Betracht kommt auch eine kriminaltechnische Untersuchung zur Verwendung dieser Waffe in Verbindung mit einer Straftat.

Da der Erbe Eigentümer ist und als solcher im Falle einer vorsätzlichen oder fahrlässigen Beschädigung der Erbwaffe in dem Zeitraum, in dem die Waffe in behördlicher Obhut ist, ein Recht auf Schadenersatz hat, sollte im Moment der Inbesitznahme durch die Behörde eine Begutachtung der Waffe durch einen unparteiischen

---

[621] *siehe Kapitel 1.14.5*

[622] *OVG Berlin-Brandenburg 11 N 119/20, Beschluss v. 29. Januar 2021, mit Verweis auf WaffVwV zu § 20, Nr. 20.2.2 Abs. 2; auch für das Kontingent nach § 16 WaffG (drei Repetier-Langwaffen) muss diese Regelung gelten*

Gutachter erfolgen, um bereits zu diesem Zeitpunkt vorhandene Beschädigungen rechtssicher zu dokumentieren.

1.14.4 Wegfall der privilegierten Erlaubniserteilung

Wird die in § 20 Abs. 1 WaffG gesetzlich vorgegebene Frist überschritten, entfällt die privilegierte Erlaubniserteilung. Auch ein Erbe, der bereits auf Grund eines Bedürfnisses nach § 8 WaffG oder §§ 13 ff. WaffG berechtigter Besitzer einer erlaubnispflichtigen Schusswaffe ist, hat nach Ablauf dieser Frist aus dem Erbfall kein Bedürfnis zum Erwerb im Sinne von § 8 WaffG.[623] § 20 Abs. 3 WaffG stellt keinen gesonderten Erwerbstatbestand dar, der gleichberechtigt neben § 20 Abs. 1 WaffG besteht, sondern ergänzt diesen. Somit wäre zum Erwerb das Verfahren nach § 4 Abs. 1 WaffG erforderlich.

Zu beachten ist, dass der Ablauf der Antragsfrist lediglich die Erteilungsfähigkeit einer Erben-WBK entfallen lässt. Die grundgesetzliche Garantie des Eigentums eröffnet insbesondere in Fällen des Auffindens illegal besessener Waffen des vormaligen Eigentümers die Möglichkeit, dass der nach BGB Berechtigte im Zuge des behördlichen Verfahrens nach § 37c Abs. 2 Nr. 2 lit. b WaffG der Behörde eine berechtigte Person benennt, der die betroffene Waffe von der Behörde überlassen werden soll.

1.14.5 Nutzung von Erbwaffen

Blockierte Erbwaffen unterliegen einem **Benutzungsverbot**. Personen, die aufgrund eines waffenrechtlichen Bedürfnisses Umgang mit Schusswaffen haben, darf der Mitbesitz von Erbwaffen darum nicht durch eine gemeinsame WBK nach § 10 Abs. 2 Satz 1 WaffG erlaubt werden.[624]

Erbwaffen, die nicht blockiert worden sind oder gemäß § 20 Abs. 3 Satz 3 WaffG ohne Bedürfnisnachweis erworben wurden, dürfen nicht zum Schießen verwendet werden.[625] Somit ist nur die Ausübung des Besitzes gestattet, nicht aber der Transport der geerbten Waffen zur Schießstätte.[626]

Auf den Transport der Erbwaffe aus Anlass des Einbaus[627] des Blockiersystems ist gemäß § 20 Abs. 3 Satz 4 WaffG die Ausnahmeregelung nach § 12 Abs. 3 Nr. 2 WaffG anwendbar. Die Ausnahmeregelung setzt den Transport in nicht schussbereitem und nicht zugriffsbereitem Zustand voraus.

---

[623] OVG Berlin-Brandenburg 11 N 119/20, Beschluss v. 29. Januar 2021

[624] BVerwG 6 C 36.14, Urteil vom 27. Januar 2016, nach Schleswig-Holsteinisches VG, 7 A 55/11, Urteil vom 20. Dezember 2011

[625] BT-Drs. 16/8224, S. 16

[626] VG Darmstadt 5 E 1211/06, Urteil vom 1. Oktober 2007

[627] Dies muss, um das Grundrecht des Erben als Eigentümer nicht einzuschränken, ergänzend zur Norm auch für den Transport zum Ausbau gelten.

1.14.6 Blockierpflicht für Erbwaffen

Schusswaffen, die durch Erbfall erworben werden, sind nach § 20 Abs. 3 Satz 2 WaffG durch ein dem Stand der Technik entsprechendes Blockiersystem zu sichern. Diese Regelung gilt **auch für Erbwaffen, die vor Inkrafttreten** dieser Regelung **im berechtigten Besitz eines Erben** waren.[628]

Blockiersysteme müssen die gesetzlichen Vorschriften[629] erfüllen und werden daher einem Zulassungsverfahren unterzogen. Sie tragen ein **Prüfzeichen**, das neben dem Kürzel „PTB" und dem Kennbuchstaben „B" die Jahreszahl der Zulassung des Systems (2008) sowie eine fortlaufende Nummer (-nn) enthält (siehe nebenstehendes Beispiel).

Zweck der Blockierung ist die Sicherung von Schusswaffen gegen unbefugte Nutzung, die mindestens erschwert werden soll.[630] Die bei Prüfung eines solchen Systems einsetzbaren Werkzeuge sind in der Technischen Richtlinie aufgeführt, ebenso der für die Prüfung zulässige Zeitaufwand. Neben mechanischen sind auch elektromechanische Sicherungen zulässig.

Die Blockierung erfolgt im Patronenlager, so dass keine Patronen oder Kartuschen geladen werden können, wodurch der Verlust der Schussfähigkeit eintritt und vorübergehend besteht, ohne die Waffe zu beschädigen. Auch Systeme, die ausschließlich den Verlust der Schussfähigkeit bewirken, ohne in das Patronenlager einzugreifen, sind zulässig.

Zu blockieren sind bei mehrläufigen Waffen alle Läufe, es sei denn, die Blockierung eines Laufes verhindert die Schussabgabe aus den anderen Läufen, etwa im Falle von Kipplaufwaffen. Bei Revolvern sind der Lauf und die dahinterliegende Patronenkammer gemeinsam zu blockieren. Austausch- und Wechselläufe sind einzeln zu blockieren.[631]

Wenn der Erbe **in absehbarer Zeit Erwerbsberechtigter** aufgrund eines Bedürfnisses nach § 8 oder §§ 13 ff. WaffG **werden wird**, ist ein Vorgehen in Betracht zu ziehen, die durch die Handlungsanweisung in WaffVwV Nr. 20.3 zu § 20 Abs. 3 WaffG eröffnet wird und beispielsweise Personen in der Ausbildung zum Jäger oder für Sportschützen, die noch keine eigene Erwerbsberechtigung besitzen, aber eine

---

[628] *BT-Drs. 16/8224, S. 16, zu lit. e, 6. Absatz; auch BVerwG 6 C 31.14 vom 16. März 2015 mit Verweis auf Schutzzweck des Waffengesetzes für die Allgemeinheit, hinter dem ein Vertrauensschutz des Einzelnen auf Beibehaltung gesetzlicher Regelungen zurückstehe*

[629] *Technische Richtlinie (TR) Blockiersysteme Erbwaffen, 1. April 2008*

[630] *TR Blockiersysteme für Erbwaffen, Punkt 2; tatsächlich verhindert ein Blockiersystem lediglich ein spontanes Verwenden der blockierten Waffe, nicht aber ein geplantes, böswilliges Entsperren des Blockiersystems.*

[631] *TR Blockiersysteme für Erbwaffen, Punkt 6.2.2*

Sachkundeprüfung ablegen wollen und bereits regelmäßig am organisierten Trainingsbetrieb teilnehmen, die Möglichkeit bietet, den erheblichen finanziellen Aufwand einer Blockierung zu vermeiden. Seitens der zuständigen Behörde ist eine Frist für das Einsetzen des Blockiersystems festzulegen, die nach Vorgabe der WaffVwV zehn Wochen nicht unterschreiten soll. Kann der Erbe vor Ablauf dieser Frist eine waffenrechtliche Erlaubnis nachweisen, kann von einer Blockierung der Erbwaffen abgesehen werden, da die Blockierung nicht erforderlich wäre, wenn nach Einsatz des Blockiersystems dem Erbe eine waffenrechtliche Erlaubnis erteilt worden ist. Dies gilt für großkalibrige Schusswaffen auch dann, wenn diese waffenrechtliche Erlaubnis lediglich den Umgang mit einer erlaubnispflichtigen Signalwaffe erlaubt.[632]

Blockierte Waffen sind nach § 20 Abs. 6 WaffG in der WBK entsprechend zu kennzeichnen. Der Ein- und Ausbau darf nur durch Inhaber einer Waffenherstellungs- oder Waffenhandelserlaubnis nach § 21 Abs. 1 WaffG erfolgen und unterliegt der Anzeigepflicht nach § 37 Abs. 1 Satz 2 elektronisch anzuzeigen. Dies gilt auch für die **vorübergehende Entsperrung**, etwa zum Probeschießen mit einem Kaufinteressenten. Dieser Vorgang ist mit Angabe von Zeit, Dauer und Datum gesondert zu **dokumentieren** und der zuständigen Behörde auf Verlangen nachzuweisen.[633] Die betroffene Schusswaffe darf dem Kaufinteressenten unblockiert zur Leihe überlassen werden, wenn dieser eine Erwerbsberechtigung nachweist. In diesem Falle bedarf es der Anzeige der Überlassung gemäß § 37 Abs. 1 WaffG, es sei denn, die Waffe wird auf einer Schießstätte vorübergehend überlassen.[634]

1.15 Waffenhandel und -herstellung

1.15.1 Gewerbsmäßige Herstellung, Handel (§§ 21, 21a)

*Beachten Sie zur **Erteilung einer Erlaubnis** im Kapitel 2.11. Die **praktische Durchführung des Waffenhandels** behandelt der Ergänzungsband zu diesem Buch.*

Der Handel mit und die gewerbsmäßige Herstellung von Schusswaffen nach Anlage 1 A1 UA1 Nr. 1 bis 4.3 WaffG oder Munition für diese Waffen sind gemäß § 2 Abs. 2 WaffG iVm Anlage 2 A2 UA1 Satz 1 WaffG unter erlaubnispflichtig. Die Erlaubniserteilung ist in §§ 21 ff. WaffG geregelt.

---

[632] WaffVwV zu § 20 WaffG, Nr. 20.3, zweiter Absatz; zu beachten ist, dass nur solche waffenrechtlichen Erlaubnisse herangezogen werden können, die aufgrund eines Bedürfnisses nach § 8 oder §§ 13 ff. WaffG erteilt worden sind, dagegen keine Erlaubnisse, die ohne Nachweis eines Bedürfnisses erteilt wurden, etwa für unbrauchbar gemachte Schusswaffen.

[633] § 20 Abs. 5 WaffG in Verbindung mit § 39 Abs. 1 WaffG; durch die elektronische Anzeige nach § 37 Abs. 1 Satz 2 WaffG sollte der Dokumentations- und Nachweispflicht allerdings bereits Genüge getan sein.

[634] § 37e Abs. 1 Nr. 3 WaffG iVm § 12 Abs. 1 Nr. 5 WaffG

Die in Anlage 1 A2 WaffG definierten Tätigkeiten

Handel „Waffenhandel treibt, wer gewerbsmäßig oder selbstständig im Rahmen einer wirtschaftlichen Unternehmung Schusswaffen oder Munition ankauft, feilhält, Bestellungen entgegennimmt oder aufsucht, anderen überlässt oder den Erwerb, den Vertrieb oder das Überlassen vermittelt“

und

Herstellung „Waffen und Munition werden hergestellt, wenn aus Rohteilen oder Materialien ein Endprodukt oder wesentliche Teile eines Endproduktes erzeugt werden oder bei einer Waffe das führende wesentliche Teil durch ein Teil, das noch nicht in einer Waffe verbaut war, ersetzt wird“

dürfen erst nach Erteilung der behördlichen Erlaubnis aufgenommen werden, die wiederum strenge Anforderungen an den Erlaubnisinhaber stellt. Damit unterstreicht der Gesetzgeber die **besondere Stellung des Händlers oder Herstellers** und die Bedeutung der staatlichen Kontrolle über den Handel mit Schusswaffen oder Munition sowie ihrer Herstellung.

Neben der **Zuverlässigkeit**[635] erfordert die von Schusswaffen und Munition ausgehende Gefahr eine besondere Sachkunde bei der Beratung der Erwerber, die als **Fachkunde** bezeichnet wird – letztlich fällt in die Beratungspflicht des Händlers neben der Einweisung in die sichere Handhabung der Waffe die Vermittlung von Informationen über die gesetzlichen Regelungen zum Umgang.[636] Die Herstellungserlaubnis ist auch Voraussetzung für das gewerbsmäßige Instandsetzen und Bearbeiten von Schusswaffen.

Der Antragsteller muss volljährig, zuverlässig, persönlich geeignet und sachkundig sein. Die Erlaubnis kann versagt werden, wenn der Antragsteller nicht deutscher Staatsbürger ist oder weder seinen gewöhnlichen Aufenthalt noch eine gewerbliche Niederlassung im Geltungsbereich des Waffengesetzes hat.[637] Die erforderliche Fachkunde kann der Antragsteller auch durch einen Stellvertreter einbringen, solange dieser diese Tätigkeit ausübt und der eigentliche Erlaubnisinhaber nach § 21 WaffG eine Stellvertretungserlaubnis besitzt, die für diesen Stellvertreter gilt.

---

[635] „Die für eine Erlaubnis zum gewerbsmäßigen Handel mit Schusswaffen oder Munition erforderliche Zuverlässigkeit ist gewerbebezogen und stellt damit weiter gehende Anforderungen als die für die allgemeinen waffenrechtlichen Erlaubnistatbestände erforderliche Zuverlässigkeit“ nach § 4 Abs. 1 Nr. 2 WaffG, BayVGH 21 ZB 16.1783, Beschluss vom 01. März 2018

[636] Pflichten zur Erlaubniseinholung, zur Aufbewahrung, zur Anzeige oder Verbote im Sinne von §§ 35 Abs. 2, 36, 37, 40, 42, 42a WaffG

[637] § 21 Abs. 4 WaffG

Erlaubnisinhaber oder Stellvertreter müssen sich in einem branchenüblichen zeitlichen Umfang an dem Ort aufhalten, an dem Handel oder Herstellung betrieben werden, um ihren Aufsichtspflichten nachzukommen, wenn weisungsgebundene Mitarbeiter den eigentlichen Vorgang des Handelns oder Herstellens durchführen. Branchenüblich ist diese Anwesenheit auch dann noch, wenn der Unternehmer oder Stellvertreter aus beruflichem (zB Messebesuch, Außer-Haus-Termin) oder privatem (zB Arztbesuch, Urlaubsreise, regelmäßiger freier Tag in der Arbeitswoche) Anlass die Vorgänge vor Ort nicht lückenlos überwachen kann.

Die Erlaubnis nach § 21 WaffG kann auf bestimmte Schusswaffen- und Munitionsarten im Sinne der Anlage zur AWaffV beschränkt werden.

Der Nachweis eines Bedürfnisses im Sinne von § 8 WaffG wird nicht gefordert. Wenn der Inhaber der Erlaubnis seine Tätigkeit nicht binnen Jahresfrist aufnimmt oder sie mehr als ein Jahr nicht ausgeübt hat, erlischt die Erlaubnis.[638] Diese Fristen können bei Vorliegen besonderer Gründe (etwa Krankheit des Erlaubnisinhabers und damit vorübergehende Berufsunfähigkeit) verlängert werden. Entsprechende Nachweise sind durch geeignete Aufzeichnungen (Waffenherstellungsbuch, Waffenhandelsbuch) zu führen.

Bei Erlöschen, Rücknahme oder Widerruf[639] der Erlaubnis hat die zuständige Behörde das Bundeskriminalamt, die Landeskriminalämter und das Bundesamt für Wirtschaft und Ausfuhrkontrolle über den Vorgang zu unterrichten. Die Regelung soll verhindern, dass, wie in der Vergangenheit vorgekommen, ein Betrieb nach Erlöschen der Herstellungserlaubnis weiterhin Waffen oder Munition herstellte und ausführte, ohne dass die dafür erforderliche Erlaubnis vorhanden war.

1.15.1.1 Handelserlaubnis

Die Handelserlaubnis ist die nach § 21 WaffG erforderliche Voraussetzung für den **gewerbsmäßigen** oder **selbständig im Rahmen einer wirtschaftlichen Unternehmung** betriebenen **Handel** mit Schusswaffen oder Munition.

Vor Erteilung der Erlaubnis ist die für die beabsichtigte Tätigkeit erforderliche **Fachkunde** nachzuweisen, wenn der Antragsteller Leiter des Hauptbetriebes, einer Zweigniederlassung oder einer unselbständigen Zweigstelle ist. Das Erfordernis der Fachkunde entfällt gemäß § 22 Abs. 1 Satz 2 WaffG, wenn der Antragsteller die Voraussetzungen für die Eintragung eines Büchsenmacherbetriebes in die Handwerksrolle erfüllt.

Unselbständige Hilfskräfte, zB angestellte Verkäufer oder Boten, benötigen für tatbestandliches Handeln mit Waffen oder Munition weder eine eigene Erlaubnis noch einen Fachkundenachweis. Sie sind „willenlose Muskel", die Entscheidungen des Erlaubnisinhabers für diesen nach dessen Anweisungen ausführen. So wird das Überlassen einer Schusswaffe im Einzelhandel von einem Angestellten für den ei-

---

[638] *§ 21 Abs. 5 WaffG*

[639] *Zu Rücknahme und Widerruf siehe § 45 WaffG und Kapitel 1.27.2*

gentlichen Erlaubnisinhaber durchgeführt, wenn er von diesem durch interne Dienstanweisung damit beauftragt wurde, im Rahmen seiner Tätigkeit Waffen an Berechtigte zu überlassen. Die Überlassung der Waffe würde in diesem Falle dem Unternehmer zugerechnet; das gilt insbesondere für Verstöße im Zuge der Überlassung, zB Verstoß gegen Hinweispflichten oder ein Überlassen an Unberechtigte. Erwerb und Besitz durch den Arbeitnehmer sind nach § 12 Abs. 1 Nr. 3 lit. a WaffG von der Erlaubnispflicht befreit, womit er berechtigt Umgang hat. Es ist davon auszugehen, dass der durch den Erlaubnisinhaber zu einer Tätigkeit verpflichtete Arbeitnehmer als Berechtigter im Falle der Beantragung einer Mitnahmeerlaubnis oder des Europäischen Feuerwaffenpasses nach § 32 WaffG anzusehen ist.

Das Einräumen eigenständiger Befugnisse für einen Mitarbeiter darf dabei nicht das Maß überschreiten, das als Abgrenzung zwischen der Rolle des Erlaubnisinhabers „Waffenhändler" und des Mitarbeiters ohne eigenen Handlungs- und Gestaltungswillen, somit als bloßem Ausführenden der Entscheidungen des eigentlichen Erlaubnisinhabers, zu fordern ist. Gleiches gilt für eigenmächtige Handlungen eines Mitarbeiters; diese gelten vollumfänglich auch gegen den eigentlichen Erlaubnisinhaber, insbesondere hinsichtlich einer Ahndung von Fehlverhalten, sofern dieser nicht die objektiv erforderlichen Vorkehrungen getroffen hatte, um Fehlverhalten, insbesondere aufgrund mangelnder Fachkenntnisse oder Nachlässigkeit, zu verhindern, zB durch Schulungen oder Überwachung der Tätigkeiten.

1.15.1.2 Herstellungserlaubnis

Gewerbliche Herstellung, Bearbeitung und Instandsetzung setzen eine Herstellungserlaubnis voraus. Der Antragsteller muss die Voraussetzungen nach der Handwerksordnung erfüllen, die für seine Tätigkeit im Handwerk erforderlich sind, also in der Regel Büchsenmachermeister sein. Dies gilt, wenn die Herstellung in handwerklicher Betriebsweise erfolgen soll.

Weil die Arbeit insbesondere des industriellen Waffenherstellers durch die Beschussämter einer qualitativen „Endkontrolle" bei Arbeiten an wesentlichen Teilen von Schusswaffen unterliegt, ist für die Waffenherstellungserlaubnis <u>kein</u> Nachweis einer handwerklichen Qualifikation notwendig, wenn die Herstellung <u>nicht</u> in handwerklicher Betriebsweise erfolgt. Aus geprüften Teilen zusammengesetzte Waffen unterfallen in bestimmten Fällen Ausnahmen von der Beschusspflicht.

Abgrenzungsmerkmale, die für eine *nicht handwerkliche Betriebsweise* sprechen, sind neben einer Spezialisierung in Form einer Massenfertigung ohne Anfertigung von Einzelstücken und der leichten Erlernbarkeit der Arbeitsschritte, die keine Qualifikation voraussetzen, sondern auch von un- oder angelernten Arbeitskräften durchgeführt werden können, insbesondere typische Arbeitsteilungen, wie sie industriell meist in größeren Produktionseinheiten vorkommen, meist als Fließbandarbeit, wo an einer Station oft nur ein Arbeitsschritt wie das Einlegen eines Bauteils erfolgt.[640]

Besteht die Herstellung einer Waffe aus einem Zusammenfügen[641] von Waffenteilen, die dem Hersteller zugeliefert werden, ohne dass dieser Teile anfertigen oder bearbeiten muss, ist dann von einer *nicht handwerklichen Betriebsweise* auszugehen, wenn die Waffe durch einfaches Zusammensetzen dieser Teile ohne Ein- oder Anpassungsarbeiten oder ein Bearbeiten der Teile funktionsfähig zusammengefügt wird.[642] Prüfpflichten nach dem Beschussgesetz sind zu beachten. Teile der Waffe, die nicht der Beschusspflicht unterliegen, etwa Schäfte, dürfen auch durch einen Hersteller selbst gefertigt werden, der in nicht handwerklicher Betriebsweise tätig ist.

Die Herstellungserlaubnis umfasst auch das Handeln mit Waffen nur dann, wenn der Erlaubnisinhaber ein *in die Handwerksrolle eingetragener Büchsenmacher* ist. Die Herstellungserlaubnis allein erlaubt ein vorläufiges oder endgültiges Überlassen nur an Inhaber einer Waffenherstellungs- oder Waffenhandelserlaubnis nach §§ 21 oder 26 WaffG, nicht aber an andere Erlaubnisinhaber wie zB Sportschützen, Sammler oder Jäger.

Für weisungsgebunden agierende Mitarbeiter des Erlaubnisinhabers gelten die Ausführungen im Kapitel 1.15.1.1.

1.15.1.3 Stellvertretungserlaubnis

Der Erlaubnisinhaber kann eine auf eine bestimmte Person zu erteilende **Stellvertretungserlaubnis** nach § 21a WaffG beantragen, wenn er sein Gewerbe durch einen Stellvertreter betreiben lassen will (insbesondere dann, wenn er selbst nicht die erforderliche Fachkunde besitzt) oder eine Person als Leitung einer Zweigniederlassung oder einer unselbständigen Zweigstelle einsetzen will. Die Gültigkeit der Stellvertretungserlaubnis kann befristet werden; die Vorschriften des § 21 WaffG sind auf den Stellvertreter anzuwenden.

Der Inhaber der Erlaubnis hat Aufnahme oder Einstellung des Betriebes sowie Eröffnung oder Schließung einer Zweigniederlassung oder einer unselbständigen Zweigstelle bei der zuständigen Behörde anzuzeigen.

---

[640] *Hilfreich ist bei der Einordnung der „Leitfaden Abgrenzung", der von DIHK und DHKT herausgegeben wird (aktuelle Fassung Stand Juli 2021).*

[641] *In diesen Fällen ist eine Einschränkung der Herstellungserlaubnis zu prüfen, da die Bearbeitung von Schusswaffen eine Tätigkeit handwerklicher Art wäre.*

[642] *Zur Abgrenzung der „handwerklichen Betriebsweise" diene ergänzend folgendes Gedankenspiel: Entspricht das Zusammenfügen der erworbenen Teile der Waffe durch den Hersteller dem Wiederzusammensetzen der gereinigten Waffe durch den Besitzer, entspricht dieser Vorgang nicht einer Herstellung, die in handwerklicher Betriebsweise im Sinne des § 21 WaffG erfolgt und eine besondere handwerkliche Ausbildung erfordert.*

1.15.2 Fachkunde (§ 22)

Die Fachkunde umfasst die für die Ausübung des Handels mit Waffen und Munition notwendigen Kenntnisse. Geregelt werden Inhalt und Durchführung der **Fachkundeprüfung** in § 22 WaffG in Verbindung mit §§ 15, 16 AWaffV. Nachzuweisen sind ausreichende Kenntnisse über

- die Vorschriften
  - über den **Handel** mit Schusswaffen und Munition
  - den **Erwerb** und das **Führen** von Schusswaffen sowie
  - zu sonstigen grundlegenden Vorschriften des Waffen- und Beschussrechts mit Relevanz für die Praxis,
- wenn die Erlaubnis für den **Waffenhandel** beantragt ist, die Arten, Konstruktionen und die Handhabung gebräuchlicher Waffen, und
- wenn die Erlaubnis für den **Handel mit Munition** beantragt ist, über die Behandlung der gebräuchlichen Munition und ihre Verwendung in der dazugehörigen Schusswaffe.

Je nach Umfang der beantragten Handelserlaubnis bezieht sich die Prüfung entweder auf alle Arten (Gruppen) von Schusswaffen oder Munition, die in der Anlage der AWaffV genannt sind, oder auf Teilbereiche.

Die erfolgreich abgelegte Fachkundeprüfung gilt, unabhängig von den in der Prüfung geprüften Arten von Schusswaffen oder Munition, als **Nachweis der Sachkunde** im Sinne von § 7 WaffG.[643]

Der **Inhalt der Fachkundeprüfung** muss sich an den Erfordernissen der klassischen Tätigkeit eines Waffenhändlers orientieren. Der Händler ist klar von einem Büchsenmacher- oder Büchsenschmiedemeister abzugrenzen, da sein Handeln nur die in Anlage 1 WaffG genannten[644] Tätigkeiten umfasst, die keine Herstellung, Bearbeitung oder Instandsetzung von Schusswaffen darstellen. Vielmehr ist es Aufgabe des Waffenhändlers, den Handel[645] nach den Regelungen des WaffG zu betreiben, insbesondere die Überlassung an Berechtigte unter Beachtung der einschlägigen Vorschriften, was eine fachkundige Beratung zu den Vorschriften[646] für Waffenbesitzer einschließt, deren Missachtung sowohl den Erwerber als auch den Überlasser der Gefahr einer Verfolgung aussetzt, in jedem Falle aber die Schutzwirkung der Vorschriften des WaffG unterläuft. Dass im Rahmen der Prüfung die sichere Handhabung der verschiedenen Arten von Schusswaffen geprüft wird, ergibt sich aus der

---

[643] *§ 3 Abs. 1 Nr. 2 lit. a AWaffV*

[644] *Anlage 1 A2 Nr. 8.2 WaffG*

[645] *Anlage 1 A2 Nr. 9 WaffG*

[646] *Pflichten zur Erlaubniseinholung, zur Aufbewahrung, zur Anzeige oder Verbote gemäß §§ 35 Abs. 2, 36, 37 ff., 40, 42, 42a WaffG*

abstrakten Gefährlichkeit des Handelsgutes. Dabei ist die „sichere Handhabung", also das Entspannen und Entladen der Waffe ohne Gefährdung des Besitzers und Dritter, nach allgemein anerkannten Verfahren durch den Prüfling zu demonstrieren.

Der **Ort der Fachkundeprüfung** ist nicht an das Bundesland gebunden, in dem der Waffenhandel betrieben werden soll. Die Prüfung kann in jedem Bundesland vor der nach dem jeweiligen Landesrecht zuständigen Behörde abgelegt worden sein. Die Forderung nach Ablegung der Prüfung vor der örtlich zuständigen Behörde ist nicht zulässig.[647]

Das **Erfordernis der Fachkunde** für den Handel mit Schusswaffen oder Munition wurde durch § 11 der Verordnung[648] zur Durchführung des Waffengesetzes 1938[649] (RWaffG) erstmals in das deutsche Waffenrecht eingeführt. Handwerkliche Leistungen sollten ausdrücklich nicht durch die Inhaber einer Handelserlaubnis erbracht werden, vielmehr ging es um den Betrieb von Verkaufsstellen durch besonders fachkundige Personen.[650] Das Waffengesetz 1928 (SchWaffG) und seine Ausführungsverordnung[651] hatte lediglich eine Erlaubnis für den Handel mit Schusswaffen und Munition ohne Anforderungen an eine besondere Befähigung des Erlaubnisinhabers gefordert. Nach der Wiedererlangung der Souveränität im Jahre 1955 trat das RWaffG wieder in Kraft, allerdings als Landesrecht. Das Bundeswaffengesetz 1968 behielt das Erfordernis der Fachkunde ebenso bei wie auch die WaffG 1973 und 1976. Die Fachkunde konnte durch eine Prüfung vor der IHK (zunächst vor einem beauftragten Sachverständigen, später vor einem Prüfungsgremium) nachgewiesen oder durch eine mindestens dreijährige Tätigkeit im Waffenhandel „ersessen" werden. Die Tätigkeit musste aber nach dem Willen des Gesetzgebers stets ein aktives und in bestimmtem Umfang verantwortliches Agieren sein als Inhaber, Verkäufer, Handlungsgehilfe oder Handlungslehrling,[652] nicht aber als Bote oder Lagerarbeiter. Die Streichung dieser „**Ersitzung**" wurde bereits im Vorfeld der Schaffung des neuen Waffengesetzes 2002 diskutiert und als erforderlich angesehen.[653] Abgeschafft wurde sie mit Inkrafttreten der Änderungen des WaffG am 1. April 2008. Lediglich zum Nachweis der Sachkunde nach § 7 WaffG kann eine mindestens dreijährige

---

[647] *VG Freiburg 5 K 2298/14, Urteil vom 18. August 2015*

[648] *19. März 1938, RGBl. I S. 270 (§ 11)*

[649] *18. März 1938, RGBl. I S. 265 (§ 7)*

[650] *Erläuterungen zu § 7 Abs. 1 RWaffG 1938 in: Kunze, „Das Waffenrecht im Deutschen Reiche", Paul Parey Verlag 1938*

[651] *Gesetz: 12. April 1928, RGBl. I S. 143 (§ 5); Verordnung: 13. Juli 1928, RGBl. I S. 198, geändert 2. Juni 1932, RGBl. I S. 253*

[652] *Potrykus, Waffengesetz, Erläuterungen zu § 11 DVO WaffG, S. 127, Verlag C. H. Beck 1959*

[653] *§ 19 in dem Entwurf zu einem „Gesetz zur Neuregelung des Waffenrechts", Stand 25. Februar 2001*

Tätigkeit im Waffenhandel anerkannt werden, sofern diese Tätigkeit ihrer Art nach geeignet war, die für den Umgang mit der beantragten Waffe oder Munition erforderliche Sachkunde zu vermitteln und nicht allein aus dem Ausfahren von Bestellungen bestand.[654]

Die Möglichkeit der Ersitzung der Fachkunde wurde nicht gestrichen, um dadurch eine Aufwertung des Berufsbildes „Waffenhandel" zu erreichen. Vielmehr war durch Gefälligkeitsbescheinigungen[655] über Umfang und Art der Tätigkeit oftmals auch solchen Personen eine Handelserlaubnis erteilt worden, die nicht die für den Waffenhandel erforderlichen Kenntnisse durch praktische Tätigkeit unter Aufsicht erlangt hatten. Darum kann nach wie vor davon ausgegangen werden, dass bei ordentlicher und intensiver beruflicher Praxis im Waffenhandel genügend Wissen angehäuft werden könnte, um Handel im Sinne des WaffG zu betreiben. Somit sind nur solche Kenntnisse und Fähigkeiten nachzuweisen, die einen ordnungsgemäßen Handel mit Schusswaffen ermöglichen. Das bedeutet insbesondere, dass der Verkäufer von Schusswaffen und Munition die Käufer dieser Gegenstände über deren Wirkungsweise, ihre sichere Handhabung und die damit zusammenhängenden Rechtsvorschriften belehren kann.[656]

Die Forderung des Gesetzgebers, der Prüfling müsse ausreichende Kenntnisse über die „Konstruktion ... der gebräuchlichen Schusswaffen" nachweisen,[657] kann nicht bedeuten, dass in diesem Prüfungsgebiet fundiertes Wissen um Abläufe im Innern der Waffe nachzuweisen ist, etwa durch Benennung einzelner Bolzen oder Federn. Auch muss sich eine Fehlersuche auf solche Mängel beschränken, die im Rahmen einer Sichtprüfung von einem Waffenhändler ohne Büchsenmacherausbildung erkannt werden können (äußerlich erkennbare Schäden wie Laufbauchungen, Risse o. ä.). Eine Instandsetzung der Waffe ist weder dem Inhaber einer Erlaubnis zum Waffenhandel noch dem Besitzer selbst erlaubt, das Überprüfen technischer Abläufe in der Waffe (Zusammenwirken bestimmter Komponenten) durch den Händler also nicht erforderlich. In der Praxis wird die als funktionsunfähig reklamierte Schusswaffe durch den Händler lediglich auf ihren Ladezustand überprüft, danach einer Sichtprüfung unterzogen und, je nach Fehlerbild oder Bedarf, einem Probeschuss unterzogen. Ein Reparaturversuch, der die Öffnung der Waffe und den Austausch eines wesentlichen Teiles im Sinne des WaffG zum Ziele hat, könnte eine Instandsetzung nach Anlage 1 A2 Nr. 2 WaffG darstellen. Die dafür notwendige Erlaubnis beruht auf einer handwerklichen Ausbildung und Prüfung, nicht aber auf der Fachkunde für den Waffenhandel. Darum ist in der Prüfung vielmehr das Funktionsprinzip verschiedener Waffentypen (Innenballistik, Verschlusssteuerung, Mu-

---

[654] § 3 Abs. 1 Nr. 2 lit. b AWaffV

[655] siehe Begründung zur Änderung von § 19 in dem Entwurf zu einem „Gesetz zur Neuregelung des Waffenrechts", Stand 25. Februar 2001

[656] Potrykus, „Waffenrecht", Erläuterungen zu § 6 der 1. WaffV vom 19. Dezember 1972, S. 221, Verlag C. H. Beck 1973

[657] § 15 Abs. 1 Nr. 2 AWaffV

nitionszufuhr, o. ä.) zu erläutern, das grundlegend ist für ihre Benutzung und Verwendung. Dabei ist insbesondere die grundlegende Bedienung der jeweiligen Waffe (Laden, Sichern, Entsichern, Entladen, Zerlegen ohne Werkzeug zur regelmäßigen Pflege) zu demonstrieren.[658]

Der Begriff „gebräuchliche Schusswaffen" legt nahe, dass in der Prüfung überwiegend solche Schusswaffen als Prüfungsobjekt eingesetzt werden sollen, die im Rahmen eines Verkaufs von Neuwaffen oder im Ankauf von gut erhaltenen Gebrauchtwaffen einem Waffenhändler überlassen werden. Seltene, insbesondere in ihrer Konstruktion von den überwiegend in der Praxis anzutreffenden Schusswaffen abweichende Modelle sollten dagegen nicht den Schwerpunkt einer solchen Prüfung bilden, da sie auch in der Praxis des Waffenhandels nicht diesen Stellenwert haben.

1.15.3 Kennzeichnung von Schusswaffen und Munition (§ 24)

Waffenhändler sind gemäß § 24 Abs. 5 WaffG **verpflichtet** zu überprüfen, ob Schusswaffen oder Munition die vorgeschriebene Kennzeichnung tragen, bevor sie gewerbsmäßig einem anderen überlassen werden. Dabei ist jede **Waffe einzeln** zu kontrollieren; für die Prüfung der Kennzeichnung von **Munition**[659] und deren Verpackung reichen **Stichproben** aus. Trägt eine ältere Waffe **keine Seriennummer**, ist bei der zuständigen **Behörde** eine solche zu **beantragen.** Als Kennzeichen sind gemäß § 24 WaffG iVm § 21 AWaffV vorgesehen (die Nummerung entspricht § 24 Abs. 1 Satz 1 WaffG)

1. Name, Firma oder eingetragene Marke des Herstellers der Schusswaffe,
2. für das Herstellungsland das <u>zweistellige</u> Landeskürzel[660] nach ISO 3166-1,
3. die Bezeichnung der Munition oder, wenn keine Munition verwendet wird, die Bezeichnung des Laufkalibers,
4. bei Schusswaffen, die aus einem Staat, der nicht Mitgliedstaat ist (Drittstaat) in den Geltungsbereich dieses Gesetzes verbracht werden, zusätzlich das Landeskürzel nach ISO 3166-1 für den Drittstaat und das Jahr des Verbringens und
5. eine fortlaufende Nummer (Seriennummer).

Der **Hersteller** oder **Importeur** hat unverzüglich anzubringen

- auf dem <u>führenden</u> wesentlichen Teil der Schusswaffe die Nrn. 1, 2, 4 und 5 der vorgenannten Kennzeichen und

---

[658] *Stiefel, „Leitfaden Waffenhandel", Kapitel X, DIHK 2008*

[659] *§ 24 Abs. 3 WaffG schreibt die Kennzeichnung jeder Hülse mit Kaliberangabe und Herstellerzeichen vor; das Prüfzeichen ist auf der kleinsten Verpackungseinheit anzubringen, siehe Kapitel 3.4; für Randfeuerpatronen gilt gemäß § 17 Abs. 2 Satz 1 BeschussV die Ausnahme, dass nur das Herstellerzeichen auf dem Hülsenboden anzubringen ist.*

[660] *zB Südafrika ZA, Türkei TR, USA US, Russland RU, China CN*

- auf allen anderen wesentlichen Teilen die Nrn. 1 und 5 der vorgenannten Kennzeichen.

Wesentliche Teile erlaubnispflichtiger Schusswaffen, die **einzeln gehandelt** werden, sind mit den Nrn. 1, 2, 4 und 5 zu kennzeichnen, etwa bei der Verwertung einzelner wesentlicher Teile einer Grundwaffe.

Wird eine **Waffe aus wesentlichen Teilen hergestellt**, die lediglich eine Seriennummer tragen, ist das Kennzeichen nach Nr. 1 auf dem betroffenen wesentlichen Teil anzubringen.

Schalldämpfer sind von den Regelungen in §§ 24 WaffG, 21 AWaffV **nicht erfasst**. Eine Kennzeichnung sollte gleichwohl erfolgen, insbesondere mit einer Seriennummer, um eine Zuordnung im NWR zu ermöglichen.

Wird eine **Waffe umgebaut**, ist auf allen wesentlichen Teilen, die im Zuge des Umbaus verändert werden, das Kennzeichen nach Nr. 1 anzubringen.

Von der Kennzeichnungspflicht ausgenommen sind unter anderem solche **erlaubnispflichtigen Schusswaffen**, die Teil einer **kulturhistorisch bedeutsamen Sammlung** werden sollen, und **unbrauchbar gemachte Schusswaffen**, die nach Deutschland verbracht werden.

Auf Schusswaffen, deren **Bauart** nach den §§ 7 und 8 des Beschussgesetzes **zugelassen**[661] ist oder die der **Anzeigepflicht** nach § 9 des Beschussgesetzes unterliegen, sind nur Kennzeichen nach den Nrn. 1 und 3 anzubringen.

Wesentliche Teile erlaubnisfreier Waffen müssen lediglich das Kennzeichen nach Nr. 1 tragen.

Tragen die Teile einer Waffe **unterschiedliche Seriennummern**, zB durch Verwendung eines Ersatzteiles, ist bei der Dokumentation die Seriennummer des **führenden wesentlichen Teils** zu verwenden.

Die erweiterte Kennzeichnungspflicht gilt auch für solche Waffen, die mit Inkrafttreten neuer gesetzliche Vorschriften zur Kennzeichnung bereits im Warenbestand eines Waffenhändlers sind, aber bislang nicht überlassen wurden. Hier gilt die Pflicht zur **nachträglichen** Kennzeichnung.

Gegenstände, die keine Waffen sind und damit nicht dem WaffG unterfallen, können **Kennzeichnungspflichten nach dem Beschussrecht** unterliegen, beispielsweise nicht tragbare Wühlmausschussfallen.[662]

1.15.4 Nichtgewerbsmäßige Herstellung (§ 26)

Diese Vorschrift regelt lediglich die nichtgewerbsmäßige Herstellung, Bearbeitung und Instandsetzung von Schusswaffen, nicht aber von Munition. Neben der Berech-

---

[661] *unter anderem SRS-Waffen*

[662] *beispielsweise Angabe einer Marke nach § 18 Abs. 1 Nr. 2 BeschussV*

tigung zum Erwerb von Schusswaffen und Teilen von ihnen durch die eigene Herstellung stellt die Erlaubnis nach § 26 WaffG auch die Berechtigung dar, Teile von Schusswaffen zu erwerben und zu besitzen, die für die Tätigkeit des Erlaubnisinhabers, also das Herstellen einer vollständigen Schusswaffe, erforderlich sind.

Das Bedürfnis für die Herstellung von Schusswaffen für den eigenen Gebrauch ist nur in seltenen Fällen anzunehmen.[663] In der Regel ist nur dann von einem vorhandenen Bedürfnis gemäß §§ 4, 8 WaffG auszugehen, wenn die beabsichtigte Tätigkeit beispielsweise der Forschung, Waffenentwicklung, Begutachtung oder Untersuchung dient, nicht aber eine Tätigkeit im Sinne einer Liebhaberei sein soll, wie etwa das Waffensammeln.

Die Erlaubnis nach § 26 WaffG stellt keine Erlaubnis zum Erwerb und Besitz von Munition für die hergestellten Schusswaffen dar. Eine Erlaubnis nach § 10 Abs. 3 WaffG ist zu beantragen, die in der Regel auf bestimmte Munitionsarten bzw. Kaliber beschränkt[664] wird.

Nicht umfasst diese Erlaubnis dagegen den Erwerb und dauerhaften Besitz vollständiger Schusswaffen. Gleichwohl bedeutet die Erlaubnis, Schusswaffen, die nicht aufgrund einer eigenen waffenrechtlichen Erlaubnis im Besitz des Erlaubnisinhabers nach § 26 WaffG stehen, erwerben und zum Zwecke der Bearbeitung und Instandsetzung vorübergehend besitzen zu dürfen.

Der Inhaber einer Erlaubnis zur nichtgewerbsmäßigen Herstellung von Schusswaffen hat damit keine Erlaubnis zum Handel mit Schusswaffen.[665] Gleichwohl darf er Dritten eine von ihm hergestellte Schusswaffe unter Berücksichtigung sonstiger Vorschriften überlassen, die eine entsprechende Erwerbserlaubnis besitzen. Das Führen dieser Waffen ist unter Beachtung der Voraussetzungen nach § 12 Abs. 3 WaffG erlaubnisfrei.

Vor Erteilung dieser Erlaubnis ist neben den Voraussetzungen nach § 4 WaffG die besondere Sachkunde[666] des Antragstellers zu prüfen, die neben den Wissensgebieten der Sachkunde nach § 1 Abs. 1 AWaffV auch Werkstoff-, Fertigungs- und Ballistikkenntnisse voraussetzt, also über die allgemeine Sachkunde, die für einen Sportschützen oder auch einen Waffensammler erforderlich ist, um eine waffenrechtliche Erlaubnis zu erhalten, weit hinausgeht. Die entsprechenden Kenntnisse können dabei nicht allein durch ein Ingenieursstudium erworben worden sein, sondern auch durch eine Berufsausbildung im Bereich der Metallverarbeitung. In Zweifelsfällen kann sich die Behörde durch eine Prüfungsgespräch unter Einbeziehung

---

[663] *WaffVwV zu § 26, Nr. 26.2*

[664] *Eine unbeschränkte Munitionserwerbserlaubnis ist in analoger Anwendung des § 26 Abs. 2 Satz 2 WaffG für den dort genannten Personenkreis sinnvoll, insbesondere für Waffensachverständige nach § 18 WaffG.*

[665] *Handeln nach Anlage 1 A2 Nr. 9 WaffG ist stets gewerblicher Natur oder setzt selbstständiges Handeln im Rahmen einer wirtschaftlichen Unternehmung voraus.*

[666] *§ 1 Abs. 3 AWaffV*

einer fachkundigen Person, etwa eines Büchsenmachers oder Sachverständigen, von der Qualifikation des Antragstellers überzeugen.

Wird eine Schusswaffe hergestellt, sind die Vorschriften zur Aufbewahrung zu beachten. Somit darf die Waffe nur hergestellt werden, wenn eine sichere Aufbewahrung nach Herstellung möglich ist. Hergestellt ist eine Schusswaffe, wenn sie weißfertig im Sinne von § 2 Abs. 5 BeschG ist oder der Austausch des führenden wesentlichen Teils abgeschlossen ist.[667]

Die Erlaubnis ist auf höchstens drei Jahre zu befristen. Eine Beschränkung auf eine bestimmte Zahl und Arten von Schusswaffen ist die Regel, kann aber entfallen, wenn der Erlaubnisinhaber Schusswaffen zur Erprobung, Begutachtung, Untersuchung oder für ähnliche Zwecke erwirbt, etwa als Sachverständiger nach § 18 WaffG, und eine Bearbeitung oder Instandsetzung von Schusswaffen oder ihren Teilen erforderlich werden können.

Nicht zulässig sind Einbau und Entsperrung eines Blockiersystems gemäß § 20 Abs. 5 WaffG, da eine gewerbliche Waffenherstellungserlaubnis oder Waffenhandelserlaubnis nach § 21 Abs. 1 WaffG Voraussetzung ist für die vorgenannten Handlungen, nicht aber die die Erlaubnis nach § 26 WaffG.

Die Erteilung von Auflagen ist möglich, etwa lediglich Schusswaffen bearbeiten zu dürfen, die der Erlaubnisinhaber aufgrund einer eigenen (persönlichen) Erlaubnis besitzt, zB als Sammler, Sportschütze oder Jäger.

Zu beachten ist die Kennzeichnungspflicht bei nichtgewerbsmäßiger Herstellung. Denn auch bei nichtgewerbsmäßiger Herstellung hat eine Kennzeichnung der Schusswaffe gemäß § 24 Abs. 1 WaffG zu erfolgen; abweichend ist aber anstelle eines Firmennamens oder Markenzeichens der vollständige Name des Erlaubnisinhabers auf mindestens einem wesentlichen Teil der Schusswaffe deutlich sichtbar und dauerhaft anzubringen.

Inhaber einer Erlaubnis nach § 26 WaffG unterliegen, anders als gewerbsmäßige Hersteller, der Anzeigepflicht nach § 37a WaffG. Dies gilt für die Überlassung und den Erwerb sowie die Bearbeitung durch Umbau oder Austausch eines wesentlichen Teils einer Schusswaffe.

Bei der Erteilung der Erlaubnis ist zu bedenken, dass die durch den Erlaubnisinhaber hergestellten oder bearbeiteten Schusswaffen einem Beschussamt vorgelegt werden müssen, bevor sie einem Dritten überlassen werden dürfen oder mit ihnen geschossen werden darf. Somit wird die Sicherheit der Waffe amtlich geprüft und festgestellt, womit die Allgemeinheit durch die Erlaubniserteilung nicht einer erhöhten Gefahr ausgesetzt ist.[668]

---

[667] *Anlage 1 A2 Nr. 8.1 WaffG; siehe auch Kapitel 1.6.1.8*

[668] *Erst das WaffG 1972 stellte die nichtgewerbliche Herstellung von Schusswaffen unter eine Erlaubnispflicht, was durch die Verbreitung von Maschinen zur Bearbei-*

1.16 Regelungen für den Schießbetrieb (§ 27)

1.16.1 Begriffsbestimmungen

Eine **Schießstätte** ist eine ortsfeste oder ortsveränderliche Anlage, die ausschließlich oder neben anderen Zwecken dem Schießsport oder sonstigen Schießübungen mit Schusswaffen, der Erprobung von Schusswaffen oder dem Schießen mit Schusswaffen zur Belustigung dient.[669] Der **Begriff der Schießstätte** umfasst nicht allein die Schießanlagen als räumlich abgeteilte Orte der tatsächlichen Schussabgabe, sondern auch Aufenthaltsbereiche sowie Nebenräume des Gebäudes oder Geländes, die zumindest einen funktionalen Bezug zum Schießen aufweisen (zB Vereinsgaststätte, Umkleide- und Aufenthaltsräume),[670] sowie das befriedete[671] Betriebsgelände. Das schließt auch auf dem befriedeten Betriebsgelände belegene Parkplätze ein,[672] sofern dieses Betriebsgelände ausschließlich der Durchführung des Schießbetriebs dienen soll, nicht aber anderen Zwecken wie etwa dem Betrieb einer KFZ-Werkstatt oder eines Restaurants, das keinen Bezug zu dieser Schießstätte hat.

Schießanlage ist die Zusammenfassung aus einem oder mehreren Schießständen.

Der **Schießstand** ist die Örtlichkeit, auf bzw. in der geschossen wird, und besteht aus dem Schützenstand und der Schießbahn mit Sicherheitsbauten bzw. Umfassungsbauteilen sowie ggfs. dem Geschossfang.

Die **Schießbahn** umfasst den Raum ab dem Schützenstand bzw. der Feuer- oder Schießlinie bis zum Schießbahnabschluss. Der **Schießbahnabschluss** stellt den durchschusssicheren Abschluss einer Schießbahn hinter dem Geschossfang dar.

Der **Schützenstand** ist der Bereich hinter dem Schützen von der Feuerlinie (gedachte, dem Geschossfang nächste Linie, auf der die Schützen bei Schussabgabe parallel stehen) bis zur hinteren Begrenzung. Er ist auch Aufenthaltsbereich für Aufsichten und Kampfrichter. Zuschauer dürfen sich im Schützenstand nicht aufhalten.

Die vorstehenden Begriffserläuterungen erfolgen auf Grundlage technischer Definitionen. In der Praxis, insbesondere auch im Falle des § 11 AWaffV, ist zu beachten, dass die Begriffe „Schießstand“ und „Schießanlage“ teilweise synonym bzw. fehlerhaft verwendet werden. Beachten Sie dazu Kapitel 1.16.3. Im allgemeinen Sprachgebrauch wird mit dem Begriff „Schießstand“ meist die „Schießanlage“ gemeint sein; nachfolgend werden die Begriffe wie vorstehend erläutert verwendet.

---

tung der Materialien in Heimwerkerkreisen begründet wurde, die auch bei Herstellung und Bearbeitung von Schusswaffen verwendet werden.

669 § 27 Abs. 1 WaffG

670 WaffVwV zu § 27, 27.1.1, Absatz 2

671 Zum Begriff der Befriedung siehe Fußnote 220

672 Nr. 1.1.2.1 Absatz 3 der Schießstandrichtlinie, erlassen durch das Bundesministerium des Innern, BAnz AT 23.10.2012 B2, zuletzt geändert durch BAnz AT 25.03.2013 B3

1.16.2 Erlaubnis; Prüfung der Schießstätte (§§ 27, 27a)

Wer eine Schießstätte betreiben oder verändern will, bedarf einer Erlaubnis der zuständigen[673] Behörde.[674] Die Erlaubnis darf nur erteilt werden, wenn der Antragsteller[675] die erforderliche Zuverlässigkeit (§ 5) und die persönliche Eignung (§ 6) besitzt und eine bestehende Versicherung gegen Haftpflicht nachgewiesen hat. Schießstätten zur Erprobung nach § 27 Abs. 2 WaffG bedürfen keiner Erlaubnis.[676]

Schießstätten sind gemäß § 27a WaffG vor ihrer ersten Inbetriebnahme und bei wesentlichen Änderungen in der Beschaffenheit hinsichtlich der sicherheitstechnischen Anforderungen durch die zuständige Behörde unter Hinzuziehung eines anerkannten Schießstandsachverständigen zu überprüfen.[677] Neben der grundsätzlich erforderlichen waffenrechtlichen Erlaubnis nach § 27 WaffG sind eine baurechtliche Genehmigung und eine umweltrechtliche Erlaubnis erforderlich, wenn die Schießanlage nicht unter die befreiende Bestimmung der Anlage 1 zur Vierten Verordnung über genehmigungsbedürftige Anlagen (4. BImSchV) fällt.[678]

Die Zulassung der Schießstätte gibt Aufschluss darüber, welche Schießübungen dort durchgeführt werden dürfen, insbesondere zu Waffenarten, Munition und Geschossen. Die Zulassung kann die Nutzung bestimmter Waffen- oder Munitionsarten untersagen und legt einen Grenzwert für die Mündungsenergie (E_0) fest. So wird zB ein Bedürfnis für den Erwerb eines Revolvers Kaliber .44 Rem. Mag. (E_0 über 1.000 Joule) versagt werden, wenn die nutzbare Schießstätte eines Sportschützen nur für Waffen mit einer Mündungsenergie bis 200 Joule zugelassen ist.

---

[673] *Die behördliche Zuständigkeit kann ebenso wie die Anforderungen an die Qualifikation des Schießstandsachverständigen nach Landesrecht unterschiedlich geregelt sein. So kann zB anstelle der Waffenbehörde die Bauaufsichtsbehörde für Genehmigung und Überprüfung der Schießstätten zuständig sein.*

[674] *§ 27 Abs. 1 WaffG; Erlaubnis muss vor Aufnahme oder Änderung vorliegen.*

[675] *WaffVwV zu § 10, Nr. 10.7.4: „Schießsportlichen Vereinen und jagdlichen Vereinigungen als juristischen Personen kann eine Erlaubnis nach § 27 Absatz 1 zum Betreiben einer Schießstätte erteilt werden. Auch hier ist eine verantwortliche Person zu benennen, die dann die Betreiberpflichten (§ 10 AWaffV) zu übernehmen hat."; nach § 27 Abs. 1 Satz 3 WaffG ist das Verfahren zur Erteilung einer WBK für juristische Personen gemäß § 10 Abs. 2 Satz 2 bis 5 WaffG anzuwenden.*

[676] *Gilt nur für ausschließlich zur Erprobung genutzte Räume, somit nicht für Hobbykeller etc.; die Freistellung von der Erlaubnispflicht hebt die Prüfpflicht nach § 27a WaffG nicht auf; dort festgelegte Prüfungsvorgaben gelten vollumfänglich; auch die sonstigen Regelungen des § 27 WaffG gelten für die Fälle des Abs. 2.*

[677] *§ 27a WaffG gilt unabhängig von dem Bestehen einer Erlaubnispflicht nach § 27 Abs. 1 WaffG auch für Schießstätten nach § 27 Abs. 2 WaffG; letztere sind auch von der Ausnahme von der Erlaubnispflicht nach § 12 Abs. 4 WaffG erfasst.*

[678] *Vertiefend zur Prüfungsthematik Schorner/Busche, Behördenhandbuch Schießanlagen, 10. Auflage, Juristischer Fachverlag Busche, ISBN 9783940723086.*

Übliche Grenzwerte sind:

• Schießstätte für Druckluft-Waffen:	7,5 Joule
• Schießstätte für Kleinkaliber-Waffen:	200 Joule
• Schießstätte für Großkaliber-Kurzwaffen:	bis 1.500 Joule (idR)
• Schießstätte für Großkaliber-Langwaffen:	bis 7.000 Joule (idR)

Für das Schießen auf der genehmigten Schießstätte bedarf es für den einzelnen Schützen keiner Erlaubnis, wenn unter den § 9 Abs. 1 AWaffV genannten Voraussetzungen auf der Schießstätte geschossen wird. Die allgemeinen waffengesetzlichen Anforderungen an den Umgang mit Schusswaffen, zB das **Alterserfordernis**[679] nach § 2 Abs. 1 WaffG, sind grundsätzlich zu beachten, ausgenommen zB das Schießen durch **Kinder und Jugendliche**[680] gemäß § 27 Abs. 3 WaffG[681] oder durch **Jugendliche in der Ausbildung zum Jäger** gemäß § 27 Abs. 5 WaffG.

Die Umgangsart **Schießen** nach Anlage 1 A2 Nr. 7 WaffG bedarf einer **Schießerlaubnis**[682] nach § 10 Abs. 5 WaffG. **Ausnahmen** von dieser Erlaubnispflicht gelten gemäß § 12 Abs. 4 WaffG für das **Schießen auf einer Schießstätte nach § 27 WaffG** sowie zB für **Sportwettkämpfe** und Signalschüsse[683] oder für das Schießen von Vereinigungen von **Brauchtumsschützen** mit Kartuschenmunition bei Veranstaltungen.[684] Die Belange der Allgemeinheit dürfen durch die Schießerlaubnis nicht gefährdet werden; das Interesse des Antragstellers steht hinter dem Anspruch Dritter auf Nicht-Gefährdung durch Schusswaffengebrauch zurück. **Schießstätten für Armbrüste** bedürfen der Erlaubnis, siehe Kapitel 1.3.2.3.1.3.1. Das Spiel mit **Laser-Waffen** in „Laser-Domen" oder „Laser-Tags" ist Kindern und Jugendlichen unter 16 Jahren verboten.[685] **Paintball-Arenen** fallen <u>nicht</u> unter den Begriff der Schießstätte.[686]

---

[679] *Mittelbar erstreckt sich die Absenkung des Mindestalters für die Umgangsart Schießen auch auf Erwerb und vorübergehenden Besitz zum Zwecke des Schießens durch Minderjährige, ist aber auf die konkrete Situation beschränkt.*

[680] *Zu den Begriffen „Kinder" und „Jugendliche" siehe Anlage 1 A2 WaffG*

[681] *Siehe Kapitel 1.6.4; Kinder ab 12: Druckluft-, Federdruck- und Kaltgaswaffen nach Anlage 2 A2 UA2 Nr. 1.1 und 1.2; Jugendliche: sonstige Schusswaffen mit Randfeuerzündung bis cal. .22 lfB. bis 200 J sowie Einzellader-LW mit glatten Läufen cal. 12 oder kleiner; Ausnahmen möglich; das Schießen mit anderen als den vorgenannten Waffenarten ist gemäß § 2 Abs. 1 WaffG Minderjährigen untersagt.*

[682] *Umfassende Darstellung in Kapitel 2.8*

[683] *§ 12 Abs. 4 WaffG, siehe auch Kapitel 1.11.2.3*

[684] *§ 16 Abs. 3 WaffG, Erteilung für fünf Jahre für verantwortlichen Leiter*

[685] *VG Würzburg W 3 K 14.438, Urteil vom 14. April 2016, gem. § 7 Jugendschutzgesetz; Entscheidungen zum Thema siehe auch Fußnote 524 (Seite 189)*

[686] *BayVGH München 21 B 98.2184, Urteil vom 27. Juni 2000*

1.16.3 Aufsicht auf Schießstätten (§§ 10, 11 AWaffV)

Grundsätzlich darf kein Schießen ohne Aufsicht erfolgen. Ausgenommen ist allein das **Schießen** einer **zur Aufsicht befähigten Person**, die sich allein auf der Schießanlage[687] aufhält, **darf ohne weitere Aufsicht** erfolgen. Aufsicht beim Schießen auf einer Schießstätte kann der Betreiber dieser Schießstätte, eine vom Betreiber bestellte Aufsichtsperson oder die Aufsicht einer schießsportlichen Vereinigung sein, die diese Schießstätte nutzt. Die Aufsichtsperson muss volljährig, zuverlässig und persönlich geeignet sein, zudem die erforderliche **Sachkunde** und im Bedarfsfall die **Eignung zur Kinder- und Jugendarbeit** besitzen.

Der Begriff der Sachkunde in § 10 AWaffV ist **nicht gleichbedeutend** mit der Sachkunde nach § 7 WaffG, womit auch eine erfolgreich abgelegte Jägerprüfung nicht zur Aufsichtsführung befähigt. Gleichwohl fehlt es in Gesetz und Verordnung an einer verbindlichen Definition dieser „erforderlichen Sachkunde". Die Aufsichtsperson muss die Benutzungsordnung der Schießanlage, die allgemeinen und besonderen Sicherheitsbestimmungen für den Umgang mit Waffen und Munition sowie die Einhaltung der Sport- oder Schießordnung durchsetzen können. Dies setzt den Erwerb dieser Kenntnisse im Rahmen einer geeigneten Aus- und Fortbildung voraus. Als Ersatz für den Nachweis der Sachkunde für den Betrieb von Schießstätten, auf denen nur Waffen nach Anlage 2 A2 UA2 Nr. 1.1 oder 1.2 WaffG verwendet werden, kann eine mehrjährige Erfahrung im Betrieb solcher Schießanlagen anerkannt werden, auch für die Aufsicht beim Schützen.[688]

Der Erlaubnisinhaber hat die Personalien der Aufsicht zwei Wochen vor Beginn der Tätigkeit der Behörde schriftlich anzuzeigen. Ausscheiden einer Aufsichtsperson und Bestellung einer neuen Aufsichtsperson sind unverzüglich anzuzeigen. Wird die Aufsichtsperson durch eine schießsportliche oder jagdliche Vereinigung beauf-

---

[687] Hier ist zu beachten, dass der Gesetzgeber bzw. Verordnungsgeber im Falle des allein anwesenden Schützen in der Regelung zur Ausnahme von der Aufsichtspflicht nach § 11 Abs. 3 AWaffV den Begriff „Schießstand" verwendet, tatsächlich aber die Schießanlage als Zusammenfassung mehrerer Schießstände im technischen Sinne bezeichnen will, siehe Begriffsbestimmungen in Kapitel 1.16.1; es ist nicht erforderlich, dass die gesamte Schießstätte menschenleer ist mit Ausnahme des Solo-Schützen, sondern lediglich die funktionelle Einheit „Schießanlage" als Gesamtheit von Geschossfang, Schießbahnen und Schützenständen in einem räumlich abgegrenzten Bereich; ein davon baulich abgeteilter Bereich, in dem sich zB Zuschauer aufhalten, fällt nicht unter den Begriff der Schießanlage. Schießanlagen können mehrere Schießstände (jeweils bestehend aus Schießbahn und Schützenstand) aufweisen; ein Beispiel für eine Schießanlage mit nur einem Schießstand ist eine Röhrenschießanlage; die Ausnahmeregelung nach § 11 Abs. 3 AWaffV gilt nur für die kompletten Schießanlage, mithin darf der Einzelschütze nur dann ohne Aufsicht schießen, wenn die anderen Schießbahnen nicht belegt sind und sich auch keine Personen im Bereich der Schützenstände aufhalten.

[688] WaffVwV zu § 27, Nr. 27.4.3

tragt, muss die Person selbst diese Anzeige vornehmen. Dabei reicht es anstelle der Anzeige aus, dass die Vereinigung die Aufsichtsperson registriert und die Unterlage, der Behörde auf Verlangen vorlegen kann. Bei der Registrierung sind Sachkunde und ggfs. Eignung zur Jugendarbeit zu prüfen. Es ist ein Nachweisdokument auszustellen, das die Aufsichtsperson während des Schießens mitführen muss. Im Falle des Jägers muss dieser als Aufsicht seinen gültigen Jagdschein mitführen.

Die in § 27 Abs. 3 WaffG festgeschriebene **besondere Obhutspflicht im Falle des Schießens durch Kinder und Jugendliche** setzt bei der Aufsichtsperson die nachgewiesene **Befähigung zur Kinder- und Jugendarbeit** voraus, die durch § 10 AWaffV näher geregelt wird. Diese Aufsichtsperson ist gegenüber anderen Aufsichten weisungsberechtigt, wenn besondere Belange der Kinder und Jugendlichen berührt werden. Der Verein hat der Aufsichtsperson ein Dokument auszustellen, dass diese während der Wahrnehmung der Aufsicht mitzuführen und zur Kontrolle befugten Personen auf Verlangen auszuhändigen hat. Der besonderen Obhut bedarf es nicht beim Schießen durch Jugendliche mit Waffen nach Anlage 2 A2 UA2 Nr. 1.1 und 1.2 (zB Druckluftgewehr mit „F im Fünfeck"). Jugendliche, die mindestens 16 Jahre alt sind, bedürfen zum Schießen mit den Waffen, die in § 27 Abs. 3 Satz 1 Nr. 2 WaffG genannt sind, keiner besonderen Obhut.

An **ortsveränderlichen Schießstätten**, die dem **Schießen zur Belustigung** dienen, darf von einer verantwortlichen Aufsichtsperson Minderjährigen das Schießen mit Druckluft- und Federdruckwaffen sowie Waffen, die zum Antrieb der Geschosse kalte Gase verwenden, gestattet werden.[689] Bei Kindern hat der Betreiber gemäß § 27 Abs. 6 WaffG sicherzustellen, dass die verantwortliche Aufsichtsperson jeweils nur einen Schützen bedient.

Die verantwortliche Aufsichtsperson hat vermeidbare Gefahren, die von Anwesenden ausgehen, zu unterbinden und das Schießen ständig zu beaufsichtigen. Anordnungen der Aufsicht sind zwingend zu befolgen, wenn die Anordnung aus Gründen der Sicherheit erfolgt. Die Aufsichtsperson muss Verstöße unterbinden. Dazu benötigt sie das Hausrecht, um Schießstättenbesucher oder -nutzer der Schießstätte zu verweisen, was das Aussprechen eines Hausverbots mit einer Folge für die Zuverlässigkeit des Betroffenen einschließt, wenn dieser dem Hausverbot zuwiderhandelnd gegen § 123 StGB verstößt und damit einen Hausfriedensbruch begeht.

1.16.4 Überwachung des Schießbetriebs

Der Betreiber der Schießstätte ist für die Einhaltung der §§ 9 bis 11 AWaffV verantwortlich und hat die Einhaltung der Regeln für die Teilnahme an einem zulässigen Schießbetrieb nach § 9 Abs. 1 Satz 1 und 2 AWaffV zu *überwachen*[690]. Er muss

---

[689] Anlage 2 A2 UA2 Nr. 1.1 und 1.2 WaffG

[690] Anders als „Kontrollieren" beschreibt das nicht legal definierte „Überwachen" zB im polizeilichen Kontext ein Beobachten, das ein konkretes Handeln, etwa durch Kontrolle der Erlaubnisse, zur Gefahrenabwehr nur als <u>Möglichkeit</u> vorsieht.

Erlaubnisse der Schützen stichprobenartig[691] prüfen, ebenso die Zulässigkeit des sportlichen Schießens mit den Waffen, die ein Schütze an diesem Ort verwenden will. Im Falle von Schützen, die nicht über eine waffen- oder jagdrechtliche Erlaubnis verfügen, ist stets zu bedenken, dass im Falle eines behördlichen erlassenen Waffenverbot nach § 41 WaffG auch der Umgang mit Waffen auf einer Schießstätte von diesem Verbot erfasst wird, somit auch das Üben mit Schusswaffen im Rahmen eines gesetzlich von der Erwerbserlaubnis befreiten Umgangs nach § 12 Abs. 1 WaffG unterbunden werden soll.[692]

1.16.5 Zulässige Schießübungen (§ 9 AWaffV)

Es dürfen nur Waffen und Munition bzw. Geschosse verwendet werden, für deren Benutzung die **Schießstätte** nach § 27a Abs. 1 WaffG **behördlich zugelassen** ist. **Kampfmäßiges Schießen**[693] ist gemäß § 27 Abs. 7 Satz 1 WaffG **verboten**. Zu beachten ist, dass auch ohne Erlaubnispflicht das Schießen auf einer Schießstätte nur unter bestimmten Voraussetzungen erfolgen darf.

Zulässig ist das Schießen für Personen, die zur **Waffensachkundeausbildung**, zur **Jagdausbildung** oder zur Ausbildung oder Übung im **Verteidigungsschießen**[694] Schießübungen absolvieren. Gleiches gilt für Personen, die nach den Regeln einer genehmigten Schießsportordnung gemäß § 15a WaffG schießen. Inhaber einer Berechtigung zum Erwerb und Besitz von Schusswaffen dürfen im Rahmen ihres Bedürfnisses mit den von ihrem Bedürfnis umfassten Schusswaffen schießen.

Handelt es sich um einen Nutzer, der ohne eigenes waffenrechtliches Bedürfnis oder eine waffenrechtliche Erlaubnis an einem Schießen teilnimmt, etwa als Gastschütze oder bei einem Schießen zur Belustigung, darf er nur unter Beachtung der Einschränkungen zu Waffen und Schießübungen nach §§ 6, 7 AWaffV schießen.

1.16.6 Schießen mit verbotenen Waffen

Hinsichtlich des Umgangs mit verbotenen Waffen nach § 2 Abs. 3 WaffG iVm Anlage 2 A1 WaffG ist insbesondere zu denken an die Verwendung vollautomatischer Waffen oder von Vorderschaftrepetierflinten (Anlage 2 A1 Nr. 1.2.1.1 und 1.2.1.2

---

[691] § 9 Abs. 1 Satz 3 AWaffV statuiert keine Pflicht zur Überprüfung des Vorliegens der Voraussetzungen für die Nutzung der Schießstätte aus § 9 Abs. 1 AWaffV bei jedem Besucher. Vielmehr verpflichtet die Norm den Betreiber zu einem „Überwachen der Einhaltung" der in ihr genannten Voraussetzungen, womit eine stichprobenartige Prüfung der waffenrechtlichen Erlaubnis eines Schießstättenbenutzers und seiner Waffen aus hiesiger Sicht insbesondere dann ausreichend ist, wenn der Schütze dem Betreiber als Inhaber einer WBK bekannt ist. Grundsätzlich sollte bei unbekannten Personen eine Überprüfung des befugten Umgangs erfolgen.

[692] Zur Thematik ausführlich Kapitel 1.24.2

[693] Zum Begriff vertiefend Kapitel 1.16.8, insbesondere Fußnote 703

[694] Zu den Voraussetzungen für eine Teilnahme Kapitel 1.16.9

WaffG). Ausnahmen von Verboten, die nach § 40 Abs. 4 WaffG erteilt wurden, sind dem Betreiber der Schießstätte durch den Inhaber im Original vorzulegen.

Im Falle von **Vorrichtungen für Schusswaffen** nach Anlage 1 A1 UA1 Nr. 4 WaffG, die gemäß § 2 Abs. 3 WaffG iVm Anlage 2 A1 Nr. 1.2.4.1 und 1.2.4.2 WaffG einem **Umgangsverbot** unterliegen, ist die gesetzliche **Ausnahme** nach § 40 Abs. 3 WaffG zu beachten, wonach **Inhaber eines gültigen Jagdscheins sowie Hersteller und Händler** grundsätzlich von dem Verbot des Umgangs ausgenommen sind. Im Falle der Nutzung von dem Verbot unterliegenden Ziel- oder Sichtgeräten ist somit ein Nachweis in Form eines gültigen Jagdscheins oder einer Handels- bzw. Herstellungserlaubnis zu erbringen. Ein **Schießen** mit diesen Vorrichtungen **durch Dritte**, zB bei der **Jagdausbildung** oder zur **Vorführzwecken**, ist **nicht zulässig**.

Gleiches gilt für die Überlassung von Waffen mit einem **Magazin**, das dem **Verbot** nach § 2 Abs. 3 WaffG unterfällt. Auch hier gilt die jeweilige gesetzliche oder erteilte **Ausnahme nur für den Altbesitzer**. Ein berechtigtes Überlassen an Dritte scheidet aus. Aufgrund der großen Anzahl berechtigter Altbesitzer kann in der Praxis auf eine Prüfung der Berechtigung zum Umgang verzichtet werden.

1.16.7 Vom Schießsport ausgeschlossene Waffen (§ 6 AWaffV)

Bestimmte Schusswaffen sind vom Schießsport[695] ausgeschlossen und somit für Sportschützen in der Regel nicht erlaubnisfähig. Auch ein Erwerb nach § 12 Abs. 1 Nr. 1 lit. a WaffG (Leihe) ist ausgeschlossen. Unter die Regelung fallen **Kurzwaffen** mit einer Lauflänge unter 7,62 cm (drei Zoll) Länge und **halbautomatische Langwaffen** mit einem Magazin, das eine Kapazität von **mehr als zehn Patronen** hat. Blockierte[696] Magazine sind zulässig.

Vom Schießsport ausgeschlossen sind auch **halbautomatische Schusswaffen**, die ihrer äußeren Form nach den **Anschein** einer **vollautomatischen Kriegswaffe** hervorrufen, die Kriegswaffe im Sinne des KrWaffKontrG ist, wenn die **Lauflänge**[697] **weniger als 40 cm** beträgt, das **Magazin** sich **hinter der Abzugseinheit** befindet („Bullpup-Waffen", wobei im Verordnungstext die **falsche Schreibweise** „Bul-Pup" verwendet wird) **oder** die **Hülsenlänge** der verwendeten Munition **bei Langwaffen** **weniger als 40 mm** beträgt. Ist mindestens eine dieser drei Bedingungen erfüllt, ist

---

[695] *Jagdliches Schießen fällt nicht in den Regelungsbereich von § 6 AWaffV und wird durch dessen Vorgaben nicht eingeschränkt (BR-Drs. 415/03 zu § 6 AWaffV)*

[696] *Die Aussage zur Zulässigkeit einer Blockierung beschränkt sich ausdrücklich lediglich auf den Ausschluss von der schießsportlichen Verwendung; dagegen ist es nicht ausreichend, ein nach § 2 Abs. 3 WaffG verbotenes „Hi-Cap-Magazin" zB durch Verklotzung oder Verstiftung zu blockieren, da das Umgangsverbot das Magazingehäuse erfasst; zu verbotenen Magazinen vertiefend Kapitel 1.13.1.8.*

[697] *Die Mindestlauflänge wurde von 42 cm herabgesetzt, um „international übliche Sportwaffen, die häufig eine Lauflänge von 16 Zoll (40,64 cm) haben, auch in Deutschland zum sportlichen Schießen zulassen zu können." (BR-Drs. 495/19)*

die Schusswaffe nicht zur Ausübung des Schießsports zugelassen, ihr Erwerb und Besitz somit nicht von dem Bedürfnis eines Sportschützen umfasst.[698]

Der Lauf der Waffe eines Sportschützen darf nicht gekürzt werden, wenn die Waffe nach dem Umbau nach § 6 AWaffV nicht mehr zum Schießsport zugelassen wäre – sie würde dann nicht mehr geeignet sein, den Bedürfniszweck zu erfüllen.

Zur Klärung des Begriffs „**Anschein einer vollautomatischen Kriegswaffe**" kann[699] hilfsweise die WaffVwV[700] zum WaffG 1976 herangezogen werden. Danach kann der Anschein einer vollautomatischen Kriegswaffe erweckt werden durch

- herausstehendes langes Magazin oder Trommelmagazin,
- Feuerdämpfer, Mündungsbremse oder Stabilisator,
- Kühlrippen oder andere der Kühlung dienende Vorrichtungen,
- pistolenartiger, mit Abzug u./o. Vorderschaft kombinierter Griff,
- Aufstützvorrichtung (Zweibein) oder
- Schulterstütze, wenn teilweise kipp- oder schiebbar.

Bei Verwendung eines **Anschlagschafts** („conversion kit") ist unerheblich, ob die Vorrichtungen nur als **Attrappe** an der Waffe angebracht sind.

Wesentliche Teile einer Schusswaffe und **Wechselsysteme** unterliegen § 6 AWaffV vollumfänglich. Die **Umgehung** der Bestimmung, zB durch nachträglichen erlaubnisfreien[701] Erwerb eines Wechselsystems Kaliber .22 lfB. (Hülsenlänge 15,57 mm) für eine bereits eingetragene Waffe im Kaliber .308 Win., wäre **nicht vom Bedürfnis des Sportschützen umfasst**, was zur Vermutung der Unzuverlässigkeit führen kann.

1.16.8 Verbotene und unzulässige Schießübungen (§ 7 AWaffV, § 27 WaffG)

Nur Teilnehmer eines Lehrgangs oder am Übungsbetrieb im **Verteidigungsschießen** (siehe Kapitel 1.16.9) dürfen auf menschenähnliche Ziele schießen – die Verwendung von **Mannscheiben**[702] oder **Wilddiebscheiben außerhalb einer genehmigten Ausbildung** ist **verboten**. Das gilt für jegliche Schießübung, auch von Jägern oder Waffenschein-Inhabern, oder bei einem Schießen zur Belustigung. Zudem ist das

---

[698] *Zu beachten sind Ausnahmen aufgrund einer genehmigten Sportordnung (SpO), beispielsweise Disziplin C.9.7 der SpO des BDMP*

[699] *Hessischer VGH 4 A 152/11, Urteil vom 10. Juli 2012, bezugnehmend auf WaffVwV Nr. 15.9 zu § 15 des WaffG 2009*

[700] *WaffVwV zum WaffG aF in der Fassung vom 20. Oktober 1994, Nr. 37.2.4*

[701] *Freistellung durch § 2 Abs. 2, 4 WaffG iVm Anlage 2 A2 UA2 Nr. 2.1 WaffG*

[702] *Auch die schematische, symbolische Darstellung eines Menschen, die die **Silhouette** eines Menschen mit Rechtecken oder Kreisen nachahmt und damit das Üben eines Schießens auf Menschen ermöglicht, ist als Mannscheibe anzusehen.*

Verbot des kampfmäßigen Schießens[703] auf Schießstätten nach § 27 Abs. 7 WaffG zu beachten. Es gilt für Teilnehmer, aber auch für Veranstalter derartiger Übungen.

§ 7 AWaffV stuft im Rahmen des Schießsports die **Durchführung bestimmter Übungen** als unzulässig ein. Dazu zählen **Deutschüsse**, also Schüsse ohne genaues Anvisieren des Zieles, es sei denn, es handelt sich um das Schießen auf Wurfscheiben. Übungen, die über die zielsichere Schussabgabe oder das Treffen eines vorbestimmten Ziels hinausgehen, sind kein Schießsport im Sinne des WaffG.[704]

Soll eine Schießstätte zum **Verteidigungsschießen** verwendet werden, ist es erforderlich, dass diese Schießstätte zu diesem Zweck zugelassen ist.

1.16.9 Ausbildung im Verteidigungsschießen (§§ 22 ff. AWaffV)

Die Teilnahme an Übungen im Verteidigungsschießen[705] ist nach § 23 Abs. 1 AWaffV in der Regel nur **Inhabern eines Waffenscheines** gestattet (ebenfalls zugelassen: Berechtigte nach § 55 Abs. 1 und 2 WaffG). Auf Antrag kann die zuständige Behörde Inhabern einer WBK, in die Kurzwaffen eingetragen sind, und Inhabern eines Jagdscheins die Teilnahme gestatten; Voraussetzung dafür ist, dass es sich um gefährdete Personen im Sinne von § 19 WaffG handelt. Dafür müssen konkrete Anhaltspunkte vorliegen; eine bloß abstrakte Gefährdung reicht nicht aus.[706]

Der Veranstalter einer solchen Ausbildung muss der zuständigen Behörde nach § 22 Abs. 2 bis 4 AWaffV die Durchführung spätestens zwei Wochen vor Beginn anzeigen – einer Genehmigung bedarf es nicht. Dabei ist neben der Qualifikation der durchführenden Ausbilder und Aufsichten eine Liste der Teilnehmer einzureichen.

---

[703] *Der **Begriff des „kampfmäßigen Schießens“** ist mangels einer gesetzlichen Definition nur durch Abgrenzung zu Übungen des Verteidigungsschießens im Sinne von § 22 AWaffV und anderen, nach einer genehmigten Sportordnung zulässigen Übungen, insbesondere IPSC, und Inhalten des jagdlichen Schießens, darstellbar; unter den Begriff fallen insbesondere Ausbildungsschießen von Militär und Polizei, beispielsweise nach PDV 211 und Leitfaden 371; siehe auch die Begründung in BR-Drs. 74/76 zur 1. WaffV; kampfmäßiges Schießen liegt insbesondere dann vor, wenn der Schütze durch Licht und Schall irritiert wird oder Ziele nach Ort und Zeit überraschend erscheinen, der Ablauf der Übung also für den Übenden nicht vorhersehbar ist; maßgebliches Abgrenzungsmerkmal ist der Angriffscharakter der Übungen, der über den gesetzlich zulässigen Verteidigungscharakter hinausgehen muss, und inhaltliche Merkmale wie zB das Eindringen in Räume oder Fahrzeuge unter Waffeneinsatz oder (terroristische) Anschlagsszenarien aufweist.*

[704] *BR-Drs. 415/03 zu § 7 Abs. 1 und 2 AWaffV*

[705] *Da „Combat-Schießen“ Schießtechniken zur Verteidigung, aber auch zum Angriff einschließt, wählte der Gesetzgeber seinerzeit die Bezeichnung „kampfmäßige Verteidigung“ (BT-Drs. 7/4407, S. 9 ff.); die AWaffV 2003 stutzte die Bandbreite dabei geübter Thematiken durch den Begriff „Verteidigungsschießen“.*

[706] *VG Hamburg 17 VG 2328/98, Urteil vom 11. Mai 1999*

Die verantwortliche Aufsichtsperson ist verpflichtet, sich vor Beginn des Schießens zu überzeugen, dass die Teilnehmer zur Teilnahme berechtigt sind.

Auch in Lehrgängen zur Ausbildung in der Verteidigung mit Schusswaffen oder bei Schießübungen dieser Art sind unter Beachtung des **Verbots des kampfmäßigen Schießens** Schießübungen und insbesondere die Verwendung solcher Hindernisse und Übungseinbauten **nicht zulässig**, die der Übung über den Zweck der Verteidigung der eigenen Person oder Dritter hinaus einen **polizeieinsatzmäßigen** oder **militärischen Charakter** verleihen. Die Verwendung von Zielen oder Scheiben, die Menschen darstellen oder symbolisieren, ist in diesen Lehrgängen gestattet.

1.17 Umgang mit Schusswaffen im Bewachungsgewerbe

1.17.1 Bewachungsgewerbe und Wachdienste (§ 28)

Die Erteilung von Erlaubnissen zum Erwerb und Führen sowie besondere Regelungen behandeln ausführlich die Kapitel 2.1.3.6 und 2.6. Im Falle einer gewerbsmäßigen Bewachung von Leben oder Eigentum fremder Personen auf Seeschiffen seewärts der Begrenzung der deutschen ausschließlichen Wirtschaftszone zur Abwehr äußerer Gefahren gilt § 28a WaffG.

1.17.2 Bewachungsgewerbe nach § 31 GewO (§ 28a)

1.17.2.1 Einführung

Unternehmen, die mit ihrem Personal fremdes Leben oder Eigentum auf **Seeschiffen** bewachen wollen, beispielsweise zum Zwecke der **Piratenabwehr**, benötigen eine Gewerbeerlaubnis nach § 31 GewO. Zu beachten ist, dass die Erlaubnispflicht nur Tätigkeiten auf solchen Schiffen umfasst, die sich seewärts der Begrenzung der deutschen ausschließlichen Wirtschaftszone befinden, also außerhalb deutscher Hoheitsgewässer, und zur Abwehr äußerer Gefahren bewacht werden sollen. Somit wäre für die Bewachung von Seeschiffen **in einem deutschen Hafen** keine Erlaubnis nach § 31 GewO, sondern nach § 34a GewO erforderlich.

Waffenrechtlich ist zu unterscheiden, ob es sich um Seeschiffe handelt, die unter deutscher Flagge fahren und ob sich das Seeschiff während der Bewachung außerhalb des deutschen Hoheitsgebietes befindet – in diesem Falle ist eine Erlaubnis nach § 28a WaffG für Erwerb, Besitz und Führen durch den Unternehmer und sein Personal erforderlich, bei einer Bewachung im deutschen Hoheitsgebiet eine Erlaubnis nach § 28 WaffG.

Wachdienste als Teil des Unternehmens, das Eigentümer oder Charterer des Schiffes und Arbeitgeber der Besatzung ist, idR eine Reederei, üben keine gewerbliche Bewachung im Sinne der Gewerbeordnung aus, da kein fremdes Leben oder Eigentum bewacht wird. Somit bedarf es hier keiner gewerberechtlichen Erlaubnis, § 28 Abs. 1 Satz 2 WaffG ist anzuwenden.

§ 28a WaffG wurde im Jahre 2013 vor dem Hintergrund einer Zunahme von Piratenangriffen auf deutsche Seeschiffe in das Waffengesetz eingeführt, um durch besondere waffenrechtliche Regelungen solchen Unternehmen, deren Unternehmenszweck die Bewachung von Seeschiffen ist, die unter deutscher Flagge fahren, eine rechtliche Grundlage zu geben. § 28a WaffG ist dabei als Ergänzung der Regelungen für Bewachungsunternehmer und ihr Personal in § 28 WaffG zu verstehen.

Die Norm stellt durch den Bezug auf § 31 GewO und die dort enthaltenen Verweise auf nachrangige Verordnungen sowie besondere Regelungen für diese Unternehmer eine besondere Bedürfnisart dar. Während ein Bewachungsunternehmer die Durchführung von Bewachungsaufträgen glaubhaft machen muss, um eine waffenrechtliche Erlaubnis nach § 28 WaffG zu erhalten, also nicht allein durch seine Erlaubnis zur Gewerbeausübung nach § 34a GewO sein Bedürfnis nachweisen kann, hat der Gesetzgeber aufgrund der hohen Anforderungen an Unternehmen nach § 31 GewO, insbesondere in finanzieller und organisatorischer Hinsicht, davon abgesehen, einen konkreten Bewachungsauftrag zum Nachweis des Bedürfnisses zu fordern. Die Zulassung nach § 31 Abs. 1 GewO genügt zur Anerkennung des Bedürfnisses im Sinne von § 4 WaffG. Damit gilt mit Wegfall dieser Zulassung das Bedürfnis nicht mehr als nachgewiesen. Die erteilte Erlaubnis ist auf die Dauer der Erlaubnis nach § 31 GewO zu befristen und kann verlängert werden.[707]

Eine Besonderheit gilt für das Verbringen von Waffen und Munition an Bord des Seeschiffes. Nach dem **Flaggenprinzip** galten Schiffe unter deutscher Flagge als **schwimmende Gebietsteile der Bundesrepublik Deutschland**. Die aktuelle Rechtsprechung ist von dieser einstmals durch das Reichsgericht aufgestellten Theorie abgerückt und geht lediglich bei Schiffen auf hoher See, zumindest aber außerhalb des Hoheitsgebietes eines Staates davon aus, dass das Schiff deutsches Hoheitsgebiet ist. Gleichwohl stellt das Betreten des Schiffes in einem ausländischen Hafen, aber auch bei Umstieg von einem anderen Seeschiff, einen Grenzübertritt dar. In diesem Fall ist der Transport von Waffen oder Munition über diese „ortsveränderliche" Staatsgrenze waffenrechtlich ein **Verbringen**. Gemäß § 28a Abs. 2 Satz 5 WaffG stellt eine waffenrechtliche Erlaubnis, die aufgrund der Regelungen von § 28a WaffG erteilt wurde, eine Erlaubnis zum Verbringen von Waffen oder Munition in den Geltungsbereich des Waffengesetzes nach § 29 Abs. 1 WaffG dar, allerdings eingeschränkt für den *Transport an Bord*. Somit sind für die Mitnahme der Waffen aus Deutschland die Regelungen in § 32 WaffG zu beachten.

Durch besondere Anforderungen, die über den Regelungsinhalt des § 28 WaffG hinausgehen, trägt das Gesetz im Gegenzug der Vereinfachung des Bedürfnisnachweises Rechnung. So ist die Erlaubnis nach § 28a WaffG mit den Auflagen zu erteilen, dass

- das Bewachungspersonal ausnahmslos die Anforderungen nach § 4 Abs. 1 Nr. 1 bis 3 WaffG erfüllt, nämlich

---

[707] *Eine Erlaubnis ist gemäß § 31 Abs. 2 GewO iVm § 3 SeeBewachV zwingend auf zwei Jahre befristet zu erteilen.*

  - o das Mindestalter von 18 Jahren
  - o die Zuverlässigkeit und persönliche Eignung sowie
  - o die erforderliche Sachkunde,
- die eingesetzten Personen in einem von der zuständigen Behörde bestimmten Zeitraum zu benennen sind und
- auf Verlangen der zuständigen Behörde Nachweise[708] vorzulegen sind, die belegen, dass die eingesetzten Personen die Anforderungen nach § 4 Abs. 1 Nr. 1 bis 3 (siehe oben) erfüllen.

1.17.2.2 Zuständigkeit und Prüfung

Sachlich **zuständig für die Erteilung von Erlaubnissen** an Bewachungsunternehmen für Bewachungsaufgaben nach § 28a Abs. 1 Satz 1 ist die für das Gebiet der **Freien und Hansestadt Hamburg** bestimmte **Waffenbehörde**. Hat das Bewachungsunternehmen seinen Sitz im Inland, so erfolgt die Erteilung der Erlaubnis durch die nach § 48 Absatz 1 Satz 2 bestimmte Behörde im Benehmen mit der für die gewerbliche Hauptniederlassung des Unternehmens zuständigen Behörde.

Die zuständige Behörde prüft die Zuverlässigkeit und persönliche Eignung sowie den Nachweis der erforderlichen Sachkunde der im Unternehmen

- mit der verantwortlichen Geschäftsleitung,
- mit der Leitung
  - o des Betriebes oder
  - o einer Zweigniederlassung

  beauftragten Personen und
- der im Zusammenhang mit Bewachungen tätigen Personen.

Dabei kann sie auf die Erkenntnisse und Bewertungen der für die Zulassung nach § 31 Abs. 2 Satz 1 GewO zuständigen Behörde zurückgreifen.

1.17.2.3 Sachkunde

Hinsichtlich der **erforderlichen Sachkunde** gilt abweichend von § 7 Abs. 2 WaffG, dass eine Sachkunde nachzuweisen ist, die sich an den Anforderungen für den Einsatz auf Seeschiffen orientiert. Sie ist geregelt in § 10 SeeBewachV (Seeschiffbewachungsverordnung). Darin ist neben dem Nachweis der Waffensachkunde nach § 7 WaffG iVm §§ 2, 3 AWaffV, die neben ausreichenden waffentechnischen Kenntnissen die sichere Handhabung der Bewaffnung umfasst, auch der Nachweis einsatz-

---

[708] *Insbesondere bei der Prüfung der Zuverlässigkeit von ausländischen Arbeitnehmern hat die deutsche Behörde keine Möglichkeit, selbst eine Überprüfung der Zuverlässigkeit vorzunehmen; hier ist durch Beibringung eines ausländischen Führungszeugnisses oder einer anderen geeigneten Urkunde zu belegen, dass es sich um eine zuverlässige Person im Sinne des § 5 WaffG handelt.*

spezifischer rechtlicher Kenntnisse gefordert. Diese umfassen neben ausreichender Kenntnis des deutschen Waffenrechts Grundkenntnisse im maßgeblichen Außenwirtschaftsrecht Deutschlands sowie einsatzrelevanter Hafen- und Küstenstaaten. Das gilt, soweit der Erwerb, das An- und Von-Bord-Bringen, die Aufbewahrung und das Sichern gegen Abhandenkommen, das Führen und der Gebrauch von Waffen und der entsprechenden Munition und sonstigen Bewachungsausrüstung zu den Aufgaben des Betroffenen zählen.

Somit reicht ein Nachweis der Waffensachkunde nach § 7 WaffG für die Bedürfnisgruppe der Mitarbeiter und Unternehmer im Bewachungsgewerbe, der sich allein auf § 28 WaffG bezieht, nicht aus, um als Nachweis der Sachkunde im Zusammenhang mit § 28a WaffG anerkannt zu werden. Gleichwohl kann der erbrachte Nachweis einer Waffensachkunde, die sich auf § 28 WaffG bezieht, ohne das Besorgnis einer qualitativen Verschlechterung geführt werden, wenn die in § 10 SeeBewachV genannten Kenntnisse und Fähigkeiten, die nicht ausweislich des Sachkundenachweises nach § 7 WaffG bereits erbracht wurden, durch einen ergänzenden Lehrgang mit abschließender Prüfung nachgewiesen werden.

Kenntnisse über Waffen, Munition und sonstige Bewachungsausrüstung sind nach § 10 Abs. 2 SeeBewachV nur für die jeweils mitgeführten Waffentypen, Munitionsarten und Ausrüstungsgegenstände und nur für den Zweck der Bewachung von Seeschiffen nachzuweisen.

1.17.2.4 Ergänzende Anmerkungen

Wie bereits einleitend erwähnt erfolgte durch Schaffung des § 28a WaffG eine Anpassung der waffengesetzlichen Regelungen an die besonderen Anforderungen der Bewachung von Seeschiffen, insbesondere ihrer Besatzungen und Ladungen in solchen Gebieten, die durch das Treiben gut organisierter Piratenbanden nur unter hohen Gefahren durchquert werden können. Staatlicher Schutz, etwa durch NATO-Verbände, ist dabei aufgrund der Größe der betroffenen Seegebiete nur eingeschränkt möglich. Den Forderungen der Reedereien und Sicherheitsunternehmen, den Erwerb und Besitz von vollautomatischen Waffen zu erlauben, um eine effektivere Abwehr der Piratenboote und ihrer in der Regel mit vollautomatischen Waffen ausgestatteten Besatzungen zu ermöglichen, gab der Gesetzgeber nicht nach – eine Ausnahme vom Verbot des Umgangs mit vollautomatischen Waffen nach Anlage 2 A1 WaffG enthält § 28a WaffG nicht. Die Verordnungen zu § 31 GewO, insbesondere die SeeBewachV und die sie ergänzende SeeBewachDV (Seeschiffbewachungsdurchführungsverordnung) enthalten Regeln für den Einsatz, insbesondere zur Dokumentationspflicht, zur Befehlskette und für die Anwendung von Schusswaffen. So sieht § 12 SeeBewachDV unter Berücksichtigung der Gesamtumstände im Einzelfall grundsätzlich Eskalationsstufen für den Einsatz vor. Zunächst sind Warnschüsse in die Luft abzugeben, dann in das Wasser in der Nähe der Angreifer, danach gezielte Schüsse gegen Sachen, insbesondere den Motor des Bootes oder den Bootskörper, und als letztes Mittel, wenn alle milderen Abwehrmaßnahmen ergriffen worden und wirkungslos geblieben sind, ist der Gebrauch der Schusswaffen direkt gegen Personen zulässig. Ist eine Maßnahme erfolgreich, ist der Waffengebrauch abzubrechen. Der Befehl zum Einsatz der Schusswaffen muss durch den Kapitän gegeben werden. Der fachkundigen Beratung durch den Einsatzleiter an Bord des Schiffes kommt darum eine besondere Bedeutung zu.

1.18 Verbringen und Mitnahme, Mitgliedsstaat (§§ 29 ff.)

Verbringen als Art des Umgangs beschränkt sich zeitlich auf die logische Sekunde des Grenzübertritts.[709] Gleiches gilt für die **Mitnahme**. Beide Begriffe werden in Kapitel 1.6.1.5 und 1.6.1.6 erläutert.

Der **Transport einer Waffe im Inland** ist von den Begriffen nicht erfasst und unterliegt insbesondere den Vorschriften zum Besitz von Schusswaffen und Munition, wenn das Gesetz nichts anderes bestimmt.[710] Für die unterschiedlichen Klassen von Erwerbern und Überlassern („EU-Ausländer", Ausländer aus Drittstaaten) sind besondere Bestimmungen zu beachten. **Erlaubnisfrei** sind nach Anlage 2 A2 UA2 Nrn. 7 bis 9 WaffG Verbringen und Mitnahme der in Nr. 7 genannten Waffen und Munition in, durch oder aus dem Geltungsbereich des WaffG, Verbringen und Mitnahme sämtlicher Waffen nach § 1 Abs. 2 Nr. 1 WaffG und für sie bestimmter Munition (Nr. 8.1) in **Drittstaaten** sowie das Verbringen sämtlicher Waffen nach § 1 Abs. 2 Nr. 1 WaffG und der dafür bestimmten Munition mit Ausnahme von Waffen oder Munition gemäß Anlage 1 A3 WaffG in **Mitgliedsstaaten** (Nr. 9).

Neben den Staaten der Europäischen Union (EU) unterfallen dem in §§ 29 ff. WaffG verwendeten und in Anlage 1 A2 Nr. 14 definierten Begriff **Mitgliedsstaat** auch die sogenannten **Schengenstaaten** Schweiz, Liechtenstein, Norwegen und Island. Der Begriff **Drittstaat** bezieht sich auf Länder, die weder EU-Mitglied sind noch Schengenstaat, somit kein Mitgliedsstaat.

1.18.1 Verbringen nach, durch oder aus Deutschland (§ 29)

Die Erlaubnis zur Verbringung durch oder aus **Deutschland** kann als Zustimmung erteilt werden, wenn der Antragsteller gewährleistet, dass ein **sicherer Transport** der betroffenen Waffe oder Munition durch einen dazu Berechtigten erfolgt. Bei einem Versenden von Waffen im Sinne einer Einfuhr nach Deutschland ist der Empfänger der Sendung im Geltungsbereich des WaffG Verbringer, da gemäß § 34 Abs. 2 Satz 3 WaffG der Versender die betroffene Waffe bereits mit Übergabe an den Transportunternehmer an den Empfänger überlassen hat und diese somit nicht verbringt. Tatbestandlich verbringt der Empfänger die betroffene Waffe nach Anlage 1 A2 Nr. 5 WaffG, da er sie durch einen Dritten transportieren lässt.

Diese Voraussetzungen gelten auch für das Verbringen von Waffen oder Munition nach Deutschland. Hier ist zu beachten, dass zusätzlich der **Empfänger** in Deutsch-

---

[709] *Ostgathe, Waffenrecht kompakt, 4. Aufl., S. 77*

[710] *Im Falle einer gewerblichen Beförderung im Sinne von § 12 Abs. 1 Nr. 2 WaffG ist der vorübergehende Erwerb und Besitz durch den Transporteur erlaubnisfrei.*

land eine waffenrechtliche Erlaubnis zum Erwerb oder Besitz der betreffenden Waffe oder Munition besitzen muss.[711]

Ein Verbringen von einem Mitgliedsstaat in einen anderen setzt Zustimmungen beider Mitgliedsstaaten voraus (**Prinzip der doppelten Erlaubnis**).

Sollen Waffen oder Munition der Kat. A 1.2 bis C[712] (Anlage 1 A3 WaffG)

- aus dem Geltungsbereich des WaffG oder
- aus einem Drittstaat durch den Geltungsbereich des WaffG

in einen anderen Mitgliedsstaat verbracht werden, muss dieser andere Mitgliedsstaat das Verbringen erlaubt haben, es sei denn, dass der Antragsteller glaubhaft gemacht hat, dass nach dem Recht dieses anderen Mitgliedsstaats keine Erlaubnis für die Verbringung erforderlich ist.

Das **Verbringen in einen Drittstaat** setzt nach **AWG** (Außenwirtschaftsgesetz) die Genehmigung des **BAFA**[713] voraus. Es besteht nach Art. 4 Abs. 1 FeuerwaffenVO waffenrechtlich eine Ausfuhrgenehmigungspflicht (**doppelte Erlaubnis**); die Einfuhrgenehmigung des Empfängerstaates muss vorliegen, bevor die Genehmigung zur Ausfuhr erteilt werden kann.

1.18.2 Allgemeine Erlaubnis für das Verbringen (§ 30)

Für gewerbsmäßige Waffenhersteller und Händler, die wiederholt Waffen oder Munition aus dem Geltungsbereich[714] des WaffG in einen anderen Mitgliedsstaat verbringen, sieht § 30 WaffG eine den Betriebsablauf erleichternde Ausnahmeregelung vor. Einem Erlaubnisinhaber nach § 21 WaffG kann eine bis zu drei Jahre gültige, allgemeine Erlaubnis zum Verbringen von Waffen oder Munition nach Kategorie A 1.2 bis C (Anlage 1 A3 WaffG) zu Waffenhändlern in einem anderen Mitgliedsstaat erteilt werden. Damit entfällt für den Gültigkeitszeitraum der allgemeinen Erlaubnis die Erforderlichkeit einzelner Erlaubniserteilungen, zu beachten sind lediglich die Anzeigepflichten. Diese Allgemeine Erlaubnis kann auf bestimmte Mitgliedsstaaten oder Arten von Waffen oder Munition beschränkt werden, eine zahlenmäßige Beschränkung ist dagegen nicht vorgesehen.

Sollen Waffen oder Munition auf Grundlage dieser Allgemeinen Erlaubnis verbracht werden, ist dieses Vorhaben vorher dem Bundesverwaltungsamt (BVA) schriftlich oder elektronisch anzuzeigen – eine Frist, wie lang vor dem Verbringen diese Anzeige erfolgen muss, ist in der Norm nicht genannt. Der Eingang der Anzeige ist durch das BVA zu bestätigen.

---

[711] *§ 29 Abs. 1 Satz 2 WaffG*

[712] *Außer Vollautomaten und getarnten Schusswaffen (Kat. 1.2, 1.3) sind nur Feuerwaffen von den Kategorien erfasst, nicht aber Druckluft- oder Federdruckwaffen*

[713] *BAFA: Bundesamt für Wirtschaft und Ausfuhrkontrolle*

[714] *Ein Verbringen nach Deutschland erfordert eine Erlaubnis nach § 29 WaffG.*

Zu beachten ist, dass trotz Erlaubnis nach § 30 WaffG die Bescheinigung des Mitgliedsstaats, in den die Waffe oder Munition verbracht werden soll, erforderlich ist, entweder in Form einer Erlaubnis oder als behördliche Bescheinigung über die Freistellung von der Erlaubnis des anderen Mitgliedsstaats. Der Inhaber der Allgemeinen Erlaubnis nach § 30 WaffG muss gemäß § 31 Abs. 1 Nr. 4 AWaffV im Rahmen der Anzeige des beabsichtigten Verbringens das betreffende Dokument an das Bundesverwaltungsamt übermitteln. Somit entfällt durch die Erlaubnis nach § 30 WaffG lediglich die Verpflichtung zur Einholung einer Einzelerlaubnis für das Verbringen, nicht aber die Beibringung eines Nachweises nach § 29 Abs. 2 Satz 1 WaffG.

1.18.3 Mitnahme aus, durch oder nach Deutschland (§ 32)

Die Erlaubnis zur **Mitnahme** einer Waffe oder von Munition **in oder durch den Geltungsbereich des WaffG** kann nach **§ 32 Abs. 1 WaffG** erteilt werden, wenn die Voraussetzungen nach § 4 Abs. 1 Nr. 1 bis 4 WaffG (volljährig, zuverlässig, persönlich geeignet, sachkundig und Bedürfnis glaubhaft gemacht) vorliegen. Der Betroffene muss somit die gleichen Voraussetzungen erfüllen, die an einen Antragsteller aus dem Geltungsbereich des WaffG zur Erteilung einer Erlaubnis gestellt werden.

Antragstellern aus einem **Drittstaat** darf die Erlaubnis **zur Mitnahme** von Waffen oder Munition der Kategorien A 1.2 bis C (Anlage 1 A3 WaffG) **durch Deutschland in einen anderen Mitgliedsstaat** nur erteilt werden, wenn der Mitgliedsstaat, der Ziel der Mitnahme ist, zugestimmt hat. Bei Mitnahme in einen Drittstaat gilt diese Einschränkung nicht.

Personen, die ihren gewöhnlichen Aufenthalt in einem anderen **Mitgliedsstaat** haben, darf gemäß **§ 32 Abs. 2 WaffG** abweichend für Waffen der Kategorien A 1.2 bis C und der für diese bestimmten Munition die Erlaubnis nach § 32 Abs. 1 WaffG zur Mitnahme nach oder durch Deutschland nur erteilt werden, wenn sie einen **Europäischen Feuerwaffenpass**[715] (EFP) besitzen, der in diesem anderen Mitgliedsstaat ausgestellt worden ist, und die mitgenommenen Waffen und Munition darin eingetragen sind.

Die Erlaubnis zur Mitnahme von Waffen oder Munition **aus dem Geltungsbereich des WaffG** darf gemäß **§ 32 Abs. 1a WaffG** erteilt werden, wenn

- der Antragsteller zum Erwerb und Besitz gesetzlich berechtigt[716] ist,
- der Mitgliedsstaat, in den diese Gegenstände mitgenommen werden sollen, seine nach dortigem Recht erforderliche Zustimmung im Vorweg erklärt hat, so dass diese Zustimmung besteht, und
- der sichere Transport durch den Antragsteller gewährleistet ist.

---

[715] *Zum Europäischen Feuerwaffenpass siehe Kapitel 2.10*

[716] *Zum Begriff der Berechtigung siehe Erläuterung auf Seite 264*

Eine Erlaubnis nach Absatz 1 oder 1a kann für die Dauer von bis zu einem Jahr erteilt werden, Verlängerungen um jeweils bis zu ein Jahr, auch für mehrere Mitnahmevorgänge.

Jäger, Sportschützen und Brauchtumsschützen[717], die Inhaber eines **EFP** sind, bedürfen gemäß § **32 Abs. 3 WaffG** für die Mitnahme von Waffen bestimmter Kategorien nach Anlage 1 A3 WaffG und Kontingente keiner Erlaubnis nach § 32 Abs. 1 oder 1a WaffG. Der Grund der Mitnahme ist nachzuweisen, zB durch eine Jagd- oder Wettkampfeinladung oder die Einladung zu einer Brauchtumsveranstaltung. Dabei sind auf den Zweck der Mitnahme abstellende **Mengenbeschränkungen** und **Einschränkungen bezüglich der Waffenart** zu beachten.[718] Sollen mehr als die in § 32 Abs. 3 WaffG genannten Waffen oder Waffen anderer Kategorien mitgenommen werden, ist eine Mitnahmeerlaubnis nach Absatz 1a zu beantragen.

Personen, die ihren gewöhnlichen Aufenthalt in einem **Drittstaat** haben, kann gemäß **§ 32 Abs. 4** WaffG ebenfalls für Waffen und Munition unter den in Abs. 3 genannten Voraussetzungen und Einschränkungen eine Erlaubnis erteilt werden, ohne zuvor die gemäß Abs. 1 erforderliche umfangreiche Prüfung der Voraussetzungen für die Erteilung einer Erlaubnis nach § 4 Abs. 1 WaffG vollständig durchführen zu müssen. Diese Möglichkeit scheidet aber aus, wenn Tatsachen die Annahme rechtfertigen, dass der Betroffene nicht zuverlässig oder nicht persönlich geeignet ist. Dies hat der Antragsteller durch geeignete Dokumente zu belegen.[719]

§ 32 Abs. 5 regelt **Ausnahmen**. Die Mitnahme in den Geltungsbereich des WaffG ist erlaubnisfrei, wenn die betroffene Person eine waffenrechtliche Erlaubnis für Erwerb und Besitz der jeweiligen Waffe oder Munition hat. Ansonsten ist eine Erlaubnis nach Abs. 1 erforderlich. Der Jagdschein als jagdrechtliche Erlaubnis ist im Falle des Abs. 5 nicht einer WBK gleichgestellt und keine waffenrechtliche Erlaubnis im Sinne des WaffG. Somit benötigt der Jäger bei Einfuhr von Munition in diesem Falle eine Erlaubnis, zB in Form eines Munitionserwerbsscheins oder einer in die WBK eingetragenen Erlaubnis (Siegel zum Munitionserwerb und -besitz). Ausnahmen gelten auch für Waffen an Bord von Wasser- und Luftfahrzeugen.

1.18.4 Anmelde- und Nachweispflichten, Zuständigkeit (§ 33)

Wer eine Waffe oder Munition, die im Geltungsbereich des WaffG einer Erlaubnispflicht für Erwerb und Besitz unterliegt, aus einem **Drittstaat** nach oder durch Deutschland **verbringen** will, muss vor oder spätestens bei seinem Grenzübertritt Waffen oder Munition bei der nach § 33 Abs. 3 WaffG zuständigen Überwachungsbehörde anmelden. Waffen oder Munition sind auf Verlangen vorzuführen, die

---

[717] Zur Anwendung dieser Begriffe auf Personen, die keine waffenrechtliche Erlaubnis nach deutschem Recht besitzen, siehe Erläuterungen in Kapitel 2.10

[718] Darstellung dieser einschränkenden Vorgaben in Kapitel 2.10

[719] Zum Verfahren der Überprüfung ausländischer Antragsteller WaffVwV 32.1

Nachweise zum Erwerb, Besitz und Verbringen auszuhändigen. Gleiches gilt für den Fall einer **Mitnahme**.

Bezüglich des Inhalts der Anzeigen sind die mit den gesetzlichen Regelungen korrespondierenden §§ 28 bis 32 AWaffV zu beachten. § 33 AWaffV bestimmt neben der Gültigkeitsdauer des EFP auch dessen Beantragung.

Die zuständigen Behörden nach § 33 Abs. 3 WaffG, in der Regel Zoll oder Bundespolizei, dürfen Beförderungsmittel und -behälter sowie deren Lade- und Verpackungsmittel anhalten, um zu prüfen, ob die für das Verbringen oder die Mitnahme in den, durch den oder aus dem Geltungsbereich dieses Gesetzes geltenden Bestimmungen eingehalten sind.

1.19 Überlassung, Prüfung der Erlaubnis (§ 34)

Grundsätzlich dürfen Waffen und Munition nur berechtigten Personen überlassen werden. Die Berechtigung kann durch Vorlage entsprechender Dokumente, zB einer WBK mit gültigem Voreintrag oder eines Jahresjagdscheins, nachgewiesen werden oder offensichtlich sein, etwa im Falle einer volljährigen Person, die eine von der Erlaubnispflicht freigestellte Druckluftwaffe erwerben will. Gleiches gilt insbesondere für den Umgang mit erlaubnisfreien Waffen oder gesetzliche Ausnahmen nach § 12 WaffG.

Der **Begriff der Berechtigung** ist stets im Kontext der jeweiligen gesetzlichen Vorschrift zu betrachten und die jeweilige Berechtigung dementsprechend zu prüfen. Die Berechtigung kann sich, wie im Falle des § 34 WaffG, aus einer erteilten Erlaubnis oder einer gesetzlichen Erlaubnisfreistellung ergeben, aber auch, etwa im Falle der gemeinschaftlichen Aufbewahrung nach § 36 WaffG iVm § 13 Abs. 8 AWaffV, aus dem Erlaubnisniveau der Beteiligten sowie Sinn und Zweck der Norm, konkret das gemeinschaftliche Aufbewahren von Waffen durch bestimmte Personen mit gleichem Erlaubnisniveau lebenspraktisch sinnvoll zu ermöglichen.

Der Überlasser hat die Berechtigung vollumfänglich zu prüfen, so dass beispielsweise im Falle der Vorlage einer WBK stets die Vorlage von Personalausweis oder Reisepass gefordert werden muss, um die Zuordnung der WBK zu der handelnden Person zweifelsfrei feststellen zu können. Eine Überlassung an Unberechtigte führt in der Regel zur Unzuverlässigkeit.

Angesichts der Bedeutung, die der Gesetzgeber dem Dokument WBK durch die weitreichenden Befugnisse der Waffenbehörde für den Fall der erforderlichen sofortigen Sicherstellung in § 46 Abs. 4 WaffG zuschreibt, ist es unbedingt ratsam, als Überlasser zum Nachweis der Erwerbsberechtigung durch eine WBK nur solche Dokumente zu akzeptieren, die im Original vorgelegt werden. Auch eine beglaubigte Kopie belegt nur den früheren Zeitpunkt, nicht aber, dass der potentielle Erwerber auch zum gegenwärtigen Zeitpunkt Inhaber einer WBK ist. Gleiches gilt für die Verwendung von Scans, die als PDF-Datei verschickt werden.

Ist der Inhaber einer Erlaubnis nach § 21 WaffG unsicher, ob die Erwerbsberechtigung einer Person gültig ist, kann er der zuständigen Behörde die Überlassungsabsicht elektronisch über das NWR anzeigen. Eine Rückmeldung erfolgt, wenn die Prüfung der Behörde ergibt, dass das Erlaubnisdokument nicht registriert oder nicht als gültig registriert ist.

Andere Personen, die sich Gewissheit über die Gültigkeit einer nicht im Original vorgelegten Erwerbserlaubnis verschaffen wollen, müssen andere, durch den Gesetzgeber nicht vorgegebene Wege gehen.

Gewerbliche Überlasser (Händler/Hersteller) müssen die Überlassung von Waffen gemäß § 37 WaffG unverzüglich durch Meldung an das NWR anzeigen.

Sonstige Erlaubnisinhaber haben die **Überlassung** nach Übergabe der Waffe an den Erwerber **binnen zwei Wochen** der für sie zuständigen Behörde anzuzeigen.[720] Gleiches gilt für den Erwerber. Überlasser (**Austragung**) und Erwerber (**Eintragung**) haben neben der Anzeige ihre WBK der für sie zuständigen Behörde zur Berichtigung vorzulegen (§ 37g WaffG).

Bei Überlassung von Schusswaffen im **Versand** (Internet-Auktion, Waffenhändler) gilt der Moment der Übergabe der Waffe an einen gewerbsmäßigen Transporteur als Zeitpunkt der Überlassung an den Erwerber.[721] Damit beginnt in diesem Moment auch die Frist für die Anzeige des Erwerbs. Ein **Lieferschein** kann den **Zeitpunkt der Überlassung** belegen.

Werden Waffen oder Munition versendet, ist im Falle einer gewerblichen Beförderung sicherzustellen, dass eine ordnungsgemäße Beförderung sichergestellt ist und die erforderlichen Vorkehrungen getroffen werden, um ein Abhandenkommen, insbesondere aber auch eine Wegnahme durch Unbefugte, zu verhindern. Adressat dieser Pflicht ist der Versender. Beauftragt er einen Dienstleister, ist die Pflicht durch bloßes Vertrauen auf die Tatsache, dass es sich um einen gewerblichen Dienstleister handelt, dann nicht ausreichend, wenn der Versender bei verständiger Würdigung der Situation erkennen kann, dass offensichtlich keine entsprechenden Vorkehrungen getroffen werden. Insbesondere hat der Versender den gewerblichen Beförderer auf die Art des Versandguts hinzuweisen, damit dieser die erforderlichen Vorkehrungen treffen kann. Im Zweifel ist durch einen qualifizierten Sachverständigen abzuklären, insbesondere bei regelmäßiger Beauftragung eines Dienstleisters, ob die ergriffenen Maßnahmen ausreichend sind, um den gesetzlich geforderten Schutz bieten zu können.

Munition darf gewerbsmäßig nur in verschlossenen Packungen überlassen werden. Wenn es sich um die kleinste Verpackungseinheit (Schachtel, im Falle von Schüttpackungen auch Karton oder Kiste) handelt, darf sich in dieser Packung, die nicht vollständig gefüllt sein muss, nur die Munition befinden, die sich ursprünglich darin befunden hat, da es nur so dem Verwender möglich ist, von der Verwendungssi-

---

[720] *§ 37 a WaffG, gilt auch für Inhaber einer Erlaubnis nach § 18 WaffG*

[721] *§ 34 Abs. 1 WaffG*

cherheit durch das auf der Packung angebrachte CIP-Prüfzeichen sicher auszugehen. Die Pflicht zur Überlassung in der Original-Verpackungseinheit gilt nicht, wenn einzelne Stücke von Munitionssammlern erworben werden oder im Falle des Überlassens von Munition auf einer Schießstätte nach § 12 Abs. 2 Nr. 2 WaffG, etwa im Rahmen eines Probe-, Gäste- oder Ausbildungsschießens.

1.20 Hinweispflichten, Handelsverbote und Werbung (§ 35)

1.20.1 Hinweispflichten bei der Überlassung (Abs. 2)

Hersteller und Händler müssen bei **Überlassung** von **Schusswaffen** im **Einzelhandel**[722] eine Regel befolgen, die in der Praxis oft nicht beachtet wird.

Bedarf es zum **Schießen** mit der betreffenden Schusswaffe oder zu ihrem **Führen** einer behördlichen Erlaubnis (Schießerlaubnis bzw. Waffenschein), muss der gewerbliche Überlasser den Erwerber auf die Notwendigkeit einer entsprechenden **Erlaubnis** und die **Strafbarkeit** eines Verstoßes hinweisen. Damit sind auch Fälle des Überlassens von Waffen, die zwar von der Erlaubnispflicht für Erwerb und Besitz, nicht aber für das Führen oder Schießen freigestellt sind, erfasst, etwa Druckluftgewehre mit „F im Fünfeck". Aufgrund der Gleichstellung von **Schalldämpfern** und **wesentlichen Teilen** von Schusswaffen durch Anlage 1 A1 UA 1 Nr. 1.3 Satz 1 WaffG gilt die Hinweispflicht auch bei Überlassung dieser Gegenstände, wenn sie der Erlaubnispflicht unterfallen.[723] Eine Erforschungspflicht über die Prüfung der waffenrechtlichen Erlaubnis hinaus ergibt sich aus der gesetzlichen Regelung nicht.

Bei Überlassung von **SRS-Waffen** ist auf die **Erlaubnispflicht für das Schießen** auf die Erforderlichkeit des **Kleinen Waffenscheins** für das Führen und die Strafbarkeit eines Verstoßes gegen diese Pflichten hinzuweisen. Im Falle der Überlassung von SRS-Waffen gilt anders als bei erlaubnispflichtigen Schusswaffen eine **Pflicht zur Protokollierung** der erfolgten Belehrung und zur Aufbewahrung des Protokolls.[724]

Bei der Überlassung von **Munition** bestehen keine gesetzlichen Hinweispflichten. Gleichwohl ist zu beachten, dass Munition gewerblich nur in der kleinsten Verpackungseinheit überlassen werden darf, die im Falle von erlaubnispflichtiger Muni-

---

[722] *§ 35 Abs. 2 WaffG; die Beschränkung auf das Überlassen im Einzelhandel und damit idR an private Endverbraucher begründet sich mit der Tatsache, dass gewerbliche Erwerber aufgrund ihrer Tätigkeit die Erlaubnispflichten kennen (sollten); auch Schusswaffen, die von der Erlaubnispflicht für den Erwerb freigestellt sind, können der Erlaubnispflicht für das Führen oder Schießen unterfallen.*

[723] *Dies ist in der Regel bei solchen Schalldämpfern und wesentlichen Teilen der Fall, die für erlaubnispflichtige Schusswaffen bestimmt sind.*

[724] *Vordruck unter www.sv-busche.de zum Download; eine gesetzliche Frist zur Dauer der Aufbewahrung des Protokolls gibt es nicht; da der Händler aber mit diesem Protokoll die Erfüllung einer gesetzlichen Pflicht nachweist, sollte es mindestens zehn Jahre aufbewahrt werden, ob in Papier- oder Digitalform.*

tion durch die darauf angebrachten Prüfzeichen dem Erwerber den erforderlichen Hinweis gibt, dass es sich um geprüfte und damit verwendungssichere Munition handelt; im Falle von Reizstoffmunition liefert der verpflichtend in der Verpackung enthaltene Hinweiszettel Informationen zu den enthaltenen Reizstoffen.

Fraglich ist, ob bezüglich des **Waffenverbotes** nach § 41 WaffG der Händler verpflichtet ist, den Erwerber zu befragen, ob ihm der Erwerb von Waffen oder Munition behördlich untersagt ist. Diese Pflicht könnte sich daraus ergeben, dass der Händler als **Überwachungsgarant** durch Überlassung von Waffen oder Munition an einen Dritten, dem der Erwerb verboten ist, gegen die Pflicht verstoßen könnte, die Öffentlichkeit vor Schaden aus der von ihm beherrschten **Gefahrenquelle** zu bewahren. Eine ausdrückliche Verpflichtung ist dem Gesetz aber nicht zu entnehmen.

1.20.2 Hinweispflichten in Druckschriften und im Internet (Abs. 1)

Werden Waffen oder Munition in Anzeigen oder im Internet, **auch als Privatperson** angeboten, hat der Anbieter seinen Namen und seine Anschrift[725] sowie gegebenenfalls seine eingetragene Marke bekannt zu geben. Adressat der Vorschrift sind Anbieter und Medium der Veröffentlichung. Zudem ist nach Art der Waffe und der erforderlichen Erwerbserlaubnis ein durch § 35 Abs. 1 Satz 1 Nr. 1 bis 3 WaffG vorgegebener Hinweistext verpflichtend im Angebot zu nennen, Schriftbild und Schriftgröße dürfen dabei nicht grundlegend vom übrigen Text abweichen. Bei **nicht gewerblichen Anbietern** kann derjenige, der die Anzeige publiziert, von der Veröffentlichung von Namen und Anschrift auf Wunsch des Auftraggebers absehen – dann sind ein Jahr lang die mit dieser Anzeige verbundenen Daten aufzubewahren und der zuständigen Behörde auf deren Antrag zur Einsicht vorzulegen.

Abs. 1	Angebotener Gegenstand	Verpflichtender Hinweistext
Satz 1 Nr. 1	Erlaubnispflichtige Waffe oder Munition	Abgabe nur an Inhaber einer **Erwerbserlaubnis**
Satz 1 Nr. 2	Nicht erlaubnispflichtige Waffe oder Munition sowie sonstige Waffen	Abgabe nur an Personen mit **vollendetem 18. Lebensjahr**
Satz 1 Nr. 3	Verbotene Waffe oder Munition	Abgabe nur an Inhaber einer **Ausnahmegenehmigung**

Die Veröffentlichung einer **Werbeanzeige** stellt **kein Vermitteln im Sinne eines Handeltreibens** nach Anlage 1 A2 Nr. 9 WaffG durch das bekanntmachende Medium dar, da es an einer Anbahnung der Überlassung durch Kontaktaufnahme des presserechtlich Verantwortlichen durch individuelles Ansprechen der an der Überlassung Beteiligten fehlt. Gleiches muss für den Betreiber einer **Website** gelten, deren Funktionalität sich darauf beschränkt, eine Marktpreisübersicht ohne Möglichkeit der direkten Kaufanbahnung oder Kaufabwicklung über diese Plattform anzubieten. Ein Vermitteln würde, wie zB in § 1 AdVermiG oder § 180 Abs. 2 StGB, über ein schlichtes Bekanntmachen des Kaufangebots hinausgehen und mehr sein als ein bloßes Ermöglichen der Gelegenheit zur Kontaktaufnahme zwecks Kaufs.

[725] *Firmen- oder Wohnsitz, nicht aber ein eventuell abweichender Lagerort*

1.20.3 Handelsverbote (Abs. 3)

Vertrieb und **Überlassen** (unechte Unterfälle, aber kein Handel gemäß Anlage 1 A2 Nr. 9 WaffG; tatbestandlich nur zu prüfen, ob Vertrieb oder Überlassen vorliegen, egal ob gewerbsmäßig oder selbstständig im Rahmen einer wirtschaftlichen Unternehmung) von Schusswaffen, Munition, Hieb- oder Stoßwaffen sind **verboten**:

- Im **Reisegewerbe**; Ausnahme: Aufsuchen des Gewerbetreibenden, Freiberuflers oder der Behörde in dienstlich / betrieblich genutzten Räumlichkeiten.
- Auf Messen, Ausstellungen und Märkten (festgesetzte Veranstaltungen im Sinne des Titels IV der GewO) **für gewerbliche Besucher**; **ausgenommen** von diesem Verbot ist die Entgegennahme von Bestellungen auf Messen und Ausstellungen **für gewerbliche Besucher.**
- Auf Volksfesten, Schützenfesten, Märkten, Sammlertreffen oder ähnlichen öffentlichen Veranstaltungen, also auch **an private Kunden**; **ausgenommen** ist in diesem Zusammenhang das Überlassen der anlassbezogen benötigten Schusswaffen oder Munition in einer Schießstätte sowie von Munition, die Teil einer Sammlung (§ 17 Abs. 1 WaffG) oder für eine solche bestimmt ist.

Die nach § 49 Abs. 2 Nr. 4 WaffG örtlich zuständige Behörde kann auf Antrag **Ausnahmen** für ihren Bezirk zulassen, wenn öffentliche Interessen nach pflichtgemäßer Bewertung nicht entgegenstehen.[726] Diese nach Abs. 3 Satz 2 zulässige Ausnahme **befreit** allerdings **nur den Händler** – der Erwerber verstößt in der Praxis bei einer öffentlichen Veranstaltung, zB einem historischen Marktspektakel, gegen das Führverbot nach § 42 Abs. 1 WaffG – Ausnahmen sieht das Gesetz auch nicht für den Fall vor, dass der Gegenstand in einem verschlossenen Behältnis geführt wird, womit sich der Erwerber unmittelbar strafbar macht. Darum ist die Überlassung mangels eines berechtigten Erwerbers gemäß § 34 Abs. 1 WaffG unzulässig, die Handlung im Falle erlaubnispflichtiger Waffen oder Munition gemäß § 52 Abs. 3 Nr. 7 WaffG strafbar, ansonsten gemäß § 53 Abs. 1 Nr. 16 WaffG ordnungswidrig.

Als **Vertrieb** an Endverbraucher auf Märkten gilt auch das Feilbieten[727] von Waren sowie das Anbieten dort nicht bereitgehaltener Waren durch Schautafel, Prospekt oder Katalog. Ein **Verstoß** gegen § 35 Abs. 3 Satz 1 WaffG, **unabhängig von der Erlaubnispflicht** der **Schusswaffe** oder **Munition** und auch im Falle des Feilbietens oder Überlassens von **Hieb- und Stoßwaffen**, ist eine **Straftat nach § 52 Abs. 1 Nr. 3 WaffG** und mit einer **Freiheitsstrafe von sechs Monaten bis zu fünf Jahren** bewehrt.

1.21 Aufbewahrung (§ 36)

1.21.1 Einführung

Neben dem Bedürfnisprinzip ist die **sichere Aufbewahrung** von Waffen und Munition ein **Kernbereich des deutschen Waffenrechts** und eines der vordringlichsten

---

[726] *Als Maßstab können Gründe für Verbotsregelungen nach § 42 WaffG dienen.*

[727] *Zum Begriff Fn. 258*

Ziele des Waffengesetzes. Ausgehend von der Überlegung, dass die Verfügbarkeit von Schusswaffen oder Munition die abstrakte Gefahr eines Missbrauchs zweifellos erhöht und durch eine mangelhafte Aufbewahrung diese Gegenstände in die Hände von solchen Personen gelangen könnten, die, anders als Legalwaffenbesitzer, nicht durch Zuverlässigkeit, persönliche Eignung und Sachkunde eine Gewähr dafür bieten, die Waffen nicht für Straftaten zu verwenden oder, etwa im Falle von Kindern, leichtfertig Leben oder Gesundheit Dritter in Gefahr zu bringen. Zwar ist nicht die Waffe allein verantwortlich, wenn Menschen durch ihre Verwendung zu Schaden kommen – schließlich braucht es immer einen Menschen, der sich (zumindest im Falle einer vorsätzlichen Tat) entschließt, mit der Waffe auf einen Menschen zu schießen. Doch trägt eine sichere Aufbewahrung von Schusswaffen und Munition dazu bei, dass eine missbräuchliche Verwendung weniger wahrscheinlich wird. Die Rechtsprechung zur sicheren Aufbewahrung unterstreicht die besondere Pflicht jedes Waffenbesitzers, die gesetzlichen Vorgaben nach bestem Wissen und Können zu erfüllen, und die Folge, die schon ein einmaliger Verstoß gegen die gesetzlichen Vorschriften für den Verpflichteten haben kann, nämlich die Vermutung der Unzuverlässigkeit[728] und damit den Entzug der waffenrechtlichen Erlaubnisse.

Der Gesetzgeber hat **Mindestanforderungen** für die sichere Aufbewahrung von Waffen oder Munition festgelegt. Die Pflicht zur **Aufstellung** des Behältnisses **in einer Wohnung** ist aus dem Gesetz nur indirekt abzuleiten, es muss aber nicht die eigene Wohnung des Berechtigten sein und diese auch nicht, im Sinne häuslicher Gemeinschaft, regelmäßig durch den Erlaubnisinhaber aufgesucht werden.[729]

§ 36 Abs. 1 Satz 1 WaffG fordert als **Generalklausel** von dem Verpflichteten, die erforderlichen Vorkehrungen zu treffen, um **Abhandenkommen** oder **Wegnahme** zu verhindern. Die Generalklausel begründet eine **umfassende Pflicht** zum sicheren Umgang mit Waffen und Munition, die nicht allein zu Vorkehrungen technischer Art, sondern zur Vornahme aller sonstigen Maßnahmen verpflichtet, die erforderlich sind, um das Abhandenkommen von Waffen und Munition oder deren Ansichnahme durch Unbefugte zu verhindern.[730]

Die Waffenbehörde hat die Möglichkeit, bei erkannten besonderen Gefahren, die insbesondere vom Ort der Aufbewahrung ausgehen, höhere Anforderungen festzusetzen. Der Verpflichtete kann bei Erfüllung der gesetzlichen Regeln sowie Einhaltung der im Einzelfall von der Behörde festgeschriebenen Forderungen im Falle unbefugter Wegnahme nicht belangt werden. Grundsätzlich ist jeder Verpflichtete aufgefordert, dem in der besonderen Gefahr einer aufbewahrten Waffe liegenden Risiko dadurch zu begegnen, dass er stets die zeitlich und örtlich objektiv sicherste Form der Aufbewahrung wählt.[731] Dazu zählt insbesondere, bei Verfügbarkeit meh-

---

[728] *Bayerischer VGH 21 CS 13.1564, Beschluss vom 02. Oktober 2013, Rn. 17*

[729] *VG Köln 20 K 577/09, Urteil vom 09. Dezember 2010*

[730] *OVG Schleswig-Holstein 4 MB 16/24, Beschluss vom 23. April 2025*

[731] *VG Sigmaringen 10 K 335/18, Urteil vom 24. Januar 2019, Rn. 71*

rerer Aufbewahrungsbehälter immer das innerhalb eines dauernd bewohnten Gebäudes befindliche Behältnis zu wählen.[732]

Die gesetzlichen Mindestanforderungen werden durch andere Rechtvorschriften, zB die BewachV, im Sinne einer Verschärfung ergänzt,[733] Verstöße sind waffenrechtlich relevant. Verpflichteter ist der Inhaber der waffenrechtlichen Erlaubnis zum Umgang mit der betroffenen Waffe. Im Falle einer Personenmehrheit, also mehreren Personen, die gemeinschaftlich eine Erlaubnis zum Umgang besitzen, obliegt die sichere Aufbewahrung allen Berechtigten. Im Falle eines persönlich vorwerfbaren[734] Verstoßes gegen **Aufbewahrungspflichten** haftet **jeder Berechtigte**.[735]

Die Überwachung der Aufbewahrung obliegt der zuständigen Behörde. Der **Erlaubnisinhaber** ist gemäß § 36 Abs. 3 WaffG **verpflichtet**, sowohl bei **Beantragung einer Erwerbserlaubnis** als auch bei **Änderung der Art oder des Ortes**[736] der Aufbewahrung seine Maßnahmen der zuständigen **Behörde mitzuteilen**. Dies gilt insbesondere bei Aufstellung eines weiteren Waffenschranks in Geschäftsräumen[737] oder am Zweitwohnsitz. Zudem ist er gemäß § 39 Abs. 1 WaffG zur **Erteilung von Auskünften** verpflichtet.

Die zuständige Behörde hat das Recht, die sichere Aufbewahrung von Waffen und Munition vor Ort zu **kontrollieren**, und das auch gegen den Willen des Hausrechtsinhabers, soweit eine dringende Gefahr für die öffentliche Sicherheit vorliegt – der Schutz der Wohnung nach Artikel 13 des Grundgesetzes wird durch § 36 WaffG verfassungskonform eingeschränkt.[738]

Für **verdachtsunabhängige Kontrollen** sollen grundsätzlich **keine Gebühren** erhoben werden, da diese im öffentlichen Interesse liegen.[739]

---

[732] *VGH Kassel 4 B 845/21, Beschluss vom 30. April 2021*

[733] *BT-Drs. 14/7758, S. 69, zu § 28, 3. Absatz; auch Verstöße gegen die DGUV Vorschrift 23 bezüglich der* ***Aufbewahrung von Waffen und Munition im Bewachungsgewerbe*** *können als nicht sachgemäßer Umgang zur Unzuverlässigkeit des Unternehmers als waffenrechtlichem Erlaubnisinhaber führen; auch Fehlverhalten verantwortlicher Mitarbeiter des Unternehmers kann diesem vorgehalten werden.*

[734] *VGH München 24 CS 23.495, Beschluss vom 20. April 2023*

[735] *VGH Baden-Württemberg 6 S 1792/22, Beschluss vom 25. Januar 2023*

[736] *VG Sigmaringen 10 K 335/18, Urteil vom 24. Januar 2019, Rn. 59*

[737] *In diesem Falle sollte frühzeitig eine Anfrage an die Waffenbehörde gestellt werden, ob diese der Aufstellung in Geschäftsräumen zustimmt, da diese einem erhöhten Einbruchsrisiko unterfallen bzw. einem geringeren Risiko der Entdeckung außerhalb der kommunizierten Öffnungs- oder Geschäftszeiten; es ist insbesondere an die Festsetzung höherer Anforderungen nach § 36 Abs. 6 zu denken.*

[738] *Zur Aufbewahrungskontrolle Kapitel 1.21.8; Ausführungen zu behördlichen Kontrollbefugnissen siehe Kapitel 1.21.9*

[739] *WaffVwV 36.7, Absatz 3*

2009 wurde die bis dahin im Gesetz vorgesehene Möglichkeit, dass die Erlaubnisbehörde das Recht hat, einen Nachweis über die sichere Aufbewahrung von erlaubnispflichtigen Waffen und Munition zu verlangen, zu einem verpflichtenden Element für das Handeln der Waffenbehörde. Eine **Kontrolle der Aufbewahrung** ist auch **verdachtsunabhängig** möglich.

Das **erlaubnisfreie Führen von Schusswaffen in einem verschlossenen Behältnis** sowie der **Transport von Munition gelten nicht als Aufbewahrung**, da sich hier die Sache im direkten Zugriff des Besitzers befindet. Die nach §§ 36 WaffG, 13 AWaffV vorgeschriebenen Sicherheitsbehälter müssen darum in diesen Fällen nicht verwendet werden, ebenso ist eine räumliche Trennung von Schusswaffe und Munition nicht erforderlich. § 13 Abs. 9 AWaffV regelt lebensnah Ausnahmen im Falle einer Reise, da hier nicht ständig (etwa zur Essenszeit) der unmittelbare Zugriff auf die Schusswaffe oder Munition möglich ist und zugleich eine Aufbewahrung in einem Sicherheitsbehälter in diesen Momenten meist nicht erfolgen kann.

Mit Schaffung des § 52a WaffG im Jahre 2009 betonte der Gesetzgeber die besondere Schwere von Verstößen gegen die Aufbewahrungsvorschriften. War ein solcher Verstoß davor nur **bußgeldbewehrt**, handelte es sich nun um eine **Straftat**. Im Gegenzug war im Zuge der Beratungen über die Änderungen des WaffG klar herausgestellt worden, dass sich die neue Strafregelung nur bezog auf **vorsätzliches Handeln**, also willentliches und wissentliches Verstoßen gegen die Vorschriften, und auf den Fall einer **konkreten Gefahr** des Abhandenkommens oder Missbrauchs von Waffen oder Munition. Dazu zählte auch die Möglichkeit, dass unbefugte Dritte Zugriff erlangen können. Im Zuge der Änderungen des WaffG 2017 wurde § 52a WaffG gestrichen und mit § 52 Abs. 3 Nr. 7a WaffG bei gleichem Strafrahmen ein neuer Tatbestand geschaffen, der unter Strafe stellt, dass ein nach Vorgabe von Gesetz oder Verordnung Verpflichteter eine Sicherungsmaßnahme nicht, nicht richtig oder nicht rechtzeitig trifft und dadurch die Gefahr verursacht, dass Waffen oder Munition abhanden kommen oder Dritte unbefugt auf sie zugreifen.

Nicht von den Verschärfungen erfasst sind Verstöße gegen Vorschriften zur vorübergehenden Aufbewahrung im Rahmen der Jagd oder des sportlichen Schießens. Versehentliche Verstöße sind als nicht vorsätzliches Handeln keine Straftat nach § 52 Abs. 3 Nr. 7a WaffG, der nur besonders gravierende Aufbewahrungsverstöße erfasst. Hier ist eine Ahndung aufgrund von § 53 WaffG oder § 34 AWaffV als Ordnungswidrigkeit möglich.

Ist eine Mietwohnung Ort der Aufbewahrung, kann der Vermieter dem Mieter den Umgang mit Waffen in dieser Wohnung nicht untersagen.[740] Bezüglich des Umgangs im befriedeten Besitztum kommt es nicht darauf an, wer Eigentümer des Grundstücks ist, sondern wer zur Nutzung berechtigt ist.[741] Ein zur Straße hin offener Vorplatz einer zu einem Wohnhaus gehörenden Garage ist weder der Wohnung

---

[740] *AG Hannover 546 C 2917/10, Urteil vom 20. August 2010*

[741] *BGH 4 StR 169/12, Beschluss vom 17. Juli 2012*

zuzurechnen noch steht er einem befriedeten Besitztum gleich.[742] Ein Hotelzimmer gilt hinsichtlich der Begrifflichkeit der Regeln des WaffG als eigene Wohnung des Hotelgastes.[743]

Grundsätzlich ist die im Moment des Geschehens objektiv sicherste Möglichkeit der Aufbewahrung zu wählen. Eine Wahlmöglichkeit zwischen verschiedenen gesetzlich zulässigen Aufbewahrungsarten besteht nicht.[744] Zweck der gesetzlichen Regelungen ist, dass unberechtigten Dritten die einfache Wegnahme von geladenen und damit unmittelbar schussbereiten Waffen so weit wie möglich erschwert wird.[745] Die Aufgabe des unmittelbaren Ausübens der tatsächlichen Gewalt im Zuge einer Reise im Rahmen einer Fahrtpause, bei der das Fahrzeug verlassen wird, stellt eine Aufbewahrung der im Fahrzeug zurückgelassenen Waffen und Munition dar.[746]

1.21.2 Definitionen

Aufbewahrung ist das Aufheben einer beweglichen, außer Gebrauch befindlichen[747] Sache an einem Ort, ohne dass der Besitzer unmittelbaren Zugriff auf die Sache hat und somit durch sein persönliches Eingreifen den Zugriff Dritter nicht verhindern kann. Somit handelt es sich dann um eine Aufbewahrung, wenn der Besitzer seine unmittelbare Sachherrschaft aufgibt und eine Einwirkung Dritter weder bemerken noch unmittelbar verhindern kann. Das kann durch örtliche Abwesenheit gegeben sein, aber auch durch einen Zustand, in dem der Besitzer die Kontrolle nicht bewusst ausüben kann, etwa im Schlaf.[748] Insofern wären der Nachttisch oder „unter dem Kopfkissen" zwar Orte der Aufbewahrung, aber keine sichere Art der Aufbewahrung, wie sie das WaffG grundsätzlich vorschreibt.

Sichere Aufbewahrung ist der *Schutz vor unbefugter Wegnahme oder Abhandenkommen* eines Gegenstandes in einem Behältnis, Raum oder unter Nutzung einer alternativen Sicherungseinrichtung im Sinne von § 13 Abs. 1 AWaffV, wobei es sich idR um eine geeignete, durch gesetzliche Vorschriften als ausreichend eingestufte mechanische Maßnahme handeln muss, die eine unbefugte Wegnahme vom Ort der Aufbewahrung oder eine Änderung des Orts der Aufbewahrung verhindert. Alle im Moment am Ort des Umgangs mit einer Waffe verfügbaren Sicherungsmöglichkeiten sind zu nutzen, wenn diese sicher aufbewahrt werden muss,[749] sonst liegt

---

[742] *BayObLG 4St RR 138/03, Beschluss vom 17. November 2003*

[743] *KG Berlin IV 121 Ss 126/15 (144/15), Beschluss vom 20. August 2015*

[744] *VGH Kassel 4 B 845/21, Beschluss vom 30. April 2021 (insb. 2. Leitsatz)*

[745] *VG Hamburg 4 K 2176/15, Urteil vom 09. Februar 2016*

[746] *Ausführlich zur Aufbewahrung in einem Fahrzeug Kapitel 1.21.7.2*

[747] *Zur Definition „außer Gebrauch befindlich" siehe OLG Köln 9 U 109/05, Urteil vom 14. März 2006, Rn. 33*

[748] *VG Braunschweig, 5 A 46/08, Urteil vom 23. Oktober 2008*

[749] *zB während eines Hotelaufenthaltes, aber auch bei einer Übernachtung in der Wohnung eines Dritten, der im Besitz eines gesetzlich zulässigen Behältnisses ist.*

keine sorgfältige Verwahrung im Sinne von § 5 Abs. 1 Nr. 2 lit. b WaffG vor und die Unzuverlässigkeit ist anzunehmen.[750]

Die sichere Aufbewahrung ist eine gesetzlich normierte Pflicht, nicht aber eine Art des Umgangs. Besitz an Waffen oder Munition entfällt, wenn der Verschluss des Behälters durch den Betroffenen nicht bestimmungsgemäß geöffnet werden kann.

Die sichere Aufbewahrung von Waffen oder Munition kann in einem verschlossenen Behältnis oder Raum erfolgen. Die Rechtsprechung definiert das „**verschlossene**[751] **Behältnis**" im Zusammenhang mit Delikten nach §§ 202, 243 StGB[752] als ein verschließbares Behältnis, das über eine **besondere Vorrichtung** verfügt, die **geeignet und bestimmt** ist, die **Wegnahme** einer Sache zu **erschweren**, in der Regel eine **verschließbare Tür**. Bedingung ist die Sicherung durch ein **Schloss**, eine sonstige **technische Schließeinrichtung** oder auf andere Weise. Als technische Schließeinrichtung sind insbesondere mechanische und elektronische **Zahlenschlösser** anzusehen sowie **biometrische Schlösser**. Dies gilt auch für Räume.

Ein **Behältnis** ist ein zur Aufnahme von Sachen dienendes und sie umschließendes Raumgebilde, das **nicht dazu bestimmt ist, von Menschen betreten zu werden**. Verschlossene Räume sind keine Behältnisse.[753] Behältnisse verfügen in der Regel über mindestens eine verschließbare Öffnung, die den Zugriff auf dessen Innenraum freigibt. Behältnisse können tragbar sein.

Räume sind **zum Betreten durch Menschen bestimmte Raumgebilde**, die über mindestens einen Zugang verfügen. Dieser Zugang kann meist durch ein bewegliches Element, idR eine Tür, geschlossen bzw. verschlossen werden.

Die **verschlossene Tür** von Behälter oder Raum darf nur durch Einsatz des vorgesehenen **Schlüssels**, Eingabe oder Einstellung des erforderlichen Geheimnisses (alphanumerischer Code) oder Erbringens des Berechtigungsnachweises in Form einer Übereinstimmung biometrischer Merkmale des Bedieners mit den in der Freigabevorrichtung gespeicherten Merkmalen geöffnet werden können. Ist die Tür geschlossen und die Verriegelung ausgefahren, ist die Tür zwar scheinbar gegen ein Öffnen im Sinne eines Ausschwenkens, Aufschiebens o.ä. gesichert; um wirksam verschlossen zu sein, muss aber die schützende Verriegelungsblockierung aktiviert sein, sonst könnte durch Bedienung des Verriegelungsmechanismus, etwa durch Betätigung

---

[750] *VG Sigmaringen 10 K 335/18, Urteil vom 24. Januar 2019, Rn. 71; Bayerischer VGH, 21 CS 13.1758, Beschluss vom 28. November 2013*

[751] *Zum Begriff „verschlossen" OLG Köln 9 U 109/05, Urteil v. 14. März 2006, Rn. 37; siehe auch nachfolgender Text zur Abgrenzung verschlossen/geschlossen*

[752] *Fischer, Rn. 14 ff. zu § 243 StGB*

[753] *Fischer, Rn. 14 zu § 243 StGB, Rn. 6 zu § 202 StGB; mangels einer waffengesetzlichen Definition des „Behältnisses" ist der Rückgriff auf das Strafrecht erforderlich; § 243 StGB nennt als Tatbestandsmerkmal eines besonders schweren Falls des Diebstahls die Wegnahme eines Gegenstandes, der durch ein verschlossenes Behältnis besonders gesichert ist.*

des Drehhebels, die Verriegelung aufgehoben werden. In diesem Falle wäre die Tür lediglich geschlossen, was nicht ausreichend ist, um den nach Sinn und Zweck der Norm geforderten Schutzzweck zu erreichen, der immer einen verschlossenen Zustand erfordert. Das ist nur durch ein Verschließen mit Sicherung der Tür gegen unbefugtes Öffnen mittels der aktivierten Verschlusseinrichtung zu erreichen.

Eine nur **geschlossene Tür**, bei der die Riegelbolzen in die dafür vorgesehenen Aufnahmen des Behälters greifen, aber ohne Einsatz eines Schlüssels o.ä. wieder eingefahren werden können, ist nicht verschlossen im Sinne des WaffG. In diesem Zustand handelt es sich nicht um ein verschlossenes Behältnis. Gleiches gilt für eine Tür, die durch bloße Drückerbetätigung, Ziehen oder Schieben den Zugriff auf das Behälterinnere freigibt.

1.21.3 Behältnisse und Sicherungsmaßnahmen

Nicht erlaubnispflichtige Waffen wie Hieb- und Stoßwaffen (Kampfmesser, Schlagstock) oder **Reizstoffsprühgerät** müssen gemäß § 36 Abs. 1 WaffG nur **gegen unbefugte Wegnahme oder Abhandenkommen gesichert** werden. Gleiches gilt für **Magazine für Patronenmunition**, die nicht verbotene Waffen nach Anlage 2 A1 WaffG sind. Die Sicherung setzt keine Aufbewahrung in einem Behältnis voraus, auch die Verwahrung in einem verschlossenen Raum oder durch Verschraubung an einer Wand oder an einem Möbelstück ist ausreichend, wenn dadurch die Wegnahme durch einen Minderjährigen, der nicht mit überdurchschnittlich hoher krimineller Energie oder Gewaltanwendung agiert, nach allgemeiner Lebenserfahrung unterbunden wird.

Waffen, die von der Erlaubnispflicht freigestellt sind, zB **SRS-Waffen** mit Kennzeichnung **„PTB im Kreis"**, **Druckluftwaffen** mit **„F im Fünfeck"** oder **unbrauchbar gemachte Schusswaffen mit EU-Deaktivierungszeichen** nach Anlage 1 A1 UA1 Nr. 1.4 WaffG, sind in einem verschlossenen Behältnis aufzubewahren. Gleiches gilt gemäß § 39b Abs. 3 WaffG für nicht verbotene **Salutwaffen** sowie gemäß § 25c Abs. 4 AWaffV iVm § 39b Abs. 3 WaffG für **unbrauchbar gemachte Schusswaffen ohne EU-Deaktivierungszeichen** nach Anlage 1 A1 UA1 Nr. 1.4 WaffG („Alt-Deko"). Eine qualifizierte Sicherheitsstufe, Funktionsweise oder Beschaffenheit ist für dieses Behältnis oder dessen Verschluss nicht vorgeschrieben, es muss aber einem spontanen Zugriffsversuch von Unbefugten, insbesondere Minderjährigen, ohne mechanische Hilfsmittel standhalten.

Für **erlaubnispflichtige** und **verbotene Waffen** sieht § 36 WaffG in Verbindung mit § 13 AWaffV die Aufbewahrung in besonders klassifizierten Behältnissen, sogenannten **Waffenschränken**, oder in **Waffenräumen** vor.

Waffen, die nach Anlage 2 A3 WaffG **von den Vorschriften des WaffG und damit Regeln** zur **Aufbewahrung freigestellt** sind, zB zum Spiel bestimmte Schusswaffen (zB **Softair-Waffen** mit bis zu 0,5 J) und bestimmte Harpunen, sowie Gegenstände, die **keine Waffen im Sinne des WaffG** sind, sondern nur einzelnen waffengesetzlichen Regelungen unterliegen wie zB **Einhandmesser**, bedürfen **keiner Sicherung gegen Wegnahme**. Dies betrifft insbesondere **Nachbildungen** von Schusswaffen.

Vier Qualitäten von Sicherheitsbehältnissen werden als Mindestvoraussetzung für die Aufbewahrung erlaubnispflichtiger Waffen oder Munition genannt. Dabei wird im Falle des Widerstandsgrades 0 nach DIN/EN 1143-1 zwischen zwei Gewichtsklassen, nämlich unter 200 kg und ab 200 kg Eigengewicht ohne Anrechnung von Abrisslasten durch Verankerungen oder Einbringung von Waffen, Munition oder Material (zB Bleiplatten im Innenraum) unterschieden. Anerkannt werden Behältnisse, die nach **DIN/EN 1143-1 Stand Mai 1997 oder aktueller** zertifiziert sind.

Zur **sicheren Aufbewahrung von erlaubnispflichtigen und verbotenen Waffen** dürfen grundsätzlich verwendet werden Behälter nach

- DIN/EN 1143-1 **Widerstandsgrad 0 (Null)**, mit einem Eigengewicht[754] **von mindestens 200 kg**: Bis zu zehn[755] Kurzwaffen und bestimmte[756] verbotene Waffen, Langwaffen ohne zahlenmäßige Begrenzung und Munition

- DIN/EN 1143-1 **Widerstandsgrad I (römisch 1)**, Eigengewicht gesetzlich nicht festgelegt: Aufbewahrung einer unbegrenzten Zahl von Lang- und Kurzwaffen sowie verbotener Waffen und Munition

Verbotene Munition muss in einem Behältnis nach DIN/EN 1143-1 aufbewahrt werden.[757] Für die **sichere Aufbewahrung von sonstiger erlaubnispflichtiger Munition** ist keine Sicherheitsstufe vorgeschrieben. Sie muss in der Wohnung gegen unbefugten Zugriff qualifiziert aufbewahrt werden, mindestens in einem **Stahlblechbehältnis** mit **Schwenkriegelschloss**[758] **oder einer gleichwertigen Verschlussvorrichtung** oder[759] in einem **festen verschlossenen Behältnis**.

Erlaubnisinhaber, deren Erlaubnis vor Inkrafttreten der WaffG-Änderung 2017 erteilt wurde, dürfen **Behälter älterer Bauart** nutzen, wenn diese bei Inkrafttreten des

---

[754] *Für Behälter nach DIN/EN 1143-1, die vor dem 6. Juli 2017 genutzt wurden, ist eine „Gewichtserhöhung" durch Verankerung gesetzlich nicht mehr vorgesehen; für diese Regelung gilt kein Bestandsschutz durch die Altbesitzregelung.*

[755] *Eigengewicht unter 200 kg: Fünf Kurzwaffen und verbotene Waffen*

[756] *Bestimmte verbotene Waffen erfordern die Aufbewahrung in einem Behältnis des Widerstandsgrads I; beachten Sie die vertiefende Darstellung in Kapitel 6.2*

[757] *§ 13 Abs. 1 S. 1 AWaffV; verbotene Geschosse nicht erfasst, da Geschosse weder Munition noch Waffe im Sinne des WaffG (s. Kap. 1.3.3.1); zur Aufbewahrung verbotener Waffen, Munition u. Geschosse Kap. 6.2; grundsätzlich sollte Erleichterung nach § 13 Abs. 5, 6 AWaffV im Falle von Sammlungen geprüft werden.*

[758] *Ein Schwenkriegelschloss ist ein Metallriegel oder Haken, der am Schließzylinder befestigt ist und um dessen Achse gedreht wird, zB in einer Geldkassette.*

[759] *WaffVwV Nr. 36.2.2; das „feste verschlossene Behältnis" wird als gleichwertiges Behältnis im Sinne dieses Mindeststandards angesehen, unabhängig vom Material; problematisch: Fest sind Substanzen, die nicht flüssig oder gasförmig sind; eine gewisse Widerstandsfähigkeit muss gleichwohl gefordert werden.*

Gesetzes **am 6. Juli 2017 von ihnen genutzt** wurden.[760] Das betreffende Behältnis darf verwendet werden, um Waffen aufzubewahren, die zu diesem Stichtag im Besitz des Erlaubnisinhabers oder danach von diesem erworben wurden. Die Zulässigkeit der fortwährenden Verwendung stellt allein darauf ab, dass das Behältnis nicht nach Inkrafttreten der Gesetzesänderung den Besitzer gewechselt hat.[761] Es ist nicht erforderlich, dass das Behältnis nach dem Stichtag zur Aufbewahrung erlaubnispflichtiger oder verbotener Waffen genutzt wurde oder wird. Ob ein Ende der Aufrechterhaltung durch Abgabe aller erlaubnispflichtigen Waffen und Munition die Anwendbarkeit von § 36 Abs. 4 WaffG endgültig entfallen lässt, ist fraglich.[762] Dass der Behälter unter die Altbesitzregelung fällt, ist der zuständigen Behörde glaubhaft zu machen. Dies kann insbesondere durch Vorlage von Rechnungen, aber auch durch Zeugnisse Dritter oder aussagekräftige Fotoaufnahmen erfolgen.

Fortsetzung oder Beginn einer **gemeinschaftlichen Aufbewahrung** mit Dritten, die diese Behälter nicht verwenden dürften, weil sie selbst nicht Altbesitzer im Sinne der Norm sind, **ist zulässig**.[763] Der Beginn der gemeinschaftlichen Aufbewahrung

---

[760] *Behälter Stufe A o. B nach VDMA 24992 Stand 05/1995; die Nutzung muss der Behörde am Tage vor dem 6. Juli 2017 nicht bekannt gewesen, der Behälter aber zur Aufbewahrung erlaubnispflichtiger Waffen genutzt worden sein; für Altbesitzer gilt für die Nutzung (auch gemeinschaftl. Aufbewahrung, Kap. 1.21.5):*

- *„A-Schrank" (Stufe A nach VDMA 24992) bis zu zehn Langwaffen*
- ***„B-Schrank"** (Stufe B nach VDMA 24992) **unbegrenzte Zahl von Langwaffen** und **bis zu zehn Kurzwaffen** (Schrank-Eigengewicht oder Abrisslast durch Verankerung unter 200 kg: bis zu fünf **Kurzwaffen**); **verbotene Waffen** nach Anlage 2 A1 Nr. 1.1 bis 1.2.3 WaffG sind **wie Kurzwaffen** zu zählen und bei der Lagermenge zu berücksichtigen, sonstige verbotene Waffen werden nicht mitgezählt.*
- ***Für A- und B-Schrank** gilt die **Über-Kreuz-Lager-Regel: Munition**, die aus den aufbewahrten Waffen verschossen werden kann, darf in diesem Schrank **nur in einem verschlossenen Fach** oder einem im Schrank befindlichen zulässigen Behältnis aufbewahrt werden; **Munition**, die nicht aus den aufbewahrten Waffen verschossen werden kann, darf zusammen mit den Waffen aufbewahrt werden.*
- *In einem A-Schrank mit B-Innen**schrank** („**Jägerschrank**") ist die Lagerung von bis zu zehn Langwaffen sowie von **bis zu fünf Kurzwaffen im Innenschrank** gestattet sowie passender Munition für Lang- und Kurzwaffen im Innenschrank; im A-Schrank gilt die Über-Kreuz-Lager-Regel (Munition nicht passend zur Waffe).*

[761] *BT-Drs. 18/11239, S. 46, „zu Buchstabe d"*

[762] *In der Praxis ist zu prüfen, ob eine zeitweise Nutzung, etwa im Rahmen einer Leihe auf Jagdschein oder den Besitz von Jagdmunition, eine fortgesetzte Nutzung belegen kann; eine Aufbewahrung erlaubnisfreier Waffen reicht nicht aus.*

[763] *Vertiefend, auch zur Möglichkeit der **Nutzung durch Erben**, Kapitel 1.21.5*

muss nicht vor dem 6. Juli 2017 gelegen haben, auch muss der Dritte nicht vor dem Stichtag eine waffenrechtliche Erlaubnis besessen haben. Vielmehr ist es bis zum Ableben des Altbesitzers gesetzlich gestattet, dass ein Dritter mit dem Altbesitzer eine gemeinschaftliche Aufbewahrung begründet, mit dem Altbesitzer Waffen gemeinschaftlich aufbewahrt und im Falle des Todes des Altbesitzers das Sicherheitsbehältnis weiterhin zur sicheren Aufbewahrung von Waffen nutzen darf.[764] Die Anzahl der gemeinschaftlich Aufbewahrenden ist nicht gesetzlich begrenzt.

Eine **Aufbewahrung** von erlaubnispflichtigen Waffen oder Munition darf **nur in dauernd bewohnten Gebäuden** erfolgen. In „**nicht dauernd bewohnten Gebäuden**", unter diesen Begriff fallen zB **Jagdhütten und Wochenendhäuser**, dürfen in diesem Gebäude insgesamt **höchstens drei Langwaffen** in Behältnissen des Widerstandsgrades I nach DIN/EN 1143-1 aufbewahrt werden,[765] aber **keine Kurzwaffen, Schalldämpfer oder Munition**. **Kellerräume von Mehrfamilienhäusern** unterfallen nicht in jedem Falle[766] dem Begriff des „nicht dauernd bewohnten Gebäudes".

Die Pflicht zur Aufbewahrung in einem **Behältnis in den eigenen Räumlichkeiten** ist aus WaffG und AWaffV **nicht abzuleiten**, auch ein geeignetes **Bankschließfach** kann genutzt werden. Ein Mietvertrag ist bei Erteilung einer Erlaubnis als Nachweis der sicheren Aufbewahrung ausreichend, wenn die Schließfachanlage die **gesetzlich geforderte Schutzwirkung** hat.[767]

In einem Waffenschrank dürfen die **Schlüssel anderer Behältnisse** aufbewahrt werden. Das ist zulässig, solange die Zahl der Waffen in jenen Behältnissen zusammen nicht größer ist als die Zahl von Waffen, die in diesem einzelnen Behältnis aufbewahrt werden dürfen. Codeschlösser sind Schlüsselschlössern aufgrund der Schlüsselverwahrung vorzuziehen.[768]

Die **Aufbewahrung geladener Schusswaffen** ist unzulässig.[769] Sie sind **ungeladen**[770] aufzubewahren. Das gilt auch für **SRS-Waffen** und **Druckluftwaffen**.

Die **gemeinsame Aufbewahrung von erlaubnispflichtigen Schusswaffen und Munition in einem A- oder B-Schrank** ist **unzulässig**.

Waffen, die gemäß Anlage 2 A3 WaffG **von den Vorschriften des Waffengesetzes** zur Aufbewahrung **freigestellt** sind, etwa zum Spiel bestimmte Schusswaffen, Spielzeug-Waffen oder Gegenstände, die keine Waffen im Sinne des WaffG sind, son-

---

[764] *BT-Drs. 18/12397, S. 13 bis 14, „zu Buchstabe b"*

[765] *Vertiefend Kapitel 1.21.6*

[766] *VGH München 21 CS 16.2083, Beschl. v. 07. Apr. 2017; dagegen Bay. LKA „Aufbewahrung von Waffen und Munition in Bayern", 2011; s. Kapitel 1.21.6*

[767] *VG Stuttgart 5 K 4397/11, Urteil vom 15. November 2013*

[768] *Vertiefend, auch zur Code-Auswahl bei Zahlenschloss, Kapitel 1.21.4*

[769] *Vertiefend zur Thematik Kapitel 1.6.2.2*

[770] *Zum Begriff VGH München 24 CS 24.1306/1307, Beschluss v. 05. Nov. 2024*

dern nur einzelnen Vorschriften unterliegen wie Küchenmesser und Einhandmesser, bedürfen keiner besonderen Sicherung.

Wesentliche Teile von Schusswaffen und **Schalldämpfer** sind aufzubewahren wie die Schusswaffen, für die sie bestimmt sind. Sie werden nicht angerechnet auf die Anzahl der in Raum oder Behälter aufbewahrten Waffen, es sei denn, dass aus den dort aufbewahrten Teilen eine vollständige Waffe entstehen kann.

Verbotene Waffen, etwa ein Faustmesser im befugten Besitz eines Jägers, sind wie Kurzwaffen zu lagern und werden wie Kurzwaffen gezählt. Die **Aufbewahrung verbotener Magazine** im berechtigten Altbesitz muss in einem Behälter WG I nach EN 1143-1 oder, im Falle eines Altbesitz-Behälters, der Stufe B erfolgen.[771]

Im **Bewachungsgewerbe** sind nach § 22 der DGUV Vorschrift 23 Waffen und Munition in jedem Falle getrennt aufzubewahren. Strengere Vorschriften des **WaffG** haben dabei stets **Vorrang** vor weiteren Regeln der UVV.

Eine **Pflicht zur Verankerung** eines Behälters zur Aufbewahrung von Waffen oder Munition ergibt sich nicht aus den Vorschriften des § 13 AWaffV. Auch enthält die Norm DIN/EN 1143-1 keine ausdrückliche Pflicht zur Verankerung des zertifizierten Behältnisses, wonach die Zertifizierung des Behälters erst nach Verankerung gültig wäre – lediglich eine Verankerungsmöglichkeit, etwa eine Bohrung zur Aufnahme eines Schwerlastankers, muss konstruktiv vorgesehen und am Behälter vorhanden sein, die mit einer Zuglast von bis zu fünf Tonnen belastet werden kann. Allerdings ist die Generalklausel in § 36 Abs. 1 WaffG zu beachten, wonach die **erforderlichen Vorkehrungen** zu treffen sind, um **zu verhindern**, dass diese Gegenstände **abhanden**kommen oder Dritte sie **unbefugt an sich nehmen**.

Ein leichter Behälter, zB ein 30 kg „schwerer" Waffenschrank, kann mühelos entwendet werden. Darum ist bei der **Prüfung der sicheren Aufbewahrung** zu beachten, dass Behälter, deren Gesamtgewicht (Behältnis plus Inhalt) unter 100 kg (empfohlener Richtwert) liegt, zum Schutz gegen Wegnahme zu sichern sind, zB durch Verankerung in Wand oder Boden. Behördlich ist im Einzelfall eine **Anordnung nach § 36 Abs. 6 WaffG** zu prüfen, die eine effektive Verankerung vorschreibt. **Anordnungen** zur Abwehr konkreter Gefahren sind zulässig, siehe dazu Kapitel 1.7.12.

Möbeltresore, in der Norm VDMA 24992 Stand Mai 1995 bezeichnet als „**Einsatzschrank**, nicht zur freien Aufstellung", sind **in Möbeln oder hinter Wandverkleidungen einzubauen**, ansonsten gelten sie nicht als A- oder B-Behältnis. Die Vorgaben des Herstellers zur Verankerung, die in den meisten Fällen dem gelieferten Behältnis beiliegen, sind einzuhalten.

Einmauertresore sind nach den Vorgaben des Herstellers und den einschlägigen Richtlinien der VdS in ein Mauerwerk oder eine Betonwand einzulassen und mit Beton von mindestens 100 mm Stärke zu umgeben.

---

[771] *Siehe dazu Ausführungen in Fußnote 170 mit Verweis auf VG Düsseldorf 22 L 1895/24 (2024) und VGH München 24 CS 24.1585 (2026)*

Grundsätzlich wird nur das **Eigengewicht** des Schrankes ohne Inhalt gewertet. Eine Ausnahme gilt nur für A- und B-Schränke, die aufgrund der Altbesitzregelung verwendet werden; hier kann eine Abrisslast das Eigengewicht ersetzen. Ein Waffenschrank stellt eine Punktlast dar – moderne Wohngebäude sind statisch auf eine Regelbelastung von 150 kg, bezogen auf eine gleichmäßige Verteilung über einen Quadratmeter, ausgelegt.

Waffenhändlern, Herstellern, **Museen** oder **Sammlern** können auf Antrag Ausnahmen für die Aufbewahrung und Ausstellung genehmigt werden; hier kann etwa bei besonderer Sicherung des Lagerortes (beispielsweise Sicherheitstür als einziger Zugang zu einem unterflurig belegenen Kellerraum) von der Aufbewahrungspflicht in einem Schrank abgesehen werden.

Werden im **Waffenhandel** Waffen im Zuge eines Kundengesprächs vorgeführt, dürfen die Waffen nicht unbeaufsichtigt abgelegt werden. Werden Waffen in Betriebspausen außerhalb eines Behälters oder Waffenraumes aufbewahrt, ist das ein Sorgfaltsverstoß im Sinne von § 5 Abs. 1 Nr. 2 lit. b WaffG, auch wenn das Gebäude alarmtechnisch gesichert ist.[772]

Wird eine Waffe aus dem Behältnis **zum Zwecke der Reinigung entnommen**, darf sie sich nur für die Dauer der Reinigung außerhalb der sicheren Aufbewahrung befinden.[773] Eine Unzuverlässigkeit gemäß § 5 Abs. 1 Nr. 2 lit. b WaffG ist gegeben bei Aufbewahrung von Waffen während der Reinigung ohne jederzeitige Zugriffsmöglichkeit, etwa bei Verlassen des Tisches, an dem die Reinigung erfolgt, um auf ein Klingeln hin die Wohnungstür zu öffnen, während sich Unberechtigte Personen in der Wohnung aufhalten und ungehindert Zugriff auf die Waffe erlangen könnten.[774]

1.21.4 Aufbewahrung von Schlüsseln, Zahlencodes

Die Aufbewahrung des Schlüssels eines Behältnisses ist gesetzlich nicht ausdrücklich geregelt. Nach § 36 Abs. 1 WaffG muss der Waffenbesitzer die erforderlichen Vorkehrungen treffen, um Abhandenkommen oder Wegnahme von Waffen oder Munition zu verhindern, wozu auch gehört, Schlüssel so aufzubewahren, dass sie unberechtigten Dritten, wozu auch enge Familienangehörige[775] zu rechnen sind, nicht zugänglich sind. Ein Verbergen des Schlüssels außerhalb der Sicht- und Griffweite[776] einer vor dem Behältnis stehenden Person stellt keinen Verstoß dar, wenn der Schlüssel für Dritte nicht offen sichtbar abgelegt wird und die abstrakte Gefahr einer zufälligen Entdeckung als gering einzuschätzen ist. Die immer gleiche Aufbe-

---

[772] *VG Gelsenkirchen 17 L 274/21, Beschluss vom 16. April 2021*

[773] *OVG Hamburg 5 BS 258/21, Beschluss vom 26. Januar 2022*

[774] *OVG Schleswig-Holstein 4 MB 25/24, Beschluss vom 27. März 2025*

[775] *VG Bayreuth B 1 K 15.345, Urteil vom 30. Oktober 2015*

[776] *VG Dresden 4 L 621/09, Urt. v. 7. April 2010, Sächsisches OVG Bautzen 3 B 128/10, Beschl. v. 2. Mai 2011; VG Köln 20 K 8077/17, Urt. v. 21. Februar 2019*

wahrung eines Schlüssels an einem für unbefugte Dritte zugänglichen Ort über mehrere Jahre erfüllt die gesetzgeberische Forderung nach einer sorgfältigen Verwahrung dagegen nicht und führt zur Unzuverlässigkeit.[777]

Die Verwahrung der Schlüssel eines qualifizierten Behältnisses in einem nicht qualifizierten Behältnis unmittelbar neben diesem Waffenschrank ist nicht sorgfältig und kann zum Verlust der Zuverlässigkeit führen.[778] Dies muss unter Zugrundelegung der Verpflichtung zur sicheren Aufbewahrung von Munition auch für die Schlüssel von Munitionsbehältnissen gelten. Mit Inbesitznahme des Schlüssels ist die Inbesitznahme der damit verfügbaren Waffen oder Munition möglich. Werden Schlüssel von Behältnissen insbesondere unmittelbar bei diesen Sicherheitsbehältnissen oder für Dritte leicht auffindbar verwahrt, sind sie in einem qualifizierten Behältnis aufzubewahren, in dem alle Waffen und die Munition, auf die mit diesem Schlüssel in Zugriff möglich wäre, aufbewahrt werden dürften.[779]

Wenn der Behälter zusätzlich zu einem Schlüsselschloss durch eine zertifizierte Vorrichtung wie Zahlenkombinationsschloss, biometrischem Schloss oder Codekarte gesichert ist, kann von einer sicheren Aufbewahrung der Schlüssel abgesehen werden, wenn die zusätzliche Vorrichtung allein die normierte Anforderung an die Verschlussvorrichtung erfüllt.

Das Überlassen eines Schlüssels ist gleichbedeutend mit dem Einräumen der tatsächlichen Gewalt über jene Schusswaffen, die in dem Behältnis aufbewahrt wer-

---

[777] *OVG Lüneburg 11 LB 508/23, Urteil vom 27. Mai 2024; VGH München 24 ZB 21.943, Rn. 11, Beschl. v. 25. Mai 2021, nach VG Würzburg W 9 K 19.1131*

[778] *VG Münster 1 K 691/19, Urteil vom 18. Juni 2021, Rn. 50; siehe auch OVG Münster 20 A 2384/20, Urt. v. 30. Aug. 2023 nach VG Düsseldorf 22 K 3002/19*

[779] *Der Schlüssel eines B-Schranks, in dem Kurzwaffen aufbewahrt werden, muss mindestens in einem B-Schrank verwahrt werden, wenn dieser Schlüsselbehälter von dem oberflächlich suchenden Täter entdeckt werden und als potentielles Aufbruchsziel erscheinen muss; siehe auch OVG Münster 20 A 2384/20, Urteil vom 30. August 2023, dessen Aussage hinsichtlich einer Mindestanforderung an eine sichere Aufbewahrung, dass ein Waffenschrankschlüssel immer in einem mindestens gleichwertigen qualifizierten Behältnis aufbewahrt werden muss, aus hiesiger Sicht hinsichtlich der verpflichtenden Erforderlichkeit nicht gefolgt werden kann, da Rechtsprechung gleicher Höhe (VGH München 24 ZB 21.943, Beschluss vom 25. Mai 2021) lediglich ein nicht sorgfältiges Verstecken für unzulässig erklärt, ein geeignetes Versteck als Maßnahme zur sicheren Aufbewahrung somit nicht ausschließt, und eine diesbezügliche gesetzliche Regelung nicht besteht (so auch OVG Lüneburg 11 LB 508/23, Urteil vom 27. Mai 2024); zwar besteht eine gesetzliche Regelung zur sicheren Aufbewahrung von Waffen und Munition, nicht aber zur sicheren Aufbewahrung von Schlüsseln und Codes oder den Anforderungen an das Verschlusssystem des genutzten Behälters.*

den, das sich mit diesem Schlüssel öffnen lässt.[780] Darum ist stets sicherzustellen, dass sich Unberechtigte nicht in den Besitz des Schlüssels bringen können, etwa weil dieser offen am Schlüsselbrett der Wohnung hängt oder am Schlüsselbund in der Wohnungstür steckt, so dass ein unberechtigter Dritter sich des Schlüssels bemächtigen könnte.[781] Gleiches gilt für den zur Öffnung erforderlichen Zahlencode, in der Schließtechnik „Geheimnis" genannt - ein Notizzettel mit diesem Code in der Nähe des Behälters lässt einen unmittelbaren Rückschluss auf den erforderlichen Code zu, das gilt auch für das Umkehren einer Zahlenfolge. Die Verwendung eines für Dritte leicht nachvollziehbaren Codes (etwa das Geburtsdatum des Erlaubnisinhabers, das Familienmitgliedern und Freunden sowie Geschäftspartnern bekannt sein kann) ist ein Verstoß gegen Sorgfaltspflichten im Zusammenhang mit der Aufbewahrung und führt zur absoluten Unzuverlässigkeit nach § 5 Abs. 1 WaffG.[782]

Schlüssel für das Munitionsinnenfach in einem A- oder B-Schrank dürfen nicht in dem Waffenlagerraum dieses Behälters aufbewahrt werden oder in dem Schloss stecken, wenn die im Innenfach aufbewahrte Munition aus den in diesem Waffenlagerraum befindlichen Waffen verschossen werden kann. Ist eine getrennte Aufbewahrung von Waffe und Munition in diesem Schrank gesetzlich vorgeschrieben, stellt die Aufbewahrung der Schlüssel von Schrank und Munitionsinnenfach an einem gemeinsamen Schlüsselring oder in einem gemeinsamen Versteck einen Sorgfaltsverstoß dar.[783]

1.21.5 Gemeinschaftliche Aufbewahrung

1.21.5.1 Häusliche Gemeinschaft

Gemäß § 13 Abs. 8 AWaffV ist die gemeinschaftliche Aufbewahrung von Waffen und Munition durch Berechtigte, die in häuslicher Gemeinschaft leben, zulässig. Als ***häusliche Gemeinschaft*** kann neben Familie und Lebensgemeinschaft auch eine Wohngemeinschaft verstanden werden; ein verwandtschaftliches Verhältnis ist nicht zwingend erforderlich, sondern ein Zusammenleben zum Zeitpunkt der Betrachtung, das von dem Willen getragen ist, Verpflichtungen aus der persönlichen Bindung zu tragen.[784] Wenn **„ein naher Angehöriger**,[785] wenn auch nur in gewissen

---

[780] *OVG Berlin-Brandenburg 11 S 7.11, Beschluss vom 16. Juni 2011; zum Überlassen von Zweitschlüsseln (keine sorgfältige Verwahrung) auch BayVGH 21 ZS 01.1719, Beschluss vom 18. Dezember 2001*

[781] *VG Bayreuth B 1 K 15.345, Urteil vom 30. Oktober 2015*

[782] *VGH München 24 ZB 20.1648, Beschluss vom 14. Oktober 2020; gilt auch, wenn nur Zugriffsberechtigte im Haushalt leben (VGH München 24 CS 23.495, Beschluss vom 20. April 2023).*

[783] *OVG Lüneburg 11 LB 508/23, Urteil vom 27. Mai 2024*

[784] *Fischer, Rn. 2 zu § 247 StGB, zum Begriff der „häuslichen Gemeinschaft"*

[785] *Als Angehörige gelten verwandte und verschwägerte Personen gerader Linie, Pflegeeltern und –kinder, Ehegatten, Lebenspartner (aber nicht Lebensgefährte),*

Abständen, regelmäßig das Familienheim aufsucht" und jederzeit Zutritt zu dem Raum hat, in dem das Behältnis steht, zB durch Schlüssel zur Wohnung, gilt auch das noch als häusliche Gemeinschaft.[786] Es ist nicht erforderlich, dass der Angehörige am Ort der häuslichen Gemeinschaft gemeldet ist.[787]

Eine **Gleichheit** der Erlaubnisse, zB nur Sportschützen oder nur Jäger, ist **nicht erforderlich**, aber ein **gleiches Erlaubnisniveau**[788] der Beteiligten. Erforderlich ist der Besitz einer Erlaubnis nach § 10 Abs. 1 WaffG oder einer anderen **Berechtigung**[789] zum Umgang mit erlaubnispflichtigen Waffen (Jagdschein etc.), um sicherzustellen, dass die zugriffsbefähigten Personen zuverlässig, persönlich geeignet und sachkundig sind. Gemeinschaftliche Aufbewahrung kommt zB durch einen Jäger und einen Erben nicht in Betracht, da ein Erbe zB keinen Zugriff auf Munition haben darf, aber idR nicht sachkundig ist und zudem lediglich aufgrund der Garantie des Eigentums im Besitz der Erbwaffen ist, nicht aber aufgrund eines nachgewiesenen Bedürfnisses. Der Vorwurf von Verstößen bei gemeinschaftlicher Aufbewahrung setzt Verhaltensverantwortlichkeit voraus, eine Mitverantwortung besteht nicht generell.[790]

1.21.5.2 Altbesitz bei gemeinschaftlicher Aufbewahrung

Bei Nutzung eines **Waffenschranks aus Altbesitz**[791] ist die gemeinschaftliche Aufbewahrung auch mit einer Person zulässig, die selbst keinen Altbesitz geltend machen könnte. Der Gesetzgeber hat das Hinzutreten einer Person nach dem Stichtag des Inkrafttretens der Regelung am 6. Juli 2017 vorgesehen, auch wenn diese nicht selbst die Altbesitzregelungen in Anspruch nehmen könnte. Die Besitzstandsregelung gilt unabhängig vom Zeitpunkt der Begründung der häuslichen Gemeinschaft und der gemeinsamen Nutzung des Behältnisses. Die häusliche Gemeinschaft kann in diesem Zusammenhang auch erst nach Inkrafttreten begründet werden oder worden sein. Ebenso ist es ohne Bedeutung, ob der Angehörige erst nach Inkrafttreten des Altbesitzregelung Waffenbesitzer wird oder geworden ist.

Zum Nachweis der Weiternutzungsbefugnis können die Nachweise der sicheren Aufbewahrung, die gemäß § 36 Abs. 3 bei der Waffenbehörde vorliegen müssen,

---

Verlobte und Geschwister; die Ehegatten oder Lebenspartner der Geschwister fallen unter den Begriff „Angehörige", ebenso wie die Geschwister der Ehegatten oder Lebenspartner (somit in jeglicher Konstellation); auch nach einer Trennung oder Scheidung fallen die Betroffenen strafrechtlich unter diesen Begriff.

[786] *BR-Drs. 415/03 zu § 13 Abs. 10 AWaffV aF*

[787] *BT-Drs. 18/12397, S. 14, 2. Absatz*

[788] *WaffVwV Nr. 36.2.14; in der Praxis ist die Berechtigung zur Leihe nach § 12 Abs. 1 WaffG von jeder der Waffen in diesem Behälter, auf die der Zugriff möglich wäre, das Kriterium, um von „gleichem Erlaubnisniveau" ausgehen zu können.*

[789] *Zum Begriff der Berechtigung vertiefend Seite 264*

[790] *Bayerischer VGH 24 CS 23.253, Rn. 22, Beschluss vom 20. April 2023*

[791] *Zu den Altbesitzregelungen für Behälter nach VDMA 24992 Kapitel 1.21.3*

herangezogen werden. Darüber hinaus kommen etwa auch Zeugnisse der Mitbewohner oder andere Dokumentationen wie Fotos in Betracht. Die Anforderungen an den Nachweis einer häuslichen Gemeinschaft dürfen wegen des waffenrechtlich weiten Begriffs nicht zu hoch sein. So ist es insbesondere nicht erforderlich, dass der Angehörige am Ort der häuslichen Gemeinschaft auch gemeldet ist.[792]

Die Berechtigung zur Nutzung eines Behälters, der den Regelungen für den Altbesitz unterfällt und nicht den Anforderungen des § 13 AWaffV entspricht, bleibt über den Tod des bisherigen Besitzers hinaus für eine berechtigte Person bestehen, wenn sie infolge des Erbfalls Eigentümer des Sicherheitsbehältnisses wird und vor Eintritt des Erbfalls in häuslicher Gemeinschaft mit dem Verstorbenen gemeinschaftlich aufbewahrt hat. Somit ist der Erbe berechtigt, die Altbesitzregelungen nach § 36 Abs. 4 Satz 2 Nr. 2 WaffG weiterhin für sich in Anspruch nehmen; dieses Privileg ist allerdings nach Inanspruchnahme durch diesen Erben nicht vererbbar, da die Regelung nur die Berechtigung nach dem Vererben des Erstnutzers dieser Ausnahmeregelung vorsieht und der Erbe nicht „bisheriger Besitzer" im Sinne der Altbesitzregelung wird.[793]

Erbt sonst jemand einen Behälter dieser Art, werden die Altbesitzregelungen gegen ihn nicht wirksam. Dies gilt insbesondere im Falle des Vererbens an Dritte, die vor Eintritt des Erbfalls nicht mit dem Erblasser in häuslicher Gemeinschaft gemeinschaftlich aufbewahrt haben.

1.21.6 Nicht dauernd bewohnte Gebäude

„Nicht dauernd bewohnte Gebäude" nach § 13 Abs. 4 AWaffV sind Bauwerke, in denen sich Berechtigte nur vorübergehend und nur in sehr eingeschränktem Umfang aufhalten, idR sind darunter Jagdhütten oder Wochenendhäuser zu verstehen.[794] Nebengebäude eines Wohnhauses, die regelmäßig aufgesucht werden, fallen nicht unter diese Regelung; durch eine Anordnung nach § 36 Abs. 6 WaffG für die Aufstellung eines Behälters in diesem Gebäude höhere Anforderungen festlegen, zum Beispiel die Errichtung einer (fernmeldenden) Einbruchmeldeanlage.

Der Versuch einer Wegnahme unterliegt in einem nicht dauernd bewohnten Gebäude einer geringeren Wahrscheinlichkeit der Entdeckung, als dies in einer dauernd bewohnten Wohnung oder in einem Wohnhaus der Fall wäre. Der Begriff ist auf Gebäude anwendbar, die nur vorübergehend nicht dauerhaft bewohnt sind, etwa im Zuge von mehrmonatigen Bauarbeiten oder Gebäudesanierungen.[795] Nicht unter Begriff und einschränkende Sonderbestimmung fallen Häuser und Wohnungen während der Urlaubsabwesenheit ihrer Bewohner oder Heime von Pendlern, die unter der Woche abwesend sind. Kellerräume eines Mehrfamilienhauses sind

---

[792] *BT-Dr. 18/12397, S. 14, zu § 36 Abs. 4 WaffG (Regierungsentwurf)*

[793] *§ 36 Abs. 4 WaffG*

[794] *Br.-Drs. 415/03, S. 50, „zu Absatz 6" (nach § 13 AWaffV aF)*

[795] *OVG Schleswig-Holstein 4 MB 16/24, Rn. 22, Beschluss vom 23. April 2025*

„nicht dauernd bewohnte Gebäude".[796] Die im Alltag übliche Nutzung eines Gebäudes einschließlich besorgungs-, arbeits- oder urlaubsbedingter Abwesenheit spricht somit gegen eine Einstufung als nicht dauernd bewohntes Gebäude.

In **„nicht dauernd bewohnten Gebäuden"** dürfen **höchstens drei Langwaffen** aufbewahrt werden, aber **keine Kurzwaffen**. Dabei ist ein Behältnis des Widerstandsgrades I nach DIN EN 1143-1 zu verwenden. Die Höchstzahl von drei Langwaffen bezieht sich dabei auf das gesamte Bauwerk.

Durch die Beschränkung auf Langwaffen ist eine Aufbewahrung von **Schalldämpfern** in einem nicht dauernd bewohnten Gebäude nicht gestattet. Das gilt auch bei Nutzung eines Behälters des Widerstandsgrades I nach DIN EN 1143-1. Eine **Ausnahme** bilden **Schusswaffen mit integriertem Schalldämpfer** (Schallabsorberwaffe), der fest eingebauter Bestandteil dieser Waffe ist; in diesem Falle ist der Schalldämpfer nicht separat zu betrachten und die Aufbewahrung dieser Waffe ist im nicht dauernd bewohnten Gebäude zulässig.

Munition darf in *nicht dauernd bewohnten Gebäuden* nicht aufbewahrt werden.[797]

Während des Aufenthalts, also im **Zeitraum zwischen An- und Abreise** des Hüttennutzers, ist eine **Jagdhütte** für diesen Zeitraum als **dauernd bewohntes Gebäude** anzusehen. Damit würden während der Dauer des gesamten Aufenthalts die allgemeinen Vorschriften zur Aufbewahrung von Schusswaffen und Munition gelten, selbst wenn der Jäger die Hütte zur Jagdausübung oder zu einer Besorgung im erforderlichen zeitlichen Umfang verlässt. Für **Jagdgäste** sollte die durch § 13 Abs. 9

---

[796] Bayerisches LKA „Aufbewahrung von Waffen und Munition in Bayern", 2011; dagegen: VGH München 21 CS 16.2083, Beschluss vom 07. April 2017

[797] so noch Steindorf, Kommentar zum WaffG, 9. Auflage, Rn. 7 zu § 13 AWaffV; die Folgeauflagen sehen dagegen die Aufbewahrung von Munition in einem Behältnis des WG I nach DIN EN 1143-1 in diesem Falle als zulässig an, was aber unter dem gefahrenmindernden Aspekt der Regelung aus hiesiger Sicht nicht vertreten wird; die Begründung zu § 13 Abs. 6 AWaffV aF (jetziger Abs. 4) in der BR-Drs. 415/03 weist bezüglich der Aufbewahrung von Munition auf die durch Satz 2 eröffnete Möglichkeit einer behördlich gestatteten Abweichung zu, wobei die Formulierung „gegebenenfalls Munition" verdeutlicht, dass Munition grundsätzlich nicht in diesem Zusammenhang aufbewahrt werden darf; das lässt sich auch aus der fehlenden Regelung für Kurzwaffen schließen, die eben nicht aufgrund einer nicht erfolgten Nennung von der beschränkenden Regelung für diesen Gebäudetyp ausgenommen sind; dass einem Einbrecher bei einem Einbruch keine zu der aufbewahrten Waffe passende Munition in die Hände fällt, erfüllt den präventiven Ansatz der waffenrechtlichen Regelungen in idealer Weise.

AWaffV eröffnete Ausnahmemöglichkeit[798] berücksichtigt werden; ob sie auf den Eigentümer bzw. langfristigen Mieter der Jagdhütte anwendbar ist, ist umstritten.[799]

Der Hinweis des Gesetzgebers, dem Publikumsverkehr zugängliche Museen seien keine „nicht dauernd bewohnten Gebäude", unterstreicht das Abstellen auf das geringe Entdeckungsrisiko aufgrund des Faktors Zeit.[800] Diese Einschränkung ist allerdings nicht generell auf Schützenhäuser übertragbar, ebenso wenig auf Schießstätten und den gewerblichen Bereich (Waffenherstellung und Waffenhandel); zudem werden in Museen in der Regel überwiegend historische, nur wenig deliktrelevante Schusswaffen aufbewahrt.

Die zuständige Behörde kann hinsichtlich Art und Anzahl der Waffen oder der Sicherheitsstufe des Behälters auf Antrag Ausnahmen zulassen. Dies setzt eine Begründung hinsichtlich der nicht gegebenen Erforderlichkeit der durch die Sonderbestimmung beabsichtigten erhöhten Sicherheit voraus.

1.21.7 Vorübergehende Aufbewahrung

1.21.7.1 Übersicht

§ 13 Abs. 9 AWaffV erlaubt dem Besitzer einer Waffe oder von Munition, von den gesetzlichen Vorgaben zur sicheren Aufbewahrung abzuweichen. Dies ist erforderlich, da etwa im Falle des in der Norm beispielhaft genannten Aufenthaltes außerhalb der Wohnung im Zuge einer Jagdreise oder einer Wettkampfteilnahme ein gesetzlich vorgeschriebenes Behältnis in der Regel nicht zur Verfügung steht, etwa im Hotel oder in der Wohnung eines Gastgebers. Gleiches gilt für die Teilnahme an Treib- oder Drückjagden.

Die Regelung erfasst lediglich die Aufbewahrung nach Antritt und vor Abschluss der Reise, mithin nicht Situationen, in denen beispielsweise eine Waffe mehrere Stunden vor Antritt einer Fahrt in einem Fahrzeug deponiert wird und nicht erst unmittelbar vor Fahrtantritt aus dem Behältnis in der Wohnung entnommen wird.[801]

---

[798] *vertiefend Kapitel 1.21.7.3*

[799] *Da in diesem Falle eine langfristige Planbarkeit der (idR dann auch regelmäßigen) Aufbewahrung von Waffen möglich ist, scheint es zumutbar, den Betroffenen in diesem Falle auf die Anschaffung eines gesetzlich zugelassenen Behältnisses zu verweisen; dabei ist § 13 Abs. 4 AWaffV nur dann anzuwenden, wenn sich die Aufbewahrung in der Jagdhütte zeitlich nicht über die Dauer des regelmäßigen Aufenthalts in der Jagdhütte (zB im mehrtägigen Jagdurlaub) hinaus erstreckt.*

[800] *WaffVwV zu § 36 WaffG, 36.2.9*

[801] *Hessischer VGH 4 A 133/13.Z, Rn. 12 Beschluss vom 15. Mai 2014; die Entscheidung wendet nachvollziehbar und sachgerecht die Grundregel an, wonach regelmäßig die bestmögliche Art der sicheren Aufbewahrung am Ort des Geschehens zu nutzen ist; ein zusätzlicher zumutbarer Aufwand für die Einstellung und die Entnahme einer Waffe ist dabei regelmäßig hinzunehmen, selbst wenn der Be-*

Gleichwohl ist die grundsätzliche Regelung des § 36 Abs. 1 WaffG zu beachten, wonach der Verantwortliche die erforderlichen Vorkehrungen zu treffen hat, um ein Abhandenkommen oder eine Wegnahme von Waffen oder Munition zu unterbinden. Hier ist stets ein hohes Maß an Sorgfalt erforderlich, um es einem Täter nicht zu leicht zu machen.[802] So wird es in der Regel nicht ausreichend sein, die Schusswaffe im verschlossenen Waffenkoffer freistehend im ebenfalls verschlossenen Hotelzimmer zurückzulassen, was bereits dadurch zum Ausdruck kommt, dass der Gesetzgeber durch § 12 Abs. 3 Nr. 6 WaffG das Führen eines wesentlichen Teils einer Schusswaffe ausdrücklich von der Erlaubnispflicht freistellt, wenn bei der vorübergehenden Aufbewahrung außerhalb der Wohnung dieses wesentliche Teil entnommen wird, damit die Rest-Waffe im Moment der Wegnahme durch einen Unbefugten vorübergehend funktionsunfähig ist.

Waffenbesitzer sind verpflichtet, in der jeweiligen Situation Waffen oder Munition so aufzubewahren, dass Art oder Ort der Aufbewahrung die Gefahr einer unbefugten Wegnahme möglichst gering halten. Ist die Aufbewahrung von Waffen und Munition in einem waffenrechtlich normierten Sicherheitsbehältnis möglich, ist kein Raum für eine Freistellung von den regulären Aufbewahrungsvorschriften und daher auch kein Raum für die Geltung der Sonderregelungen.[803]

Dabei kann eine Wegnahme nie gänzlich ausgeschlossen werden, was aber auch bei Aufbewahrung in einem gesetzlich zugelassenen Wertbehältnis der Fall ist, das mit Einsatz geeigneter Werkzeuge ebenfalls innerhalb eines überschaubaren Zeitraums den Zugriff auf die darin aufbewahrten Waffen erlaubt. Bei der gerichtlichen oder behördlichen Bewertung, insbesondere im Falle eines erfolgreichen Diebstahls aus einem Fahrzeug oder Hotelzimmer, ist darum immer auf die Gesamtsituation abzustellen und die tatsächlich gegebenen Möglichkeiten zu Beginn der Aufbewahrung. Zudem ist bei nachträglicher Bewertung der ergriffenen Maßnahmen unter den möglichen Arten des Schutzes gegen Wegnahme nur auf solche Varianten abzustellen, deren Umsetzung realistisch ist und in einem vertretbaren Verhältnis von Aufwand und erforderlichem Maß steht – so wäre die Forderung der Verwendung eines mobilen Behältnisses, das eine Zertifizierung nach der EN 1143-1 besitzt, regelmäßig unverhältnismäßig.

1.21.7.2 Vorübergehende Aufbewahrung in einem Fahrzeug

Wie bereits in der Einleitung zu diesem Kapitel dargestellt, obliegt es dem Waffenbesitzer in jeder Lage und zu jeder Zeit, die sicherste, angemessene Art der Aufbewahrung zu wählen. Die Erläuterungen des Gesetzgebers zur Auslegung des

---

troffene aufgrund körperlicher Einschränkungen einen erheblichen Aufwand (zB mehrere Treppen bei Einschränkungen der Gehfähigkeit) betreiben müsste, da der Schutz der Allgemeinheit vor einem erhöhten Risiko der Wegnahme durch Unbefugte (zB aus dem Fahrzeug) vorrangig ist.

[802] *Ausführlich dazu OVG NRW 20 B 782/10, Beschluss v. 08. Dezember 2010*

[803] *VGH Kassel 4 B 845/21, Beschluss vom 30. April 2021*

WaffG[804] sehen bezüglich der Aufbewahrung von Waffen und Munition in einem Fahrzeug, das nicht in Sichtweite des Waffenbesitzers abgestellt ist, die notwendigen Sicherungsmaßnahmen erfüllt, wenn Waffen oder Munition in dem verschlossenen Fahrzeug so aufbewahrt werden, dass keine unmittelbaren Rückschlüsse auf die Art des Inhaltes erkennbar sind; dies gilt sowohl für die Teilnahme am **Schüsseltreiben** als auch für die Zeit der **Einnahme des Mittagessens**, einen **Tankstopp** oder einen **Einkauf**. Diese Einordnung bezieht sich ausdrücklich nur auf die kurzfristige Abwesenheit vom Fahrzeug, nicht aber für Fälle des mehrstündigen, unbeaufsichtigten Aufbewahrens im Kofferraum des PKW, etwa um „nach Feierabend" direkt vom Büro zur Schießstätte zu fahren.[805] Schläft der Waffenbesitzer im Fahrzeug, ist aufgrund der Unmöglichkeit, schlafend die tatsächliche Gewalt auszuüben, von Aufbewahrung auszugehen, womit die vorgenannten Voraussetzungen erfüllt werden müssen, insbesondere das von außen nicht erkennbare Unterbringen von Waffen und Munition.[806] Anders als der Kofferraum eines Fahrzeuges ist der Innenraum eines PKW kein Behältnis im Sinne des § 13 AWaffV.[807]

1.21.7.3 Vorübergehende Aufbewahrung auf Reisen

§ 13 Abs. 9 AWaffV eröffnet insbesondere für die Dauer eines Aufenthalts in einem Hotel, aber auch in den Räumlichkeiten eines Dritten, die Möglichkeit, von den gesetzlichen Pflichten zur Nutzung zertifizierter Behälter abzuweichen. So ist die Aufbewahrung im Hotelzimmer dann möglich, wenn die Waffen und die Munition in einem Transportbehältnis oder in einem verschlossenen (Holz-)Schrank oder einem sonstigen verschlossenen Behältnis aufbewahrt werden.[808] Das Entfernen eines wesentlichen Teils oder die Anbringung einer Abzugssperrvorrichtung sind mögliche ergänzende Vorsichtsmaßnahmen. Dem Verbergen von Waffen oder Munition im Zimmer kommt dabei eine besondere Bedeutung zu, wobei mechanisch wirkende Schutzvorrichtigen (zB verschließbarer Kleiderschrank) grundsätzlich zu nutzen sind. Ohnehin gilt das Gebot, dass die vor Ort objektiv und subjektiv erkennbar sicherste Aufbewahrung genutzt werden muss.

Das entnommene wesentliche Teil darf in diesem Zusammenhang gemäß § 12 Abs. 3 Nr. 6 WaffG auch ohne Waffenschein geführt werden. Zu beachten ist aber das Verbot des Führens von Waffen bei öffentlichen Veranstaltungen wie etwa Konzerten oder Kinovorführungen nach § 42 Abs. 1 WaffG sowie Verbotszonen (§ 42 Abs. 5 WaffG) und öffentlichen Verkehrsmitteln (§ 42b WaffG), was auch das Führen von wesentlichen Teilen einschließt.

Der Bezugsrahmen des § 13 Abs. 9 AWaffV, der das zugrundeliegende Bedürfnis fordert, ist durch die abweichende Formulierung, die auf die Jagd allgemein abstellt,

---

804 WaffVwV zu § 36, Nr. 36.2.15

805 VG Düsseldorf 22 K 7560/11, Urteil vom 10. Mai 2013, Rn. 35

806 VG Karlsruhe 4 K 2472/14, Beschluss vom 14.10.2014

807 BayVGH 21 CS 17.1531, Beschluss vom 24. November 2017, Rn.23

808 WaffVwV zu § 36, Nr. 36.2.15

weiter gesteckt als der Wortlaut der Regelung in § 13 Abs. 6 WaffG, der die Befreiung von der Erlaubnispflicht für das Führen mindestens an einen räumlichen und zeitlichen Zusammenhang mit der Jagdausübung oder den anderen dort genannten Tätigkeiten knüpft.

1.21.8 Überprüfung der sicheren Aufbewahrung

Die **Überprüfung der sicheren Aufbewahrung** von Waffen und Munition durch die Behörde kann **nur vor Ort** durch eine Nachschau durch **qualifiziertes**[809] **Personal oder in Begleitung einer qualifizierten Person effektiv** erfolgen. Verdachtsunabhängige Kontrollen der Aufbewahrung sollen nicht gebührenpflichtig sein, da sie im öffentlichen Interesse liegen.[810]

Dabei sind neben den **Typenschildern** die in dem Behältnis aufbewahrten Waffen zu überprüfen.[811] Die Berechtigung zur Nachschau der einzelnen Waffen im Behältnis ergibt sich auch aus dem Wortlaut des § 36 Abs. 1 WaffG, wonach „diese Gegenstände" vor Wegnahme oder Abhandenkommen geschützt werden müssen. Eine Überprüfung der einzelnen Waffen ist unerlässlich, auch um festzustellen, wo eine bestimmte Waffe zum Zeitpunkt der Kontrolle verwahrt wird (Leihe, Verwahrung, Reparatur etc.), wenn sie nicht vor Ort aufbewahrt wird. [812] Die Mitwirkungspflicht des Besitzers umfasst nicht die Verpflichtung, den verwendeten Zahlencode eines Zahlenkombinationsschlosses oder den geheimen Verwahrort des Schlüssels bei Nutzung eines Behälters mit Hochsicherheitsschloss bekanntzugeben; eine gesetzliche Regelung hinsichtlich der Verwahrung von Schlüsseln ist nicht erlassen worden, ebenso wenig enthalten die AWaffV noch die WaffVwV diesbezügliche Vorschriften, womit die Einhaltung konkreter Vorgaben durch die überprüfende Behörde faktisch nicht erfolgen kann.

Verweigert der Betroffene den Mitarbeitern der zuständigen Behörde den **Zutritt** zu den Räumlichkeiten, in denen er Waffen oder Munition aufbewahrt, verstößt er damit gegen seine **Mitwirkungspflicht**, soweit die Weigerung **nicht nachvollziehbar** begründet wurde. Sind zum Erreichen des Aufstellortes der Waffen andere Räumlichkeiten zu durchqueren, muss der Waffenbesitzer den kontrollierenden Personen dies ermöglichen. Auch die **Auskunftspflicht** nach § 39 Abs. 1 WaffG ist zu erfüllen.

---

[809] *Prüfpersonen müssen Waffen und Munition den in § 13 Abs. 2 AWaffV genannten Kategorien sicher zuordnen zu können; der Nachweis der Sachkunde sollte darum von mind. einer beteiligten Kontrollperson erbracht worden sein.*

[810] *WaffVwV zu § 36 WaffG, 36.7 Abs. 3; gleichwohl setzen einzelne Waffenbehörden Kontrollgebühren fest, was gerichtlich nicht beanstandet worden ist, so etwa VG Sigmaringen 2 K 1819/12, Urteil vom 26. Juni 2013, oder VG Stuttgart 5 K 2953/10 sowie 5 K 4898/10*

[811] *VGH Baden-Württemberg 1 S 1391/11, Beschluss vom 3. August 2011*

[812] *Zu den behördlichen Betretungsrechten siehe Kapitel 1.21.9*

Geschieht die Weigerung **wiederholt** oder **vorsätzlich**, gilt der Erlaubnisinhaber als **nicht zuverlässig** im Sinne des § 5 Abs. 2 WaffG und muss mit dem **Widerruf** seiner Erlaubnisse gemäß § 45 Abs. 2 WaffG rechnen. Auch eine einmalige rechtswidrige Verweigerung der Zutrittsgestattung nach § 36 Abs. 3 Satz 2 WaffG kann als gröblicher Verstoß im Sinne von § 5 Abs. 2 Nr. 5 WaffG zu werten sein.[813] Das Grundrecht auf Unverletzlichkeit der Wohnung nach Art. 13 Grundgesetz wird dadurch nicht verletzt.[814] Die sofortige Sicherstellung der Waffen ist in diesem Falle aber nicht zulässig.[815]

Ist das Behältnis nicht durch ein fest angebrachtes Typenschild einer der gesetzlich geforderten Normen zuzuordnen, kann die zuständige Behörde die Aufbewahrung als gleichwertig anerkennen, wenn die Eignung des Behältnisses durch ein **Sachverständigengutachten** nachgewiesen werden. Dabei sind an die Qualifikation des Sachverständigen besondere Anforderungen zu stellen, etwa die „Öffentliche Bestellung und Vereidigung" (öbuv Sachverständiger) für dieses Fachgebiet oder eine mit den Voraussetzungen für die öffentliche Bestellung gleichwertige Qualifikation. Grundsätzlich sollen sich Behörden an den Regeln für die Auswahl von Sachverständigen im Gerichtsverfahren orientieren.[816]

Die Anerkennung der **Gleichwertigkeit** von Behältnissen, die nicht über ein fest angebrachtes Typenschild zum Nachweis der Erfüllung von Anforderungen einer geeigneten Prüfnorm verfügen, kann nach § 13 Abs. 1 Satz 3 AWaffV auf Antrag des Betroffenen erfolgen. Das von dem Sachverständigen angefertigte Gutachten ist der Behörde vom Antragsteller vorzulegen.

Bei Behältnissen mit einem Eigengewicht unter 100 kg ist regelmäßig eine **Verankerung** gegen Wegnahme des gesamten Behältnisses zu fordern.[817] Die fachgerechte Verankerung ist durch den Betroffenen nachzuweisen. Zu bedenken ist aber stets, dass eine Verankerung nur ein Anheben des Behälters verhindert, nicht aber, insbesondere im Falle leichter Behältnisse, den Abtransport „erschwert".

Insbesondere die **Anerkennung von Waffenräumen** als Ersatz für die Aufbewahrung in zertifizierten Behältnissen nach § 13 Abs. 1 Satz 4 AWaffV setzt stets ein **Gutachten des qualifizierten Sachverständigen** voraus. Hier ist zu beachten, dass die Zulassung dieser Art der Aufbewahrung nur bei nachgewiesener Gleichwertigkeit der

---

[813] *VG Hamburg 9 K 4459/17, Urteil vom 18. November 2019*

[814] *VG Freiburg, Beschluss vom 14. Juni 2012, 4 K 914/12*

[815] *§ 46 Abs. 4 WaffG stellt höhere Anforderungen an die Qualität des Delikts als § 46 Abs. 2 WaffG; VG Freiburg 4 K 914/12, Beschluss vom 14. Juni 2012*

[816] *§ 73 Abs. 2 StPO, § 404 Abs. 2 ZPO*

[817] *Rechtsgrundlage ist § 36 Abs. 6 WaffG, da es sich bei der Aufbewahrung nicht um eine Erlaubnis im Sinne von § 9 WaffG handelt; Art und Anzahl der Waffen oder der Ort der Verwahrung sind keine abschließende Aufzählung der Gründe für die Forderung höherer Sicherheitsstandards, als sie § 36 WaffG und § 13 AWaffV vorsehen*

Schutzmaßnahmen gerechtfertigt ist. Gleiches gilt für Entscheidungen nach § 13 Abs. 5 und 6 AWaffV.

Die **Aufbewahrung** von Waffen und Munition **in Schützenhäusern** und im **Waffenhandel** ist durch die Bekanntheit oder zumindest naheliegende Vermutung des Umstandes, dass in dem betreffenden Gebäude Waffen und Munition aufbewahrt werden, besonders intensiv daraufhin zu prüfen, ob die ergriffenen Maßnahmen zum Schutz gegen eine unbefugte Wegnahme ausreichend sind. Insbesondere die oftmals einsame Belegenheit von Schützenhäusern („vom Dorf gesehen noch hinter dem Friedhof") sowie die Nutzung von PKW und schwerem Gerät durch Einbrecher zum Durchbrechen rein mechanischer Sicherungen machen es hier ausnahmslos nötig, seitens der Behörde ein **Aufbewahrungskonzept** nach § 14 AWaffV zu fordern, das von einem qualifizierten Sachverständigen (siehe oben) anzufertigen ist. Hier wird durch ein Zusammenspiel von mechanischen und elektronischen sowie organisatorischen Sicherungsmaßnahmen ein tragfähiges Konzept zu erarbeiten sein. Wichtig ist neben der ersten Projektierung und Errichtung eine Überwachung der Aufbewahrung analog zur Überwachung der Schießstätten – nur eine dauerhaft funktionsfähige Einbruchmeldeanlage kann dafür sorgen, dass Hilfe durch die Polizei rechtzeitig vor Ort eintrifft, bevor mechanische Schutzmaßnahmen vom Täter überwunden werden können. Die waffenrechtlich Verantwortlichen werden im Falle eines Einbruchs und des Abhandenkommens von Waffen zur Rechenschaft gezogen – es sollte im Interesse des Vorstandes oder des Unternehmers stehen, Sicherungsmaßnahmen nach dem Stand der Technik zu nutzen, um eine Bestrafung und die Vermutung der Unzuverlässigkeit zu vermeiden.

1.21.9 Behördliche Betretungsrechte

Die Überprüfung der sicheren Aufbewahrung[818] von erlaubnispflichtigen Waffen oder erlaubnispflichtiger Munition setzt voraus, dass die Räumlichkeiten des Erlaubnisinhabers, in denen die Aufbewahrung erfolgt, betreten werden. Gleiches gilt für die Überprüfung von Nutzern einer Schießstätte oder die Sicherstellung von Erlaubnisdokumenten. Die Vorschriften des WaffG und ihre praktische Durchführung sind im Lichte zweier zentraler Rechtsgedanken zu betrachten, der Unverletzlichkeit der Wohnung nach Artikel 13 Grundgesetz einerseits und andererseits der Sicherheitsbelange der Bevölkerung, die durch die Vorschriften des Waffengesetzes vor einem Missbrauch oder Abhandenkommen von Waffen oder Munition zu schützen sind, wobei die Belange des Waffenbesitzers immer gegen die Belange der Gesamtbevölkerung abzuwägen sind. Insbesondere bei Vorliegen einer dringenden Gefahr ist ein sofortiges Handeln erforderlich. Zu beachten ist die nach § 53 WaffG sanktionierbare Auskunftspflicht des Waffenbesitzers nach § 39 Abs. 1 WaffG.

Behördliche Betretungsrechte finden sich in den §§ 36, 39 und 46 WaffG.[819] Wie es Artikel 13 Grundgesetz (GG) vorsieht, ist in der jeweiligen Norm festgelegt, unter

---

[818] *Siehe dazu zB VGH Baden-Wbg. 1 S 1391/11, Beschluss v. 3. August 2011*

[819] *Zur Sicherstellung nach § 46 Abs. 4 WaffG siehe Kapitel 1.27.2.2.3*

welchen Umständen das Grundrecht durch die behördliche Maßnahme eingeschränkt ist und der Waffenbehörde ein Recht zum Betreten oder Durchsuchen von bestimmten Räumlichkeiten einräumt. Für eine **Durchsuchung der Person** und von **Fahrzeugen**, die nicht (zumindest teilweise) tatsächlich zu Wohnzwecken genutzt werden, findet sich im Waffengesetz selbst im Rahmen einer Durchsuchung zum Zwecke der Sicherstellung nach § 46 Abs. 4 WaffG **keine Rechtsgrundlage**.[820]

Dem Begriff der **Wohnung** in dieser Norm unterfallen neben den privaten Räumlichkeiten einer Person auch Neben-, Arbeits-, Betriebs- und **Geschäftsräume** sowie das **befriedete Besitztum**[821], ebenso **Wohnwagen** und die dem Wohnen dienenden Bereiche von **Wohnmobilen**.[822] Zur Aufstellung von Behältnissen zur Waffen- und Munitionsaufbewahrung sind nur Wohnräume als zulässig anzusehen, eine solche Aufstellung kommt auch in diesen Fällen grundsätzlich in Betracht.

In der Praxis muss scharf unterschieden werden zwischen dem Betreten und dem Durchsuchen von Räumlichkeiten und Grundstücken. **Betreten** einer Wohnung ist das Eintreten oder Eindringen in eine Wohnung. Das Betretungsrecht schließt die Befugnis ein, von Personen, Sachen und Zuständen, die ohne jeglichen Aufwand wahrgenommen werden können, Kenntnis zu nehmen, ohne zu diesem Zweck Behältnisse zu öffnen oder Veränderungen in der Wohnung vorzunehmen. Die Befugnis des Betretens schließt die Befugnis zum Aufenthalt ein. **Durchsuchung** einer Wohnung ist das ziel- und zweckgerichtete Suchen nach Personen oder Sachen oder das Ermitteln eines Sachverhaltes, um dort etwas aufzuspüren, was der Inhaber der Wohnung von sich aus nicht offenlegen oder herausgeben möchte. Kennzeichnend für die Durchsuchung ist also das Ausforschen. Das **Betreten der Wohnung** des Betroffenen durch Mitarbeiter der zuständigen Behörde **zum Zweck der Öffnung des Waffenschrankes** und **Sicherstellung** der anlassgegenständlichen Waffen und Munition ist **keine Durchsuchung** im Sinne des Art. 13 Abs. 2 GG und bedarf deshalb keiner richterlichen Anordnung nach § 46 Abs. 4 Satz 2 2. Hs. WaffG, sondern lediglich einer behördlichen Duldungsanordnung.[823]

---

[820] *VG Schwerin 3 E 234/23 SN, Beschluss vom 14. Februar 2023*

[821] *Das befriedete Besitztum muss nicht durch Mauern oder Tore deutlich vom öffentlichen Raum abgetrennt sein. Es gilt vielmehr, dass nach allgemeinen Maßstäben des menschlichen (gesellschaftlichen) Miteinanders erkennbar sein muss, dass es sich um ein befriedetes Besitztum und nicht mehr um öffentlichen Raum handelt und der Hausrechtsinhaber ein Betreten untersagt – schon eine niedrige Hecke als Grenze des Besitztums ist für jeden als Willensäußerung erkennbar. Ein spezielles Hinweisschild ist nicht erforderlich, auch nicht ein verschlossener Durchlass in Form einer Tür oder eines Tores. Fahrzeuge sind als bewegliche Sache kein befriedetes Besitztum, können aber in bestimmten Bereichen Wohnung sein (siehe nachfolgende Erläuterung).*

[822] *WaffVwV zu Anlage 1 A2 Nr. 4 (Wohnungsbegriff für „Führen"); zum Wohnungsbegriff bei Wohnmobilen BGH 3 StR 456/09, Beschl. v. 01. April 2010*

[823] *Bayerischer VGH 19 CE 08.2338, Beschluss vom 27. Oktober 2008*

1.21.9.1 Aufbewahrungskontrolle (§ 36 Abs. 3)

Zur verdachtsunabhängigen Kontrolle der Aufbewahrungspflichten bzgl. der tatsächlich ergriffenen Maßnahmen zum Schutz von erlaubnispflichtigen Waffen oder erlaubnispflichtiger Munition gegen unbefugte Wegnahme kann die Waffenbehörde grundsätzlich ein Betretungsrecht hinsichtlich der Räume, in denen die Gegenstände aufbewahrt werden, in Anspruch nehmen. Weitere Räumlichkeiten dürfen somit nicht betreten werden, es sei denn, dass dieses Betreten dazu erforderlich ist, um zu dem Raum zu gelangen, in dem die Aufbewahrung erfolgt (zum Beispiel Flur, Diele, Zwischenzimmer).

Wohnräume dürfen gegen den Willen des Wohnungsinhabers nur zur Verhütung dringender Gefahren für die öffentliche Sicherheit betreten werden. Diese Regelung dient gefahrenabwehrrechtlichen Zwecken. Da es sich nicht um ein Durchsuchungsrecht[824] handelt, sondern lediglich um ein Betretungsrecht, ist keine Einschränkung des Art. 13 Abs. 2 GG gegeben. Ein behördliches Betretungsrecht besteht im Falle nicht erlaubnispflichtiger Waffen oder Munition nicht; im Falle einer Wahrnehmung eines Verstoßes im Rahmen einer zulässigen Kontrolle mit diesen Gegenständen darf die Behörde diese Beobachtung allerdings uneingeschränkt verwerten.

Ein Betretungsrecht bedeutet gegenüber der Wohnungsdurchsuchung einen geringeren Grundrechtseingriff. Nach Art. 13 Abs. 7 GG ist die Vornahme sonstiger Eingriffe und Beschränkungen grundsätzlich an das Vorliegen schwerwiegenderer Gefahren gebunden. Auf Grund eines Gesetzes darf ein solcher Eingriff, wie es ein Betreten der Wohnung ist, auch zur Verhütung dringender Gefahren für die öffentliche Sicherheit und Ordnung vorgenommen werden, und das auch gegen den Willen des Betroffenen.

Vor diesem verfassungsrechtlichen Hintergrund setzt § 36 Abs. 3 WaffG das Betreten der Wohnung gegen den Willen des Betroffenen zwingend die Verhütung einer dringenden Gefahr für die öffentliche Sicherheit voraus. Kann die kontrollierende Behörde eine solche Gefahrenverhütung im konkreten Fall nicht begründen (etwa Hinweise auf eine unzulässige Aufbewahrung), darf sie im Rahmen der verdachtsunabhängigen Kontrolle die Wohnung auch nicht gegen den Willen des Betroffenen betreten.

1.21.9.2 Auskunftspflicht, Nachschau (§ 39 Abs. 1, 2)

Die zuständige[825] Behörde darf bei bestimmten Betrieben zur allgemeinen Überwachung hinsichtlich der Einhaltung der einschlägigen Vorschriften Betriebsgrundstücke und Geschäftsräume während der Betriebs- und Arbeitszeit betreten und dort

---

[824] *Zur möglichen Rechtsgrundlage zur Durchsuchung siehe Kapitel 1.27.2.2.3*

[825] *Insbesondere im Bereich des Waffen- und Munitionshandels die örtliche Zuständigkeit nach § 49 WaffG, die im Falle von Niederlassungen als zuständige Behörde jene bestimmt, in deren Bezirk das Unternehmen seinen Hauptsitz hat*

Prüfungen und Besichtigungen vornehmen. Zur Abwehr dringender Gefahren für die öffentliche Sicherheit oder Ordnung dürfen Arbeitsstätten auch außerhalb dieser Zeiten sowie Wohnräume des Auskunftspflichtigen gegen dessen Willen besichtigt, also betreten werden.

Das in § 39 Abs. 2 WaffG auch gegen den Willen des Auskunftspflichtigen eröffnete behördliche Betretungsrecht der Arbeitsstätten außerhalb der Betriebs- und Arbeitszeit sowie der Wohnräume des Betroffenen (zweite Betretungsalternative) folgt der verfassungsrechtlichen Bedingung des Art. 13 Abs. 7 GG, wonach sonstige Eingriffe und Beschränkungen (zB Betreten) bezüglich des Schutzbereichs des Art. 13 GG auf Grund eines Gesetzes auch zur Abwehr dringender Gefahren für die öffentliche Sicherheit oder Ordnung zulässig sind, wie es § 39 Abs. 2 WaffG tatbestandlich vorsieht.

Das Betreten von Betriebsgrundstücken und Geschäftsräumen während der Betriebs- und Arbeitszeit ohne das Vorliegen einer Gefahr zur Überprüfung lässt sich nicht aus Art. 13 Abs. 7 GG rechtfertigen. Gleichwohl ist ein entsprechendes Vorgehen der zuständigen Behörde rechtskonform.[826]

Räume, die grundsätzlich dem geschützten Wohnungsbegriff zuzuordnen sind, fallen unter bestimmten Voraussetzungen aus diesem höheren Schutzniveau des Art. 13 GG heraus und werden als Räume minderen Schutzes nur noch von Art. 2 Abs. 1 GG geschützt. Voraussetzung für diese Rückstufung ist, dass es sich um solche Geschäfts- oder Betriebsräume handelt, die bewusst vom Grundrechtsträger oder Hausrechtsinhaber zumindest für eine gewisse Zeit einer gewissen Öffentlichkeit, etwa Kunden, zugänglich gemacht werden. Das Bundesverfassungsgericht (BVerfG) hat für das Betreten solcher Räume minderen Schutzes nur Minimalbedingungen aufgestellt, um gegen den Willen des Betroffenen ein Betretungsrecht zu ermöglichen. Eine bestimmte Gefahrendimension ist hier nicht erforderlich.

Für das Betreten dieser *Räume minderen Schutzes* reicht es aus, dass ein Gesetz (in diesem Falle § 39 Abs. 2 WaffG, erste Betretungsalternative) zum Betreten ermächtigt, dieses Betreten zu einem erlaubten Zweck erforderlich ist, Zweck und Umfang des Betretens gesetzlich festgelegt sind und das Betreten während der Öffnungszeiten erfolgt. Geschäftsräume, die üblicherweise von Kunden betreten werden sollen, unterfallen gemäß § 39 Abs. 2 WaffG während der Öffnungszeiten einem erleichterten Betretungsrecht.

Für das Betreten von Räumen, die für eine öffentliche Zugänglichkeit grundsätzlich nicht vorgesehen sind, etwa Produktionseinrichtungen, oder von prinzipiell öffentlichen Räumen außerhalb der Geschäftszeiten sind stets die strengeren Voraussetzungen nach Art. 13 Abs. 7 GG zu beachten. Das Betreten muss zur Abwehr einer dringenden Gefahr erforderlich sein.

---

[826] *BVerfG 1 BvR 280/66, Beschluss vom 13. Oktober 1971, „Schnellreinigungsentscheidung" zum Betriebsbetretungsrecht*

1.21.10 Verstöße gegen Aufbewahrungsvorschriften

Verstöße gegen die Aufbewahrungsvorschriften[827] wurden nach WaffG 2002 zunächst mit Geldbuße bis zu 10.000 EURO geahndet. Nach dem Amoklauf von Winnenden bestand eine der Reaktionen des Gesetzgebers darin, den Strafvorschriften einen neuen Paragraphen hinzuzufügen. Nach § 52 Abs. 3 Nr. 7a WaffG[828] kann bei vorsätzlichem[829] Verstoß gegen die Aufbewahrungsvorschriften[830] nach § 36 WaffG iVm § 13 AWaffV eine Freiheitsstrafe von bis zu drei Jahren oder eine Geldstrafe verhängt werden, wenn durch den Verstoß die Gefahr eines Zugriffs durch Unbefugte oder eines Abhandenkommens verursacht wurde. Eine nach Heimkehr von der Jagd an den Kleiderhaken gehängte, unbeaufsichtigte Flinte erfüllt diesen Tatbestand. Zudem legt dieses Verhalten die **Vermutung der Unzuverlässigkeit** nahe, die schon aus einem einmaligen Verstoß begründbar ist.[831]

Schon ein einmaliger, nicht völlig unerheblicher Verstoß gegen Aufbewahrungsvorschriften ausreichen, um darauf die Prognose zu stützen, es werde auch zukünftig zu entsprechenden Verstößen kommen. Die Annahme einer waffenrechtlichen Unzuverlässigkeit im Sinne von § 5 Abs. 1 Nr. 2 lit. b WaffG ist nicht erst bei einer beharrlichen Verletzung der Aufbewahrungsvorschriften anzunehmen.[832]

1.22 Anzeigepflichten, Eintragungen, Mitteilungspflichten (§§ 37 bis 37i)

Der durch das 3. WaffRÄndG 2020 neugeschaffene Komplex der Anzeigepflichten in den §§ 37 ff. WaffG fasst überwiegend Vorschriften an einem Ort im WaffG zusammen, die bislang über verschiedene Normen verteilt waren. Zugleich werden ergänzende Neuregelungen geschaffen, die durch die Anbindung der Händler und Hersteller an das Nationale Waffenregister erforderlich wurden. Weitere Neuerungen sind etwa für Verwahr-, Kommissions- und Reparaturwaffen zu beachten, die bislang der Buchpflicht nach § 23 WaffG unterfielen, ohne zwangsläufig im Waffenhandelsbuch dokumentiert zu werden. Einige Anzeigepflichten sind neu hinzugetreten, etwa für die Anzeige von Leihvorgängen im Falle des Überlassens und Rückerwerbs durch einen Händler an einen Privatkunden.

---

[827] *§ 36 Abs. 1 Satz 2, Abs. 2 WaffG aF*

[828] *Ersetzt § 52a WaffG 2009, entfallen durch WaffG-Änderung 2017*

[829] *Fahrlässiges Begehen wurde nach § 53 Abs. 1 Nr. 19 WaffG aF mit Geldbuße geahndet; diese Regelung ging in § 34 AWaffV auf.*

[830] *Gade weist mit Hinweis auf die Materialien zur Neuregelung überzeugend darauf hin, dass dies nur für Verstöße gilt, die die stationäre Aufbewahrung betreffen; Verstöße im Zuge der nicht stationären Aufbewahrung wären nicht sanktioniert.*

[831] *Vertiefend zur Unzuverlässigkeit in diesem Zusammenhang Kapitel 1.7.3.3*

[832] *OVG Nordrhein-Westfalen 20 B 782/10, Beschluss vom 08. Dezember 2010*

1.22.1 Anzeigepflichten gewerblicher Waffenhersteller und -händler (§ 37)

Inhaber einer Erlaubnis nach § 21 WaffG zur Herstellung von oder dem Handel mit Waffen haben

- die Umgangsarten
    1. Herstellung (gilt erst nach Fertigstellung)
    2. Überlassung
    3. Erwerb
    4. Bearbeitung durch
        a. Umbau oder
        b. Austausch eines wesentlichen Teils

    von fertiggestellten Waffen, deren Erwerb und Besitz der Erlaubnis bedarf,
- sowie den Einbau oder die Entsperrung eines Blockiersystems

nach § 9 WaffRG unverzüglich elektronisch anzuzeigen, wenn eine der vorgenannten Umgangsarten oder Handlungen nicht für bestimmte Konstellationen nach § 37e WaffG von der Anzeigepflicht ausgenommen ist.

Beispiele für **Ausnahmen**[833] sind der Erwerb von Schusswaffen zum Zweck der Reparatur, Verwahrung oder Kommission, wenn die Rücküberlassung an den berechtigten Besitzer eines Monats erfolgt, oder Erwerb und Rücküberlassung von Waffen zwischen Händlern, wenn die Waffe innerhalb von 14 Tagen nach Erwerb zurücküberlassen wird. **Nicht erfasst** von der Freistellung ist die Überlassung einer Waffe durch einen **Händler**, etwa zum Zweck des „Ausprobierens", an einen Kunden im Zuge einer **Leihe**.[834]

1.22.2 Anzeigen von WBK-Inhabern und nicht gewerbsmäßigen Waffenherstellern (§ 37a)

§ 37a WaffG, der die Anzeigepflichten

- der Inhaber einer Waffenbesitzkarte oder einer gleichgestellten Erlaubnis zum Erwerb und Besitz, beispielsweise eines Jahresjagdscheins gemäß § 13 Abs. 3 WaffG, sowie
- der nicht gewerbsmäßigen Waffenhersteller nach § 26 WaffG

regelt, entspricht inhaltlich dem Regelungsumfang des § 37 WaffG. Somit sind anzuzeigen

---

[833] *Vertiefend Kapitel 1.22.6 zu Ausnahmen von den Anzeigepflichten*

[834] *§ 37e Abs. 3, 4 WaffG; zur Anzeigepflicht des Händlers Kapitel 1.22.6.1*

1. Überlassung
2. Erwerb
3. Bearbeitung durch
    a. Umbau oder
    b. Austausch eines wesentlichen Teils

sowie gemäß Satz 2 im Falle des Erlaubnisinhabers nach § 26 WaffG die Herstellung einer Waffe nach Fertigstellung.

Abweichend zu § 37 WaffG wird bestimmt, dass die Anzeige nicht elektronisch erfolgen muss, sondern der jeweilige Anlass der zuständigen Waffenbehörde schriftlich oder elektronisch anzuzeigen ist.

1.22.3 Anzeige der Vernichtung, der Unbrauchbarmachung und des Abhandenkommens (§ 37b)

Für die Unbrauchbarmachung und die Vernichtung von Schusswaffen sieht das Waffengesetz eigene Anzeigepflichten vor, ebenso für das Abhandenkommen. Der Besitzer einer Schusswaffe, deren Erwerb oder Besitz einer Erlaubnis bedarf, hat der zuständigen Behörde

1. die Vernichtung,
2. die Unbrauchbarmachung oder
3. das Abhandenkommen

dieser Waffe anzuzeigen.

Im Falle der Vernichtung oder Unbrauchbarmachung haben Inhaber einer Waffenhandels- oder gewerblichen Waffenherstellungserlaubnis die Anzeige unverzüglich elektronisch zu erstatten, sonstige Besitzer binnen zwei Wochen schriftlich oder elektronisch der zuständigen Behörde. Im Falle der Vernichtung oder Unbrauchbarmachung kann die zuständige Behörde einen Nachweis für diese Vorfälle verlangen.

Im Falle des **Abhandenkommens**[835] hat der Berechtigte dies unverzüglich die zuständige Behörde zu anzuzeigen, sobald ihm das Abhandenkommen bekannt wird. Gleiches gilt für das Abhandenkommen von waffenrechtlichen **Erlaubnisurkunden**.

---

[835] *In Anlehnung an § 935 BGB ist von dem Abhandenkommen einer Sache auszugehen bei einem unfreiwilligen oder unabsichtlichen, somit ohne eigenen Willen erfolgten Verlust durch den unmittelbaren Besitzer; die Regelung trifft im Falle des berechtigten Umgangs durch Beschäftigte oder in ähnlichen Fallkonstellationen immer auch den delegierenden Erlaubnisinhaber.*

Die örtliche Polizeidienststelle ist von der nach Waffengesetz zuständigen Behörde über das Abhandenkommen sowohl der Waffe als auch der Erlaubnisurkunde zu unterrichten.

1.22.4 Fundwaffen, Erbwaffen, Insolvenzverfahren (§ 37c)

Erfolgt die **Inbesitznahme**[836] einer erlaubnispflichtigen Waffe oder Munition durch Fund, fällt die Waffe zufällig in den Besitz des Finders. Somit macht es keinen Sinn, den Umgang im Sinne eines An-sich-Nehmens an die Erteilung einer waffenrechtlichen Erlaubnis zu binden; schließlich könnten zB Kinder zu Schaden kommen, wenn etwa eine geladene Waffe nach dem Fund herrenlos im Wald liegen gelassen werden müsste, weil der Finder sie mangels WBK mit zur Waffe passenden Voreintrag als Erwerbserlaubnis nicht an sich nehmen darf. Die unverzügliche Anzeige des Fundes ist hier eine ausreichende, lebensnahe und sinnvolle Regelung.

Der **Finder**[837] einer Waffe oder von Munition hat diese Inbesitznahme unverzüglich der zuständigen Behörde anzuzeigen. Der Begriff „unverzüglich" wird durch das BGB als „ohne schuldhaftes Zögern" definiert, womit diese Anzeige zum nächstmöglichen Zeitpunkt erfolgen muss.[838]

Gleiches gilt für Personen, die nach dem Tode[839] des bisherigen Besitzers dessen Waffen oder Munition an sich nehmen, wobei dies bereits dann gegeben ist, wenn sie die **Schlüssel zu den Behältnissen** oder **Codes** in Besitz nehmen, in denen die betroffenen Gegenstände aufbewahrt werden. Erfasst werden von dieser Erwerberkategorie nicht nur **Angehörige**, sondern auch andere Personen wie Vertraute des Toten oder ein **Nachlassverwalter**[840].

Der Behörde steht es dann frei, den Gegenstand sicherzustellen, also die umgehende Abgabe in der Dienststelle zu verlangen, oder im Besitz des Anzeigenden zu belassen, bis über das weitere Verfahren entschieden wird. Handelt es sich bei dem vorübergehenden Besitzer um einen Berechtigten im Sinne des Waffengesetzes,

---

[836] *Aus dem Wortlaut des § 37c WaffG kann geschlossen werden, dass es sich bei der Inbesitznahme um eine eigenständige Umgangsart handelt, die faktisch dem Erwerb gleicht, ohne aber dem Inbesitznehmenden alle mit einem Erwerb verbundenen Rechte und Pflichten aufzuerlegen.*

[837] *Eine Herausgabe der Fundwaffe (Überlassung) nach Ablauf der sechsmonatigen Frist nach § 973 BGB an den Finder ist ohne waffenrechtliche Erlaubnis nicht zulässig; es geht lediglich das Eigentumsrecht auf den Finder über; der Fund allein begründet kein Bedürfnis im Sinne des WaffG und damit auch nicht die Erteilung einer waffenrechtlichen Erlaubnis zum Erwerb und Besitz der Fundwaffe.*

[838] *Bei einem Waffenfund im öffentlichen Raum sollte die Polizei über den Notruf über den Fund informiert werden, um eine schnelle Sicherstellung zu ermöglichen.*

[839] *Die gesetzlich gewählte Formulierung „beim Tode eines Waffenbesitzers" ist zeitlich weiter auszulegen als der Zeitpunkt des Todes.*

[840] *Zum Umgang durch Nachlassverwalter, Anwälte etc. ausführlich Kapitel 1.35*

etwa einen Jäger oder Sportschützen, ist ein Belassen in seinem Besitz nicht zu beanstanden und praktikabel. Alternativ kann die Waffenbehörde dem Anzeigenden aufgeben, Waffen oder Munition unbrauchbar machen zu lassen. Die tatsächliche Unbrauchbarmachung ist innerhalb von zwei Wochen schriftlich anzuzeigen. Die Behörde kann zudem die Vorlage des Gegenstandes verlangen. Die Unbrauchbarmachung ist durch ein Beschussamt gegebenenfalls zu bestätigen.

Die Behörde kann auch anordnen, dass Waffen oder Munition einem Berechtigten, zB einem Büchsenmacher oder Waffenhändler, überlassen werden. In diesem Falle verliert der Erwerber zwar den Besitz, nicht aber die Anwartschaft auf sein Eigentumsrecht als Finder im Sinne von § 973 BGB.

Lässt der Betroffene angemessene Fristen verstreichen, kann die Behörde Waffen oder Munition einziehen und zu Gunsten des Berechtigten verwerten, beispielsweise versteigern oder zu einem marktüblichen Preis an einen Berechtigten veräußern. Die aus dieser Amtshandlung entstehenden Kosten sind dabei regelmäßig dem Betroffenen auf Grundlagen der anwendbaren Kostenverordnung in Rechnung zu stellen.

Anders verhält es sich bei einer Inbesitznahme durch einen **Gerichtsvollzieher** beziehungsweise einen **Insolvenzverwalter**, der zB im Rahmen einer Pfändung eine Waffe sicherstellt; hier handelt es sich um die gezielte Inbesitznahme von Gegenständen, deren Verbleib im Herrschaftsbereich des Berechtigten keine Gefahr für die Allgemeinheit darstellen würde. Eine ausdrückliche Regelung zur Inbesitznahme von Waffen durch die genannten Personengruppen ohne waffenrechtliche Erlaubnis findet sich nicht im aktuellen Waffengesetz. Nur die Regelung in § 37c WaffG weist darauf hin, dass etwa ein Gerichtsvollzieher grundsätzlich berechtigt ist, eine Waffe im Rahmen einer **Pfändung**, auch **Taschenpfändung**, in Besitz zu nehmen.[841]

Der Insolvenzverwalter wird zum **Besitzer**, wenn er die **Schlüssel zu dem Waffenschrank**, in dem sich Waffen oder Munition befinden, an sich nimmt. Er benötigt wie der Gerichtsvollzieher keine behördliche Erlaubnis, um Waffe, Munition oder Schlüssel an sich zu nehmen, muss aber die Anzeigepflicht beachten – die Behörde kann die Überlassung an eine zur sicheren Verwahrung geeignete Stelle anordnen, zB einen Waffenhändler.

Im Falle einer **Insolvenz** kann die Tätigkeit des Unternehmens möglicherweise fortgeführt werden. Die zuständige Behörde sollte im Sinne der sozialen Auswirkungen einer Betriebsschließung die Fortführung der Tätigkeit unter der wirtschaftlichen Verantwortung des Insolvenzverwalters ermöglichen. Im Falle der Insolvenz eines Erlaubnisinhabers nach § 21 WaffG (Handel/Herstellung) ist unverzüglich die **Berufung eines Stellvertreters**[842] nach § 21a WaffG erforderlich.

---

[841] *So auch in BGH III ZR 143/06, Urteil vom 5. Juli 2007*

[842] *Zur Stellvertretererlaubnis siehe Kapitel 1.15.1.3*

Handelt es sich um ein **Bewachungsunternehmen** nach § 28 WaffG, ist eine verantwortliche Person zu benennen, die waffenrechtlich die Erteilungsvoraussetzungen nach § 4 Abs. 1 Nr. 1 bis 3 WaffG erfüllen muss, um die waffenrechtliche Erlaubnis auf diese Person umzuschreiben. Die Berufung einer im Betrieb bereits mit bewaffneten Tätigkeiten beschäftigten Person, für die die Voraussetzungen nach § 4 Abs. 1 Nr. 1 bis 3 WaffG durch Zustimmung der zuständigen Behörde nach § 28 Abs. 3 Satz 2 WaffG als gegeben anzusehen sind, zum Geschäftsführer für den Unternehmensbereich, der sich mit bewaffneten Bewachungsaufgaben befasst, ist aus Gründen der Wirtschaftlichkeit zu empfehlen. Da durch die behördliche Zustimmung eine Zuverlässigkeitsüberprüfung in näherer Vergangenheit stattgefunden hat, in der Regel aber nicht länger als drei Jahre zurückliegt, kann ohne Gefährdung der Schutzziele des § 4 WaffG davon ausgegangen werden, dass diese Person grundsätzlich als zuverlässig anzusehen ist und das Ergebnis einer erneuten zeitintensiven Zuverlässigkeitsüberprüfung nicht abgewartet werden muss, um die waffenrechtlichen Erlaubnisse auf diese Person als gesetzlichen Vertreter des Unternehmens umschreiben zu können.

Die **sichere Aufbewahrung** nach § 36 WaffG ist auch in den Fällen einer Inbesitznahme nach § 37c WaffG zu beachten. Somit muss die Behörde vor ihrer Entscheidung, ob die betreffende Waffe vorübergehend im Besitz des Anzeigenden verbleiben darf, prüfen, ob eine gesetzlich zulässige Art der Aufbewahrung erfolgen kann. Da die abstrakte Gefahr, die von dieser Waffe ausgeht, sich aus diesem Gegenstand selbst und nicht aus der geschaffenen Situation ergibt, kommt ein Abweichen von den Vorschriften der §§ 36 WaffG, 13 AWaffV nach § 13 Abs. 5 oder 6 AWaffV nicht in Betracht. Denkbar wäre in begründeten Einzelfällen, die eine Aufbewahrung nach den gesetzlichen Vorschriften als unzumutbar erscheinen lassen, eine analoge Anwendung von § 13 Abs. 9 AWaffV. Allerdings ist auch hier zu prüfen, ob dem Betroffenen nicht zugemutet werden kann, für eine sichere Aufbewahrung zu sorgen, etwa durch Einlagerung des Stücks bei einem Erlaubnisinhaber nach § 21 WaffG mit der Erlaubnis zum Waffenhandel.

Beachten Sie zur Anwendung des § 37c WaffG das Kapitel 1.11.2.1.4.

1.22.5 Anzeige von unbrauchbar gemachten Schusswaffen (§ 37d)

Für unbrauchbar gemachte Schusswaffen nach Anlage 1 A1 UA1 Nr. 1.4 WaffG gelten besondere Anzeigepflichten. Beachten Sie, dass andere unbrauchbar gemachte Schusswaffen gemäß § 25c AWaffV („Alt-Deko") als Schusswaffen den sonstigen Anzeigepflichten der §§ 37 ff. WaffG unterfallen., insbesondere den Anzeigepflichten nach §§ 37 und 37a WaffG.

Inhaber einer Handels- oder gewerblichen Herstellungserlaubnis haben die Anzeige unverzüglich elektronisch zu erstatten, sonstige Besitzer binnen zwei Wochen schriftlich oder elektronisch der zuständigen Behörde.

Zu beachten ist, dass das **Abhandenkommen** der zuständigen Behörde unverzüglich nach Feststellung des Abhandenkommens anzuzeigen ist.

1.22.6 Ausnahmen von der Anzeigepflicht (§ 37e)

Die Ausnahmen von der Anzeigepflicht bilden wie § 12 WaffG die Erfordernisse des wirtschaftlich sinnvollen Handels und Fälle der Leihe oder Verwahrung dar. Zu beachten ist, dass durch die Neufassung der Anzeigepflichten und die Beschränkung der Ausnahmen auf wenige Fälle mit Inkrafttreten der Änderungen zum 1. September auch bislang allein durch Ausstellung eines Lieferscheins geregelte Überlassungen und Rückerwerbe von Schusswaffen nun der Anzeigepflicht unterfallen.

1.22.6.1 Überlassung im gewerbsmäßigen Bereich (Abs. 1)

Anzeigen nach § 37 Abs. 1 Satz 1 Nr. 2 und 3 WaffG, somit Überlassung und Erwerb durch Inhaber einer Erlaubnis nach § 21 WaffG, sind nicht erforderlich in folgenden Fällen:

1. Der Erlaubnisinhaber (Händler/Hersteller) überlässt **einzelne wesentliche Teile** einer Waffe an einen Dritten (zB Graveur, Schäfter), damit diese Person gewerbsmäßig Verschönerungen oder ähnliche Arbeiten an der Waffe durchführen kann, wobei eine Rücküberlassung an den Überlasser (Händler/Hersteller) vorgesehen sein muss. Diese Rücküberlassung ist wiederum aus Sicht des Erlaubnisinhabers ein Rückerwerb und somit ein Erwerb, der nach dieser Norm von der Anzeigepflicht ausgenommen ist. Der Gesetzgeber hat, wohl mit Rücksicht auf die Dauer solcher Arbeiten, von einer Befristung der Aufnahme, analog für die Durchführung von Reparaturen nach Abs. 2, verzichtet.
2. Die Waffe wird durch den Erlaubnisinhaber (Hersteller/Händler) im Rahmen eines **Arbeits- oder Ausbildungsverhältnisses** nach § 12 Abs. 1 Nr. 3 lit. a WaffG an eine Person überlassen, zB zur Auslieferung an Kunden oder zum Transport der Waffe zu einer Messe.
3. Die Waffe wird durch den Erlaubnisinhaber (Hersteller/Händler) **zum Schießen auf einer Schießstätte** nach § 12 Abs. 1 Nr. 5 WaffG **vorübergehend überlassen**, wobei sich die Schießstätte in den Räumlichkeiten des Erlaubnisinhabers befinden muss, da nur dieser Ausnahmefall von § 12 Abs. 1 Nr. 5 WaffG umfasst wird.

Die Ausnahmen gelten sowohl für Waffen, die der Erlaubnispflicht zum Erwerb und Besitz unterliegen (nach § 37 WaffG) wie auch für unbrauchbar gemachte Schusswaffen (nach § 37d WaffG).

Eine Überlassung im Rahmen eines erlaubnisfreien Erwerbs und vorübergehenden Besitzes nach § 12 Abs. 1 Nr. 1 lit. a WaffG, also zur **Leihe**, beispielsweise an einen **Jäger** oder **Sportschützen**, der die Waffe „nur einmal ausprobieren will", ist durch Abs. 1 nicht von der Anzeigepflicht freigestellt, ebenso wenig der Rückerwerb der Waffe von dieser Person. Beides, Überlassung wie auch Rückerwerb, ist durch den Verleiher (Händler/Hersteller) anzuzeigen; der **Entleiher**, in der Regel eine **Privatperson**, ist dagegen nach Abs. 4 **von der Anzeigepflicht freigestellt**.

1.22.6.2 Erwerb zur Reparatur im gewerbsmäßigen Bereich (Abs. 2)

Erwirbt ein Erlaubnisinhaber nach § 21 WaffG (Händler/Hersteller) eine Waffe von einer Person, die keine Erlaubnis nach § 21 WaffG besitzt, also nicht Händler oder Hersteller, sondern beispielsweise Jäger, Sportschütze oder Sammler ist, um die Waffe innerhalb von einem Monat dieser Person zurückzugeben (Rücküberlassung), kann der Erwerber von der Anzeige nach § 37 WaffG (Waffen, die der Erlaubnispflicht zum Erwerb und Besitz unterliegen) oder § 37d (unbrauchbar gemachte Schusswaffen) absehen. Denkbare Vorfälle wären der Erwerb zur **Reparatur** oder zur **Kommission**, aber auch zur **Verwahrung**. Erwerb und Rücküberlassung, sofern diese innerhalb eines Monats nach Erwerb erfolgt ist, sind in einer **Ersatzdokumentation** festzuhalten, um im Falle einer Überprüfung nachweisen zu können, dass sich die Waffe befugt im Besitz des Händlers oder Herstellers befindet. Diese Ersatzdokumentation kann schriftlich oder elektronisch erfolgen.

Wenn die **Rücküberlassung** nicht innerhalb eines Monats erfolgt ist, muss der Verpflichtete (Händler/Hersteller) die Erwerbsanzeige unverzüglich nachholen, ebenso die Überlassungsanzeige nach erfolgter Rücküberlassung. Insofern sollte in der Praxis die Anzeige trotz der Ausnahmemöglichkeit erfolgen, um Nachmeldungspflichten zu vermeiden.

1.22.6.3 Ausnahme von der Verpflichtung nach Abs. 2 (Abs. 2a)

Ausgenommen von der Anzeigepflicht nach Abs. 2 sind die kurzfristige (bis zu 14 Tage) Überlassung und der damit korrespondierende Erwerb für den Fall, dass die Beteiligten beide Inhaber einer Erlaubnis nach § 21 WaffG sind, also Händler und / oder gewerbsmäßige Hersteller. In diesem Falle sind die Beteiligten von der Anzeigepflicht befreit, wenn die Rücküberlassung innerhalb von 14 Tagen nach Erwerb erfolgt ist.

Für den Fall, dass die Rücküberlassung erst nach diesem Zeitraum erfolgt, haben beide Beteiligten die jeweilige Anzeige unverzüglich nachzuholen.

Eine Regelung in Abs. 2a bedarf der besonderen Beachtung in der Praxis. Es ist, so formuliert es das Gesetz unmissverständlich, zwischen Überlassendem und Erwerbendem ausdrücklich und verbindlich im Vorwege festzulegen, ob eine zunächst nur vorübergehende Überlassung erfolgen soll. Würde nämlich ein Beteiligter von einem dauerhaften Überlassen ausgehen und die Überlassung der Waffe nach § 37 WaffG anzeigen, während der andere Beteiligter eine die Waffe eigentlich nur zur Ansicht erwerben und möglicherweise binnen 14 Tagen zurücküberlassen wollte, wäre „das Kind in den Brunnen gefallen", da der Besitzwechsel bereits von einem am Vorgang Beteiligten an das NWR gemeldet worden ist. Darum ist durch Absprache zwischen den Beteiligten sicherzustellen, dass keine Anzeige erfolgt, wenn die Überlassung nur vorübergehend sein soll.

Um den „Lebensweg" einer Waffe nachvollziehen zu können, sind die Beteiligten zur Führung einer Ersatzdokumentation im Sinne von Abs. 2 verpflichtet.

1.22.6.4 Überlassung durch WBK-Inhaber etc. (Abs. 3)

Ausgenommen von der Anzeigepflicht nach § 37a Abs. 1 Nr. 1 WaffG sind vorübergehende Überlassungen, die im Rahmen einer Ausnahme nach § 12 Abs. 1 WaffG erfolgen, beispielsweise im Zuge des Verleihens, des Überlassens an einen Beschäftigten oder auf der Schießstätte, außerdem vorübergehende Überlassungen an einen Hersteller oder Händler zum Zwecke der Verwahrung, der Instandsetzung oder Vornahme geringfügiger Änderungen sowie des Kommissionsverkaufs. Zu beachten ist, dass die für den Erwerbenden geltenden Anzeigepflichten im Falle der Überschreitung der Monatsfrist nicht für den Überlasser gelten, selbst wenn die Rücküberlassung erst nach mehr als einem Monat erfolgt.

1.22.6.5 Erwerb durch WBK-Inhaber etc. (Abs. 4)

Ausgenommen von der Anzeigepflicht nach § 37a Abs. 1 Nr. 2 WaffG sind Erwerbsvorgänge, die im Rahmen einer Ausnahme nach § 12 Abs. 1 Nummer 1 (zB **Leihe** oder **Verwahrung** im Sinne eines Erwerbs zum vorübergehenden Besitz) bis 3, Nummer 4 lit. a oder Nummer 5 WaffG erfolgen, es sei denn, es handelt sich um den Wiedererwerb nach einer Instandsetzung, die zum Umbau oder Austausch eines wesentlichen Teils geführt hat, womit eine Anzeigepflicht nach § 37a Abs. 1 Nr. 3 WaffG besteht.

Ebenso freigestellt ist der Erwerb durch einen Erlaubnisinhaber nach § 18 WaffG (Sachverständiger), wenn er den Besitz nicht länger als drei Monate ausübt. Die Anzeigefrist von 14 Tagen beginnt erst nach Ablauf des Drei-Monats-Zeitraums.[843] Ist absehbar, dass die Schusswaffe dem Erlaubnisinhaber dauerhaft überlassen werden soll, beginnt die Berechnung der Frist dagegen mit dem Tage des Erwerbs, da die Drei-Monats-Frist lediglich für Begutachtungen etc. in das Gesetz eingeführt wurde, um die für die Erarbeitung eines Gutachtens notwendige Zeit zu gewähren, die allein durch Regelungen des § 12 Abs. 1 WaffG nicht zur Verfügung stünde.

1.22.6.6 Ausnahmen für unbrauchbar gemachte Waffen (Abs. 5)

Die Ausnahmen der Absätze 3 und 4 gelten nach Abs. 5 auch für den Erwerb und die Überlassung von unbrauchbar gemachten Schusswaffen durch Personen, die nicht Händler oder gewerbsmäßiger Hersteller sind; sie sind von der Anzeigepflicht nach § 37d Abs. 1 Satz 1 Nr. 2 befreit.

1.22.7 Inhalt der Anzeigen (§ 37f)

Der Text der Regelung bedarf keiner Erläuterung an dieser Stelle.

1.22.8 Eintragungen in die WBK (§ 37g)

Während zuvor neben der zuständigen Behörde der Inhaber einer Erlaubnis nach § 21 WaffG eine Eintragung in die WBK eines Erwerbers vornehmen durfte und

---

[843] *OLG Koblenz 2 Ss 190/00, Beschluss vom 25. August 2000*

dazu auch gesetzlich verpflichtet war, ist ab dem 1. September 2020 nur die Waffenbehörde zur Vornahme einer Eintragung in die WBK oder in eine gleichgestellte andere Erlaubnis befugt.

Der Erlaubnisinhaber ist verpflichtet, mit der Anzeige nach § 37a WaffG (Überlassung, Erwerb, Umbau, im Falle des nicht gewerbsmäßigen Herstellers auch die Herstellung) oder § 37b Abs. 1 WaffG (Vernichtung) die Erlaubnisurkunde zur Korrektur vorzulegen. Die Vorlagepflicht entfällt nur im Falle des Austauschs eines wesentlichen Teils (Abs. 2).

§ 37g WaffG regelt auch die Eintragung in den **Europäischen Feuerwaffenpass**. Einzutragen sind nach Abs. 3 Anlass und Inhalt der Anzeige.

1.22.9 Ausstellung einer Anzeigebescheinigung (§ 37h)

Durch die Übergangsvorschriften in § 58 WaffG ist eine Regelung erforderlich, um die gesetzlich geschaffene Möglichkeit einer Anzeige des Umgangs mit Waffen zu schaffen, die ab dem 1. September 2020 verbotene Waffen im Sinne des WaffG sind, beispielsweise Magazine nach § 58 Abs. 17 Satz 1 WaffG oder die Unbrauchbarmachung von Schusswaffen.

Die zuständige Behörde ist verpflichtet, dem Anzeigenden eine Anzeigebescheinigung auszustellen, es sei denn, es handelt sich um den Inhaber einer Erlaubnis nach § 21 WaffG. Diese Anzeigebescheinigung ist ein wichtiges Dokument, da etwa im Falle des Umgangs mit verbotenen Magazinen, die vor dem 13. Juni 2017 erworben wurden, der Umgang nach dem 1. September 2021 nur dann erlaubt ist, wenn der Besitz der zuständigen Behörde bis zu diesem Datum angezeigt wurde. Beachten Sie zum Inhalt der Anzeigen nach § 37f WaffG das Kapitel 1.22.7. Die in der Anzeigebescheinigung erforderlichen Angaben ergeben sich aus § 37h Abs. 2 WaffG.

1.22.10 Mitteilungspflicht bei Umzug ins und im Ausland (§ 37i)

Zieht der Inhaber einer waffenrechtlichen Erlaubnis oder Bescheinigung ins Ausland, so ist er verpflichtet, seine Anschrift im Ausland der Waffenbehörde mitzuteilen, die zuletzt für ihn zuständig gewesen ist, somit die am ersten Wohnsitz örtlich zuständige Waffenbehörde. Die Zuständigkeit nach dem Umzug ins Ausland bestimmt sich nach § 48 Abs. 2 Nr. 4 WaffG, wonach das Bundesverwaltungsamt zuständig ist.

Zieht der im Ausland lebende Inhaber einer waffenrechtlichen Erlaubnis oder Bescheinigung im Ausland um, so ist er verpflichtet, dem Bundesverwaltungsamt seine neue Anschrift im Ausland mitzuteilen.

Bei Verlegung des Erstwohnsitzes in den Geltungsbereich des WaffG ist nach § 49 Abs. 1 Nr. 1 WaffG idR die Behörde örtlich zuständig, in deren Bezirk sich der Betroffene aufhalten, somit seinen Wohnsitz nehmen will.

Bei einem Umzug im Bundesgebiet wird die behördlich geführte Akte von Amts wegen an die zuständige Behörde am neuen Wohnort weitergegeben.

1.22.11 Anzeigepflichten nach § 58 WaffG

Sieht eine Altbesitzregelung[844] nach § 58 WaffG, insbesondere des Besitzes von verbotenen Magazinen nach Abs. 17 Satz 1, eine Anzeigepflicht vor, sind die Vorschriften zum Inhalt der Anzeige nach § 37f WaffG nicht anwendbar, da sich § 37f WaffG auf Anzeigen nach §§ 37 bis 37d WaffG beschränkt.[845] Somit bedarf es in der Praxis lediglich einer formlosen Anzeige, die schriftlich oder elektronisch erfolgen kann.[846] Die Angaben zum Magazin können meist auf dem Magazin abgelesen werden, etwa Kaliberangabe und Ladekapazität. Ist die Kapazität nicht auf dem Magazin angegeben, ist die Kapazität durch Einführen von Patronen zu prüfen.

1.23 Ausweispflichten (§ 38 Abs. 1)

Wird eine Waffe geführt, hat der Besitzer einen Personalausweis oder Reisepass bei sich zu tragen, um sich gegenüber Kontrollberechtigten ausweisen zu können. Zudem muss er, wenn für den Erwerb der Waffe eine Erlaubnis erforderlich ist, die **WBK** mitführen oder ein Dokument, aus dem hervorgeht, dass er **zum Besitz dieser Waffe berechtigt** ist. Ist das Führen der Waffe im Moment der Kontrolle erlaubnispflichtig (also kein erlaubnisfreies Führen, zB nicht schuss- und zugriffsbereiter Transport zur Schießstätte nach § 12 Abs. 3 Nr. 2 WaffG), ist anstelle der WBK ein gültiger **Waffenschein** vorzulegen, der das **Führen dieser Waffe erlaubt**.

Jäger haben neben der WBK ihren **Jagdschein** mitzuführen, wenn die Waffe **aufgrund der Regelungen in § 13 Abs. 6 WaffG ohne Erlaubnis geführt** wird. Bei einem Führen nach § 12 Abs. 3 WaffG ist dies nicht erforderlich.

Im Falle der Leihe, Verwahrung oder des Führens durch **Mitarbeiter eines Bewachungsunternehmens** ist ein Beleg mit dem Namen des Überlassers, seiner Besitzberechtigung und des Datums der Überlassung mitzuführen.

Ist eine Waffe nach dem berechtigten Erwerb (noch) nicht eine WBK eingetragen worden oder handelt es sich um berechtigten vorübergehenden Besitz, der von der Erlaubnispflicht freigestellt ist, ist ein datierter schriftlicher Nachweis[847] mitzuführen, aus dem sich ergibt, dass die zweiwöchige Frist zur Anzeige noch nicht verstri-

---

[844] *Zu Altbesitzregelungen nach § 58 Abs. 13 ff. WaffG siehe Kapitel 1.37*

[845] *Dies ist insbesondere verwunderlich, weil § 37f Abs. 1 Nr. 6 WaffG explizit bestimmt, was bei einem Magazin, das Gegenstand der Anzeige ist, anzugeben ist – die §§ 37 bis 37d WaffG enthalten mangels Erlaubnispflicht von Magazinen keinen entsprechenden Fall. Ob von einem redaktionellen Fehler des Gesetzgebers auszugehen ist, bleibt offen.*

[846] *Für die Anzeige des Besitzes verbotener Magazine, die vor dem 13. Juni 2017 erworben wurde, werden die örtlichen Waffenbehörden möglicherweise eigene Formulare bereithalten, so dass eine Rücksprache über Inhalt und Form der Anzeige angeraten ist.*

[847] *Formular zum kostenfreien Download unter www.sv-busche.de*

chen ist oder sich die Waffe nur vorübergehend im Besitz befindet. Gleiches gilt für andere Fälle der Leihe, Verwahrung oder Beförderung; es ist ein datierter Beleg mitzuführen, aus dem Befugnisse der Beteiligten und Daten der Waffen hervorgehen.

Grundsätzlich ist die **Vorlage des Erlaubnisdokuments im Original** erforderlich, da auch eine beglaubigte **Kopie** nur den Stand zum Zeitpunkt ihrer Herstellung dokumentiert, während WBK oder Waffenschein die körperlich gewordene Erlaubnis sind, die die Erlaubnis im Moment der Kontrolle nachweisen.[848] Denkbar ist, etwa während der Bearbeitung von Einträgen durch die Behörde, die Ausstellung einer diesbezüglichen Bestätigung durch diese Behörde. Ist das Mitführen des Originals nicht möglich, zB im Falle einer WBK nach § 10 Abs. 2 Satz 1 WaffG, die auf mehrere berechtigte Personen ausgestellt ist und das Originaldokument zum Zeitpunkt der Kontrolle an anderem Orte von einem anderen Berechtigten mitgeführt wird, ist wegen Unmöglichkeit zur Nachweisführung eine Kopie als ausreichend anzusehen, um die Ausweispflicht zu erfüllen.[849] Aus § 38 WaffG ist im Umkehrschluss nicht abzuleiten, dass die in der auf mehrere Personen ausgestellten WBK eingetragenen Waffen nur dann geführt werden dürfen, wenn die Waffenbesitzkarte im Original mitgeführt werden kann.[850]

1.24 Waffengesetzliche Verbote (§§ 40 bis 42c)

1.24.1 Besondere Bestimmungen zu verbotenen Waffen (§ 40)

Die Vorschrift trägt im Gesetz die Überschrift „Verbotene Waffen", was unzutreffend formuliert ist. § 40 Abs. 3 WaffG bestimmte Waffen für bestimmte Anwendergruppen, § 40 Abs. 4 WaffG legt Befugnis und Zuständigkeit des BKA für die Ausnahmeerteilung von Verboten allgemein oder im Einzelfall fest.

Eine Besonderheit stellt **§ 40 Abs. 1 WaffG** innerhalb des Waffengesetzes dar. Diese Vorschrift verbietet neben dem Umgang auch das **Anleiten und Auffordern zur Herstellung sogenannter „Molotow-Cocktails"** oder sonstiger Vorrichtungen, die

---

[848] *Die in die Grundrechte eingreifenden waffengesetzlichen Regelungen zur Sicherstellung der Erlaubnisdokumente nach § 46 WaffG unterstreichen die besondere Stellung des Originaldokuments und die zentrale Funktion im Zuge des Erwerbsvorgangs und des Nachweises zum befugten Besitz, von dem nur in begrün--eten Fällen abgewichen werden sollte.*

[849] *Bei Nichtvorlage des Nachweisdokuments zum befugten Umgang mit einer Waffe ist die Sicherstellung durch die Polizei grundsätzlich möglich; bei lediglich erforderlicher Klärung der Berechtigung ist es aber angemessen, der kontrollierten Person aufzugeben, das Originaldokument binnen angemessener Frist der Polizei vorzulegen, wenn kein konkreter Hinweis auf eine Straftat vorliegt.*

[850] *In der Praxis sollte darum im Falle einer Waffe, mit der mehrere Personen berechtigt Umgang haben, für diese Waffe eine gesonderte WBK ausgestellt werden, die dann grundsätzlich im Original mit der Waffe durch einen der Berechtigten mitgeführt werden kann.*

unter die Definition nach Anlage 2 A1 Nr. 1.3.4 WaffG fallen, zB **USBV.**[851] Angesichts der Verfügbarkeit von Bauanleitungen für Molotow-Cocktails etc. im Internet auf Servern außerhalb des Zugriffsbereichs der deutschen Justiz bedarf es heute allerdings nicht einmal des „Darknet", um diese Informationen unmittelbar abrufen[852] zu können.

§ 40 Abs. 2 WaffG befreit, der Erforderlichkeit in der Praxis folgend, Personen von der Anwendung der waffengesetzlichen Verbote, die sich im **Auftrag einer Behörde**[853] **oder eines Gerichts** mit einer verbotenen Waffe befassen müssen. Ohne diese Befreiung wäre es sonst einem Sachverständigen, der nicht unter die Regelungen § 55 WaffG insbesondere für Mitarbeiter staatlicher Stellen fällt, nicht möglich, ein Gutachten zu verfassen, das nur durch vorübergehende Ausübung der tatsächlichen Gewalt über die verbotene Waffe möglich ist. Für den Erwerb und Besitz von betroffenen Gegenständen, die als Waffe nach § 2 Abs. 2 WaffG iVm Anlage 1 A1 UA1 Nr. 1 bis 4.3 WaffG der Erlaubnispflicht unterliegen, bedarf es regelmäßig einer Erlaubnis nach § 18 WaffG. Liegt keine Erlaubnis zum Erwerb und Besitz dieser Gegenstände vor, muss diese ggfs. bei der zuständigen Waffenbehörde beantragt werden. Der Erwerb als Moment des Erlangens der tatsächlichen Gewalt darf ohne eine WBK nach § 18 WaffG erst nach Erteilung der Erlaubnis geschehen, da die Ausnahmen von § 12 Abs. 1 WaffG nicht anzuwenden sind. Denkbar wäre aber eine Anwendung des § 12 Abs. 5 WaffG durch die zuständige Behörde unter Beachtung der dort genannten Voraussetzungen; beachten Sie Kapitel 1.11.2.4.

§ 40 Absatz 3 enthält Befreiungen von § 2 Abs. 3 WaffG:

- Satz 1: Inhaber einer jagdrechtlichen Erlaubnis[854] und Personen, die beruflich Leder oder Pelz verarbeiten (etwa Kürschner, Pelzmacher), dürfen Umgang

---

[851] *Neben den USBVen (Unkonventionelle Spreng- und Brand-Vorrichtungen) wären zu dem dort genannten Zweck bereitgestellte, beim Anprall an feste Oberflächen zerbrechende Behälter ohne Zündvorrichtung erfasst, die eine entzündbare Substanz auf dem getroffenen Gebilde verteilen, wobei die Entzündung der Substanz von der Hitze des getroffenen Gebildes ausgelöst wird; vertiefend WaffVwV zum WaffG 1976, zu (damaligem) § 37.*

[852] *Zu beachten ist, dass das Verbot nur die Aufforderung und Anleitung zur Herstellung umfasst, nicht aber den Besitz der Information selbst.*

[853] *Behördenbegriff § 1 Abs. 4 VwVfG; lt. WD 3-3000-260/17 Stand 03/2018 (Dt. Bundestag) nicht beschränkt auf Waffenbehörden; Beschränkung auf Behörden nach § 55 WaffG aber aus hiesiger Sicht teleologisch und sachlich begründbar.*

[854] *Vom Begriff der Personen, die über eine gültige Erlaubnis nach dem BJagdG verfügen, sind neben den Inhabern von Jahres- oder Tagesjagdscheinen auch Inhaber von* ***Falknerjagdschein*** *und* ***Jugendjagdschein*** *(zum Jugendjagdschein siehe auch Seite 458) erfasst; aufgrund des erforderlichen Mindestalters von 18 Jahren nach § 2 Abs. 1 WaffG für den Umgang mit dem Faustmesser darf ein minderjähriger Inhaber des Jugendjagdscheins aber nur dann mit einem Faustmesser umge-*

mit **Faustmessern**[855] haben; Vorschriften zum Mindestalter und für die Aufbewahrung verbotener Waffen sind zu beachten, da zwar das Verbot aufgehoben wird, es sich aber gleichwohl um eine verbotene Waffe im Sinne des WaffG handelt; die Einschränkung „sofern sie diese Messer zur Ausübung ihrer Tätigkeit benötigen" beschränkt den Umgang nicht auf die Zeiträume, in denen das Faustmesser unmittelbar zum Einsatz kommt, weist aber gleichwohl darauf hin, dass es nur dann zugriffsbereit mitgeführt oder bereitgelegt werden sollte, wenn mit diesem Faustmesser auch gearbeitet werden soll, weshalb bei der Bewertung ähnliche Maßstäbe anzusetzen sind wie im Falle des berechtigten Interesses nach § 42a Abs. 2, 3 WaffG und den Ausführungen des Gesetzgebers bezüglich der sozialen Adäquanz des Führens von Messern[856]; Dritte, die nicht der Freistellung vom Verbot unterfallen, dürfen auch während dieser Zeiten keinen Zugriff auf das Faustmesser erlangen oder diesen wegnehmen können;

- Satz 2: Erforderlicher Umgang mit explosionsgefährlichen Stoffen und Gegenständen nach Anlage 2 A1 Nr. 1.3.4 WaffG („**Molotow-Cocktail**" etc., siehe oben) wird Inhabern von Erlaubnissen und Befähigungsscheinen nach §§ 7, 20, 27 SprengG sowie Teilnehmern staatlicher oder staatlich anerkannter Lehrgänge gestattet.
- Satz 3: Die beispielhafte Aufzählung der erfassten Tätigkeiten nennt u.a. Film- und Theaterarbeiten sowie den Katastrophenschutz.
- Sätze 4, 5: Freistellung von Inhabern eines gültigen Jahres- oder Tagesjagdscheins vom Verbot des Umgangs mit **Nachtsichtvorsatz- und -aufsatzgeräten**; vertiefend dazu Kapitel 1.3.2.5.3
- Satz 6: Die Freistellung vom Verbot des Umgangs mit Nachtsichtvorsatz- und -aufsatzgeräten gilt auch für **Waffenhändler und Waffenhersteller**, da diese, insbesondere bei der Vorführung im Rahmen des Verkaufsgesprächs, aber auch zu Wartungs-, Montage, Bearbeitungs- und Herstellungszwecken Umgang mit einer verbotenen Waffe hätten und ohne die Regelung in Satz 6 eine Ausnahmegenehmigung des BKA beantragen und besitzen müssten.

Nach § 40 Abs. 4 WaffG kann ausschließlich[857] das BKA eine **Ausnahme von Verboten nach Anlage 2 A1 WaffG** zulassen, ist dabei aber gehalten, strenge Maßstäbe

---

hen, wenn eine Ausnahme nach § 3 Abs. 3 WaffG durch die örtlich zuständige Waffenbehörde erteilt worden ist.

[855] *Zu Begriff und Verbot des Faustmessers siehe Kapitel 1.13.1.23*

[856] *Zum Begriff des berechtigten Interesses vertiefend Kapitel 1.24.3.2.2*

[857] *Mangels Zuständigkeit kann die zuständige Waffenbehörde gesetzliche Verbote nach § 2 Abs. 3 WaffG iVm Anlage 2 A1 WaffG nicht aufheben, es sei denn, dass das Gesetz eine abweichende Regelung bzw. eine abweichende Zuständigkeit vorsieht. Anders verhält es sich mit der Regelung des § 12 Abs. 5 WaffG, der der zuständigen (Waffen-) Behörde die Möglichkeit eröffnet, Ausnahmen von der Er-*

anzulegen. Dies zeigt sich in der Forderung des Gesetzgebers, dass die Interessen des Antragstellers aufgrund besonderer Umstände das öffentliche Interesse an der Durchsetzung des Verbots überwiegen müssen, was in der Regel nur in wirklich begründeten Fällen der Fall sein dürfte. Insbesondere darf eine erhebliche Gefahr für die öffentliche Sicherheit durch die Ausnahme nicht entstehen. Die Norm nennt Beispielfälle, in denen ein überwiegendes Interesse des Antragstellers zu bejahen wäre. Die Befugnis zur Erteilung von Erlaubnissen beschränkt sich dabei auf die Verbote in Anlage 2 A1 WaffG, andere Verbote nach §§ 40 bis 42a WaffG fallen nicht in die Zuständigkeit des BKA.

Finder, Erben oder andere Personen, die in ähnlicher Weise die tatsächliche Gewalt über eine verbotene Waffe erlangen[858], sind unmittelbar nach Inbesitznahme durch § 40 Abs. 5 WaffG vor Strafverfolgung geschützt. Sie sind allerdings verpflichtet, die Inbesitznahme unverzüglich der zuständigen Behörde anzuzeigen, die ihrerseits die Waffe sicherstellen oder anordnen kann, dass die Waffe innerhalb einer angemessenen Frist entweder unbrauchbar gemacht, von Verbotsmerkmalen befreit oder an eine berechtigte Person überlassen wird.[859] Ebenso ist eine Anordnung der Behörde möglich, dass der Besitzer des Gegenstandes einen Antrag auf Ausnahme von dem Verbot nach § 40 Abs. 4 WaffG stellt. Solange die Frist noch nicht verstrichen oder im Falle einer Antragstellung nach § 40 Abs. 4 WaffG dem Antragsteller keine ablehnende Entscheidung bekanntgegeben wurde, wird das Umgangsverbot gegenüber dieser Person nicht wirksam.

---

laubnispflicht zuzulassen, wobei sich die örtliche Zuständigkeit auch hier an den Regelungen des § 49 WaffG orientieren muss, wenn dort für eine bestimmte Thematik eine örtliche Zuständigkeit festgelegt wird; die Befreiung von Verboten ist durch diese Ausnahmeregelung nicht möglich. Gleiches gilt für das Führverbot nach § 42a WaffG, für das keine Ausnahmengenehmigungen erteilt werden können: Der nach §§ 37, 39 OWiG zuständigen Behörde, in der Regel der „Tatortbehörde", obliegt die Prüfung des tatsächlichen Bestehens eines berechtigten Interesses nach § 42a Abs. 2, 3 WaffG, während das BKA keine Befugnis zur Erteilung ei--er Ausnahmegenehmigung besitzt, da sich diese nach § 40 Abs. 4 WaffG auf Ver--ote der Anlage 2 A1 WaffG beschränkt.

[858] *Der Wortlaut von § 40 Abs. 5 WaffG ähnelt § 37c WaffG (s. Kapitel 1.22.4); allerdings verzichtet die Norm auf die in § 37c WaffG vorgenommene explizite Erwähnung von Insolvenzverwalter, Zwangsverwalter oder Gerichtsvollzieher; somit kann nicht sicher davon ausgegangen werden, dass alle von § 37c WaffG erfassten Fallkonstellationen auf § 40 Abs. 5 WaffG anwendbar sind, dessen nicht abschließende Aufzählung der erfassten Personenkreise zu beachten ist.*

[859] *Vertiefend zur* ***Anordnung der Besitzaufgabe*** *Kapitel 1.27.2.2.2*

1.24.2 Waffenverbot im Einzelfall (§ 41)

Das Waffenverbot wird unbefristet durch einen Verwaltungsakt angeordnet, der **bundesweit unbefristet wirksam** ist und dessen Erforderlichkeit von der Behörde besonders zu prüfen ist.[860]

Die zuständige Behörde kann nach § 41 **Abs. 1** WaffG einer Person den **Besitz** von Waffen oder Munition untersagen, für deren Erwerb es nicht der Erlaubnis bedarf,[861] wie auch, wenn die tatsächliche Gewalt noch nicht erlangt wurde, den zukünftigen **Erwerb** dieser Waffen oder Munition, wenn eine Gefährdung im Sinne von § 41 Abs. 1 Nr. 1 oder 2 WaffG zu besorgen ist. Das ist einerseits der Fall, wenn es zur Verhütung von Gefahren für die Sicherheit Dritter oder zur Kontrolle des Umgangs mit erlaubnisfreien Gegenständen geboten ist, andererseits auch, analog zum Umgang mit erlaubnispflichtigen Waffen, wenn Tatsachen die Annahme rechtfertigen, dass der Betroffene abhängig ist, von Alkohol oder anderen berauschenden Mitteln, psychisch krank[862] oder debil ist.

Gleiches gilt, wenn anzunehmen ist, dass die für den sicheren Umgang mit erlaubnisfreien Waffen ebenfalls faktisch erforderliche persönliche Reife und Vernunft nicht gegeben ist oder körperliche Mängel[863] vorliegen, die den sachgerechten Umgang verhindern.

Tatsachen für das Fehlen der erforderlichen Zuverlässigkeit in § 41 Abs. 1 WaffG liegen zB vor in den Fällen des

- § 5 Abs. 1 Nr. 1 lit. a (Verbrechen),
- § 5 Abs. 1 Nr. 1 lit. c (staatsgefährdende oder extremistische Straftat),
- § 5 Abs. 1 Nr. 2 (negative Prognose) und
- § 5 Abs. 2 Nr. 2 bis 4 WaffG.

Darüber hinaus benennt die Norm Beispiele, die hinsichtlich der erfassten Vorsatzstraftaten bezüglich Deliktbegehung und Gesetzeswerk deutliche Parallelen zu § 5 Abs. 2 WaffG aufweisen, aber anstelle von 60 Tagessätzen einen Schwellenwert

---

[860] Gade, § 41, Rn. 1

[861] Die Formulierung „deren Erwerb nicht der Erlaubnis bedarf" bezieht sowohl Waffen ein, die nicht der Erlaubnispflicht unterfallen (zB Kampfmesser, Schlagstock) als auch solche, die von der Erlaubnispflicht freigestellt sind, zB von der Erlaubnispflicht zum Erwerb freigestellte SRS-Waffen, Armbrüste, Harpunen oder unbrauchbar gemachte Schusswaffen.

[862] Der Begriff der psychischen Krankheit entspricht dem der Geisteskrankheit, die dann vorliegt, wenn die Störung der Geistestätigkeit so hochgradig ist, dass die Fähigkeit vernünftiger Willensbildung der eines Kindes unter sieben Jahren gleich zu achten ist (VGH München 24 CS 24.1910, Beschluss vom 21. Januar 2025)

[863] WaffVwV zu § 41, Nr. 41.3, 2. Absatz

von 90 Tagessätzen festlegen. Erfasst werden Fälle einer rechtskräftigen Verurteilung zu einer Freiheitsstrafe, Jugendstrafe oder Geldstrafe von mindestens 90 Tagessätzen sowie Fälle einer Aussetzung von Jugendstrafe

- für vorsätzliche Straftaten gegen die körperliche Unversehrtheit oder
- für vorsätzliche Straftaten, die mit Gewalt oder durch Drohung mit gegenwärtiger Gefahr für Leib und Leben begangen wurden, oder
- für vorsätzliche Straftaten nach dem Waffengesetz, dem Kriegswaffenkontrollgesetz, dem Bundesjagdgesetz[864] oder dem Sprengstoffgesetz,

wenn seit Eintritt der Rechtskraft der letzten Verurteilung fünf Jahre noch nicht verstrichen sind.

Bei den in § 41 Abs. 1 WaffG genannten Vorsatzstraften handelt es sich weder um zwingende noch um abschließende Regelbeispiele. Vielmehr soll der intensivere Grundrechtseingriff, den ein individuelles Verbot des Umgangs mit erlaubnisfreien Waffen darstellt, durch einen im Vergleich mit der Strafmaßforderung des § 5 Abs. 2 WaffG erhöhten Mindestwert, der die besondere Verwerflichkeit der Tat und damit der Einstellungen des Täters belegt, die Rechtsprechung berücksichtigen, die eine schlichte Parallelanwendung der Tagessatzgrenzen des § 5 Abs. 2 WaffG auf § 41 Abs. 1 WaffG abgelehnt hatte.[865]

Die Regelung des § 41 Abs. 1 WaffG ist anwendbar auf zB SRS-Waffen (Anlage 2 A2 UA2 Nr. 1.3 WaffG) sowie Druckluftwaffen mit Prüfzeichen „F im Fünfeck" nach Anlage 2 A2 UA2 Nr. 1.1 WaffG[866] sowie bestimmte Harpunengeräte[867] nach Anlage 2 A3 UA1 WaffG, dagegen gemäß Anlage 2 A3 UA2 WaffG nicht auf zum Spiel bestimmte und Spielzeug-Schusswaffen sowie Nachbildungen und Blasrohre.

Bei Widerruf einer Erlaubnis nach § 45 Abs. 2 Satz 1 WaffG mangels Zuverlässigkeit oder persönlicher Eignung ist durch die Behörde regelmäßig die Erforderlichkeit der Erteilung eines Waffenverbots nach § 41 Abs. 1 WaffG zu prüfen.[868]

Nach § 41 **Abs. 2** WaffG besteht die Möglichkeit eines Verbots des Besitzes von Waffen oder Munition, die der Erlaubnispflicht unterliegen. Auch wenn es aufgrund der Erlaubnispflicht für den Erwerb und Besitz dieser Gegenstände auf den ersten

---

[864] *Für Fälle von Straftaten nach Ländergesetzgebung siehe Fn. 336*

[865] *Zur Begründung BT-Drs. 20/12805, S. 35*

[866] *Nicht alle Schusswaffen mit Kennzeichnung „F im Fünfeck" sind von der Erlaubnispflicht freigestellt; siehe Kapitel 1.11.3.2.1 und 1.12.2.2*

[867] *Die Freistellung beschränkt sich auf Unterwassersportgeräte, bei denen „zum Antrieb der Geschosse keine Munition im Sinne des WaffG", mithin keine Kartuschenmunition o.ä. verwendet wird; somit sind idR die durch die vorstehende Beschreibung gesetzlich definierten* ***Harpunengeräte*** *vom Waffengesetz mit Ausnahme des Mindestalters und der Anwendbarkeit des Waffenverbots freigestellt.*

[868] *BVerwG 6 C 36.15, Urteil vom 17. November 2016*

Blick überflüssig erscheint, den Besitz verbieten zu können, verhindert diese Regelung insbesondere einen rechtlich zulässigen Umgang erlaubnispflichtigen Schusswaffen auch ohne Erteilung einer waffenrechtlichen Erlaubnis, die etwa aufgrund von Eigenschaften in der Person des Betroffenen wie mangelnder persönlicher Eignung oder Unzuverlässigkeit nicht erteilt werden würde. Denn die Ausnahmen nach § 12 Abs. 1, 2 WaffG, die den Umgang mit Waffen oder Munition in bestimmten Situationen freistellen, würden auch solchen Personen den Umgang mit Waffen oder Munition ermöglichen, denen zur Vermeidung von Gefahren der Umgang mit Waffen nicht gestattet werden sollte. Diesem Personenkreis wäre ohne ein Verbot nach § 41 Abs. 2 WaffG insbesondere

- der Erwerb zum Schießen auf einer Schießstätte im Falle einer Schusswaffe, etwa als Gastschütze oder Lehrgangsteilnehmer,
- der erlaubnisfreie Erwerb von Munition zum sofortigen Verbrauch auf der Schießstätte, auf der dieser Erwerb erfolgt,
- der Erwerb und Besitz als Beauftragter einer jagdlichen oder schießsportlichen Vereinigung, zB als Begleiter eines Jugendlichen oder
- der Umgang auf Grund eines Arbeits- oder Ausbildungsverhältnisses, etwa als Mitarbeiter eines Waffenhändlers oder Herstellers,

möglich. Durch ein behördlich erlassenes Verbot nach § 41 Abs. 1 oder 2 WaffG wären aber Erwerb und vorübergehender Besitz der betreffenden Waffen trotz grundsätzlicher gesetzlicher Erlaubnisbefreiung verboten.[869]

Die eigentliche gesetzgeberische Intention bei Schaffung des Absatzes 2 lag allerdings in dem Erkennen vorhandener Lücken durch die Regelungen des vor 2003 geltenden Waffengesetzes, das lediglich das Verbot des Umgangs mit nicht-erlaubnispflichtigen Waffen ermöglichte. Durch die Neuregelung des Waffenverbots und die mögliche Erstreckung auf erlaubnispflichtige Waffen und Munition, so die gesetzgeberische Begründung,[870] sollte der zuständigen Behörde die sofortige Sicherstellung von Waffen und Munition in solchen Fällen ermöglicht werden, in denen bei einem rechtmäßigen Waffenbesitzer auf Grund bestimmter Anhaltspunkte dieser Waffenbesitz eine Gefahr für die Allgemeinheit darstellt, wobei sich das Verbot auf alle im Besitz stehenden erlaubnispflichtigen Waffen beziehen wird.

Ist einer Person bekannt, dass gegen einen Dritten ein Waffenverbot nach § 41 Abs. 2 WaffG verhängt wurde und noch besteht, darf diese Person dem Dritten keine Waffe überlassen und würde bei bewusster Zuwiderhandlung unzuverlässig im Sinne von § 5 Abs. 1 Nr. 2 lit. c WaffG sowie strafbar gemäß § 52 Abs. 7 WaffG. Dies ist insbesondere in Fällen der Überlassung von Schusswaffen an Gastschützen ohne eigene waffenrechtliche Erlaubnis auf einer Schießstätte[871] durch einen Ver-

---

[869] *Analog zu Abs. 1: VG Augsburg Au 4 K 13.775, Urteil vom 24. Juli 2013*

[870] *in BT-Drs. 14/7758, S. 77, zu § 41 Absatz 2 WaffG*

[871] *Das Verbot nach § 41 WaffG geht der Erlaubnisbefreiung nach § 12 WaffG vor.*

antwortlichen oder durch den Ausbilder bei der Durchführung von Lehrveranstaltungen, etwa zur Sachkunde oder in der Jägerausbildung, von Bedeutung.[872]

§ 41 WaffG ist regelmäßig zu prüfen, wenn es zur Verhütung von Gefahren für die Sicherheit der Bevölkerung oder von Einzelpersonen geboten ist, solche Waffen oder Munition unmittelbar sicherzustellen, die sich im Besitz des Betroffenen befinden. Die **Gebotenheit** stellt eine **gesteigerte Anforderung** im Sinne einer Erforderlichkeit dar und setzt eine **Gefährlichkeit des Waffenbesitzers** voraus, die sich aus dem Besitz der Waffe ergibt.[873] Das Verbot wird durch die Behörde als **Ermessensentscheidung** (Entschließungsermessen) getroffen, womit gerichtlich nach § 114 Satz 1 VwGO geprüft werden kann, ob der Verwaltungsakt deswegen rechtswidrig ist, weil die gesetzlichen **Grenzen des Ermessens** überschritten sind oder die Behörde von dem Ermessen in einer dem Zweck der zugrundeliegenden Ermächtigung nicht in entsprechender Weise Gebrauch gemacht hat.[874] Das **Ermessen** kann unter Umständen **auf Null reduziert** sein und muss sich an dem in § 41 WaffG genannten Zweck der Regelung orientieren. Das Verfahren nach § 46 Abs. 5 WaffG, das unmittelbar auf ein vollziehbares Waffenverbot folgen muss, schließt bei Vorliegen der weiteren Voraussetzungen dieser Norm die sofortige Sicherstellung von Urkunden, Waffen oder Munition sowie das Betreten und gegebenenfalls Durchsuchen von Räumlichkeiten ein.[875]

Die Behörde unterrichtet nach § 41 Abs. 3 WaffG die örtlich zuständige Polizeidienststelle von dem Verbot. Darüber hinaus hat die Waffenbehörde, sofern die Entscheidung vollziehbar oder nicht mehr anfechtbar ist, dem Bundeszentralregister (BZR) Mitteilung zu machen.[876] Dagegen ist die Erteilung eines Waffenverbotes bereits mit Anordnung der sofortigen Vollziehung an das Nationale Waffenregister (NWR) zu übermitteln.[877]

Um die **sofortige Vollziehbarkeit** des Waffenverbots nach § 41 WaffG zu erreichen und damit die sofortige Sicherstellung nach § 46 Abs. 4 Satz 1 WaffG zu ermöglichen[878], muss ergänzend gemäß § 80 Abs. 2 Satz 1 Nr. 4 iVm Abs. 3 VwGO die sofortige Vollziehbarkeit durch die Behörde angeordnet werden, da sie im Falle des

---

[872] *Im Vorfeld einer Ausbildung sollte darum ausdrücklich das Bestehen eines Waffenverbotes auf dem verwendeten Anmeldebogen abgefragt werden.*

[873] *BVerwG 6 C 30.11 Rn. 33, Urteil vom 22. August 2012*

[874] *BVerwG 6 C 30.11 Rn. 39 ff., Urteil vom 22. August 2012*

[875] *Vertiefend Kapitel 1.27.2.2.3*

[876] *WaffVwV 41.4 mit Verweis auf § 10 Abs. 1 Nr. 3 lit. a BZRG*

[877] *§ 8 WaffRG*

[878] *Die Anordnung der sofortigen Vollziehbarkeit ist unabdingbar, um die die sofortige Sicherstellung nach § 46 Abs. 4 Satz 1 Nr. 1 WaffG unmittelbar durchführen zu können; gerade in Fällen eines Waffenverbots nach § 41 Abs. 2 WaffG ist Eile geboten, um den als gefährdend eingeordneten Waffenbesitz, der der behördlichen Entscheidung zugrunde gelegen hat, unverzüglich zu beenden.*

§ 41 WaffG nicht, anders als im Falle von § 45 Abs. 5 WaffG (Kapitel 1.27.2.1.5) und § 46 Abs. 6 WaffG (Kapitel 1.27.2.2.5), bereits gesetzlich vorgesehen ist. Der Betroffene kann nach § 80 Abs. 5 VwGO das Gericht der Hauptsache anrufen, um eine vollständige oder teilweise Wiederherstellung der aufschiebenden Wirkung zu erreichen. Zu beachten ist, dass „im Bereich des Sicherheitsrechts ... die Anforderungen an die Begründung der Anordnung eines Sofortvollzugs gering (sind), weil es um den Schutz von Leben und Gesundheit geht und deshalb der Sofortvollzug in der Regel bereits aus der Natur der Sache begründet ist".[879]

Verbote, die vor Einführung des WaffG 2002 auf Grundlage des Waffengesetzes vom März 1976 ausgesprochen wurden, gelten unverändert fort.[880]

Ein unanfechtbares Waffenverbot **kann auf Antrag** nach § 51 Abs. 1 VwVfG **aufgehoben werden**, wenn die Voraussetzungen dafür gegeben sind, im Falle des Waffenverbots ein Wegfall der Gründe, die zur Anordnung geführt hatten; die Zuständigkeit der Behörde für dieses Wiederaufgreifen des Verfahrens richtet sich gemäß § 51 Abs. 4 VwVfG nach § 3 VwVfG, auch wenn das Waffenverbot von einer anderen Behörde erlassen worden ist. Ist der Antrag zulässig und begründet, entscheidet die zu diesem Zeitpunkt zuständige Behörde nach zu diesem Zeitpunkt geltender Rechtslage unter Einbeziehung aller vorliegenden Erkenntnisse.[881] Nach Ablehnung besteht für den Betroffenen die Möglichkeit, durch Verpflichtungsklage nach § 42 Abs. 1 VwGO eine Überprüfung dieser Ablehnung vornehmen zu lassen.

Gegenstände, die durch eine Änderung des Gesetzes zu Waffen oder Munition erklärt wurden,[882] vormals aber nicht den Regelungen des § 41 WaffG unterworfen waren, unterfallen vollständig der Anwendung eines bestehenden Waffenverbots.[883]

---

[879] *BayVGH 19 CS 08.1471, Beschluss vom 15. August 2008*

[880] *§ 58 Abs. 6 WaffG iVm § 40 Abs. 1 WaffG aF*

[881] *Ausführliche Darstellung in Ramsauer/Kopp, VwVfG, 18. Aufl. 2017, § 51*

[882] *Zur Zulässigkeit einer vermeintlichen „**Enteignung**" durch Erfassung von Gegenständen durch den Waffenbegriff oder durch Verbote BT-Drs. 14/7758, S. 91; nach hiesiger Meinung ist der dort dargestellte Grundsatz auch auf Waffenverbote anwendbar, da die Anordnung des Verbots in der Regel aufgrund schwerwiegender Gründe, insbesondere der Gefahr für Dritte oder die öffentliche Sicherheit und Ordnung erfolgt; ein Belassen der Gegenstände bei dem Adressaten des Verbots wäre unter dem Gedanken der gefahrenabwehrenden Aufgabe des WaffG verfehlt. Das im Rechtsstaatsprinzip wurzelnde **Rückwirkungsverbot** wird dadurch nicht berührt. Zur Zulässigkeit der Rücknahme einer Erlaubnis zum Besitz eines Pfeilabschussgeräts entschied VG Würzburg W 9 K 23.1750, Urteil vom 17.01.2025; eine Enteignung liege in diesem Falle nicht vor.*

[883] *Auf die mit Inkrafttreten des 3. WaffRÄndG 2020 als Waffen erfassten Magazine für Patronenmunition und Pfeilabschussgeräte sowie unbrauchbar gemachte Schusswaffen, die bislang von der Anwendung des § 41 WaffG ausgenommen waren, sind ab dem 1. September 2020 bestehende Waffenverbote anzuwenden.*

1.24.3 Führverbote Waffen und Messer (§§ 42, 42a, 42b)

1.24.3.1 Öffentliche Veranstaltungen (§ 42 Abs. 1, 4a)

1.24.3.1.1 Differenzierung der Begriffe Waffe und Messer

Während der Waffenbegriff durch § 1 WaffG klar definiert wird, benennt der Gesetzgeber Messer als neue Gegenstandsgruppe, die durch das Waffengesetz geregelt wird, ohne dass es sich dabei zwingend um eine Waffe handelt.[884] Eine gesetzliche Definition des Messers bleibt er allerdings schuldig, was aufgrund der Wirkungsreichweite der neuen gesetzlichen Regelungen und der nicht zu gering einzuschätzenden Wirkung auf den Alltag aller, die sich in Deutschland aufhalten (zB auch Touristen, Fernfahrer) nicht nachvollziehbar ist.

So muss nach den verfügbaren Materialien zur Entstehung der §§ 42 Abs. 4a, 42b WaffG zunächst davon ausgegangen werden, dass der Gesetzgeber alle Gegenstände den waffengesetzlichen Regeln unterwerfen will, die nach allgemeinem Sprachgebrauch von dem Wort „Messer“ erfasst werden. Dazu zählen neben Alltagsmessern wie Küchenmessern, Schnitzmessern und Messern für Aktivitäten in Wald und Garten auch spezielle Messer wie Taschenmesser, „Schweizer Offiziersmesser“, Multi-Tool[885], Machete („Haumesser“) oder „Teppichmesser“.

Im allgemeinen Sprachgebrauch bezeichnet der Begriff „Messer“ ein zum Schneiden verwendetes Handwerkszeug, bestehend aus einer in der Form dem Verwendungszweck angepassten Klinge und einem Griff zum Anfassen,[886] um die Klinge nach dem Willen des Verwenders verwenden zu können.

Hilfsweise könnte man bei einem Messer von einem tragbaren Gegenstand sprechen, der mit mindestens einer Klinge ausgestattet ist, die so beschaffen ist, dass mit dieser Klinge geschnitten, unter Umständen aber auch gestochen werden kann. Material und Ausformung der Klinge sind grundsätzlich unerheblich für die Einordnung als Messer, ebenso die Art der Klingenmechanik, womit jegliche Gegenstände mit feststehender, feststellbarer oder ausstellbarer Klinge vom Gattungsbegriff „Messer“ erfasst werden.

Als **Klinge** eines Messers[887] ist eine Baugruppe anzusehen, die Teil des Messers ist und durch die Bewegung der haltenden Hand des Benutzers einen Schnitt, einen Stich oder einen Hieb ermöglicht. Die **Schneide** ist der geschärfte Teil der Klinge.

---

[884] *Da nicht jedes Messer Waffe im Sinne des WaffG ist, ist die bereits seit 2008 bestehende Forderung nach einer Umformulierung von § 1 Abs. 1 WaffG, der lediglich von einer gesetzlichen Regelung des Umgangs mit Waffen oder Munition spricht, mit der Änderung des WaffG 2024 erneut akut geworden.*

[885] *Vertiefend Kapitel 1.4.5*

[886] *Aus: Meyers Enzyklopädisches Lexikon, Band 16, 1976, Begriff „Messer“*

[887] *Zu beachten ist der im Werkzeugbereich verwendete Klingenbegriff, der waffenrechtlich unerheblich ist; bei Werkzeugen ist die Klinge der Teil eines Gegen-*

Nicht alle Messer sind **Waffen**, aber **alle Messer können Waffe im Sinne des WaffG sein**, wenn sie als tragbare Gegenstände § 1 Abs. 2 Nr. 2 WaffG unterfallen. Lässt sich ein Gegenstand beiden Begriffen zuordnen, ist er also im Sinne des WaffG eine Waffe und zugleich auch ein Messer, können gleichwohl die Rechtsvorschriften für beide Gattungen auf diesen Gegenstand nicht gleichzeitig angewandt werden. So unterfällt ein Kampfmesser, das als Hieb- und Stoßwaffe dem Waffenbegriff unterfällt und zugleich als Konstruktion aus Griff und Klinge dem Messerbegriff, im Falle des Führens bei öffentlichen Veranstaltungen dem Führverbot nach § 42 Abs. 1 WaffG (Führverbot für Waffen), als Messer müsste es zugleich dem Führverbot nach § 42 Abs. 4a WaffG (Führverbot für Messer) unterworfen sein einschließlich der Ausnahmen, die nach Abs. 4a für das Führen gelten. Ein wesentlicher Unterschied zwischen den Verboten in Abs. 1 und Abs. 4a ist die abweichende Ausgestaltung der Ausnahmen, die im Fall des Verbots des Führens von Waffen insbesondere behördliche Einzelfallentscheidungen voraussetzen, während zu dem Führverbot für Messer Abs. 4a Satz 2 eine abschließende, zugleich sehr weitreichende Auflistung von Ausnahmen enthält. Zwar lässt die erläuternde Begründung[888] zur Änderung des WaffG 2024, das Verbot umfasse *„alle Messer, ungeachtet einer etwaigen Einstufung als Waffe in Anlage 1 WaffG"*, die Deutung zu, der Gesetzgeber würde Messer bei Anwendung der Verbotsnorm im Sinne einer lex specialis vom Waffenbegriff des Abs. 1 ausnehmen und für jegliche Messer eine besondere Regelung in Abs. 4a schaffen. Somit würde das Führen dieser als besonders gefährlich angesehenen und darum als Waffe eingestuften Messerarten, neben Kampfmessern auch die gekorenen Waffen nach § 1 Abs. 2 Nr. 2 lit. b WaffG, an einem besonders gefahrengeneigten Ort, an dem insbesondere mit einer lautlosen Kontaktwaffe anderen Anwesenden schwerste, sogar tödliche Verletzungen beigebracht werden können, nicht mehr den objektiven Tatbestand einer Strafnorm erfüllen, sondern lediglich als Ordnungswidrigkeit zu ahnden sein. Dies würde dem erklärten Sinn dieser Gesetzesänderung, einer Verschärfung, widersprechen, da Sinn einer Strafbarkeit auch die präventiv wirksame Abschreckung[889] ist. Darum ist bei Anwendung des § 42 WaffG und der Frage, ob das Führen eines Messers einen Verstoß gegen § 42 Abs. 1 WaffG und damit bei Vorliegen der sonstigen Strafbarkeitsvoraussetzungen eine Straftat darstellt oder einen Verstoß gegen § 42 Abs. 4a WaffG, auf den Waffenbegriff abzustellen und bei Einordnung eines Messers als Waffe im Sinne des WaffG weiterhin § 42 Abs. 1 WaffG anzuwenden. Dafür spricht insbesondere, dass sich die Ausnahmen in Abs. 4a Satz 2 in der Praxis auf einen Umgang mit Alltagsmessern beziehen, die hinsichtlich ihrer Verwendbarkeit als Werkzeug oder Essbesteck eine Waffeneigenschaft, zB eine Parierstange, einen beidseitigen Schliff oder ein schnelles Hervorspringen der Klinge, nicht voraussetzen und sich nach ihrem Wesen und ihrer Bestimmung klar vom Waffenbegriff abgrenzen lassen. Ist ein Gegenstand Waffe im

---

standes, der die Bestimmung dieses Gegenstandes wirksam umsetzt; im Falle eines Schraubendrehers zB dessen Spitze, die so geformt ist, dass durch Formschluss die Drehwirkung einer Kraft auf den Griff auf die Schraube übertragen werden kann.

888 *BT-Drs. 20/12805, unter anderem S. 35, „zu § 42 Abs. 4a"*

889 *Zur Thematik ausführlich BVerfG 1 BvL 14/76, Urteil vom 21. Juni 1977*

Sinne des WaffG, ist Abs. 1 anzuwenden; ist ein Gegenstand Messer, ohne Waffe im Sinne des WaffG zu sein, ist Abs. 4a anzuwenden.[890]

1.24.3.1.2 Örtlichkeiten und Betroffene

Für **öffentliche Veranstaltungen** wie Messen, Volksfeste, Märkte, kurz Örtlichkeiten, an denen sich viele Menschen aufhalten, gilt nach § 42 Abs. 1, 4a WaffG ein **Verbot für Teilnehmer, Waffen** im Sinne des WaffG **oder Messer** (zur Differenzierung der Begriffe in Bezug auf § 42 WaffG siehe Kapitel 1.24.3.1.1) **zu führen** (**Führverbot für Waffen und Messer jeder Art**). Dies gilt, über den Begriff der öffentlichen Veranstaltung hinaus, auch für den regulären Theater-, Kino- oder Diskothekenbetrieb sowie Tanzveranstaltungen.[891] Das Verbot ist unabhängig davon, ob ein Eintrittsgeld zu entrichten ist.

Öffentliche Veranstaltungen im Sinne des § 42 WaffG sind planmäßige, zeitlich eingegrenzte, aus dem Alltag herausgehobene Ereignisse, welche nicht nach der Zahl der anwesenden Personen, sondern nach ihrem außeralltäglichen Charakter und jeweils spezifischen Zweck vom bloßen gemeinsamen Verweilen an einem Ort abgegrenzt und in der Regel jedermann zugänglich sind, auf einer besonderen Veranlassung beruhen und regelmäßig ein Ablaufprogramm haben.[892]

Der Betrieb einer Gaststätte, sofern dort zum Zeitpunkt der Betrachtung ein üblicher **Gaststättenbetrieb** stattfindet, ist **keine Veranstaltung** im Sinne von § 42 WaffG. Gleiches gilt für Restaurants. Auch Spielhallen, Tierparks oder Supermärkte sowie Kaufhäuser oder Einkaufszentren unterfallen dem Begriff nicht.

Teilnehmer sind Veranstalter oder deren Mitarbeiter, aber auch als Gast oder Messebesucher anwesende Personen. Der Wille zur und das Wissen um die Beteiligung (*innere Zweckbindung*, siehe Stein, „Versammlungsrecht", Verlag für Polizeiwissenschaft, 2019) sind die Abgrenzungsmerkmale zwischen schlichtem Anwesendsein,

---

[890] Die Erläuterung auf Seite 37 der in Fn. 888 genannten Begründung stützt diese Auslegung, indem dort abweichend unter Verwendung des abgrenzenden Begriffs „neben" formuliert wird: „Da inzwischen eine hohe Deliktrelevanz auch für solche Messer zu verzeichnen ist, bei denen es sich um Alltagsmesser handelt, umfasst das der öffentlichen Sicherheit dienende Verbot neben Waffen gemäß § 1 Absatz 2 WaffG alle Messer, ungeachtet einer etwaigen Einstufung als Waffe in An--age 1 WaffG." Somit ist der Begriff „Messer" im Sinne von „Alltagsmesser" zu deuten, womit Messer im Sinne des § 42 Abs. 4a WaffG nicht sein kann, was Waffe im Sinne des WaffG ist.

[891] Die vor Inkrafttreten der Änderungen 2017 umstrittene Freistellung bestimmter Diskothekenveranstaltungen vom Begriff der „öffentlichen Veranstaltung" wurde durch § 42 Abs. 1 Satz 2 WaffG 2017 durch den Gesetzgeber klargestellt.

[892] BGH 1 StR 44/91, Urteil vom 22. Februar 1991; die Entscheidung erging hinsichtlich des Führens einer SRS-Waffe in einem Casino; das Urteil kann auch nach der Änderung des WaffG 2017 auf das nun weiter gefasste Verbot des § 42 Abs. 1 WaffG bezüglich der Begrifflichkeit herangezogen werden.

das zufällig oder notgedrungen geschieht, und der nach § 42 Abs. 1, 4a WaffG tatbestandlichen Teilnahme. Nach dem **gefahrenabwehrenden Zweck des WaffG** ist der **Teilnehmerbegriff** des § 42 Abs. 1 WaffG aber **weiter zu fassen**, um die bloße Anwesenheit bewaffneter oder Messer tragender Personen an einem Veranstaltungsort unterbinden zu können, unabhängig von deren innerer Verbundenheit zur Veranstaltung.[893]

Auch das **Transportieren einer Waffe** in einem verschlossenen Behältnis **durch einen Teilnehmer** ist Führen und damit nach Abs. 1 **verboten.**

Der Inhaber eines Waffenscheins muss, will er seine Waffe auf einer öffentlichen Veranstaltung führen, eine Genehmigung der zuständigen Behörde vorweisen können (Ausnahmegenehmigung der örtlich zuständigen Waffenbehörde, siehe Kapitel 1.24.3.1.3). Diese darf nur erteilt werden, wenn der Antragsteller nachweislich nicht auf seine Waffe verzichten kann und eine Gefährdung Dritter auszuschließen ist. Sollte eine Gefahr von dem Führen einer Schusswaffe ausgehen, ist das Interesse des Waffenträgers an diesem Führen regelmäßig als nachrangig anzusehen, das Interesse der Bevölkerung an einem Schutz von Leben und Gesundheit stets als vorrangig und auch als höherwertiger.

1.24.3.1.3 Ausnahmen für Waffen, Zulassung (§ 42 Abs. 2 bis 4)

Die Zulassung von Ausnahmen[894] durch die örtlich zuständige Behörde nach § 49 Abs. 2 Nr. 5 WaffG ist gemäß Abs. 2 möglich, wenn

---

[893] *Der Katalog der Ausnahmen in § 42 Abs. 2, 4 WaffG sieht keine Ausnahmen von dem Führverbot für Inhaber waffenrechtlicher Erlaubnisse vor, die Schusswaffen gemäß § 12 Abs. 3 Nr. 2 WaffG (Beförderung, nicht zugriffsbereit und nicht schussbereit) oder nach § 13 Abs. 6 WaffG (im Zusammenhang mit der Jagdausübung zugriffsbereit, aber nicht schussbereit) auf der Veranstaltungsfläche erlaubnisfrei führen, nämlich im Zusammenhang mit dem von ihrem Bedürfnis umfassten Zweck oder mit der Jagdausübung; es besteht bei weiter Auslegung des Teilnehmerbegriffs, der auch Anwohner umfasst, die im Bereich der öffentlichen Veranstaltung wohnen und darum den öffentlichen Raum, der ihr befriedetes Besitztum umgibt, mit Waffen durchqueren müssen, um ihr Bedürfnis auszuüben, das Hindernis, dass selbst die Beförderung in einem verschlossenen Behältnis als Führen im Sinne des WaffG dem Verbot unterfällt; Abhilfe könnte nach derzeitiger Rechtslage lediglich eine individuell zu erteilende Ausnahme nach Abs. 2 sein oder die Erhebung der Fläche der öffentlichen Veranstaltung zu einer Verbotszone durch Rechtsverordnung nach Abs. 5, womit zumindest die Beförderung in einem verschlossenen Behältnis für diesen Personenkreis ermöglicht wäre.*

[894] *Für Ausnahmen von Verboten nach § 42a WaffG oder § 2 Abs. 3 WaffG (verbotene Waffen) ist diese Behörde nicht zuständig. Die Absätze 2 bis 4 sind auf Abs. 4a nicht anwendbar. Der Gesetzgeber hat in Abs. 4a abschließend Ausnahmen aufgezählt, so dass es der örtlich zuständigen Waffenbehörde nicht gestattet ist, weitergehende Ausnahmen von dem Verbot des Abs. 4a zu erlauben.*

- der Antragsteller zuverlässig und persönlich geeignet ist,
- der Antragsteller auf Waffen bei der öffentlichen Veranstaltung nicht verzichten kann und dies nachgewiesen hat und
- eine Gefahr für die öffentliche Sicherheit und Ordnung nicht zu besorgen ist.

Zu beachten ist, dass alle genannten Voraussetzungen erfüllt sein müssen. Der Ausnahmebescheid ist gemäß Abs. 3 bei der Veranstaltung mitzuführen und, wie in den Fällen des § 38 WaffG, die auf diesen Umgang mit Waffen anzuwenden sind, zur Kontrolle befugten Personen auszuhändigen.

Nach Abs. 4 sind generelle Ausnahmen, die nicht der Zulassung der zuständigen Behörde bedürfen, vorgesehen für das Führen von Waffen

- durch **Mitwirkende**[895] (nicht aber durch lediglich passiv teilnehmende Zuschauer) an Theateraufführungen und diesen gleich zu achtenden Vorführungen (wozu auch Festspiele zählen dürften, bei denen sich die Akteure teilweise unter den Zuschauern bewegen), wenn Schusswaffen ungeladen oder nur mit Kartuschenmunition geladen sind oder Waffen[896] nach § 1 Abs. 2 Nr. 2 WaffG, insbesondere Hieb- und Stoßwaffen, geführt werden,
- zum Zwecke des Schießens in Schießstätten im Rahmen von öffentlichen Veranstaltungen,
- zum Zwecke des Schießens außerhalb von Schießstätten, wenn eine Erlaubnis nach § 10 Abs. 5 WaffG (Schießerlaubnis) erteilt wurde, etwa für die Teilnehmer an einem Umzug im Rahmen eines öffentlichen Schützenfestes, und
- im Rahmen des gewerblichen Ausstellens von Waffen auf Messen und Ausstellungen.

Trotz der Freistellung in Abs. 4 ist es angeraten, die örtlich zuständige Waffenbehörde in Zweifelsfällen, insbesondere aber vor dem Führen von Waffen im öffentlichen Raum zu kontaktieren. Gleiches gilt für eine Kontaktaufnahme mit dem örtlich zuständigen Ordnungsamt und der lokalen Polizei.

---

[895] *Als Mitwirkender ist anzusehen, wer in den Ablauf der Vorführung organisatorisch eingebunden ist und gemäß den Vorgaben der Spielleitung Umgang mit einer Waffe hat; dies umfasst insbesondere Schauspieler, aber auch Helfer „hinter den Kulissen“, somit neben dem Waffenmeister auch Bühnenarbeiter etc..*

[896] *Diese Befreiung vom Führverbot befreit nicht vom Verbot des Umgangs nach § 2 Abs. 3 WaffG für die in Anlage 2 A1 WaffG aufgeführten Waffen, so dass zB auf der Theaterbühne oder bei einer TV-Produktion die Nutzung eines Butterfly-Messers durch einen Künstler verboten bleibt; eine Ausnahme kann nur durch das BKA zugelassen werden.*

1.24.3.1.4 Ausnahmen für Messer (§ 42 Abs. 4a Satz 2)

Das WaffG verwendet den Begriff „Messer", ohne ihn zu definieren.[897] Gleiches gilt für den Begriff „Klinge" und die Anwendbarkeit des Begriffs „Führen". Nicht alle Messer sind Waffen **im Sinne des WaffG**, zB viele Formen des **Einhandmessers**.

Die mit Änderung des WaffG im Oktober 2024 in Kraft getretene **Erweiterung des Führverbots auf Messer jeder Art**[898] auf öffentlichen Veranstaltungen ist, anders als das Führverbot für Waffen nach Abs. 1, weiteren und weitergehenden Ausnahmen unterworfen. Dadurch wird das umfassende Umgangsverbot für Waffen aus Abs. 1 im Falle der Messer deutlich abgeschwächt, womit der Gesetzgeber praktischen Erwägungen und Erforderlichkeiten für Veranstalter, Gewerbetreibende und Teilnehmer von öffentlichen Veranstaltungen folgt. Insbesondere trägt der Katalog der Ausnahmen auch der Tatsache Rechnung, dass Messer Werkzeuge und Kulturgegenstände (im Sinne der Esskultur) sind und darum Alltagsgegenstände.

Der Katalog der von der Anwendung des Verbotes ausgenommenen Personen und Situationen ist abschließend.

Ausgenommen sind nach § 42 Abs. 4a Satz 2 WaffG vom Führverbot bei öffentlichen Veranstaltungen etc. nach § 42 Abs. 1 WaffG

1. der **Anlieferverkehr**, der beispielsweise Verkaufsstände oder Geschäfte, aber auch andere Teilnehmer der jeweiligen öffentlichen Veranstaltung mit Waren beliefert oder diese abholt bzw. entsorgt, zB die Müllabfuhr;

2. **Gewerbetreibende** und **ihre Beschäftigten** und von den Gewerbetreibenden **Beauftragte**, die Messer **im Zusammenhang mit ihrer Berufsausübung** führen[899];

3. Personen, die ein **Messer nicht zugriffsbereit**[900] von einem Ort zum anderen **befördern**, zB in einer ausreichend verschlossenen Verkaufsverpackung oder in einem mit einem Zahlen- oder Schlüsselschloss verschlossenen Koffer;

---

[897] *Zur fehlenden Definition und Begriffsabgrenzung Kapitel 1.24.3.1.1*

[898] *Neben Messern, die Waffen im Sinne des WaffG sind, werden durch die Anwendbarkeit des § 42 Abs. 4a WaffG auf Messer jeder Art Taschenmesser mit ausklappbarer, aber nicht feststellbarer Klinge ebenso erfasst wie solche Multitools, die eine zweihändige Handhabung zum Feststellen der Klinge erfordern.*

[899] *Hier tritt neben die berufliche Tätigkeit das Erfordernis, dass das Messer im Zusammenhang mit der Berufsausübung geführt werden muss, während im vorhergehenden Befreiungstatbestand für den Anlieferverkehr ein solcher Zusammenhang nicht vorausgesetzt wird.*

[900] *Zu beachten ist die mit Änderung des WaffG 2024 neu geschaffene **Definition** der Zugriffsbereitschaft für Messer; ein **Messer** ist dann **nicht zugriffsbereit**, wenn es **nur mit mehr als drei Handgriffen erreicht werden kann**. Der Begriff „erreicht" ist durch das Gesetz nicht definiert; unter Berücksichtigung der bezweckten Handlungseinschränkung beschreibt der Begriff „erreicht" aus hiesiger Sicht nicht erst ein schon stoßbereites Halten des Messers, sondern bereits das erste, die*

4. Personen, die ein Messer in oder auf bestimmten Gebäuden oder Flächen mit öffentlichem Verkehr sowie in Verkehrsmitteln und Einrichtungen des öffentlichen Personenverkehrs (gilt für Fern- wie Nahverkehr), in oder auf denen Menschenansammlungen auftreten können und die einem Hausrecht unterliegen mit Zustimmung des Hausrechtsbereichsinhabers führen, wenn das Führen dem Zweck des Aufenthaltes in dem Hausrechtsbereich dient oder im Zusammenhang damit steht,

5. das **gewerbliche Ausstellen** von Messern auf Messen, Märkten und Ausstellungen;

6. **Rettungskräfte** (zB Feuerwehr, aber auch DRK etc.) und **Einsatzkräfte** im Zivil- und Katastrophenschutz im Zusammenhang mit der Tätigkeit;[901] erfasst werden **auch ehrenamtliche**[902] **Einsatzkräfte**, zB im Sanitätsdienst bei Volksfesten oder im Einsatzdienst freiwilliger Feuerwehren oder des Technischen Hilfswerks (THW);

7. **Mitwirkende an Foto-, Film- oder Fernsehaufnahmen, Theateraufführungen oder historischen Darstellungen**, wenn zu diesem Zweck Messer geführt werden sollen[903], wobei unter einem Mitwirken nicht die Teilnahme als Zuschauer zu verstehen ist, sondern ein in den Ablauf der jeweiligen Geschehnisse fest eingeplantes Beitragen als Darsteller oder in organisatorischer Funktion, zB als Bühnenarbeiter, Techniker oder Requisiteur;

8. Personen, die Messer **im Zusammenhang** mit der **Brauchtumspflege**, der **Jagd** oder der **Ausübung des Sports** führen;[904]

Lage des Messers kontrollierende Ergreifen des Messergriffs; das Umfassen eines Einhandmessers im eingeklappten Zustand mit einem ***Kabelbinder*** *wird von der Ausnahme nicht erfasst, da sich die Eigenschaft „nicht zugriffsbereit" bei einem Messern auf jeglichen Zustand bezieht und nicht erst auf ein Messer im verwendungsfähigen Zustand, es sei denn, es würde sich um einen* ***Bausatz*** *handeln, der nicht mit wenigen Handgriffen zu einem gebrauchsfähigen Messer zusammengesetzt werden kann.*

[901] *Auch hier entscheidet der Zusammenhang mit der eigentlichen Tätigkeit vor Ort über die Ausnahme; die Person muss „im Dienst" sein oder zumindest auf dem Weg dorthin oder zurück.*

[902] *BT-Drs. 20/13413, S. 53, „Zu Nummer 4"*

[903] *Nach Sinn und Zweck des Verbots muss das Mitführen in einem beabsichtigten Kontext zum jeweiligen Ablauf stehen, insbesondere darf es nicht auf einer individuellen Entscheidung des Mitwirkenden beruhen; der Gesetzgeber nennt beispielhaft „Mittelaltermärkte" (BT-Drs. 20/13413, S. 53, „Zu Nummer 4").*

[904] *Hier ist vornehmlich an Jäger zu denken, die auf dem Weg in das oder aus dem Revier sind und eine Veranstaltungsfläche durchqueren; das zugriffsbereite Führen des Messers ist hier von dem Verbot ausgenommen, gleichwohl sollte schon aus Gründen der Vernunft dieses Führen verdeckt erfolgen, um die Teilnehmer der Veranstaltung nicht zu beunruhigen; der Gesetzgeber nennt beispielhaft „Schieß- und Angelsport" (BT-Drs. 20/13413, S. 53, „Zu Nummer 4").*

9. **Inhaber gastronomischer Betriebe**, ihre **Beschäftigten** und **Beauftragten** sowie deren **Kundinnen und Kunden**;[905]

10. Personen, die Messer **im Zusammenhang mit einem allgemein anerkannten Zweck** führen, wobei unter einem **allgemein anerkannten Zweck** ausdrücklich grundsätzlich nicht Selbstschutz zu verstehen ist.[906]

1.24.3.1.5 Verbotszonen (§ 42 Abs. 5)

Verbotszonen sind durch die Bundesländer für ihren Zuständigkeitsbereich durch Rechtsverordnung festzulegen.[907] In einer Verbotszone kann der Umgang mit Waffen oder Messern nach § 42 Abs. 5 WaffG verboten oder beschränkt werden, etwa zeitlich. Insbesondere ermöglicht die Verordnungsermächtigung Regelungen zum Führen von Waffen und Messern im Öffentlichen Personennahverkehr. Die Festlegung einer Verbotszone setzt voraus, dass Tatsachen die Annahme rechtfertigen, dass das Verbot oder die Beschränkung zur Abwehr von Gefahren für die öffentliche Sicherheit erforderlich sind. Ausnahmen sind für Fälle vorzusehen, in denen ein berechtigtes Interesse[908] vorliegt. Die Aufzählung von berechtigten Interessen in Abs. 5 ist nicht abschließend, so dass weitere Ausnahmen möglich sind.

---

[905] *Diese mit dem Begriff „Lex Bratwurst" wohl trefflich bezeichnete Ausnahme trägt dem Erfordernis Rechnung, dass insbesondere an Bratwurstständen scharfe und feste Messer an Kunden auszugeben sind, damit diese ihre Speisen mundgerecht zerteilt verzehren können; eine in die Grundrechte tiefer eingreifende Regelung, wonach Bratwürste und andere bissfeste Speisen auf öffentlichen Veranstaltungen nur vorgeschnitten an Kunden ausgegeben werden könnten, musste auf diese Weise nicht in das Gesetz gelangen.*

[906] *Aus der Begründung zur Änderung des WaffG in BT-Drs. 20/12805, Seite 37 vor „Zu 42c": „Eine Ausnahme im Rahmen eines allgemeinen anerkannten Zwecks ist immer dann gegeben, wenn der konkrete Zweck von der Rechtsordnung gebilligt ist und keine Anhaltspunkte dafür vorliegen, dass das Messer zweckentfremdet wird. Dies ist zum Beispiel der Fall, wenn das Messer kurzzeitig für das Schälen oder Schneiden von mitgebrachten Speisen benutzt wird."; in der Praxis wäre damit eine Person vom Führverbot befreit, die auf der Veranstaltung ein Messer nicht zugriffsbereit bei sich trägt, sich dann aber kurze Zeit hinsetzt und dieses Messer benutzt, um sich einen Apfel zu schälen, und das Messer dann wieder nicht zugriffsbereit verpackt; ergänzend benennt BT-Drs. 20/13413, S. 53, „Zu Nummer 4" als Beispiele „Pfadfinder, ehrenamtliche Helfer auf Volksfesten, Reservisten", womit diese Ausnahme fast generellen Charakter erhält.*

[907] *Zur Zulässigkeit von Verbotsverfügungen nach Gefahrenabwehrrecht siehe VG Düsseldorf 18 L 1480/25, Beschluss vom 30. Mai 2025*

[908] *Dieser bereits in § 42a Abs. 3 WaffG verwendete und mit Beispielen flankierte Begriff wurde auch in § 42 Abs. 6 WaffG 2020 von einer beispielhaften Aufzählung begleitet; die Gleichheit der Formulierungen war aus hiesiger Sicht ungeschickt, da sich das berechtigte Interesse nach der Art der Beispiele deutlich unter-*

Ein **berechtigtes Interesse** im Sinne dieser Regelung liegt in der Regel vor bei

- Inhabern eines Waffenscheins, ausgenommen der Kleine Waffenschein[909],
- Personen, die eine Waffe nicht zugriffsbereit von einem Ort zum anderen befördern,
- Rettungskräften und Einsatzkräften im Zivil- und Katastrophenschutz im Zusammenhang mit der Tätigkeit sowie
- in oder auf bestimmten Gebäuden oder Flächen mit öffentlichem Verkehr sowie in Verkehrsmitteln und Einrichtungen des öffentlichen Personenverkehrs für Personen, die eine Waffe mit Zustimmung eines anderen in dessen Hausrechtsbereich nach § 42 Abs. 5 Satz 1 Nr. 3 führen, wenn das Führen dem Zweck des Aufenthaltes in dem Hausrechtsbereich dient oder im Zusammenhang damit steht.

Die gesetzlichen Führverbote für Waffen und Messer sind **auf Tierabwehrspray nicht anwendbar**. Will die zuständige Behörde das Führen von Tierabwehrsprays, die nicht Waffe im Sinne des WaffG sind, in einer Verbotszone, in der das Führen von Waffen im Sinne des WaffG verboten ist, verbieten, muss das **ergänzend nach allgemeinem Polizeirecht** geregelt werden.

Beachten Sie zur Thematik der Verbotszonen und des Öffentlichen Personenverkehrs auch die Ausführungen in Kapitel 1.24.3.3.

1.24.3.2 Ortsunabhängiges (allgemeines) Führverbot (§ 42a)

1.24.3.2.1 Betroffene Gegenstände (§ 42a Abs. 1)

Verboten ist nach § 42a WaffG das **Führen** von **Anscheinswaffen, Hieb- und Stoßwaffen**[910]**, Einhandmessern und Messern mit einer Klingenlänge über 12 cm**. Tatbestandlich erfüllt den waffenrechtlichen **Begriff des Führens** das **Ausüben der tatsächlichen Gewalt außerhalb der eigenen Wohnung oder Geschäftsräume, des eigenen befriedeten Besitztums oder einer Schießstätte**. Auch das **Befördern**, zB in einem verschlossenen Koffer, ist Ausüben der tatsächlichen Gewalt und Führen im Sinne des WaffG.

Das **Führen** der in § 42a WaffG genannten Waffen und Gegenstände, insbesondere von **Anscheinswaffen**, ist **verboten auch im fremden Wohnraum, Geschäft oder befriedeten Besitztum**, etwa der Wohnung eines Freundes oder Spielkameraden.

---

scheidet; so konnte die Zulässigkeit des Führens eines Einhandmessers durch einen Anwohner nach § 42 Abs. 6 WaffG 2020 im Falle des § 42a WaffG keinesfalls als Führen mit berechtigtem Interesse angesehen werden.

[909] *Somit darf eine SRS-Waffe auch durch den Inhaber eines Kleinen Waffenscheins in diesem Falle nur nicht zugriffsbereit und nicht schussbereit befördert werden, zB in einem verschlossenen Koffer.*

[910] *nach Definition in Anlage 1 A1 UA2 Nr. 1.1 WaffG*

Die Freistellung nach § 12 Abs. 3 WaffG greift hier nicht. § 12 Abs. 3 Nr. 1 WaffG führt abschließend Tatbestände auf, die eine Erlaubnis zum Führen, also einen Waffenschein nach § 10 Abs. 4 WaffG, nicht erfordern. § 12 Abs. 3 Nr. 1 WaffG kann somit bei strenger Auslegung des Gesetzestextes nicht auf jegliche Waffe angewandt werden, weil die von § 10 Abs. 4 WaffG erfassten Waffen vom Anscheinswaffenbegriff ausgenommen sind und eine Erlaubnis zum Führen von anderen Waffen im Gesetz nicht vorgesehen ist.[911] Das **Führen im Sinne von Transportieren oder Befördern** ist unter bestimmten im Gesetz festgelegten Bedingungen nicht verboten oder erlaubnispflichtig.

So fordert § 42a Abs. 2 Nr. 2 WaffG für diesen Transport ausdrücklich ein verschlossenes Behältnis und ähnelt der Regelung in § 12 Abs. 3 Nr. 2 WaffG – bemerkenswert ist, dass § 12 Abs. 3 Nr. 2 WaffG, der Schusswaffen von der Waffenscheinpflicht befreit, bezogen auf die physische Verfügbarkeit lediglich fordert, dass die Waffe „nicht zugriffsbereit" sein darf, was bereits dann der Fall ist, wenn sie nicht mit weniger als drei Handgriffen in weniger als drei Sekunden auf eine Person gerichtet sein kann. § 42a Abs. 2 Nr. 2 WaffG fordert das verschlossene Behältnis für den Transport von Anscheinswaffen sowie der anderen in Absatz 1 genannten Gegenstände; letztere können bei Vorliegen eines berechtigten Interesses aber auch von dem Führverbot befreit sein.

1.24.3.2.2 Ausnahmen (§ 42a Abs. 2, 3)

Ausgenommen von dem Verbot nach § 42a Abs. 1 WaffG ist nach Abs. 2 **Nr. 1** bei der Verwendung bei **Foto-, Film- oder Fernsehaufnahmen** oder **Theateraufführungen**. Dies umfasst nur die eigentliche Verwendung zur Darstellung, nicht aber zusammenhängende Tätigkeiten wie den Transport durch Requisiteure (hier ist die Ausnahme nach Abs. 2 Nr. 2 anwendbar).

Ausgenommen von dem Verbot nach § 42a Abs. 1 WaffG ist nach Abs. 2 **Nr. 2** der **Transport** in einem verschlossenen Behältnis. Dies ist zB von Sportlern zu beachten, die Übungswaffen (zB Tonfa, Schwert, Escrima-Sticks) auf dem Weg zu oder von ihrer Übungsstätte transportieren.[912] **Nicht ausreichend** ist es aufgrund der ausdrücklichen Benennung eines verschlossenen Behältnisses, dass ein in Abs. 1 genanntes Messer **nicht zugriffsbereit** im Sinne der Anlage 1 A2 Nr. 13 WaffG ist. Auch die Umfassung des eingeklappten Einhandmessers mit einem **Kabelbinder**,

---

[911] Neben funktionsfähigen Schusswaffen fallen auch unbrauchbar gemachte Schusswaffen, die nicht den aktuellen Vorschriften für die Deaktivierung entsprechen, sowie Salutwaffen und SRS-Waffen unter diese Ausnahme, da zum berechtigten Führen dieser Gegenstände ein Waffenschein nach § 10 Abs. 4 WaffG erforderlich ist.

[912] Die Bestimmung dieser Trainingswaffen zu Übungszwecken tritt hinter ihren historischen Zweck und ihre konstruktive Eignung, Angriffs- oder Abwehrwaffe zu sein, zurück; darum ist ein Transport in einem verschlossenen Behältnis grundsätzlich erforderlich. Insbesondere Escrima-Sticks sind effektive Schlagwaffen.

die ein Öffnen der Klinge ohne vorheriges Auftrennen des Kabelbinders ausschließt, würde die Voraussetzung für die Ausnahme nach Abs. 2 Nr. 2 nicht erfüllen, da das Messer auch in eingeklapptem Zustand dem Führverbot unterfällt. Gleiches gilt für das in einer **Messerscheide** eingeführte und dort mit einem Kabelbinder oder einem ähnlichen Verschluss gegen ein Herausziehen gesichertes Messer mit feststehender Klinge, da das Messer, anders als bei einem verschlossenen Behältnis, nicht vollständig umschlossen wird.

Nach § 42a Abs. 2 **Nr. 3** WaffG unterfallen die in § 42a Abs. 1 Nr. 2 und 3 WaffG genannten Waffen und Gegenstände dem Führverbot nicht, wenn ein **berechtigtes Interesse** vorliegt. Diese Ausnahme gilt ausdrücklich nicht für das Führen von Anscheinswaffen nach § 42a Abs. 1 Nr. 1 WaffG.[913]

Die Aufzählung in § 42a Abs. 3 WaffG, die beispielhaft Fälle eines berechtigten Interesses aufzählt, ist nicht abschließend. Als berechtigtes Interesse gilt danach insbesondere das Führen im Zusammenhang mit der **Berufsausübung**,[914] der Brauchtumspflege[915], dem Sport oder einem allgemein anerkannten Zweck, ist nicht abschließend. Ein anerkannter Zweck ist beispielsweise die Jagd oder das Angeln, aber auch ein Campingausflug.

Ob in einer konkreten Situation ein **berechtigtes Interesse** vorliegt, ist im **Einzelfall** zu prüfen. In der Begründung des Führverbots im WaffG 2008 wird als Anlass des Verbots die bereits damals zu beobachtende Problematik der Nutzung von solchen Messern angeführt, die als Haushalts- oder Einhandmesser keine Waffen im Sinne des WaffG waren und nach dem Willen des Gesetzgebers ausdrücklich auch nicht werden sollten.

Die Änderung des WaffG im Jahre 2008 unterwarf dem neu geschaffenen Führverbot nach § 42a WaffG neben Hieb- und Stoßwaffen sowie Anscheinswaffen insbesondere **Gebrauchsmesser** dem Waffengesetz, die weder Waffen waren noch werden sollten. Vielmehr sollte durch Führverbote einer Entwicklung entgegengewirkt werden, die schon damals die Gesellschaft umtrieb, nämlich die gefühlt wachsende Gewaltkriminalität, entweder Gewalttaten mit Messern unter Jugendlichen oder aber Straftaten, die durch Jugendliche und Heranwachsende mit Messern begangen wurden. Insbesondere Einhandmesser, aber auch feststehende Messer über 12 cm Klingenlänge sollten in der Öffentlichkeit von Randalierern oder anderen Störenfrieden nicht mehr geführt werden und ihnen ohne strafprozessuale oder verwaltungsrechtliche Hürden rasch abgenommen werden können.

In diesem Lichte betrachtet muss der Begriff des **berechtigten Interesses** zunächst weit ausgelegt werden. Nicht ausdrücklich gefordert wird ein Führen, das sich auf eine solche Situation zeitlich und räumlich beschränkt, in der das Messer unmittel-

---

[913] *WaffVwV zu § 42a, Nr. 42a.2*

[914] *Voraussetzung für Mitarbeiter im Bewachungsgewerbe ist die Anweisung durch den Unternehmer gem. § 17 BewachV (Dienstanweisung)*

[915] *Anscheinswaffen sind von dieser Ausnahme nicht erfasst*

bar benutzt und innerhalb des Zeitraums durchgehend benötigt wird. Vielmehr ist auf die lebenstypische Verwendung in Freizeit und Beruf abzustellen, die insbesondere das Führen eines Messers bei dieser Tätigkeit und im Zusammenhang damit als üblich angesehen werden kann (zB das Jagdmesser bei der Jagdausübung oder im Zusammenhang damit, das Cuttermesser durch einen Teppichleger oder Tapezierer). Dabei ist das berechtigte Interesse nicht auf den Ort beschränkt, an dem es tatsächlich verfolgt wird. Dem Erfordernis einer zeitlichen und räumlichen Begrenzung ist nur insofern zu folgen, dass ein berechtigtes Interesse im Sinne des § 42a WaffG dann nicht mehr gegeben ist, wenn es nicht mehr verfolgt wird oder im Zuge des Mitführens nicht mehr verfolgt werden soll, dabei aber das Mitführen nicht mehr im Zusammenhang mit dem angeblichen berechtigten Interesse steht.

Insofern würde dem Jäger, der das Jagdmesser ohne die Absicht zur Jagdausübung und ohne Zusammenhang mit der Jagd quasi „aus Gewohnheit" beim Einkaufen am Gürtel trägt, kein berechtigtes Interesse zuzugestehen sein, wenn er nicht im Zusammenhang mit der Jagdausübung unterwegs ist. Gleiches gälte für den Teppichleger, der sein Cuttermesser einige Stunden nach Feierabend bei sich trägt, ohne dass dies in einen Zusammenhang mit seiner Berufstätigkeit gestellt werden kann.

Die Ausnahmen machen keinen Unterschied zwischen Gegenständen nach Abs. 1 Nr. 2 und 3. Somit beziehen sich die Freistellungen allein auf den beabsichtigten Zweck, nicht aber auf besondere Personengruppen. Absicht des Gesetzgebers bei Schaffung des Verbots war die „Eindämmung von Gewalttaten mit Messern insbesondere in Großstädten" insbesondere durch „gewaltbereite Jugendliche". Darum ist es naheliegend, dass auch Hieb- und Stoßwaffen von Volljährigen geführt werden dürfen, wenn diesem Führen ein allgemein anerkannter Zweck zugrunde liegt. Dies ist etwa bei einem Führen eines beidseitig geschliffenen Saufängers der Fall, der durch den Gesetzgeber zwar durch den beidseitigen Schliff der Klinge als Hieb- und Stoßwaffe eingeordnet wird, gleichwohl aber zweifellos bei der Jagdausübung geführt werden darf.

Da Messer, die Hieb- und Stoßwaffen sind, nicht der Erlaubnispflicht unterliegen und der Umgang Volljährigen grundsätzlich erlaubt ist, ist nicht nachvollziehbar, dass bei der Frage des berechtigten Interesses bezüglich der sozialen Adäquanz ein strengerer Maßstab angelegt werden sollte als im Falle des Führens von Gebrauchsmessern. Zwar drückt sich die herstellerseitige Bestimmung auch durch Konstruktionsmerkmale aus, ist im Falle der nicht nach § 2 Abs. 3 WaffG verbotenen Messer aber offenbar nicht deliktrelevant im Sinne einer signifikanten Häufung des Missbrauchs dieser Messer für Straftaten im Vergleich zu Gebrauchsmessern.[916] Wird das Messer von einer nicht böswillig handelnden Person zu einem allgemein anerkannten Zweck verwendet oder das Messer im Zusammenhang mit diesem Zweck geführt, wird der Schutzzweck des § 42a WaffG nicht beeinträchtigt. Somit wäre das Führen eines Messers, das eine feststehende Klinge über 12 cm Klingenlänge

---

[916] *Wäre dies der Fall, würde der Gesetzgeber alle Messer, die Hieb- und Stoßwaffen sind, nicht allein einem Mindestalterserfordernis unterwerfen, sondern als verbotene Waffe in Anlage 2 A1 WaffG aufnehmen müssen.*

hat, zugleich aber auch Hieb- und Stoßwaffe ist, im Falle eines berechtigten Interesses nicht zu beanstanden.[917]

Das **Führen eines Einhandmessers in einem Pkw** durch eine Privatperson, um damit in einem **Notfall** den Gurt durchschneiden zu können, dient **keinem allgemein anerkannten Zweck** im Sinne des § 42a Abs. 3 WaffG.[918]

1.24.3.3 Öffentlicher Personenverkehr (§ 42 Abs. 5, 42b)

Der Öffentliche Personenverkehr (ÖPV) dient der Beförderung von Personen in anderen Fahrzeugen als jenen, die zum Individualverkehr zu rechnen sind. Personenverkehr kann zu Lande, zu Wasser und in der Luft stattfinden. Er ist abzugrenzen vom Güterverkehr. Unterschieden wird zwischen dem Öffentlichen Personenfernverkehr und dem ÖPNV (Öffentlichen Personennahverkehr). Als Unterscheidungsmerkmale werden insbesondere Entfernungen und Reisezeiten herangezogen.

Als Öffentlicher Personen<u>nah</u>verkehr gilt nach § 2 RegG (Regulierungsgesetz) die allgemein zugängliche Beförderung von Personen mit Verkehrsmitteln im Linienverkehr, die überwiegend dazu bestimmt sind, die Verkehrsnachfrage im Stadt-, Vorort- oder Regionalverkehr zu befriedigen. Das ist im Zweifel der Fall, wenn in der Mehrzahl der Beförderungsfälle eines Verkehrsmittels die gesamte Reiseweite 50 Kilometer oder die gesamte Reisezeit eine Stunde nicht übersteigt. Die vorgenannten Grenzwerte können im Einzelfall aber auch deutlich überschritten werden (insbesondere bei Verkehrsmitteln im ländlichen Raum), wenn die grundsätzliche Charakteristik des betroffenen Verkehrssystems der Durchführung im Öffentlichen Personennahverkehr nach § 2 RegG entspricht. Öffentlicher Personenverkehr, der nicht Nahverkehr ist, ist Fernverkehr.

Verkehrsmittel, die nicht Öffentlicher Personenverkehr, sondern Individualverkehr sind, zB Taxen oder Reisebusse, unterfallen dem Begriff im Falle der Einbindung in die Organisation eines Verkehrssystems des Öffentlichen Personenverkehrs, insbesondere im Falle des Einsatzes als Schienenersatzverkehr oder als Ruf-Taxi in ländlichen Gebieten, das nicht als reguläres Taxi eingesetzt wird, sondern im Rahmen eines lokalen Verkehrsprojektes einen Linienverkehr nach Fahrplan ersetzt.

Grundsätzlich ist abseits der Regelungen des WaffG durch den Waffen- oder Messerbesitzer zu prüfen, ob der jeweilige Verkehrsträger durch eigene Beförderungs-

---

[917] *Dieser Überlegung folgend wäre auch die Nutzung eines Schlagstocks nicht zu beanstanden, der als Ersatz für einen Fischtöter, der waffenrechtlich mangels Bestimmung zum Einsatz gegen Menschen nicht erfasst wird, konstruktiv aber einem Schlagstock entspricht, als Fall des Nutzens zu einem allgemein anerkannten Zweck zu betrachten sein, wenn ein Angler diesen zum Zwecke des schnellen Tötens gefangener Fische führt.*

[918] *OLG Stuttgart 4 Ss 137/11, Beschluss vom 14. Juni 2011; zu* ***Rettungsmessern*** *ergänzende Informationen* *auf S. 219*

bedingungen auch Fälle des Transports von Waffen, Munition oder Messern generell ausschließt.[919]

1.24.3.3.1 Öffentlicher Personennahverkehr (§ 42 Abs. 5)

Führverbote für den Öffentlichen Personennahverkehr[920] (ÖPNV) können durch entsprechende Verordnungen der einzelnen Bundesländer erfolgen. Diese Verordnungen können individuell ausgestaltet sein, müssen aber für Fälle des berechtigten Interesses an einem Führen von Waffen oder Messern in einem Verkehrsmittel oder Funktionsgebäuden bzw. -flächen wie zB Haltepunkten die gesetzlich bestimmten Ausnahmen vorsehen.[921]

1.24.3.3.2 Öffentlicher Personenfernverkehr (§ 42b)

Im Öffentlichen Personenfernverkehr ist es verboten, Waffen im Sinne des § 1 Absatz 2 WaffG oder Messer zu führen. Das Verbot gilt sowohl in **Verkehrsmitteln**, etwa in **Zügen** oder **Bussen**, als auch in seitlich umschlossenen **Einrichtungen** des öffentlichen Personenfernverkehrs, insbesondere **Gebäuden** (Bahnhöfe) und **seitlich umschlossenen Haltepunkten (Haltestelle)**. Offene Haltepunkte, die also nicht vom öffentlichen Raum abgegrenzt sind, zB durch Umzäunungen oder ähnliche Abgrenzungen, fallen hingegen nicht unter das Verbot, da die örtliche Reichweite des Verbots in diesen Fällen nicht rechtssicher für jedermann erkennbar ist.[922]

Der Begriff Öffentlicher Personenfernverkehr umfasst nicht allein Anlagen und Verkehrsmittel der Deutschen Bahn (als Eisenbahn des Bundes), sondern jeglichen Öffentlichen Personenfernverkehr, mithin auch Verkehrsmittel und Anlagen privater Betreiber des Schienen- und Luftverkehrs sowie des öffentlichen Straßenpersonenverkehrs. Vom **Verbot des Führens von <u>Waffen</u>** ausgenommen sind

- Inhaber eines Waffenscheins, ausgenommen der Kleine Waffenschein[923],
- Personen, die eine Waffe nicht zugriffsbereit von einem Ort zum anderen befördern,[924] und

---

[919] *So schließen zum Beispiel die Beförderungsbedingungen der Deutschen Bahn, Stand 15. Dezember 2024, in Nr. 7.3 „Beförderungsausschluss" Schusswaffen als Handgepäck oder Traglast aus; ausgenommen ist zB das Führen durch Inhaber eines Waffenscheins nach § 10 Abs. 4 WaffG („Kleiner Waffenschein" nach § 10 Abs.4 Nr. 4 ausgenommen) oder durch Dienstwaffenträger nach §§ 55, 56 WaffG.*

[920] *Zur **Definition des Begriffs** siehe § 2 RegG (Regionalisierungsgesetz); Erläuterung der Abgrenzungskriterien siehe Kapitel 1.24.3.3*

[921] *Ausführliche Darstellung in Kapitel 1.24.3.1.5*

[922] *BT-Drs. 20/12805, S. 37, zur Begründung des § 42b WaffG*

[923] *Somit darf eine SRS-Waffe in diesem Falle nur nicht zugriffsbereit und nicht schussbereit befördert werden, zB entladen in einem verschlossenen Koffer.*

[924] *Zur Thematik ausführlich Kapitel 1.24.3.1.4*

- Rettungskräfte und Einsatzkräfte im Zivil- und Katastrophenschutz im Zusammenhang mit der Tätigkeit.

Für das **Verbot des Führens von Messern** gelten die **Ausnahmen** für öffentliche Veranstaltungen nach § 42 Abs. 4a Satz 2, die **in Kapitel 1.24.3.1.4** ausführlich dargestellt werden. Ebenfalls ausgenommen sind Personen, die eine Waffe oder ein Messer mit **Zustimmung des Verkehrsunternehmens** führen, wenn das Führen dem Zweck des Aufenthalts in dem Hausrechtsbereich dient oder im Zusammenhang damit steht.

Erlass und Durchsetzung von Regelungen zum Führen von Waffen und Messern regeln sich nach Bundes- und Landesrecht, insbesondere durch Landesverordnungen über die Durchführung des WaffG. Dabei ist zB nicht allein entscheidend, welches Verkehrsmittel den Haltepunkt nutzt oder von einem Fahrgast genutzt wird oder werden soll – vielmehr ist maßgeblich, dass es sich um das Gebiet der Bahnanlagen der Eisenbahnen des Bundes handelt und um ein Verkehrsmittel oder eine seitlich umschlossene Einrichtung des Öffentlichen Personenfernverkehrs.

1.24.3.3.3 Kontrollbefugnisse (§ 42c)

§ 42c WaffG gibt der zuständigen Behörde das Recht, Personen

- kurzzeitig **anzuhalten** und
- zu **befragen**

sowie

- deren mitgeführte **Sachen in Augenschein**[925] zu **nehmen** und
- die **Person** zu **durchsuchen**[926].

Die Zuständigkeit bestimmt sich neben §§ 48, 49 WaffG nach Bundes- oder Landesrecht, insbesondere nach im Falle der §§ 42 ff. WaffG erlassenen Verordnungen eines Bundeslandes.[927]

Die Kontrollbefugnis ist beschränkt auf den räumlichen Geltungsbereich der gesetzlich bestimmten

- Waffen- und Messerverbote sowie

---

[925] ***Augenschein*** *ist jede unmittelbare, somit nicht erst durch technische Hilfsmittel ermöglichte Sinneswahrnehmung über die Beschaffenheit von Gegenständen oder über Vorgänge, insbesondere durch Ansehen oder Betasten; vgl. Ramsauer/Kopp, VwVfG, 18. Aufl. 2017, § 26. Rn. 37*

[926] *Zum Begriff siehe Kommentierungen zu § 102 StPO; die Befugnis ermöglicht das Suchen in und unter der Kleidung, somit auch auf der Körperoberfläche, nicht aber im Körper; zum Begriff der Durchsuchung allgemein Kapitel 1.27.2.2.4*

[927] *Ergänzend Kapitel 1.24.3.1.5*

- der Waffen- und Messerverbotszonen

gemäß der Waffen- und Messerverbote nach

- § 42 Absatz 1 Satz 1 (Waffen bei öfftl. Veranstaltungen),
- § 42 Absatz 4a Satz 1 (Messer bei öfftl. Veranstaltungen),
- § 42b Absatz 1 (Waffen und Messer im Öfftl. Personenfernverkehr

sowie von Waffen- und Messerverbotszonen nach § 42 Absatz 5, die nach Landesrecht auch für den ÖPNV erlassen werden können.

Zu beachten sind hinsichtlich der behördlichen Zuständigkeit auch besondere Bestimmungen, etwa § 1 Abs. 7 BPolG.

1.25 Erhebung und Übermittlung personenbezogener Daten (§ 43)

Die für die Durchführung des Waffengesetzes zuständige Behörde (Waffenbehörde) darf gemäß § 43 Abs. 1 Satz 1 WaffG im Rahmen der Überprüfung von Zuverlässigkeit und persönlicher Ordnung auch ohne Mitwirkung der betroffenen Person Daten erheben, die eben diese Person betreffen. Allerdings ist diese Befugnis beschränkt auf die Abfrage von Daten zur Person nach

- § 5 Abs. 5 WaffG (siehe Kapitel 1.7.3.8) und
- § 6 Abs. 1 Satz 3 und 4 WaffG (siehe Kapitel 1.7.5.2)

bei den dort bezeichneten Behörden.

Sind die bei einer öffentlichen Stelle zu der betreffenden Person gespeicherten Daten nicht wegen überwiegender öffentlicher Interessen geheim zu halten, ist die von der Waffenbehörde angefragte öffentliche Stelle zur Übermittlung der angefragten Daten verpflichtet. Eine Einschränkung aufgrund datenschutzrechtlicher Regelungen, die die Übermittlungsbefugnis einschränken, ist möglich. Das Steuergeheimnis nach § 30 AO (Abgabenordnung) steht der Übermittlung nicht entgegen.

Beachten Sie auch die ergänzenden Ausführungen zur Gewinnung von Informationen in Kapitel 1.27.1.1.

1.26 Übermittlung an und von Meldebehörden (§ 44)

Die für die Durchführung des Waffengesetzes zuständige Behörde (Waffenbehörde) hat der Meldebehörde am Erstwohnsitz des Betroffenen bezüglich des behördlich behandelten Umgangs mit Waffen oder Munition mitzuteilen

- die erstmalige Erteilung einer waffenrechtlichen Erlaubnis,
- den Verlust von waffenrechtlichen Erlaubnissen durch Rücknahme, Widerruf oder Verzicht und

- den Erlass oder den Wegfall eines Waffenbesitzverbots nach § 41 WaffG.

Gleiches gilt für die Übermittlung der Ergebnisse der Überprüfungen von Zuverlässigkeit und persönlicher Eignung an die zuständige Jagdbehörde einschließlich der tragenden Gründe für die Bewertung durch die Waffenbehörde.[928]

Die Meldebehörden sind im Gegenzug verpflichtet, an die Waffenbehörde

- Namensänderungen,
- Zuzug,
- Änderung der Anschrift im eigenen Zuständigkeitsbereich,
- Wegzug oder
- Tod

der Person zu melden, für die das Vorliegen einer waffenrechtlichen Erlaubnis oder eines bestehenden Waffenbesitzverbots gespeichert ist. Diese Daten sind wiederum von der empfangenden Waffenbehörde an die zuständige Verfassungsschutzbehörde weiterzuleiten.

1.27 Erteilung und Entzug waffenrechtlicher Erlaubnisse

1.27.1 Verwaltungsrechtliche Grundlagen

1.27.1.1 Ladung und Vernehmung von Zeugen

Die Waffenbehörde kann im Rahmen des Untersuchungsgrundsatzes nach § 24 VwVfG nach freiem Ermessen den Sachverhalt ermitteln. Dazu stehen ihr insbesondere die Beweismittel nach § 26 VwVfG, wozu auch die Befragung und Vernehmung von Zeugen gehören, zur Verfügung.

Nachforschungen der Waffenbehörde, zB im Zuge der Prüfung der Zuverlässigkeit oder persönlichen Eignung, stellen kein förmliches Verwaltungsverfahren nach § 65 ff. VwVfG dar, sondern unterliegen den allgemeinen Vorschriften nach § 9 ff. VwVfG. Danach ist es der Waffenbehörde erlaubt, zur Gewinnung von Erkenntnissen auch Zeugen zu befragen oder Auskünfte jeder Art einzuholen, um Vorgänge aufzuklären, die in Bezug auf die waffengesetzlich geforderten Umstände von Bedeutung sein können.

Im Zuge des Verwaltungsverfahrens können auch Ermittlungen durchgeführt werden, die über pflichtmäßige Abfragen nach §§ 5 ff. WaffG hinausgehen. Ein Zeuge ist nicht verpflichtet, der nicht an eine besondere Form gebundenen Aufforderung zur Angabe eigener Beobachtungen oder Kenntnisse Folge zu leisten. Eine Pflicht zur Aussage gemäß § 65 VwVfG entfällt mangels einen förmlichen Verwaltungsver-

---

[928] *Vertiefende Darstellung des Verfahrens nach § 6b WaffG in Kapitel 1.7.7*

fahrens, auch die Beantragung einer richterlichen Vernehmung nach § 65 Abs. 5 VwVfG ist nicht möglich.

1.27.1.2 Rechtsmittelfähiger Bescheid

Die **Entscheidung** über den Antrag sollte dem Antragsteller **innerhalb von drei Monaten** nach Eingang bei der Behörde in Form eines **rechtsmittelfähigen Bescheides** zugehen. Dieser Zeitraum ist nicht statisch. Wenn die Behörde dem Antragsteller eine Mitteilung schickt, in der darauf hingewiesen wird, dass für die Bearbeitung des Antrages weitere Informationen eingeholt werden müssen, kann die Frist verlängert werden. Eine Überschreitung der Frist gibt dem Antragsteller die Möglichkeit, **Untätigkeitsklage** zu erheben – die Überschreitung selbst bedeutet aber weder eine Zustimmung noch eine Ablehnung. Nach § 5 Abs. 4 WaffG kann die Waffenbehörde im Falle eines noch nicht abgeschlossenen Strafverfahrens die Entscheidung über den **Antrag auf Erteilung** einer waffenrechtlichen Erlaubnis bis zum rechtskräftigen Abschluss dieses Verfahrens **aussetzen**.

Entspricht die Waffenbehörde dem Antrag auf Erteilung der Erlaubnis, wird der Antragsteller die WBK entweder zugestellt bekommen oder aufgefordert werden, auf der Behörde vorzusprechen und die Erlaubnis in Empfang zu nehmen. Insofern ist ein rechtsmittelfähiger Bescheid an den Antragsteller überflüssig. Im Falle der Ablehnung muss die Behörde diese Entscheidung in einem rechtsmittelfähigen Bescheid mitteilen. Dabei sind die **Ablehnungsgründe** darzulegen. Dieser **Bescheid** kann aufgrund förmlicher sowie inhaltlicher **Mängel rechtswidrig** und damit **anfechtbar** sein.

1.27.1.3 Widerspruch und Anfechtungsklage

Für den Antragsteller ist es wichtig, schnell auf einen ablehnenden Bescheid zu reagieren. Denn auch ein rechtswidriger Bescheid wird wirksam, wenn der Antragsteller nicht **innerhalb eines Monats** nach Zugang der Entscheidung **Widerspruch** einlegt. Dieser Widerspruch kann formlos, allerdings in schriftlicher Form erfolgen und muss den Begriff „Widerspruch“ enthalten. Ein Widerspruch ohne Einschalten eines Rechtsanwalts ist zB angeraten, wenn die Ablehnung offenkundig unbegründet ist, etwa aufgrund einer Verwechslung der Person oder fehlerhafter Auslegung des WaffG, etwa Anwendung von Vorschriften für Sportschützen auf Jäger.

Enthält der Bescheid der Waffenbehörde keine ausdrückliche **Rechtsmittelbelehrung**, verlängert sich die Widerspruchsfrist auf ein Jahr.[929]

Enthält der Bescheid keine oder eine nur unklare Begründung für die Ablehnung, sollte der Antragsteller einen Rechtsanwalt mit der Wahrnehmung und Durchsetzung seiner Interessen beauftragen.

Die Reaktion der Behörde wird durch einen **Widerspruchsbescheid** erfolgen. Wird dem Widerspruch stattgegeben, ersetzt der Widerspruchsbescheid den ursprüngli-

---

[929] *§ 58 Abs. 2 VwGO*

chen Bescheid rückwirkend. Bei erneuter Ablehnung des Antrags kann **binnen eines Monats** nach Bekanntgabe des Widerspruchsbescheides **Anfechtungsklage** bei dem örtlich zuständigen[930] **Verwaltungsgericht** eingereicht werden.

Vor dem Verwaltungsgericht ist dem Antragsteller eine anwaltliche Vertretung nicht vorgeschrieben, aber zu empfehlen. Vor dem Oberverwaltungsgericht und dem Bundesverwaltungsgericht ist eine anwaltliche Vertretung dagegen vorgeschrieben. Zudem kann bei Verletzung der Grundrechte des Betroffenen das Bundesverfassungsgericht angerufen werden.

1.27.1.4 Berechnung von Fristen

Für die Berechnung von Fristen gelten die Vorschriften des BGB.[931] Fristen im Zusammenhang mit Erwerb und Überlassung **beginnen** an dem Tag, der auf das auslösende Ereignis **folgt**. Für Anordnungen (wie etwa den Widerruf einer Erlaubnis nach § 45 Abs. 2 WaffG) beginnt eine gesetzte Frist frühestens mit dem Tag, der auf den Tag des **Zugangs** der Anordnung folgt.[932]

Zeiträume wie Monat, Woche und Jahr sind grundsätzlich auf Grundlage des gregorianischen Kalenders von 1582 zu berechnen.

Für den **Ablauf** von Fristen, die nach **Monaten** oder **Jahren** angegeben sind, („sechs Monate" für Erwerbsstreckungsgebot[933], „ein Jahr" für Gültigkeit eines Voreintrages oder „drei Monate" für Erwerb durch Sachverständige[934]), sind die jeweiligen **Datumsangaben** zugrunde zu legen.[935] Spricht das Gesetz beispielsweise von einer **Jahresfrist** und ist das zugrundeliegende Datum der 23. Januar 2012, so beginnt die Frist am 24. Januar zu laufen und läuft mit dem Ende des 23. Januar 2013 ab, unabhängig von Wochentag oder Schaltjahr. Bei einer Drei-Monats-Frist würde in diesem Falle der 23. April als Fristablauf anzusehen sein.

Wochenfristen („zwei Wochen" bei Erwerb einer Waffe) werden dagegen nach den **Tagesbezeichnungen** berechnet. Im genannten Beispiel 23. Januar wäre Ablauf der Zwei-Wochen-Frist das Ende des 6. Februars.

Fällt der letzte Tag der Frist auf einen **Sonnabend**, **Sonntag** oder vor Ort staatlich anerkannten, allgemeinen **Feiertag**, endet die Frist erst **am darauffolgenden Werktag** (etwa Erwerb von privat am Sonntag). Ist die Frist von der zuständigen Behörde auf einen Sonnabend, Sonntag oder Feiertag dagegen ausdrücklich **terminiert**, ist dieser Termin zwingend einzuhalten.

---

[930] *§ 52 Nr. 3 VwGO*

[931] *§§ 187 bis 193 BGB, wenn andere verwaltungsrechtliche Vorschriften nicht entgegenstehen (siehe auch § 31 Abs. 1 VwVfG)*

[932] *§ 187 Abs. 1 BGB (vorhergehende Fußnote beachten)*

[933] *§ 14 Abs. 3 Satz 2 WaffG*

[934] *Zur Erwerbsfrist für Waffensachverständige siehe Kapitel 2.4*

[935] *§ 188 Abs. 2 BGB*

1.27.2 Widerruf, Rücknahme, Sicherstellung (§§ 45, 46)

1.27.2.1 Einführung

Der befugte Besitz an Waffen oder Munition kann durch Rückgabe der Erlaubnis enden, durch Widerruf, Rücknahme oder Erlöschen[936] der Erlaubnis oder, im Falle des unbefugten Besitzes, durch besondere Anordnung der Behörde. Am Ende steht stets die Besitzaufgabe des bisherigen Besitzers.

Im Zuge der behördlichen Prüfung können neben Auswertung der Aktenlage **Zeugenaussagen** oder andere Auskünfte eingeholt werden, die dienlich sind, den zu prüfenden Sachverhalt oder offene Fragen aufzuklären.[937]

Nachfolgend werden die gesetzlichen Regelungen dargestellt, die im Falle eines befugten Waffen- oder Munitionsbesitzes zu dessen Beendigung ein in der Regel **zweistufiges Vorgehen** vorsehen, nämlich zunächst eine Rücknahme oder ein Widerruf nach § 45 WaffG und daran regelmäßig anschließend erforderliche **weitere Maßnahmen** nach § 46 WaffG **als Anordnung** der zuständigen Behörde. Der zweite Schritt sieht zudem in dringenden und begründeten Fällen die sofortige (teilweise auch nur vorläufige) Sicherstellung[938] von Waffen oder Munition sowie Erlaubnisurkunden durch die Behörde vor einschließlich Betretungs- und Durchsuchungsrechten, die das Grundrecht auf die Unverletzlichkeit der Wohnung einschränken.

1.27.2.1.1 Rücknahme einer Erlaubnis (§ 45 Abs. 1)

Wird **nachträglich bekannt**, dass die Voraussetzungen für eine waffenrechtliche Erlaubnis zum Zeitpunkt der Erteilung nicht vorgelegen haben, ist die Erlaubnis **zurückzunehmen** (§ 45 Abs. 1 WaffG). Dies ist beispielsweise der Fall, wenn die Erlaubnis durch Täuschung oder Bestechung erlangt wurde oder es sich um eine Gefälligkeitsbescheinigung handelte. Bis zum Zeitpunkt ihrer Aufhebung ist die erlangte Erlaubnis allerdings wirksam, so dass vor diesem Zeitpunkt erfolgte Erwerbsvorgänge nicht fehlerhaft sind; auch der Besitz ist nicht fehlerhaft und nicht strafbar.[939] Es handelt sich bei der Regelung in § 45 Abs. 1 WaffG um eine obligatorische Regelung, womit die Behörde nicht nach Ermessen (fakultativ) handeln kann, sondern handeln muss.[940]

---

[936] *Zum Begriff des Erlöschens im Sinne des WaffG WaffVwV zu § 21 WaffG, Nr. 21.8.1: „Die Erlaubnis erlischt – unbeschadet des § 46 GewO – wegen ihres persönlichen Charakters mit dem Tod der natürlichen oder mit dem Erlöschen der juristischen Person, der sie erteilt worden ist.“; der Begriff ist aus systematischen Gründen auch auf Erlaubnisinhaber nach § 10 WaffG anwendbar.*

[937] *Zur Zulässigkeit und Durchführung siehe Kapitel 1.27.1.1*

[938] *Ausführliche Darstellung der Thematik in Kapitel 1.27.2.2.3*

[939] *VG Darmstadt 5 K 38/10.DA, Urteil vom 27. August 2010*

[940] *Zur Zulässigkeit der Rücknahme einer Erlaubnis zum Besitz eines Pfeilabschussgeräts mangels Bedürfnis VG Würzburg W 9 K 23.1750, Urteil vom 17.01.2025*

Der Begriff der Erlaubnis ist weit auszulegen, womit nicht allein Waffenbesitzkarten oder Waffenscheine von der Regelung erfasst werden, sondern auch Zustimmungen, Ausnahmen, Einwilligungen sowie Zulassungen.[941]

Bei Rücknahme aufgrund fehlender Zuverlässigkeit oder persönlicher Eignung haben Widerspruch oder Anfechtungsklage gemäß § 45 Abs. 5 WaffG keine aufschiebende Wirkung.[942]

1.27.2.1.2 Widerruf einer Erlaubnis (§ 45 Abs. 2)

Die Erlaubnis ist zu **widerrufen**, wenn **nach Erteilung der Erlaubnis Tatsachen eintreten**, die zur Versagung der Erlaubnis geführt hätten (§ 45 Abs. 2 WaffG) – hier ist insbesondere an den Verlust der **Zuverlässigkeit**[943] nach § 5 WaffG zu denken oder an Erkrankungen bzw. psychische Krisen (Äußerung von Suizidgedanken etc.), die die **persönliche Eignung** nach § 6 WaffG zum Umgang mit Waffen und Munition entfallen lassen, aber auch an den Wegfall des **Bedürfnisses**. Hier ist regelmäßig dem besonders hohen Interesse der Allgemeinheit an einem ordnungsgemäßen und verantwortungsvollen Umgang mit Waffen und Munition, also dem Schutz von Leib und Leben als überragend wichtigen Rechtsgütern, der Vorrang gegenüber dem Interesse des Betroffenen einzuräumen.[944] Allerdings darf sich das Handeln der Behörde nicht auf bloßes Hörensagen stützen, sondern bedarf der Feststellung belastbarer Tatsachen. **Zeitpunkt für die Beurteilung der Sach- und Rechtslage** ist der Moment des Erlasses eines Bescheids.[945]

§ 45 Abs. 2 Satz 2 WaffG bestimmt, dass die Erlaubnisbehörde bereits bei einem Verstoß gegen **beschränkende Auflagen** die diesbezügliche Erlaubnis widerrufen kann – etwa im Falle eines Waffensammlers, der trotz Beschränkung des Sammelgebietes auch andere Waffen erwirbt.

Bei Widerruf aufgrund fehlender Zuverlässigkeit oder persönlicher Eignung haben Widerspruch oder Anfechtungsklage gemäß § 45 Abs. 5 WaffG keine aufschiebende Wirkung.[946]

Zu beachten ist bei der **Sicherstellung** einer **Erlaubnisurkunde**, dass diese Maßnahme nur durch die **sachlich zuständige Behörde** angeordnet werden darf. So ist es als rechtswidrig anzusehen, wenn etwa die Waffenbehörde, die im Rahmen eines Widerrufs der WBK eines Jägers vor Ort ist, auch den Jagdschein des Betroffenen

---

[941] *WaffVwV zu § 45 WaffG, Nr. 45.1; somit ist auch der Europäische Feuerwaffenpass, der selbst keine waffenrechtliche Erlaubnis ist, erfasst.*

[942] *Ausführliche Darstellung der Thematik in Kapitel 1.27.2.1.5*

[943] *Beispiele für Handlungen oder Unterlassungen, die zu einem Verlust der Zuverlässigkeit führen können, siehe Kapitel 1.7.3.9*

[944] *VG Oldenburg 11 B 4175/06, Beschluss vom 26. September 2006*

[945] *VG Darmstadt 5 K 38/10.DA, Urteil vom 27. August 2010*

[946] *Ausführliche Darstellung der Thematik in Kapitel 1.27.2.1.5*

sicherstellt, wenn die Aufgabenzuweisung für die Durchführung jagdrechtlicher Angelegenheiten das Handeln einer anderen Behörde (in der Regel die Jagdbehörde) vorsieht und diese eigentlich zuständige Behörde eine Sicherstellung des Jagdscheins nicht angeordnet hat. Die Aufgabenzuweisung kann nicht dadurch außer Kraft gesetzt werden, dass sich die handelnde Behörde auf Regelungen der Amtshilfe beruft, weil § 4 Abs. 1 VwVfG lediglich Teilhandlungen zulässt, nicht aber die umfassende Verlagerung der Zuständigkeit.[947]

Beachten Sie, dass Widerruf, Rücknahme und Ablehnung der Erteilung einer Waffenbesitzkarte oder eines Waffenscheins wegen Unzuverlässigkeit oder fehlender persönlicher Eignung an das **Bundeszentralregister** (BZR) zu melden sind, wenn es sich um eine vollziehbare oder nicht mehr anfechtbare Entscheidung der zuständigen Behörde handelt.[948] Dem **Nationalen Waffenregister** sind nach § 5 WaffRG bereits die Entscheidung der Behörde ohne das Erfordernis der Vollziehbarkeit zu melden, ebenso bereits die Antragstellung auf Erteilung einer waffenrechtlichen Erlaubnis.

Ist eine vollziehbare Entscheidung in das BZR eingetragen worden, ist der spätere **Eintritt der Unanfechtbarkeit** nachzutragen.

Wer nach Bekanntgabe eines unter Anordnung der sofortigen Vollziehung ausgesprochenen Widerrufs der Waffenbesitzkarte weitere Waffen erwirbt, handelt insoweit, ungeachtet der Tatsache, dass Widerspruch oder Anfechtungsklage gegen den Widerruf erhoben worden sind, rechtswidrig und macht sich strafbar.[949]

1.27.2.1.3 Wegfall des Bedürfnisses (§ 45 Abs. 3)

Grundsätzlich ist ein Bedürfnis die Voraussetzung für die Erlaubnis zum Umgang mit erlaubnispflichtigen Schusswaffen und Munition. **Fällt** das bei Beantragung der Erlaubnis nachgewiesene[950] **Bedürfnis weg**, etwa bei Vereinsaustritt eines Sportschützen oder nicht mehr regelmäßiger Ausübung[951] des Schießsports, Aufgabe der Jagd, Nichtlösen des Jagdscheins[952] oder Betreiben des Gewerbes, **kann** die Erlaubnis **widerrufen** werden (fakultativ).

---

[947] *VG Oldenburg 11 B 4175/06, Beschluss vom 26. September 2006*

[948] *§ 10 Abs. 1 Nr. 3 lit. b BZRG*

[949] *VG Darmstadt 5 K 38/10.DA, Urteil vom 27. August 2010*

[950] *Die Anwendung dieser Norm setzt voraus, dass das Bedürfnis bei Erteilung der Erlaubnis tatsächlich bestanden hat.*

[951] *VG Darmstadt 5 K 321/10.DA, Urteil vom 21. Januar 2011; danach entfällt das Bedürfnis eines Sportschützen, wenn die bei Erteilung der waffenrechtlichen Erlaubnis erforderliche Zahl von Trainingsterminen (zu diesem Zeitpunkt galt: monatlich einmal oder an 18 Tagen im Jahr) nicht mehr nachgewiesen werden kann.*

[952] *Der Erwerb und Besitz von Langwaffen-Munition ist Inhabern eines Jagdscheines nach § 13 Abs. 5 WaffG erlaubnisfrei gestattet; bei nicht gelöstem Jagdschein*

§ 45 Abs. 3 S. 1 WaffG ist eine **fakultative** Regelung: Danach steht es im Ermessen der Erlaubnisbehörde, die Erlaubnis zu widerrufen oder bei Vorliegen bestimmter Umstände, meist in den Eigenschaften oder Lebensumständen des Betroffenen, trotz Wegfall des Bedürfnisses einem Verbleib von Waffen und Munition zuzustimmen. Zu unterscheiden sind der **vorübergehende** und der **endgültige** Wegfall des Bedürfnisses.

Vorübergehend entfällt ein Bedürfnis zB bei einem längeren Auslandsaufenthalt eines Sportschützen, der während dieser Zeit nicht regelmäßig seinen Übungen nachgehen kann. Wenn nach Würdigung aller Umstände davon auszugehen ist, dass der Wegfall des Bedürfnisses befristet ist, sollte von der Möglichkeit, die § 45 Abs. 3 WaffG bietet, Gebrauch gemacht werden, um übermäßige Härten zu vermeiden.

Selbst bei einem **endgültigen** Wegfall des Bedürfnisses (zB ein langjährig aktiver Jäger, der nun aber aus Altersgründen nicht mehr aktiv die Jagd ausüben kann) kann aus besonderen Gründen von einem Widerruf abgesehen werden, wenn der Erlaubnisinhaber zuverlässig und persönlich geeignet ist.[953] Entsprechendes gilt im Falle eines Sportschützen oder Sammlers.

Bei Wegfall des Bedürfnisses zum **Führen** einer Schusswaffe **muss** die Erlaubnis **widerrufen** werden (**obligatorisch**). Unberührt hiervon bleiben die Möglichkeiten des erlaubnisfreien Führens nach § 12 Abs. 3 WaffG.

Schießsportliche Vereine sind gemäß § 15 Abs. 5 WaffG verpflichtet, ausgeschiedene Vereinsmitglieder, die Inhaber einer waffenrechtlichen Erlaubnis sind, der Waffenbehörde zu melden, in deren Bezirk der jeweilige Inhaber der WBK seinen gewöhnlichen Aufenthalt hat. Mangels Regelungen zu Ausnahmen von dieser Pflicht hat diese Meldung auch dann zu erfolgen, wenn der Sportschütze sein Bedürfnis nicht auf Grundlage seiner schießsportlichen Aktivitäten in diesem Verein nachgewiesen hat, dieser Verein also keinen Nachweis im Rahmen der Bedürfnisprüfung ausgestellt hat. Eine bloße Inaktivität des Sportschützen, auch über einen längeren Zeitraum, ist nicht meldepflichtig.[954] Sofern die zuständige Behörde nicht bereits Kenntnis von einer weiteren bestehenden Mitgliedschaft in einer anderen schießsportlichen Vereinigung hat, ist der Sportschütze zum Nachweis der nach § 14 Abs. 2 WaffG geforderten Vereinszugehörigkeit aufzufordern.

1.27.2.1.4 Mitwirkungspflicht im Verfahren (§ 45 Abs. 4)

Der Inhaber einer waffenrechtlichen Erlaubnis hat im Zuge der Überprüfung des Bestehens der Erlaubnisvoraussetzungen eine grundsätzliche Mitwirkungspflicht. Verweigert er seine Mitwirkung im Falle der Überprüfung solcher vorgeschriebenen Tatbestandsvoraussetzungen, deren Wegfall die Rücknahme oder den Widerruf der

---

entfällt die Besitzerlaubnis, weshalb es sinnvoll ist, die Erlaubnis zum Erwerb und Besitz in der WBK zur jeweiligen Langwaffe eintragen zu lassen.

[953] *WaffVwV zu § 45 Abs. 3 WaffG, Nr. 45.3.2*

[954] *BT-Drs. 14/8886 S. 112, „Zu § 15", Absatz 1*

erteilten Erlaubnis begründen würden, zum Beispiel nach dem Nachweis des bestehenden Bedürfnisses, darf die Behörde vermuten, dass diese Voraussetzungen nicht mehr vorliegen und darf die in der Regel folgende Widerrufsentscheidung auf diese Vermutung stützen. Dies gilt auch für die Überprüfung des weiteren Vorliegens der Erlaubnisvoraussetzungen nach § 4 Abs. 3, 4 WaffG. Darauf ist der Betroffene bei Abfrage der erforderlichen Nachweise ausdrücklich hinzuweisen.

1.27.2.1.5 Keine aufschiebende Wirkung (§ 45 Abs. 5)

Um zu verhindern, dass im Zuge langwieriger Entzugsverfahren Waffen möglicherweise über Jahre bei nicht geeigneten Personen verbleiben, wurde im Zuge der Änderung des WaffG 2008 auf Vorschlag des Bundesrates im Gesetzgebungsverfahren eine Regelung in das Gesetz aufgenommen, die eine kurzfristige Beendigung des Besitzes möglich macht.[955] Während § 80 Abs. 2 Satz 1 Nr. 4 iVm Abs. 3 VwGO stets erfordert, dass eine Behörde den **Sofortvollzug im Einzelfall** umfassend und ausführlich begründen muss, wird durch den in § 45 Abs. 5 WaffG[956] gesetzlich festgelegten Wegfall der aufschiebenden Wirkung von Widerspruch und Anfechtungsklage diese grundsätzlich aufgehoben, wie es § 80 Abs. 2 Nr. 3 VwGO vorsieht. Die aufschiebende Wirkung von Widerspruch oder Anfechtungsklage wäre lediglich durch eine Eilentscheidung des zuständigen Verwaltungsgerichts gemäß § 80 Abs. 5 VwGO auf Antrag wieder herstellbar.

Die Regelung nach § 45 Abs. 5 WaffG, wonach Widerruf und Rücknahme keine aufschiebende Wirkung haben, gilt nur, wenn Rücknahme oder Widerruf wegen Nichtvorliegens oder Entfallens der Zuverlässigkeit nach § 5 WaffG oder der persönlichen Eignung nach § 6 WaffG erfolgt sind.

1.27.2.1.6 Inhalt und Übermittlung des Bescheids

Zu Formerfordernissen und Fristen siehe Kapitel 1.27.1.2, 1.27.1.3 und 1.27.2.2.2.

Der **Bescheid** über die Rücknahme oder den Widerruf einer Erlaubnis ist gemäß § 41 Abs. 1 VwVfG dem Betroffenen bekannt zu geben. Diese **Bekanntgabe** kann gemäß § 37 Abs. 2 VwVfG **auch mündlich** erfolgen, wobei die Regelung zur Bestimmtheit in § 37 Abs. 1 VwVfG sowie die weiteren in Abs. 2 genannten Bedingungen zu beachten sind. Mit erfolgter Bekanntgabe wird der Bescheid gemäß § 43 Abs. 1 Satz 1 VwVfG wirksam (**Wirksamkeit**).

Von der Wirksamkeit zu unterscheiden ist die **Bestandskraft**, die in der Regel spätestens nach Ausschöpfen aller Rechtsmittel eintritt. Zu beachten ist, dass die Behörde bereits ab dem Zeitpunkt der Wirksamkeit des Bescheids dem Betroffenen bestimmte Pflichten aufgeben kann, zB die Rückgabe des Erlaubnisdokuments oder die Überlassung der Waffen und Munition, auf die sich der Widerruf bezieht, an Berechtigte bis zu einem in dem Bescheid festzulegenden Zeitpunkt.

---

[955] *Zur Begründung BT-Drs. 16/7717, S. 33*

[956] *Siehe auch Regelung in § 46 Abs. 6 WaffG für § 46 Abs. 1 bis 5 WaffG*

Es ist nicht zulässig, den Betroffenen zu einer Veräußerung der in Rede stehenden Waffen oder Munition im Sinne eines Eigentumswechsels aufzufordern. Das Gesetz verlangt allein die Überlassung im Sinne eines Besitzübergangs, ein Verkauf und damit ein Eingriff in das grundgesetzlich garantierte Recht auf Eigentum an der Sache ist nicht statthaft. Durch das Überlassen an einen Berechtigten wird das Interesse der Bevölkerung an der Beendigung eines Waffenbesitzes durch eine Person, die nicht das erforderliche Vertrauen besitzt, ausreichend berücksichtigt.

Zu beachten ist, dass die Regelung nach § 45 Abs. 5 WaffG nur gilt, wenn Rücknahme oder Widerruf wegen Nichtvorliegens oder Entfallens der Zuverlässigkeit nach § 5 WaffG oder der persönlichen Eignung nach § 6 WaffG erfolgt sind.

Dem Betroffenen ist gemäß § 46 Abs. 2, 3 WaffG eine angemessene Frist einzuräumen, binnen der eine Überlassung oder Unbrauchbarmachung der Waffen oder Munition erfolgen muss.[957] Gegen diese Anordnung haben gemäß § 46 Abs. 6 WaffG Widerspruch und Anfechtungsklage keine aufschiebende Wirkung. In Dringlichkeitsfällen ist die Möglichkeit der sofortigen Sicherstellung nach § 46 Abs. 4 WaffG zu prüfen, die aber an das Vorliegen bestimmter Voraussetzungen gebunden ist – auch gegen die Anordnung der sofortigen Sicherstellung haben Widerspruch und Anfechtungsklage keine aufschiebende Wirkung.[958] Der Betroffene kann nach § 80 Abs. 5 VwGO das Gericht der Hauptsache anrufen, um eine vollständige oder teilweise Wiederherstellung der aufschiebenden Wirkung zu erreichen.

1.27.2.2 Weitere Maßnahmen (§ 46)

1.27.2.2.1 Rückgabe von Dokumenten (§ 46 Abs. 1)

Erlaubnisse werden in Form von Dokumenten wie der WBK erteilt, die wiederum für Dritte bedeuten, dass der Betroffene Waffen oder Munition befugt erwerben und besitzen darf, insbesondere aber auch Ausnahmeregelungen in Anspruch nehmen darf, beispielsweise gemäß § 12 Abs. 1 WaffG Waffen leihen darf. Aus diesem Grunde ist gesetzlich festgelegt, dass nach Rücknahme, Widerruf oder Erlöschen einer Erlaubnis alle Ausfertigungen der Erlaubnisurkunde unverzüglich, somit ohne schuldhaftes Zögern, von dem Inhaber an die zuständige Behörde zurückzugeben sind. Als unverzüglich gilt die Rückgabe innerhalb von zwei Wochen.[959]

Erfolgt keine Rückgabe, kann die zuständige Behörde die erforderlichen Schritte bis zur Sicherstellung durch Vollstreckungsbeamte gehen auf Grundlage des im jeweiligen Bundesland geltenden allgemeinen Polizeirechts oder Vollstreckungsrechts, da das Waffengesetz lediglich bei Vorliegen der Voraussetzungen für eine sofortige Sicherstellung nach § 46 Abs. 4 WaffG auf eine Sicherstellung eines waffenrechtlichen Erlaubnisdokuments angewandt werden kann.[960]

---

[957] *Zur Angemessenheit der Frist siehe Kapitel 1.27.2.2.2*

[958] *Dazu ausführlich Kapitel 1.27.2.2.3*

[959] *WaffVwV zu § 46, Nr. 46.1*

[960] *Zur sofortigen Sicherstellung ausführlich Kapitel 1.27.2.2.3*

Wer nach Bekanntgabe eines unter Anordnung der sofortigen Vollziehung ausgesprochenen Widerrufs der WBK weitere Waffen erwirbt, handelt - ungeachtet der Tatsache, dass Widerspruch oder Anfechtungsklage gegen den Widerruf erhoben worden sind - rechtswidrig und macht sich strafbar.[961]

Auch beglaubigte Kopien waffenrechtlicher Erlaubnisse sollten in der Praxis nicht als Nachweis der Erwerbsberechtigung akzeptiert werden, da das Original der Urkunde zum Zeitpunkt der Überlassung der Waffe oder Munition bereits an die Behörde zurückgegeben worden sein kann. Aus diesem Grunde ist bei jeder Überlassung erlaubnispflichtiger Waffen oder Munition die Vorlage der bestehenden Erwerbs- oder Besitzerlaubnis des Erwerbers im Original zu verlangen, insbesondere bei Rückgabe von Werkstatt-/ Verwahraufträgen oder von Kommissionswaffen.

Ist der Betroffene Inhaber eines gültigen Jagdscheins, ist zu beachten, dass Ungültigkeitserklärung und Einziehung des Jagdscheins gemäß § 18 BJagdG nicht die Anordnung der Herausgabe des Dokuments einschließen. § 18 BJagdG ermächtigt in diesem Falle im Zusammenspiel mit § 52 VwVfG dazu, ergänzend eine Pflicht zur Herausgabe anzuordnen, so dass im Zuge der praktischen Durchführung einer Sicherstellung bei Vorliegen einer sofort vollziehbaren Anordnung zur Herausgabe zum gleichen Zeitpunkt der Jagdschein sichergestellt werden kann.[962]

1.27.2.2.2 Anordnung der Besitzaufgabe (§ 46 Abs. 2, 3)

Die Aufgabe des Besitzes, die nach Wahl des Betroffenen in Form einer **Überlassung an einen Berechtigten** oder einer **dauerhaften Unbrauchbarmachung** entsprechend Anlage 1 A1 UA1 Nr. 1.4 WaffG (unbrauchbar gemachte Schusswaffe) erfolgen kann, ist behördlich anzuordnen. Dabei steht es dem Betroffenen frei, die Waffe zur Vernichtung abzugeben oder selbst zu zerstören.[963] Dabei ist zu unterscheiden zwischen dem Fall eines vormals befugten und noch andauernden Besitzes einerseits, der nach Rücknahme, Widerruf oder Erlöschen der Erlaubnis beendet werden soll (Abs. 2), und dem Fall des unbefugten Besitzes verbotener Waffen (Abs. 3). Grundsätzlich sollte die Behörde stets prüfen, ob aufgrund einer der in Abs. 4 genannten Kriterien eine sofortige Sicherstellung geboten ist.

Variante 1 (§ 46 Abs. 2 WaffG):

- Erwerb und Besitz erfolgten mit Erlaubnis
- Besitz wird noch ausgeübt
- Erlaubnis wurde zurückgenommen, widerrufen oder ist erloschen

Variante 2 (§ 46 Abs. 3 WaffG):

- Besitz erfolgt ohne Erlaubnis (auch verbotene Waffen)

---

961 *VG Darmstadt 5 K 38/10.DA, Urteil vom 27. August 2010*

962 *VG Freiburg 4 K 2703/20, Beschluss vom 26. August 2020*

963 *Ein geeigneter Nachweis der erfolgten Zerstörung ist beizubringen.*

In beiden Varianten muss die zuständige Behörde anordnen, dass der Betroffene die Waffen unbrauchbar macht oder an einen Berechtigten überlässt. Bezüglich der Anordnung steht der Behörde kein Ermessen zu.[964] Im Falle des Besitzes verbotener Waffen oder Munition können gemäß § 46 Abs. 3 Satz 1 2. Alt. WaffG die Verbotsmerkmale beseitigt werden. Die **Durchführung** der Maßnahmen ist der Behörde auf geeignete Weise, die den Erfolg der Maßnahmen zweifelsfrei belegt, **nachzuweisen**.

Für die Durchführung der Maßnahmen ist dem Betroffenen eine **angemessene Frist** zu setzen, während der der Betroffene weiterhin befugt den Besitz über Waffe oder Munition ausüben darf und somit nicht unter die Regelungen der §§ 51 ff. WaffG fällt. **Nach fruchtlosem Verstreichen** der Frist **hat** die zuständige Behörde sowohl in den Fällen des Abs. 2 als auch des Abs. 3 die Waffen oder Munition **sicherzustellen**.[965] Ein solches **Zuwiderhandeln** des Betroffenen im Falle einer **vollziehbaren Anordnung** sowohl nach Absatz 2 als auch nach Absatz 3 ist gemäß § 53 Abs. 1 Nr. 4 WaffG ordnungswidrig.

Eine Frist ist **angemessen**, wenn die Nachteile (für den Betroffenen), die mit ihr verbunden sind, nicht völlig außer Verhältnis zu den Vorteilen (für die öffentliche Sicherheit und Ordnung) stehen, die sie bewirkt. So kann für die Überlassung einer einzigen Waffe an einen Berechtigten eine Frist von zwei Wochen angemessen sein, insbesondere vor dem Hintergrund, dass innerhalb dieser Zeit die Überlassung an einen Waffenhändler im Rahmen eines Kommissionsgeschäfts (zivilrechtlich lediglich Besitzübergang ohne Eigentumsübergang, waffenrechtlich dauerhafte Überlassung) unproblematisch umsetzbar sein dürfte. Eine Frist von vier Wochen ist für die Überlassung mehrerer Waffen eines Sportschützen oder Jägers an einen Berechtigten idR ein angemessener Zeitraum, wenn es sich um eine durchschnittliche Anzahl handelt. Dagegen ist bei Auflösung einer Waffensammlung mit mehreren hundert Stücken selbst ein Zeitraum von sechs Monaten kaum ausreichend, die Waffen an Berechtigte zu überlassen, ohne beträchtliche finanzielle Einbußen zu erleiden. Die Überlassung von Munition wird in der Regel in kürzeren Zeiträumen möglich sein, idR sollte ein Zeitraum von vierzehn Tagen genügen. Bei der Findung der angemessenen Frist muss beachtet werden, dass der Anordnung zur Besitzaufgabe idR ein Umstand zugrunde liegt, der einen befugten Waffenbesitz nicht mehr rechtfertigt und somit unverzüglich[966] zu beenden ist.

---

[964] *Zum Begriff des Ermessens siehe auch S. 312; vor Änderung des WaffG im Oktober 2024 stand die Anordnung als „Kann-Bestimmung" im Ermessen der Behörde; selbst im Falle eines illegalen Waffenbesitzes war es somit möglich, von einer Anordnung der Besitzaufgabe abzusehen.*

[965] *Einziehung u. Vernichtung dürfen erst nach erfolgter Sicherstellung unter den Voraussetzungen des § 46 Abs. 7 S. 1 WaffG angeordnet werden, nicht aber mit dem Widerrufsbescheid (VG München M 7 S 21.1849, Beschl. v. 11. Juni 2021)*

[966] *§ 121 BGB; es handelt unverzüglich, wer ohne schuldhaftes Zögern handelt.*

Ist eine Frist zu kurz bemessen, kann die Behörde auf Antrag des Betroffenen eine Verlängerung der Frist einräumen. Eine behördlich gesetzte Frist kann grundsätzlich verlängert werden, auch rückwirkend nach Ablauf dieser Frist.[967]

1.27.2.2.3 Sofortige Sicherstellung (§ 46 Abs. 4)

Während die Behörde bei Anwendung der Absätze 2 und 3 durch den Gesetzgeber gezwungen wird, dem Besitzer von Waffe oder Munition eine angemessene Frist zu setzen, binnen derer dieser der Anordnung der Behörde zur Überlassung etc. nachzukommen hat und die Durchführung gegenüber der Behörde nachzuweisen ist, muss[968] in Dringlichkeitsfällen die zuständige Behörde sowohl die waffenrechtlichen **Erlaubnisurkunden** als auch **Waffen** und **Munition** **sofort sicherstellen**, die den Regelungen der Absätze 2 oder 3 unterfallen, also Waffen oder Munition, die

- nach **Rücknahme**, **Widerruf** oder **Erlöschen** einer Erlaubnis,
- **ohne** die erforderliche **Erlaubnis** oder
- **entgegen** einem gesetzlichen **Verbot**

besessen werden. Außerdem werden **Fälle eines vollziehbaren Waffenverbots** nach § 41 Abs. 1 oder 2 WaffG von der Möglichkeit der sofortigen Sicherstellung erfasst.

Der Regelfall wird in der behördlichen Praxis ein Besitz erlaubnispflichtiger Waffen oder Munition sein, der durch einen wirksamen Widerruf der Erlaubnis nach § 45 Abs. 2 WaffG endet, was Voraussetzung ist für die Maßnahmen nach § 46 WaffG.

Die Möglichkeit zur sofortigen **Sicherstellung der Erlaubnisdokumente** im Zuge der sofortigen Sicherstellung soll die missbräuchliche Verwendung dieser Urkunden verhindern, insbesondere der WBK, zur vermeintlichen Legitimation im Falle der Ausnahmen von der Erlaubnispflicht, zB Fälle der Leihe nach § 12 Abs. 1 WaffG.

Zu unterscheiden ist zwischen

- der **sofortigen Sicherstellung** (Satz 1)[969]
    - aufgrund eines vollziehbaren Waffenverbots[970],
    - einer geplanten missbräuchlichen Verwendung oder
    - einer geplanten Überlassung an Nichtberechtigte

und

---

[967] *§ 31 Abs. 7 VwVfG*

[968] *Gebundene anstelle einer Ermessensentscheidung, vgl. BT-Drs. 20/12805, S. 39 zu § 46; vor Änderung des WaffG im Oktober 2024 stand die sofortige Sicherstellung im Ermessen der Behörde.*

[969] *Hier genügt das Vorliegen einer Voraussetzung für die Anwendbarkeit; eine bestehende Erlaubnis muss spätestens mit Anordnung der Sicherstellung widerrufen werden (VG Regensburg RO 4 K 19.1591, Urteil vom 8. Dezember 2020)*

[970] *Ausführliche Darstellung in Kapitel 1.24.2*

- der **sofortigen vorläufigen Sicherstellung** (Satz 2)[971]
    - aufgrund des Wegfalls von Zuverlässigkeit bzw. persönlicher Eignung und
    - einer Gefährdung bedeutender Rechtsgüter im Falle des fortgesetzten Besitzes von Waffen oder Munition.

1.27.2.2.3.1 Sofortige Sicherstellung (§ 46 Abs. 4 Satz 1)

Voraussetzung für die sofortige Sicherstellung von Waffen, Munition und waffenrechtlichen Erlaubnisdokumenten ist, dass mindestens eine der in Abs. 4 Satz 1 genannten drei alternativen Voraussetzungen erfüllt wird:

- **Variante 1**: Es besteht ein vollziehbares Waffenverbot nach § 41 WaffG[972]; die Vollziehbarkeit dieses Waffenverbots ist, sofern nicht durch den gesetzlich vorgegebenen Zeitablauf wirksam geworden, gesondert anzuordnen und muss im Moment der Sicherstellung nach § 46 Abs. 4 WaffG noch bestehen; anders als im Falle der sofortigen Vollziehbarkeit einer Rücknahme oder eines Widerrufs aufgrund fehlender Zuverlässigkeit oder persönlicher Eignung durch die gesetzliche Regelung in § 45 Abs. 5 WaffG ist eine solche Regelung für das Waffenverbot nach § 41 WaffG nicht vorgesehen.

- **Varianten 2 und 3**: Es handelt sich um waffenrechtliche Erlaubnisdokumente des Betroffenen (§ 46 Abs. 1 WaffG) oder um die Waffen oder Munition, die unter die Regelungen von § 46 Abs. 2, 3 WaffG fallen (ein Besitz nach wirksamem Widerruf oder wirksamer Rücknahme nach § 45 WaffG, nach Erlöschen der zugrundeliegenden Erlaubnis, ohne vorherige Berechtigung in Besitz befindliche oder verbotene Waffen), und

    - **Variante 2**: Tatsachen die Annahme rechtfertigen, dass diese Waffen oder Munition missbräuchlich verwendet werden sollen

  oder

    - **Variante 3**: Tatsachen vorliegen, die die Annahme rechtfertigen, dass die Waffen oder Munition von einem Nichtberechtigten erworben werden sollen.

Die Varianten 2 und 3 setzen voraus, dass der Behörde **Tatsachen**[973] vorliegen bzw. bekanntgeworden sind, auf die sich die behördliche Prognose stützen kann.

1.27.2.2.3.2 Sofortige vorläufige Sicherstellung (§ 46 Abs. 4 Satz 2)

Die sofortige vorläufige Sicherstellung nach Satz 2 wurde im Zuge der Gesetzesänderung 2024 in das WaffG aufgenommen. Begründet wurde die Regelung, die ohne Vorbild in der Historie des WaffG ist, mit dem Ziel, einen Waffenbesitz im Falle der

---

[971] *Hier müssen beide Tatbestandsvoraussetzungen gegeben sein.*

[972] *Ausführliche Darstellung in Kapitel 1.24.2*

[973] *Zum **Begriff der Tatsache** siehe Kapitel 1.7.3.3*

Gefahr für bedeutsame Rechtsgüter durch die Fortdauer des Besitzes, wenn auch vorläufig, so doch unmittelbar beenden zu können. Gleiches gilt für waffenrechtliche Erlaubnisurkunden.[974]

Die Voraussetzungen für die Zulässigkeit einer sofortigen vorläufigen Sicherstellung stellen im Gesetzeswortlaut **nicht allein auf Tatsachen** ab, **sondern** lassen **bereits tatsächliche Anhaltspunkte** ausreichen, die auf **Indizien**[975] beruhen, deren Bewertung aufgrund polizeilicher oder behördlicher Erfahrungen den Schluss auf die gesetzlich geforderte Gefahrensituation zulässt.[976] Als taugliche Prognosekriterien können insbesondere Art, Schwere und Begehungsweise der vormaligen Tat sowie die Persönlichkeit des Betroffenen und sein bisheriges strafrechtliches Erscheinungsbild in Frage kommen. Die Wahrscheinlichkeit kann personenbezogen, phänomenbezogen oder tatbezogen begründbar sein und sich auf Delikts- bzw. Phänomenbereiche beziehen, wobei auch die Intensität des Verstoßes und etwaige Wiederholungen zu beachten sind.[977]

Für die Anwendung der Norm ist es erforderlich, dass dem Betroffenen eine waffenrechtliche Erlaubnis erteilt worden ist. Nicht erforderlich ist es dagegen, dass ein wirksamer Widerruf oder eine wirksame Rücknahme dieser waffenrechtlichen Erlaubnis vorliegen; vielmehr reicht es für die sofortige vorläufige Sicherstellung aus, dass Tatsachen die Annahme rechtfertigen, dass der Erlaubnisinhaber nicht mehr die erforderliche Zuverlässigkeit oder persönliche Eignung besitzt und die Waffenbehörde das Vorliegen dieser Tatsachen bejaht, die die Behörde dazu veranlasst haben, die Prüfung des Widerrufs oder der Rücknahme der waffenrechtlichen Erlaubnis einzuleiten.[978]

Zusätzlich muss die Prognose nach Satz 2 Nr. 2 für den Betroffenen negativ ausfallen. Bei dieser zu erstellenden Prognose[979] hat die Behörde alle ihr bekannten Tatsachen, die die Annahme rechtfertigen, zu berücksichtigen. Sie ist nicht ausschließlich auf die Umstände beschränkt, die zur Einleitung der Prüfung des Widerrufs oder

---

[974] *Erfasst sind waffenrechtliche Erlaubnisurkunden, jedoch nicht der Jagdschein; siehe dazu auch Fn. 990 sowie darauf verweisenden Text auf Seite 346.*

[975] *Ein **Indiz** lässt den Schluss auf eine Tatsache zu, ohne diese zu belegen.*

[976] *Brenneisen/Wilksen/Staack/Martins, Versammlungsrecht, 5. Aufl. 2020, S. 361; auch die Erläuterung des **Begriffs „tatsächliche Anhaltspunkte“** in der Begründung zur Neufassung des BKA-Gesetzes (BT-Drs. 21/324 zu § 30a Abs. 2 BKAG) liefert verwertbare Hinweise für die Deutung und Differenzierung des Begriffs zur „Tatsache“ mit Verweis auf die die Änderung auslösende Entscheidung des BVerfG.*

[977] *BVerfG 1 BVR 1160/19, Urteil vom 1. Oktober 2024, Rn. 186*

[978] *BT-Drs. 12/13413, S. 55; die Einleitung der Prüfung bedarf keiner Bekanntgabe; vielmehr beginnt mit der Entscheidung der Behörde, das Verfahren einzuleiten, das Verwaltungsverfahren; diese Entscheidung muss nicht ausdrücklich getroffen werden (Ramsauer/Kopp, VwVfG, 18. Aufl. 2017, § 22, Rn. 17, 18)*

[979] *Zum **Begriff der Prognose** ergänzend Kapitel 1.7.3.3*

der Rücknahme geführt haben.[980] Zwingend ist festzustellen, dass **tatsächliche Anhaltspunkte** vorliegen, dass durch den weiteren Umgang des Betroffenen mit Waffen oder Munition eine **Gefährdung bedeutender Rechtsgüter**[981] droht.

Nur wenn beide Kriterien erfüllt sind, also sowohl Tatsachen die Annahme den Wegfall von Zuverlässigkeit oder persönlicher Eignung rechtfertigen und tatsächliche Anhaltspunkte für eine Gefährdung bedeutender Rechtsgüter durch den fortgesetzten Umgang des Betroffenen mit Waffen oder Munition vorliegen, darf die sofortige vorläufige Sicherstellung erfolgen.

Gegenstand der sofortigen vorläufigen Sicherstellung nach Satz 2 sind

- die waffenrechtlichen **Erlaubnisurkunden**, die für die Dauer der Prüfung von Rücknahme oder Widerruf sichergestellt werden dürfen, und
- **Waffen oder Munition**, die lediglich für bis zu sechs Monate[982] sichergestellt werden dürfen.

1.27.2.2.4 Betretungs- und Durchsuchungsrecht (§ 46 Abs. 5)

Für beide Formen der sofortigen Sicherstellung nach § 46 Abs. 4 WaffG sieht das Gesetz in § 46 Abs. 5 WaffG besondere Betretungs- und ggfs. Durchsuchungsrechte vor. Die Begriffe „Betreten" und „Durchsuchen" sind klar voneinander zu trennen.

Betreten ist bezogen auf eine Wohnung lediglich das Eintreten und Verweilen, bei dem allein die allgemeine Sinneswahrnehmung durch Auge und Ohr erfolgen darf und damit die Aktivität der Behörde wirksam begrenzt. Beispielhaft ermöglicht ein Betretungsrecht lediglich, in eine Wohnung einzutreten und sich darin aufzuhalten, um das wahrzunehmen, was offenkundig wahrnehmbar ist. Ein Öffnen von Behältnissen wie Schränken, Schubladen oder Taschen ist davon nicht abgedeckt und somit unzulässig, das gilt auch für Kleidungsstücke des Betroffenen.

---

[980] *BT-Drs. 20/13413, S. 55*

[981] *BT-Drs. 20/13413, S. 55: „Eine drohende Gefährdung bedeutender Rechtsgüter ist anzunehmen, wenn sich aus der Gesamtbewertung aller der Waffenbehörde bekannten Tatsachen der Schluss ergibt, dass eine konkrete Wahrscheinlichkeit besteht, dass während der Dauer der Prüfung des Widerrufs oder der Rücknahme ein Schaden für die geschützten Rechtsgüter entsteht. Bei der Bestimmung bedeutender Rechtsgüter kann auf die gängigen polizeirechtlichen Definitionen zurückgegriffen werden, wonach darunter der Bestand oder die Sicherheit des Bundes oder eines Landes, Leben, Gesundheit oder Freiheit eines oder mehrerer Menschen, die sexuelle Selbstbestimmung sowie Anlagen der kritischen Infrastruktur und Kulturgüter von mindestens überregionalem Rang zu subsumieren sind."*

[982] *Um die Sicherstellung auch nach Ablauf des Sechs-Monats-Zeitraums aufrechtzuerhalten, kann ein Waffenverbot nach § 41 Abs. 2 WaffG in Betracht kommen; in diesem Falle müssten aber die erforderlichen Voraussetzungen vorliegen.*

Durchsuchen ist dagegen das zielgerichtete Suchen nach Gegenständen, die im Regelfall nicht offenbart werden sollen. Dazu zählt beispielsweise die Suche nach Gegenständen in Schubladen oder Schränken, unabhängig davon, ob diese Gelasse unverschlossen oder verschlossen sind.

In der Praxis kann sich der Entschluss zur Durchsuchung im Verlaufe des Aufenthaltes in der Wohnung nach dem Betreten ergeben. Ist die Durchsuchung dagegen perspektivisch schon erforderlich während der Vorbereitung der behördlichen Maßnahme, kann in der Regel nicht von Gefahr im Verzuge ausgegangen werden (siehe nachfolgende Ausführungen), so dass eine richterliche Anordnung zur Durchsuchung im Vorwege der Durchführung der Maßnahme erwirkt werden muss.

Das Betreten der Wohnung durch Mitarbeiter der Behörde zwecks Öffnung des Waffenschrankes und Sicherstellung von Waffen und Munition ist keine Durchsuchung im Sinne des Art. 13 Abs. 2 GG und bedarf deshalb keiner richterlichen Anordnung nach § 46 Abs. 4, sondern nur einer behördlichen Duldungsanordnung.[983]

Zur Durchsetzung der sofortigen Sicherstellung nach Abs. 4[984] dürfen die Beauftragten der zuständigen Behörde die Wohnung des Betroffenen zunächst lediglich **betreten**, ohne dass es einer weiteren Anordnung eines Gerichts oder dieser Behörde bedarf. Das Betreten ist nicht unmittelbar mit dem Recht zur Durchsuchung verbunden; Art. 13 GG hat dem Gesetzgeber vorgegeben, dass die Durchsuchung im Regelfall von einem Richter angeordnet werden muss, was auch durch die Regelung des § 46 Abs. 5 WaffG umgesetzt wurde.

Die Beauftragten der zuständigen Behörde dürfen die Wohnung des Betroffenen über das Betreten hinaus **durchsuchen**, wenn dies durch einen Richter angeordnet worden ist. Für eine **Durchsuchung der Person** und von **Fahrzeugen**, die nicht (zumindest teilweise) tatsächlich zu Wohnzwecken genutzt werden, findet sich im WaffG **keine Rechtsgrundlage**.[985] Welches Gericht für die Anordnung der Wohnungsdurchsuchung zuständig ist, bestimmt sich in Ermangelung einer speziellen Regelung im WaffG nach dem allgemeinen Gefahrenabwehrrecht der Länder.[986]

Liegt in einer Verzögerung des Geschehens eine Gefahr („**Gefahr im Verzug**"), kann die zuständige Behörde die Durchsuchung selbst anordnen, muss dies aber begründen können. Der Begriff „Gefahr im Verzug" ist ein unbestimmter Rechtsbegriff und aufgrund der Eingriffsintensität der damit begründeten Maßnahme eng auszule-

---

[983] *BayVGH 19 CE 08.2338, Beschluss vom 27. Oktober 2008*

[984] *Eine Differenzierung von „sofortiger" und „sofortiger vorläufiger" Sicherstellung ist nicht vorgesehen (BT-Drs. 20/13413, S. 55).*

[985] *VG Schwerin 3 E 234/23 SN, Beschluss vom 14. Februar 2023*

[986] *WaffVwV zu § 46, Nr. 46.2; zuständig kann sowohl ein Amtsgericht als auch ein Verwaltungsgericht sein.*

gen.[987] Die **Durchsuchung der Person** des Betroffenen oder von **Fahrzeugen** ist auch von dieser Regelung **nicht gedeckt**. Betroffen sind von der Möglichkeit der sofortigen Sicherstellung nur solche Waffen und Munition, zu deren Besitz der Betreffende nicht oder nicht mehr berechtigt ist. Bei sofortiger Sicherstellung aufgrund vollziehbaren Waffenverbots nach § 41 Abs. 2 WaffG ist zu beachten, dass eine bestehende Erlaubnis zum Besitz der betroffenen Waffen oder Munition spätestens mit Anordnung der Sicherstellung widerrufen werden muss, da Sicherstellungsverfahren und Widerrufsverfahren zwei vollkommen unabhängige Abläufe darstellen und separat zu begründen sind.[988]

Das **Grundrecht auf Unverletzlichkeit der Wohnung**[989] nach Art. 13 GG wird durch § 46 Abs. 5 WaffG gesetzlich eingeschränkt. Widerspruch und Anfechtungsklage des Betroffenen haben gemäß § 46 Abs. 6 WaffG keine aufschiebende Wirkung, das gilt sowohl für die sofortige Sicherstellung selbst als für das Betreten und ein mögliches Durchsuchen. Eine Anordnung der sofortigen Vollziehung nach § 80 Abs. 2 Satz 1 Nr. 4 VwGO ist somit nicht erforderlich, die erforderlichen Maßnahmen sind unmittelbar vollstreckbar. Der Betroffene kann aber nach § 80 Abs. 5 VwGO das Gericht der Hauptsache anrufen, um eine vollständige oder teilweise Wiederherstellung der aufschiebenden Wirkung zu erreichen.

Ist der Betroffene **Inhaber eines gültigen Jagdscheins**, ist zu beachten, dass Ungültigkeitserklärung und Einziehung des Jagdscheins gemäß § 18 BJagdG nicht die Anordnung der Herausgabe des Dokuments einschließen. § 18 BJagdG ermächtigt in diesem Falle im Zusammenspiel mit § 52 VwVfG dazu, ergänzend eine Pflicht zur Herausgabe anzuordnen, so dass im Zuge der Durchführung einer Sicherstellung nach § 46 Abs. 4 WaffG bei Vorliegen einer sofort vollziehbaren Anordnung zur Herausgabe zum gleichen Zeitpunkt der Jagdschein sichergestellt werden kann.[990]

Beachten Sie zu den behördlichen Betretungsrechten Kapitel 1.21.9.

1.27.2.2.5 Keine aufschiebende Wirkung (§ 46 Abs. 6)

Widerspruch und Anfechtungsklage gegen Maßnahmen nach § 46 Abs. 1 bis 5 WaffG haben keine aufschiebende Wirkung. Die Regelung unterstreicht die Erfor-

---

[987] *Die Umstände und Tatsachen, die zu einer Annahme der Gefahr im Verzug führen, sind durch den behördlichen Entscheider umfassend zu dokumentieren; eine Vermutung oder die bloße Möglichkeit eines Ereigniseintritts allein reicht nicht aus; vielmehr muss die Gefahr des Scheiterns einer (insbesondere die Allgemeinheit oder Dritte schützenden) Maßnahme der Behörde durch eine zeitliche Verzögerung bestehen.*

[988] *VG Regensburg RO 4 K 19.1591, Urteil vom 8. Dezember 2020*

[989] *In diesem Falle umfasst der Begriff der Wohnung für das Betreten und die Durchsuchung auch das befriedete Besitztum; die Durchsuchung der Person ist davon nicht erfasst, ebenso nicht der Personenkraftwagen.*

[990] *VG Freiburg 4 K 2703/20, Beschluss vom 26. August 2020*

derlichkeit für eine schnelle Möglichkeit zur Beendigung des Umgangs mit Waffen und Munition durch Personen, von denen eine besondere Gefahr ausgeht. Zudem entspricht sie in ihrem Kern der Regelung in § 45 Abs. 5 WaffG.[991]

1.27.2.2.6 Verwertung und Vernichtung (§ 46 Abs. 7)

Sind **erlaubnispflichtige oder erlaubnisfreie Waffen oder Munition** gemäß § 46 Abs. 2, 3 oder 4 Satz 1[992] WaffG sichergestellt worden, **kann** der **Betroffene** innerhalb eines Monats nach Sicherstellung eine **Person benennen**, die zum Erwerb der Gegenstände **berechtigt und bereit** ist. Die betroffenen Gegenstände sind nach Nachweis der Erwerbsberechtigung von der Behörde an die benannte Person zu übergeben. Wird binnen eines Monats nach Sicherstellung kein erwerbswilliger Berechtigter benannt, können Waffen oder Munition eingezogen und dann verwertet oder vernichtet werden.

Sind **verbotene Waffen oder Munition** gemäß § 46 Abs. 3 WaffG sichergestellt worden, kann der **Betroffene** innerhalb eines Monats nach Sicherstellung eine Ausnahmezulassung nach § 40 Abs. 4 WaffG beantragen.

Erfolgt der Antrag nicht innerhalb dieser Frist, können Waffen oder Munition eingezogen und anschließend verwertet oder vernichtet werden. Gegen die Anordnung haben Widerspruch und Anfechtungsklage aufschiebende Wirkung. Das Recht zur Verwertung oder Vernichtung gilt auch, wenn die vor oder nach Sicherstellung der betroffenen Waffen oder Munition beantragte Ausnahme nach § 40 Abs. 4 WaffG unanfechtbar versagt worden ist.

Der Erlös aus der **Verwertung** steht der Person zu, die zum Zeitpunkt der Sicherstellung Eigentümer im Sinne des BGB gewesen ist. Die Behörde kann die angefallenen Kosten für Sicherstellung, Verwahrung und Verwertung in Abzug bringen.

Im Falle der **Vernichtung** steht der Person, die zum Zeitpunkt der Sicherstellung Eigentümer im Sinne des BGB gewesen ist, kein Anspruch auf Schadenersatz oder Wertausgleich zu.

1.28 Sachliche Zuständigkeit (§ 48)

§ 48 Abs. 1 WaffG delegiert die Regelung über die sachliche Zuständigkeit auf die Länder; diese erlassen diesbezügliche Verordnungen.

Unter den sonstigen Regelungen sind insbesondere zu nennen die Zuständigkeit der Waffenbehörde Hamburg für Erlaubnisse nach § 28a WaffG (Abs. 1 Satz 2, siehe Kapitel 1.17.2), des Bundesverwaltungsamtes (BVA) für im Ausland lebende Deutsche, ausländische Händler ohne deutschen Unternehmenssitz, ausländische Dip-

---

[991] *Siehe vertiefend zum Inhalt der Regelung Kapitel 1.27.2.1.5*

[992] *Im Falle der sofortigen vorläufigen Sicherstellung nach § 46 Abs. 4 Satz 2 WaffG ist Abs. 7 nicht anwendbar.*

lomaten und Armeeangehörige[993] (Abs. 2) und des Bundeskriminalamtes (BKA) für Entscheidungen nach § 2 Abs. 5 WaffG (Abs. 3, siehe Kapitel 1.6.3.5). Enthält § 48 WaffG keine besondere Regelung, gelten die Zuständigkeitsregelungen nach VwVfG und den Verwaltungsgesetzen der Länder.

1.29 Örtliche Zuständigkeit (§ 49)

§ 49 WaffG regelt die örtliche Zuständigkeit einer Behörde, in deren Bezirk eine **Person ohne gewöhnlichen Aufenthaltsort in Deutschland** eine Erlaubnis beantragt oder besitzt. Sie liegt bei der Behörde, in deren Bezirk sich diese Person zum Zeitpunkt der Befassung aufhält oder aufhalten will, oder in deren Bezirk der Grenzübertritt erfolgt ist. Für **Händler**, **Hersteller** und **Bewachungsunternehmen** nach § 28 WaffG ist örtlich zuständig die Behörde, in deren Bezirk sich die **Hauptniederlassung** befindet.

Örtlich zuständig für **Schießerlaubnisse** nach § 10 Abs. 5 WaffG ist die Behörde, in deren Bezirk geschossen werden soll. Gleiches gilt für die Erlaubnis zum **Betrieb ortsfester Schießanlagen**. Bei **ortsveränderlichen Schießanlagen** ist zuständig die Behörde, in deren Bezirk der Antragsteller oder Erlaubnisinhaber seinen gewöhnlichen Aufenthalt hat. Die Behörde, in deren Bezirk diese ortsveränderlichen Schießstätte aufgestellt werden soll oder worden ist, ist zuständig für die Erteilung von Auflagen.

Für Ausnahmen nach § 35 Abs. 3 Nr. 2 WaffG (**Verbot des Handels auf Märkten, Veranstaltungen, Messen**) und § 42 Abs. 2 WaffG (**Führverbot bei öffentlichen Veranstaltungen** etc.) liegt die örtliche Zuständigkeit bei der zuständigen Behörde für den Bezirk, in dem die Veranstaltung oder Amtshandlung erfolgen soll. Bei **Sicherstellungen** nach § 46 Abs. 2 Satz 2, Abs. 3 Satz 2 und Abs. 4 Satz 1[994] WaffG ist neben der Wohnsitzbehörde auch die Behörde am Ort der Sicherstellung zuständig.

1.30 Ahndung von Verstößen gegen das WaffG

1.30.1 Zuständigkeiten

Zuständig für die **Verfolgung von Straftaten** nach dem WaffG ist die Staatsanwaltschaft (StA).[995] Ermittlungspersonen der StA werden nach Landesrecht bestimmt.[996]

Die Zuständigkeit für die **Verfolgung von Ordnungswidrigkeiten** nach § 53 WaffG und § 34 AWaffV obliegt der gemäß § 3 VwVfG beziehungsweise nach entspre-

---

[993] *Einschl. Ehegatten und unterhaltsberechtigte Kinder dieser Armeeangehörigen*

[994] *Nach Wortlaut nicht erfasst die sofortige vorläufige Sicherstellung nach § 46 Abs. 4 Satz 2 WaffG; ein redaktionelles Versäumnis ist angesichts der Nacharbeiten durch das im Juli 2025 verabschiedete Änderungspaket nicht auszuschließen.*

[995] *§ 152 Abs. 2 StPO*

[996] *§§ 141 bis 152 GVG*

chendem Landesrecht zuständigen Behörde. Sie ist als *zuständige Behörde zur Durchführung des Waffengesetzes* unabhängig von der Ahndung von Verstößen auch für **gefahrenabwehrende Maßnahmen** zuständig, die durch waffenrechtswidriges Verhalten ausgelöst werden, zB durch Widerruf einer Erlaubnis und Sicherstellung von Schusswaffen im Falle der Unzuverlässigkeit des Betroffenen.

Anders als für die Staatsanwaltschaft und deren Ermittlungspersonen besteht für Behörden, die für die Verfolgung und Ahndung von **Ordnungswidrigkeiten** zuständig sind, **keine gesetzliche Pflicht zur Anzeige von Straftaten** nach §§ 51, 52 WaffG.[997] Neben Pflichten, die sich beispielsweise aus behördeninternen Dienstvorschriften ergeben können, ist aber in jedem **Verfahren**, das sich mit der **Verfolgung einer Ordnungswidrigkeit** befasst, die Regelung in § 41 Abs. 1 OWiG zu beachten, wonach eine Sache **an die Staatsanwaltschaft abzugeben** ist, wenn sich im Rahmen von Tatermittlungen wegen einer Ordnungswidrigkeit **Anhaltspunkte** dafür ergeben, dass **die verfolgte Tat eine Straftat** ist.

Nach § 47 Abs. 1 OWiG liegt die **Verfolgung** von Ordnungswidrigkeiten im pflichtgemäßen Ermessen der nach Landesrecht bestimmten **Verfolgungsbehörde**. Sie kann Verstöße ahnden, aber auch nach pflichtgemäßem Ermessen von einer Einleitung des Ermittlungsverfahrens absehen oder nach dessen Einleitung einstellen. In jeder Lage des Vorverfahrens gilt für die Verfolgungsbehörde der Opportunitätsgrundsatz.[998] **Behörden und Beamte des Polizeidienstes**[999] sind gemäß § 53 Abs. 1 S. 1 OWiG berechtigt und verpflichtet, von Amts wegen **als Ermittlungsorgan**[1000] der Vollzugbehörde den Sachverhalt zu ermitteln. Für das Ermittlungsorgan besteht wie für die Vollzugsbehörde selbst die Möglichkeit, nach pflichtgemäßem Ermessen von einer Einleitung des Ermittlungsverfahrens oder von weiteren Ermittlungen abzusehen, sofern keine Weisung hinsichtlich des Verfahrens von der Vollzugsbehörde verbindlich ergangen ist.[1001] Dies ist insbesondere im Zusammenhang mit erlaubnisfreien Waffen oder Gegenständen wie Messern, die keine Waffen sind, von Bedeutung beim Vorliegen eines Verbotsirrtums, wo eine Belehrung, Ermahnung oder formlose Verwarnung genügen oder Rechtsvorschriften verletzt werden, die erst kurze Zeit in Kraft sind oder der Allgemeinheit nicht unbedingt bekannt sind. Zu beachten ist in diesem Zusammenhang, dass durch den Polizeibeamten wirksam die Fortsetzung des Gesetzesverstoßes zum Zweck der Beseitigung dieser Störung

---

[997] *Keine Strafvereitelung im Amt nach § 258a StGB; zu beachten ist die Anzeigepflicht bei Abhandenkommen durch die Behörde nach § 37b Abs. 5 WaffG.*

[998] *Göhler, OWiG, 17. Auflage, 2017, zu § 47, Rn. 30*

[999] *Der Begriff „Polizeidienst“ ist im materiellen Sinne zu verstehen, was auch die Tätigkeit der „Verwaltungspolizei“ (zB Ordnungsbehörde, Kommunaler Ordnungsdienst) oder Sonderpolizei umfasst (siehe Göhler aaO, zu § 53, Rn. 2)*

[1000] *Göhler aaO, zu § 53, Rn. 4*

[1001] *Göhler aaO, zu § 47, Rn. 11, 15 ff. (mit Hinweisen zu Beurteilungsmaßstäben)*

der öffentlichen Sicherheit und Ordnung (Gefahr) in geeigneter Weise unterbunden werden muss, wobei eine große Bandbreite möglicher Maßnahmen denkbar ist.

Der Polizeibegriff kann je nach Bundesland (Trenn- oder Einheitssystem) unterschiedlich sein. Die Benennung einer Behörde als „Polizeibehörde" allein führt noch nicht dazu, dass diese Behörde als nach Landesrecht zuständige Behörde zur Durchführung des Waffengesetzes auch der Pflicht zur Anzeige von Straftaten nach WaffG unterliegt. Vielmehr richtet sich die Strafverfolgungspflicht nach § 163 StPO ausschließlich an Behörden des Polizeivollzugsdienstes und deren Beamte, die Polizeivollzugsbeamte sind.

Die **Sicherstellung nach § 46 WaffG** erfolgt durch die nach WaffG zuständige Behörde. Mitteilungspflichten in Strafsachen (**MiStra**) bestehen nach Nrn. 36, 36a und 37 MiStra in bestimmten Strafsachen und Verfahren.

1.30.2 Straf- und Bußgeldvorschriften (§§ 51, 52, 53)

Verstöße gegen das WaffG sind **Straftaten**, wenn sie nach §§ 51, 52 WaffG unter Strafe gestellt werden.[1002] Verstöße, die nach § 53 WaffG oder § 34 AWaffV geahndet werden können, sind **Ordnungswidrigkeiten**. Ein Täter, der den Taterfolg willentlich und wissentlich verwirklicht, handelt mit **Vorsatz**. **Fahrlässig**[1003] handelt, wer gegen Sorgfaltspflichten verstößt, obwohl er nach seinen Fähigkeiten diesen Verstoß hätte vorhersehen und vermeiden können. Eine Straftat **versucht**, wer unmittelbar zur Tat ansetzt.[1004]

Nicht erfasst werden Straftaten mit **Kriegswaffen**, diese unterliegen gemäß § 57 WaffG nicht den Vorschriften des WaffG. Anzuwenden ist in diesem Falle ausschließlich[1005] das **Kriegswaffenkontrollgesetz** (KrWaffKontrG). Die **relevanten Kriegswaffen bzw. deren Teile** sind insbesondere in Teil B der Anlage zum KrWaffKontrG, der **Kriegswaffenliste** (KWL) abschließend aufgeführt.

§ 51 Abs. 1 WaffG legt für Verstöße im Umgang mit **zwei besonders gefährlichen Arten von Schusswaffen** einen Strafrahmen von einem bis zu fünf Jahren fest. Ein Verstoß gegen die in der Norm genannten Tatbestände ist grundsätzlich ein **Verbrechen**, der **Versuch** gemäß § 23 Abs. 1 StGB **strafbar**. Erfasst sind der **Umgang, ausgenommen das Schießen**, als **Minderjähriger** (Verstoß gegen § 2 Abs. 1 WaffG) oder **ohne Ausnahmegenehmigung** von dem Umgangsverbot (Verstoß gegen § 2 Abs. 3 WaffG) jeweils in Verbindung mit Anlage 2 A1 Nr. 1.2.1 WaffG mit

---

[1002] *Die Strafnormen des WaffG zählen zum Nebenstrafrecht, da sie nicht im Strafgesetzbuch (StGB) als Kerngesetz festgeschrieben sind. Grundsätze des Strafrechts finden auch auf waffengesetzliche Strafvorschriften Anwendung.*

[1003] *Begriff „Leichtfertigkeit" § 5 Abs. 1 Nr. 2 WaffG, s. Kapitel 1.7.3.3*

[1004] *Zur Auswirkung von Strafen auf die Zuverlässigkeit vertiefend Kapitel 1.7.3; zu strafrechtlichen Begriffen siehe Fischer „StGB und Nebenges.", C.H. Beck*

[1005] ***Ausnahmen** gelten zB für **Teile von Kriegswaffen**, siehe Kapitel 4.6*

- **Vollautomaten** im Sinne der Anlage 1 A1 UA1 Nr. 2.2 WaffG
- **Vorderschaftrepetierflinten**, bei denen **anstelle** des Hinterschaftes ein **Kurzwaffengriff** vorhanden ist oder die **Waffengesamtlänge** in der **kürzest möglichen Verwendungsform weniger als 95 cm** oder die **Lauflänge weniger als 45 cm** beträgt,

zum **Verschießen von Patronenmunition** nach Anlage 1 A1 UA3 Nr. 1.1 WaffG. Durch die Beschränkung auf *Schusswaffen für Patronenmunition* werden **vollautomatische Druckluft- oder Federdruckwaffen nicht erfasst**, **gleiches** gilt für **vollautomatische SRS-Waffen**, da diese Kartuschenmunition („Platzpatronen") anstelle von Patronenmunition abschießen.[1006]

In **besonders schweren Fällen** ist die Strafe gemäß **§ 51 Abs. 2 WaffG** Freiheitsstrafe von einem Jahr bis zu zehn Jahren. Einen besonders schweren Fall sieht die Norm regelmäßig in solchen Fällen, in denen „der Täter gewerbsmäßig oder als Mitglied einer Bande, die sich zur fortgesetzten Begehung solcher Straftaten verbunden hat, unter Mitwirkung eines anderen Bandenmitgliedes handelt." In **minder schweren Fällen** ist die Strafe gemäß **§ 51 Abs. 3 WaffG** Freiheitsstrafe bis zu drei Jahren oder Geldstrafe.

Fahrlässiges Begehen der in Abs. 1 genannten Taten führt gemäß **§ 51 Abs. 4** WaffG zu einer Freiheitsstrafe bis zu zwei Jahren oder Geldstrafe.

§ 52 Abs. 1 WaffG entspricht in der Höchststrafandrohung von fünf Jahren dem Strafrahmen von § 51 Abs. 1 WaffG. Die Mindeststrafe von sechs Monaten, etwa für den unerlaubten Umgang mit einer halbautomatischen Kurzwaffe für Patronenmunition (**Pistole**) nach Nr. 2 lit. b oder jeglichem **Herstellen ohne Erlaubnis** nach Nr. 2 lit. c, weicht ab, womit Verstöße gemäß § 52 Abs. 1 WaffG **Vergehen** sind.

Gemäß **§ 52 Abs. 2 WaffG** ist der **Versuch** der in Abs. 1 genannten Straftaten **strafbar**. Er wird von § 54 Abs. 1 WaffG („Muss-Einziehung") erfasst.

§ 52 Abs. 3 WaffG erfasst mit einem Strafrahmen von bis zu drei Jahren oder Geldstrafe weitere Delikte, etwa den unerlaubten Umgang mit Langwaffen (**Büchse**, **Flinte**) oder solchen Kurzwaffen, die keine halbautomatischen Kurzwaffen sind, etwa **Revolver** oder auch **SRS-Waffen**. Es ist darum bei der Suche nach der Rechts-

---

[1006] *WaffVwV zu § 52, Nr. 52.2, nennt § 52 Abs. 3 Nr. 2 lit. a WaffG als anzuwendende Norm für den strafbaren Umgang mit SRS-Waffen, insbesondere für das Führen ohne Kleinen Waffenschein; § 52 Abs. 1 Nr. 2 lit. b WaffG, auf Verstöße mit halbautomatischen Kurzwaffen anzuwenden, ist auf SRS-Waffen nicht anwendbar, die nach dem Prinzip eines Halbautomaten funktionieren, also selbstständig aus einem Magazin Munition nachladen und wieder schussbereit werden; als Begründung wird die Einstufung der SRS-Waffe als Munitionsabschussgerät mit Gaslauf genannt; allerdings scheidet die Anwendung von § 52 Abs. 1 dadurch aus, dass SRS-Waffen Kartuschen- anstelle von Patronenmunition verschießen, womit sie keine „Kurzwaffen zum Verschießen von Patronenmunition" sind.*

grundlage unbedingt erforderlich, die Waffenart als erforderliches Tatbestandsmerkmal eindeutig zu bestimmen. Der **Versuch** einer Straftat nach § 52 Abs. 3 WaffG ist dagegen **nicht strafbar**.

§ 52 Abs. 4 WaffG bestimmt für ausgewählte Tatbestände nach Abs. 1 und 3, dass **auch** deren **fahrlässige Begehung** strafbar ist und legt **verminderte Strafrahmen** fest. Die an dieser Stelle nicht genannten Tatbestände nach Abs. 1 und 3 sind bei fahrlässiger Begehung nicht strafbar, hier käme lediglich die Vermutung der Unzuverlässigkeit nach § 5 WaffG in Betracht.

§ 52 Abs. 5 WaffG zu **besonders schweren Fällen** eines Verstoßes gemäß § 52 Abs. 1 Nr. 1 WaffG entspricht in Regelbeispielen und Strafrahmen[1007] § 51 Abs. 2 WaffG. Anzuwenden ist die Norm bei Umgang mit

- **Waffen** im Sinne von § 1 Abs. 2 WaffG **nach Verlust der Kriegswaffeneigenschaft**, ausgenommen halbautomatischer tragbarer Schusswaffen, die in der Anlage zum Gesetz über die Kontrolle von Kriegswaffen (Kriegswaffenliste) in der Fassung der Bekanntmachung vom 22. November 1990 (BGBl. I S. 2506) oder deren Änderungen aufgeführt sind (Anlage 2 A1 Nr. 1.1 WaffG) oder
- Gegenständen, bei denen leicht entflammbare Stoffe so verteilt und entzündet werden, dass schlagartig ein Brand entstehen kann (zB **Brandsatz, Molotow-Cocktail** etc.), oder in denen unter Verwendung explosionsgefährlicher oder -fähiger Stoffe eine Explosion ausgelöst werden kann (Anlage 2 A1 Nr. 1.3.4 WaffG); die **Anleitung oder Aufforderung** zum Bau gemäß § 52 Abs. 1 Nr. 4 WaffG iVm § 40 Abs. 1 WaffG wird **nicht** von § 52 Abs. 5 WaffG **erfasst**.

§ 52 Abs. 6 WaffG bestimmt für minder schwere Fälle nach Abs. 1 eine Freiheitsstrafe bis zu drei Jahren oder Geldstrafe und entspricht mit diesem Strafrahmen der Rechtsfolge des Abs. 3. Auch hier entfällt die „Muss-Einziehung" nach § 54 Abs. 1 WaffG, anzuwenden ist § 54 Abs. 2 WaffG.

§ 53 WaffG und **§ 34 AWaffV** enthalten **Bußgeldvorschriften** für Verstöße gegen WaffG oder AWaffV. Die aufgeführten **Ordnungswidrigkeiten** können mit einer Geldbuße bis zu 10.000 Euro geahndet werden. Ist eine Handlung zugleich als Ordnungswidrigkeit und Straftat begangen worden, ist § 21 OWiG anzuwenden.

In der polizeilichen Praxis ist die festgestellte **Handlung** (Umgang) mit dem festgestellten **Tatmittel** (Waffe oder Munition) in der vorgenannten Reihenfolge der vorgenannten Paragraphen zu suchen. Kompliziert wird dieses Vorgehen durch die

---

[1007] *Beachten Sie § 12 Abs. 3 StGB, wonach* ***Strafschärfungen in besonders schweren Fällen*** *nicht für die Einteilung Verbrechen/Vergehen herangezogen werden. In einer Klausur sind die Regelbeispiele im Anschluss an die Schuld im Rahmen der Strafzumessung zu prüfen, nicht aber bereits bei der Prüfung des Tatbestandes.*

Verweise auf bestimmte Regelungen des Waffengesetzes, gegen die der Täter verstoßen haben könnte.

Das **Tatmittel** ist nach den Definitionen der Anlage 1 WaffG **einer Waffenart zuzuordnen**. Unterfällt ein Gegenstand, etwa durch Umschaltbarkeit des Lademechanismus von Repetier- auf Automatikmodus, **mehreren Waffenarten**, ist nachfolgend die **Strafbarkeit oder Ordnungswidrigkeit der Handlung für jede dieser Waffenarten** zu prüfen. Daraufhin ist die **Tathandlung** einer **Umgangsart nach Anlage 1 A2 WaffG** zuzuordnen.

Die **Kombination aus Tathandlung und Tatmittel** ist zu überprüfen auf

- ein zum Umgang erforderliches Mindestalter (§ 2 Abs. 1 WaffG),
- eine Erlaubnispflicht für den Umgang (Anlage 2 A2 UA1 WaffG),
- ein Verbot des Gegenstandes (Anlage 2 A1 WaffG),
- ein Verbot des Umgangs (§§ 2, 3, 41, 42, 42a WaffG) und
- eine Freistellung oder Ausnahme[1008]
    - für Umgangs- und Waffenarten (Anlage 2 A2 UA2, UA3 WaffG),
    - durch weitgehende Entlassung aus dem WaffG (Anlage 2 A3 WaffG),
    - von Erlaubnissen für bestimmte Situationen (§ 12 WaffG),
    - wegen Tätigkeit oder Auftrag (§ 40 Abs. 2, 3 WaffG) oder
    - für bestimmte Personenkreise (§§ 55, 56 WaffG).

Bei **Tateinheit von Straftat und Ordnungswidrigkeit** ist § 21 OWiG zu berücksichtigen. So ist zB im Falle eines Drogenhändlers, der bei Ausführung der Tat einen Teleskopschlagstock bei sich führte, lediglich die Straftat (§ 30a Abs. 2 Nr. 2 BtMG) zu ahnden, nicht aber der Verstoß gegen das WaffG (§ 42a WaffG).[1009]

Ist ein **Verstoß** gegen das WaffG oder die AWaffV **weder Straftat noch Ordnungswidrigkeit**, kann er gemäß § 5 WaffG zur Vermutung der **Unzuverlässigkeit**[1010] und so zum **Entzug waffenrechtlicher Erlaubnisse**[1011] führen.

Die **Verjährung** von Straftaten und Ordnungswidrigkeiten ist abhängig von den jeweils zu erwartenden Strafen und Bußen. Dabei verjährt im Falle von **Ordnungs-**

[1008] *Insbesondere bei der Prüfung**, ob eine Freistellung** oder **Ausnahme** gemäß Anlage 2 A2 oder A3 WaffG **vorliegt**, sind **alle Merkmale der Waffe** zu **berücksichtigen**, die gemäß Text der Anlage **Voraussetzung für Freistellung oder Ausnahme** sind, etwa die Freistellung von der WBK-Pflicht das „PTB im Kreis" auf SRS-Waffen oder das „F im Fünfeck" bei Druckluftwaffen; bei Perkussionswaffen ist auch die Laufanzahl neben dem Entwicklungsjahr entscheidend für eine Freistellung.*

[1009] *BGH 3 StR 81/22, Beschluss vom 21. April 2022, Rn. 5*

[1010] *Zur Unzuverlässigkeit vertiefend Kapitel 1.7.3*

[1011] *Zum Entzug waffenrechtlicher Erlaubnisse Kapitel 1.27.2 ff.*

widrigkeiten nach WaffG oder AWaffV[1012] die Verfolgung der Tat **nach zwei Jahren**[1013]. Bei **Straftaten**[1014] ist der jeweilige **Strafrahmen nach den Vorschriften** gemäß § 78 Abs. 3, 4 StGB zu beachten.[1015] Eine Verjährung schließt gemäß § 78 Abs. 1 StGB zwar die Ahndung der Tat aus, bei der Prüfung der Zuverlässigkeit dürfen entsprechende Erkenntnisse über zurückliegende Handlungen und deren Unrechtsgehalt gleichwohl berücksichtigt werden.

1.30.3 Einziehung (§ 54)

Gegenstände, auf die sich eine Straftat nach §§ 51, 52 Abs. 1, 2 oder 3 Nr. 1, 2 oder 3 oder Abs. 5 WaffG bezieht, sind einzuziehen („Muss-Einziehung"). Gleiches gilt, wenn der Gegenstand durch die vorgenannten Straftaten hervorgebracht oder zu ihrer Begehung oder Vorbereitung gebraucht worden oder bestimmt gewesen ist. Bei Verstößen, die nicht allein durch das Einziehungsobjekt begangen werden, wie etwa dem Befördern einer geladenen Pistole im Kaliber 9mm Para erst durch die in der Waffe enthaltene Munition, was die Ausnahme nach § 12 Abs. 3 Nr. 2 WaffG entfallen lässt und somit erlaubnispflichtig ist, ist im Zuge des Strafverfahrens wegen Verstoßes gegen § 52 Abs. 1 Nr. 2 lit. b WaffG im Zuge der Anwendung von § 54 Abs. 1 WaffG auch die Munition einzuziehen. Der zuständigen Behörde steht im Falle der obligatorischen Einziehung kein Ermessen zu.

In den anderen Fällen strafbarer Handlungen nach § 52 WaffG, insbesondere der fahrlässigen Begehung (Abs. 4), minder schwerer Fälle (Abs. 6) oder des strafbaren Verstoßes gegen Aufbewahrungsvorschriften sowie im Falle von Ordnungswidrigkeiten kann die zuständige Behörde analog verfahren („Kann-Einziehung").

[1012] § 53 WaffG, § 34 AWaffV

[1013] § 31 Abs. 2 Nr. 2 OWiG in Verbindung mit § 53 Abs. 2 WaffG

[1014] §§ 51, 52 WaffG

[1015] § 78 Abs. 3, 4 StGB

(3) Soweit die Verfolgung verjährt, beträgt die Verjährungsfrist

1. zwanzig Jahre bei Taten, die im Höchstmaß mit Freiheitsstrafen von mehr als zehn Jahren bedroht sind,

2. zehn Jahre bei Taten, die im Höchstmaß mit Freiheitsstrafen von mehr als fünf Jahren bis zu zehn Jahren bedroht sind,

3. fünf Jahre bei Taten, die im Höchstmaß mit Freiheitsstrafen von mehr als einem Jahr bis zu fünf Jahren bedroht sind,

4. drei Jahre bei den übrigen Taten.

(4) Die Frist richtet sich nach der Strafdrohung des Gesetzes, dessen Tatbestand die Tat verwirklicht, ohne Rücksicht auf Schärfungen oder Milderungen, die nach den Vorschriften des Allgemeinen Teils oder für besonders schwere oder minder schwere Fälle vorgesehen sind.

Zu beachten sind die Regelungen in § 74a StGB und § 23 OWiG, insbesondere die durch § 54 Abs. 4 WaffG eröffneten Möglichkeiten. Hier kommt insbesondere im Falle der potentiellen Einziehung hoher Vermögenswerte, die zB eine umfangreiche Waffensammlung darstellt, in Betracht, angesichts der grundgesetzlich begründbaren Übermaßverbots anstelle der Einziehung anderen Maßnahmen anzuordnen bzw. durch Auflagen die gesetzgeberisch intendierte Beseitigung einer Gefahr für die Allgemeinheit zu erreichen, die sich aus einem fortdauernden Umgang des Betroffenen mit Waffen oder Munition ergibt.[1016]

1.31 Ausnahmen von der Anwendung des WaffG (§§ 55, 56)

Aus Gründen der Praktikabilität müssen Personen, die mit dem Vollzug des WaffG befasst sind, von diesem ausgenommen werden. § 55 Abs. 1 WaffG enthält einen abschließenden Katalog von Behörden und deren Angehörigen, auf die das WaffG nicht anzuwenden ist, darunter Polizeien des Bundes und der Länder, Bundeswehr und Zoll sowie die in Deutschland stationierten Streitkräfte und deren Angehörige. Bund[1017] und Länder können nach Abs. 5 und 6 durch Verordnungen für sonstige Behörden Ausnahmeregelungen erlassen. Ein Beispiel dafür ist die WaffGBundFreistV.

§ 56 enthält Sondervorschriften für Staatsgäste und sonstige erheblich gefährdete Personen des öffentlichen Lebens aus anderen Staaten, die sich besuchsweise in Deutschland aufhalten, sowie für ausländische Personen, denen der Schutz dieser Personen obliegt. Auf sie sind § 10 WaffG sowie die Vorschriften der §§ 29 bis 33 WaffG nicht anzuwenden. Die Bescheinigung ist durch das Bundesverwaltungsamt (BVA) auszustellen oder durch die nach § 48 Abs. 1 zuständige Landesbehörde.

1.32 Nichtanwendbarkeit auf Kriegswaffen (§ 57)

Die Thematik wird in Kapitel 4.6 behandelt.

1.33 Seenotsignalmittel

Leucht- und Signalpistolen sind Schusswaffen oder als tragbare Gegenstände den Schusswaffen (§ 1 Abs. 2 Nr. 1 WaffG) gleichgestellt, weil sie zum Verschießen oder Abschießen von pyrotechnischer Munition zur Signalgebung oder zum Sport bestimmt sind.[1018]

Das **Bedürfnis** nach § 8 WaffG setzt voraus, dass eine **besondere Gefährdungslage** glaubhaft gemacht wird, der nicht allein durch erlaubnisfreie Signalmittel begegnet

---

[1016] Siehe auch Steindorf, zu § 54, Rn. 14

[1017] Diese Ermächtigung zum Erlass einer Rechtsvorschrift kann einer Bundesbehörde übertragen werden; dies bedarf nicht der Zustimmung des Bundesrates.

[1018] Siehe Kapitel 1.3.2.2.8; Hinweise zur sicheren Handhabung und zur Waffentechnik enthält der Ergänzungsband zu diesem Buch

werden kann. Für Boote, die nach ihrer Bauart nur für Fahrten in küstennahen Gewässern und Binnengewässern ausgelegt sind, gilt dies ebenso – durch Wetterwechsel oder starke Strömungen kann ein Notfall eintreten, der Leib und Leben der Bootsinsassen gefährdet.[1019] Ein Bedürfnis ist nicht gegeben beim **Charterer** eines seegehenden Schiffes, wenn der Schiffseigner eine Signalpistole zur Verfügung stellt.[1020]

Der Begriff „**pyrotechnische Seenotsignale**" bezeichnet Seenotsignale, die mit Hilfe **explosionsgefährlicher Stoffe** ausgelöst werden. Als **explosionsgefährlich** gelten solche festen oder flüssigen Stoffe oder Zubereitungen, die durch eine **nicht außergewöhnliche Einwirkung** von außen, etwa durch Temperatur und Druck, zur Explosion gebracht werden können.

Pyrotechnische Munition enthält explosionsgefährliche Stoffe oder Stoffgemische, die einen Licht-, Schall-, Rauch- oder ähnlichen Effekt erzeugen und keine zweckbestimmte Durchschlagskraft im Ziel entfalten. Sie unterliegt dem **Sprengstoffgesetz** und darf nicht in **öffentlichen Verkehrsmitteln** befördert werden. Pyrotechnische Patronenmunition ist Munition im Sinne des WaffG[1021], im Kaliber 4 idR der Klasse **PM II**, deren Erwerb und Besitz erlaubnispflichtig ist (Kapitel 2.5). Erwerb und Besitz von pyrotechnischer Munition der Klasse **PM I** sind **von der Erlaubnispflicht freigestellt.**[1022] Die **Klasseneinteilung** erfolgt nach Anlage I Nr. 5.2 BeschussV.

Der **Einsatz** pyrotechnischer Notsignale ist **nur im Notfall** erlaubt. Eine Verwendung als Feuerwerk ist dagegen verboten und als **Missbrauch von Notzeichen** nach § 145 StGB **strafbar**, da Dritte bei Sichtung des Notsignals davon ausgehen müssen, dass Menschen in Not sind, also Gefahr für Leib und Leben besteht und Rettungsmaßnahmen eingeleitet werden müssen. Gleiches gilt bei einer konkreten Gefahr für bedeutende Sachwerte.

Zulässig für die pyrotechnische Signalgebung sind **Signalpistolen** im **Kaliber 4** sowie **Signalwaffen**, die das **PTB-Zeichen** tragen, also von der Physikalisch-Technischen Bundesanstalt (**PTB**) zugelassen sind. Gleiches gilt für die verwendete Munition. Ebenfalls zulässig sind **andere Notsignale**, die eine Zulassung der **BAM** (Bundesanstalt für Materialforschung und –prüfung) erhalten haben. Beachten Sie, dass im Notfall durch § 34 StGB jegliche Mittel eingesetzt werden dürfen, durch deren Nutzung Menschen aus konkreter Gefahr für Leib und Leben gerettet werden können.

Sofern es sich um Schreckschuss-, Reizstoff- und Signal- (SRS-) Waffen oder Signalgeräte **mit Zulassungszeichen „PTB im Kreis" oder einem anderen anerkannten Prüfzeichen nach Anlage 2 A2 UA2 Nr. 1.3 WaffG** handelt, gilt für Waffe und Munition lediglich das Alterserfordernis von 18 Jahren für Erwerb und Besitz. Für das Führen ist der „Kleine Waffenschein" erforderlich, es sei denn, es handelt sich um einen Transport im Sinne und unter den Voraussetzungen von § 12 Abs. 3 Nr. 2

[1019] *OVG Berlin-Brandenburg 11 B 26.08, Urteil vom 28. September 2010*

[1020] *BR-Drs. 596/01, S. 114 Abs. 4 zu § 12 Abs. 1 Nr. 3 lit. c WaffG*

[1021] *Anlage 1 A1 UA3 Nr. 1.4*

[1022] *Anlage 2 A2 UA2 Nr. 1.10 WaffG, erlaubnisfreier Erwerb und Besitz*

WaffG. Für die sichere Aufbewahrung ist der Einschluss in einem verschlossenen Behältnis ausreichend, eine besondere Zertifizierung oder Ausführung des Behältnisses wird durch die Vorschriften zur sicheren Aufbewahrung nicht gefordert.

Waffen und Geräte **ohne Zulassungszeichen**, insbesondere ältere Modelle ausländischer Fertigung, unterliegen den Vorschriften des WaffG wie Schusswaffen; es gilt grundsätzlich, dass für Erwerb und Besitz eine WBK und für das Führen ein Waffenschein erforderlich ist.

Die Vorschriften zur Aufbewahrung von Waffe und Munition entsprechen denen für Kurzwaffen, wenn die Waffe nicht Langwaffe ist (mind. Behältnis Sicherheitsstufe B im Falle von Altbesitz, sonst EN 1143-1 WG 0). Für die **vorübergehende Lagerung an Bord** ist idR auch der „**Hamburger Kasten**"[1023] zulässig, fest verbunden mit dem Bootskörper und gefertigt aus Stahlblech von 4 mm Stärke.

Während der Fahrt müssen Signalmittel ohne weiteres für jeden an Bord erreichbar sein – nur so ist im Notfall sichergestellt, dass eine Alarmierung von Rettungskräften möglich ist. Der Bootsführer sollte daher vor dem Auslaufen die Mitfahrenden auf die Signalmittel hinweisen, die Handhabung der Signalmittel sollte allen Personen an Bord bekannt sein. Wichtig ist, dass das Signalmittel trotz erleichterter Zugriffsmöglichkeit vor dem Einfluss von **Hitze oder Feuchtigkeit geschützt** werden muss.

Ausnahmen von der Waffenscheinpflicht gelten gemäß § 12 Abs. 3 Nr. 4 und 5 WaffG für das Führen der beim Bergsteigen, als **verantwortlicher Führer eines Wasserfahrzeuges auf diesem Fahrzeug** oder bei Not- und Rettungsübungen oder als Signalgeber bei Sportveranstaltungen.

Für das **Schießen** ist eine Schießerlaubnis notwendig, es sei denn, es handelt sich um einen Notfall, eine Übung einer anerkannten Rettungsorganisation oder den Einsatz bei einer Sportveranstaltung, bei der optische oder akustische Signalgebung erforderlich ist und der „Starter" durch den Veranstalter oder Sportverband als zuverlässig eingestuft wird.

1.34 Bedürfnisfreier Erwerb erlaubnispflichtiger Waffen

Im WaffG 2002 wurden alle Waffen des Kalibers **4 mm M20** von der **Bedürfnispflicht**, nicht aber von der Erlaubnispflicht für Erwerb und Besitz **freigestellt**. Gleiches gilt für die Munition, auch hier sind Erwerb und Besitz erwerbserlaubnispflichtig. Mit Inkrafttreten des WaffG 2008 wurde mit Anlage 2 A2 UA1 Satz 3 WaffG die Bedürfnispflicht für solche Waffen im Kaliber 4 mm M20 eingeführt, die aus dem Umbau einer erlaubnispflichtigen Feuerwaffe entstanden waren. Damit gilt die Befreiung vom Bedürfnisprinzip nur noch für Originalwaffen („geborene 4 mm M20"). Gleiches gilt für **LEP-Waffen**. Voreinträge zum Erwerb und Besitz von 4 mm M20-Waffen, die vor dem 1. April 2008 erfolgt waren, verloren nicht ihre Gültigkeit

---

[1023] Zum Hamburger Kasten vertiefend der Ergänzungsband zu diesem Buch

durch die Gesetzesänderung[1024] – das galt auch, wenn die Waffe erst nach dem 1. April erworben wurde und zu diesem Zeitpunkt wiederum die Bedürfnispflicht auch für diese Waffen galt, sofern sie durch Umbau einer erlaubnispflichtigen Waffe entstanden waren.

1.35 Umgang durch Gutachter, Nachlassverwalter, Insolvenzverwalter, Versteigerer und Anwälte

Die Grundthematik, die aus Sicht der damit befassten Person, die aus beruflichen Gründen und nicht selten mit einem juristischen Hintergrund mit Waffen oder Munition in Kontakt kommt, zunächst unproblematisch scheint, ist das klare Trennen zwischen bürgerlichem Recht einerseits und Waffenrecht andererseits. Denn während die Eigentumsfrage im Falle einer Erbschaft durch die in diesem Rechtsgebiet erfahrenen Person schnell einschätzbar ist und sie selbst zunächst im Rahmen ihres Auftrags mit den Erbsachen umgehen darf, stellen sich waffenrechtlich zahlreiche Fragen, die vertiefte Kenntnisse voraussetzen und in der Regel die Einbindung eines Sachverständigen erfordern, um Rechtsverstöße zu vermeiden. Das gilt insbesondere im Falle des Hinterlassens von Schusswaffen – schnell steht die Frage im Raum, wer die Schlüssel dieser Behältnisse aufbewahren darf oder wer Kenntnis von der Kombination des Zahlenschlosses haben darf.

Gutachter, die nicht aufgrund ihrer Dienststellung in einer Behörde nach § 55 WaffG von den Vorschriften des WaffG ausgenommen werden, bedürfen zum Erwerb von Waffen oder Munition einer Erlaubnis. Einschlägige Norm ist § 18 WaffG, der für Sachverständige, die Waffen oder Munition zur Begutachtung erwerben, spezielle Regeln vorsieht.[1025] Insbesondere ist auf die Fristenregelung nach § 37e Abs. 4 Nr. 2 WaffG zu verweisen, die den Inhaber einer Erlaubnis nach § 18 WaffG, der die Waffe auf Grund eines Bedürfnisses nach § 18 Absatz 1 erwirbt und sie höchstens drei Monate lang besitzt, von der Pflicht zur Anzeige des Erwerbs ausnimmt.

Ausnahmen für Gutachter sind aus dem Gesetz nicht abzuleiten. Die Regelung nach § 37c Abs. 1 Nr. 2 WaffG[1026], die Fälle eines Fundes oder die Inbesitznahme in solchen Situationen erfasst, in denen aufgrund dienstlicher Verrichtungen eine Person plötzlich eine Waffe erwirbt und mangels Planbarkeit die Einholung einer Erwerbserlaubnis unmöglich ist, ist auf den Gutachter nicht anwendbar, da dieser den Erwerb von Waffe oder Munition aufschieben könnte, wenn er nicht im Besitz einer Erwerbserlaubnis ist.[1027]

[1024] VG Düsseldorf 22 K 4969/08, Urteil vom 4. März 2010

[1025] Vertiefend zur WBK für Sachverständige Kapitel 2.4

[1026] Vertiefend zu Anzeigepflichten nach § 37c WaffG Kapitel 1.22.4

[1027] Will ein Gutachter seiner Tätigkeit regelmäßig nachgehen, ist die Erlaubnis nach § 18 WaffG zwingend erforderlich; da die Erteilung dieser Erlaubnis an erhöhte Anforderungen bezüglich der Befähigung des Antragstellers geknüpft ist, ist

Will ein Rechtsbeistand in einer Nachlasssache für eine Erbengemeinschaft den **Wert von Waffen schätzen** lassen, ist zu prüfen, ob er zur unmittelbaren Erlangung und Ausübung der tatsächlichen Gewalt berechtigt ist.[1028] § 36 WaffG ist vollumfänglich anzuwenden; Ausnahmen gemäß § 13 Abs. 6, 9 AWaffV sind grundsätzlich möglich, aber restriktiv zu handhaben. In der Praxis ist ein Gutachter zu beauftragen, der eine Erwerbserlaubnis nach § 18 WaffG besitzt, um die Waffen unmittelbar von einem Berechtigten zu erwerben und für die Zeit, der es für die Untersuchungen bedarf, zu besitzen. Verfügt der Gutachter nicht über die erforderliche waffenrechtliche Erlaubnis, muss die Begutachtung im dauernden Beisein desjenigen erfolgen, der zum Umgang mit den betroffenen Waffen berechtigt ist.

Im Falle der Begutachtung verbotener Waffen nach § 2 Abs. 3 WaffG iVm Anlage 2 A1 WaffG sind Gutachter gemäß § 40 Abs. 2 WaffG nur dann von dem Verbot des Umgangs freigestellt, wenn sie aufgrund eines behördlichen oder gerichtlichen Auftrags tätig werden. Werden sie dagegen von einer anderen Stelle, etwa einem Anwalt, einer Privatperson oder einem Unternehmen, mit der Untersuchung einer verbotenen Waffe beauftragt, ist durch den Gutachter eine Ausnahme nach § 40 Abs. 4 WaffG zu beantragen. Der Erwerb der verbotenen Waffe darf erst nach Erteilung der Ausnahmegenehmigung durch das BKA als zuständiger Behörde erfolgen. Wie bereits im Falle des § 37c Abs. 2 WaffG ist § 40 Abs. 5 WaffG, der für Finder Ausnahmeregelungen vorsieht, auf dieses planbare Szenario nicht anwendbar. Zu beachten ist, dass sich Ausnahmegenehmigungen, die einer Person oder einem Unternehmen erteilt wurden, in der Regel nicht auf beauftragte Gutachter erstrecken, somit von diesem gesondert zu beantragen sind.

Handelt es sich bei dem Gutachter nicht um einen Sachverständigen im Sinne des § 18 WaffG, ist die Beantragung einer WBK nach § 10 Abs. 1 WaffG durch den Gutachter möglich und erforderlich. Dabei ist als Nachweis des Bedürfnisses[1029] darzulegen, dass ein besonders anzuerkennendes wirtschaftliches Interesse besteht, die betroffene Waffe oder Munition zu prüfen. Da ein entsprechendes Erlaubnisverfahren aufgrund der Prüfung der verschiedenen Voraussetzungen, insbesondere der Prüfung der Zuverlässigkeit, längere Zeit in Anspruch nehmen kann und die gesetzlich geforderte Sachkunde durch den Antragsteller nachzuweisen ist, sollte in der Praxis ein Gutachter gewählt werden, der bereits eine Erlaubnis nach § 18 WaffG besitzt, um eine zeitnahe Begutachtung zu ermöglichen.

---

allerdings mit einer Erteilung der Erlaubnis mit alleinigem Verweis auf die beabsichtigte Tätigkeit ohne entsprechende Expertise nicht zu rechnen.

[1028] *In der Regel § 37c Abs. 1 Nr. 2 WaffG; zu beachten ist die Pflicht zur Anzeige der Inbesitznahme bei der zuständigen Behörde (in den meisten Fällen die örtlich zuständige Waffenbehörde) und die* ***Durchführung einer sicheren Aufbewahrung*** *nach § 36 WaffG, die der Behörde gemäß § 36 Abs. 3 WaffG grundsätzlich im Vorwege des Erwerbs nachgewiesen werden muss wie im Falle der Erteilung einer waffenrechtlichen Erlaubnis; auf die genannte Empfehlung zur Beauftragung eines Gutachters, der Inhaber einer Erlaubnis nach § 18 WaffG ist, wird verwiesen.*

[1029] *Vertiefend zum Bedürfnis Kapitel 1.7.9*

Beachten Sie zum **Umgang mit Waffen im Insolvenzverfahren** Kap. 1.22.4.

Versteigern ist als gewerbsmäßiges oder selbstständiges Vermitteln Waffenhandel im Sinne des WaffG und bedarf einer Erlaubnis nach § 21 WaffG.

1.36 Folgen der Gesetzesänderungen 2003 und 2008

1.36.1 WBK für Sportschützen

Durch die Einführung des Waffengesetzes 2003 sind nicht nur die „Hausnummern" zahlreicher Regelungen verändert worden – die WBK für Sportschützen nach § 14 Abs. 6 WaffG[1030], ehemals § 28 Abs. 2 Satz 1 WaffG aF, sei beispielhaft genannt. Hier wurde die Liste der auf „gelbe WBK" zu erwerbenden Waffen erweitert.[1031] Zugleich wurde mit der Einführung des Erwerbsstreckungsgebotes für Sportschützen ein Hindernis für die Anhäufung von Schusswaffen durch diese Bedürfnisgruppe geschaffen.[1032]

Wenige Monate vor dem Inkrafttreten des WaffG 2008 war gerichtlich entschieden worden, dass sich das Erwerbsstreckungsgebot auch auf die WBK für Sportschützen bezog[1033] – die Auseinandersetzungen über dieses Thema, ausgelöst durch die unscharfe Formulierung im WaffG 2002, führten zu der Ergänzung des § 14 Abs. 4 WaffG 2008 durch ausdrücklichen Verweis auf das Erwerbsstreckungsgebot in § 14 Abs. 3 WaffG 2008.

Die Entscheidung des BVerwG und die Zehn-Waffen-Regelung in § 14 Abs. 6 WaffG 2020 beziehen sich auf die sogenannte „WBK gelb neu", mithin auf Erlaubnisse, die nach dem 1. April 2003 erteilt wurden.[1034] Auf eine WBK für Sportschützen, die als Erlaubnis nach WaffG aF erteilt wurde, sind Erwerbsstreckungsgebot und die Zehn-Waffen-Deckelung nach § 14 Abs. 6 WaffG unter Berücksichtigung der gesetzgeberischen Intentionen, die beiden Regelungen zugrunde liegen, ebenfalls anzuwenden. Eine verfassungswidrige Rückwirkung liegt in diesem Falle nicht vor.[1035]

[1030] *Vor dem 1. September 2020: § 14 Abs. 4 WaffG*

[1031] *Ausführlich zur* ***WBK für Sportschützen*** *Kapitel 2.2*

[1032] *BT-Drs. 14/7758*

[1033] *BVerwG 6 C 1.07, Urteil vom 14. November 2007; der Entscheidung des BVerwG lag eine Erlaubnis zugrunde, die dem Betroffenen im Januar 2000 erteilt worden war. Der WBK-Inhaber hatte im Juni 2004 beantragt, die durch § 14 Abs. 4 WaffG 2002 neu erfassten Arten von Schusswaffen ebenfalls erwerben zu dürfen. Die Erlaubnis wurde durch Umschreibung der Erlaubnis auf dem vorhandenen Dokument erteilt, allerdings wurde der Text des Erwerbsstreckungsgebots als Erwerbsbeschränkung auf der WBK vermerkt. Dies führte zur Klage.*

[1034] *dazu Steindorf, § 58 WaffG Rn. 2*

[1035] *Handbuch der Rechtsförmlichkeit, 3. Auflage, Teil C, Nummer 7, Rn. 413*

Da das Dokument selbst lediglich die erteilte Erlaubnis verkörpert, gilt das Dokument bis zum Widerruf oder zum Verzicht weiter. Gleiches gilt für Ausstellung weiterer Dokumente, deren Ausstellung auf der bestehenden Erlaubnis beruht. Steht der Behörde kein Erlaubnisdokument zur Verfügung, das in seinem Aufdruck die Erwerbserlaubnis auf Einzellader-Langwaffen beschränkt, ist es möglich, durch entsprechende Änderungen des auf dem Erlaubnisdokument aufgedruckten Textes und Siegelung zum Beweis der Echtheit die Erwerbsfunktion einer Sportschützen-WBK neuer Art zu beschränken; in diesem Falle sollte auf der Rückseite die Einschränkung mit Hinweis auf die zugrundeliegende Erlaubnis vermerkt werden.

1.36.2 Erwerbsstreckungsgebot

Erwirbt ein Sportschütze mehr als zwei erlaubnispflichtige Schusswaffen binnen sechs Monaten (zB mit einer WBK für Sportschützen nach § 14 Abs. 6 WaffG), verstößt er gegen das Erwerbsstreckungsgebot.[1036] Ein solcher Verstoß ist nicht straf- oder bußgeldbewehrt. **Bei wiederholtem oder gröblichem Verstoß** gegen Vorschriften des WaffG, KrWaffKontrG, BJagdG oder BeschG ist aber stets zu berücksichtigen, dass der Betroffene **in der Regel unzuverlässig** im Sinne von § 5 Abs. 2 Nr. 5 WaffG ist[1037] und waffenrechtliche (und auch jagd- sowie sprengstoffrechtliche) Erlaubnisse des Betroffenen in der Folge zu widerrufen wären.

Eine Anordnung zur Überlassung an einen Berechtigten nach § 46 Abs. 3 WaffG scheidet aus, da der Erwerb aufgrund einer gültigen Erlaubnis (WBK) erfolgte, was den vorübergehenden Besitz inkludiert, der unmittelbar auf den Erwerb folgen muss. Insofern ist bei fristgemäßer Vorlage der Erwerbserlaubnis gemäß § 37g WaffG diese Pflicht des Erwerbers erfüllt und die Anzeige durch Siegelung in der WBK durch die Behörde zu bestätigen.

1.36.3 Erlaubnisse zum Besitz von Kriegsschusswaffen

Kriegswaffen unterliegen den Regelungen des KrWaffKontrG und nicht dem Waffengesetz.[1038] Für tragbare Schusswaffen, für die nach § 59 WaffG in der Fassung vor dem 1. Juli 1976 eine Waffenbesitzkarte erteilt wurde, gelten aber die einschlägigen Vorschriften des WaffG.[1039] Zu beachten ist die Regelung in § 57 Abs. 2 WaffG – bei Streichung einer tragbaren Schusswaffe aus der Kriegswaffenliste kann der bislang berechtigte Besitzer die Ausstellung einer WBK oder die Eintragung in eine vorhandene Erlaubnis verlangen. Zuverlässigkeit und persönliche Eignung müssen gegeben sein.[1040]

[1036] *§ 14 Abs. 3 Satz 2 WaffG; vertiefend siehe auch Kapitel 1.3.2.3.2.3*

[1037] *Vertiefend Kapitel 1.7.3.5; siehe auch WaffVwV zu § 14, 14.4*

[1038] *§ 57 Abs. 1 Satz 1 WaffG; vertiefend Kapitel 4.6*

[1039] *§ 57 Abs. 1 Satz 2 und 3 WaffG*

[1040] *§ 57 Abs. 4 WaffG*

Erlaubnisse für Kriegsschusswaffen, die nach dem WaffG in der Fassung der Bekanntmachung vom 8. März 1976 erteilt wurden, verloren ihre Gültigkeit am 1. Oktober 2003.[1041]

1.36.4 Waffenverbot im Einzelfall

Umgangsverbote, die vor Einführung des WaffG 2002 auf Grundlage des WaffG 1976 ausgesprochen wurden, gelten unverändert fort.[1042]

1.36.5 Verbotene Waffen

Verbotene Waffen nach Anlage 2 A1 WaffG, die vor Inkrafttreten des WaffG 2002 nicht dem Verbot nach § 37 WaffG aF unterlagen, mussten bis zum 31. August 2003 einem Berechtigten überlassen oder unbrauchbar gemacht werden.[1043] Bis zu diesem Zeitpunkt konnte eine **Ausnahmegenehmigung** nach § 40 Abs. 4 WaffG beantragt werden.

1.36.6 Verbotene Vorderschaftrepetierflinte

1.36.6.1 Gesetzliches Verbot

Die nach Anlage 2 A1 Nr. 1.2.1.2 WaffG ab dem 1. April 2008 verbotene Waffe (Pump-Gun mit Kurzwaffengriff anstelle eines Hinterschafts, Lauflänge unter 45 cm oder Gesamtlänge im kürzesten bestimmungsgemäß verwendbaren Zustand unter 95 cm) musste bis zum 30. September 2008 einem Berechtigten überlassen oder unbrauchbar gemacht werden, wenn sie bereits bei Inkrafttreten des Verbotes im Besitz des Betroffenen gewesen war.[1044] Zudem konnte bis zu diesem Zeitpunkt eine Ausnahmegenehmigung nach § 40 Abs. 4 WaffG beantragt werden. Für das bereits am 17. Oktober 2002 ergangene Verbot der Pump-Gun mit Kurzwaffengriff anstelle eines Hinterschafts hatte es keine derartige Übergangsfrist gegeben; hier reagierte der Gesetzgeber auf eine konkrete Straftat, während Waffen einer bestimmten Gesamt- oder Lauflänge lediglich aus grundsätzlichen Erwägungen „aus dem Markt genommen wurden".[1045]

[1041] *§ 58 Abs. 2 WaffG*

[1042] *§ 58 Abs. 6 WaffG iVm § 40 Abs. 1 WaffG aF*

[1043] *§ 58 Abs. 7 WaffG*

[1044] *§ 58 Abs. 11 WaffG*

[1045] *Wirksam erfasst, wie auch durch andere Verbote oder Erlaubnispflichten, wurden nur jene Schusswaffen, die sich in den Händen dazu berechtigter Personen befanden. Die Beschränkung der Wirksamkeit einer Regelung ist stets zu bedenken, wenn waffenrechtliche Regelungen gesellschaftliche Fehlentwicklungen steuern oder begrenzen sollen.*

1.36.6.2 Vorderschaftrepetierflinte mit gezogenem Lauf

Das Waffengesetz verwendet lediglich an einer einzigen Stelle[1046] den Begriff *Flinte*. Die allgemein gültige Definition der Flinte als Langwaffe „mit glattem Lauf, die für den Schrotschuss bestimmt ist“ [1047], muss angesichts des Verbots von Vorderschaftrepetierflinten (VSRF) mit den in Anlage 2 A1 Nr. 1.2.1.2 WaffG bestimmten Eigenschaften genauer betrachtet werden.

Die VSRF bezeichnete der Gesetzgeber bereits vor Inkrafttreten des WaffG 2002 als „besonders kriminalitätsrelevant“.[1048] Das Verbot der VSRF mit Kurzwaffengriff erfolgte unter dem Eindruck der Ereignisse von Erfurt 2002. 2008 wurden dann vor dem Hintergrund polizeilicher Erkenntnisse im Bereich der Banden- und Schwerstkriminalität und unter Hinweis auf den *vom Gesetzgeber verfolgten Zweck*[1049] auch der Umgang mit sehr führigen und leicht zu verbergenden VSRF (Lauflänge einschließlich Patronenlager unter 45 cm, Gesamtlänge unter 95 cm) verboten.

Um einem Flintenlaufgeschoss eine rotierende Führung und damit einen Drall zu vermitteln, werden Vorderschaftrepetierflinten mit gezogenen Läufen, sogenannte „slug guns“ angeboten. Waffenrechtlich ergeben sich mehrere Probleme. So ist der gezogene Lauf Merkmal einer Büchse, womit beispielsweise die vom Gesetz bestimmte Verbotseigenschaft der Vorderschaftrepetierflinte mit Kurzwaffengriff bei einer solchen Waffe nach den Buchstaben des Gesetzes nicht erfüllt wäre (Bestimmtheitsgebot strafrechtlicher Regelungen). Außerdem fallen Repetierlangwaffen mit gezogenem Lauf unter die Regelung des erleichterten Erwerbs durch Sportschützen nach § 14 Abs. 6 WaffG, somit auch diese Art einer VSRF.

Auch das Waffenrecht der **Republik Österreich** kennt das Verbot von Vorderschaftrepetierflinten.[1050] Das Gesetz bezeichnet diese Waffe explizit als „Schrotgewehr“. Die österreichische Bundesregierung erklärte dazu auf Anfrage mit Schreiben vom 30. Mai 2008, dass es sich bei „slug guns“ auch dann um Flinten handele, wenn diese mit einem gezogenen Lauf ausgestattet seien, sie aber konstruktiv und nach Einrichtung des Patronenlagers für das Verschießen von Schrotmunition verwendbar seien. Damit fielen sie unter den Begriff des Schrotgewehrs, auch wenn die Züge und Felder einen negativen Einfluss auf die ballistischen Eigenschaften des Schrotschusses hätten. Der gezogene Lauf einer solchen Waffe, so die abschließende Formulierung, bleibe ein Flintenlauf.[1051]

[1046] *Anlage 2 A1 1.2.1.2 WaffG*

[1047] *Lampel/Mahrhold, „Waffenlexikon“, 10. Auflage, S. 125*

[1048] *BT-Drs. 14/7758 S. 113*

[1049] *BT-Drs. 16/7717, zur Begründung siehe dort S. 22 „de ratio legis“*

[1050] *Waffengesetz 1996 (Österreich), § 17 Abs. 1 Nr. 3 und 4*

[1051] *Stellungnahme des Amtssachverständigen Oberst Ing. Dipl.-HTL-Ing. Eder vom Bundesministerium für Inneres, Wien; die Erstreckung des Verbotes auf „slug guns“ bejahen auf Anfrage auch LKA Schleswig-Holstein, LKA Hessen und BKA SO 13 (zuständig für Feststellungsbescheide, zuvor als „SO 11“)*

Diese nachvollziehbare Argumentation muss auch nach deutschem Recht zu einem Verbot von VSRF mit den in der Anlage 2 A1 WaffG festgelegten Merkmalen führen, wenn es sich um eine VSRF mit gezogenem Lauf handelt. Das deutsche Waffengesetz bezieht sich zwar in diesem Punkt allgemein auf den Begriff der „Flinte", allerdings ohne diesen weiter auszuführen. Entscheidend darf bei Auslegung des Gesetzes aber nicht die bloße Konstruktion des gefährlichen Gegenstandes sein. Betrachtet man die **wirkungsrelevanten Konstruktionsmerkmale der verbotenen Waffe**, so finden sich diese in beiden Waffenarten, ob mit glattem oder gezogenem Lauf. Die Kombination aus Kaliber, Magazinkapazität, Ladeverfahren und äußerer Abmessung führen zu hoher Feuerkraft, guter Führigkeit und Drohwirkung – ob Büchse oder Flinte, ist hierbei nicht entscheidend. Stellt man auf das Ziel des Verbotes ab, muss das gesetzliche Verbot in Anlage 2 A1 1.2.1.2 WaffG auf **alle Vorderschaft-Repetier-Langwaffen** erweitert werden, die die dort genannten Verbotsmerkmale aufweisen und zum Verschießen von Schrotmunition geeignet sind. Mit einer derartigen Änderung der Anlage wäre das Verbot gesetzlich bestimmt und Rechtssicherheit geschaffen. Bis dahin muss die Schutzwirkung, die sich aus der Verbotsnorm für die öffentliche Sicherheit und Ordnung ergeben soll, aus dem Sinn und Zweck abgeleitet werden („teleologische Auslegung").

Der in den Begründungen zur Neuregelung des Waffengesetzes geäußerte Wille des Gesetzgebers darf hier nicht unbeachtet bleiben. So heißt es 2002 im Zusammenhang mit der „WBK für Sportschützen": „Diejenigen Repetier-Langwaffen, die keine gezogenen Läufe aufweisen, werden nicht in diese Erwerbserleichterung einbezogen; hiervon sind die sogenannten Pumpguns erfasst." [1052] Der Begriff „**Pumpgun**" bezeichnet offenkundig aus Sicht des Gesetzgebers eine Waffe im Schrotkaliber mit Vorderschaft zum Repetieren – der Begriff scheint mehr eine Art Symbol zu sein als die technischen Eigenschaften der Waffe zu beschreiben. Unterstellt man an diesem Punkt fehlende Kenntnis der am Markt verfügbaren Waffenmodelle, ist auch der Schluss zulässig, dass zwar ein Verbot aller „Pumpguns" beabsichtigt war, die gesetzliche Beschränkung „Vorderschaftrepetierflinte" als Waffe mit glattem Lauf aber versehentlich zu kurz greift.

Trotzdem ist der erleichterte Erwerb nach § 14 Abs. 6 WaffG anders zu betrachten. Hier stellt der Gesetzestext ausdrücklich auf die Waffeneigenschaft „mit gezogenem Lauf" ab – um einen solchen handelt es sich bei einer „**slug gun**", womit sie eindeutig unter die Regelung des erleichterten Erwerbs für Sportschützen fällt.

Zu beachten ist in diesem Zusammenhang, dass bei **Erwerb eines glatten Laufes** für diese Waffe die Erwerbserlaubnis in Form eines Voreintrags in der (grünen) Standard-WBK nach § 10 WaffG zu erfolgen hat. Stellt man die Kaliber von glattem und gezogenem Lauf gegenüber, so ist bei bloßer Betrachtung der Kaliberangaben eine Gleichheit festzustellen. Da das Waffengesetz den erlaubnisfreien Erwerb eines Austauschlaufes für jene Waffen vorsieht, die bereits in der Waffenbesitzkarte des

---

[1052] *BT-Drs. 14/8886 S. 112, „Zu § 14", Absatz 7*

Inhabers einer Erlaubnis eingetragen sind,[1053] ergibt sich hier die Situation, dass ein Voreintrag in der WBK nach § 10 WaffG in diesem Falle keine Voraussetzung für den Erwerb des glatten Laufs ist. Da aber eine derartige Vorgehensweise (zunächst Erwerb ohne Voreintrag auf gelber WBK, danach erleichterter Erwerb des glatten Laufes ohne Voreintrags-Pflicht) eine **Umgehung des gesetzgeberisch gewollten Zwangs zur Beantragung eines Erwerbs** von Repetierlangwaffen mit glattem Lauf darstellt, darf der erleichterte Erwerb des Wechsel-/ Austauschlaufes hier im Grunde nicht angewandt werden. Der Erlaubnisinhaber sollte darum durch die zuständige Behörde schon bei Anzeige des Erwerbs der Grundwaffe mit gezogenem Lauf auf diese Problematik nachvollziehbar hingewiesen werden.

Vor dem Hintergrund des zuvor aufgezeigten Mangels an Bestimmtheit ist auch eine Regelung in der Anlage 2 WaffG zu betrachten. Die in Anlage 2 A1 Nr. 1.5.3 WaffG dargestellte Definition lässt sich vollumfänglich auch auf Schrotpatronen anwenden – schließlich werden auch hier Geschosse, die im Durchmesser kleiner sind als der Felddurchmesser des gezogenen Laufes, verschossen, die mit einer Treib- und Führungshülse umgeben sind, die sich nach Verlassen des Laufes von ihnen trennt (zB „buck-shot", 53 g, 8,4 mm Schrotdurchmesser). Da sich Schrotpatronen aus einem gezogenen Lauf verschießen lassen und der Begriff der Patrone lediglich „fertiges Ganzes" bedeutet und Schrotpatronen, wenn auch aus Pappe oder Kunststoff, ausdrücklich einschließt,[1054] würde sich bei Verwendung von Schrotpatronen in „slug guns" eine rechtlich unbestimmte Situation ergeben. Der Feststellungsbescheid des BKA zu Treibspiegelmunition[1055] stellt in dieser Frage auf die durch den Hersteller erfolgte Zweckbestimmung ab.[1056]

1.36.7 Umgebaute Waffen nach Anlage 2 A1 WaffG 2008

Das Waffengesetz 2008 bestimmte, dass die Vorschriften für eine erlaubnispflichtige Feuerwaffe auch dann vollumfänglich gelten, wenn diese in eine Waffe umgebaut worden war, die unter erleichterten Bedingungen erworben und besessen werden durfte.[1057] Diese Gesetzesänderung zielte in erster Linie auf die Verhinderung des Rückbaus umgeänderter Waffen im Kal. 4mm M20 in die Ursprungswaffe, meist im Kal. 9 mm x 19.[1058] Die vollumfängliche Erlaubnispflicht für solche Waffen gilt ab dem 1. Oktober 2008, wenn die Waffe vor Inkrafttreten des WaffG am 1. April 2008 erworben wurde.

[1053] *Anlage 2 A2 UA2 2.1 WaffG*

[1054] *Lampel/Mahrhold, „Waffenlexikon", 10. Auflage, S. 280*

[1055] *SO 11 – 5164.01-Z-29 vom 22. September 2009*

[1056] *Diskussionswürdig ist, ob ein tatsächliches Verschießen aus einem gezogenen Flintenlauf als eine vom Gesetz missbilligte Handlung strafbar wäre, da in diesem Falle der eigentliche Schutzzweck des Verbots, dass sich auf dem Geschoss keine auswertbaren Laufspuren abzeichnen, nicht mehr verwirklichen lässt.*

[1057] *§ 58 Abs. 10 WaffG*

[1058] *siehe Kapitel 1.34 sowie Anlage 2 A2 UA1 Satz 3 WaffG*

1.36.8 Wechsel- und Austauschläufe WaffG 2008

Vor dem 1. April 2008 durch den Inhaber einer WBK erlaubnisfrei erworbene Teile von Schusswaffen, insbesondere Austausch- und Wechselläufe sowie –systeme und –trommeln, mussten bis zum 1. Oktober 2008 in die WBK eingetragen werden.[1059]

1.37 Altbesitzregelungen (§ 58)

§ 58 WaffG enthält neben Übergangsvorschriften Regelungen, die zum Stichtag der jeweiligen Gesetzesänderung Altbesitzregelungen für bestimmte Besitzergruppen und Gegenstände vorsehen. Diese beziehen sich naturgemäß nur auf solche Gegenstände, die vor Inkrafttreten der neuen gesetzlichen Regelungen erworben worden waren.

Zu beachten ist, dass bei einigen Gegenständen der Weiterbesitz aufgrund eines Antrags an das BKA und eine daraufhin erteilte Ausnahmegenehmigung möglich ist, während andere Gegenstände allein durch Anzeige[1060] des Besitzes bei der örtliche zuständigen Waffenbehörde weiterhin befugt besessen werden dürfen. Die nachfolgenden Kapitel erläutern die teilweise nur marginalen Unterschiede bezüglich der Voraussetzungen.

Wird ein gesetzliches Verbot aufgrund dieser Regelungen gegen eine Person nicht wirksam, etwa im Falle des Erwerbs eines Magazins hoher Kapazität vor dem 13. Juni 2017, ist **nur die Person des Altbesitzers** von dem Verbot **befreit**. Dieser privilegierte Altbesitzer darf die betroffene Waffe besitzen und auch verwenden. **Die Waffe** ist dagegen ab Inkrafttreten der Änderung des Gesetzes **ein verbotener Gegenstand**, was insbesondere bei der Aufbewahrung zu beachten ist –diese Magazine sind durch Altbesitzer als verbotene Magazine gemäß § 13 Abs. 2 AWaffV aufzubewahren.

Nachfolgend wird eine Auswahl von Altbesitzregelungen dargestellt.

1.37.1 Verschluss und Gehäuse erlaubnispflichtiger Schusswaffen

Wurde der Gegenstand vor dem 1. September 2020 erworben, muss bis zum 1. September 2021 eine Waffenbesitzkarte oder eine gleichartige Erlaubnis für den Besitz beantragt werden, um ab dem 1. September 2020 den Gegenstand befugt zu besitzen (bis zum Ablauf der Frist für die Antragstellung oder einer Versagung der Erlaubnis gilt, dass der Besitz erlaubt ist), anderenfalls muss der Gegenstand bis zum 1. September 2021 an einen Berechtigten, die Waffenbehörde oder die Polizei abgegeben werden.

[1059] *§ 58 Abs. 12 WaffG*

[1060] *Zum Inhalt der Anzeige siehe Kapitel 1.22.11*

1.37.2 Verschluss und Gehäuse verbotener Schusswaffen

Erfasst sind nach Anlage 2 A1 Nr. 1.1 bis 1.2.3 und 1.2.5 WaffG verbotene Waffen. Wurde der Gegenstand vor dem 1. September 2020 erworben, muss der Besitzer dieses Gegenstandes bis zum 1. September 2021 für diesen Gegenstand eine Ausnahme von dem Verbot bei dem Bundeskriminalamt beantragen, um ab dem 1. September 2020 nicht dem Verbot zum Umgang mit diesem Gegenstand zu unterliegen (bis zum Ablauf der Frist oder der Ablehnung der Genehmigung gilt der Besitz als erlaubt), anderenfalls muss der Gegenstand bis zum 1. September 2021 an einen Berechtigten, die Waffenbehörde oder die Polizei abgegeben werden.

Nach Ablauf der Frist kann die Behörde diesen Gegenstand sicherstellen und verwerten bzw. vernichten (§ 46 Abs. 3 Satz 2 und Abs. 5 WaffG).

Wurde der Gegenstand am oder nach dem 1. September 2020 erworben, ist eine Übergangsregelung wie zuvor beschrieben nicht vorgesehen. Ein Besitz ohne BKA-Ausnahmegenehmigung wäre mangels Übergangsfrist ein waffenrechtlicher Verstoß, da ein vorübergehender „erlaubter Besitz" für diese Fälle nicht vorgesehen ist.

1.37.3 Verbotene Magazine und verbotene Magazingehäuse

Wurde der Gegenstand vor dem 13. Juni 2017 erworben und am 13. Juni 2017 besessen, muss der Besitzer dieses Gegenstandes bis zum 1. September 2021 den Besitz der zuständigen Waffenbehörde anzeigen, um ab dem 1. September 2020 nicht dem Verbot zum Umgang mit diesem Gegenstand zu unterliegen (bis zum Ablauf der Frist ist der Besitz erlaubt), anderenfalls muss der Gegenstand bis zum 1. September 2021 an einen Berechtigten, die Waffenbehörde oder die Polizei abgegeben werden.

Wurde der Gegenstand am oder nach dem 13. Juni 2017, aber vor dem 1. September 2020 erworben, muss der Besitzer dieses Gegenstandes bis zum 1. September 2021 für diesen Gegenstand nach § 40 Abs. 4 WaffG eine Ausnahme von dem Verbot bei dem Bundeskriminalamt beantragen, um ab dem 1. September 2020 nicht dem Verbot zum Umgang mit diesem Gegenstand zu unterliegen (bis zum Ablauf der Frist oder bis zu einer Ablehnung der Ausnahmegenehmigung gilt, dass der Besitz erlaubt ist), anderenfalls muss der Gegenstand bis zum 1. September 2021 an einen Berechtigten, die Waffenbehörde oder die Polizei abgegeben werden.

Nach Ablauf der Frist kann die Behörde diesen Gegenstand sicherstellen und verwerten bzw. vernichten (§ 46 Abs. 3 Satz 2 und Abs. 5 WaffG).

Wurde der Gegenstand nach dem 31. August 2020 erworben, ist keine Übergangsregelung wie zuvor beschrieben vorgesehen. Ein Besitz ohne BKA-Ausnahmegenehmigung wäre ein waffenrechtlicher Verstoß, da ein vorübergehender „erlaubter Besitz" für diese Fälle nicht vorgesehen ist.

Betroffene Magazine müssen auch von Personen, gegen die das Verbot nicht wirksam wird, gemäß §§ 36 WaffG, 13 AWaffV als verbotene Waffen aufbewahrt werden. Die besonderen Vorschriften zur sicheren Aufbewahrung verbotener Waffen in § 13 Abs. 2 AWaffV legen höhere Maßstäbe an deren sichere Aufbewahrung, um das Risiko einer Wegnahme durch Unbefugte zu verringern. Das kategorisierende

Attribut „verboten“ ist, unabhängig von der Berechtigung des Besitzers durch Gesetz oder behördliche Entscheidung, mit der Waffe verbunden. Die Aufbewahrung hat stets so zu erfolgen, dass von einem Zugriff Unberechtigter ausgegangen wird, da gerade diese Personen keinen Umgang mit diesen Magazinen haben dürfen.

Die Einordnung verbotener Magazine behandelt Kapitel 1.3.2.5.4.

1.37.4 Verbotene[1061] Schusswaffen nach Anlage 2 A1 Nr. 1.2.6, 1.2.7 WaffG

Wurde der Gegenstand vor dem 13. Juni 2017 erworben und am 13. Juni 2017 befugt besessen, unterfällt der Besitzer dieses Gegenstandes nicht dem gesetzlichen Verbot. Eine Anzeige oder Genehmigung ist in diesem Falle nicht erforderlich, da der befugte Besitz zum vorgenannten Zeitpunkt durch eine waffenrechtliche Erlaubnis behördlich dokumentiert ist.

Wurde der Gegenstand am oder nach dem 13. Juni 2017 **und** vor dem 1. September 2020 erworben, muss der Besitzer dieses Gegenstandes bis zum 1. September 2021 für diesen Gegenstand nach § 40 Abs. 4 WaffG eine Ausnahme von dem Verbot bei dem Bundeskriminalamt beantragen, um ab dem 1. September 2020 nicht dem Verbot zum Umgang mit diesem Gegenstand zu unterliegen (bis zum Ablauf der Frist oder bis zu einer Ablehnung der Ausnahmegenehmigung ist der Besitz erlaubt), anderenfalls muss der Gegenstand bis zum 1. September 2021 an einen Berechtigten, die Waffenbehörde oder die Polizei abgegeben werden.

Nach Ablauf der Frist kann die Behörde diesen Gegenstand sicherstellen und verwerten bzw. vernichten (§ 46 Abs. 3 Satz 2 und Abs. 5 WaffG).

Wurde der Gegenstand nach dem 31. August 2020 erworben, ist eine Übergangsregelung nicht vorgesehen. Zu beachten ist aber, dass ab dem 1. September 2020 ein Erwerb dieser Gegenstände nur mit Ausnahmegenehmigung des BKA zulässig ist, da das Verbot an diesem Datum in Kraft tritt.

1.37.5 Verbotene Salutwaffen

Wurde der Gegenstand vor dem 1. September 2020 erworben, muss der Besitzer bis zum 1. September 2021 für diesen Gegenstand nach § 40 Abs. 4 WaffG eine Ausnahme von dem Verbot bei dem BKA beantragen, um ab dem 1. September 2020 nicht dem Verbot zum Umgang mit diesem Gegenstand zu unterliegen (bis zum Ablauf der Frist oder bis zu einer Ablehnung des Antrags ist der Besitz erlaubt), anderenfalls muss der Gegenstand bis zum 1. September 2021 an einen Berechtigten, die Waffenbehörde oder die Polizei abgegeben werden.

[1061] *Es handelt sich hier um halbautomatische Lang- und Kurzwaffen mit fest eingebautem Magazin für Zentralfeuerpatronenmunition, deren Kapazität die gesetzlich zulässigen Grenzen überschreitet (20 Patronen bei Kurzwaffen, 10 Patronen bei Langwaffen).*

1.37.6 Salutwaffen

Wurde der Gegenstand vor dem 1. September 2020 erworben, muss bis zum 1. September 2021 eine WBK oder eine gleichartige Erlaubnis für den Besitz beantragt werden, um ab dem 1. September 2020 den Gegenstand befugt zu besitzen (bis zum Ablauf der Frist für die Antragstellung oder einer Versagung der Erlaubnis ist der Besitz erlaubt), anderenfalls muss der Gegenstand bis zum 1. September 2021 an einen Berechtigten, die Waffenbehörde oder die Polizei abgegeben werden.

1.37.7 Pfeilabschussgeräte

Wurde der Gegenstand vor dem 1. September 2020 erworben, muss bis zum 1. September 2021 eine Waffenbesitzkarte oder eine gleichartige Erlaubnis für den Besitz beantragt werden, um ab dem 1. September 2020 den Gegenstand befugt zu besitzen (bis zum Ablauf der Frist für die Antragstellung oder einer Versagung der Erlaubnis ist der Besitz erlaubt), anderenfalls muss der Gegenstand bis zum 1. September 2021 an einen Berechtigten, die Waffenbehörde oder die Polizei abgegeben werden.

1.37.8 Abgabe von Springmessern

Durch die Ergänzung des Katalogs von Voraussetzungen für die Ausnahme von dem Umgangsverbot nach § 2 Abs. 3 WaffG iVm Anlage 2 A1 Nr. 1.4.1 WaffG im Oktober 2024 ist es erforderlich, eine Übergangsregelung in das Gesetz aufzunehmen für die Fälle, in denen in der Person des Besitzers eines nach den bisherigen objektiven Ausschlusskriterien die subjektiven Voraussetzungen für einen Umgang nicht gegeben sind.

Das Verbot wird auch dann nicht wirksam, wenn der Besitzer vorübergehend die jeweilige Voraussetzung nicht erfüllt, etwa im Falle einer vorübergehenden Berufsunfähigkeit oder eines saisonalen Unmöglichseins der Verwendung, zum Beispiel im Falle des Seglers außerhalb der Saison. Insofern ist auch in Bezug auf die Erforderlichkeit gemäß den Erläuterungen des BMI lediglich eine geringe Schwelle hinsichtlich der Verbotsausnahme zu überschreiten.

Die **Strafbefreiung** nach § 58 Abs. 24 WaffG ist beschränkt auf solche Springmesser, die am Tag des Inkrafttretens des Verbots, somit am 31. Oktober 2024, im Besitz des Betroffenen gewesen sind. Sie gilt für den unerlaubten Erwerb und Besitz ebenso wie für das Führen auf dem direkten Weg zur Überlassung an einen Berechtigten, die zuständige Behörde oder Polizeidienststelle sowie für das Verbringen des Messers. Die **Zuverlässigkeit** des Betroffenen gemäß § 5 WaffG bleibt im Falle des vormaligen Umgangs in einer der vorgenannten Situationen für den Betroffenen ohne Folgen; die jeweilige Handlung darf also von der zuständigen Behörde nicht für die Überprüfung der Zuverlässigkeit herangezogen werden.

Durch die Formulierung umfasst die Befreiung tatbestandlich auch solche Messer, die vor dem 31. Oktober 2024 entgegen einem Verbot im Besitz des Betroffenen waren, da sie nicht von dem seinerzeitigen Verbot ausgenommen gewesen sind.

2 Arten waffenrechtlicher Erlaubnisse

Waffenbesitzkarte

Nr. ______________

Herr/Frau ______________________________

geboren am ______________________________

in ______________________________

wird hiermit die Erlaubnis erteilt, die von der Behörde auf Seite 2 bezeichneten Schusswaffen zu erwerben und zu besitzen. Die Erlaubnis gilt auch für die auf Seite 6 genannten Personen.

____
(Ort) (Datum)

Dienstsiegel

____
(Behörde)

____
(Unterschrift)

Artikel Nr. 3101404

Bundesdruckerei 2011

Lfd. Nr.	Art	Munitions-bezeichnung/ Kaliber	Berechtigt zum Erwerb bis zum (Dienstsiegel)	Hersteller Modellbezeichnung	Seriennummer	Berechtigt zum Erwerb und Besitz von für die Waffe bestimmter oder zugelassener Munition (Dienstsiegel)	erworben oder angemeldet		
							am	von	Behörde (Dienstsiegel)
1	2	3	4	5	6	7	8	9	10
1	<- - - - - - - - - - - VOREINTRAG - - - - - - - - ->								
2									
3									
4									
5									
6									
7									
8									

2 3 4

2.1 Waffenbesitzkarte (§ 10 Abs. 1)

2.1.1 Überblick

2.1.1.1 Waffen

Die Erlaubnis zum Erwerb und Besitz von **Waffen** wird durch eine **Waffenbesitzkarte** (WBK) oder durch Eintragung in eine vorhandene WBK erteilt. Die WBK dient neben der Dokumentation der Erlaubnis zum Nachweis der Umgangsberechtigung.

Neben der in diesem Kapitel (2.1) behandelten **„grünen WBK"** als Standard existieren die (ebenfalls grüne) **WBK für Schießsportvereine und jagdliche Vereinigungen** (Kapitel 2.1.3.8), die (gelbe) **WBK für Sportschützen** (Kapitel 2.2) und die (rote) **WBK für Waffensammler** (Kapitel 2.3) **und Waffensachverständige** Kapitel 2.4, die nachfolgend gesondert dargestellt werden.

Die zuständige Behörde erteilt durch einen **Voreintrag** die **Berechtigung zum Erwerb und Besitz**[1062] für die in diesem Voreintrag spezifizierte Waffen- und Kaliberart. Der Voreintrag ist ein Jahr gültig. Er verfällt, wenn er nicht verwendet worden ist. Der **Voreintrag**[1063] besteht aus den Angaben **„Art"** und **„Munitionsbezeichnung/Kaliber"** sowie **Datum**, bis zu dem der Erwerb erlaubt ist. Er erlangt **Gültigkeit** durch **Siegelung** in Spalte 4.

Binnen zwei Wochen nach Erwerb oder Überlassung einer Waffe ist die WBK der zuständigen Behörde gemäß § 37a WaffG zur **Berichtigung** vorzulegen.[1064] Diese Berichtigung der Daten ist der finale (dritte) Schritt nach der materiellen **Erteilung** der Erlaubnis zum Erwerb und Besitz (Schritt 1) und durch Voreintragung dieser Erlaubnis in der WBK, womit die Erteilung in der Urkunde verkörpert wird (Schritt 2); es handelt sich somit um einen lediglich formellen[1065] Vorgang, da auch die Erlaubnis zum (Dauer-) Besitz bereits durch den Voreintrag erteilt worden ist („materielle Entscheidung ist bereits ergangen").

[1062] *VG Düsseldorf 22 K 4969/08, Urteil vom 4.3.2010; so auch BT-Drs. 14/7758, S. 58, und BT-Drs. 16/7717, S. 19*

[1063] *Der Voreintrag zum Erwerb von wesentlichen Teilen und Schalldämpfern erfolgt auf der Standard-WBK; bereits durch den Voreintrag gilt eine entsprechende Waffe als* ***„eingetragen"****; bei erlaubnisfreiem Erwerb nach Anlage 2 A2 UA2 Nr. 2 oder 2a soll der Eintrag möglichst auf der WBK der Grundwaffe erfolgen.*

[1064] *Eine Überschreitung dieser Frist stellt eine Ordnungswidrigkeit dar, von einem unberechtigten strafbaren Besitz ist gleichwohl nicht auszugehen (so Gade zu § 13, Rn. 26); es handelt sich allerdings aufgrund der zentralen ordnenden Bedeutung von Anzeige und Eintragung um einen gröblichen Verstoß, der zur Vermutung der Unzuverlässigkeit nach § 5 Abs. 2 Nr. 5 WaffG führen kann (VG Münster 1 K 3486/21, Urteil vom 12. April 2023).*

[1065] *BT-Drs. 16/7717, S. 19; siehe auch WaffVwV zu § 10, Nr. 10.1*

Besteht die **Erwerbsberechtigung** auch **ohne Voreintrag** (wie im Falle des Erwerbs von Langwaffen, die Jagdwaffen sind, durch den Inhaber eines gültigen Jahresjagdscheins), ist die **Ausstellung einer WBK** oder die **Eintragung in eine vorhandene WBK** binnen zwei Wochen zu beantragen.

Auch eine WBK, die aufgrund einer Anmeldung im Zuge einer Übergangsregelung ausgestellt wurde, ist eine WBK des Erlaubnisinhabers, wenn eine Regelung des Gesetzes auf die Inhaberschaft einer WBK abstellt.[1066]

Der **Verlust** der Waffenbesitzkarte (Diebstahl, Feuer etc.) ist nach § 37b Abs. 3 WaffG unverzüglich der zuständigen Behörde anzeigen.

Eine WBK wird grundsätzlich auf eine natürliche Person ausgestellt. Die WBK ist eine **höchstpersönliche Erlaubnis** zum Erwerb und Besitz. § 10 Abs. 2 WaffG erlaubt die **Ausstellung auf mehrere Personen**, wenn diese **gemeinschaftlich** die Gewalt über die in dieser **gemeinsamen WBK** eingetragenen Waffen ausüben, etwa bei Erbwaffen, aber auch bei jagenden Familiengemeinschaften oder eine „Schützen-Familie", aber nur in einer Urkunde.[1067] Die Erlaubnis wird auf einen Berechtigten ausgestellt, weitere Berechtigte sind im Abschnitt „Amtliche Eintragungen" zu vermerken. Gesetzliche Pflichten gelten dabei für alle eingetragenen Personen in gleichem Umfang, vorwerfbare[1068] **Verstöße** mit einer Waffe sind **jedem Berechtigten zuzurechnen.**[1069] Jeder Betroffene muss den **Mitbesitz** an ein- und derselben Schusswaffe ausüben dürfen und einen Anspruch auf Erteilung der waffenrechtlichen Erlaubnis zum Besitz dieser Waffe haben, somit müssen alle Voraussetzungen für die Erteilung der waffenrechtlichen Erlaubnis bei jeder Person vorliegen, insbesondere das Bedürfnis.[1070] Das gilt grundsätzlich auch für Erbengemeinschaften.

Betroffenen, die ein waffenrechtliches Bedürfnis nachgewiesen haben, darf keine Besitzberechtigung für Waffen erteilt werden, die einem generellen Benutzungsverbot unterliegen, zum Beispiel blockierte Erbwaffen.[1071] Ein berechtigter **Mitbesitz** an

---

[1066] *BVerwG 1 C 6/81, Urteil vom 02. Dezember 1986*

[1067] *Dies gilt bei Erteilung einer gemeinschaftlichen WBK für eine Waffe; bei Erlaubniserteilung für mehrere Waffen können weitere WBKn ausgestellt werden, sofern dies aufgrund der Anzahl eintragbarer Waffen je Urkunde erforderlich ist.*

[1068] *Bayerischer VGH 24 CS 23.253, Rn. 22, Beschluss vom 20. April 2023*

[1069] *VG Regensburg RO 4 K 14.1958, Urteil vom 25. November 2015; Leitsatz: Werden in eine gemeinsame WBK eingetragene Schusswaffen im gemeinsamen Wohnhaus der Berechtigten aufbewahrt, ist jeder der Berechtigten in gleicher Weise für die ordnungsgemäße Aufbewahrung verantwortlich; in Fällen gemeinschaftlicher Aufbewahrung auch VG Hamburg 4 K 2176/15, Urt. v. 09. Feb. 2016*

[1070] *WaffVwV zu § 10 WaffG, 10.6 Satz 2; die Waffe ist dabei auf gesetzliche Kontingente aller Inhaber dieser gemeinsamen WBK anzurechnen.*

[1071] *BVerwG 6 C 36.14, Urteil vom 27. Januar 2016, nach Schleswig-Holsteinisches VG, 7 A 55/11, Urteil vom 20. Dezember 2011*

Waffen, die einem durch Blockierpflicht gesicherten Benutzungsverbot unterliegen, ist in diesem Falle ausgeschlossen.

Möglich ist die Ausstellung einer WBK für eine **schießsportliche oder jagdliche Vereinigung.**[1072] Die juristische Person „Vereinigung" wird dabei durch eine natürliche („verantwortliche") Person vertreten. Voraussetzungen[1073] für die Erteilung, ausgenommen das Bedürfnis, müssen von allen erfüllt werden, die als verantwortliche Personen in diese WBK eingetragen werden, um Waffen für den Verein zu erwerben und zu besitzen.[1074]

2.1.1.2 Munition

Die Erlaubnis zum **Munitionserwerb und -besitz** für die Schusswaffe ist gesondert zu beantragen. Das Bedürfnis ist durch eine Erlaubnis für die Schusswaffe zB bei Sportschützen, gefährdeten Personen und Bewachungsunternehmern als gegeben anzusehen für Munition, die für diese Waffe bestimmt oder zugelassen[1075] ist. Für **Austauschläufe und Wechselsysteme** ist gesondert bei diesen Teilen eine Erlaubnis für Munition zu beantragen.

Die **Erlaubnis** zum Munitionserwerb und -besitz **für die im Voreintrag spezifizierte Waffen- und Kaliberart oder eine bereits eingetragene Waffe** wird durch **Siegelung** des zugehörigen Feldes in Spalte 7 erteilt.

Wird die Waffe **ausgetragen**, verfällt die Erlaubnis zum Umgang mit Munition, ohne dass es der Entwertung des Siegels in Spalte 7 oder gesonderter Eintragungen bedarf, da sich die Erwerbs- und Besitzerlaubnis spezifisch auf Munition für die ausgetragene Waffe bezogen hat („Akzessorietät").

Entfällt die **Berechtigung** zum Erwerb und Besitz der Munition, ist diese zu vernichten oder an Berechtigte zu überlassen, wenn der Besitzer keine andere Erlaubnis zum Besitz dieser Munition besitzt, etwa einen Munitionserwerbsschein oder durch eingetragenes Siegel für eine andere Waffe.

2.1.2 Allgemeine Voraussetzungen für die Erlaubnis

Der Antragsteller muss das 18. Lebensjahr vollendet haben. Dies gilt nicht für Sportschützen – sie unterliegen besonderen Regelungen zum Alterserfordernis, unter anderem grundsätzlich einem Mindestalter von 21 Jahren.

Der Gesetzgeber fordert bei Antragstellern unter 25 Jahren eine medizinisch-psychologische Untersuchung (MPU). Beachten Sie dazu, insbesondere zu den Ausnahmen, auch die Ausführungen ab Seite 134.

[1072] *§ 10 Abs. 2 Satz 2 WaffG; spezielle WBK, siehe Kapitel 2.1.3.8*

[1073] *Zuverlässigkeit, persönliche Eignung, Sachkunde, Mindestalter, siehe § 4 WaffG*

[1074] *siehe dazu auch Kapitel 2.1.3.8*

[1075] *zB für einen Revolver im Kaliber .357 Mag. auch im Kaliber .38 Spec.*

Ist der Antragsteller **Dienstwaffenträger**, etwa Polizeivollzugs- oder Zollbeamter, **entfällt** die **Begutachtung**. Erforderlich ist eine Bescheinigung des jeweiligen Dienstherrn, dass eine Begutachtung der geistigen Eignung stattgefunden hat, zB im Rahmen der Ausbildung, und dass der Antragsteller ohne Einschränkung zum Umgang mit Dienstwaffen berechtigt ist.

2.1.3 Spezielle Voraussetzungen für die Erlaubnis

Ohne bestehendes Bedürfnis ist gemäß § 45 Abs. 2 WaffG die waffenrechtliche **Erlaubnis zu widerrufen**. Der zuständigen Behörde wird aber durch § 45 Abs. 3 WaffG in bestimmten Fällen Ermessen zugebilligt, beispielsweise von einem Widerruf abzusehen, wenn nach Würdigung aller Umstände davon auszugehen ist, dass der Wegfall des Bedürfnisses nur vorübergehend ist.

2.1.3.1 Jäger (§ 13)

Der **Jäger**[1076] ist vom Nachweis des Bedürfnisses durch Vorlage des gültigen Jahresjagdscheines befreit.[1077] Jahresjagdscheine gelten für ein, zwei oder drei Jahre. Der Jagdschein ersetzt nicht das Recht zur Jagdausübung (Jagderlaubnis oder Jagdausübungsrecht), begründet aber waffenrechtlich das Bedürfnis zum Erwerb und Besitz von Schusswaffen und Munition.

Der **Jagdschein** wird nur erteilt, wenn keine Versagungsgründe nach § 17 Bundesjagdgesetz (BJagdG) vorliegen. Inhaltlich ähneln die dort genannten Versagungsgründe den Vorschriften in den §§ 5, 6 WaffG.

§ 13 Abs. 3 WaffG erlaubt dem Inhaber eines Jahresjagdscheins den Erwerb von Jagdwaffen und Jagdmunition. **Jagdwaffen** oder **Jagdmunition** sind solche Waffen oder Munition, die nicht nach § 19 Abs. 1 BJagdG zur Jagd verboten sind. Durch diese negative Formulierung beschränkt der Gesetzgeber Erwerb und Besitz nicht auf die zur Jagd geeigneten Waffen, sondern nimmt lediglich Waffen oder Munition, die nach § 19 Abs. 1 BJagdG verboten sind, vom Bedürfnis des Jägers aus, so dass nur diese Waffen oder Munition nicht Jagdwaffe oder Jagdmunition sind.[1078]

Langwaffen, die nicht nach § 19 Abs. 1 BJagdG verboten sind, und die für sie bestimmten **wesentlichen Teile**[1079] sowie **Schalldämpfer für Langwaffen mit Zentral-**

[1076] *Zum Begriff des Jägers siehe Kapitel 2.9*

[1077] *§ 13 Abs. 2 Satz 2 WaffG; ein Tagesjagdschein ist nicht ausreichend*

[1078] *Aus diesem Grunde sind auch SRS-Waffen als Jagdwaffen anzusehen, da sie nicht unter den zur Jagd verbotenen Waffen in § 19 BJagdG aufgeführt sind; die Freistellungen des § 13 WaffG, beispielsweise von der Erlaubnis zum Führen der Jagdwaffe durch einen Waffenschein, gelten darum auch für SRS-Waffen nach Anlage 2 A2 UA2 WaffG; siehe diesbezüglich WaffVwV zu § 13, Nr. 13.6*

[1079] *§ 13 Abs. 3 WaffG erlaubt neben dem Erwerb von Langwaffen auch den Erwerb einzelner wesentlicher Teile von Langwaffen, auch von solchen, die sich nicht im Besitz des Jagdscheininhabers befinden; gilt auch für* ***Modularwaffen****.*

feuerkaliber (nicht aber für Randfeuerkaliber oder Kurzwaffen) können ohne vorheriges Einholen einer Erwerbserlaubnis durch Vorlage des **gültigen Jahresjagdscheins** erworben werden; hier tritt in der Praxis die Vorlage des gültigen Jahresjagdscheins an die Stelle einer WBK mit dem erforderlichen Voreintrag, die sowohl den Erwerb und dauerhaften Besitz[1080] (mit Voreintrag) als auch den Erwerb und vorübergehenden Besitz[1081] (im Sinne der Leihe) erlauben würde.[1082]

§ 13 WaffG sieht **keine Mengenbegrenzung** (**Kontingent**) für die Anzahl der durch einen Jäger erwerbbaren **Langwaffen** vor. Eine konkrete Bedürfnisprüfung entfällt, da das Bedürfnis für den Erwerb von Langwaffen und den Erwerb von **bis zu zwei Kurzwaffen** bei Inhabern eines Jahresjagdscheins als unwiderleglich gilt.[1083] Unter Heranziehung der generellen Forderung nach dem Nachweis der Erforderlichkeit einer Schusswaffe im Zuge der Bedürfnisprüfung ist durch die Rechtsprechung aber ein **unbegrenztes Anhäufen** von Langwaffen durch Jäger als nicht durch die gesetzliche Bestimmung gedeckt und damit **nicht gesetzeskonform** bewertet worden.[1084]

Auch für den Erwerb und Besitz von **Schalldämpfern** gemäß § 13 Abs. 9 WaffG ist eine zahlenmäßige Beschränkung gesetzlich nicht vorgesehen. Durch den generellen Verweis, dass für den Umgang mit Schalldämpfern die Regelungen der Abs. 1 bis 4 und 6 bis 8 von § 13 WaffG für Langwaffen anzuwenden sind, gelten die obigen Ausführungen bezüglich einer nicht bestehenden Mengenbegrenzung für Langwaffen auch für die in § 13 Abs. 9 WaffG bestimmten Schalldämpfer.

Der Erwerb nach § 13 Abs. 3 WaffG ist binnen zwei Wochen der Behörde anzuzeigen und der befugte Besitz durch Eintragung in die WBK dokumentieren zu lassen. Ein Erwerbsstreckungsgebot gilt für Jäger nicht.

Die Jagdgesetze des Bundes und der Länder enthalten besondere Regelungen zu Schusswaffen und Munition, etwa zur Nutzung. So ist das Schießen auf Wild mit einer **halbautomatischen Langwaffe**, die **mit mehr als drei Patronen geladen** ist, ein Verstoß gegen das BJagdG. Somit darf der Jäger nur mit einer solchen halbautomatischen Langwaffe auf Wild schießen, die mit höchstens drei Patronen geladen ist (eine Patrone im Patronenlager, zwei im Magazin; alternativ Patronenlager frei, Magazin mit drei Patronen gefüllt). Der sonstige Umgang mit einer solchen halbauto-

---

[1080] § 13 Abs. 3 WaffG, vertiefend Kapitel 2.9

[1081] § 13 Abs. 4 WaffG, vertiefend Kapitel 2.9

[1082] Die Anwendbarkeit des erlaubnisfreien Erwerbs von Austausch- und Wechselläufen sowie -systemen für eine bereits eingetragene Waffe nach Anlage 2 A2 UA2 Nr. 2 WaffG setzt immer eine WBK voraus; zur abweichenden Regelung zum Erwerb dieser Gegenstände mittels eines Jahresjagdscheins siehe Fußnote 1079.

[1083] BayVGH 24 B 25.1740, Urteil vom 26. Feb. 2026; dort insbesondere Verweis auf BT-Drs. 14/8886, S. 111, letzter Absatz; abweichend, aber aus hiesiger Sicht nicht überzeugend VG Gießen 9 K 2448/20.GI, Urteil vom 28. Oktober 2021

[1084] OVG Niedersachsen 11 ME 344/10, Beschluss vom 4. Oktober 2010, zur Zulässigkeit des Erwerbs einer 63. Langwaffe, nach VG Braunschweig 5 B 135/10

matischen Langwaffe ist dem Jäger unabhängig von der Magazinkapazität erlaubt, solange das Magazin aufgrund seiner Kapazität keinem waffenrechtlichen Verbot unterfällt.[1085] Somit ist der Erwerb und Besitz von halbautomatischen Waffen, die mehr als zwei Schuss Magazinkapazität aufweisen, dem Jäger nicht verboten. Auch das Schießen auf einer Schießstätte mit einer halbautomatischen Waffe, die mit mehr als drei Patronen geladen ist, stellt keinen Verstoß gegen das Waffengesetz dar, ebenso wenig das Ein- oder Anschießen[1086] im Revier mit einer derartig geladenen Schusswaffe.[1087]

Der Erwerb von **Kurzwaffen** erfordert den Voreintrag einer Erwerbserlaubnis in der WBK. Grund ist das Fehlen einer Freistellung für den Erwerb, wie sie nach § 13 Abs. 3 WaffG für Langwaffen vorgesehen ist. Die **Kontingentierung von Kurzwaffen** für Jäger sieht für bis zu zwei Kurzwaffen das Bedürfnis für den Inhaber eines gültigen Jahresjagdscheins als gegeben an; ein Bedürfnis ist im Zuge der Erlaubniserteilung nicht nachzuweisen.[1088]

Bei der Zahl von zwei Kurzwaffen handelt es sich somit um eine Art „Standardausstattung", die als **Kontingent** bezeichnet wird. Eine Überschreitung dieses Kontingents setzt voraus, dass der Jäger der Waffenbehörde glaubhaft macht, dass der Erwerb der beantragten zusätzlichen Kurzwaffe für den vorgetragenen Zweck geeignet <u>und</u> erforderlich ist – so ist für die Fangschussabgabe als Begründung für die Überschreitung des Kontingents die Erteilung einer Erwerbserlaubnis für eine weitere großkalibrige Kurzwaffe mangels Erforderlichkeit regelmäßig abzulehnen.[1089] Es ist auch zu prüfen, ob nicht der Waidmann eine der bereits vorhandenen Kurzwaffen veräußern kann. Insofern bedarf es einer <u>überzeugenden</u> Begründung, wa-

---

[1085] *Die vor Änderung des Bundesjagdgesetzes am 10. November 2016 intensive Diskussion zur Auslegung der Verbotsnorm in § 19 BJagdG fand ihren Höhepunkt in dem Urteil 6 C 59.14 des BVerwG vom März 2016, das nicht nur das Einführen eines Magazins mit mehr als zwei Schuss Kapazität in eine halbautomatische Langwaffe als Verstoß gegen das Waffengesetz ansah (was nicht unumstritten war), sondern schon die bloße <u>Möglichkeit</u> dazu bei Waffen mit Wechselmagazin als Verbotsmerkmal auslegte, wodurch über Monate Jägern das Führen von solchen Waffen in ihrem Bestand zur Jagd unmöglich war, ebenso der Erwerb.*

[1086] *Siehe dazu auch Begriffserläuterungen auf Seite 453*

[1087] *Zu beachten ist dabei aber, dass im Falle einer Kontrolle des Waidmanns im Revier eine Waffe, die mit mehr als drei Patronen geladen ist, leicht zu einem Ermittlungsverfahren führen kann, wenn unterstellt wird, dass aus dieser Waffe in eben diesem Ladezustand ein Schuss auf Wild abgegeben worden ist.*

[1088] *Die Beschränkung dieser „Grundausstattung" auf zwei Kurzwaffen soll aber nach dem Willen des Gesetzgebers in der waffenbehördlichen Praxis keine absolute, also in keinem Fall überschreitbare Obergrenze darstellen, siehe BT-Drs. 14/7758, S. 50; ist eine weitere Kurzwaffe erforderlich und geeignet, kann dem Jäger eine entsprechende Erwerbserlaubnis erteilt werden.*

[1089] *OVG Lüneburg 13 L 1856/95, Urteil vom 19. Februar 1997*

rum drei oder mehr Kurzwaffen zur Jagdausübung erforderlich sind,[1090] , etwa dass zum Zwecke des Übungsschießens oder zur Teilnahme an jagdlichen Schießwettkämpfen mit einer weiteren Waffe geübt werden müsse und die beantragte Waffe dafür erforderlich sei. Eine diesbezügliche Auslegung des WaffG wird seitens der Erlaubnisbehörden in der Regel aber eher restriktiv gehandhabt. Eine **Stellungnahme** des zuständigen **Jagdverbandes** ist sachdienlich, aber **nicht erforderlich**.

Ebenfalls erlaubnispflichtig ist der Erwerb und Besitz von **Nachtsichtvorsatz- und -aufsatzgeräten**[1091] nach Anlage 1 A1 UA1 Nr. 4.3 WaffG, die zu den Nachtzielgeräten gezählt werden. Jäger sind vom Verbot des Umgangs befreit, was aber nicht eine Erlaubnisfreiheit umfasst.[1092] Zu beachten ist, dass die waffengesetzliche Definition nur für Schusswaffen ausdrücklich bestimmte Vorrichtungen („Single-Use") umfasst, nicht aber sogenannte „Dual-Use"-Geräte, die zwar an Zieleinrichtungen von Schusswaffen verwendet werden können, aber nicht ausschließlich dazu bestimmt sind und beispielsweise auch zur Wildbeobachtung an einem Fernglas dienen sollen, womit eine ausschließliche Bestimmung nicht gegeben ist. Diese ausschließliche Bestimmung wäre aber erforderlich, um von einer Einstufung als Waffe im Sinne des WaffG auszugehen.[1093] Somit gilt die WBK-Pflicht nur für Single-Use-Nachtsichtvorsatz- und -aufsatzgeräte.

Der **Erwerb und Besitz von Munition, die für Langwaffen geeignet ist**, ist Jägern mit gültigem Tages- oder Jahresjagdschein nach § 13 Abs. 5 WaffG ohne zusätzliche Erlaubnis gestattet.[1094] **Kurzwaffenmunition** darf nur nach Erteilung der entsprechenden Erwerbserlaubnis in der WBK oder durch einen Munitionserwerbsschein erworben und besessen werden darf. Dabei sieht die WaffVwV den Erwerb und Besitz von Munition, die für Langwaffen geeignet[1095] ist, für Inhaber eines gültigen Jagdscheines als erlaubnisfrei an – somit orientiert sich die Zuordnung eines Kalibers als Langwaffenmunition lediglich an der möglichen Verwendbarkeit mit einer

---

[1090] *VG des Saarlandes 1 K 2465/17, Urteil vom 03. Juni 2019; bestätigt durch OVG des Saarlandes 2 A 227/19, Beschluss vom 08. August 2019*

[1091] *Vertiefend zu Nachtsichtvorsatz- und -aufsatzgeräten Kapitel 1.3.2.5.3*

[1092] *Zur Freistellung von dem Verbot des Umgangs für Jäger Kapitel 1.24.1*

[1093] *Auch die Montage des Dual-Use-Geräts an der Zielvorrichtung einer Schusswaffe bestimmt das Gerät nicht um und macht aus ihm keine Waffe; vielmehr ist auf den gesetzlich missbilligten Vorgang „Montieren einer Nachtzieltechnik an einer Schusswaffe" abzustellen, der einen verbotenen Umgang nach § 2 Abs. 3 WaffG darstellt, von dem Jäger und Inhaber einer Erlaubnis nach § 21 WaffG (Händler/Hersteller) durch § 40 Abs. 3 WaffG ausgenommen sind.*

[1094] *Ohne gültigen Jagdschein wird diese Munition nur befugt besessen, wenn entweder ein entsprechender Munitionserwerbsschein oder die Erlaubnis in einer Waffenbesitzkarte vorliegt; es wird darum empfohlen, bei Eintragung einer Langwaffe in der WBK die Erlaubnis zum Erwerb und Besitz von Munition für die betreffende Waffe eintragen zu lassen.*

[1095] *Vgl. WaffVwV 2012 zu § 13 WaffG, Nr. 13.5*

Langwaffe.[1096] Dabei ist es nicht erforderlich, dass zum Zeitpunkt des Besitzes dieser Munition eine Langwaffe dieses Kalibers in der WBK des Munitionsbesitzers eingetragen ist oder er berechtigt mit einer Waffe dieses Kalibers umgeht, etwa im Zuge der Leihe; vielmehr soll die Privilegierung es ermöglichen, dass Jäger Munition besitzen für Waffen, die sie sich nur gelegentlich zum Zwecke der Jagd ausleihen.

Nach § 38 WaffG und § 15 Abs. 1 BJagdG hat der Jäger neben seinem Personalausweis oder Pass seinen Jagdschein und die WBK mitzuführen, wenn er zum Zwecke der Jagd seine Waffe führt. Im Falle des Führens oder Transports **einer geliehenen Waffe** ist ein geeigneter Leihe-Nachweis mitzuführen.[1097]

2.1.3.2 Sportschützen (§ 14)

Sportschützen im Sinne von § 14 Abs. 2 WaffG sind die Mitglieder eines Schießsportvereins, der einem anerkannten Schießsportverband nach § 15 Abs. 1 WaffG angeschlossen ist. Der **Schießsportverband** muss durch das Bundesverwaltungsamt (BVA) anerkannt sein (§ 15 Abs. 3 WaffG). Untergliederung eines solchen Schießsport**verbandes** sind schießsportliche **Vereine**. Der Sportschütze muss Mitglied in einem solchen Verein sein und dem Schießsport **regelmäßig** nachgehen (§ 14 Abs. 2 WaffG).

Mitglieder von anderen Vereinen oder nicht organisierte Schützen müssen ihr Bedürfnis nach § 8 WaffG nachweisen; sie genießen nicht die erleichternden Regelungen nach § 14 WaffG (erleichterter Erwerb bestimmter Waffenarten, „gelbe WBK"). ***Die nachstehenden Ausführungen gelten für Sportschützen im Sinne von § 14 Abs. 2 WaffG.***

Das Bedürfnis des Sportschützen umfasst den Erwerb und Besitz von Sportwaffen. **Sportwaffen** sind Schusswaffen, die nach der Sportordnung eines anerkannten Schießsportverbandes zugelassen und nicht nach § 6 AWaffV vom Schießsport ausgeschlossen sind. **Sportschießen** ist das Schießen mit Sportwaffen nach den Regeln eines anerkannten Schießsportverbandes.

Eine Erlaubnis zum Erwerb und Besitz von Schusswaffen und Munition durch Sportschützen setzt voraus, dass der Antragsteller das 21. Lebensjahr vollendet hat (**Mindestalter**). Ist der Antragsteller bei Beantragung seiner <u>ersten</u> waffenrechtlichen Erlaubnis (siehe dazu auch Seite 137) jünger als 25, ist der Waffenbehörde nach § 6 Abs. 4 WaffG ein Gutachten vorzulegen, das die <u>geistige</u> Eignung bestätigt.

Für den Erwerb von Lang- und Kurzwaffen im Kaliber .22 lfB. oder kleiner für Munition mit Randfeuerzündung und einer Mündungsenergie von höchstens 200 Joule und Einzellader-Flinten im Kaliber 12 oder kleiner (gemeint sind die Kaliber 16, 20 usw.) gilt abweichend eine **Befreiung** von dem Mindestalter nach § 14 WaffG und der Verpflichtung zum Nachweis der persönlichen Eignung nach § 6 WaffG.

[1096] *WaffVwV zu § 13 WaffG, Nr. 13.5*

[1097] *Zur* **Leihe von Waffen durch Jäger** *siehe auch Kapitel 1.11.2.1.1*

Als **Gutachter** kommen nach § 4 Abs. 2 AWaffV in der Regel folgende Berufsgruppen in Betracht Amtsärzte, Psychiater, approbierte Psychotherapeuten, Fachärzte für psychotherapeutische Medizin und Fachpsychologen. Die **Kosten** des Gutachtens muss der Antragsteller tragen. **Zwischen** dem **Gutachter** und dem **Antragsteller** darf in den fünf Jahren vor Begutachtung **kein Behandlungsverhältnis** bestanden haben. Dies hat der Gutachter in seinem Gutachten zu bestätigen. Der Gutachter darf aber Kontakt mit dem behandelnden Arzt (also Hausarzt oder Facharzt) des Antragstellers aufnehmen, um sich ein umfassendes Bild zu verschaffen.

Zentrale Frage des Gutachtens ist, ob der Antragsteller die **nötige geistige Reife** besitzt, um verantwortungsvoll mit Schusswaffen umzugehen. Sieht der Gutachter diese Anforderung nicht vollständig erfüllt, ist es möglich, dass die Behörde weitere Untersuchungen des Antragstellers anordnet.

Das **Bedürfnis zum Erwerb** von Schusswaffen und der dafür bestimmten Munition ist durch Bestätigungen nachzuweisen, dass der Antragsteller

- Mitglied eines Schießsportvereines ist,
- der wiederum Mitglied in einem nach § 15 WaffG Abs. 1 WaffG anerkannten Schießsportverband ist.

Durch eine Verbandsbescheinigung ist nachzuweisen, dass der Antragsteller die gesetzlichen Anforderungen zur Trainingshäufigkeit und Dauer der Vereinsmitgliedschaft an einen Sportschützen im Sinne des § 14 WaffG erfüllt und dass die Waffe **zugelassen** ist nach Sportordnung des Verbandes und **erforderlich**, um den Bedürfniszweck zu erfüllen. Der Antragsteller muss im gesetzlich geforderten Zeitraum durchgehend Mitglied des bestätigenden Vereins (**Vereinsmitgliedschaft)** gewesen sein, nicht aber des Verbandes (**Verbandsmitgliedschaft**).

Bezüglich des nachzuweisenden Bedürfnisses unterscheiden sich die durch die **Änderung des Waffengesetzes am 1. September 2020** in Kraft getretenen Regelungen für Sportschützen grundlegend von denen nach alter Rechtslage. Während vor der Änderung die Voraussetzungen für den Nachweis eines Bedürfnisses sowohl für den Erwerb wie auch den Besitz von Schusswaffen oder Munition galten, das Waffengesetz neuer Fassung einen klaren Unterschied und legt für den Erwerb andere Voraussetzungen für den Nachweis des Bedürfnisses fest als für den Besitz.

Der Nachweis des **Bedürfnisses zum Erwerb** einer Schusswaffe ist gemäß Abs. 3 durch Vorlage folgender Verbandsnachweise glaubhaft zu machen:

- **Mitgliedschaft in Verein**: Ununterbrochen seit mindestens 12 Monaten vor Antragstellung
- **Ausübung des Schießsports** in diesem Verein mit erlaubnispflichtigen Schusswaffen: Innerhalb von 12 Monaten vor Antragstellung monatlich

einmal in jedem ganzen Monat dieses Zeitraums[1098] oder an 18 Tagen in diesem Zeitraum

- **Disziplinbestätigung**: Die vom Antragsteller beantragte Waffe muss für eine Disziplin nach der Sportordnung des bestätigenden Schießsportverbandes zugelassen und erforderlich sein.

Übungsschießen sind nur sportliche Schießveranstaltungen und nicht etwaige dienstlich absolvierte Schießübungen oder Übungen in einem Sachkundelehrgang.

Das **Bedürfnis zum Besitz** einer Schusswaffe ist gemäß § 4 Abs. 4 WaffG alle fünf Jahre zu prüfen, bei einem Sportschützen aufgrund der Zehn-Jahres-Regelung nach § 14 Abs. 4 Satz 3 WaffG in der Regel fünf und zehn Jahre nach Erteilung der ersten Erlaubnis für das Bedürfnis „Sportschießen". Es ist nach § 14 Abs. 4 WaffG durch folgende Verbandsnachweise[1099] glaubhaft zu machen:

- **Ausübung des Schießsports** mit eigenen erlaubnispflichtigen Schusswaffen in einem Verein: Einmal pro Quartal oder sechsmal innerhalb von 12 Monaten, nachzuweisen für einen Zeitraum von 24 Monaten vor Prüfung des Bedürfnisfortbestandes.

- **Waffenarten**: Besitzt der Erlaubnisinhaber Lang- und Kurzwaffen, müssen die geforderten Schießtermine pro Waffenart nachgewiesen werden; das Schießen mit jeder Waffe im Bestand ist nicht erforderlich.

Ist ein Erlaubnisinhaber mindestens zehn Jahre im Besitz einer waffenrechtlichen Erlaubnis als Sportschütze, genügt anstelle dieses Nachweises eine **Bescheinigung** der **bestehenden Mitgliedschaft**, die **durch den Verein** ausgestellt wird.[1100]

Ist eine Verbandsbescheinigung erforderlich, wird idR eine Kopie des Schießbuches des Antragstellers und eine Bestätigung des Vereines[1101] an den Verband gegeben,

---

[1098] *Da das Gesetz nicht von Kalendermonaten, sondern „ganzen Monaten" spricht, ergibt sich unter Zugrundelegung des Gesamtzusammenhangs folgendes Verfahren: Es werden zwölf ganze Monate aneinandergereiht, die vor dem Tag der Antragstellung liegen; in jedem dieser Monate, die in der Regel nicht einem Kalendermonat entsprechen und diesem auch nicht entsprechen müssen, muss der Antragsteller einmal den Schießsport ausgeübt haben. Beispiel: Antragstellung am 20.12., dann werden die „ganzen Monate" jeweils vom 20. eines Kalendermonats bis zum 19. des folgenden Kalendermonats gebildet und der 20.12. des Vorjahres wäre der erste Tag des ersten ganzen Monats.*

[1099] *Gemäß § 58 Abs. 21 WaffG war es bis Ende 2025 ausreichend, den Bedürfnisnachweis für den Besitz nach § 14 Abs. 4 Satz 1 WaffG durch eine Bescheinigung des Vereins zu führen, in dem der Erlaubnisinhaber den Schießsport ausübt.*

[1100] *Erleichterter Nachweis gemäß § 14 Abs. 4 Satz 3 WaffG*

[1101] *Der Verein ist gem. § 15 Abs. 1 Nr. 7 lit. b WaffG verpflichtet, einen Nachweis über die Häufigkeit der schießsportlichen Aktivitäten jedes ihrer Mitglieder wäh-*

der nach Prüfung die Bedürfnisbescheinigung ausstellt. Es ist ausreichend, wenn der Verband seinerseits die Bestätigung des Vereins über die Einhaltung der gesetzlichen Vorschriften durch den Sportschützen („Teilbescheinigung") bestätigt; eine Erhebung und Speicherung von Daten durch den Verband ist nicht erforderlich.

Für den Erwerb von Schusswaffen gelten die allgemeinen Erwerbsvorschriften nach § 10 Abs. 1 WaffG. **Einige Arten**[1102] **von Schusswaffen** unterliegen gemäß § 14 Abs.6 WaffG **erleichterten Voraussetzungen** für den Erwerb. Dazu dient die **Waffenbesitzkarte für Sportschützen**, „gelbe WBK" genannt, als unbefristete Erlaubnis zum Erwerb und Besitz dieser Waffenarten sowie der Munition für die in dieser WBK eingetragenen Waffen.[1103]

Für **andere Schusswaffenarten**, insbesondere

- **mehrschüssige** Kurzwaffen für Patronenmunition,
- **halbautomatische** Langwaffen und
- **Repetier**flinten (nicht Repetier**büchsen**)

ist der Erwerb **nur mit Voreintrag** in der WBK zulässig.

Sportschützen werden durch ein **Kontingent** im Sinne einer aus gesetzgeberischer Sicht ausreichenden Grundausstattung bei zwei Kategorien von Schusswaffen bei Erwerb und Besitz zahlenmäßig eingeschränkt. Die Regelung in § 14 Abs. 5 WaffG gesteht einem Sportschützen neben anderen Schusswaffen lediglich

- zwei mehrschüssige Kurzwaffen für Patronenmunition und
- drei halbautomatische Langwaffen zu.

Will ein Sportschütze **über dieses Kontingent hinaus**

- mehr als zwei mehrschüssige Kurzwaffen für Patronenmunition oder
- mehr als drei halbautomatische Langwaffen

erwerben und besitzen, muss der Schießsportverband das **Bedürfnis** für diese **Überschreitung des Kontingents** ausdrücklich **befürworten** und **bestätigen**, dass die zusätzliche Waffe zur Ausübung **weiterer Sportdisziplinen** des Verbandes oder zur Ausübung des **Wettkampfsports** geeignet und erforderlich ist. Der Antragsteller hat eine **regelmäßige Teilnahme an Wettkämpfen** nachzuweisen - bereits ein nach Ver-

---

rend der letzten 24 Monate vor Prüfung des Bedürfnisses führen, es sei denn, dass dies aufgrund der Regelung in § 14 Abs. 4 Satz 3 WaffG nicht erforderlich ist.

[1102] *mehrschüssige Kurz- u. Langwaffen mit Zündhütchen- (Perkussions-)zündung, Einzellader-Langwaffen mit glatten u. gezogenen Läufen, Repetier-Langwaffen mit gezogenen Läufen, einläufige Einzellader-Kurzwaffen für Patronenmunition*

[1103] *Die „WBK für Sportschützen" und die diesbezüglichen Regelungen für Erwerb und Besitz bestimmter Waffenarten werden in Kapitel 2.2 umfassend dargestellt.*

bandsregeln organisierter **Vereinswettkampf** gilt als **ausreichend**. Der Begriff der Regelmäßigkeit ist weniger restriktiv auszulegen als bei der Trainingsteilnahme zum Nachweis des Bedürfnisses – der Antragsteller muss **erkennbar und nachvollziehbar aktiv** an **Wettkämpfen** teilnehmen und nicht lediglich für sich selbst trainieren.

In der Regel wird der Schießsportverband von dem Antragsteller ein Verzeichnis der bisher erworbenen Waffen fordern, um die entsprechende **Bedürfnisbescheinigung** ausstellen zu können (Unterscheidung Kontingent oder *weitere Waffe* nach § 14 Abs. 5 WaffG). Zudem wird es im Falle eines bereits ausgeschöpften Kontingents erforderlich sein, die wettkämpferische Notwendigkeit des Erwerbs weiterer Waffen durch zur Ausübung weiterer Disziplinen oder des Wettkampfsports zu belegen. Siege bei Meisterschaftsteilnahmen sind nicht erforderlich.

Das Bedürfnis für den Besitz ist für jede von der Kontingentierung betroffene Waffe, die über das Kontingent hinaus erworben wurde und besessen wird, einzeln nachzuweisen. Die Regelung von § 14 Abs. 4 Satz 3 WaffG, dass nach Ablauf von zehn Jahren nach Erteilung der ersten Erlaubnis als Sportschütze die Vereinsmitgliedschaft als Bedürfnisnachweis für den Besitz genügt, ist auf Erlaubnisse nach Abs. 5 nicht anwendbar,[1104] womit kein vereinfachter Bedürfnisnachweis möglich ist und auch eine Vereinsbescheinigung nicht zum Nachweis geeignet ist.[1105]

Der Erwerb von **Waffen, die vom Schießsport ausgeschlossen** sind, ist vom Bedürfnis eines Sportschützen nicht gedeckt.[1106] Das schließt insbesondere Fälle der **Leihe** nach § 12 Abs. 1 Nr. 1 lit. a WaffG aus.

Im Zuge des Erwerbs ist neben der Kontingentierung das **Erwerbsstreckungsgebot**[1107] zu beachten. Danach dürfen innerhalb eines halben Jahres höchstens zwei erlaubnispflichtige Schusswaffen erworben werden – dies schließt auch den Erwerb nach § 14 Abs. 6 WaffG (gelbe „WBK für Sportschützen") ein, also alle mit dem Bedürfnis „Sportschütze" erworbenen Schusswaffen. Der Zeitraum von sechs Monaten beginnt mit dem Erwerb der ersten von zwei Waffen. Eine weitere Waffe wäre somit erst sechs Monate nach diesem Datum erwerbbar. Der erlaubnisfreie Erwerb von Waffen, zB zur **Leihe** oder **Verwahrung**, ist **ohne Einfluss auf** die Zahl der Waffen, die im Zusammenhang mit dem **Erwerbsstreckungsgebot** anzurechnen sind.

[1104] VGH Baden-Württemberg 6 S 1481/18, Urteil vom 23. Juni 2021

[1105] WaffVwV zu § 14, Nr. 14.3, 8. Abs.; für Altfälle von Erwerb einer Überkontingentwaffe vor dem 25. Juli 2009 besteht keine Rückwirkung, somit ist das Fortbestehen des Bedürfnisses nicht an regelmäßige Wettkampfteilnahmen gebunden.

[1106] § 6 AWaffV; Erläuterungen im Kapitel 1.16.7

[1107] Geht eine Waffe ohne die Schuld des Erlaubnisinhabers unter (Brand, Überschwemmung, aber auch Diebstahl), ist das Erwerbsstreckungsgebot auf die Erteilung von Erlaubnissen für den Erwerb neuer Schusswaffen, die die untergegangenen Waffen gleicher Art und gleichen Kalibers ersetzen sollen, nicht anzuwenden; zum Erwerbsstreckungsgebot auch Kapitel 1.36.2 sowie die Seiten 47 und 60

Gleiches gilt für den erlaubnisfreien Erwerb von Austauschläufen und Wechselsystemen nach Anlage 2 A2 UA2 Nr. 2 WaffG.

Bei **Austritt des Sportschützen** aus einem Verein **muss dieser Verein**, wenn das Vereinsmitglied Inhaber einer WBK ist, gemäß § 1 Abs. 5 WaffG **der zuständigen Behörde**, in diesem Falle der Erstwohnsitzbehörde des WBK-Inhabers, diesen **Vereinsaustritt melden**. Gleiches gilt bei **Auflösung eines Vereins**. Diese Meldepflicht trifft den Verein und damit die waffenrechtlich Verantwortlichen; ein Verstoß ist nicht sanktioniert, dann aber als Verstoß gegen gesetzlich normierte Pflichten zur Vermutung der Unzuverlässigkeit führen. Dies ermöglicht der Behörde die **anlassbezogene Prüfung des Fortbestehens des Bedürfnisses**, da die Beendigung der sportlichen Aktivitäten, die der Vereinsaustritt bedeuten könnte, erst im Rahmen der Regelüberprüfung des Bedürfnisses nach § 4 Abs. 4 WaffG bekannt würde.

2.1.3.3 Brauchtumsschützen (§ 16)

Der Begriff des **Brauchtums** ist grundsätzlich objektiv zu beurteilen. Um eine Veranstaltung als Brauchtum im Sinne des WaffG anzuerkennen, ist neben einer langjährigen belegbaren Tradition ein geschichtlicher Hintergrund oder eine regionale Gepflogenheit nachzuweisen. Das Brauchtum muss über die bloße Nutzung von Waffen hinausgehen, die nicht alleiniger oder überwiegender Zweck der Brauchtumspflege sein darf.[1108]

Nach § 16 WaffG ist das **Bedürfnis** nachzuweisen durch eine **Bescheinigung der Brauchtumsschützenvereinigung**, also des Vereines des Antragstellers. Die Angehörigkeit des Vereines zu einem übergeordneten Verband oder eine staatliche Anerkennung der Vereinigung wird nicht gefordert. Dabei ist schlüssig darzulegen, warum Waffen für die Pflege des Brauchtums erforderlich sind („glaubhaft zu machen").

Brauchtumsschützen dürfen ein **Kontingent** von höchstens drei Repetier-Langwaffen sowie eine unbegrenzte Zahl von Einzellader-Langwaffen erwerben, aber keine Kurzwaffen. Der Munitionserwerb für diese Waffen kann genehmigt werden, wenn ein Bedürfnis nachgewiesen wird.

Führen und **Schießen** durch Brauchtumsschützen behandelt Kapitel 2.6.2.

2.1.3.4 Gefährdete Personen (§ 19)

Gefährdete Personen im Sinne des Waffengesetzes sind Menschen, die wesentlich mehr als die Allgemeinheit durch **Angriffe auf Leib oder Leben** gefährdet sind. Es geht in diesem Zusammenhang also **nicht um schützenswertes Eigentum**, sondern einzig die körperliche Unversehrtheit soll durch die Erlaubnis, eine Schusswaffe nebst Munition zu erwerben und zu besitzen, geschützt werden. Als Angriff gelten dabei ausschließlich menschliche Handlungen, mithin nicht von Tieren ausgehende Gefahren.

[1108] *Zum Begriff des Brauchtums ausführlich WaffVwV zu § 16, Nr. 16.1*

Zu beachten ist die Beschränkung auf **eine einzige Schusswaffe**, die einer gefährdeten Person gemäß § 19 WaffG zugebilligt wird – anders als in den anderen Normen im Abschnitt 2 Unterabschnitt 3 des Waffengesetzes, benannt mit „Besondere Erlaubnistatbestände für bestimmte Personengruppen", verwendet der Gesetzgeber hier den Singular und beschränkt damit die Möglichkeit zum Erwerb weiterer Schusswaffen auf Fälle, in denen nach § 8 WaffG ein besonderes Bedürfnis anzuerkennen wäre, das nachvollziehbar die Erforderlichkeit einer weiteren Waffe begründen müsste.

Der Nachweis, dass der Antragsteller wesentlich mehr als die Allgemeinheit gefährdet ist, muss durch den Antragsteller geführt werden. Ein bloßes Angstgefühl reicht nicht aus, ebenso wenig diffuse Gefährdungsszenarien – die Gefahr muss konkret vorliegen oder nachgewiesen werden. Jeder Antrag ist als Einzelfall zu betrachten und zu bewerten.

So ist etwa zu prüfen, ob ein Juwelier höchstpersönlich durch einen Überfall gefährdet ist, da der Schutz der Diamanten nicht Schutzzweck der Regelungen des § 19 Abs. 1 WaffG ist.[1109] Auch ist zu prüfen, idR durch Sachverständigengutachten, ob die Gefährdung durch andere Maßnahmen, zB durch Umbauten oder den Einsatz geeigneter Alarmierungs- und Videoüberwachungsmaßnahmen, beseitigt werden kann, die Waffe also **erforderlich** ist. Gleiches gilt für die mögliche Beauftragung eines Bewachungsunternehmers zum Zwecke des Schutzes des Betroffenen.

Erwerb und Besitz von Waffe und Munition müssen **geeignet** sein, die Gefahr für Leib und Leben zu mindern. Kann die Gefahr objektiv nicht durch eine Waffe abgewendet werden, etwa weil ein Bombenattentat auf den Antragsteller geplant ist, scheidet eine Erlaubnis nach § 19 Abs. 1 WaffG aus.

Die in Ausnahmefällen gestattungsfähige **Bereithalten einer geladenen Waffe** behandelt vertiefend der Ergänzungsband zur Waffenkunde. Soll mit der Waffe schussbereit und zugriffsbereit außerhalb des eigenen Hausrechtsbereichs umgegangen werden, ist für dieses Führen ein **Waffenschein** erforderlich.[1110]

2.1.3.5 Erben (§ 20)

Die Erteilung der **Erben-WBK** wird in Kapitel 1.14 behandelt, das sich schwerpunktmäßig mit der Thematik des Erben befasst. Beachten Sie zu den Voraussetzungen für die **Vererbung einer Sammlung** auch die Ausführungen in Kapitel 2.3.9.

2.1.3.6 Bewachungsunternehmen (§ 28)

Die Gewerbeordnung (GewO) und die „Verordnung über das Bewachungsgewerbe" (BewachV) enthalten maßgebliche Vorschriften für die Ausstattung von Bewachungsunternehmen mit Waffen und Munition sowie für den Umgang mit diesen Gegenständen durch Unternehmer und Beschäftigte.

[1109] *Niedersächsisches OVG 11 LB 234/09, Urteil vom 23. Februar 2010*

[1110] *Vertiefend zur Thematik Waffenschein Kapitel 2.6 und 2.6.4.1*

Bewachungsunternehmer im Sinne von § 34a GewO können Inhaber einer WBK oder eines Waffenscheines sein. **Bewachungsunternehmen** als **juristische Person** erhalten eine Erlaubnis, die an eine natürliche Person gebunden ist, die die Voraussetzungen für die Erteilung einer waffenrechtlichen Erlaubnis erfüllen und auf den Umgang mit Waffen oder Munition im Unternehmen weisungsbefugt einwirken können muss. Gleiches gilt für **mit Bewachungstätigkeiten betraute Fachabteilungen von Unternehmen** wie Banken oder Konzernen, die beispielsweise Vorstandsmitglieder oder Liegenschaften durch eigene bewaffnete Sicherheitskräfte schützen wollen.

§ 28 Abs. 1 WaffG regelt grundsätzlich sowohl die Erlaubnis für den Erwerb und Besitz (WBK) als auch für das Führen (Waffenschein) von Waffen und Munition. Im Gegensatz zu § 19 Abs. 1 WaffG, der Schusswaffen lediglich zum Schutz des eigenen Leibes oder Lebens des Antragstellers zubilligt, wird Bewachungsunternehmern zum Schutz gefährdeter Dritter und besonders gefährdeter Objekte eine waffenrechtliche Erlaubnis erteilt.

Nach § 28 Abs. 2 WaffG darf eine **Schusswaffe nur im Rahmen eines konkreten Auftrages geführt** werden, der Schusswaffen erforderlich macht, um gefährdete Personen im Sinne von § 19 WaffG oder gefährdete Objekte zu schützen. Der Unternehmer muss durch Gestaltung des Dienstplanes und Sicherheitsprotokolle innerhalb des Unternehmens sicherstellen, dass Schusswaffen nicht außerhalb dieses dadurch gesteckten engen Rahmens geführt werden, insbesondere nicht zur Bestreifung anderer Objekte.

Will der Unternehmer (Erlaubnisinhaber) **Mitarbeitern** Waffen oder Munition überlassen, gelten die Voraussetzungen des § 4 Abs. 1 WaffG mit Ausnahme des erforderlichen Versicherungsumfanges auch für diese Mitarbeiter und sind seitens der Behörde zu prüfen. Insofern muss der Unternehmer zunächst den betroffenen Mitarbeiter, der zum Umgang mit einer Schusswaffe ermächtigt werden soll, der Waffenbehörde melden, die ihrerseits dessen Ermächtigung durch Erteilung einer **Waffentrageberechtigung** genehmigen muss. Ist in diesem Zusammenhang das Bestehen eines Versicherungsschutzes durch den Unternehmer nachzuweisen, muss die abgeschlossene Versicherung auch den Umgang mit Waffen durch Mitarbeiter des Unternehmers einschließen.[1111] Verstöße gegen das WaffG durch Mitarbeiter muss der Erlaubnisinhaber gegen sich gelten lassen, weshalb der Unternehmer durch geeignete Maßnahmen die Einhaltung der gesetzlichen Vorschriften durch die von ihm Beschäftigten sicherstellen muss.

Voraussetzung für die Erteilung der Erlaubnis ist idR ein Auftrag zur Bewachung schutzbedürftiger Personen oder Objekte. Die Prüfung des Schutzbedürfnisses mit Schusswaffen orientiert sich an den Maßstäben, die bei Prüfung der Gefährdung von Personen nach § 19 WaffG angelegt werden.

[1111] *Vertiefend zur Thematik für Bewachungsunternehmen Kapitel 2.6.4.2*

Nach § 20 BewachV ist der Unternehmer oder die von ihm verantwortlich beauftragte Person für die sichere Aufbewahrung der Waffen und der Munition verantwortlich. Zudem ist die ordnungsgemäße Rückgabe der Schusswaffen und der Munition nach Beendigung des Wachdienstes sicherzustellen. Neben den Vorgaben des WaffG bezüglich der zu verwendenden Sicherheitsbehältnisse sind spezielle Vorschriften[1112] der DGUV Vorschrift 23 und in den §§ 20, 21 BewachV zur Aufbewahrung und zur Behandlung von Dienstwaffen und Munition zu einzuhalten.

Wenn im Sinne des WaffG Schusswaffen geführt werden sollen, etwa im Umfeld eines Schutzobjektes oder zum Schutz einer Person im öffentlichen Raum, und Befreiungen nach § 12 Abs. 3 WaffG nicht anwendbar sind, ist die Erteilung eines **Waffenscheins** erforderlich.[1113]

Beachten Sie zu den rechtlichen Rahmenbedingungen im Falle der Fortsetzung des Betriebes im **Insolvenzverfahren** die Hinweise in Kapitel 1.22.4.

2.1.3.7 Bewachungsunternehmen nach § 31 GewO (§ 28a)

Unternehmer, die mit ihrem Personal fremdes Leben oder Eigentum auf Seeschiffen, die unter deutscher Flagge fahren, bewachen wollen, beispielsweise zum Zwecke der Piratenabwehr, müssen abweichend von den Regelungen für „normale" Bewachungsunternehmen waffenrechtlich besondere Anforderungen erfüllen.

Beachten Sie zur Erteilung einer WBK nach § 28a WaffG und den damit verbundenen behördlichen Prüfpflichten Kapitel 1.17.2.

2.1.3.8 Schießsportverein / Jagdliche Vereinigung (§ 10 Abs. 2)

Seit Änderung des WaffG in 2003 besteht die Möglichkeit, **Schießsportvereinen** und **jagdlichen Vereinigungen** eine WBK auszustellen. Der Verein muss eine juristische Person sein, in der Regel ein eingetragener Verein. Die Mitgliedschaft des Vereins oder der Vereinigung in einem anerkannten Versand ist nicht zwingend.[1114]

Die Eigenschaft der WBK, höchstpersönliche Erlaubnis für eine natürliche Person zu sein, wurde für den Fall erweitert, dass ein Verein eine juristische Person ist. Es ist in diesem Fall eine besondere WBK (ab 12/2012) zu verwenden.

Die zuständige Behörde hat nach § 8 WaffG die **Erforderlichkeit des Erwerbs und Besitzes** und die **Eignung** der Waffe zu **prüfen** – Maßstab sind unter anderem die Zahl der Mitglieder ohne eigene waffenrechtliche Erlaubnis oder Anhaltspunkte, die nahelegen, dass eine Waffe des beantragten Kalibers für den Ausbildungs- oder Sportbetrieb notwendig ist. Gleiches gilt für die Erlaubnis zum **Munitionserwerb**.

[1112] VGH Baden-Württemberg 6 S 1792/22, Beschluss vom 25. Januar 2023; Verstöße gegen die Vorgaben der BewachV führen auch waffenrechtlich zur Unzuverlässigkeit; gleiches gilt für einen nicht sachgemäßen Umgang nach DGUV V23.

[1113] Zu den Erteilungsvoraussetzungen Kapitel 2.6 und 2.6.4.2

[1114] WaffVwV zu § 10, Nr. 10.7

Die Änderung des WaffG im Jahr 2008 erweiterte diese Vorschrift auf **jagdliche Vereinigungen**. Wie bei einem Schießsportverein kann auch bei einer jagdlichen Vereinigung die Erlaubnis zum Erwerb und Besitz von Schusswaffen ausschließlich durch **Voreintrag in der WBK** erteilt werden – **Ausnahmen**, wie sie § 13 WaffG für den **Erwerb von Langwaffen oder Munition** durch **Inhaber eines gültigen Jahresjagdscheins** vorsieht, ist **auf jagdliche Vereinigungen nicht anwendbar**.

Nur Vereine oder Vereinigungen, die juristische Personen (etwa „eingetragener Verein") sind, können auf Grundlage von § 10 Abs. 2 Satz 2 WaffG eine waffenrechtliche Erlaubnis beantragen. Es ist nicht erforderlich, dass ein solcher Spießsportverein Mitglied eines anerkannten Verbandes im Sinne von § 15 WaffG ist; das dort betriebene Sportschießen muss lediglich nach den Regeln einer anerkannten Schießsportordnung erfolgen.

Vor Erteilung einer waffenrechtlichen Erlaubnis ist durch den Verein mindestens eine **verantwortliche Person** zu benennen. Die verantwortliche Person muss nicht vertretungsberechtigtes Organ des Vereins oder in leitender Funktion sein, allerdings Mitglied des antragstellenden Vereins. Sie muss die Voraussetzungen des § 4 Abs. 1 Nr. 1 bis 3 WaffG bezüglich des Mindestalters, der Zuverlässigkeit und der persönlichen Eignung sowie der Sachkunde erfüllen. Die erneute Überprüfung nach § 4 Abs. 3 WaffG ist auf die verantwortliche Person ebenso anzuwenden wie Vorschriften zum Nachweis der persönlichen Eignung und zur Freistellung bei bestimmten Waffenarten nach §§ 6 Abs. 3, 14 Abs. 1 Satz 2 WaffG.

Nur in der Vereins-WBK eingetragene Personen dürfen auf Vereinswaffen oder -munition zugreifen, wenn diese zB zum Training an Schützen ausgegeben werden sollen. **Verstöße**, die mit einer Waffe begangen werden, die auf der WBK des Vereins eingetragen ist, können die Zuverlässigkeit aller in der Vereins-WBK eingetragenen Berechtigten entfallen lassen. Insbesondere bei der **Aufbewahrung und Überlassung von Vereinswaffen** können Verstöße dazu führen, dass alle verantwortlichen Personen ihre eigenen waffenrechtlichen Erlaubnisse verlieren, ohne selbst den Verstoß begangen zu haben.[1115]

Der Verein hat der zuständigen Behörde unverzüglich mitzuteilen, wenn eine verantwortliche Person nicht mehr zuverlässig oder persönlich geeignet ist. Gleiches gilt, wenn die verantwortliche Person aus dem Verein ausscheidet (Austritt, Tod, Ausschluss o.ä.). Wird nach dieser Mitteilung nicht innerhalb von zwei Wochen eine neue verantwortliche Person durch den Verein benannt, ist die WBK zu widerrufen und an die zuständige Behörde zurückzugeben.

[1115] *Zur Haftungsthematik, insbesondere zur Zurechnung, siehe Kapitel 2.1.1.1*

Die WBK nach § 10 Abs. 2 WaffG wird gemäß Nr. 1.2 der WaffVordruckVwV und der dortigen Anlage 2 erteilt. Nachfolgend sind Abbildungen der Bereiche abgedruckt, in denen Angaben zur Vereinigung sowie zu verantwortlichen Personen eingetragen werden. Ist die Vereins-WBK vollständig entfaltet, befinden sich beide Abbildungen auf einer Seite. Die andere, damit die Innenseite der WBK, entspricht inhaltlich der WBK nach § 10 Abs. 1 WaffG, wie sie vor Kapitel 2.1 abgebildet ist, ergänzt um Spalten zur Eintragung der Person, an die die Waffe überlassen wurde.

Waffenbesitzkarte
für schießsportliche Vereine und jagdliche Vereinigungen

Nr. ______________

Dem/Der ______________________________
(Vereinsname)

____
(Vereinsname)

in ______________________________
(Vereinssitz)

wird eine Vereins-Waffenbesitzkarte für Schusswaffen des Vereins erteilt.
Die Vereins-Waffenbesitzkarte berechtigt die auf den Seiten 6 und 7 eingetragene(n) verantwortliche(n) Person(en), für den Verein die von der Behörde in den Spalten 1 bis 3 bezeichneten Schusswaffen zu erwerben und zu besitzen.

____
(Ort) (Datum)

Dienstsiegel

____
(Behörde)

____
(Unterschrift)

Artikel Nr. 3101405

Bundesdruckerei 2011

Verantwortliche Personen:

Herr/Frau ______________________________

geboren am ______________ in ______________

eingetragen am ____________ gestrichen am ____________

Dienstsiegel ______________ (Behörde) ______________ (Unterschrift)

Dienstsiegel ______________ (Behörde) ______________ (Unterschrift)

Herr/Frau ______________________________

geboren am ______________ in ______________

eingetragen am ____________ gestrichen am ____________

Dienstsiegel ______________ (Behörde) ______________ (Unterschrift)

Dienstsiegel ______________ (Behörde) ______________ (Unterschrift)

Herr/Frau ______________________________

geboren am ______________ in ______________

eingetragen am ____________ gestrichen am ____________

Dienstsiegel ______________ (Behörde) ______________ (Unterschrift)

Dienstsiegel ______________ (Behörde) ______________ (Unterschrift)

7

2.1.4 Ausfüllen des Antrages nach Antragstellern

Füllen Sie den Antrag in **Blockschrift** aus. Gilt ein Hinweis nur für bestimmte Antragsteller, wird angegeben, wer welche Angabe machen muss, codiert durch die nachfolgenden Zahlen ①②③④⑤⑥⑦ :

① Sportschütze nach § 14 WaffG

② Jäger nach § 13 WaffG

③ Brauchtumsschütze nach § 16 WaffG

④ Gefährdete Person nach § 19 WaffG

⑤ Bewachungsunternehmer nach § 28 WaffG

⑥ Erben nach § 20 WaffG

⑦ Schießsportverein / Jagdliche Vereinigung (§ 10 Abs. 2 Satz 2 WaffG)

Steht das Zeichen ✗ vor einer *kursiv* gesetzten Formulierung, müssen Sie lediglich den entsprechenden Fall des Antrages ankreuzen.

Das Zeichen ✎ weist auf Eintragungen wie Name, Geburtsdaten, etc. hin. Formulierungsvorschläge sind **fett** gesetzt.

Das Zeichen ▼ gibt Hinweise für die praktische Umsetzung.

Einen bundesweit einheitlichen Vordruck für die Erteilung waffenrechtlicher Erlaubnisse gibt es nicht. Darum werden Ihnen im folgenden Text nur Erläuterungen und Beispiele zu solchen Fragen oder Freitextflächen angeboten, die idR in allen genutzten Vordrucken, ob von Verlagen oder der jeweiligen Behörde hergestellt, verwendet werden.

✎ Die Angaben zur Person dienen Ihrer Identifizierung, insbesondere bei der Abfrage von Eintragungen im Bundeszentralregister (BZR). Tragen Sie die geforderten Daten in die vorgesehenen Felder gut lesbar ein. Auch wenn Sie bereits erwachsen sind, haben Sie in diesem Bereich des Antrages den Geburtsnamen Ihrer Mutter anzugeben!

⑦: Vereine haben mindestens einen waffenrechtlich Verantwortlichen zu benennen. Auf ihn beziehen sich die nachfolgenden Angaben zu Eigenschaften der antragstellenden Person (Sachkunde etc.).

Beantragen Sie die WBK erstmalig, dokumentieren Sie dies durch Markierung des Kontrollfeldes „Ich besitze ✗ **keine** Waffenbesitzkarte."

✎ Besitzen Sie bereits eine Waffenbesitzkarte oder eine andere waffenrechtliche Erlaubnis, ist dies im Antrag in den vorgesehenen Feldern zu dokumentieren. Hier können Waffenbesitzkarten für Sportschützen, Waffenscheine, Munitionserwerbsscheine und Jagdscheine angegeben werden – erforderlich sind die Angaben zur ausstellenden Behörde, der Seriennummer und des Ausstellungsdatums der vorhandenen Erlaubnis.

✎ Sind bereits Waffen aufgrund einer Erlaubnis in Ihrem Besitz, sind diese im Antrag zu vermerken – in der Praxis sollten Sie die Aufstellung maschinell anfertigen und als Anlage dem Antrag beilegen. Beachten Sie die Beschränkungen durch Kontingentierung und Erwerbsstreckungsgebot!

✎ Nun haben Sie anzugeben, welche Art von Schusswaffe Sie erwerben wollen. Bei mehr als einer Waffe beachten Sie bitte die Nummerung in der Spalte „Lfd. Nr.". Anzugeben ist weiterhin das Kaliber der Waffe. Weitere Angaben wie Hersteller oder Seriennummer sind an dieser Stelle nicht anzugeben, da es sich um einen Voreintrag zum Erwerb handelt.

✎ Der Zweck, zu dem der Umgang, in diesem Falle Erwerb und Besitz der Schusswaffe, erfolgt, ist nach Maßgabe des Antrages ausführlich zu begründen. Tragen Sie an dieser Stelle ein:

① „siehe anliegende Bedürfnisbescheinigung des ... (Schießsportlicher Verband nach § 15 WaffG) vom ..."

② „Ausübung der Jagd"

③ „Pflege des Brauchtums, siehe anliegende Bescheinigung der Brauchtumsschützenvereinigung ... vom ..."

④ „Abwehr von Gefahren für Leib und Leben, ausführliche Begründung siehe Anlage"

⑤ „Wahrnehmung von Bewachungsaufträgen zur Sicherung von gefährdeten Objekten und Personen"

⑥ „Erbfall"

⑦ „Erwerb und Besitz von Vereinswaffen für Übungsbetrieb"

Zu ①: Die Bedürfnisbescheinigung Ihres Verbandes enthält die zur Begründung des Bedürfnisses erforderlichen Angaben.

Zu ③: In einer Anlage zum Antrag ist das Bedürfnis nachzuweisen. Dabei ist seitens der Vereinigung darzulegen, aus welchem (insbesondere historischen) Grund Schusswaffen benötigt werden.

Zu ④: Die besondere Gefährdung ist glaubhaft zu machen.

Zu ⑤: Eine Aufstellung von Bewachungsverträgen oder verbindlichen Auftragszusagen im Falle der Möglichkeit einer bewaffneten Bewachung ist dem Antrag beizufügen, ebenso der Nachweis, dass für die Wahrnehmung der jeweiligen Aufträge der Einsatz von Schusswaffen erforderlich ist.

Zu ⑥: Hier ist der Name des Erblassers und zum Nachweis der Vererbbarkeit auch die Art seiner waffenrechtlichen Erlaubnis anzugeben. Eine Kopie des Erbscheines ist dem Antrag beizufügen.

Zu ⑦: Hier ist die Notwendigkeit nachzuweisen, waffenlose Vereinsmitglieder an den Schießsport oder die Jagd heranzuführen. Nachzuweisen ist ferner, dass die beantragten Waffen geeignet und erforderlich sind, den Schießbetrieb bedürfnisgemäß aufrechtzuerhalten.

✎ Die Frage nach der geplanten oder vorhandenen Aufbewahrung der Schusswaffen und Munition kann durch bloße Angabe der Aufbewahrungsart beantwortet werden. Sie können durch Beilegen einer Kopie des Kaufbeleges eventuelle Nachfragen vermeiden. Entscheidend ist dabei, dass auf dem Kaufbeleg die Sicherheitsstufe des Behältnisses dokumentiert worden ist. Achten Sie darum schon beim Kauf des Behältnisses darauf, dass der Händler eine entsprechende Information nötigenfalls auf dem Kaufbeleg nachträgt und bestätigt.

In das Feld „Art der Aufbewahrung" tragen Sie ein:

„Waffenschrank der Norm ... für die zu erwerbenden Waffen und Munition" – einen eventuell vorhandenen Kaufbeleg oder Bilder der vorhandenen Waffenschränke können Sie dem Antrag beifügen.

✗ ①②③④⑤⑦: Das *Datum Ihrer erfolgreich abgelegten Sachkundeprüfung* ist neben dem entsprechenden Kontrollkästchen einzutragen, ebenso die Bezeichnung des Prüfungsausschusses (zB staatlich anerkannter Ausbilder, VdRBw, DSB). Beachten Sie dazu die Ausführungen zur Sachkunde ab Seite 141.

▼ *Sind Sie Polizeivollzugsbeamter o. ä. und besitzen Sie einen Nachweis Ihres Dienstherrn, dass Sie im Umfang der erforderlichen Sachkunde ausgebildet wurden, können Sie ersatzweise dieses Kontrollkästchen markieren und die Bescheinigung Ihrem Antrag als Anlage beifügen. Gleiches gilt für Jäger, Büchsenmacher oder Ausbilder der Bundeswehr – in diesen Fällen kann der Nachweis der Sachkunde alternativ erfolgen (§ 3 AWaffV).*

▼ ② *Die Sachkunde ist durch die **Jägerprüfung** nachgewiesen.*

▼ ⑥ *Für den Erben ist der Nachweis der Sachkunde nicht erforderlich.*

✎ Die Kenntnis über die *Handhabung der Waffe* wird in der Regel durch den erfolgreich absolvierten **Sachkundelehrgang** (Zeugnis) erworben.

▼ ② *Für den Jäger sind Kenntnisse der Handhabung der Waffe durch die **Jägerprüfung** nachgewiesen.*

▼ ⑥ *Für den Erben ist der Nachweis von Kenntnissen über die Handhabung der Waffe nicht erforderlich.*

✗ ✎ Schießleistungen können Sie „wie nachfolgend angegeben nachweisen":

①: „siehe anliegenden Bedürfnisnachweis des Schießsportverbandes"

②: „Nachgewiesen in Jägerprüfung"

③④⑤⑦: Kein Nachweis von Schießleistungen erforderlich, der über den Sachkundelehrgang hinausgeht.

⑥: Kein Nachweis von Schießleistungen erforderlich.

✗ Weiterhin müssen Sie angeben, ob die von Ihnen beantragte Waffe über einen eingebauten Schalldämpfer verfügt. In der Regel ist das nicht der Fall.

▼ *Der Erwerb eines Schalldämpfers für eine beantragte oder bereits vorhandene Waffe ist gesondert zu beantragen!*

✗ Da Sie Ihre Sachkundeprüfung oder Jägerprüfung erfolgreich abgelegt haben, sind Sie mit den Vorschriften über Notwehr und Notstand vertraut und können das entsprechende Kontrollkästchen markieren.

▼⑥ *Für den Erben ist der Nachweis nicht erforderlich.*

✗ ✎ Für die Angabe vorhandener oder früherer körperlicher oder geistiger Mängel finden Sie eine Aufzählung, die nicht abschließend ist. Geben Sie in knapper, aber vollständiger Form etwaige persönliche „Mängel" an. Dabei müssen Sie nur solche Krankheiten, Behinderungen oder Süchte angeben, die im Zusammenhang mit dem Umgang mit Schusswaffen und Munition relevant sind, zB Alkoholismus oder Epilepsie.

2.1.5 Prüfung des Antrages nach Antragstellern

Vorliegen muss neben dem vollständig ausgefüllten Antrag:

① Bedürfnisbescheinigung nach § 14 WaffG

② Jahresjagdschein

③ Bedürfnisbescheinigung der Brauchtumsschützenvereinigung

④ Stellungnahme der Polizeibehörde zur persönlichen Gefährdung

⑤ Nachweis von verbindlichen Aufträgen zur Wahrnehmung von Bewachungsaufträgen zur Sicherung von gefährdeten Objekten und Personen, einschließlich des Nachweises der jeweiligen Erforderlichkeit des bewaffneten Schutzes; polizeiliche Stellungnahme zur tatsächlichen Gefährdung

⑥ Nachweis der Erbberechtigung

⑦ Aufstellung der Vereinsmitglieder ohne eigene Erlaubnis sowie der Trainingszeiten und Örtlichkeiten einschließlich Anzahl der Schießbahnen

①②③④⑤⑥⑦

❑ Hat der Antragsteller das 18. Lebensjahr (bei Sportschützen: das 21. Lebensjahr, Ausnahmen im Kapitel 2.1.3.2 beachten!) vollendet?

①③④⑤⑥⑦

❑ Bei Antragstellern unter 25 Jahren und erster waffenrechtlicher Erlaubnis: Befürwortet die MPU den Umgang mit Schusswaffen und Munition? (Ausnahme: Waffen nach § 14 Abs. 1 S. 2 WaffG)

①②③④⑤⑥⑦

❑ Ist die sichere Aufbewahrung gewährleistet?

▼ *Besitzt der Antragsteller eine Waffe der beantragten Art (Langwaffe oder Kurzwaffe), kann die Prüfung der sicheren Aufbewahrung entfallen, es sei denn, die Anzahl der besessenen Waffe könnte die Aufbewahrungsgrenzen überschreiten.*

▼ *Wird eine Erlaubnis zum Erwerb einer Langwaffe beantragt, ist der Nachweis eines ausreichend großen Behältnisses zu erbringen, in dem Langwaffen aufbewahrt werden können. Insofern muss der Antragsteller nicht allein die Sicherheitsstufe, sondern auch die Abmessungen des Behälters nachweisen, insbesondere wenn er bislang nur Kurzwaffen besitzt.*

①②③④⑤⑦

❏ Wird die Sachkunde nach §§ 2,3 AWaffV nachgewiesen?

①②③④⑤⑥⑦

❏ Ist der Antragsteller seit mehr als fünf Jahren ununterbrochen in Deutschland wohnhaft?

①

❏ Wird bei Erteilung der Erlaubnis das Kontingent für zwei mehrschüssige Kurzwaffen und drei halbautomatische Langwaffen überschritten?

Wenn ja, liegt Bescheinigung nach § 14 Abs. 3 WaffG des Verbandes vor? Beachten Sie die Änderungen WaffG 2009 bzgl. Wettkampfteilnahme!

②

❏ Wird bei Erteilung der Erlaubnis das Kontingent (§ 13 Abs. 2 WaffG) von zwei Kurzwaffen überschritten?

③

❏ Wird bei Erteilung der Erlaubnis das Kontingent (§ 16 Abs. 1 WaffG) von drei Repetier-Langwaffen überschritten?

①

❏ Missachtung des Erwerbsstreckungsgebots (§ 14 Abs. 3 Satz 2 WaffG)

Wenn ja, kann der Antragsteller einen Ausnahmegrund glaubhaft machen?

❏ Wird das Bedürfnis für die beantragte Waffenart / das beantragte Kaliber vom Schießsportverband bescheinigt?

②

❏ Ist die beantragte Waffenart nach Jagdrecht nicht verboten?

④⑤

❏ Ist die beantragte Waffenart zur Verteidigung geeignet?

①②③④⑤⑦

❑ Ist der Antragsteller mit den Vorschriften zu Notwehr und Notstand vertraut?

①②③④⑤⑥⑦

❑ Sprechen medizinische Gründe dagegen, dass der Antragsteller verantwortungsbewusst (geistige Mängel, Süchte) und sicher (Kontrollfähigkeit des Körpers, Erkrankungen, Gebrechen, körperliche Einschränkungen) mit Schusswaffen und Munition umgeht?

⑥

❑ Wird die Erlaubnis zum Besitz innerhalb eines Monats nach Annahme der Erbschaft oder Ablauf der für die Ausschlagung des Erbes vorgeschriebenen Frist (sechs Wochen; § 1944 BGB) beantragt?

❑ Hat der Erblasser die Waffe legal besessen?

▼ *Wird kein Nachweis des legalen Besitzes geführt (zB WBK), sind die Hinweise in Kapitel 1.14.3 zu beachten!*

①②③④⑤⑥⑦

❑ Anfrage örtliche Polizeidienststelle: Laufende Straf-, Bußgeld- oder Ermittlungsverfahren gegen den Antragsteller?

❑ Anfrage BZR, ZStV, LfV und Erziehungsregister: Bestehen Einträge gemäß §§ 5, 6 WaffG, die einer waffenrechtlichen Erlaubnis entgegenstehen?

❑ Legen Beobachtungen oder Informationen den Verdacht nahe, dass die persönliche Eignung (§ 6 WaffG) überprüft werden muss?

2.1.6 Prüfung bei Eintragung durch die Behörde

①②③④⑤⑦

Wurde die 14-tägige Frist zur Anzeige des Erwerbs eingehalten?

①

❑ Wird gegen das **Erwerbsstreckungsgebot** verstoßen?

▼ *In die Frist der 2/6-Regelung nach § 14 Abs. 3* Satz 2 *WaffG sind auch Erwerbe auf der WBK für Sportschützen einzurechnen!*

❑ Ist die erworbene Waffe nach der **Sportordnung** des bedürfnisbescheinigenden Verbandes zugelassen und zum sportlichen Schießen zugelassen? **§ 6 AWaffV**

▼ *Unzulässig sind (unter anderem)*

- *Kurzwaffen mit Lauflängen unter drei Zoll Gesamtlänge*
- *halbautomatische Langwaffen mit mehr als zehn Patronen Aufnahmekapazität im Magazin*
- *halbautomatische Langwaffen,* die den Anschein einer Kriegswaffe im Sinne des KrWaffKontrG hervorrufen, bei denen die Hülsenlänge der verwendeten Munition weniger als 40 mm beträgt (zB AK-47-Klon im Kaliber 7,62 mm x 39, MP5-Klon in 9mm x 19)
- *halbautomatische Waffen (auch **Kurzwaffen**), deren Lauflänge weniger als 40 cm beträgt – dadurch sind insbesondere UZI-Nachbauten und Nachbauten von vollautomatischen Kurzwaffen vom sportlichen Schießen ausgeschlossen*

②

❑ Waffe für die Jagd verboten? **§ 19 Abs. 1 lit. c BJagdG**

▼ *Der Besitz von halbautomatischen Langwaffen mit mehr als zwei Patronen Aufnahmekapazität im Magazin ist Jägern gestattet, lediglich der Schuss aufs Wild mit mehr als drei Patronen in der Waffe ist verboten!*

2.2 Waffenbesitzkarte für Sportschützen (§ 14 Abs. 6)

Waffenbesitzkarte für Sportschützen

Nr. ______________

Herr/Frau ______________

geboren am ______________

in ______________

wird hiermit die Erlaubnis erteilt, Einzelladerlangwaffen mit glatten und gezogenen Läufen, Repetier-Langwaffen mit gezogenen Läufen, einläufige Einzellader-Kurzwaffen für Patronenmunition und mehrschüssige Kurz- und Langwaffen mit Zündhütchenzündung (Perkussionswaffen) zu erwerben und die auf Seite 2–4 eingetragenen Waffen zu besitzen, sowie für die eingetragenen Schusswaffen bestimmte oder zugelassene Munition zu erwerben und zu besitzen. Die Erlaubnis gilt auch für die auf Seite 6 genannten Personen. Das Erwerbsstreckungsgebot gemäß § 14 Absatz 2 Satz 3 des Waffengesetzes ist zu beachten.

____

(Ort) (Datum)

Dienstsiegel

____

(Behörde)

____

(Unterschrift)

Artikel Nr. 3101407

Bundesdruckerei 2011

2.2.1 Überblick

2.2.1.1 Erwerbserlaubnis für Waffen

Für **bis zu zehn Waffen**[1116] erlaubt die „Gelbe WBK", die **nach dem 1. April 2003** ausgestellt wurde, **unbefristet** den **Erwerb** und den **vorübergehenden**[1117] **Besitz** bis zu einer Dauer von zwei Wochen **ausschließlich** von

- mehrschüssigen[1118] Kurz- und Langwaffen mit **Zündhütchenzündung** (Perkussionswaffen)
- **einläufigen Einzellader**-Kurzwaffen für Patronenmunition
- **Einzellader**-Langwaffen mit glatten und gezogenen Läufen
- **Repetier**-Langwaffen **mit gezogenen Läufen**
- sowie der dazu gehörenden[1119] **Munition (nicht: Pulver)**.

Der **Erwerb eines wesentlichen Teils**, das für eine Waffe einer Art bestimmt ist, die aufgrund dieser Erlaubnis als vollständige Waffe erworben werden könnte, ist von der Erwerbserlaubnis umfasst, bedeutet aber den Erwerb einer weiteren Waffe. Ausgenommen sind Fälle des erlaubnisfreien Erwerbs nach Anlage 2 A2 UA2 Nr. 2 und 2a WaffG von wesentlichen Teilen für eine bereits eingetragene Waffe, die nicht auf das Zehn-Waffen-Kontingent anzurechnen sind. Eine im Einzelfall bestehende gesetzliche Eintragungspflicht für das erworbene wesentliche Teil ist zu beachten. Wesentliche Teile eines Waffenmodells, die einzeln erworben wurden, aber zu einer Waffe zusammengesetzt werden könnten, sind als eine Waffe anzurechnen.

Der Erwerb ist der zuständigen Behörde innerhalb von zwei Wochen anzuzeigen und die WBK der Behörde zur Korrektur vorzulegen. **Erst durch die Siegelung** durch die Behörde wird die **Erlaubnis zum dauerhaften Besitz** erteilt und gilt die Waffe als in die WBK eingetragen.[1120]

[1116] *Beachten Sie dazu die Anmerkungen in Kapitel 2.2.5*

[1117] *Hamburgisches OVG 4 Bf 299/13, Urteil vom 18.04.2016, Rn. 35, 57, bestätigt durch BVerwG 6 B 38.16; bei Anzeige des Erwerbs prüft die Behörde das Vorliegen der Voraussetzungen und erlaubt bei Einhaltung der gesetzlichen Vorgaben durch Siegelung den dauerhaften befugten Besitz; die Erlaubnis zum Erwerb bedeutet keine Garantie, dass die Waffenbehörde den dauerhaften Besitz auch tatsächlich erlaubt (so auch BVerwG 6 C 1.07, Urteil vom 14. November 2007)*

[1118] *Die Beschränkung auf mehrschüssige Waffen schließt den Erwerb einschüssiger Perkussionswaffen wie der im 20. Jhdt. entwickelten „Tingle-Pistole" aus – für deren Erwerb ist eine „grüne WBK" nach § 10 Abs. 1 WaffG mit Voreintrag erforderlich; einläufige Einzellader, deren Modell vor 1871 entwickelt wurde, können nach Anlage 2 A2 UA2 Nr. 1.7 ohne Erlaubnis erworben und besessen werden.*

[1119] *Zur Erwerbserlaubnis für Munition siehe auch Kapitel 2.2.1.2*

[1120] *VG Hamburg 4. Kammer, Urteil vom 1. November 2013, 4 K 2486/12*

Ein **Voreintrag** als Erwerbserlaubnis ist **nicht erforderlich**. Die WBK ist binnen zwei Wochen nach Erwerb der zuständigen Behörde vorzulegen.

Eine **Kontingentierung**, die sich auf eine beschränkte Zahl von Waffen einer bestimmten Art bezieht, ist für Waffen, die auf der WBK für Sportschützen eingetragen werden können, nicht vorgesehen. Allerdings war bereits vor Einführung der Höchstzahl von zehn Waffen die Zahl der erwerbbaren Waffen durch den Charakter des Bedürfnisses begrenzt.[1121] Auch für den Erwerb von Schusswaffen mit der WBK für Sportschützen gilt das **Erwerbsstreckungsgebot** (ergänzend Kapitel 1.36.2).

Zu beachten ist die ab 1. September 2020 geltende Regelung nach § 58 Abs. 22 WaffG, die im Falle einer Überschreitung der **Obergrenze von zehn Schusswaffen**, die mit einer Erlaubnis nach § 14 Abs. 6 WaffG erworben wurden und aufgrund dieser Erlaubnis weiterhin besessen werden, vorsieht, dass diese Erlaubnis für die eingetragenen Waffen fortbesteht. Die gesetzliche Regelung spricht zwar von Erwerb, es geht aber bezüglich der Obergrenze in der Praxis um den Besitz. Besitzt der Inhaber der „WBK für Sportschützen" zehn oder mehr Waffen aufgrund der zugrundeliegenden Erlaubnis, sind vor einem weiteren Erwerb zunächst so viele Waffen auszutragen (oder auch umzutragen[1122] auf eine andere Erlaubnisart, etwa eine Standard-WBK „grün"), damit in der „WBK für Sportschützen" zum Zeitpunkt des Erwerbs nicht mehr als neun Waffen eingetragen sind; insofern soll nicht die Zahl der Erwerbsvorgänge eingeschränkt werden, sondern die Zahl der Waffen, die ein Sportschütze im Rahmen der erleichterten Voraussetzungen, insbesondere ohne Nachweis des Bedürfnisses für eine Disziplin in seinem eigenen Verband, gleichzeitig aufgrund der Erlaubnis nach § 14 Abs. 6 WaffG besitzen darf.

Die Erlaubnis nach § 14 Abs. 6 WaffG kann einer Person lediglich einmal erteilt werden, auch wenn sie sich in Gestalt mehrerer Dokumente ausdrücken könnte. Nur nach Verzicht, Widerruf oder Rücknahme wäre eine erneute Erteilung der Erlaubnis möglich. Somit kann die zahlenmäßige Beschränkung auf den Erwerb von zehn Waffen nicht durch Beantragung einer weiteren Erlaubnis umgangen werden.

2.2.1.2 Erwerbserlaubnis für Munition

Die **Erwerbserlaubnis**[1123] **für Munition** gilt für jene Waffen, die auf der WBK für Sportschützen **eingetragen** sind. Die **Erlaubnis zum Besitz** gilt, solange die betref-

---

[1121] *VG Hamburg 4. Kammer, Urteil vom 1. November 2013, 4 K 2486/12, Ablehnung der Eintragung der 142. Waffe auf die Gelbe WBK; bestätigt durch BVerwG 6 B 38.16, Beschluss vom 19. September 2016; durch die Gesetzesänderung 2020 mit Beschränkung auf zehn Waffen konkretisiert*

[1122] *Zum Verfahren siehe Kapitel 2.2.5.2*

[1123] *Zutreffend weist Gade in „Basiswissen Waffenrecht", 5. Aufl. 2021, S. 132, Rn. 66, darauf hin, dass sich die Erwerbserlaubnis für Munition aus § 14 Abs. 6 WaffG nicht ableiten lässt und fordert den Gesetzgeber zur Nachbesserung auf; der Verfasser schließt sich dieser Aufforderung ausdrücklich an und sieht in der vor Inkrafttreten des WaffG 2002 geltenden Erwerbserlaubnisregelung für Munition*

fende **Waffe nicht** aus der WBK **ausgetragen** wurde. **Eingetragen** ist eine Waffe in der Waffenbesitzkarte nach § 14 Abs. 6 WaffG mit Anmeldung bei der Behörde bis zur Austragung.[1124] Ist zB eine Schrotflinte im Kaliber 12/70 im Besitz des Schützen, gilt die Erwerbserlaubnis nur für Munition im Kaliber 12/70 und nicht für Patronen im Kaliber 16/70. Auch ein Erwerb von Munition im Kaliber 12/76 wäre damit nicht erlaubt. Aus einer Magnum-Flinte (12/76) dagegen könnte 12/70-Munition gefahrlos verschossen werden, womit der Erwerb erlaubt wäre.

2.2.2 Allgemeine Voraussetzungen

Der Antragsteller muss das 21. Lebensjahr vollendet haben. Abweichend gilt ein Mindestalter von 18 Jahren für den Erwerb von Schusswaffen (Lang- und Kurzwaffen) im Kaliber 22 lfB. oder kleiner für Munition mit Randfeuerzündung und einer Mündungsenergie von höchstens 200 Joule und Einzellader-Flinten im Kaliber 12 oder kleiner (gemeint Kaliber 16, 20 usw.).

2.2.3 Aufbewahrung

Da gemäß § 36 Abs. 3 WaffG bereits mit Beantragung der WBK für Sportschützen die für die sichere Aufbewahrung erforderlichen Maßnahmen nachzuweisen sind, muss das Behältnis von seinen Abmessungen geeignet sein, um Langwaffen darin aufzubewahren, da neben Kurzwaffen auch diese Waffenart aufgrund der Erlaubnis erworben werden kann.

2.2.4 Bedürfnis

Um ein Bedürfnis glaubhaft zu machen, muss der Antragsteller eine Bescheinigung seines Schießsportverbandes vorlegen, wenn er die Erlaubnis nach § 14 Abs. 6 WaffG beantragt – da die WBK für Sportschützen eine unbefristete und damit dauerhafte Erlaubnis zum Erwerb darstellt, ist dies **nur bei erstmaliger Ausstellung**[1125] nötig und gilt für die Erwerbsvorgänge damit als nachgewiesen, so dass vor Eintragung keine Bedürfnisprüfung durch die Waffenbehörde erfolgen muss. Der Schießsportverband muss durch das BVA anerkannt sein (§ 15 Abs. 3 WaffG).

Das **Bedürfnis** zum Erwerb von Schusswaffen und der dafür bestimmten Munition ist durch Bestätigungen nachzuweisen, dass der Antragsteller

- Mitglied eines Schießsportvereines ist,
- der wiederum Mitglied in einem nach § 15 WaffG Abs. 1 WaffG anerkannten Schießsportverband ist.

(§ 29 WaffG aF) die mögliche Ursache für das gesetzgeberische Versäumnis; es ist nach hiesiger Meinung davon auszugehen, dass die Problematik schlichtweg deswegen übersehen wurde, da die seinerzeitigen Regelungen zum Munitionserwerb nicht zwischen den Arten der Waffenbesitzkarten unterschieden haben.

[1124] VG Hamburg 4. Kammer, Urteil vom 1. November 2013, 4 K 2486/12

[1125] ThürOVG 3 KO 94/06, Urteil vom 22. Februar 2007

Durch eine Bescheinigung des Schießsportverbandes ist nachzuweisen, dass der Antragsteller die Anforderungen erfüllt, die bezüglich Trainingshäufigkeit und Dauer der Vereinsmitgliedschaft an einen Sportschützen im Sinne des § 14 WaffG für den Erwerb von Schusswaffen gestellt werden. Der Antragsteller muss im gesetzlich geforderten Zeitraum durchgehend Mitglied des bestätigenden Vereins (**Vereinsmitgliedschaft**) gewesen sein, nicht aber des Verbandes (**Verbandsmitgliedschaft**).

Dagegen ist kein Nachweis gefordert, dass

- die Waffe zugelassen ist nach Sportordnung dieses Verbandes und
- erforderlich, um den Bedürfniszweck zu erfüllen.

Bezüglich des Bedürfnisses unterscheiden sich die durch die **Änderung des WaffG am 1. September 2020** in Kraft getretenen Regelungen für Sportschützen grundlegend von denen nach alter Rechtslage. Während vor der Änderung die Voraussetzungen für den Bedürfnisnachweis zwischen Erwerb und Besitz nicht unterschieden, differenziert die neue Regelung bezüglich der Trainingshäufigkeit. Bezüglich der Prüfung des bestehenden Bedürfnisses ist dabei zu beachten, dass das Bedürfnis zum Besitz im Rahmen der Regelüberprüfung erfolgt, auch wenn das Bedürfnis für den Erwerb nur bei Beantragung der Gelben WBK nachzuweisen war.

Insbesondere die **neue Regelung für Erlaubnisinhaber, die mindestens zehn Jahre im Besitz einer waffenrechtlichen Erlaubnis** als Sportschütze sind, ist bemerkenswert – hier genügt anstelle des Nachweises einer regelmäßigen Teilnahme am Schießbetrieb eine Bescheinigung über die bestehende Mitgliedschaft, und diese muss auch nicht durch den Verband ausgestellt werden, sondern durch den Verein.

Der Nachweis des **Bedürfnisses zum Erwerb** einer Schusswaffe ist bei Antragstellung für die erstmalige Erteilung der Gelbe WBK durch Vorlage folgender Nachweise glaubhaft zu machen:

- **Mitgliedschaft in Verein**: Ununterbrochen seit mindestens 12 Monaten vor Antragstellung
- **Ausübung des Schießsports** in diesem Verein mit erlaubnispflichtigen Schusswaffen: Innerhalb von 12 Monaten vor Antragstellung monatlich einmal oder an 18 Tagen

Der Nachweis des **Bedürfnisses zum Besitz** einer Schusswaffe ist durch Vorlage folgender Nachweise glaubhaft zu machen:

- **Ausübung des Schießsports** mit eigenen erlaubnispflichtigen Schusswaffen in einem Verein: Einmal pro Quartal oder sechsmal innerhalb von 12 Monaten, nachzuweisen für einen Zeitraum von 24 Monaten vor Prüfung des Bedürfnisfortbestandes.

- **Waffenarten**: Besitzt der Erlaubnisinhaber Lang- und Kurzwaffen, müssen die geforderten Schießtermine pro Waffenart nachgewiesen werden; das Schießen mit jeder Waffe im Bestand ist dagegen nicht erforderlich.

Als Übungsschießen gelten nur sportliche Schießveranstaltungen und nicht etwaige dienstlich absolvierte Schießübungen, ebenso nicht die Schießübungen in einem Sachkundelehrgang.

Ist eine Verbandsbescheinigung erforderlich, wird in der Regel eine Kopie des Schießbuches des Antragstellers und eine Bestätigung des Schießsportvereines an den Verband gegeben, der nach Prüfung der Unterlagen die Bedürfnisbescheinigung ausstellt.

Entfällt das Bedürfnis, so ist gemäß § 45 Abs. 2 WaffG die waffenrechtliche **Erlaubnis zu widerrufen**. Der zuständigen Behörde wird aber durch § 45 Abs. 3 WaffG ein Ermessen zugebilligt, von einem Widerruf abzusehen, wenn nach Würdigung aller Umstände davon auszugehen ist, dass der Wegfall des Bedürfnisses nur vorübergehend ist.

In der Regel wird der Schießsportverband vom Antragsteller ein Verzeichnis der bisher erworbenen Waffen fordern, um die entsprechende Bedürfnisbescheinigung ausstellen zu können.

Verfügt der Antragsteller über eine Waffenbesitzkarte und will eine weitere Waffe erwerben, ist das **Erwerbsstreckungsgebot** nach § 14 Abs. 3 Satz 2 WaffG zu beachten, wonach nur zwei Waffen innerhalb des Bedürfnisses innerhalb eines halben Jahres erworben werden dürfen.

Bei **Erwerb einer weiteren Schusswaffe** auf Grundlage von § 14 Abs. 6 WaffG muss diese nach der genehmigten **Sportordnung** eines Schießsportverbandes für das sportliche Schießen verwendet werden dürfen. Der Anzeigende muss selbst nicht Mitglied dieses Verbandes sein; auch muss die Sportordnung lediglich durch das Bundesverwaltungsamt genehmigt sein, der Verband aber nicht anerkannt.

Im Falle des **Austritts des WBK-Inhabers aus einem Verein** oder dessen Auflösung sind seitens des Vereins die Hinweise zu **Meldepflichten** auf Seite 384 zu beachten.

2.2.5 Altbesitzregelungen

2.2.5.1 WBK für Sportschützen vor 2003

Eine WBK für Sportschützen, die vor **Inkrafttreten des WaffG am 1. April 2003** ausgestellt wurde („Gelbe WBK alt"), erlaubte **unbefristet** lediglich den Erwerb und Besitz von Einzelladerwaffen mit einer Länge von mehr als 60 cm und der dafür bestimmten Munition. Eine solche „Gelbe WBK alt" ist nach geltendem Waffengesetz auf diese Waffen beschränkt, da sie mit Inkrafttreten des WaffG 2002 ihre Gültigkeit nicht verloren hat.[1126]

[1126] *§ 58 Abs. 1 Satz 1 WaffG*

Eine automatische Erweiterung auf den Erlaubnisumfang nach § 14 Abs. 6 WaffG neuer Fassung ist gesetzlich nicht vorgesehen; bei Beantragung einer WBK für Sportschützen nach § 14 Abs. 6 WaffG im Sinne einer Erlaubniserweiterung ist somit auch das Vorliegen eines Bedürfnisses erneut nachzuweisen. Bei Ausstellung einer Folge-WBK ist das neue Dokument durch entsprechende Eintragungen auf Einzellader-Langwaffen zu beschränken.

Wie das Erwerbsstreckungsgebot ist auch die die Begrenzung auf zehn Waffen nach § 14 Abs. 6 WaffG auf die Gelbe WBK vor 2003 anzuwenden.[1127]

2.2.5.2 WBK für Sportschützen ab 1. September 2020

Mit Inkrafttreten der Änderung des WaffG 2020 ist die Erlaubnis zum Erwerb mit einer WBK für Sportschützen auf eine Zahl von höchstens zehn Waffen beschränkt worden. Diese gesetzliche Änderung beschränkt sich nicht auf Erlaubnisse, die nach Inkrafttreten der Gesetzesänderung erteilt wurden, sondern gilt auch für bereits davor erteilte Erlaubnisse nach § 14 Abs. 4 WaffG in der Fassung des Gesetzes vor dem 1. September 2020.

Auch wenn die Norm ausschließlich auf Erwerbsvorgänge abstellt[1128] und somit eine Auslegung möglich wäre, die nach dem Erwerben von zehn Waffen weitere Erwerbsvorgänge aufgrund dieser erteilten Erlaubnis ausschließen würde, ist wohl davon auszugehen, dass von einer Beschränkung auf eine Höchstzahl von Waffen abzustellen ist, die aufgrund dieser Erlaubnis besessen werden im Sinne einer „Bestandsbegrenzung". Somit wäre bei Austragung einer Waffe, vereinfacht gesagt, „wieder Platz" für den Erwerb einer weiteren Waffe, wenn zum Zeitpunkt des neuen Erwerbs nicht mehr als neun Waffen aufgrund der Erlaubnis nach § 14 Abs. 6 WaffG im Besitz des Erlaubnisinhabers sind. Ein Bestand von Waffen, der vor dem 1. September 2020 mit der Gelben Waffenbesitzkarte erworben worden ist und zum jetzigen Zeitpunkt noch immer darauf eingetragen ist, wäre somit auf neun Waffen zu reduzieren, bevor ein weiterer Erwerb stattfinden kann.

[1127] Begründung analog zur Erstreckung des Erwerbsstreckungsgebots (siehe dazu Kapitel 1.36.2) durch BVerwG 6 C 1.07, Darstellung in Kapitel 1.36.1

[1128] Auch BT-Drs. 19/15875, S. 37, zu lit. d, 4. Absatz, spricht allein von der Möglichkeit, weitere Waffen „mit gesondertem Bedürfnisnachweis über die Grüne Waffenbesitzkarte" zu erwerben, ohne aber die Option einer Verminderung der Zahl der eingetragenen Waffen durch Austragung und eine dadurch erneut gegebene Erwerbsmöglichkeit explizit zu benennen. Ob es sich nun um eine Höchstzahl von Erwerbsvorgängen handelt, die einen nicht abschmelzbaren und erneut auffüllbaren Bestand darstellen, somit nach zehn Erwerbsvorgängen ein Sportschütze keine Möglichkeit mehr hätte, aufgrund einer Erlaubnis nach § 14 Abs. 6 WaffG Waffen zu erwerben, bleibt aus Sicht des Verfassers offen; aus der Geschichte dieser Erlaubnisart und der Intention des Gesetzgebers liegt aber die später dargestellte Variante einer Auslegung im Sinne einer Besitzbestands(ober)grenze nahe.

Neben der dauerhaften Überlassung an einen Dritten besteht die Möglichkeit, dass der Betroffene eine allgemeine Erlaubnis nach § 14 WaffG zum Erwerb und Besitz der Waffe beantragt, die er umtragen lassen will. Dabei ist das Antragsverfahren vollständig durchzuführen und insbesondere der Nachweis eines bestehenden Bedürfnisses zu erfüllen. Würde diese „Umtragung von gelb auf grün" ohne gesondertes Prüfungsverfahren möglich sein, wäre die Beschränkung des erleichterten Erwerbs nach § 14 Abs. 6 WaffG ohne eine gesonderte Bedürfnisprüfung nach Erteilung der Erlaubnis gesetzessystematisch sinnlos und stünde im Widerspruch zu Sinn und Zweck der beschränkenden Norm. Gleiches gilt für die mehrfache Erteilung einer Erlaubnis nach § 14 Abs. 6 WaffG für eine Person, wenn mit der erteilten Erlaubnis zehn Waffen erworben wurden und somit die Erlaubnis bezüglich des Erwerbs vorübergehend unwirksam geworden ist bis zur Bestandsreduzierung.

2.2.6 Ausfüllen des Antrages

Es gelten die Ausführungen, die im vorhergehenden Kapitel „Waffenbesitzkarte" für die Bedürfnisgruppe der Sportschützen ab Seite 379, einschließlich der Hinweise zur Angabe der Schusswaffe, die mit der „WBK für Sportschützen" erworben werden soll.

2.2.7 Prüfung des Antrages

Vorliegen müssen für die **erstmalige Ausstellung** einer Waffenbesitzkarte für Sportschützen neben dem vollständig ausgefüllten Antrag:

❑ Bedürfnisbescheinigung nach § 14 Abs. 6 WaffG

❑ Nachweis der sicheren Aufbewahrung

▼ *Erforderlich ist der Nachweis eines <u>ausreichend großen</u> Behältnisses, in dem Langwaffen aufbewahrt werden können, wenn eine Langwaffe Antragsgegenstand ist. Insofern muss der Antragsteller nicht allein die Sicherheitsstufe, sondern auch die Abmessungen des Behälters nachweisen.*

▼ *Besitzt der Antragsteller bereits eine Waffe der beantragten Art (Langwaffe oder Kurzwaffe), kann die Prüfung der sicheren Aufbewahrung entfallen.*

❑ Nachweis der Sachkunde

▼ *Ist der Antragsteller bereits im Besitz einer Erlaubnis, für die er einen Nachweis der Sachkunde erbracht hat, der auch die beantragte Waffenart umfasst, kann vom Nachweis der Sachkunde abgesehen werden.*

Wichtige Prüfpunkte:

❑ Prüfung der Zahl der aufgrund einer Erlaubnis nach § 14 Abs. 6 WaffG vor Eintragung der erworbenen Waffe im Besitz befindlichen Waffen

▼ *Es dürfen zu diesem Zeitpunkt nicht mehr als neun Waffen aufgrund der Erlaubnis nach § 14 Abs. 6 WaffG in Besitz sein, damit durch Eintragung der erworbenen Waffe nicht mehr als zehn Waffen* besessen werden.

❑ Hat der Antragsteller das 21. Lebensjahr vollendet?

▼ *Abweichend gilt ein Mindestalter von 18 Jahren für den Erwerb von*

a) Schusswaffen (Lang- und Kurzwaffen) im Kaliber 22 lfB. oder kleiner für Munition mit Randfeuerzündung und einer Mündungsenergie von höchstens 200 Joule und

b) Einzellader-Flinten im Kaliber 12 oder kleiner (Kaliber 16, 20 usw.)

❑ Bei Antragstellern unter 25 Jahren und erster waffenrechtlicher Erlaubnis: Befürwortet die MPU den Umgang mit Schusswaffen und Munition?

▼ *MPU ist nicht erforderlich bei Antrag auf den Erwerb von*

a) Schusswaffen (Lang- und Kurzwaffen) im Kaliber 22 lfB. oder kleiner für Munition mit Randfeuerzündung und einer Mündungsenergie von höchstens 200 Joule und

b) Einzellader-Flinten im Kaliber 12 oder kleiner (gemeint sind die Kaliber 16, 20 usw.)

❑ Ist der Antragsteller seit mehr als fünf Jahren ununterbrochen in Deutschland wohnhaft?

❑ Beachtung des Erwerbsstreckungsgebots (§ 14 Abs. 3 Satz 2 WaffG)

Wenn nicht, kann der Antragsteller einen Ausnahmegrund glaubhaft machen?

❑ Wird das Bedürfnis für die beantragte Waffenart / das beantragte Kaliber vom Schießsportverband bescheinigt?

❑ Ist der Antragsteller mit den Vorschriften zu Notwehr und Notstand vertraut?

❑ Sprechen medizinische Gründe dagegen, dass der Antragsteller verantwortungsbewusst (geistige Mängel, Süchte) und sicher (Kontrollfähigkeit des Körpers, Erkrankungen, Gebrechen, körperliche Einschränkungen) mit Schusswaffen und Munition umgeht?

❑ Anfrage örtliche Polizeidienststelle: Laufende Straf-, Bußgeld- oder Ermittlungsverfahren gegen den Antragsteller?

❑ Anfrage BZR, ZStV, LfV und Erziehungsregister: Bestehen Einträge gemäß §§ 5, 6 WaffG, die einer waffenrechtlichen Erlaubnis entgegenstehen?

❑ Legen Beobachtungen oder Informationen den Verdacht nahe, dass die persönliche Eignung (§ 6 WaffG) überprüft werden muss?

2.2.8 Prüfung bei Eintragung

Vor der **Eintragung der erworbenen Schusswaffe** ist zu prüfen, ob das **Erwerbsstreckungsgebot** und die **Anmeldefrist** beachtet wurden.

Auch muss bei Erwerb einer weiteren Schusswaffe diese nach der genehmigten **Sportordnung** eines Schießsportverbandes für das sportliche Schießen verwendet werden dürfen. Der Anzeigende muss selbst nicht Mitglied dieses Verbandes sein;

auch muss die Sportordnung lediglich durch das Bundesverwaltungsamt genehmigt sein, der Verband aber nicht anerkannt.

Die Art der Waffe muss einer der in § 14 Abs. 6 WaffG genannten Waffenarten entsprechen, mithin muss es sich handeln um eine

- mehrschüssige Kurz- oder Langwaffe mit **Zündhütchenzündung** (Perkussionswaffe),
- **einläufige Einzellader**-Kurzwaffe für Patronenmunition,
- **Einzellader**-Langwaffe mit glatten und gezogenen Läufen (einläufige Waffen sind hier ebenfalls erfasst) oder
- **Repetier**-Langwaffe **mit gezogenem Lauf**.

Handelt es sich um eine **andere Art von Schusswaffe**, ist der Erwerb der Waffe nach § 14 Abs. 6 **nicht möglich**. Dies gilt etwa für Repetier-Langwaffen mit glattem Lauf (zB **Vorderschaftrepetierflinte**).

Zu beachten ist die ab 1. September 2020 geltende Regelung nach § 58 Abs. 22 WaffG, die im Falle einer Überschreitung der Obergrenze von zehn Schusswaffen, die mit einer Erlaubnis nach § 14 Abs. 6 WaffG erworben wurden und aufgrund dieser Erlaubnis weiterhin besessen werden, vorsieht, dass diese Erlaubnis für die eingetragenen Waffen fortbesteht. Die gesetzliche Regelung spricht zwar von Erwerb, es geht aber bezüglich der Obergrenze um den Besitz. Besitzt der Inhaber der „WBK für Sportschützen" zehn oder mehr Waffen aufgrund der zugrundeliegenden Erlaubnis, sind vor einem weiteren Erwerb zunächst so viele Waffen auszutragen (oder auch umzutragen auf eine andere Erlaubnisart, etwa eine Standard-WBK „grün"), damit in der „WBK für Sportschützen" zum Zeitpunkt des Erwerbs nicht mehr als neun Waffen eingetragen sind; insofern soll nicht die Zahl der Erwerbsvorgänge eingeschränkt werden, sondern die Zahl der Waffen, die ein Sportschütze im Rahmen der erleichterten Voraussetzungen, insbesondere ohne Nachweis des Bedürfnisses für eine Disziplin in seinem eigenen Verband, besitzen darf.

2.3 Waffenbesitzkarte für Sammler (§ 17)

Waffenbesitzkarte

für Waffensammler und Waffensachverständige

Nr. ______________

Herr/Frau ______________________________

geboren am ______________________________

in ______________________________

ist berechtigt, folgende Waffenarten

____

____

____

____

zu erwerben und die tatsächliche Gewalt darüber auszuüben.

Die Schußwaffen, die der Inhaber dieser Erlaubnis erworben hat und über die er die tatsächliche Gewalt ausüben darf, sind in der nachfolgenden Aufstellung aufgeführt.

____

(Ort) (Datum)

Dienstsiegel

____

(Behörde)

____

(Unterschrift)

LgNr. 15265

Bundesdruckerei

Lfd. Nr.	Art	Kaliber- o. Munitionsbezeichnung	Hersteller oder Warenzeichen (Modellbezeichnung)	Herstellungs-Nr.	erworben oder angemeldet			überlassen		
					am	Überlasser (Name, Sitz)	Behörde (Dienstsiegel)	am	an	Behörde (Dienstsiegel)
1	2	3	4	5	6	7	8	9	10	11

Die Anforderungen an die Erteilung einer Erlaubnis, eine **Sammlung** anzulegen und zu besitzen, sind hoch. Eine Sammlung muss kulturhistorisch bedeutsam sein, wenn sie nicht eine wissenschaftlich-technische Sammlung ist. Das Sammeln muss dabei systematisch geschehen, also nicht ein bloßes Anhäufen von Waffen oder Munition sein. Die zuständige Behörde wird neben der Genehmigungsfähigkeit des **Sammelthemas** die persönliche Qualifikation des Antragstellers überprüfen, um sicherzustellen, dass der Zweck dieser besonderen Erlaubnis erfüllt werden kann. Der Zugang zu dieser Erlaubnis durch Vorlage von Gutachten, die der Antragsteller nicht selbst verfasst hat oder nicht verfassen kann, ist darum kein Nachweis, der die Qualifikation des Antragstellers, eine Sammlung anzulegen, belegt.[1129]

2.3.1 Allgemeine Voraussetzungen

Für die Erteilung der waffenrechtlichen Erlaubnis nach § 17 WaffG gelten die allgemeinen Voraussetzungen nach § 4 WaffG.

Eine MPU ist nach § 6 Abs. 3 WaffG bei Antragstellern unter 25 Jahren zu fordern, es sei denn, die Sammlung beschränkt sich auf kleinkalibrige Waffen und Flinten im Sinne von § 14 Abs. 1 S. 2 WaffG.

Eine besondere Sachkunde anstelle der nachgewiesenen Sachkunde nach § 7 WaffG wird von einem Sammler nicht erwartet. Auch gilt eine bestandene Jägerprüfung als Nachweis der Sachkunde.[1130]

2.3.2 Erwerbserlaubnis für Schusswaffen

Auf der „Roten WBK" des Sammlers wird das Sammelthema so vermerkt, wie es die Behörde entweder antragsgemäß oder in Abwandlung genehmigt hat. Die WBK dokumentiert die Erlaubnis zum Erwerb und Besitz der Schusswaffen des in ihr vermerkten Sammelgebiets. Der Erwerb ist innerhalb von zwei Wochen unter Vorlage der WBK der Ordnungsbehörde anzuzeigen, die die Erlaubnis zum Besitz durch Siegelung in der WBK erteilt.

Für den Erwerb von Waffen, die nicht durch das Sammelthema erfasst werden, dieses aber ergänzen, kann unter Berücksichtigung der Maßstäbe von § 8 WaffG eine ergänzende Erlaubnis zum Erwerb und Besitz dieser Waffe durch eine „grüne WBK" mit entsprechendem Voreintrag erteilt werden.[1131]

In **Abgrenzung zum Waffenhandel** ist beim Sammeln von Waffen auch das gelegentliche **Veräußern**, zum Beispiel von Doubletten, nicht als Handeln im Sinne des WaffG anzusehen, solange die Intensität nicht den Charakter eines gewerblichen Handelns mit Schusswaffen annimmt. Wesentliches Element der sammlerischen Tätigkeit und damit vom Bedürfniszweck umfasst ist das Erweitern die Sammlung um

---

[1129] *Zum Nachweis erforderlicher persönlicher Befähigung vertiefend Kap. 2.3.5*

[1130] *BVerwG 6 C 9.02, Urteil vom 10. Oktober 2002*

[1131] *WaffVwV zu § 17, Nr. 17.6.6*

bessere Stücke, was in der Regel nur durch die Abgabe schlechterer Stücke finanzierbar ist. Einschränkend ist zu beachten, dass sich das nur auf solche Waffen bezieht, die von dem Sammelgebiet des Erlaubnisinhabers erfasst werden, und dass es Tauschvorgänge unter Sammlern bzw. zwischen Sammler und Händler sein müssen, da ein wiederkehrendes Abgeben von Sammlerwaffen an Inhaber anderer Erlaubnisarten wie Sportschützen oder Jäger regelmäßig den Anschein des Handelns im Sinne des WaffG erwecken kann.

Die Erlaubnis umfasst den Erwerb von wesentlichen Teilen für die Waffen, die aufgrund der Erlaubnis nach § 18 WaffG erworben werden können, aber nicht den Erwerb von Schalldämpfern,[1132] es sei denn, dies ist ausdrücklich auf der WBK vermerkt oder gesetzlich vorgesehen.

2.3.3 Keine Erwerbserlaubnis für Munition

Die WBK für Sammler erlaubt nicht den Erwerb und Besitz von Munition. Zu **Munitionssammlungen** und zu den Voraussetzungen zum **Erwerb und Besitz von Munition durch Waffensammler** beachten Sie Kapitel 2.5.

2.3.4 Begriffsbestimmungen

Eine **Sammlung** muss mehr als die Summe ihrer einzelnen Bestandteile darstellen. Somit ist es nicht ausreichend, lediglich Waffen einer Epoche in einem Kellerraum zu horten, sondern vielmehr erforderlich, der Sammlung schon durch die Wahl des Sammelthemas „einen Geist zu geben", sie unter ein Motto zu stellen, das die besonderen Anforderungen erfüllt, um das Privileg des Sammlers gegenüber anderen Personen zu begründen, die zwar „auch gerne Waffen sammeln würden", aber eben kein Sammelbedürfnis im Sinne von § 17 WaffG nachweisen können.

Kulturhistorisch bedeutsam ist eine Sammlung nur dann, wenn sie menschliches Schaffen in „nicht ganz unerheblichem Umfang" darstellt. Als kulturhistorisch bedeutsam ist auch eine **wissenschaftlich-technische** Sammlung anzusehen, wenn sie eine kulturhistorische Systematik verfolgt und bedeutsame Entwicklungsschritte dokumentiert. Dies ist nicht gegeben, wenn eine Sammlung nur an spezielle technische Neuerungen in Details eines Grundmodells eines bestimmten Waffenherstellers anknüpft.[1133]

Die Bedeutsamkeit muss für den nicht fachkundigen Betrachter erkennbar sein. Diese Bedeutsamkeit kann auch darin bestehen, dass Waffen oder Munition des Sammelgebietes eine Entwicklung beeinflusst haben, die nicht unmittelbar waffengeschichtlicher oder –technischer Natur ist.

Die Sammlung kann sich an der Entwicklung der Waffentechnik ebenso orientieren wie an länderspezifischen Eigenheiten, Erfindungen bestimmter Personen oder an Waffen, die im Gebrauch bestimmter Organisationen waren. Weitere Systematiken

---

[1132] *siehe dazu Kapitel 1.3.2.3.2*

[1133] *OVG NRW 20 A 3994/04, Urteil vom 31. August 2006*

können neben konstruktiven Eigenschaften auch solche sein, die sich auf die Verwendung der jeweiligen Waffen beziehen.

Eine **wissenschaftlich-technische Sammlung** kann, im Gegensatz zu einer kulturhistorisch-bedeutsamen Sammlung im engeren Sinne, die auf Waffen beschränkt ist, deren Markt- oder Truppen-/ Behördeneinführung bis zum 1. September 1945 erfolgte, auch nach diesem Zeitpunkt eingeführte Schusswaffen umfassen. Dies gilt insbesondere für eine Sammlung, die Entwicklungen eines bestimmten Konstrukteurs oder Herstellers darstellt.

Ordnungsmerkmale einer Sammlung können insbesondere sein

- chronologische oder geographische **Systematiken**,
- Zündungs-, Verschluss- oder Lade**verfahren** sowie
- Darstellungen der Angebotspalette eines Herstellers über mindestens 20 Produktionsjahre (**firmengeschichtliche** Sammlung).

Möglich sind Sammlungen zu bestimmten Straftatbeständen, sozialen Phänomenen (Terrorismus, Duellwaffen, Taschenpistolen zur Selbstverteidigung) oder Aufgaben (Signalpistolen).

2.3.5 Befähigung

Die Erlaubnis ist zu versagen, wenn der Antragsteller nicht glaubhaft machen kann, dass er selbst in der Lage ist, das kulturhistorische Anliegen der angestrebten Sammlung zu verwirklichen und dieses Ziel ernsthaft zu verfolgen. Dabei sind die Anforderungen an den Nachweis der Kenntnisse desjenigen, der eine kulturhistorisch bedeutsame Sammlung anlegen will, grundsätzlich nicht geringer als die, die an den Nachweis von wissenschaftlichen bzw. technischen Kenntnissen und Fähigkeiten bei Beantragung einer wissenschaftlich-technischen Sammlung zu stellen sind. Allerdings hängt es von den konkreten Umständen ab, über welche Kenntnisse der Antragsteller verfügen muss.[1134] Es obliegt der zuständigen Behörde und im Zweifel dem Gericht zu entscheiden, ob der Antragsteller die erforderlichen Fähigkeiten und Kenntnisse besitzt. Ein wesentlicher Anhaltspunkt ist die vorzulegende Ausarbeitung zum Sammelgebiet - das Thema und die Darlegung eigener[1135] Kenntnisse dürfen keinen Zweifel an der Befähigung des Sammlers lassen. Die Entscheidung der Behörde sollte nicht ohne eine zusätzliche Einschätzung von fachkundiger Seite erfolgen – neben den Fachabteilungen der Landeskriminalämter sind hier öffentlich bestellte und vereidigte Sachverständige zu nennen. Dies gilt insbesondere bei der Prüfung von Gutachten zum Sammelthema, die durch den Antragsteller vorgelegt werden, und der Durchführung eines Fachgesprächs.

[1134] BVerwG 6 C 9.02, Urteil vom 10. Oktober 2002

[1135] So kann die Befähigung zB nicht dadurch nachgewiesen werden, dass die Darstellung des Sammelthemas oder eines besonderen Aspektes nur im Auftrag des Antragstellers geschrieben wurde; eine solche Arbeit muss eine Eigenleistung sein.

2.3.6 Bedürfnis

Grundsätzlich reicht es nicht aus, eine „Sammlung" im Sinne einer Anhäufung von Schusswaffen einer bestimmten Epoche oder Gattung anzulegen. Auch ist bloße Liebhaberei keine Begründung für eine Erlaubnis nach § 17 WaffG. Vielmehr wird durch den Wortlaut des Gesetzes deutlich, dass eine kulturhistorische Bedeutsamkeit nachgewiesen werden muss. Dies bezieht sich auf die **Antragsbegründung** sowie auf **Ernsthaftigkeit** und **Systematik** der Sammlung.[1136] Am Ende soll eine geordnete Sammlung entstanden sein, die auch einem nicht fachkundigen Betrachter einen breit angelegten Überblick über das beantragte Sammelgebiet gibt. Dieser Überblick muss bezüglich seiner Qualität eine gewisse Tiefe aufweisen. Dazu ist durch den Antragsteller darzulegen, wie dieses Ziel durch die Sammlung und seine Person erreicht werden kann. Mit dem Antrag sollte nicht nur eine umfassende Darstellung des Sammelgebietes, sondern auch eine Liste der dazu gehörenden Schusswaffen eingereicht (**Sammelplan**) werden.

Letztendlich liegt es im Ermessen der Behörde, diese umfassende Erwerbs- und Besitzerlaubnis auszustellen. Darum sollte der Antragsteller alles tun, um seine persönliche Qualifikation zu verdeutlichen. Dazu zählt insbesondere die ausformulierte Beschreibung des Sammelthemas, aus der auch hervorgehen sollte, dass sie von eigener Hand und auf der Grundlage eigener Kenntnisse und Befähigungen erstellt wurde – in der Regel ist es schnell erkennbar, wenn sich ein Antragsteller mit „fremden Federn", meist gekauften Gutachten, schmücken will, da spätestens in einem Fachgespräch im Laufe des Verfahrens, mit dem die Befähigung des Antragstellers überprüft werden kann, ein lediglich *gekaufter* Kenntnisnachweis auffliegt.

Das Sammelbedürfnis ist auf **Originalwaffen** beschränkt. Nachbauten begründen keine kulturhistorische Bedeutsamkeit, können aber eine Sammlung im Einzelfall ergänzen, etwa zur Vervollständigung der Sammlung, wenn die Originalwaffe entweder nicht mehr erhältlich ist oder deren Beschaffung nur unter unverhältnismäßig hohen Mühen oder Kosten möglich wäre. Gleiches gilt für Waffen, die sich nicht mehr im Originalzustand befinden. Insbesondere bei historischen Armeewaffen sind Original-Stempelungen unverzichtbar, um den Charakter der Sammlung auszufüllen.

[1136] Umfassende Darstellung der behördlich anzuwendenden Maßstäbe durch VG Würzburg W 5 K 08.923, Urteil vom 2. April 2009; zur Würdigung eines Sachverständigengutachtens und der Prüfung des Vorliegens eines Bedürfnisses durch das damit befasste Gericht ausführlich OVG Schleswig-Holstein 4 LA 38 /21, Beschluss vom 1. August 2023

2.3.7 Schießen mit Waffen einer Sammlung

Das Bedürfnis des Waffensammlers umfasst nicht das Schießen mit Waffen der Sammlung.[1137] Dies wäre lediglich zulässig, wenn der Besitzer die Funktionsfähigkeit einer Waffe überprüfen will. Dieser Funktionsschuss dient der Qualitätssicherung und liegt damit im Interesse des Sammlers wie auch der Gesellschaft. Ebenso ist ein Schießen als vom Bedürfniszweck umfasst anzusehen, wenn ein Sammler an einer Veranstaltung teilnimmt, in deren Rahmen historische Waffen nicht nur präsentiert, sondern auch „im Wirkbetrieb" vorgestellt werden sollen. Da der Gesetzgeber ausdrücklich die Sammelwürdigkeit auf funktionsfähige Originalwaffen beschränkt, kann nicht in Abrede gestellt werden, dass eine Zurschaustellung dieser Funktionsfähigkeit durch Abgabe eines scharfen Schusses die kulturhistorische Bedeutsamkeit angemessen vermitteln kann, wobei in einem solchen Falle besondere Sicherheitsvorkehrungen zu treffen wären. Insbesondere wäre, wenn die Schussabgabe bei einer Veranstaltung in einem ansonsten nicht als Schießstätte genutzten Gebäude erfolgen soll, die erforderliche Genehmigung nach § 27 WaffG einzuholen, die diesen Ort zumindest für den Zeitraum der Veranstaltung zu einer genehmigten Schießstätte machen würde. Die gilt auch für das Abschießen von Kartuschenmunition anstelle von Patronenmunition, da § 12 Abs. 4 Nr. 1 lit. b WaffG bei Sammlerwaffen idR nicht greift, da sich diese Ausnahme auf Waffen beschränkt, die nur Kartuschenmunition verschießen können. Die Erteilung einer Schießerlaubnis nach § 10 Abs. 5 WaffG oder einer befristeten Genehmigung nach § 27 WaffG ist ohne vorherige Erstellung eines Gutachtens eines anerkannten Sachverständigen aufgrund der erheblichen Gefahr, die von jeder Schussabgabe bei einer Veranstaltung ausgeht, nicht vertretbar.

Nicht zulässig ist es, an schießsportlichen Veranstaltungen oder an einer Jagd mit Waffen einer Sammlung teilzunehmen, da diese Waffen der Bedürfniszweckbindung[1138] unterworfen sind. Mangels Bedürfniszweck würde ein Transport nach § 12 Abs. 3 Nr. 2 WaffG, nämlich nicht zugriffsbereit und nicht schussbereit, nicht von der Erlaubnispflicht befreit und damit ohne gültigen Waffenschein unzulässig sein. Allerdings stellt sich angesichts der Möglichkeit des Verweisens auf bereits vorhandene Waffen anderer Bedürfnisse derselben Person bei Aberkennung eines Bedürfnisses zum Erwerb weiterer Waffen[1139] die Frage, ob eine Auslegung der gesetzlichen Vorschriften nicht im Gegenzug die Möglichkeit eröffnen muss, Waffen verschiedener Bedürfnisse, die von einer Person kumulativ glaubhaft gemacht wurden, von dieser Person auch „intern verliehen" zu werden. Dann würde bei Anwendung des § 12 Abs. 3 Nr. 2 WaffG zB der Sportschütze X eine Waffe auf dem Weg zur

---

[1137] *So unter anderem VGH München 24 ZB 17.811, Beschluss vom 18. Mai 2020, mit ausführlicher Darstellung der Regelungen zum Erwerb und Besitz von Munition (auch durch Wiederladeerlaubnis nach § 27 Abs. 1a SprengG) sowie VG München M 7 K 16.1347, Urteil vom 15. Februar 2017*

[1138] *Siehe zum Begriff Kapitel 1.7.9.2*

[1139] *Gerichtlichen Entscheidungen siehe Fn. 420 in Kapitel 1.7.9.2*

Schießstätte führen dürfen, die der Sammler X im Bestand hat, vorausgesetzt, diese Waffe ist nicht vom Schießsport ausgeschlossen. Einschränkend für diese These ist allerdings zu berücksichtigen, dass gerade das Bedürfnis des Sammelns von Waffen ein Schießen, wie dargelegt, eben nicht vorsieht, während im Falle von Jägern und Sportschützen beide Bedürfnisse das Schießen mit den jeweils zugeordneten Schusswaffen vorsieht.

2.3.8 Aufbewahrung

Die Aufbewahrung einer Sammlung von Schusswaffen und Munition erfolgt im Falle einer ernstzunehmenden und damit meist umfangreicheren Sammlung kaum in einem oder mehreren Waffenschränken. Waffensammler richten sich in der Regel einen Waffenraum ein, um auch für sich selbst den Anblick der von ihnen gesammelten Kostbarkeiten genießen zu können. Die Anforderungen an einen solchen Waffenraum sind umfangreich und erfordern eine gute Planung, in die frühzeitig ein qualifizierter Sachverständiger einbezogen werden sollte, um unnötigen Aufwand und damit Kosten zu vermeiden. Ebenso empfiehlt sich frühzeitig eine Abstimmung mit der zuständigen Waffenbehörde, um Anforderungen an die Sicherheit dieses Waffenraumes im Vorfeld abzuklären und bei der Planung zu berücksichtigen (siehe auch den Ergänzungsband zu diesem Buch).

Aufbewahrung durch einen Sammler ist als Aufbewahrung im privaten Bereich anzusehen, womit bezüglich der Absicherung gegen unbefugten Zugriff geringere Maßstäbe als im gewerblichen Bereich anzulegen sind. Sammlungen, insbesondere von halbautomatischen Langwaffen oder Kurzwaffen, stellen aber im Falle eines Einbruchs eine überdurchschnittliche Gefahrenquelle dar und müssen entsprechend besser abgesichert werden.

Da gemäß § 36 Abs. 3 WaffG bereits mit Beantragung einer Erlaubnis die für die sichere Aufbewahrung erforderlichen Maßnahmen nachzuweisen sind, muss das Behältnis geeignet sein, um Langwaffen darin aufzubewahren, wenn diese Waffenart aufgrund der Erlaubnis erworben werden kann.

Beachten Sie zur **Weiternutzung geerbter Waffenschränke** Kapitel 2.3.9.

2.3.9 Erben einer Sammlung

§ 17 Abs. 3 WaffG eröffnet **Erben**, Vermächtnisnehmern und anderen durch Auflage Begünstigten (Erwerbern infolge des Erbfalles) die Möglichkeit, eine bestehende Sammlung zu übernehmen und fortzuführen. Die Regelung steht im Kontext zu den Regelungen in § 20 WaffG[1140] und stellt *eine Mischung aus einem Erbenprivileg und einem abgeschwächten Sammlerbedürfnis*[1141] dar. Voraussetzung ist die glaubhaft gemachte Absicht, dass eine bestehende Sammlung, die aufgrund einer Erlaubnis nach § 17 WaffG im Besitz des Erblassers ist, fortgeführt werden soll. Fortführen

---

[1140] *Zur Thematik des Vererbens nach § 20 WaffG siehe Kapitel 2.1.3.5*

[1141] *BT-Drs. 14/8886, S. 113, „zu § 17", Abs. 3*

bedeutet in diesem Sinne nicht, dass die Sammlung erweitert werden muss oder soll. Das Erhalten des Bestandes ist Fortführen im Sinne des § 17 Abs. 3 WaffG, ein Erweitern der Sammlung ist nicht erforderlich.[1142] Erfolgt ein Abverkauf von Einzelstücken oder Sammlungsteilen durch den Erlaubnisinhaber, der die Erlaubnis aufgrund von § 17 Abs. 3 WaffG erhalten hat, kann die Erlaubnis zurückgenommen und dem Betroffenen aufgegeben werden, die Waffen binnen angemessener Frist an einen Berechtigten oder die Behörde zu überlassen oder unbrauchbar machen zu lassen.

Zu beachten ist, dass an den Fortführer der Sammlung geringere Anforderungen gestellt werden als an den Erblasser als Begründer der Sammlung. Vorliegen müssen die Voraussetzungen nach § 4 Abs. 1 Nr. 1 bis 3 WaffG, das Bedürfnis gilt durch § 17 Abs. 3 WaffG als gegeben, wobei durch den Gesetzgeber eine eigene Art des Sammlerbedürfnisses gesehen wird, nämlich als passiver Sammler. Wie oben dargestellt muss der tatsächliche Wille zur Bewahrung der Sammlung vorliegen und ein Waffenbestand, der als kulturhistorisch-bedeutsame oder wissenschaftlich-technische Sammlung im Sinne von § 17 WaffG anzusehen ist. Bloße Anhäufungen von Waffen, die nicht aufgrund einer Erlaubnis nach § 17 WaffG zusammengetragen wurden, sind keine Sammlung im Sinne von § 17 Abs. 3 WaffG. Dies gilt auch für große Nachlässe von Waffen, die aufgrund eines anderen Bedürfnisses erworben wurden.

Im Falle des Sammler-Erben mit passiver Sammlertätigkeit ist eine WBK nach § 10 Abs. 1 WBK („grüne WBK") auszustellen. Die in der Verwaltungsvorschrift aufgezeigten Möglichkeit, auch dem passiven Sammler einen Erwerb von Einzelstücken zur Vervollständigung der Sammlung zu ermöglichen durch einen entsprechenden Voreintrag, sollte in der Praxis nicht genutzt werden, da die Grenzen zwischen nicht kundigem, passivem Sammler und dem vollwertigen, auf Expertise zum Sammelgebiet geprüften aktiven Sammler ansonsten unzulässig verschwimmen.[1143] Vielmehr sollte das Fortführen im Sinne eines Erweiterns der Sammlung stets durch einen erwiesenermaßen befähigten Erlaubnisinhaber erfolgen.

Will der Erbe nicht als passiver, sondern als aktiver oder „echter" Sammler die Sammlung übernehmen und insofern auch weitere Stücke für diese Sammlung erwerben, ist der gesetzlich vorgesehene Weg zur Erteilung einer Sammler-WBK („rote WBK") zu beschreiten. Dazu wären die Voraussetzungen nach § 4 Abs. 1 WaffG zu erfüllen und damit die tatsächlichen Möglichkeiten zum Vervollständigen der Sammlung,[1144] wobei insbesondere das Vorliegen der erforderlichen Sachkunde und die bedürfnisbegründende Befähigung zum Sammeln von Waffen durch die Waffenbehörde zu prüfen sind. In diesem Falle kommt § 17 Abs. 3 WaffG nicht zu Anwendung, da es sich um eine neue Erlaubnis („grundständig") handelt, die den Erwerb aller Sammlerwaffen des Erblassers ohne weitere Einschränkungen erlaubt,

---

[1142] *BT-Drs. 14/8886, S. 113, „zu § 17", Abs. 3*

[1143] *In der Bewertung so auch Gade, Waffengesetz, Rn. 13 zu § 17 WaffG*

[1144] *WaffVwV zu § 17, Nr. 17.8*

wenn das Sammelgebiet von Erblasser und Erbe deckungsgleich sind oder das Sammelgebiet des Erben weiter gefasst ist als das des Erblassers. In dieser Konstellation ist auch eine Übergabe der Sammlung „aus warmer Hand" möglich, das Ableben des Sammlers also nicht erforderlich.

Zu beachten sind die Voraussetzungen für eine weitere Verwendung der **Behältnisse**, in denen eine Sammlung aufbewahrt wird.[1145] Da der berechtigte Altbesitz nach § 36 Abs. 4 WaffG nur die Weiternutzung von Behältnissen[1146] im Falle der gemeinschaftlichen Aufbewahrung erfasst, nicht aber die Fälle des Vererbens nach §§ 17, 20 WaffG und damit verbunden die Nutzung durch den Erben, sollte der Erbe einen Antrag nach § 13 Abs. 5 AWaffV stellen mit dem Inhalt, dass die Behörde einer Verwendung der mit den Waffen geerbten Behältnisse zustimmt. Ein Aufbewahrungskonzept ist diesem Antrag beizufügen, aus dem sich ergeben muss, dass dieses Abweichen von den gesetzlichen Vorgaben zur Aufbewahrung keine Gefährdung für die öffentliche Sicherheit und Ordnung darstellt. Hilfsweise kann ein Antrag nach § 13 Abs. 6 AWaffV gestellt werden, bei dem die besondere Härte in finanzieller Hinsicht dargestellt wird, die ein Ersetzen der Behälter für den Erben darstellen würde.[1147]

Ist der Erbe nicht bloß Empfänger eines Wertes, sondern Nachfolger des Sammlers als Bewahrer kulturhistorisch bedeutsamen Gutes im Sinne von § 17 WaffG, hat er sowohl als aktiver wie auch als passiver Sammler ein Bedürfnis im Sinne von § 20 Abs. 3 Satz 2 WaffG, womit eine Blockierung der Erbwaffen nicht erforderlich ist.[1148]

Ist die Sammlung bezüglich ihres Umfangs im Wesentlichen unvollständig, kommt, wenn der Erbe die Sammlung nicht fortführen will oder kann (siehe oben), in der Regel nur die Ausstellung einer (grünen) WBK für Erben im Sinne von § 20 WaffG in Betracht, die den Erwerb weiterer Schusswaffen oder Munition nur durch Erteilung eines Voreintrags erlaubt. Im Wesentlichen unvollständig ist eine Sammlung dann, wenn sie weder das bislang beabsichtigte Sammelgebiet noch ein anderes (Unter-) Sammelthema ausreichend abbildet, um eine kulturhistorische Bedeutsamkeit zu entfalten.

[1145] *Die Aufbewahrung von Waffen behandelt vertiefend der Ergänzungsband zu diesem Buch.*

[1146] *Im Falle von* ***Waffenräumen*** *ist grundsätzlich eine Neubewertung der Schutzwirkung durch einen qualifizierten Sachverständigen vorzunehmen, wenn behördlicherseits die Eignung der verwendeten Türelemente oder Wandkonstruktionen nicht zweifelsfrei festgestellt werden kann.*

[1147] *Der Vorrang der Belange der öffentlichen Sicherheit und Ordnung ist in diesem Falle stets zu beachten, weshalb in der Regel bei begründeten Zweifeln an der Sicherheit der bislang ergriffenen Sicherungsmaßnahmen die erforderliche Investition dem Antragsteller zuzumuten ist.*

[1148] *Vertiefend zur Blockierung von Erbwaffen siehe Kapitel 1.14.6*

Anmerkung: Ein Waffensammler ist gut beraten, frühzeitig eine weitere berechtigte Person zu benennen, die bei Erfüllung aller Voraussetzungen für die Erteilung einer WBK für Sammler als weiterer Berechtigter in die WBK des Sammlers eingetragen wird. Damit wird sichergestellt, dass im Falle des Ablebens des Sammlers die Sammlung in seinem Sinne unvermindert weiter ausgebaut werden kann. Die Regelungen zur Vererbung von Waffensammlungen in § 17 WaffG und § 20 WaffG eröffnen den Erben zwar großzügige Möglichkeiten zur Fortführung der Sammlung, gleichwohl ist durch den behördlich erlaubten Mitbesitz im Erbfall keine Entscheidung der zuständigen Behörde erforderlich, ob der Erbe beispielsweise die erforderliche Befähigung zum Sammeln dieses Fachgebietes besitzt. Gleiches gilt für Fälle, in denen behördlicherseits mit Hinweis auf den Umfang der Sammlung bestritten wird, dass es sich überhaupt um eine Sammlung handelt. Anstelle des Beitritts zu einer bestehenden WBK ist, wie oben dargestellt, auch die Beantragung einer Sammler-WBK durch den Dritten möglich, die bei gleichem Sammelthema den Erwerb der Sammlerwaffen des Alt-Sammlers ohne weitere Voraussetzungen möglich machen würde.

2.3.10 Ausfüllen des Antrages

Füllen Sie den Antrag in Blockschrift aus.

Steht das Zeichen ✗ vor einer *kursiv* gesetzten Formulierung, müssen Sie lediglich den entsprechenden Fall des Antrages ankreuzen.

Das Zeichen ✎ weist auf Eintragungen wie Name, Geburtsdaten, etc. hin. Formulierungsvorschläge sind **fett** gesetzt.

Das Zeichen ▼ gibt Hinweise für die praktische Umsetzung.

Einen bundesweit einheitlichen Vordruck für die Erteilung waffenrechtlicher Erlaubnisse gibt es nicht. Darum werden Ihnen im folgenden Text nur Erläuterungen und Beispiele zu solchen Fragen oder Freitextflächen angeboten, die idR in allen genutzten Vordrucken, ob von Verlagen oder der jeweiligen Behörde hergestellt, verwendet werden.

✎ Die Angaben zur Person dienen Ihrer Identifizierung, insbesondere bei der Abfrage von Eintragungen im Bundeszentralregister (BZR). Tragen Sie die geforderten Daten in die vorgesehenen Felder gut lesbar ein.

Beantragen Sie die WBK erstmalig, dokumentieren Sie dies durch Markierung des Kontrollfeldes „Ich besitze ✗ **keine** Waffenbesitzkarte."

✎ Besitzen Sie bereits eine Waffenbesitzkarte oder eine andere waffenrechtliche Erlaubnis, ist dies im Antrag in den vorgesehenen Feldern zu dokumentieren. Hier können Waffenbesitzkarten für Sportschützen, Waffenscheine, Munitionserwerbsscheine und Jagdscheine angegeben werden – erforderlich sind die Angaben zur ausstellenden Behörde, der Seriennummer und des Ausstellungsdatums der vorhandenen Erlaubnis.

✎ Sind bereits Waffen aufgrund einer vorhandenen Erlaubnis im Besitz des Antragstellers, sind diese auf dem Antrag zu vermerken – in der Praxis sollten Sie die Aufstellung maschinell anfertigen und als Anlage beilegen.

✗ Nun haben Sie anzugeben, welche Art von Schusswaffe Sie erwerben wollen. Als Antragsteller nach § 17 WaffG tragen Sie an dieser Stelle Ihr Sammelgebiet ein, etwa **„Schusswaffen der Truppen von XY-Land im Zeitraum 1885 bis 1935"**.

✎ Der Umgangszweck ist nach Maßgabe des Antrages ausführlich zu begründen. Tragen Sie an dieser Stelle lediglich ein: **„siehe Anlage"**

In der Anlage müssen Sie ausführlich begründen, weshalb Sie eine Erlaubnis nach § 17 WaffG benötigen. So könnten Sie als Waffensammler des zuvor genannten Sammelgebietes schreiben:

„Ich möchte durch die Sammlung der Schusswaffen der Truppen von XY-Land im Zeitraum 1885 bis 1935 den Stand der Waffentechnik jener Zeit und die Veränderungen sowie Verbesserungen waffentechnischer Art hinsichtlich des Einsatzes im tropischen Klima aufzeigen."

✎ Soll die Aufbewahrung in Behältern erfolgen, weil die Anforderungen an einen Waffenraum nicht erfüllbar sind oder zusätzliche Behälter verwendet werden, tragen Sie in das Feld „Art der Aufbewahrung" ein:

„Waffenschrank der Norm ... für die zu erwerbenden Waffen und Munition" – einen eventuell vorhandenen Kaufbeleg oder Bilder der vorhandenen Waffenschränke können Sie dem Antrag beifügen.

Bei Nutzung eines ***Waffenraumes*** *ist die Genehmigung der Behörde beizufügen. Beachten Sie auch die Hinweise auf Seite 416.*

✗ Das *Datum Ihrer erfolgreich abgelegten Sachkundeprüfung* ist neben dem entsprechenden Kontrollkästchen einzutragen, ebenso die Bezeichnung des Prüfungsausschusses.

▼ *Sind Sie Polizeivollzugsbeamter o. ä. und besitzen Sie einen Nachweis Ihres Dienstherrn, dass Sie im Umfang der erforderlichen Sachkunde ausgebildet wurden, können Sie ersatzweise dieses Kontrollkästchen markieren und Ihrem Antrag diesen Nachweis als Anlage beifügen. Gleiches gilt für Jäger, Büchsenmacher oder Ausbilder der Bundeswehr – in diesen Fällen kann der Nachweis der Sachkunde alternativ erfolgen (§ 3 AWaffV).*

✗ Kenntnis über die *Handhabung der Waffe* haben Sie durch **Sachkundelehrgang** erhalten oder durch **Sachkundeprüfung** nachgewiesen.

✗ *Schießleistungen* sind durch einen Sammler nicht nachzuweisen.

✗ Da Sie Ihre Sachkundeprüfung erfolgreich abgelegt haben, sind Sie mit den Vorschriften über Notwehr und Notstand vertraut und können das entsprechende Kontrollkästchen markieren.

✗ ✎ Für die Angabe vorhandener oder früherer körperlicher oder geistiger Mängel finden Sie eine Aufzählung, die nicht abschließend ist. Geben Sie in knapper, aber umfassender Form etwaige persönliche „Mängel" an. Dabei müssen Sie nur solche Krankheiten, Behinderungen oder Süchte angeben, die im Zusammenhang mit dem Umgang mit Schusswaffen und Munition relevant sind, zB Alkoholismus, Epilepsie.

2.3.11 Prüfung des Antrages auf Erteilung der WBK

❑ Nachweis der sicheren Aufbewahrung

▼ *Erforderlich ist der Nachweis eines Behältnisses, in dem Langwaffen aufbewahrt werden können, wenn die beantragte Erlaubnis den Erwerb von Langwaffen aufgrund des Sammelgebietes umfasst.*

▼ *Besitzt der Antragsteller bereits eine Waffe der beantragten Art (Langwaffe oder Kurzwaffe), kann die Prüfung der sicheren Aufbewahrung entfallen. Beachten Sie zum Thema die Hinweise zur Aufbewahrung auf Seite 416 sowie die Hinweise für Antragsteller im vorigen Kapitel.*

❑ Erfolgt der Nachweis der Sachkunde nach §§ 2, 3 AWaffV?

▼ *Ist der Antragsteller im Besitz einer Erlaubnis, die den Nachweis der Sachkunde voraussetzt, kann vom Nachweis abgesehen werden.*

❑ Hat der Antragsteller das 18. Lebensjahr vollendet?

❑ Unter 25: Befürwortet die MPU Umgang mit Waffen und Munition?

▼ *Gilt nicht bei ausschließlichem Erwerb nach § 14 Abs. 1 S. 2 WaffG*

❑ Ist der Antragsteller seit mehr als fünf Jahren ununterbrochen in Deutschland wohnhaft?

❑ Ist der Antragsteller mit Regeln zu Notwehr und Notstand vertraut?

❑ Sprechen medizinische Gründe dagegen, dass der Antragsteller verantwortungsbewusst (geistige Mängel, Süchte) und sicher (Kontrollfähigkeit des Körpers, Behinderungen) mit Schusswaffen und Munition umgeht?

❑ Anfrage örtliche Polizeidienststelle: Schweben derzeit Straf-, Bußgeld- oder Ermittlungsverfahren gegen den Antragsteller?

❑ Anfrage BZR, ZStV, LfV und Erziehungsregister: Bestehen Einträge gemäß §§ 5, 6 WaffG, die einer waffenrechtlichen Erlaubnis entgegenstehen?

❑ Muss die persönliche Eignung (§ 6 WaffG) überprüft werden?

❑ Wird das Bedürfnis nach § 17 WaffG glaubhaft gemacht?

▼ *Um sich ein Bild über die vom Gesetzgeber geforderte Ernsthaftigkeit und besondere Sachkunde des Antragstellers zu machen, sollten Sie dem Antragsteller aufgeben, eine umfassende Beschreibung des von ihm beantragten Sammelgebietes anzufertigen. Dabei ist insbesondere die kulturhistorische Bedeutung des Sammelgebietes darzulegen. Bei der Prüfung des Antrages ist insbesondere darauf zu achten, ob der Antragsteller die intellektuellen Fähigkeiten zur nachhaltigen Errichtung der Sammlung in dem von ihm geplanten Umfang aufweist und durch seine schriftliche Arbeit darlegt. Diese Arbeit sollte von dem Antragsteller selbst angefertigt werden.*

▼ *Um die „Eigenleistung" zu überprüfen, ist das nach WaffVwV vorgesehene persönliche Gespräch mit dem Antragsteller eine gute Gelegenheit, die Tiefe des vorhandenen Fachwissens zu erforschen. Um behördlicherseits über die notwendige Sachkunde in diesem Gespräch zu verfügen, kann die Behörde einen qualifizierten Sachverständigen hinzuziehen, um die Qualität der Äußerungen des Antragstellers beurteilen zu können.*

▼ *Es ist möglich und sinnvoll, das Sammelgebiet zunächst auf ein Teilgebiet zu beschränken mit dem Hinweis, dass bei planmäßigem Aufbau der Sammlung eine Erweiterung möglich ist („Bewährungs-Sammlung"). Fordern Sie zudem eine Aufstellung der Schusswaffen oder Munition, die zum Aufbau der Sammlung erworben werden sollen, sowie zu den einzelnen Modellen oder Systemen eine Begründung (Beschreibung, Bedeutung für die waffentechnische oder kulturhistorische Entwicklung). Im Zweifel können Sie die Waffenliste der zuständigen Abteilung des LKA / BKA oder einem öffentlich bestellten und vereidigten Sachverständigen für dieses Fachgebiet zur Bewertung vorlegen. Das Ergebnis sollte dem Antragsteller bei Erteilung der Erlaubnis mitgeteilt werden, um Unstimmigkeiten beim Eintrag erworbener Schusswaffen zu vermeiden.*

2.3.12 Prüfung bei Eintragung durch die Behörde

❑ Wurde die 14-tägige Frist zur Anzeige des Erwerbs eingehalten?

❑ Umfasst das Sammelgebiet die erworbene Waffe?

2.4 Waffenbesitzkarte für Sachverständige (§ 18)

2.4.1 Überblick

Ein **Sachverständiger** im Sinne des § 18 WaffG erwirbt Schusswaffen für wissenschaftliche oder technische Zwecke, zur Erprobung, Begutachtung, Untersuchung oder, wie es das Gesetz formuliert, „zu einem ähnlichen Zweck". Wie bei Sammlern wird auch die waffenrechtliche Erwerbserlaubnis für Sachverständige unbefristet in Form der „Roten WBK" erteilt, allerdings in der Regel, und das ist das Besondere, für **Schusswaffen jeder Art**. Die Berechtigung zum Erwerb und Besitz von Munition ist durch einen **Munitionserwerbsschein**[1149] zu erteilen, wobei das Bedürfnis im Falle eines Sachverständigen regelmäßig als gegeben anzusehen ist. Das Schießen mit Schusswaffen wird vom Bedürfniszweck umfasst.

Für Schusswaffen, die bis zu drei Monaten im Besitz des Sachverständigen sind, entfällt die Anmeldepflicht nach § 37a WaffG.[1150] Ein Sachverständiger wird zahlreiche Waffen zur Begutachtung erwerben, die er danach aber wieder überlässt. Die vorgesehene Frist von zwei Wochen nach Erwerb für die Anzeige gilt in diesem Falle erst nach Ablauf des Drei-Monats-Zeitraumes[1151] - beachten Sie dazu auch die Erläuterungen in Kapitel 1.27.2.

Die Erlaubnis umfasst den Erwerb von wesentlichen Teilen für die Waffen, die aufgrund der Erlaubnis nach § 18 WaffG, die in der Regel den Erwerb von „Schusswaffen jeder Art" erlaubt, erworben werden können, aber nicht den Erwerb von Schalldämpfern,[1152] es sei denn, dies ist ausdrücklich auf der WBK vermerkt vorgesehen.[1153] Die Erlaubnis zum Erwerb von Schalldämpfern ist somit gesondert einzutragen oder zu beantragen in Form eines Voreintrags in einer Standard-WBK.

Ebenfalls umfasst die Erlaubnis nach § 18 WaffG nicht das Bearbeiten von Schusswaffen, das tatbestandlich verwirklicht wäre, wenn zur Erprobung oder Begutachtung Arbeiten an einer Schusswaffe oder dem wesentlichen Teil einer Schusswaffe vorgenommen werden. Hier ist eine Erlaubnis zur nichtgewerbsmäßigen Herstellung nach § 26 WaffG erforderlich.[1154]

1149 *Vertiefend siehe dazu Kapitel 2.5*

1150 *§ 37e Abs. 4 Nr. 2 WaffG; korrespondiert im Falle der Rückgabe mit § 12 Abs. 1 Nr. 4 lit. a WaffG*

1151 *OLG Koblenz 2 Ss 190/00, Beschluss vom 25. August 2000*

1152 *siehe dazu Kapitel 1.3.2.3.2*

1153 *Schleswig-Holsteinisches Verwaltungsgericht 7 A 137/06, Urteil vom 17. Juni 2008, unter Verweis auf Wortlaut § 34 Abs. 5 WaffG; die Erlaubnisfreiheit für den Erwerb gemäß Anlage 2 A2 UA2 Nr. 2 und 2.1 WaffG für Austausch-, Wechsel- und Einsteckläufe nebst Systemen ist davon nicht betroffen.*

1154 *Vertiefend siehe dazu Kapitel 1.15.4*

2.4.2 Allgemeine Voraussetzungen

Die Voraussetzungen für die Erteilung der waffenrechtlichen Erlaubnis nach § 18 WaffG sind die allgemeinen Voraussetzungen nach § 4 WaffG.

Zudem ist gemäß § 36 WaffG iVm § 13 Abs. 2 AWaffV die sichere Aufbewahrung für die zu erwartende Art und Anzahl von Schusswaffen nachzuweisen, was regelmäßig voraussetzt, dass in dem Behälter oder Raum nicht nur Kurzwaffen, sondern auch Langwaffen sicher aufbewahrt werden können.

Eine MPU ist nach § 6 Abs. 3 WaffG bei Antragstellern unter 25 Jahren zu fordern, da die Erwerbserlaubnis nach § 18 Abs. 2 Nr. 1 WaffG in der Regel für *Schusswaffen jeder Art* erteilt wird.

Eine besondere Sachkunde anstelle der nachgewiesenen Sachkunde nach § 7 WaffG wird von einem Waffensachverständigen nicht erwartet. Auch hier gilt eine bestandene Jägerprüfung als Nachweis der Sachkunde.[1155]

2.4.3 Bedürfnis

Der Antragsteller muss glaubhaft machen, Schusswaffen oder Munition für Zwecke der Erprobung, Untersuchung oder Begutachtung zu benötigen. Somit beschränkt sich das Bedürfnis nicht auf die wissenschaftliche oder technische Auseinandersetzung mit Waffen oder Munition, sondern gilt auch für Versuche im Bereich der Akustik, der Ballistik oder der Sicherheit von Schießstätten oder Schutzeinrichtungen wie Fahrzeugpanzerungen.

Die Prüfungsmaßstäbe, die von der Erlaubnisbehörde bei einem Antrag nach § 18 WaffG angelegt werden, sind aus gutem Grunde streng und werden nur bei wirklich begründeten Anträgen zu einer Erlaubnis führen.

2.4.4 Ausfüllen des Antrages

Es gelten die Ausführungen im Kapitel 2.3, ausgenommen:

✎ Als Antragsteller nach § 18 WaffG tragen Sie bei der Frage nach der **Art der zu erwerbenden Schusswaffe** ein: „Schusswaffen jeder Art“

▼ Besteht ein (nicht generell ausgeschlossenes) Bedürfnis zum Umgang mit Schalldämpfern, tragen Sie bei der Frage nach der **Art der zu erwerbenden Schusswaffe** ein: „Schusswaffen jeder Art sowie Schalldämpfer“

✎ Der Zweck, zu dem der Umgang erfolgt, ist nach Maßgabe des Antrages ausführlich zu begründen. Tragen Sie an dieser Stelle lediglich ein „siehe Anlage“ und fügen Sie dem Antrag die Anlage bei.

In der Anlage müssen Sie ausführlich und plausibel begründen, weshalb Sie für die von Ihnen ausgeübte Tätigkeit eine Erlaubnis nach § 18 WaffG benötigen. Orientie-

---

[1155] *BVerwG 6 C 9.02, Urteil vom 10. Oktober 2002*

ren Sie sich bei der Einleitung der Begründung am Gesetzestext, indem Sie den Wortlaut des § 18 Abs. 1 WaffG in dem auf Sie zutreffenden Umfang verwenden und gegebenenfalls ergänzen.

So könnten Sie als Sachverständiger für die Entwicklung von schusssicheren Fahrzeugverkleidungen formulieren:

Ich benötige Schusswaffen verschiedener Kaliber für wissenschaftliche Zwecke, zur Entwicklung, Erprobung und Untersuchung ballistischer Schutzsysteme für Kraftfahrzeuge.

Dieses Bedürfnis ist nun eingehend zu begründen. Dazu gehört auch die Darlegung der persönlichen Qualifikation des Antragstellers für die beabsichtigte Durchführung der Versuche.

▼ *Benötigen Sie eine Erlaubnis zum Erwerb und Besitz von **Munition**, ist die Erteilung eines Munitionserwerbsscheins*[1156] *zu beantragen.*

2.4.5 Prüfung des Antrages auf Erteilung der WBK

Es gelten die Ausführungen im Kapitel „Waffensammler" ab Seite 421, mit Ausnahme der Prüfung des Bedürfnisses, das aber, abweichend vom Sammler nach § 17 WaffG, in der Regel das Schießen mit Schusswaffen umfasst.

❑ Wird das Bedürfnis nach § 18 WaffG glaubhaft gemacht? Die Beantwortung dieser Frage setzt eine intensive und besonders fachkundige Auseinandersetzung mit der Antragsbegründung voraus. Dazu sollte die zuständige Fachabteilung des LKA in den Entscheidungsprozess einbezogen werden. Wie im Falle des Sammlers kommt auch die Durchführung eines persönlichen Gesprächs zur Beurteilung der fachlichen Qualifikation des Antragstellers sowie der Ernsthaftigkeit seiner Vorhaben in Betracht.

2.4.6 Prüfung bei Eintragung durch die Behörde

❑ Wurde die 14-tägige Frist zur Anzeige des Erwerbs eingehalten?

▼ *Die Frist von zwei Wochen nach Erwerb für die Anzeige gilt in diesem Falle erst nach Ablauf des Drei-Monats-Zeitraumes, siehe oben Kapitel 2.4.1*

❑ Im Falle des auf bestimmte Waffenarten beschränkten Erwerbs: Umfasst die Erlaubnis den Erwerb dieser Waffe?

❑ Bei Erwerb von Schalldämpfern oder Schusswaffe mit eingebautem Schalldämpfer: Umfasst die Erlaubnis diesen Erwerb?

[1156] *siehe dazu Kapitel 2.5*

2.5 Munitionserwerbsschein (MES)

Munitionserwerbsschein

Nr. ____________

Herr/Frau ____________________________

geboren am ____________________________

in ____________________________

ist berechtigt, die auf der Rückseite genannte Munition zu erwerben und zu besitzen.

Die Erlaubnis zum Erwerb ist gültig bis

____

____

(Ort) (Datum)

Dienstsiegel

____

(Behörde)

____

(Unterschrift)

Bundesdruckerei 2011

Kann die Erlaubnis zum Erwerb und Besitz von Munition nicht durch Eintragung in eine vorhandene WBK[1157] mittels Siegelabdruck erteilt werden, kann ein **Munitionserwerbsschein** (MES) ausgestellt werden, zB für Inhaber einer WBK nach § 17 WaffG (**Waffensammler**) oder § 18 WaffG (**Waffensachverständiger**). Die §§ 17, 18 WaffG sprechen von „Waffen oder Munition", so dass eine Erlaubnis zum Erwerb und Besitz der Gegenstandsgattung, Waffe oder Munition, nur durch das jeweilige Erlaubnisdokument nach § 10 WaffG, somit WBK oder MES, erteilt werden kann. Für die Erteilung der Erlaubnis ist der Nachweis eines Bedürfnisses zu erbringen.

In der Praxis ist der MES für den Erwerb und Besitz von **pyrotechnischer Munition** der Klasse **PM II**, insbesondere den „**Vogelschreck**", von besonderer Bedeutung. Diese Munition wird in der Regel aus Aufsatzbechern unter Verwendung von Kartuschenmunition verschossen. Munition der Klasse **PM I**, bei der es zB um Feuerwerksmunition, Raketenpfeifgeschosse und Signalsterne mit einer vergleichsweise geringen Blitz-/Knall-Wirkung handelt, ist nach Anlage 2 A2 UA2 Nr. 1.10 WaffG von der Erlaubnispflicht für Erwerb und Besitz freigestellt. Pyrotechnische Munition der Klasse PM II, die im Vergleich zur Klasse PM I eine deutlich stärkere Wirkung erzielt, da sie etwa als Vogelschreck mehr Nettoexplosivstoffmasse enthält und meist höher steigt als pyrotechnische Munition der Klasse PM I, wird zB zur Vergrämung von Vögeln[1158] in der Landwirtschaft oder im Weinbau eingesetzt.

Die Erlaubnis zum Erwerb ist auf sechs Jahre zu befristen,[1159] der Besitz wird dagegen unbefristet gestattet. Somit ist, wenn der MES nicht widerrufen wird, nach Ablauf von sechs Jahren der Besitz zuvor erworbener Munition weiterhin möglich.

Der MES wird grundsätzlich auf bestimmte Munition beschränkt. Im Falle eines **Waffensammlers**[1160] kann beispielsweise eine Beschränkung auf die Kaliber der im Sammelplan angegebenen oder in die WBK eingetragenen Waffen erfolgen oder eine Menge, etwa „bis zu zwei kleinste Originalpackungen".

[1157] Die Erlaubnis zum Erwerb und Besitz von Munition wird nach § 10 Abs. 3 Satz 1 WaffG durch Eintragung in eine WBK für die darin eingetragenen Schusswaffen erteilt. Diese Regelung bezieht sich zunächst auf die Standard-WBK (Farbe Grün), in der die Erlaubnis zum Erwerb und Besitz von Munition durch Siegelung hinter der betreffenden Waffe erteilt wird. Die WBK für Sportschützen nach § 14 Abs. 6 WaffG enthält in ihrem Erlaubnistext die Aussage, dass dieses Dokument die Erlaubnis zum Erwerb und Besitz von Munition für die in ihr eingetragenen Schusswaffen darstellt. Die Frage der fehlenden gesetzlichen Grundlage für den Munitionserwerb mit der WBK für Sportschützen vertieft Kapitel 2.2.1.2

[1158] Das Führen eines solchen Betriebs ist als Nachweis des Bedürfnisses geeignet.

[1159] Gemäß § 17 Abs. 2 Satz 1 WaffG und § 18 Abs. 2 Satz 1 Nr. 2 WaffG gilt dies nicht, wenn aufgrund dieser Bedürfnisse eine Erwerbserlaubnis erteilt werden soll.

[1160] Da das Bedürfnis des Waffensammlers grundsätzlich nicht das Schießen mit den Waffen der Sammlung umfasst (VG München M 7 K 16.1347, Urteil v. 15. Februar 2017), ist die Erteilung einer Erwerbserlaubnis für Munition regelmäßig nicht zum Zwecke des Schießens möglich.

Bei einem **Munitionssammler** wird der MES auf ein **Sammelgebiet** ausgestellt. Die Ausstellung einer WBK ist in diesem Falle nicht vorgesehen. Die Erlaubnis für einen **Munitionssachverständigen** ist nach § 18 Abs. 2 WaffG idR für **Munition jeder Art** und **unbefristet** zu erteilen. Gleiches gilt für den **Waffensachverständigen**.

Neben dem Munitionserwerbsschein ist die sprengstoffrechtliche Erlaubnis zum nicht gewerblichen Laden von Munition eine weitere Möglichkeit zum legalen Erwerb und Besitz von Munition. Nach § 27 Abs. 1a SprengG gilt eine Erlaubnis[1161] nach Absatz 1 zum Laden und Wiederladen von Patronenhülsen auch als Erlaubnis zum Erwerb und Besitz der dabei hergestellten Munition nach § 10 Abs. 3 des Waffengesetzes. Der Begriff „Erwerb" bezieht sich in diesem Falle nur auf den Vorgang des Erlangens der tatsächlichen Gewalt aus dem eigenen Herstellungsvorgang. Anderer Erwerb von Munition von Dritten, zB im Handel, allein durch Vorlage eines „**Wiederladerscheins**" ist dadurch nicht möglich und gesetzlich nicht vorgesehen.

Auf den ersten Blick schwer verständlich ist aufgrund der redaktionellen Gestaltung der Norm die in § 10 Abs. 3 Satz 4 WaffG verwendete Formulierung, dass nach Ablauf der Gültigkeit des Erlaubnisdokuments die Erlaubnis zum Besitz „dieser Munition" für sechs Monate fort gilt. Dieser Passus steht nicht im Widerspruch zur zeitlich unbeschränkten Besitzerlaubnis nach § 10 Abs. 3 Satz 2 WaffG, sondern besagt, dass nach Ablauf der Gültigkeit der Erlaubnis nach SprengG der Besitz über selbst hergestellte Munition für sechs Monate befugt ausgeübt werden kann.

Vor Inkrafttreten des WaffG 2002 am 1. April 2003 war der Erwerb von Munition erlaubnispflichtig, nicht aber deren Besitz.[1162] Gemäß § 58 Abs. 1 Satz 2 WaffG gilt eine zuvor erteilte Erwerbserlaubnis nach dem 1. April 2003 auch als Erlaubnis zum Besitz und ist unbefristet gültig. Munition, deren Besitz nach den Vorschriften des WaffG 2002 erlaubnispflichtig ist und vor dem 1. April 2003 berechtigt erworben worden war, war der zuständigen Behörde bis zum 31. August 2003 unter Angabe der Personalien des Anzeigenden und der Arten der Munition anzuzeigen.[1163] Eine nachweislich fristgerechte Anmeldung gilt als Erlaubnis zum Besitz.[1164]

[1161] *Die Erlaubnis nach § 27 Abs. 1a SprengG kann dahingehend beschränkt werden, dass nur bestimmte Arten von Munition von dieser Erlaubnis umfasst werden; siehe dazu VGH München 24 ZB 17.811, Beschluss vom 18. Mai 2020*

[1162] *§ 29 WaffG 1973 ff.; das zuvor geltende Waffenrecht sah für den Erwerb von Munition unabhängig von Art und Menge keine Erlaubnispflicht vor, etwa das Waffengesetz 1938, das nach Gründung der Bundesrepublik die Rechtsgrundlage für den Umgang mit Schusswaffen und Munition blieb unter Berücksichtigung redaktioneller Änderungen und länderspezifischer Regelungen; lediglich die entgeltliche Überlassung an Jugendliche unter 18 Jahren war untersagt.*

[1163] *§ 58 Abs. 1 Satz 3 ff. WaffG*

[1164] *In der Regel bestätigte die Waffenbehörde seinerzeit den Eingang der Anmeldung mit gleichzeitigem Hinweis auf den berechtigten Besitz.*

2.6 Waffenschein (§ 10 Abs. 4)

Verlängert bis ______________________

____
(Ort) (Datum)

Dienstsiegel

____
(Behörde)

____
(Unterschrift)

Verlängert bis ______________________

____
(Ort) (Datum)

Dienstsiegel

____
(Behörde)

____
(Unterschrift)

4

Waffenschein

Nr. ____________

Herr/Frau ______________________

geboren am ______________________

in ______________________

ist berechtigt, die auf der Seite 2 bezeichnete(n) Schusswaffe(n) zu führen.

Gültig bis ______________________

Dieser Waffenschein berechtigt nicht dazu, Waffen bei öffentlichen Versammlungen, Aufzügen oder öffentlichen Veranstaltungen zu führen.

____
(Ort) (Datum)

Dienstsiegel

____
(Behörde)

____
(Unterschrift)

Artikel Nr. 3101409 Bundesdruckerei 2011

1. Waffe Art ______________________

Munitionsbezeichnung/ Kaliber ______________________

Hersteller/ Modellbezeichnung ______________________

Seriennummer ______________________

2. Waffe Art ______________________

Munitionsbezeichnung/ Kaliber ______________________

Hersteller/ Modellbezeichnung ______________________

Seriennummer ______________________

3. Waffe Art ______________________

Munitionsbezeichnung/ Kaliber ______________________

Hersteller/ Modellbezeichnung ______________________

Seriennummer ______________________

2

Amtliche Eintragungen:

3

2.6.1 Überblick

Die Erlaubnis zum Führen von Schusswaffen wird durch einen Waffenschein (WS) erteilt.[1165] Anders als die Waffenbesitzkarte (WBK) als Erlaubnis zum Besitz wird der Zeitraum der Gültigkeit eines Waffenscheines auf drei Jahre begrenzt, nach deren Ablauf die Erlaubnis erneut zu beantragen ist. Auf diese Weise soll die höhere Gefahr, die durch die Erlaubnis zum Führen einer Schusswaffe in der Öffentlichkeit oder in fremden Hausrechtsbereichen entsteht, verringert werden – es ist in verhältnismäßig kurzen Zeitabständen das Fortbestehen eines besonderen Schutzbedürfnisses nachzuweisen, das nicht durch andere Maßnahmen erfüllbar ist.

Die Erteilung der Erlaubnis ist an bestimmte **Voraussetzungen** geknüpft, die sich in der Regel auf eine **besondere Gefährdung** des Antragstellers reduzieren lassen, zum Beispiel exponierte Wirtschaftsführer und ihre Begleiter oder Diamantenhändler. Diese Personengruppen erfüllen zunächst die gesetzlichen Forderungen aus §§ 19 Abs. 1, 28 WaffG für die Genehmigung des Erwerbs und des Besitzes von Schusswaffen und Munition durch Erteilung einer **Waffenbesitzkarte**[1166], da sie wesentlich mehr als die Allgemeinheit durch Angriffe auf Leib und Leben gefährdet sind und der Erwerb der Schusswaffe geeignet und erforderlich ist, diese Gefahr zu mindern.

Ist die Erteilung der Waffenbesitzkarte nicht ausreichend, weil der abzuwehrende Angriff im öffentlichen Raum zu erwarten ist, ist ein Waffenschein auszustellen, der das Führen der Waffe in schussbereitem und zugriffsbereitem Zustand erlaubt. Die beschränkenden Vorschriften nach § 42 WaffG sowie mögliche Ausnahmen sind ebenso zu beachten wie die Möglichkeit, bezüglich des Führens Auflagen zu erteilen.

Es wird grundsätzlich zu prüfen sein, ob die Erteilung der WBK tatsächlich die Gefährdung mindern könnte – eine Ermessensfrage, die üblicherweise sehr eng ausgelegt wird. Die Waffenbesitzkarte berechtigt ihren Inhaber nur zum Erwerb und zum Besitz der darin vermerkten Waffen. Auch hat der Erlaubnisinhaber das Recht, die Waffe in seinen Wohn- und Geschäftsräumen, auf seinem befriedeten Besitztum oder auf einer Schießstätte ohne eine weitere Erlaubnis bei sich zu tragen – dabei handelt es sich nicht um ein Führen im Sinne des WaffG. Unter „**Führen**" versteht der Gesetzgeber, dass eine Person die tatsächliche Gewalt über eine Waffe außerhalb ihrer Wohn- und Geschäftsräume, ihres befriedeten Besitztums oder außerhalb einer Schießstätte ausübt.[1167] Es ist zwischen erlaubnisfreiem[1168] und erlaubnispflichtigem Führen zu unterscheiden.

[1165] *§ 10 Abs. 4 WaffG*

[1166] *Zur **WBK für gefährdete Personen** vertiefend Kapitel 2.1.3.4, zur **WBK für Bewachungsunternehmen** Kapitel 2.1.3.6 und 2.1.3.7.*

[1167] *Anlage 1 A2 Nr. 4 WaffG*

[1168] *nach § 12 Abs. 3 WaffG*

Nach § 4 Abs. 1 Nr. 5 WaffG ist vor der Erteilung des Waffenscheins das Bestehen einer sachlich geeigneten Haftpflichtversicherung mit einer Deckungssumme in Höhe von einer Million Euro pauschal für Sach- und Personenschäden nachzuweisen. Die Erlaubnis wird für einen Zeitraum von höchstens drei Jahren erteilt, eine zweimalige Verlängerung um höchstens je drei Jahre ist möglich. Danach ist es notwendig, einen neuen Waffenschein zu beantragen.

Bewachungsunternehmer müssen bei Beantragung eines Waffenscheines glaubhaft machen, dass **Bewachungsaufträge wahrgenommen werden** oder werden sollen, die aus Gründen der Sicherung einer gefährdeten Person im Sinne des § 19 WaffG oder eines gefährdeten Objektes **das Führen von Schusswaffen erfordern.**[1169] Das gilt entsprechend für Wachdienste als Teil wirtschaftlicher Unternehmungen.

Der Waffenschein wird auf den Erlaubnisinhaber ausgestellt und berechtigt diesen zum Führen von Schusswaffe und Munition. Bei Bewachungsunternehmen werden in der Regel nicht jedem einzelnen Mitarbeiter ein Waffenschein und eine WBK ausgestellt – hier ist es für den Mitarbeiter ausreichend, eine beglaubigte Kopie der jeweiligen Erlaubnis mitzuführen.

2.6.2 Ausnahmebewilligung für Brauchtumsschützen

Für die Bedürfnisgruppe der Brauchtumsschützen ist eine Ausnahme zu beachten, die der Gesetzgeber für diesen Personenkreis geschaffen hat, zu dessen Traditionspflege neben dem eigentlichen Schießwettkampf meist ein Umzug unter Waffen durch die Gemeinde oder Stadt gehört.

Um die rechtlichen und insbesondere verwaltungstechnische Hürden niedrig zu halten, kann nach § 16 Abs. 2 WaffG bei Vorliegen der Voraussetzungen nach § 42 Abs. 2 WaffG einem verantwortlichen Leiter der ausrichtenden Brauchtumsschützenvereinigung für die Teilnehmer des Umzugs eine **Ausnahmebewilligung** erteilt werden, die für fünf Jahre das Führen von Einzellader-Langwaffen und Repetierlangwaffen erlaubt, die zur Pflege des Brauchtums benötigt werden. Dies gilt für Veranstaltungen, bei denen es Brauch ist, aus besonderem Anlass Waffen zu tragen.

Die Ausnahmebewilligung für das Führen wie auch die Schießerlaubnis nach § 16 Abs. 2, 3 WaffG befreien gemäß Abs. 4 **die teilnehmenden Brauchtumsschützen** von der Erlaubnispflicht für das Führen und Schießen, was nicht nur die Mitglieder des veranstaltenden Vereins freistellt.

Die **Erlaubnisfreiheit für das Führen** ist nicht auf die zeitliche und räumliche Ausdehnung der Veranstaltung beschränkt, sondern gilt auch für das Führen durch die Teilnehmer im Zusammenhang mit dieser Veranstaltung, somit für den Weg zur Veranstaltung und zurück. Sowohl bei der Veranstaltung als auch im Zusammenhang[1170] damit darf die benötigte Waffe schussbereit geführt werden, da das Gesetz

---

[1169] § 28 Abs. 1 WaffG

[1170] Diese Erlaubnisfreistellung findet ihre Grenzen in den Grundsätzen des sicheren Umgangs mit Waffen, wozu es gehört, Waffen erst dann zu laden, wenn mit

die Erlaubnisfreiheit nicht auf das Führen nicht schussbereiter, also nicht geladener Waffen beschränkt.

Der Ausnahmebewilligung als Erlaubnis nach § 16 Abs. 2 WaffG steht gemäß § 16 Abs. 4 WaffG eine Erlaubnis nach § 42 Abs. 2 WaffG[1171] gleich. Es wäre nicht erforderlich, bei Vorliegen einer Erlaubnis nach § 42 Abs. 2 WaffG eine Ausnahmebewilligung nach § 16 Abs. 2 WaffG zu beantragen.

Die **Befreiung** von der **Schießerlaubnis** nach § 16 Abs. 3 WaffG bezieht sich dabei ausschließlich auf das Abschießen von Kartuschenmunition im Rahmen der jeweiligen Veranstaltung. Das **Schießen mit Patronenmunition** setzt eine **behördlich genehmigte Schießstätte** voraus.

Mit der Ausnahmebewilligung nach Abs. 2 kann gemäß § 16 Abs. 3 WaffG ebenfalls für fünf Jahre einem verantwortlichen Leiter die Erlaubnis zum Schießen mit Kartuschenmunition außerhalb von Schießstätten erteilt werden, wenn die dort genannten Versagungsgründe nicht vorliegen.

Da das Gesetz das Führen von Anscheinswaffen verbietet, ist ein Umzug mit unbrauchbar gemachten Schusswaffen verboten.[1172]

2.6.3 Allgemeine Voraussetzungen für die Antragstellung

Die Voraussetzungen für die Erteilung der waffenrechtlichen Erlaubnis sind die allgemeinen Voraussetzungen nach § 4 WaffG.

Bei Antragstellern unter 25 Jahren ist nach § 6 Abs. 3 WaffG eine medizinisch-psychologische Untersuchung (MPU) nicht erforderlich, da eine Erlaubnis zum Führen, nicht aber zum Erwerb und Besitz einer Schusswaffe beantragt wird.

Die erforderliche **Sachkunde nach § 7 WaffG für Berufswaffenträger** ist nicht durch eine Sachkundeprüfung für Sportschützen oder die Jägerprüfung nachgewiesen. Gleiches gilt für den Fall der Anerkennung der Sachkunde nach § 3 Abs. 1 AWaffV, etwa bei Nachweis der Fachkunde oder nach bestandener Jägerprüfung. Auch die **Sachkunde für gefährdete Personen** sollte stets durch einen Nachweis erbracht werden, der ausdrücklich bestätigt, dass die erforderlichen Kenntnisse für diese Bedürfnisgruppe im Rahmen des Lehrgangs vermittelt wurden.

---

dem bestimmungsgemäßen und befugten Gebrauch zu rechnen ist; diesbezüglich OVG Lüneburg 8 ME 50/06, Beschluss vom 19. Mai 2006, ebenso Bayerischer VGH 21 CS 15.2718, Beschluss vom 04.03.2016.

[1171] Ausnahme vom Verbot des Führens bei öffentlichen Veranstaltungen nach § 42 WaffG, die gemäß Abs. 2 auf Antrag erteilt werden kann.

[1172] § 42a Abs. 1 Nr. 1 WaffG; Ausnahmen aufgrund des Brauchtums im Sinne eines berechtigten Interesses sind aufgrund der Beschränkung der Ausnahmen in Abs. 2, die Anscheinswaffen nicht erfassen, gesetzlich nicht vorgesehen; zudem ist die örtlich zuständige Waffenbehörde nicht ermächtigt, Ausnahmen von den Verboten nach § 42a WaffG zuzulassen.

2.6.4 Spezielle Voraussetzungen

2.6.4.1 Bedürfnisgruppe gefährdete Personen (§ 19)

Die zentrale Frage bei der Prüfung der Erteilung der Erlaubnis „Waffenschein" ist, ob die Voraussetzungen des § 19 Abs. 2 WaffG vorliegen, der Antragsteller also wesentlich mehr als die Allgemeinheit durch Angriffe auf Leib und Leben gefährdet ist und die Schusswaffe diese Gefährdung mindern kann. Die Zugehörigkeit zu einer bestimmten Berufsgruppe ist bei der Beurteilung der Gefährdungssituation mit zu berücksichtigen, aber nicht allein ausschlaggebend. Bei der Beurteilung der Gefährdungssituation kommt es auf den objektiven Maßstab an, nicht auf das subjektive Empfinden des Betroffenen.[1173] Eine Gefährdung wurde etwa bei einem Arzt angenommen, der bei nächtlichen Krankenbesuchen mehrfach mit Waffen bedroht worden war,[1174] nicht aber bei einem Waffenhändler, der sich auf eine besondere Gefahr beim Transport von Waffen in großer Stückzahl berief.[1175]

Die beantragte Schusswaffe muss geeignet und erforderlich sein, um den Bedürfniszweck zu erfüllen. Sie ist **geeignet**[1176], wenn durch sie in einer für die Verhältnisse des Antragstellers typischen Verteidigungssituation eine erfolgreiche Abwehr der Gefahr zu erwarten ist. **Erforderlich**[1177] ist die Waffe dann, wenn die Gefährdung nicht auf eine andere zumutbare Weise verhindert werden kann, die die Allgemeinheit einer geringeren Gefahr eines Gebrauchs von Schusswaffen aussetzt.

Zu beachten ist hier, dass bei **Änderung der Gefährdungslage** auch die Notwendigkeit des Waffenscheins erneut zu prüfen ist. Ergibt diese Prüfung, dass keine Gefährdung besteht, die das Führen einer Waffe erforderlich macht, ist der Waffenschein zu widerrufen oder nicht erneut zu erteilen. Dabei ist immer zu prüfen, ob die Gefährdung auch auf andere zumutbare Weise verringert werden kann, etwa durch Beauftragung eines Wachdienstes. Einen **Bestandsschutz** für Waffenscheine gibt es nicht. [1178]

2.6.4.2 Bedürfnisgruppe Bewachungsunternehmen (§ 28)

Neben dem Waffengesetz enthalten die Gewerbeordnung (GewO) und die „Verordnung über das Bewachungsgewerbe" (BewachV) maßgebliche Vorschriften für

---

[1173] *VG Regensburg RO 4 K 15.477, Urteil vom 16. Juni 2015; im Falle eines Juweliers ablehnend Niedersächsisches OVG 11 LB 234/09, Urteil vom 23. Februar 2010; im Falle eines Strafrichters im Ruhestand ablehnend VG München M 7 K 20.3708, Urteil vom 20. Juni 2023*

[1174] *VG Arnsberg 14 K 50/06, Urteil vom 5. November 2007*

[1175] *VG Darmstadt 5 K 147/08.DA, Urteil vom 30. April 2009*

[1176] *Potrykus/Steindorf, Waffenrecht^5: § 32 WaffG aF, zu Nr. 3, Nr. 6*

[1177] *Potrykus/Steindorf, Waffenrecht^5: § 32 WaffG aF, zu Nr. 3, Nr. 6*

[1178] *VG Oldenburg 11 A 3043/09, Urteil vom 8. Dezember 2010*

die Ausstattung von Bewachungsunternehmen mit Waffen und Munition sowie für den Umgang.

Bewachungsunternehmer im Sinne von § 34a GewO können Inhaber einer WBK oder eines Waffenscheines sein. Bewachungsunternehmern gleichgestellt sind Wachdienste wirtschaftlicher Unternehmungen, etwa bei Banken oder Konzernen; hier ist die waffenrechtliche Erlaubnis auf eine verantwortliche natürliche Person auszustellen.

Beschäftigt der Unternehmer, der Inhaber der waffenrechtlichen Erlaubnis ist, Mitarbeiter mit Bewachungsaufgaben (Wachperson), so gelten die Voraussetzungen des § 4 Abs. 1 WaffG mit Ausnahme eines persönlichen Bedürfnisses und eigenen Versicherungsschutzes. Der Versicherungsschutz ist durch den Unternehmer nachzuweisen, genauer, es ist nachzuweisen, dass die abgeschlossene Versicherung des Unternehmers auch den Umgang mit Waffen durch Mitarbeiter des Unternehmers einschließt.

Der Unternehmer muss vor Überlassung einer Schusswaffe im Rahmen eines Bewachungsauftrages den betroffenen Mitarbeiter, der zum Besitz (zB ausschließliche Bewachungstätigkeit innerhalb eines Firmengeländes) oder zum Führen einer Schusswaffe ermächtigt werden soll, der Waffenbehörde melden, die ihrerseits dessen Ermächtigung durch eine „**Waffentrageberechtigung**" zustimmen muss. Erst danach darf eine Überlassung erfolgen.

Die Erteilung der Erlaubnis setzt ein **Bedürfnis** voraus, zB den bestehenden Auftrag zur Bewachung solcher Personen oder Objekte, die objektiv eines bewaffneten Schutzes bedürfen. Die Prüfung des Schutzbedürfnisses orientiert sich an den Maßstäben, die bei der Prüfung von Anträgen gefährdeter Personen nach § 19 Abs. 1 WaffG angelegt werden. Die beantragte Schusswaffe muss geeignet und erforderlich sein, um den Bedürfniszweck zu erfüllen. Sie ist **geeignet**[1179], wenn durch sie in einer für die Verhältnisse des Antragstellers typischen Verteidigungssituation eine erfolgreiche Abwehr der Gefahr zu erwarten ist. **Erforderlich**[1180] ist die Waffe dann, wenn die Gefährdung nicht auf eine andere zumutbare Weise verhindert werden kann, die die Allgemeinheit einer geringeren Gefahr aussetzt. Die Rechtsprechung[1181] legt bezüglich der Eignung und Erforderlichkeit der Waffe strenge Maßstäbe an, womit die beabsichtigte Verwendungssituation die besondere Aufmerksamkeit der prüfenden Behörde fordert.

§ 28 Abs. 1 WaffG regelt grundsätzlich sowohl die Erlaubnis für den Erwerb und Besitz von Waffen und Munition (WBK) als auch für das Führen von Waffen (Waffenschein). Im Gegensatz zu § 19 Abs. 1 WaffG, der Schusswaffen lediglich zum Schutz von Leib oder Leben des Antragstellers erlaubt, kann Bewachungsunterneh-

---

[1179] Potrykus/Steindorf, Waffenrecht⁵: § 32 WaffG aF, zu Nr. 3, Nr. 6

[1180] Potrykus/Steindorf, Waffenrecht⁵: § 32 WaffG aF, zu Nr. 3, Nr. 6

[1181] Beispielhaft VG Würzburg W 5 K 16.980, Urteil vom 22. Februar 2018, mit Verweis auf OVG NRW 20 A 321/07, Urteil vom 23. April 2008

men neben dem Schutz fremder gefährdeter Personen auch zum Schutz besonders gefährdeter Objekte eine waffenrechtliche Erlaubnis erteilt werden.

Nach § 28 Abs. 2 WaffG darf eine **Schusswaffe nur im Rahmen eines Auftrages geführt** werden, der aus Gründen der Sicherung Schusswaffen erforderlich macht. Die Beurteilung der Erforderlichkeit erfolgt dabei nicht durch den Unternehmer, sondern ist durch die zuständige Waffenbehörde vorzunehmen und **gilt ausschließlich für den vorgelegten Auftrag**.

Der Waffenschein darf gemäß § 28 Abs.1 Satz 1 WaffG nur für einen konkreten Bewachungsauftrag erteilt werden, der sich auf eine bestimmte Person oder ein bestimmtes gefährdetes Objekt bezieht.[1182] Es handelt sich bei einem Waffenschein, der einem Bewachungsunternehmen gemäß § 28 Abs. 1 Satz 1 WaffG erteilt wird, um eine Einzelerlaubnis.[1183]

Wird der Auftrag dem Antragsteller erst nach Nachweis einer gültigen Erlaubnis nach § 10 Abs. 4 WaffG erteilt werden, weil der potentielle Auftraggeber die Auftragserteilung abhängig macht von einer bestehenden Erlaubnis nach § 10 Abs. 4 WaffG, kann die Behörde eine diesbezügliche (Garantie-) Erklärung abgeben, dass die Erlaubnis nach Nachweis der Auftragserteilung unmittelbar erteilt werden wird; die Erlaubniserteilung auf ein bloße Möglichkeit der Auftragserteilung durch Dritte ist nicht zulässig. Auch bleibt die Erteilung der Erlaubnis abhängig von dem Ergebnis der Prüfung der Erforderlichkeit durch die dafür zuständige Stelle.

Ein solcher Auftrag ist in der Regel zeitlich und räumlich begrenzt. Die Erteilung einer allgemeinen Erlaubnis für einen Unternehmer, im Rahmen seiner Tätigkeit oder der seiner Beschäftigten Waffen führen zu dürfen, wenn der jeweilige Auftrag es erfordert, ist nach dieser Vorschrift nicht möglich.

Es ist bei Beantragung der waffenrechtlichen Erlaubnis der konkrete Auftrag mit genauer Beschreibung der zu schützenden Person oder des zu schützenden Objekts darzulegen. Außerdem ist glaubhaft zu machen, dass das Führen einer Schusswaffe das geeignete und erforderliche Mittel ist, eine Gefährdung der Person oder des Objekts herabzusetzen oder zu beseitigen. Die umfassende Darlegung der Situation ist Grundlage für die Entscheidung der zuständigen Behörde.

Die Beschränkung auf einen konkreten Auftrag gilt auch im Bereich der Geld- und Werttransporte. Dabei ist der Transportvorgang wie ein gefährdetes Objekt im Sinne des § 28 WaffG zu betrachten.[1184] Mehrere, etwa periodisch wiederkehrende Transportvorgänge können als Rahmenauftrag für einen Kunden und damit konkret benannter Auftrag angesehen werden.

Seitens des Unternehmens ist sicherzustellen, dass Schusswaffen nicht über diesen engen Rahmen hinaus geführt werden, beispielsweise durch entsprechende Gestal-

---

[1182] *BVerwG 6 C 67.14, Rn. 10, Urteil vom 11. November 2015*

[1183] *BVerwG 6 C 67.14, Rn. 15, Urteil vom 11. November 2015*

[1184] *BVerwG 6 C 67.14, Rn. 14, Urteil vom 11. November 2015*

tung des Dienstplanes und Sicherheitsprotokolle innerhalb des Unternehmens. Bewacht etwa ein Unternehmen eine kerntechnische Anlage, zu deren Schutz regelmäßig eine Bewaffnung des Sicherheitspersonals erforderlich ist, darf der Wachmann nicht etwa einen nahegelegenen Supermarkt kontrollieren, während er seine Waffe bei einer Objektstreife außerhalb des Geländes führt (fehlendes Bedürfnis).

Verstöße der Mitarbeiter schlagen grundsätzlich auf den Unternehmer als Inhaber der waffenrechtlichen Erlaubnis durch. Das Führen einer Schusswaffe entgegen § 28 Abs. 2 Satz 1 WaffG ist [1185]strafbar und stellt die Zuverlässigkeit des Betroffenen in Frage, da die Beschränkung auf konkret benannte Aufträge die konsequente Fortführung des waffengesetzlichen Grundsatzes ist, „die Zahl der Waffenbesitzer sowie die Art und Zahl der in Privatbesitz befindlichen Schusswaffen auf das unbedingt notwendige und mit Rücksicht auf die Interessen der öffentlichen Sicherheit vertretbare Maß zu beschränken".[1186]

Die durch die Behörde zugelassenen Anlässe, aus denen Waffen geführt werden dürfen, sind darum auf das unbedingt notwendige und unter Beachtung berührter Sicherheitsaspekte vertretbare Maß zu beschränken.

Nach § 20 BewachV ist der Unternehmer oder die von ihm verantwortlich beauftragte Person für die sichere Aufbewahrung der Waffen und der Munition verantwortlich. Zudem ist die ordnungsgemäße Rückgabe der Schusswaffen und der Munition nach Beendigung des Wachdienstes sicherzustellen. Die Vorgaben des Waffengesetzes bezüglich der zu verwendenden Sicherheitsbehältnisse sind einzuhalten und nachzuweisen. Allerdings ist im Falle besonders gesicherter Objekte und die Erforderlichkeit einer raschen Zugriffsmöglichkeit auf Waffen eine behördliche Zustimmung zu einer erleichternden Abweichung von den Vorschriften des WaffG möglich, wenn ein entsprechendes Sicherungskonzept von einem qualifizierten Sachverständigen vorgelegt wird.

Bei **Änderung der Gefährdungslage** ist die Notwendigkeit des Waffenscheins erneut zu prüfen. Ergibt diese Prüfung, dass keine Gefährdung besteht, die das Führen einer Waffe erforderlich macht, ist der Waffenschein zu widerrufen oder nicht erneut zu erteilen. Dabei ist immer zu prüfen, ob die Gefährdung auch auf andere zumutbare Weise verringert werden kann, etwa durch Beschränkung auf den Einsatz von Hieb- und Stoßwaffen.[1187] Einen **Bestandsschutz** für Waffenscheine gibt es nicht.[1188]

[1185] *Straftat gemäß § 52 Abs. 3 Nr. 5 WaffG*

[1186] *BVerwG 6 C 67.14, Rn. 18, Urteil vom 11. November 2015 mit Verweis auf BVerwG 1 C 5.99, Urteil vom 13. Juli 1999*

[1187] *Zu beachten wären in diesem Falle §§ 42, 42a WaffG und die Vorgaben der BewachV*

[1188] *VG Oldenburg 11 A 3043/09, Urteil vom 8. Dezember 2010*

2.6.4.3 Bewachungsunternehmen nach § 31 GewO (§ 28a)

Unternehmer, die mit ihrem Personal fremdes Leben oder Eigentum auf **Seeschiffen**, die unter deutscher Flagge fahren, bewachen wollen, etwa zum Zwecke der **Piratenabwehr**, müssen abweichend von den Regelungen für „normale" Bewachungsunternehmen neben den speziellen Vorschriften des § 31 GewO auch waffenrechtlich besondere Anforderungen erfüllen.

Die Voraussetzungen zur Erteilung einer Erlaubnis nach § 28a WaffG sowie die behördlichen Prüfpflichten werden im Kapitel 1.17.2 dargestellt.

2.6.5 Ausfüllen des Antrages

Füllen Sie den Antrag in **Blockschrift** aus.

Steht das Zeichen ✗ vor einer *kursiv* gesetzten Formulierung, müssen Sie lediglich den entsprechenden Fall des Antrages ankreuzen.

Das Zeichen ✎ weist auf Eintragungen wie Name, Geburtsdaten, etc. hin. Formulierungsvorschläge sind **fett** gesetzt.

Das Zeichen ▼ gibt Hinweise für die praktische Umsetzung.

Einen bundesweit einheitlichen Vordruck für die Erteilung waffenrechtlicher Erlaubnisse gibt es nicht. Darum werden Ihnen im folgenden Text nur Erläuterungen und Beispiele zu solchen Fragen oder Freitextflächen angeboten, die idR in allen genutzten Vordrucken, ob von Verlagen oder der jeweiligen Behörde hergestellt, verwendet werden.

✎ Die Angaben zur Person dienen Ihrer Identifizierung, insbesondere bei der Abfrage von Eintragungen im Bundeszentralregister (BZR). Tragen Sie die geforderten Daten in die vorgesehenen Felder gut lesbar ein.

Beantragen Sie den Waffenschein erstmalig, dokumentieren Sie dies durch Markierung des Kontrollfeldes „Ich besitze ✗ **keinen** Waffenschein."

✎ Besitzen Sie bereits einen Waffenschein oder eine andere waffenrechtliche Erlaubnis, ist dies im Antrag in den vorgesehenen Feldern zu dokumentieren. Hier können Waffenbesitzkarten für Sportschützen, Waffenscheine, Munitionserwerbsscheine und Jagdscheine angegeben werden – erforderlich sind die Angaben zur ausstellenden Behörde, der Seriennummer und des Ausstellungsdatums der vorhandenen Erlaubnis.

✎ Nun haben Sie anzugeben, welche Art von Schusswaffe Sie bereits erworben haben. Bei mehr als einer Waffe beachten Sie bitte die Nummerung in der Spalte „Lfd. Nr.". Anzugeben sind weiterhin das Kaliber der Waffe, Hersteller und Seriennummer.

✎ Wenn Sie einen Waffenschein beantragen, sind die Daten der Waffen anzugeben, die in diesen Waffenschein eingetragen werden sollen.

✎ Der Zweck, zu dem der Umgang erfolgt, ist ausführlich zu begründen. Tragen Sie an dieser Stelle ein:

Abwehr von Gefahren für Leib und Leben, Begründung siehe Anlage

✎ Die Frage nach der geplanten oder vorhandenen Aufbewahrung der Schusswaffen und Munition ist grundsätzlich nur im Falle eines Erwerbs von Bedeutung und kann, wenn von der Behörde gewünscht, durch bloße Angabe der Aufbewahrungsart beantwortet werden. Sie können durch Beilegen einer Kopie des Kaufbeleges eventuelle Nachfragen vermeiden. Entscheidend ist dabei, dass auf dem Kaufbeleg die Sicherheitsstufe des Behältnisses dokumentiert worden ist. Achten Sie beim Kauf des Behältnisses darauf, dass der Händler eine entsprechende Information auf dem Kaufbeleg nachträgt und bestätigt.

In das Feld „Art der Aufbewahrung" tragen Sie ein:

„Waffenschrank der Norm ... für die Waffen und Munition" – einen eventuell vorhandenen Kaufbeleg oder Bilder der vorhandenen Waffenschränke können Sie dem Antrag beifügen.

✗ Das *Datum Ihrer erfolgreich abgelegten Sachkundeprüfung* ist neben dem entsprechenden Kontrollkästchen einzutragen, ebenso die Bezeichnung des Prüfungsausschusses. Hier ist zu beachten, dass eine **Sachkunde für Sportschützen nicht ausreicht**.

▼ *Sind Sie Polizeivollzugsbeamter o. ä. und besitzen Sie einen Nachweis, dass Sie im Umfang der erforderlichen Sachkunde ausgebildet wurden, können Sie ersatzweise dieses Kontrollkästchen markieren und die entsprechende Bescheinigung Ihrem Antrag als Anlage beifügen. Gleiches gilt für Jäger, Büchsenmacher oder Ausbilder der Bundeswehr – in diesen Fällen kann der Nachweis der Sachkunde alternativ erfolgen (§ 3 AWaffV).*

✎ Die Kenntnis über die *Handhabung der Waffe* wird in der Regel durch den **Sachkundelehrgang** erworben, belegt durch die Sachkundeprüfung.

▼ *Die Teilnahme an einem **„Lehrgang im Verteidigungsschießen"** ist gesondert nachzuweisen.*

✗ ✎ Schießleistungen können Sie „wie angegeben nachweisen":

Es ist kein Nachweis von Schießleistungen erforderlich.

✗ Weiterhin müssen Sie angeben, ob die beantragte Waffe über einen eingebauten Schalldämpfer verfügt. In der Regel ist das nicht der Fall.

✗ Da Sie Ihre Sachkundeprüfung erfolgreich abgelegt haben, sind Sie mit den Vorschriften über Notwehr und Notstand vertraut und können das entsprechende Kontrollkästchen markieren.

✗ ✎ Voraussetzung für die Erteilung des Waffenscheines ist es, dass Sie das Bestehen einer sachlich geeigneten Haftpflichtversicherung mit einer Deckungssumme in Höhe von einer Million Euro pauschal für Sach- und Personenschäden nachweisen. Eine Kopie des Versicherungsscheines ist dem Antrag beizufügen.

✗ ✎ Für die Angabe vorhandener oder früherer körperlicher oder geistiger Mängel finden Sie eine Aufzählung, die nicht abschließend ist. Geben Sie in knapper, aber umfassender Form etwaige persönliche „Mängel" an. Dabei müssen Sie nur solche Krankheiten, Behinderungen oder Süchte angeben, die im Zusammenhang mit dem Umgang mit Schusswaffen und Munition relevant sind, zB Alkoholismus oder Epilepsie.

2.6.6 Prüfung des Antrages

❑ Erfolgt der Nachweis der Sachkunde nach §§ 2, 3 AWaffV?

▼ *Ist der Antragsteller bereits im Besitz einer waffenrechtlichen Erlaubnis, die den Nachweis der Sachkunde voraussetzt, kann vom Nachweis der Sachkunde abgesehen werden. Eine* ***Sachkunde für Sportschützen ist nicht ausreichend*** *– es ist die Waffensachkunde für Mitarbeiter im Bewachungsgewerbe mit einer erhöhten Unterrichtsstundenzahl nachzuweisen.*

❑ Hat der Antragsteller das 18. Lebensjahr vollendet?

❑ Ist der Antragsteller seit mehr als fünf Jahren ununterbrochen in Deutschland wohnhaft?

❑ Ist die beantragte Waffenart für den Einsatz zur Verteidigung geeignet?

❑ Kann der Antragsteller die Teilnahme an einem Lehrgang im Verteidigungsschießen nachweisen?

▼ *Die Teilnahme an einem Lehrgang im Verteidigungsschießen ist im Sinne der öffentlichen Sicherheit dringend erforderlich. Die Genehmigung zur Teilnahme an einem solchen Lehrgang (§ 23 AWaffV) soll erteilt werden, wenn die übrigen Kriterien für die Erteilung des Waffenscheines vorliegen. Allerdings ist in diesem Falle Voraussetzung, dass der Antragsteller eine WBK oder einen Jagdschein besitzt und im Sinne von § 19 WaffG als gefährdete Person anzusehen ist.*

❑ Ist der Antragsteller mit Vorschriften zu Notwehr / Notstand vertraut?

❑ Besteht <u>aktuell</u> eine Haftpflichtversicherung mit einer Deckungssumme von mindestens einer Million Euro pauschal für Personen- und Sachschäden, die das Risiko „Führen einer Schusswaffe" o. ä. einschließt?

▼ *Eine Kopie des Versicherungsscheines ist vorzulegen; besser ist die Vorlage einer aktuellen Versicherungsbestätigung des Versicherers.*

❑ Sprechen medizinische Gründe dagegen, dass der Antragsteller verantwortungsbewusst (geistige Mängel, Süchte) und sicher (Kontrollfähigkeit des Körpers, Behinderungen) mit Schusswaffen und Munition umgeht?

❑ Anfrage örtliche Polizeidienststelle: Schweben derzeit Straf-, Bußgeld- oder Ermittlungsverfahren gegen den Antragsteller?

❑ Anfrage BZR, ZStV, LfV und Erziehungsregister: Bestehen Einträge gemäß §§ 5, 6 WaffG, die einer waffenrechtlichen Erlaubnis entgegenstehen?

❑ Legen Beobachtungen oder Informationen den Verdacht nahe, dass die persönliche Eignung (§ 6) überprüft werden muss?

❑ Wird die Erlaubnis zum Führen einer Schusswaffe von der zuständigen Dienststelle des LKA / BKA befürwortet?

▼ *Liegt diese Befürwortung nicht vor, ist sie seitens der Waffenbehörde einzuholen. Hier ist insbesondere zu beachten, ob es tatsächlich der Erlaubnis zum Führen bedarf oder ob eine WBK nach § 19 Abs. 1 ausreicht, um dem Schutzbedürfnis des Antragstellers zu entsprechen, weil eine Schusswaffe außerhalb des Hausrechtsbereichs nicht erforderlich ist.*

2.7 „Kleiner Waffenschein" (§ 10 Abs. 4)

Kleiner Waffenschein

Nr. ____________

Herr/Frau ____________________

geboren am ____________________

in ____________________

ist berechtigt, Schreckschuss-, Reizstoff- und Signalwaffen mit PTB-Zulassungszeichen (im Kreis) zu führen.
Dieser Waffenschein berechtigt nicht dazu, Waffen bei öffentlichen Versammlungen, Aufzügen oder öffentlichen Veranstaltungen zu führen.

____
(Ort) (Datum)

Dienstsiegel

____
(Behörde)

....
(Unterschrift)

Artikel Nr. 3101410 Bundesdruckerei 2011

In Ermangelung eines eigenen Dokuments ist in den ersten Jahren seit Inkrafttreten des WaffG 2002, das erstmals den „Kleinen Waffenschein" als waffenrechtliche Erlaubnis vorsah, die Erlaubnis zum Führen einer „SRS-Waffe mit PTB-Zulassungszeichen" unter Verwendung eines „echten" Waffenscheins bestätigt worden, dessen Dokumententitel „Waffenschein" bei Ausstellung durch handschriftlichen oder gestempelten voran- oder darüber gestellten Zusatz „Kleiner" ergänzt wurde. Der aufgedruckte Text erlaubt lediglich das Führen von solchen SRS-Waffen, die mit „PTB im Kreis" gekennzeichnet sind. Von der gesetzlichen Regelung in Anlage 2 A2 UA3 Nr. 2.1 sind auch die SRS-Waffen mit gleichwertiger Kennzeichnung nach Anlage 2 A2 UA2 Nr. 1.3 lit. b erfasst; dies kann auf dem Dokument behördlich vermerkt werden.

2.7.1 Überblick

Der „Kleine Waffenschein" (KWS) berechtigt lediglich[1189] zum Führen von Schreckschuss-, Reizstoff- und Signalwaffen mit der Kennzeichnung „PTB im Kreis" oder gleichwertiger Kennzeichnung gemäß Anlage 2 A2 UA2 Nr. 1.3 WaffG, die von der Erlaubnispflicht für Erwerb und Besitz freigestellt sind.[1190] Die übliche Kurzbezeichnung „**SRS-Waffe**" für diese Art von Gegenständen, die den Schusswaffen gemäß Anlage 1 A1 UA1 Nr. 1.2.1 WaffG gleichgestellt sind, steht für **S**chreckschuss-, **R**eizstoff-, **S**ignalwaffen. Dabei wird, verwendet man das Kürzel, grundsätzlich davon ausgegangen, dass die nach Anlage 2 A2 UA2 Nr. 1.3 WaffG erforderlichen Kennzeichen vorhanden sind. Die Gefahr, die von einer solchen Waffe ausgeht, darf nicht unterschätzt werden – ein aufgesetzter Schuss mit Kartuschenmunition („Platzpatrone") kann zu schwersten Verletzungen führen.

Vor diesem Hintergrund ist nachvollziehbar, warum der Gesetzgeber das Führen unter einen Erlaubnisvorbehalt gestellt hat. Zudem ist bei der Bearbeitung des Antrages auf Erteilung eines „Kleinen Waffenscheines" zu beachten, dass die Maßstäbe hinsichtlich Zuverlässigkeit und persönlicher Eignung denen anderer waffenrechtlicher Erlaubnisse entsprechen, um das Führen dieser durchaus gefährlichen Waffen nur denen zu gestatten, die aufgrund ihrer persönlichen Eigenschaften und bisherigen Verhaltensweisen vermuten lassen, dass sie mit der Waffe verantwortungsvoll umgehen werden.

Es entfallen bei der Prüfung des Antrages der Nachweis von Bedürfnis, Sachkunde oder Haftpflichtversicherung. Insofern sind allein das Vorliegen des Mindestalters von 18 Jahren, der Zuverlässigkeit (§ 5 WaffG, siehe Seite 119) und der persönlichen Eignung (§ 6 WaffG, siehe Seite 134) zu prüfen.

Der „Kleine Waffenschein" berechtigt nicht zum uneingeschränkten Führen von SRS-Waffen. So gilt etwa das **Verbot des Führens bei öffentlichen Veranstaltungen** nach § 42 WaffG einschließlich der Zulässigkeit von Ausnahmen für den Einzelfall und die Sonderregelungen für die Mitwirkenden an Theateraufführungen sowie das gewerbliche Ausstellen auf Messen.

Der „Kleine Waffenschein" wird **unbefristet**[1191] erteilt. Er ist der **Regelüberprüfung** nach § 4 Abs. 3 WaffG bezüglich des Vorliegens von Zuverlässigkeit und persönlicher Eignung unterworfen.

[1189] *Das erlaubnispflichtige Führen von anderen Waffen wie Druckluftgewehren, Pfeilabschussgeräten oder Salutwaffen kann durch einen Kleinen Waffenschein nicht erlaubt werden; hier ist stets ein regulärer Waffenschein erforderlich.*

[1190] *Vertiefende Darstellung der SRS-Waffen in Kapitel 1.12.2.1; beachten Sie auch die Informationen zur entsprechenden Bildtafel ab Seite 544.*

[1191] *Die Regelung zur dreijährigen Befristung des „großen" Waffenscheins in § 10 Abs. 4 Satz 2 bezieht sich nur auf Schusswaffen; siehe dazu auch die Ausführungen der WaffVwV zu § 10, Nr. 10.15.4*

Mit dem „Kleinen Waffenschein" wird nicht das Führen einer einzelnen Waffe erlaubt, sondern die Berechtigung zum Führen von SRS-Waffen als **Waffenart**. Der KWS kann mit **Auflagen**[1192] verbunden werden, zB, dass die **SRS-Waffe nur verdeckt geführt werden darf**.[1193] Dies muss stets eine Einzelfallentscheidung sein.

Grundsätzlich verbietet das Waffengesetz das offene Führen nicht,[1194] angesichts der möglichen Folgen einer dadurch unter Umständen ausgelösten Panik von Personen im Umfeld des Waffenträgers wie auch dem eigentlichen Zweck des Führens einer SRS-Waffe zum Selbstschutz, der durch das „Präsentieren" der vorhandenen Gegenmaßnahme dem Angreifer einen Vorteil verschafft, sollte von einem offenen Führen aber Abstand genommen werden.

Beachten Sie zum **Führen von SRS-Waffen durch Jäger** Kapitel 2.9.8.

2.7.2 Prüfung des Antrages

Die Anfragen bei BZR, ZStV, LfV und Erziehungsregister entsprechen dem Verfahren für die Erteilung des Waffenscheines (siehe Seite 429), ebenso die Anfrage bei der örtlich zuständigen Polizeibehörde.

Dem **persönlichen Gespräch** mit dem Antragsteller kommt im Antragsverfahren besondere Bedeutung zu. Entsteht der Eindruck, dass der Antragsteller nicht die Gewähr bietet, verantwortungsvoll und ohne Gefährdung der Allgemeinheit mit SRS-Waffen umzugehen, kann der Sachbearbeiter im Rahmen der Prüfung der persönlichen Eignung die Vorlage einer fachärztlichen oder fachpsychologischen Beschei-

---

[1192] Vertiefend zu Auflagen Kapitel 1.7.12

[1193] Die für das Gebiet Berlins zuständige Waffenbehörde grundsätzlich die Erteilung eines KWS mit der Auflage, die SRS-Waffe verdeckt zu führen, was in der jeweiligen Erlaubnis vermerkt wird; der Internetauftritt der Behörde (Quelle: „https://www.berlin.de/polizei/service/waffenbehoerde/erlaubnisfreie-waffen/", abgerufen am 22. Mai 2020) enthält einen entsprechenden Hinweis; die Auflage gilt auch außerhalb Berlins; umgekehrt handelt es sich nicht um eine gesetzliche Regelung für das Gebiet Berlins, weshalb das Führen von SRS-Waffen dort Erlaubnisinhabern ohne entsprechende Auflage nicht untersagt ist; der Begriff des „verdeckten Führens" ist nicht gesetzlich definiert, landläufig ist darunter ein Bei-sich-Tragen einer Schusswaffe zu verstehen, die zugriffsbereit ist, aber durch die Kleidung des Besitzers den Blicken Dritter entzogen ist, womit für eine andere Person nicht erkennbar sein darf, dass eine Schusswaffe mitgeführt wird; dabei darf auch bei plötzlichen Bewegungen oder beim möglicherweise erforderlichen Ablegen eines Kleidungsstückes die mitgeführte Schusswaffe nicht erkennbar sein.

[1194] Mangels einer waffengesetzlichen Regelung analog zum Verbot des offenen Führens von unbrauchbar gemachten Kriegswaffen in der entsprechenden Verordnung zum Kriegswaffenkontrollgesetz (KrWaffUnbrUmgV zum KrWaffKontrG) ist der Gesetzgeber (bislang) nicht der Meinung, dass es grundsätzlich einer entsprechenden Regelung bedarf.

nigung nach § 6 Abs. 2 WaffG fordern. Gründe für diese Forderung müssen objektiv nachvollziehbar sein.

Ziel des persönlichen Gespräches, das am besten bei **persönlicher Abholung** des Antragsformulars geführt wird, sollte somit sein, sich einen Eindruck von der Persönlichkeit des Antragstellers zu verschaffen. Ergeben sich dabei begründete Anhaltspunkte für Zweifel an der persönlichen Eignung, ist die Prüfung der persönlichen Eignung nach § 6 Abs. 2 WaffG unausweichlich. Die Aufforderung zur Vorlage der Bescheinigung kann durch den Antragsteller nicht angefochten werden.

Ein darüber hinaus gehender fachärztlicher Nachweis der persönlichen Eignung bei Antragstellern unter 25 Jahren ist nicht erforderlich. § 6 Abs. 3 WaffG ist nur für Erlaubnisse zum Erwerb und Besitz, nicht aber zum Führen von Schusswaffen anzuwenden. Da für Erwerb und Besitz von SRS-Waffen keine Erlaubnis erforderlich ist, findet § 6 Abs. 3 WaffG keine Anwendung auf den „Kleinen Waffenschein".

2.8 Schießerlaubnis (§ 10 Abs. 5)

Die Erteilung einer Schießerlaubnis erfolgt durch die zuständige Behörde. Dabei ist, anders als bei den anderen Erlaubnissen in § 10 WaffG, die Form der Erlaubnis nicht durch die WaffVordruckVwV festgelegt. Die Schießerlaubnis selbst umfasst genau das, was der Begriff sagt, nämlich die Erlaubnis zum Schießen mit der Waffe, und zwar **außerhalb** genehmigter Schießstätten. Sie wird zB **Brauchtumsschützen** erteilt, um bei einer Feierlichkeit einen Salut zu schießen.[1195]

Das Abfeuern („Abtun") von **Böllern** (pyrotechnische Gegenstände, zB Kartusche bei Verwendung von Böllerkanonen, Ladung von Hand- und Standböllern) gilt nicht als schießen und bedarf somit keiner Schießerlaubnis (so fallen Böller auch nicht unter den Begriff der Waffe und auch nicht unter die Regelungen des Waffengesetzes). Das **Abfeuern einer Vorderladerwaffe**, die nur mit Pulver, nicht aber mit einem davor liegenden Geschoss geladen ist, erfüllt mangels Verwendung von Munition oder des Verschießens von Geschossen nicht die Definition des Schießens.

Ebenso **kein Schießen** ist die Verwendung anderer Geräte als Schusswaffen, etwa von Armbrüsten, Harpunengeräten[1196] oder auch **Bögen**. Eine Armbrust ist allerdings den Schusswaffen gleichgestellt[1197], womit auf den **Gebrauch der Armbrust die Vorschriften für das Schießen mit Schusswaffen** im Sinne des Waffengesetzes anzuwenden sind.

[1195] *Entbehrlich wäre die Schießerlaubnis in diesem Falle nur, wenn § 12 Abs. 4 WaffG angewendet werden könnte, was ein befriedetes Besitztum und die Zustimmung des Hausrechtsinhabers voraussetzt, insbesondere aber eine Waffe, aus der ausschließlich Kartuschenmunition verschossen werden kann.*

[1196] *Anlage 2 A3 UA1*

[1197] *Anlage 1 A1 UA1 Nr. 1.2.3*

Innerhalb einer Schießstätte[1198] bedarf es gemäß § 12 Abs. 4 Satz 1 WaffG für den Schützen keiner gesonderten Schießerlaubnis. § 12 Abs. 4 WaffG nennt weitere Ausnahmen, darunter das Schießen mit Schusswaffen, aus denen nur Kartuschenmunition verschossen werden kann, oder mit Schusswaffen geringer Mündungsenergie der Geschosse, womit etwa das Schießen mit einem Druckluftgewehr mit dem Kennzeichen „F im Fünfeck" im eigenen befriedeten Besitztum erlaubnisfrei[1199] ist, wenn sichergestellt ist, dass das Geschoss das Besitztum nicht verlassen kann.[1200]Vor Erteilung der Schießerlaubnis ist das Bestehen einer sachlich geeigneten Haftpflichtversicherung mit einer Deckungssumme in Höhe von einer Million Euro pauschal für Sach- und Personenschäden nachzuweisen.[1201]

Wird einer **Brauchtumsschützenvereinigung** eine Schießerlaubnis nach § 16 Abs. 3 WaffG erteilt, ist bezüglich der Prüfung von Alterserfordernis, Zuverlässigkeit, persönlicher Eignung, Sachkunde und Bedürfnis der Waffenbehörde ein verantwortlicher Leiter der Veranstaltung zu benennen. Die Erlaubnis kann bis zur Dauer von fünf Jahren erteilt werden. Bei der Prüfung des Antrags ist auch zu prüfen, inwieweit die Allgemeinheit durch das Schießen gefährdet oder belästigt wird. In diesem Falle sind dem Erlaubnisinhaber entsprechende Auflagen zu erteilen.

Ebenfalls erforderlich ist die Schießerlaubnis für Tierärzte oder Tierbetäuber, die eine Waffe zur **Distanzinjektion** (Immobilisation) verwenden.

[1198] *Ausführlich zu Regelungen für den Schießbetrieb Kapitel 1.16*

[1199] *Der Umgang durch Minderjährige wird dadurch nicht erlaubt; da es ein Schießen außerhalb einer Schießstätte nach § 27 WaffG ist, ist das Mindestalter von 18 Jahren erforderlich; die Überlassung eines erlaubnisfreien Druckluftgewehres an einen Minderjährigen führt nach § 5 Abs. 1 WaffG zum Verlust der Zuverlässigkeit.*

[1200] *Zu den Ausnahmen und besonderen Voraussetzungen nach § 12 Abs. 4 WaffG vertiefend Kapitel 1.11.2.3*

[1201] *§ 4 Abs. 1 Nr. 5 WaffG*

2.9 Jagdschein

2.9.1 Begriffsbestimmungen

Jäger ist, wer Inhaber eines gültigen Jagdscheines im Sinne von § 15 Abs. 1 Satz 1 BJagdG ist,[1202] also eines Tagesjagdscheins oder Jahresjagdscheins.

Der **Jagdschein** gilt im gesamten Bundesgebiet. Er ist keine waffenrechtliche, sondern eine jagdrechtliche Erlaubnis. Für die erstmalige Erteilung muss die Prüfung zur Erlangung des ersten Jagdscheines erfolgreich abgelegt worden sein. Der Jagdschein wird für ein, zwei oder drei Jahre (**Jahresjagdschein**) oder als **Tagesjagdschein** für einen 14tägigen ununterbrochenen Zeitraum ausgestellt. Der Jahresjagdschein wird nicht für Kalenderjahre, sondern für das sogenannten Jagdjahr ausgestellt.[1203] Tagesjagdscheine können auf Landesebene reglementiert werden, so dass die mehrfache Erteilung innerhalb eines Jahres begrenzt sein kann.

Ein Jagdschein ist stets im Original vorzulegen, da nur so ein Nachweis der bestehenden Erlaubnis geführt werden kann.[1204] Prüft zB ein Jagdleiter vor Beginn einer Treibjagd nicht die Jagdscheine der Teilnehmer, kann diese Sorgfaltsverletzung zur Vermutung der Unzuverlässigkeit führen.

Die Prüfungsurkunde, regional auch **Jägerbrief** genannt, die die erfolgreich abgelegte Jägerprüfung bestätigt, reicht nicht aus, um eine Person als Jäger im Sinne des WaffG anzusehen. Gleiches gilt für Inhaber eines **Jugendjagdscheins** nach § 16 BJagdG oder **Falknerjagdscheins**[1205], auch diese Personen unterfallen nicht dem waffenrechtlichen Begriff des Jägers, womit die besonderen Regelungen für Jäger in § 13 WaffG, insbesondere zum erleichterten Erwerb von Langwaffen und Langwaffen-Munition, nicht auf diese Personen anzuwenden sind. Auf Inhaber eines **Jugendjagdscheins** sind abweichend die Regeln in § 13 Abs. 7 WaffG anzuwenden, da auch sie nicht dem waffenrechtlichen Begriff des Jägers unterfallen.[1206]

[1202] *§ 13 Abs. 1 Satz 1 WaffG; Inhaber eines* ***Jugendjagdscheins*** *oder* ***Falknerjagdscheins*** *sind Jäger nach BJagdG,* ***nicht*** *aber* ***Jäger im Sinne des WaffG***

[1203] *§ 11 Abs. 4 BJagdG: Das Jagdjahr beginnt am 1. April und endet am 31. März des Folgejahres.*

[1204] *OLG Oldenburg 4 U 12/78, Urteil vom 3. Oktober 1978*

[1205] *Jagdrechtliche Erlaubnis zur Ausübung der „Beizjagd" mit Greifvögeln oder Falken, die ein Jagdschein nach § 15 Abs. 1 Satz 3 BJagdG ist, aber waffenrechtlich einem Jahres- oder Tagesjagdschein nicht gleichgestellt; somit ist der Falknerjagdschein waffenrechtlich nur in Anwendung zu bringen, wenn die waffengesetzliche Vorschrift allgemein von einer „jagdrechtlichen Erlaubnis" als Voraussetzung spricht (etwa § 40 Abs. 3 Satz 1 WaffG für den Umgang mit Faustmessern), nicht aber einen gültigen Jagdschein nach § 15 Abs. 1 Satz 1 BJagdG fordert.*

[1206] *Informationen zum Jugendjagdschein in Kapitel 2.9.9*

Zu beachten ist, dass aufgrund des jeweiligen Gültigkeitszeitraums auch **volljährige Personen** für einen bestimmten Zeitraum noch Inhaber eines **Jugendjagdscheins** sein können, die Volljährigkeit aber nicht automatisch aus dem Jugendjagdschein einen vollwertigen Tages- oder Jahresjagdschein macht. Die Erlaubnis ist gesondert durch die Jagdbehörde zu erteilen.

Jagdwaffe im Sinne von § 13 Abs. 1 Nr. 2 WaffG ist jegliche Waffe, deren Verwendung bei der Jagd nicht nach § 19 BJagdG oder landesrechtlichen Regelungen[1207] verboten ist.[1208] Eine Geeignetheit zur Jagd ist für den Status der Jagdwaffe nicht erforderlich, da es sich bei der in § 13 Abs. 1 Nr. 2 WaffG verwendeten Definition um eine negative Abgrenzung[1209] handelt, die bestimmte Waffen vom Begriff *Jagdwaffe* ausschließt, ohne aber durch positive Benennung den Begriff der Jagdwaffe eingrenzend zu formulieren. Somit zählen auch SRS-Waffen zu Jagdwaffen im Sinne des WaffG.[1210]

2.9.2 Jagdscheinarten

Jagdscheininhaber (**Tages-** **oder** **Jahresjagdschein**, nicht aber: **Jugendjagdschein** oder **Falknerjagdschein**)

- dürfen ohne Erlaubnis nach § 12 Abs. 1 Nr. 1 lit. a WaffG (im Sinne der **Leihe oder Verwahrung**) in Verbindung mit § 13 Abs. 4 WaffG von **Langwaffen** im Sinne von § 13 Abs. 1 Nr. 2 WaffG und **Schalldämpfern**, die für Langwaffen mit Zentralfeuerkaliber bestimmt sind, für den Gültigkeitszeitraum des Jagdscheins, aber nicht länger als einen Monat,[1211] **erwerben und vorübergehend besitzen**,
- dürfen ohne Erlaubnis **Munition,** die geeignet ist **für Langwaffen**, sofern sie nach Bundesjagdgesetz nicht verboten ist (beachten Sie dazu die Hinweise in Kapitel 2.1.3.1), **erwerben und besitzen**, unabhängig davon, ob der Betroffene eine Waffe dieses Kalibers besitzt,
- dürfen nach § 13 Abs. 6 WaffG ohne Erlaubnis **Jagdwaffen führen und mit diesen schießen.**
- Zudem ist der Jagdschein der **Nachweis für das Bedürfnis** im Sinne von § 4 Abs. 1 Nr. 4 und § 8 WaffG, wenn

---

[1207] *zB Verbot der Jagd mit **Vorderladerwaffen** in Rheinland-Pfalz, § 23 LJG RP.*

[1208] *Zu den Verboten nach § 19 BJagdG vertiefend Kapitel 2.9.12*

[1209] *BT-Drs. 14/8886, S. 111, „zu § 13“, 3. Absatz*

[1210] *Zum Führen von SRS-Waffen durch Jäger Kapitel 2.9.8; der Erwerb von SRS-Waffen ist auf das Kurzwaffenkontingent nicht anzurechnen (analog zum Erwerbsstreckungsgebot für Sportschützen, vgl. Ausführungen in Kapitel 1.3.2.3.1.4)*

[1211] *Zu beachten ist die nach § 12 Abs. 1 Nr. 1 WaffG zusätzliche Möglichkeit der Leihe (und Verwahrung) durch den Inhaber einer WBK, die neben Leihe und Verwahrung von Langwaffen auch Leihe und Verwahrung von Kurzwaffen umfasst.*

- glaubhaft gemacht wird, dass Schusswaffen und Munition zur Jagdausübung oder zum Training im jagdlichen Schießen einschließlich jagdlicher Schießwettkämpfe benötigt werden und
- Schusswaffe oder Munition nach § 19 BJagdG nicht verboten sind.

Der **Jahresjagdschein** lässt gemäß § 13 Abs. 2 Satz 2 WaffG die Glaubhaftmachung eines **Benötigens** (§ 13 Abs. 1 Nr. 1 WaffG) und die Prüfung des **Bedürfnisses** (§ 4 Abs. 1 Nr. 4 WaffG) **entfallen** für Erwerb und Besitz

- von Langwaffen im Sinne von § 13 Abs. 1 Nr. 2 WaffG,
- Schalldämpfer für Langwaffen mit Zentralfeuerkaliber und
- der ersten oder zweiten Kurzwaffe für die Jagd

und ermöglicht ohne Erlaubnis über die mit dem Tagesjagdschein möglichen Erwerbsvorgänge hinaus den **Erwerb von**

- **Langwaffen**[1212] im Sinne von § 13 Abs. 1 Nr. 2 WaffG und den für diese bestimmten **wesentlichen Teilen** und
- **Schalldämpfern**, die für Langwaffen[1213] mit Zentralfeuerkaliber bestimmt sind.[1214]

Der Erwerb ist der Waffenbehörde anzuzeigen und der befugte dauerhafte **Besitz durch Eintragung in eine WBK** zu dokumentieren.[1215]

Zum **Erwerb und dauerhaften Besitz von Kurzwaffen**[1216] oder sonstigen[1217] **Schalldämpfern** sowie von für Schusswaffen bestimmten[1218] Single-Use-**Nachtsichtvorsatz- und -aufsatzgeräten** ist die Erlaubnis durch Voreintrag in einer WBK erforderlich, die Vorlage eines Jahresjagdscheins ist nicht ausreichend. Ebenfalls ist die WBK erforderlich für die Freistellung von der Erlaubnispflicht für Erwerb und vorübergehenden Besitz nach § 12 Abs. 1 Nr. 1 WaffG (**Leihe und Verwahrung**) für

---

[1212] *Die Erlaubnisfreiheit für den Erwerb vollständiger Jagd-Langwaffen umfasst den* ***Erwerb wesentlicher Teile für Jagd-Langwaffen****, die der Besitzer gemäß § 13 Abs. 3 Satz 1 WaffG erwerben kann; beachten Sie Kapitel 1.11.3.1.2.*

[1213] *Für Kurzwaffen Bedürfnisnachweis erforderlich; siehe Kapitel 1.7.9.1*

[1214] *Dabei wird nicht vorausgesetzt, dass der Erwerber im Besitz einer solchen Langwaffe ist, die in die WBK des Erwerbers eingetragen ist; denkbar ist ein Fall der Leihe nach § 13 Abs. 9 WaffG iVm § 13 Abs. 4 WaffG.*

[1215] *§ 13 Abs. 3 Satz 2 WaffG iVm §§ 37a, 37g Abs. 1 WaffG*

[1216] *Zur Kontingentierung (zwei Kurzwaffen) siehe Kapitel 2.1.3.1*

[1217] *Nicht für Langwaffen mit Zentralfeuerkaliber bestimmt, sondern beispielsweise für Kurzwaffen oder Randfeuer-Langwaffen; für einen solchen Erwerbsfall ist der Nachweis eines Bedürfnisses nach § 8 iVm § 13 WaffG erforderlich.*

[1218] *Beachten Sie zur Unterscheidung von für Schusswaffen bestimmten und anderen Nachtzielgeräten die Erläuterungen im Kapitel 1.3.2.5.3* die vorgenannten Gegenstände, da § 13 Abs. 4 WaffG nur auf Langwaffen anwendbar ist und ein Tages- oder Jahresjagdschein somit nicht die WBK ersetzt.

Erwerb und Besitz von **Kurzwaffenmunition** stellt der Jagdschein nicht von der Erlaubnispflicht frei. Dazu muss das Feld der WBK in der Zeile der jeweiligen Kurzwaffe gesiegelt sein oder ein Munitionserwerbsschein vorliegen.[1219]

Der **Ausländerjagdschein**[1220] wird in der Regel **als Ausländer-Tagesjagdschein** ausgestellt; die Erteilung eines Ausländer-Jahresjagdscheins ist ebenfalls möglich. Voraussetzung ist, dass der Antragsteller in seinem Heimatland einen Jagdschein besitzt und dort eine Jägerprüfung abgelegt hat, die mit den Anforderungen der deutschen Jägerprüfung vergleichbar ist.[1221] Die jagdgesetzlich geforderte **Haftpflichtversicherung** ist Voraussetzung für die Erteilung des Ausländerjagdscheins, das Bestehen dieser Versicherung für den Zeitraum der Gültigkeit der beantragten Erlaubnis ist bei deren Beantragung nachzuweisen. Der Ausländerjagdschein ist ein **Unterfall des Tages- oder Jahresjagdscheins**[1222] und damit diesen jagdrechtlichen Erlaubnissen auch im waffenrechtlichen Kontext **vollumfänglich gleichgestellt**.

Die von den vorgenannten Erwerbsregelungen abweichenden Vorschriften zum vorübergehenden berechtigten Umgang mit Waffen oder Munition für Inhaber eines **Jugendjagdscheins** erläutert Kapitel 2.9.9.

2.9.3 Befreiungen von Verboten

Inhaber einer *jagdrechtlichen Erlaubnis*, mithin neben dem Jahres- oder Tagesjagdschein auch **Falknerjagdschein** und **Jugendjagdschein**, sind gemäß § 40 Abs. 3 **Satz 1** WaffG vom Verbot des Umgangs mit **Faustmessern** befreit.[1223] Vorschriften für die **Aufbewahrung** verbotener Waffen gelten auch in diesen Fällen vollumfänglich.[1224]

Anders die Befreiung vom Verbot des Umgangs mit **Nachtsichtvorsatz**- und -**aufsatzgeräten** in § 40 Abs. 3 **Satz 4** WaffG, die sich nur auf Inhaber eines *gültigen*

[1219] Zum Begriff Kurzwaffenmunition ausführliche Erläuterung auf Seite 378

[1220] „Ausländerjagdschein" bezeichnet ein Dokument, das von einer deutschen Behörde ausgestellt worden ist und umfasst nicht durch ausländische Behörden ausgestellte Jagdscheine; zum Erwerb von Waffen durch Ausländer Kapitel 1.10.

[1221] Ausländische Jagdscheine haben in Deutschland keine Gültigkeit und berechtigen nicht zur Jagdausübung; der Europäische Feuerwaffenpass ist ein auf die Mitnahme von Waffen beschränkter waffenrechtlicher Nachweis und keine Erlaubnis.

[1222] WaffVwV zu § 13, Nr. 13.1, Abs. 4

[1223] Vertiefend Kapitel 1.24.1; zum Verbot des Faustmessers Kapitel 1.13.1.23

[1224] Im Falle des Faustmessers ist mindestens ein Behältnis WG 0 nach DIN EN 1143-1 erforderlich, bei Altbesitz auch Stufe B nach VDMA 24992; vgl. zur Aufbewahrung verbotener Waffen den Ergänzungsband zu diesem Buch.

Jagdscheines im Sinne von § 15 Abs. 1 Satz 1[1225] BJagdG bezieht, womit der Jugendjagdscheininhaber von der Freistellung nicht erfasst wird, wohl aber der Inhaber von gültigem Jahres- oder Tagesjagdschein. Zu beachten ist insbesondere bei dieser Thematik, dass etwaige Regelungen in anderen Gesetzen, zB Jagdgesetzen des Bundes oder eines Landes, waffenrechtliche Verbote nicht aufheben; so beseitigt etwa die Aufhebung des Verbots der Jagd mit künstlichen Lichtquellen nach dem Jagdgesetz eines Bundeslandes nicht das waffenrechtliche Anwendungsverbot.

2.9.4 Gültigkeit

Mit Ablauf des Zeitraums, für den der Jahres- oder Tagesjagdschein erteilt wurde, **verliert der Jagdschein seine Gültigkeit**. Somit handelt es sich ab diesem Moment bei einer Person, die zuvor Jäger im Sinne des Waffengesetzes gewesen ist, **nicht mehr um einen Jäger im Sinne des WaffG**, womit die diesbezüglichen Regelungen in § 13 WaffG nicht mehr anwendbar sind, insbesondere die Erlaubnis zum Erwerb und Besitz von Munition für Langwaffen. Gleichwohl können Waffen oder Munition, die zu diesem Zeitpunkt im Besitz einer betroffenen Person sind, aufgrund einer erteilten waffenrechtlichen Erlaubnis weiterhin befugt besessen werden, etwa durch eine WBK, im Falle der Munition mit gesondertem Eintrag oder durch einen Munitionserwerbsschein. Zu beachten ist, dass bei Erteilung dieser Erlaubnisse in der Regel ein gültiger Jahresjagdschein Voraussetzung dafür war, dass die waffenrechtliche Erlaubnis erteilt wurde.

Ohne gültigen Jahresjagdschein entfällt das Bedürfnis und damit die Voraussetzung **für den befugten dauerhaften Besitz** von Schusswaffen und Munition. Die Möglichkeit für Inhaber eines gültigen Jahresjagdscheins, nach § 13 Abs. 2 Satz 2 WaffG ohne Nachweis eines **Bedürfnisses** Langwaffen und bis zu zwei Kurzwaffen zu erwerben und auch zu besitzen, fällt weg, womit es sich um einen Fall des § 45 Abs. 2 Satz 1 WaffG handelt, die erteilte waffenrechtliche Erlaubnis also zu widerrufen wäre. Die zuständige Behörde kann aber in bestimmten Fällen von einem Widerruf der Erlaubnis und von einer Anordnung der Abgabe der Waffen oder Munition absehen (siehe Kapitel 1.27.2).

Um nach **Nicht-Lösen und Ablauf des Jagdscheins** nicht unbefugt Munition zu besitzen, wird das Siegeln des Feldes zum Munitionserwerb und –besitz in der WBK auch für darin eingetragene Langwaffen empfohlen. Durch diese in der WaffVwV gegebene Empfehlung wird deutlich, dass der Gesetzgeber bei einem vorübergehenden Wegfall des Bedürfnisses einen unmittelbaren Widerruf waffenrechtlicher Erlaubnisse wie WBK oder MES nicht als den Regelfall oder zwingend ansieht.

[1225] *Es ist aufgrund der sonst im WaffG üblichen Verweise und das Fehlen eines Satzes 2 in § 15 Abs. 2 BJagdG davon auszugehen, dass es sich bei dem im Bundesgesetzblatt veröffentlichten Text des 3. WaffRÄndG in § 40 Abs. 3 Satz 4 „§ 15 Abs. 2 Satz 1 des Bundesjagdgesetzes" um einen Schreibfehler handelt und es dort heißen müsste „§ 15 Abs. 1 Satz 1 des Bundesjagdgesetzes" oder „§ 15 Abs. 2 des Bundesjagdgesetzes". Beide Möglichkeiten führen aber zum gleichen Ergebnis, wonach ein Tages- oder Jahresjagdschein erforderlich ist.*

2.9.5 Führen von Waffen und Schießen (§ 13 Abs. 6 WaffG)

Ausübung der Jagd ist jagdrechtlich gemäß § 1 Abs. 4 BJagdG das Aufsuchen, Nachstellen, Erlegen und Fangen von Wild.[1226] Zusätzlich, was **nicht zur eigentlichen Jagdausübung** zählt, dürfen Jäger gemäß § 13 Abs. 6 WaffG auch zum **Ein- und Anschießen** im Revier[1227], zur **Ausbildung von Jagdhunden** im Revier sowie zum **Jagd-**[1228] **oder Forstschutz** Jagdwaffen ohne Erlaubnis führen und mit ihnen schießen. Eine Tätigkeit, die „**im Zusammenhang mit diesen Tätigkeiten**" erfolgt, wäre zB die Fahrt ins Revier und zurück – hier darf die Waffe **zugriffsbereit, aber nicht schussbereit** (geladen) sein.

Der **befugten Jagdausübung gleichgestellt** ist der Abschuss von Tieren, die dem Naturschutzrecht unterliegen, wenn behördliche oder gesetzliche Ausnahmen oder Befreiungen die Tötung der Kreatur durch einen Jagdscheininhaber zulassen.

Die **Waffe** darf **nur geladen** sein, wenn der **bestimmungsgemäße Gebrauch** nach § 13 Abs. 6 WaffG **begonnen hat und noch andauert**. Ist dieser bestimmungsgemäße Gebrauch **beendet**, ist die **Waffe sofort zu entladen**. Das Führen einer **geladenen Schusswaffe** im Zusammenhang mit der Jagdausübung auf dem Weg in das oder aus dem Revier, also **außerhalb des Reviers**, ist eine **Straftat** (Pistole: § 52 Abs. 1 Nr. 2 lit. b; sonstige Schusswaffe: § 52 Abs. 3 Nr. 2 lit. a WaffG), da in diesem Falle nur das Führen einer ungeladenen Waffe von der Waffenscheinpflicht befreit ist. Gleiches gilt für das **Besteigen eines KFZ im Revier** mit geladener Waffe, da ab diesem Moment keine Jagdausübung mehr erfolgt.[1229] Das **Mitführen einer geladenen Jagdwaffe** in einem **Kraftfahrzeug** im Revier auf der Fahrt zu einem Wildfütterungsplatz ist **nicht von der Ausnahmeregelung** des § 13 Abs. 6 WaffG **erfasst**.

Vorschriften zur Unfallverhütung[1230] untersagen das Besteigen von Fahrzeugen mit geladenen Waffen ausdrücklich, womit diese Handlungen keine Jagdausübung im Sinne des WaffG sind. Ein solches Verhalten ist ein **nicht sachgemäßer Umgang mit Schusswaffen**, was die Annahme der **Unzuverlässigkeit** nach § 5 Abs. 1 Nr. 2 lit. b WaffG rechtfertigt und in der Regel zum Entzug der jagd- und waffenrechtlichen Erlaubnisse führt. Das Laden einer Schusswaffe außerhalb des Reviers, etwa in der

---

[1226] *OLG Stuttgart 4 Ss 185/2007 Urteil vom 24. Juli 2007*

[1227] *Regelungen mit* ***Revierbezug*** *wie etwa für das Einschießen im Revier beziehen sich auf jede Person, die dort die Jagd befugt ausüben darf, somit nicht allein den Revierinhaber selbst, sondern zB auch* ***Jagdgäste****; auch die Fahrt mit der nicht schussbereiten Waffe in ein fremdes Revier, um dort als Jagdgast die Jagd befugt auszuüben, unterfällt als Führen im Zusammenhang mit der befugten Jagdausübung der Freistellung von der Erlaubnispflicht für das Führen.*

[1228] *Zum Jagdschutz vertiefend Kapitel 2.9.7*

[1229] *Bayerischer VGH 21 CS 15.2718, Beschluss vom 04. März 2016, zuvor Bayerischer VGH 21 ZB 15.83, Beschluss vom 17. April 2015*

[1230] *§ 3 Abs. 1 Satz 1, Abs. 3 Satz 1 UVV Jagd (VSG 4.4); siehe Kapitel 2.9.6*

eigenen Wohnung oder auf dem eigenen befriedeten Besitztum, wäre ebenfalls pflichtwidrig und würde zur Vermutung der Unzuverlässigkeit führen.[1231]

Jäger dürfen die **zugriffsbereite und schussbereite Jagdwaffe ohne Erlaubnis führen**, wenn die Waffe

- zur befugten **Jagdausübung** einschließlich
- des **Ein- und Anschießens** im Revier,
- der **Ausbildung von Jagdhunden** im Revier oder
- des **Jagdschutzes** oder
- des **Forstschutzes**

geführt wird. Ebenso bedarf in den vorgenannten Fällen das **Schießen**[1232] mit einer Jagdwaffe **keiner Schießerlaubnis**.

Wird die Waffe **nur im Zusammenhang** mit den vorgenannten Tätigkeiten geführt, darf sie zwar **zugriffsbereit, aber nicht schussbereit** sein. Beispiele für diese Fälle des nicht schussbereiten, aber zugriffsbereiten Führens sind der Gang in das Revier oder zurück zum Wohnsitz, aber auch die Fahrt mit Krad oder PKW in das Revier oder zurück. Aus dieser besonderen Regelung des § 13 Abs. 6 Satz 1 2. Halbsatz WaffG ergibt sich im Umkehrschluss, dass die Waffe in den Fällen des 1. Halbsatzes sowohl zugriffsbereit als auch schussbereit, also geladen geführt werden darf. Vorschriften der UVV (Unfallverhütungsvorschrift) Jagd (VSG 4.4) sind in diesem Falle zu beachten. Verbote nach der berufsgenossenschaftlichen Vorschrift haben dabei Vorrang vor jagd- oder waffengesetzlichen Regelungen.[1233] Der Zusammenhang mit der Jagdausübung kann im Falle eines Führens, das nicht lediglich durch einen kurzen **Umweg**, sondern durch einen **Abweg**[1234] ohne wichtigen Grund räumlich verlängert wird, entfallen.[1235] Wird die Waffe nach der Jagd bei einem Dritten aufbewahrt, entfällt ab der Verwahrung die Freistellung nach § 13 Abs. 6 WaffG.[1236]

Beim **Schuss aufs Wild** ist insbesondere das Verbot nach § 19 Abs. 1 Nr. 2 lit. c BJagdG zu beachten, wonach bei Verwendung eines **Halbautomaten** die Waffe **nicht mit mehr als drei Patronen** geladen sein darf.

[1231] *OVG Lüneburg 8 ME 50/06, Beschluss vom 19. Mai 2006*

[1232] *Umfasst auch das Schießen mit Kartuschenmunition („Platzpatronen"); beachten Sie Kapitel 2.9.8 zum Führen von SRS-Waffen durch Jäger*

[1233] *Erläuterungen zur VSG 4.4 in Kapitel 2.9.6*

[1234] *Abweg im Sinne eines nicht nur kleinen Umweges, ist eine Geh- oder Fahrstrecke, die von der geographisch kürzesten Verbindung zwischen Startpunkt und Ziel des Weges erheblich abweicht, indem die Wegrichtung geändert wird und sich der Weg dadurch in seiner Gesamtheit nicht nur unbedeutend verlängert.*

[1235] *Siehe VG Stade 1 B 85/23, Beschluss vom 16. Februar 2023; in der Wertung des konkret verhandelten Abweichens aus hiesiger Sicht unverhältnismäßig.*

[1236] *VG München M 7 S 10.101, Beschluss vom 01. Februar 2010, Rn. 22*

Einschießen ist das Überprüfen und Korrigieren der Treffpunktlage nach Veränderungen an der Waffe, während es sich bei einem **Anschießen** lediglich um zwei bis drei Kontrollschüsse handelt, die der Jäger quasi vor Beginn der Jagd abgibt, um sich von der Zielgenauigkeit seiner Waffe, genauer von der korrekten Justierung der Visiereinrichtung, zu überzeugen.[1237] Das Einschießen erfolgt in der Praxis nach einem Anschießen, bei dem festgestellt wurde, dass die Visiereinstellung verändert werden muss. Die Freistellung ist nicht auf Langwaffen beschränkt, auch Kurzwaffen dürfen im Revier an- und eingeschossen werden. Sonstige **Schießübungen** sind dagegen kein An- oder Einschießen im Sinne von § 13 Abs. 6 WaffG.

Jagdschutz umfasst nach § 23 BJagdG den Schutz des Wildes insbesondere vor Wilderern, Futternot und Wildseuchen sowie vor wildernden Hunden und Katzen. Außerdem sorgt die für den Jagdschutz zuständige Person für die Einhaltung der zum Schutz des Wildes und der Jagd erlassenen Vorschriften in seinem Zuständigkeitsbezirk.[1238] Der in § 25 BJagdG geregelte Jagdschutz obliegt insbesondere dem örtlichen Jagdausübungsberechtigten und behördlich bestätigten **Jagdaufsehern**[1239]. Zu beachten sind besondere landesgesetzliche Regelungen. Der Jagdschutz endet auch im Falle der **Nacheile** (Verfolgung eines Flüchtigen) an der Reviergrenze.[1240]

Forstschutz ist eine dem Jagdschutz verwandte Aufgabe mit anderem Schutzzweck. Der Forstschutz dient insbesondere der Abwehr von drohenden Gefahren für den Wald, seine Funktionen und seine Einrichtungen. Eine weitere Aufgabe ist die Beseitigung von Störungen der öffentlichen Sicherheit und Ordnung im Wald.

2.9.6 Regelungen zum Umgang durch die UVV Jagd (VSG 4.4)

Unfallverhütungsvorschriften (UVV) der gesetzlichen Unfallversicherungen entstehen aus den Erkenntnissen, die bei der Ursachenforschung gewonnen werden – sie sind sozusagen „mit Blut geschrieben“, indem nach der Analyse der jeweiligen Unfallursache verbindliche Verhaltensregeln für Versicherte und Unternehmer festgelegt werden. Für den Bereich „Jagd“ zuständig ist die „Sozialversicherung für Landwirtschaft, Forsten und Gartenbau“ (SVLFG) als Berufsgenossenschaft, die die VSG (Vorschriften für Sicherheit und Gesundheitsschutz) 4.4 herausgibt bzw. fort-

---

[1237] *Zu den Begrifflichkeiten siehe BT-Drs. 14/7758, S. 109, Nr. 32*

[1238] *Die Beschränkung auf das ihm zugewiesene Revier als Zuständigkeitsbereich des Jagdschützers lässt im Gesetzestext den Zusatz „im Revier“ entfallen, der bei Ein- und Anschießen sowie Hundeausbildung einschränkend hinzugesetzt ist.*

[1239] *Zum Jagdschutz, insb. den Befugnissen des Jagdaufsehers, Kapitel 2.9.7*

[1240] *Es ist aber zu beachten, dass in Fällen der Verfolgung eines flüchtenden Straftäters die erweiterten Jedermannsrechte, nämlich §§ 127 Abs. 1 StPO, 32, 34 StGB, in Anspruch genommen werden können; in diesem Zuge wären Verstöße gegen das Waffenrecht, nämlich das Führen einer schussbereiten Waffe außerhalb des Reviers und außerhalb der privilegierenden Tätigkeit des Jagdschutzes, darauf zu prüfen, ob ein Entladen der Waffe vor Verlassen des Reviers die Verfolgung des Täters und damit die Rechtsdurchsetzung durch den Verfolger beeinträchtigt hätten.*

schreibt.[1241] Vorgaben der VSG 4.4 einschließlich der erläuternden Hinweise[1242] sind für Jäger nicht nur hinsichtlich des Versicherungsschutzes, zB für Rehabilitationskosten, von Bedeutung – ein **Verstoß gegen berufsgenossenschaftliche Unfallverhütungsgenossenschaften** kann als „nicht vorsichtiger Umgang" gemäß § 5 Abs. 1 Nr. 2 lit. b WaffG die **Zuverlässigkeit entfallen** lassen.[1243]

Die Regelungen der VSG 4.4 zu Schusswaffen sind hinsichtlich der Begrifflichkeiten gemäß den Begriffsbestimmungen der Anlage 1 WaffG auszulegen. Somit beschreibt der Begriff **„entladen"**, bezogen auf eine Schusswaffe, das Gegenteil des waffenrechtlichen Begriffs „geladen" nach Anlage 1 A2 Nr. 12 WaffG – es darf **keine Munition in der Trommel**, im in die Waffe eingefügten **Magazin** oder im **Patronen-/ Geschosslager** sein.

§ 2 der VSG 4.4 stellt auf Vorschriften des Beschussgesetzes ab. Zudem wird festgelegt, dass **wiedergeladene Munition** den Bestimmungen des WaffG und des SprengG entsprechen muss. Zudem müssen **Patronen mit Flintenlaufgeschossen** so mitgeführt werden, dass sie nicht mit Schrotpatronen verwechselt werden können, zB durch **getrennte Patronentaschen**.

§ 3 der VSG 4.4 untersagt das Laden einer Waffe außerhalb der tatsächlichen Jagdausübung und gebietet ein **Sichern der Waffe unmittelbar nach dem Laden**. Ist eine Waffe gestochen, muss, falls der Schuss nicht abgegeben wurde, die Waffe sofort gesichert und entstochen werden – das **Einstechen** darf nur erfolgen, wenn die **Schussabgabe unmittelbar bevorsteht**.

Der Ladezustand ist in § 3 Abs. 3 WaffG einerseits für die Waffe, andererseits für die Läufe bzw. die Patronenläger unterschiedlich geregelt.

So gilt zunächst für den **Ladezustand der Waffe**, dass die Waffe beim Besteigen von Fahrzeugen und während der Fahrt entladen sein muss, also **nicht geladen** sein darf, somit auch nicht unterladen. Somit darf sich im Falle einer Schusswaffe zum Verschießen von Patronenmunition weder im Patronenlager noch in der Trommel (Revolver) befinden, auch nicht in einem Magazin, das sich in der Waffe befindet oder in diese Waffe eingeschoben worden ist, wenn der Jäger ein Fahrzeug besteigt oder sich in oder auf diesem Fahrzeug bewegt. Dies umfasst auch Mitfahren, etwa als Beifahrer in einem PKW oder auf einem gezogenen Anhänger.

Außerhalb der vorgenannten Situationen sieht § 3 Abs. 3 für besonders gefahrgeneigte Situationen besondere Regelungen hinsichtlich des **Ladezustands** vor, die

---

[1241] So im Juni 2023 durch Ergänzung von Vorgaben für die Anforderungen an die Schützenposition bei Erntejagden, siehe dort Hinweise zu § 3 Abs. 4

[1242] Von der SLVFG zum Download online beziehbar; die Hinweise sollen das Erreichen der in der UVV normierten Schutzziele unterstützen; sie schließen andere, mindestens ebenso sichere Lösungen nicht aus und enthalten Erläuterungen für die praktische Durchführung der Jagd.

[1243] zB VGH München 24 CS 22.1575, Beschluss vom 09. August 2022, Rn. 14

ausschließlich die **Läufe** oder **Patronenläger**, somit auch die **Trommel** eines Revolvers, betreffen - beim **Besteigen oder Verlassen eines Hochsitzes**, beim **Überwinden von Hindernissen** oder in ähnlichen Gefahrenlagen müssen **Läufe bzw. Patronenlager entladen** sein. Das bedeutet, dass zwar Munition in einem Magazin in der Waffe sein darf, aber das Patronenlager frei sein muss.[1244]

Die **Schussabgabe** darf erst dann erfolgen, wenn sich der Schütze **vergewissert** hat, dass **niemand gefährdet** wird. In der Praxis kommt der erhöhten Position bei der Schussabgabe in diesem Zusammenhang besondere Bedeutung zu, da der Kugelfang im „gewachsenen Boden" einen größeren Eintauchwinkel des Geschosses voraussetzt, als er bei Schussabgabe auf gleichem Bodenniveau möglich ist[1245] – hier ist auf den sicheren Kugelfang durch deutlich ansteigendes Gelände bzw. künstliche Hindernisse, zB größere Holzaufschichtungen ausreichender Aufhaltefähigkeit zu achten. Grundsätzlich gilt: Kann eine **Gefährdung** des Hinterlands **nicht sicher ausgeschlossen** werden, darf **keine Schussabgabe** erfolgen.

Neben den allgemeinen Regelungen für den Umgang mit Schusswaffen bei der Jagdausübung sind **besondere Regelungen in § 4 der VSG 4.4** für die **Durchführung von Gesellschaftsjagden**[1246] zu beachten, die nicht nur den Jäger, sondern auch den Veranstalter und den bei Bedarf von ihm bestimmten Jagdleiter besonderen Pflichten unterwerfen. Prüft zB ein Jagdleiter vor Beginn einer Treibjagd nicht die Jagdscheine der Teilnehmer, kann diese Sorgfaltsverletzung zur Vermutung der Unzuverlässigkeit führen.

§ 4 VSG 4.4 bestimmt, dass Waffen **außerhalb des Treibens stets ungeladen** und grundsätzlich **mit geöffnetem Verschluss** und mit der **Mündung nach oben oder abgeknickt**, zu tragen sind. Durchgeh- oder Treiberschützen dürfen während des Treibens nur entladene Waffen mitführen. Dies gilt nicht für Feldstreifen und Kesseltreiben. Darüber hinaus ist es ausnahmsweise zulässig, dass Durchgeh- und Treiberschützen eine Waffe mit entladenen Läufen bzw. freiem Patronenlager für Eigenschutz oder Fangschuss sowie für den Schuss auf vom Hund gestelltes Wild führen.

Das **Übungsschießen** ist nur auf behördlich genehmigten Schießständen und nur mit geeignetem Gehörschutz erlaubt. Dies widerspricht nicht den Regelungen in § 13 Abs. 6 WaffG – denn diese Vorschrift erlaubt im Revier zwar das Ein- und Anschießen der Waffe, nicht aber ein Übungsschießen.

[1244] *Aus Sicherheitsgründen darf in diesem Moment der Verschluss, insbesondere bei einem Halbautomaten nicht geöffnet sein – bei einem Anstoßen der Waffe könnte der Verschlussfang gelöst werden und der schließende Verschluss eine Patrone aus dem Magazin in das Patronenlager führen und den beabsichtigten Schutz durch diese Regelung der UVV aufheben.*

[1245] *Vgl. DEVA-Gutachten „Abprallverhalten von Jagdmunition" aus 2011*

[1246] *Zeitliches und räumliches Zusammenwirken von Schützen; nach Landesrecht ist geregelt, ab welcher Schützenzahl von einer Gesellschaftsjagd auszugehen ist.*

2.9.7 Rechte und Pflichten im Jagdschutz

In einem Jagdbezirk **zum Jagdschutz**[1247] **berechtigt** ist der dort **Jagdausübungsberechtigte** mit gültigem Jagdschein und der für diesen Bezirk **behördlich bestätigte Jagdaufseher**.

Die Voraussetzungen für die **Bestellung der Jagdaufseher** sind in den Jagdgesetzen der Länder ergänzend und unterschiedlich geregelt, zB durch verpflichtende Lehrgänge oder Prüfungen. Die Bestellung erfolgt durch den örtlich Jagdausübungsberechtigten für sein Revier. Erst durch behördliche **Bestätigung** wird ein Jagdaufseher Jagdschutzberechtigter im Sinne des § 25 BJagdG und erhält damit die besonderen Befugnisse, die wiederum landesrechtlich geregelt werden („hoheitliche Rechte").

Wilderer sind Personen, die eine **Straftat** nach § 292 StGB begehen. Da nach § 127 Abs. 1 StPO jedermann bei einer Straftat das Recht zur **vorläufigen Festnahme** hat, wenn der Täter auf frischer Tat angetroffen wird und seine Identität nicht zweifelsfrei festgestellt werden kann oder Fluchtverdacht besteht, und diese Maßnahme auch mit einfacher körperlicher Gewalt (ohne Einsatz der Schusswaffe gegen den Verdächtigen außer in Notwehr in höchster Gefahr für Leib und Leben) durchsetzen darf, bedarf es zum Einschreiten nicht der behördlichen Bestätigung als Jagdaufseher.

Das Einschreiten bei Antreffen des Täters auf frischer Tat und die Festnahme sind **jedermann** und damit **auch außerhalb des Zuständigkeitsbereichs** des Jagdaufsehers zulässig. Das Festnahmerecht gilt nur im Falle von Straftaten.

Befugnisse der Jagdschutzberechtigten sind **nach Landesrecht** geregelt. Dazu können zählen das Anhalten von Personen, wenn diese unberechtigt jagen oder gegen jagdrechtliche Vorschriften verstoßen, das Abnehmen von zur unbefugten Jagd mitgeführten Waffen und Gegenständen sowie gefangenen oder erlegten Wildes und die Feststellung der Identität.

Verfügt der behördlich bestätigte Jagdaufseher zusätzlich über eine **forstliche Ausbildung** oder ist er **Berufsjäger**, hat er über die allgemeinen Befugnisse des Jagdschutzberechtigten hinaus **besondere Befugnisse**, die denen eines Polizeivollzugsbeamten oder Försters in Belangen des Jagdschutzes entsprechen. Auch hinsichtlich der Intensität der ergreifbaren Maßnahmen hat dieser Jagdaufseher erweiterte Möglichkeiten. So hat er nach § 25 Abs. 2 BJagdG die Rechte und Pflichten von Polizeibeamten, darunter das **Recht zur Anwendung unmittelbaren Zwangs** (zB im Zuge strafprozessualer Maßnahmen wie der **Festnahme** nach § 127 Abs. 2 StPO oder die **Identitätsfeststellung** nach § 163b StPO). Er ist **Ermittlungsperson der Staatsanwaltschaft** und bereits beim Verdacht einer Ordnungswidrigkeit oder Straftat befugt, Maßnahmen gegen den Tatverdächtigen zu ergreifen. Seine Zuständigkeit bezüglich des Jagdschutzes und damit auch seine Tätigkeit ist dabei auf den amtlich zugewiesenen Dienstbezirk bzw. Revierbezirk begrenzt. Er unterliegt dem Legalitäts-

---

[1247] *Zum Begriff des Jagdschutzes siehe Seite 453*

prinzip und hat somit die **Pflicht zum Einschreiten**, wenn ihm dienstlich eine **Straftat** bekannt wird.

Jagdgästen stehen keine besonderen Befugnisse mit Ausnahme der Jedermannrechte zu. Das gilt auch für Jagdaufseher, die in einem anderen Bezirk behördlich bestätigt sind, in dieser Situation und an diesem Ort aber lediglich Jagdgast sind. Jagdgäste können sich auf **Nothilfe** berufen, wenn der Täter die Rechte des Jagdausübungsberechtigten verletzt.

2.9.8 Umgang mit SRS-Waffen

Die Freistellung von den Erlaubnispflichten für das **Führen**[1248] **von und Schießen**[1249] **mit SRS-Waffen** durch Jäger nach § 13 Abs. 6 WaffG ist durch die Eigenschaft der SRS-Waffe, Jagdwaffe im Sinne des WaffG zu sein, zu begründen.[1250] Somit bedarf der Jäger in den Fällen des § 13 Abs. 6 WaffG weder eines Kleinen Waffenscheins noch einer Schießerlaubnis, wenn es sich um eine in dieser Norm genannte Verwendung, nämlich der Ausübung der Jagd einschließlich des Ein- und Anschießens im Revier, zur Ausbildung von Jagdhunden im Revier, zum Jagdschutz oder zum Forstschutz, handelt.[1251] Im Zusammenhang mit diesen Tätigkeiten, zB bei Fahrt oder Gang ins Revier oder zurück, darf die SRS-Waffe außerhalb des Reviers lediglich zugriffsbereit geführt werden, nicht aber schussbereit (nicht geladen).[1252] Gleiches gilt für die Benutzung von Fahrzeugen, da eine Gefahr durch das Mitführen einer geladenen Waffe entsteht, ohne dass dies durch die Erforderlichkeit zur unmittelbaren Schussabgabe begründet werden könnte.

[1248] *Kleiner Waffenschein nach § 10 Abs. 4 WaffG*

[1249] *Schießerlaubnis nach § 10 Abs. 5 WaffG*

[1250] *WaffVwV 2012 zu § 13 WaffG, 13.6 Abs. 4; BT-Drs. 14/8886, S. 111 zur negativen Abgrenzung, wonach die Definition der Jagdwaffe nur nach § 19 BJagdG verbotene Waffen ausnimmt, damit aber andere Waffen positiv zur Jagdwaffe erklärt, selbst dann, wenn sie zur Tötung von Wild nicht geeignet oder bestimmt sind; BT-Drs. 14/7758, S. 62, hier insbesondere zur Verwendung der SRS-Waffe im Rahmen der von § 13 Abs. 6 WaffG erfassten Tätigkeit „Erprobung und Prüfung der Schussfestigkeit von Jagdhunden", wobei die in diesem Zusammenhang eingesetzte Schusswaffe nicht der Jagdausübung dient. Gleiches gilt für die Verwendung zur Wildschadensverhütung.*

[1251] ***Abweichend** mit Verweis auf fehlende explizite Freistellung von der Erlaubnispflicht OVG Lüneburg 11 ME 373/07, Beschluss vom 12. November 2007; allerdings ist diese Entscheidung vor Inkrafttreten der WaffVwV 2012 ergangen.*

[1252] *In der WaffVwV (a.a.O., siehe Fn. 1250) wird zwar nur eine Ausnahme „im Revier" thematisiert; nach dem Grundsatz „argumentum a maiore ad minus" muss diese Ausnahme auch im Zusammenhang mit der Jagdausübung und damit beim Führen auf dem Weg zur und von der Jagd gelten, insbesondere weil die gefährlichere „scharfe" Schusswaffe dann ebenfalls zugriffsbereit geführt werden darf.*

Will ein Jäger außerhalb der in § 13 Abs. 6 WaffG benannten Tätigkeiten oder Örtlichkeiten eine SRS-Waffe führen, bedarf er eines **Kleinen Waffenscheins**. Gleiches gilt für das Schießen mit der SRS-Waffe bei der Ausbildung von Jagdhunden, die nicht im Revier erfolgt, dafür ist grundsätzlich eine **Schießerlaubnis** erforderlich. Zu beachten sind aber die **Ausnahmen** für das **Führen** der SRS-Waffe auf dem befriedeten Besitztum eines Dritten mit dessen Zustimmung nach § 12 Abs. 3 Nr. 1 WaffG und für das **Schießen** mit einer SRS-Waffe, mir der nur Kartuschenmunition abgeschossen werden kann, nach § 12 Abs. 4 Satz 2 Nr. 1 lit. b WaffG, die außerhalb des öffentlichen Raumes unter Beachtung der dort genannten Bedingungen den Umgang mit der SRS-Waffe von der Erlaubnispflicht freistellen.

2.9.9 Jugendjagdschein

Nach § 13 Abs. 7 WaffG dürfen Inhaber eines **Jugendjagdscheins** im Sinne von § 16 BJagdG ohne Erlaubnis bei der Ausübung der Jagd, zum Training oder zum jagdlichen Schießwettkampf Schusswaffen und für diese bestimmte Munition erwerben und besitzen sowie Schusswaffen führen und mit ihnen schießen, wobei nicht zwischen Lang- und Kurzwaffen unterschieden wird. Allerdings muss es sich nach Sinn und Zweck der Norm um Jagdwaffen im Sinne des WaffG handeln, da der Betroffene mit diesen Waffen zum Zwecke der Jagd umgehen soll. Gleiches gilt für den Umgang mit Munition. Inhaber eines Jugendjagdscheins sind durch die Regelung in § 13 Abs. 7 WaffG von der Regelung zum Mindestalter nach § 2 Abs. 1 WaffG ausgenommen. Eine WBK wird ihnen nicht erteilt. Nicht schussbereite Schusswaffen dürfen von Inhabern eines Jugendjagdscheins auch im Zusammenhang mit der Jagd, etwa auf der Fahrt in das Revier, erlaubnisfrei geführt werden. Zu beachten ist das Erfordernis einer **jagdlich erfahrenen Begleitperson** nach § 16 Abs. 2 BJagdG, allerdings nur, da die Norm des BJagdG dies fordert, bei der tatsächlichen Jagdausübung. Der Umgang mit Jagdwaffen im Zusammenhang mit der Jagdausübung, etwa das Führen der Waffen auf dem Weg in das Revier und zurück, wie auch der Erwerb von einem Berechtigten, um mit dieser Waffe im Rahmen des Schießtrainings vorübergehend umzugehen, darf auch ohne diese Begleitperson stattfinden. So kann beispielsweise der Sohn, der Inhaber eines Jugendjagdscheins ist, sich eine Büchse von seinem Vater, der Jäger ist und der diese Waffe in seiner WBK eingetragen hat, sich im Wohnhaus der Familie von diesem aushändigen[1253]

[1253] *Nicht zulässig wäre eine Zugriffsgestattung auf die Waffe, die sich im Waffenschrank des Vaters befindet, durch (auch nur kurzfristige) Überlassung der Behälterschlüssel. Zwar ist der Erwerb und vorübergehende Besitz der Büchse im Rahmen des § 13 Abs. 7 WaffG erlaubt, nicht aber eine Überlassung der Tresorschlüs--el oder des Zahlencodes des Waffenschranks an den Sohn. Dies würde vorausset--en, dass es sich um eine gemeinschaftliche Aufbewahrung handelt, womit sowohl Vater als auch Sohn Inhaber einer WBK sein müssten; die Zulässigkeit des Erwerbs auch vor Ausübung der Jagd lässt sich sowohl aus der Erforderlichkeit für diesen Erwerb für das erlaubnisfreigestellte Führen im Zusammenhang mit der Jagdausübung nach Abs. 7 Satz 2 2. Hs. WaffG als auch aus den Hinweisen des Gesetzgebers in der WaffVwV zu § 13 ableiten, wo ausdrücklich unter 13.7 im dritten Ab-*

lassen und die Waffe unbegleitet unter Beachtung sonstiger Vorschriften zur Schießstätte oder ins Revier transportieren.

2.9.10 Zur Verwendung des Schalldämpfers

Die maximale Effektivität im Sinne der größtmöglichen Dämpfung der gesamten Geräuschentwicklung bei Schussabgabe erreicht ein Schalldämpfer nur mit Verwendung von Unterschall-Geschwindigkeits-Munition („Subsonic"). Bei der **Jagdausübung** auf Schalenwild und Seehunde ist das aber kaum umsetzbar, da für den Schuss auf diese Kreaturen durch das derzeit gültige BJagdG bestimmte **Mindestenergiemengen** verbindlich festgelegt sind, die mit Subsonic-Munition in der Regel nicht zu erreichen sind.[1254]

Die Zulässigkeit der Verwendung von Subsonic-Munition im Rahmen der Jagd, etwa zum Fangschuss oder bei der Schussabgabe auf Raubwild oder Raubzeug, ist allerdings fraglich, da im Rahmen der Diskussion zur Freigabe von Schalldämpfern für Jäger im Vorfeld der WaffG-Novelle 2020 die Verwendung von Subsonic-Munition ausdrücklich abgelehnt wurde,[1255] um Menschen, die sich im weiteren Umfeld des Schützen aufhalten (beispielsweise Spaziergänger) frühzeitig durch den Geschossknall auf die stattfindende Jagd aufmerksam zu machen; die aus diesem Grunde in das Gesetz eingeführte Beschränkung auf Zentralfeuerpatronen ist ein Hinweis auf diesen Willen des Gesetzgebers, gleichwohl fehlt es an einem ausdrücklichen Verbot der Verwendung von Subsonic-Munition durch Jäger bei der Verwendung von Schalldämpfern, die aus dem Gesetzestext direkt ableitbar ist. Bei Bejagung von Raubzeug und Raubwild, etwa als **Stadtjäger** oder **Friedhofsjäger**, ist die optimale Schalldämpfung durch Verwendung von Unterschall-Munition durchaus sinnvoll, da es sich hier um einen Waffengebrauch in Wohngebieten oder solchen Bereichen handelt, in denen die Jagd mit nur geringer Geräuschbelästigung verbunden sein soll.

2.9.11 Personen in der Ausbildung zum Jäger

2.9.11.1 Übersicht

Nach § 13 Abs. 8 WaffG dürfen Personen in der Ausbildung zum Jäger **ohne Erlaubnis** nicht schussbereite Waffen erwerben, besitzen und führen. Voraussetzung ist, dass Erwerb, Besitz und Führen der Waffe **nur unter Aufsicht eines Ausbilders**

---

satz zu den führfähigen Waffen auch Leihwaffen als „Schusswaffen anderer Berechtigter" gezählt werden; ein erforderlicher Zeitraum zwischen dem Erwerbsmoment zum Zwecke der Ausübung der Jagd und dem Beginn des Führens der Waffe im Zusammenhang mit der Jagdausübung wäre aus hiesiger Sicht durch die gesetzliche Regelung von der Erlaubnisfreiheit gedeckt.

[1254] *Für eine E_{100} von 2.000 J bei einer v_0 von 320 m/s und v_{100} von 288 m/s (10% Geschwindigkeitsverlust auf 100 m) wäre eine Masse m von 48 Gramm erforderlich, schwere Jagdgeschosse haben meist weniger als die Hälfte dieses Gewichts.*

[1255] *BT-Drs. 19/13839, S. 72, zu Nummer 5, lit. b*

erfolgen.[1256] Die Regelung ermöglicht auch Jugendlichen den Umgang mit Schusswaffen, was durch eine Regelung zum Schießen durch Jugendliche auf Schießstätten ergänzt wird.[1257] Zudem ist der Erwerb und Besitz von Schusswaffen zur **Ausbildung** auch außerhalb einer Schießstätte erlaubnisfrei gestellt .

Neben der Anwesenheit des Ausbilders ist eine schriftliche oder elektronische Bestätigung des Einverständnisses des verantwortlichen Leiters der Ausbildung erforderlich, dass der Betroffene Schusswaffen unter Aufsicht eines Ausbilders erwerben, besitzen und führen darf. Ist der Betroffene nicht volljährig, muss das gleiche Einverständnis auch von einer sorgeberechtigten Person erklärt werden. Die Einverständniserklärungen sind in der Ausbildung von dem Betroffenen stets mitzuführen.

Der erlaubnisfreie Umgang umfasst gemäß § 13 Abs. 9 WaffG in Verbindung mit § 13 Abs. 8 WaffG auch Erwerb, Besitz und Führen von Schalldämpfern für Langwaffen mit Zentralfeuerkaliber.

Der Umgang mit Waffen durch Ausbilder und Prüfer gilt als Tätigkeit im Zusammenhang mit der Jagd und fällt damit unter das Bedürfnis des Jägers sowie die Freistellung nach § 13 Abs. 6 WaffG, die das Führen ungeladener Jagdwaffen von der Erlaubnispflicht freistellt.[1258]

Volljährigen Auszubildenden, die die entsprechenden Voraussetzungen zur Erteilung einer Waffenbesitzkarte erfüllen, kann unter Umständen diese Erwerbs- und Besitzerlaubnis für eine Einzellader-Flinte erteilt werden.[1259]

2.9.11.2 Befristet erteilte Waffenbesitzkarte

Personen, die sich in der Ausbildung zum Jäger befinden, kann nach Nachweis grundlegender waffenrechtlicher Kenntnisse und Fertigkeiten im sicheren Umgang mit Schusswaffen eine Erlaubnis zum Erwerb und Besitz einer Einzellader-Langwaffe mit glattem Lauf oder mit glatten Läufen im Kaliber 12 oder kleiner erteilt werden. Somit ist es möglich, dass dieser Personenkreis noch vor Bestehen der Jägerprüfung eine Waffenbesitzkarte erhalten kann und dadurch berechtigt ist, eine Waffe der vorgenannten Art zu erwerben und zu besitzen. Kurzwaffen oder Langwaffen, die über einen gezogenen Lauf verfügen, dürfen nicht erworben werden.

Die WBK ist dabei über die allgemeine Regelung in § 8 WaffG zu erteilen, wobei als **Nachweis des Bedürfnisses** eine Darlegung der Erforderlichkeit durch die verantwortliche Ausbildungsstelle oder die zuständige Kreisgruppe des Landesjagdverbandes vorzulegen ist. Zudem ist durch den Ausbildungsleiter zu bestätigen, dass er eine für den Betroffenen geeignete Ausbildungswaffe nicht zur Verfügung stellen

[1256] *Zum Umgang mit Waffen in der Ausbildung vertiefend Kapitel 2.9.11.3*

[1257] *siehe Kapitel 2.9.11.4*

[1258] *WaffVwV 13.6, 5. Absatz, zu § 13 WaffG*

[1259] *WaffVwV 13.8. zu § 13 WaffG, wie zuvor WaffVwV 1994, Nr. 32.5.2; vertiefend zu Voraussetzungen und Verfahren Kapitel 2.9.11.2*

kann. Die Voraussetzungen zur Erteilung einer WBK gemäß § 4 WaffG müssen erfüllt sein, somit muss der Antragsteller **volljährig**, **zuverlässig** und **persönlich geeignet** sein, ebenso ist der **Nachweis der sicheren Aufbewahrung dieser Langwaffe** zu erbringen. Als **Nachweis der Sachkunde** ist gemäß § 3 Abs. 1 Nr. 1 lit. a, 3. Alt. AWaffV eine Bescheinigung des Ausbildungsleiters für das Schießwesen nachzuweisen, dass der Betroffene erforderliche waffenrechtliche Kenntnisse und Fertigkeiten im sicheren Umgang mit Schusswaffen durch Teilnahme an einem Lehrgang für die Ablegung der Jägerprüfung erworben hat.

Diese WBK ist stets zu befristen, in der Regel auf zwei Jahre. Damit wird von vornherein verhindert, dass ein Waffenbesitz über die Dauer der Jagdausbildung und eine eventuelle Zeit zum Ablegen einer Wiederholungsprüfung hinaus wirksam unterbunden wird. Eine **Erlaubnis zum Erwerb und Besitz von Munition** wird in diesem Sonderfall **nicht erteilt**.

Die Leihe einer Kurzwaffe, die § 12 Abs. 1 WaffG Inhabern einer WBK erlaubt, ist hier nicht möglich. Ein Bedürfnis zum Erwerb und Besitz von Kurzwaffen im Zusammenhang mit der Ausbildung zum Jäger nicht zwingend gegeben, wobei zu beachten ist, dass der Gesetzgeber die Sonderregelung zum Erwerb von Waffen auf Einzellader-Flinten beschränkt hat und auch nur auf Fälle, in denen eine Ausbildungswaffe nicht zur Verfügung steht; durch die Leihe würde eine gesetzliche Beschränkung umgangen.

2.9.11.3 Umgang mit Waffen in der Ausbildung

Der Umgang mit Jagdwaffen (Lang- und Kurzwaffen) durch Personen in der Ausbildung zum Jäger darf nur unter der Aufsicht des Ausbilders erfolgen. Die für Jäger oder Inhaber eines Jugendjagdscheins nach § 13 Abs. 6 WaffG eröffnete Möglichkeit, eine Waffe zugriffsbereit im Zusammenhang mit der Jagd zu führen, etwa auf dem Weg ins Revier, ist hier nicht gegeben. Erwerb, Besitz und Führen von Waffen sind grundsätzlich nur erlaubt, wenn sich der Betroffene unter Aufsicht des Ausbilders befindet, somit darf der Auszubildende nicht unbegleitet Umgang mit der Waffe haben.

Handelt es sich um einen Auszubildenden, der eine WBK besitzt, ist zu beachten, dass durch die WBK die Erforderlichkeit der Aufsicht durch den Ausbilder für das Erlangen (Erwerb) und die Ausübung der tatsächlichen Gewalt (Besitz) entfällt, ebenso für das Führen der in der WBK eingetragenen Waffe. Bezüglich des Führens der Jagdwaffe in Abwesenheit des Ausbilders muss aber beachtet werden, dass auch hier nicht die Sonderregelungen für das Führen von Waffen durch Jäger oder Inhaber eines Jugendjagdscheins gelten, sondern allein die Ausnahmeregelung des § 12 Abs. 3 Nr. 2 WaffG anwendbar ist, die Waffe somit weder schussbereit (keine Munition in der Waffe) noch zugriffsbereit (in der Praxis empfohlen: in einem verschlossenen Futteral oder Gewehrkoffer) sein darf und nur geführt werden darf im Zusammenhang mit dem Bedürfnis, das dem Besitz zugrunde liegt, also nur im Zusammenhang mit dem Übungsschießen.

Die **Befreiung vom Verbot** des Umgangs mit **Nachtzieltechnik** nach § 40 WaffG erfasst nicht Personen in der **Ausbildung** zum Jäger. Dies gilt für jeglichen Umgang, somit auch im Rahmen des Unterrichts oder auf der Schießstätte.

2.9.11.4 Schießen durch Minderjährige auf Schießstätten

Nach § 27 Abs. 5 WaffG dürfen Personen in der Ausbildung zum Jäger in der Ausbildung auf Schießstätten ohne Erlaubnis mit Jagdwaffen schießen, wenn sie das 14. Lebensjahr vollendet haben (Jugendliche) und der Sorgeberechtigte und der Ausbildungsleiter ihr Einverständnis in einer schriftlichen oder elektronischen Berechtigungsbescheinigung erklärt haben. Der Jugendliche hat in der Ausbildung diese Bescheinigung mit sich zu führen.

2.9.12 Sachliche Verbote für den Schuss aufs Wild

§ 19 BJagdG enthält „sachliche Verbote" für die Jagd mit bestimmten Arten von Waffen, Munition und Geschossen. Die Art des zu Wildes entscheidet, ob die Schussabgabe verboten ist. **Abweichende landesgesetzliche Regelungen**, die den Begriff *Wild* nach § 1 BJagdG erweitern, sind **möglich und bindend**.

<table>
<tr><th colspan="5">§ 19 BJagdG verbietet den Schuss auf Wildart (WA) bei Nutzung von ...</th></tr>
<tr><th>WA</th><th>Schalenwild ohne Rehwild</th><th>Rehwild</th><th>Seehunde</th><th>Sonstiges Wild</th></tr>
<tr><td>1</td><td>Schrot, Posten, gehacktes Blei, Bolzen, Pfeile</td><td>Schrot, Posten, gehacktes Blei, Bolzen, Pfeile</td><td>Schrot, Posten, gehacktes Blei, Bolzen, Pfeile</td><td>X</td></tr>
<tr><td>2</td><td>Büchsenpatrone mit E_{100} < 2.000 J oder cal. < 6,5 mm</td><td>Büchsen-patrone mit E_{100} < 1.000 J</td><td>Büchsen-patrone mit E_{100} < 1.000 J</td><td>X</td></tr>
<tr><td>3</td><td colspan="4">Halbautomatische Langwaffe, die im Moment der Schussabgabe auf das Wild mit mehr als drei Patronen geladen ist, oder (voll-) automatische Waffe</td></tr>
<tr><td>4</td><td colspan="4">Faustfeuerwaffen (Pistole oder Revolver), ausgenommen:
• Fangschussabgabe mit Geschossen mit Mündungsenergie (E_0) von mind. 200 J
• Bau- und Fallenjagd (ohne Erfordernis jeglicher Mindestmündungsenergie)</td></tr>
<tr><td colspan="5">Kategorien: 1 (Geschossart), 2 (Munitionsart), 3 (Ladezustand), 4 (Waffenart)</td></tr>
<tr><td colspan="5">Verfahren: Wildart auswählen, verboten sind Handlungen unter der Spaltenbezeichnung</td></tr>
<tr><td colspan="5">Bsp. „Rehwild": Es gelten Verbote Reihe 1 u. 2 in Spalte „Rehwild" sowie Reihe 3 u. 4.</td></tr>
</table>

2.10 Europäischer Feuerwaffenpass (EFP)

Für die **Mitnahme** von Waffen und Munition aus, in und durch **Mitgliedsstaaten**[1260], zum Beispiel zur Teilnahme an Sport- und Brauchtumsveranstaltungen oder zum Zweck der Jagd, kann nach § 32 Abs. 6 WaffG auf Antrag ein „Europäischer Feuerwaffenpass" (EFP) ausgestellt werden, wenn der Antragsteller zum Besitz der Waffen berechtigt[1261] ist, zB als WBK-Inhaber.

[1260] *Ist in diesem Kapitel von EU-Staaten, Mitgliedsstaaten oder der EU die Rede, umfasst der Begriff EU-Mitgliedsländer und die Schengenstaaten Schweiz, Liechtenstein, Norwegen und Island.*

[1261] *Zum Begriff der Berechtigung siehe Erläuterung auf Seite 264*

Der **EFP** ist gemäß § 33 Abs. 1 AWaffV grundsätzlich[1262] **fünf Jahre gültig** und dient zum **Nachweis des berechtigten Umgangs mit den darin eingetragenen Waffen und Munition** bei **Mitnahme**[1263] innerhalb der EU. Ein gewöhnlicher Aufenthalt des Antragstellers in Deutschland ist nicht erforderlich, nur die zugrundeliegende Berechtigung[1264] zum Besitz von Waffen oder Munition nach Anlage 1 A3 WaffG muss von einer deutschen Waffenbehörde ausgestellt und die Mitnahme in einen Mitgliedsstaat beabsichtigt sein.[1265] Der in einem anderen Mitgliedsstaat ausgestellte EFP kann von der Behörde als Nachweis der Voraussetzungen nach § 4 Abs. 1 Nr. 1 bis 3 WaffG herangezogen werden, wenn durch den Inhaber eine Erlaubnis nach § 32 Abs. 1 WaffG für die Mitnahme beantragt worden ist.[1266]

Der EFP ist **keine Mitnahmeerlaubnis** nach § 32 WaffG und **keine waffenrechtliche Erlaubnis** im Sinne von § 10 WaffG, somit einer WBK nicht gleichgestellt. Er soll kontrollierenden Kräften anderer Mitgliedsländer die Prüfung erleichtern, ob die kontrollierte Person im Besitz einer Erlaubnis ihres Heimatlandes zum Umgang mit Waffen ist, was durch eine länderübergreifende Legitimation geprüft werden soll. Im Falle von Widerruf oder Rücknahme waffenrechtlicher Erlaubnisse ist er gleichwohl behördlich wie eine waffenrechtliche Erlaubnis zu behandeln.[1267]

In einigen EU-Staaten ist vor Einreise die Eintragung der Zustimmung zur Waffeneinfuhr einzuholen, die als Sichtvermerk im EFP einzutragen ist. Der **Europäische Feuerwaffenpass ersetzt** im Bundesgebiet nicht die Waffenbesitzkarte und **die Erwerbserlaubnis**, sondern gestattet lediglich die **Mitnahme einer Waffe**, etwa den Grenzübertritt aus Deutschland in einen anderen Mitgliedsstaat mit der Absicht, diese Waffe nach Ende der Reise wieder nach Deutschland zurückzubringen.

Die Mitnahme in einen **Drittstaat** bedarf keiner Erlaubnis aufgrund der Freistellung von der Erlaubnispflicht nach Anlage 2 A2 UA2 Nr. 8.1 WaffG für diesen Fall. Hier sind aber unter Umständen Erlaubnis- und Informationspflichten nach Außenwirtschaftsrecht zu beachten.

Der EFP ermöglicht es **Jägern** sowie **Sport- und Brauchtumsschützen**, *bestimmte Arten von Waffen*[1268] in begrenzter Zahl sowie die für den angegebenen Zweck benötigte Munition innerhalb der EU **ohne Mitnahmeerlaubnis** mitzunehmen, sofern

---

[1262] *Zu Ausnahmen und zur Möglichkeit der Verlängerung sowie Erteilung von Auflagen und Anzeigepflichten nach §§ 9, 37g WaffG siehe § 33 Abs. 1 AWaffV (dortiger Verweis auf § 37 Abs. 2 WaffG ist ein redaktioneller Fehler des Gesetzgebers)*

[1263] *Beachten Sie zum Begriff der Mitnahme die Erläuterungen in Kapitel 1.6.1.6*

[1264] *Zum Begriff der Berechtigung siehe Erläuterung auf Seite 264*

[1265] *BR-Drs. 61/17, S. 34, zu lit. d (§ 32 Abs. 6 WaffG)*

[1266] *WaffVwV zu § 11 WaffG, Nr. 11.2*

[1267] *dazu Kapitel 1.27.2.1.1; bei Veränderung im Waffenbestand besteht die Vorlagepflicht für den EFP nach § 37g WaffG, Kapitel 1.22.8*

[1268] *Die nachfolgenden Kategorien beziehen sich auf Anlage 1 A3 WaffG.*

sie den Grund der Mitnahme im Sinne des Zwecks der Reise nachweisen können.[1269] Dabei sind die gesetzlich festgelegten **Arten von Schusswaffen** (Kategorien nach Anlage 1 A3 WaffG) sowie **die Höchstzahl**, die nach § 32 Abs. 3 WaffG ohne Erlaubnis nach den Absätzen 1 (Mitnahme in oder durch den Geltungsbereich des WaffG) oder 1a (Mitnahme aus dem Geltungsbereich) mitgenommen werden darf, zu beachten, ebenso der jeweilige **Zweck** – so ist die Mitnahme

- **Jägern** von bis zu drei Langwaffen der Kategorie C **zum Zweck der Jagd**,
- **Sportschützen** von bis zu sechs Lang- und Kurzwaffen der Kategorien B und C **zum Zweck des Schießsports** sowie
- **Brauchtumsschützen** von bis zu drei Einzellader-Langwaffen und Repetier-Langwaffen der Kategorie C **zur Teilnahme an Brauchtumsveranstaltungen**

sowie **für diese Waffen bestimmter Munition** ohne Erlaubnis nach § 32 Abs. 1 oder 1a WaffG gestattet, wenn die Waffen und die dafür bestimmte Munition **im EFP eingetragen** sind und **der Besitz im Zuge der Mitnahme nicht** (auch nicht nur vorübergehend) **aufgegeben** wird. Die Mitnahme anderer Waffen, zB Kurzwaffen, oder größerer als der genannten Mengen setzt eine Mitnahmeerlaubnis nach § 32 Abs. 1 oder 1a WaffG voraus.

Personen, die ihren gewöhnlichen Aufenthalt in einem **Drittstaat** haben, kann gemäß **§ 32 Abs. 4** WaffG ebenfalls für Waffen und Munition unter den in Abs. 3 genannten Voraussetzungen und Einschränkungen eine Erlaubnis erteilt werden, ohne zuvor die gemäß Abs. 1 erforderliche umfangreiche Prüfung der Voraussetzungen für die Erteilung einer Erlaubnis nach § 4 Abs. 1 WaffG vollständig durchführen zu müssen. Diese Möglichkeit scheidet aber aus, wenn Tatsachen die Annahme rechtfertigen, dass der Betroffene nicht zuverlässig oder nicht persönlich geeignet ist.

Die Ausnahme nach § 32 Abs. 3 und 4 WaffG gilt für die Mitnahme in, durch und aus dem Geltungsbereich des WaffG, somit neben Drittstaatlern auch sowohl für inländische wie für ausländische Inhaber eines EFP. Die in § 32 Abs. 3 WaffG verwendeten Begriffe Jäger, Sportschütze und Brauchtumsschütze dürfen nicht im Sinne der §§ 13 Abs. 1, 14 Abs. 2 oder 16 Abs. 1 WaffG betrachtet werden, da zB die Einordnung als Brauchtumsschütze gemäß §16 Abs. 1 WaffG zwingend die Mitgliedschaft in einer zur Brauchtumspflege Waffen tragenden Vereinigung voraussetzt, was durch die Behörde lediglich im Falle einer im Inland bestehenden Vereinigung anerkannt werden könnte. Im Falle einer Mitnahme in oder durch den Geltungsbereich des WaffG ist unter Beachtung von Sinn und Zweck der Norm von einer Erfüllung der Voraussetzung, Jäger, Sportschütze oder Brauchtumsschütze zu sein, auszugehen, wenn der Betroffene die Mitnahme nachweisbar zu einem Zweck unternimmt, der diesen Bedürfnisarten entspricht.

[1269] *Zu den gesetzlichen Regelungen zur* ***Mitnahme von Waffen und Munition*** *und zum Europäischen Feuerwaffenpass ergänzend Kapitel 1.18.3*

Die **Erteilung der Mitnahmeerlaubnis** nach § 32 Abs. 1 WaffG setzt eine umfassende Prüfung der Voraussetzungen nach § 4 Abs. 1 Nrn. 1 bis 4 WaffG voraus. Personen, die ihren gewöhnlichen Aufenthalt in einem anderen Mitgliedsstaat (nicht in einem Drittstaat) haben, darf diese Erlaubnis einschränkend nur erteilt werden, wenn sie Inhaber eines EFP sind und die mitzunehmenden Waffen nebst Munition in dem EFP eingetragen sind.

Der **Besitz von Waffen und Munition in Deutschland** ist für **Inhaber eines nicht in Deutschland ausgestellten EFP** aus einem anderen Mitgliedsstaat für die in den EFP eingetragenen Gegenstände nach § 12 Abs. 1 Nr. 6 WaffG (Waffe) und § 12 Abs. 2 Nr. 3 WaffG (Munition) **von der Erlaubnispflicht freigestellt**, wenn die Voraussetzungen nach § 32 WaffG vorliegen, der Betroffene die Waffe nach oder durch Deutschland berechtigt mitnimmt. Die Berechtigung kann durch eine erteilte Erlaubnis oder durch Wegfall der Erlaubnispflicht durch gesetzliche Ausnahme gegeben sein.

Die **Erlaubnispflicht für das Führen im Inland entfällt** unter den Voraussetzungen nach § 12 Abs. 3 Nr. 2 WaffG.

Es empfiehlt sich, den Nachweis über den Mitnahmezweck, zB eine Einladung zu einem Wettkampf oder eine Jagdeinladung, rechtzeitig vor Beginn der Reise von dem Gastgeber oder Veranstalter anzufordern.

Nach § 32 Abs. 5 Nr. 1 WaffG ist die **Mitnahme in den Geltungsbereich des WaffG von der Erlaubnispflicht freigestellt**, wenn die betroffene Person hier eine **waffenrechtliche Erlaubnis für Erwerb und Besitz** der jeweiligen Waffe oder Munition hat. Anders als Abs. 1a stellt die Regelung nicht bloß auf eine Berechtigung zum Umgang im Inland ab, sondern auf eine bestehende Erlaubnis; von der Erlaubnispflicht freigestellte Vorgänge wie Erwerb und Besitz zur Leihe stellen keine Erlaubnis nach Abs. 5 dar. Fehlt eine solche Erlaubnis, ist nach Abs. 1 eine Mitnahmeerlaubnis zu beantragen.

Nach § 32 Abs. 5 Satz 2 WaffG ist der **Jagdschein** als jagdrechtliche Erlaubnis bezüglich der Vorschriften für die Mitnahme nicht einer WBK gleichgestellt und stellt **keine waffenrechtliche Erlaubnis** im Sinne von § 32 Abs. 5 Nr. 1 WaffG dar. Somit ist insbesondere bei **Einfuhr von Munition** für den Ausnahmefall des § 32 Abs. 5 Nr. 1 WaffG eine Erlaubnis erforderlich, die in Form eines Munitionserwerbsscheins oder einer in die WBK eingetragenen Erlaubnis (Siegel zum Munitionserwerb und -besitz) nachzuweisen ist.

Da der EFP im Geltungsbereich des WaffG nicht die WBK ersetzt, unterfällt der Transport einer nicht schussbereiten und nicht zugriffsbereiten Waffe nicht der Erlaubnisfreistellung nach § 12 Abs. 3 Nr. 2 WaffG, wenn eine Person aus einem anderen Mitgliedsstaat eine Waffe im Geltungsbereich des WaffG erworben hat und diese in eigener Obhut verbringen will.[1270]

[1270] *WBK nach § 11 WaffG erforderlich, da ohne befugten Besitz, dokumentiert durch die WBK, kein Bedürfniszusammenhang besteht; vertiefend Kapitel 1.10*

2.11 Erlaubnis für Handel und gewerbsmäßige Herstellung

2.11.1 Überblick

Unter den waffenrechtlichen Erlaubnissen stellen die Erlaubnisse nach § 21 WaffG neben der Waffenbesitzkarte für Sachverständige die wohl umfassendste Möglichkeit dar, Umgang mit Waffen oder Munition zu haben. Darum ist bei der Antragstellung seitens der Behörde mit besonderer Intensität zu prüfen, ob einer der gesetzlich[1271] festgelegten Versagungsgründe vorliegt. Da der Erlaubnisinhaber Hüter einer überdurchschnittlichen Gefahrenquelle ist, sind dabei und auch während der Überwachung des Geschäftsbetriebes besonders hohe Maßstäbe anzulegen. So können beispielsweise bei der Prüfung der Zuverlässigkeit nach § 5 WaffG auch Erkenntnisse über Personen im Umfeld des Antragstellers berücksichtigt werden (in der Regel der Lebens- oder Ehepartner), die auf den Antragsteller einen besonderen (negativen) Einfluss nehmen oder ungehinderten Zugriff auf Waffen oder Munition erlangen könnten, beispielsweise durch Kenntnis des Zahlencodes eines Waffenraums, wenn diese Person aber selbst durch Vorstrafen nicht mehr zuverlässig ist.[1272]

Während § 4 WaffG abschließend das Vorliegen bestimmter Eigenschaften vor Erteilung einer Erlaubnis fordert, besagt § 21 Abs. 3 WaffG, dass bestimmte Tatbestände nicht erfüllt sein dürfen. Danach darf die Erlaubnis nicht erteilt werden, wenn der Antragsteller

- nicht zuverlässig (§ 5 WaffG),
- nicht persönlich geeignet (§ 6 WaffG) oder
- bei Beantragung einer Erlaubnis
  - zum Waffenhandel nicht fachkundig (§ 22 WaffG) ist, es sei denn, er erfüllt die Voraussetzungen für die Eintragung eines Büchsenmacherbetriebes in die Handwerksrolle;
  - zur Waffenherstellung nicht die Anforderung der Handwerksordnung erfüllt, es sei denn, die Herstellung beschränkt sich auf eine nicht handwerksmäßige Betriebsweise.

Neben diesen **absoluten Versagungsgründen**, die insbesondere im Bereich der Unzuverlässigkeit aus § 5 Abs. 1 WaffG oder bei Nichtvorliegen des Fachkundenachweises der Behörde keinen Ermessensspielraum bieten, kann die zuständige Behörde die Erlaubnis versagen (**fakultative Versagungsgründe**),[1273] wenn der Antragsteller

- nicht Deutscher im Sinne des Art. 116 GG ist oder

[1271] § 21 Abs. 3 und 4 WaffG

[1272] OVG Saarlouis 1 B 355/08, Beschluss vom 11. Dezember 2008; das Gericht stellt klar, dass konkrete Tatsachen vorliegen müssen, die einen Einfluss des unzuverlässigen oder persönlich ungeeigneten Ehepartners belegen

[1273] § 21 Abs. 4 WaffG

- als Deutscher weder seinen gewöhnlichen Aufenthalt noch eine gewerbliche Niederlassung im Inland hat.

Liegt keiner dieser Versagungsgründe vor, ist die Erlaubnis zu erteilen.[1274]

Die **Waffenhandelserlaubnis steht** im Falle gesetzlicher Ausnahmen für Erlaubnisinhaber **einer WBK grundsätzlich gleich.**[1275]

Neben der Pflicht zur Einholung der Erlaubnis nach § 21 WaffG ist die **Anzeige der Aufnahme des Gewerbes nach § 14 GewO** vorgeschrieben.[1276] Insbesondere bei einer Tätigkeit, die nicht allein Waffen oder Munition zum Gegenstand hat, sondern zB Textilien oder optische Geräte wie Ferngläser, sollten alle beabsichtigten Tätigkeiten in der Anzeige nach § 14 GewO enthalten sein, um zukünftige Erweiterungen der Anzeige zu vermeiden. Zu beachten ist zudem, dass auch solche Handlungen, die nicht nach § 21 WaffG erlaubnispflichtig sind, zB der Handel mit Messern, die Waffe im Sinne des WaffG sind, der Anzeigepflicht nach § 14 GewO unterfallen.

Die Anzeige nach § 14 GewO ersetzt nicht die waffenrechtliche Erlaubnis. Wird eine gemäß § 14 GewO angezeigte Tätigkeit ohne die waffenrechtliche Erlaubnis nach § 21 WaffG betrieben, kann die zuständige Gewerbebehörde die Fortsetzung des Betriebes verhindern, während die zuständige Waffenbehörde wegen Verstoßes gegen das WaffG tätig wird.[1277]

Die Gewerbeausübung ohne Anzeige nach § 14 GewO ist nach § 146 Abs. 2 Nr. 2 lit. b GewO ordnungswidrig. Außer der Verfolgung oder Ahndung der Ordnungswidrigkeit stehen gewerberechtlich keine weiteren Zwangsmittel wie Verhinderung oder Untersagung zur Verfügung.

Der Anspruch des Staates, eine Person für etwaiges Fehlverhalten zur Verantwortung ziehen zu können, wird zumindest im Bereich des Waffenrechts auf den Stellvertreter erweitert und nicht lediglich übertragen, dessen Fachkunde ihn letztendlich befähigt, die Zulässigkeit einer Überlassung[1278] dahingehend zu prüfen, ob eine Erwerbserlaubnis vorliegt oder erforderlich ist. Dabei ist der waffenrechtlich Verantwortliche auch dann in der Pflicht, wenn andere Personen in seinem Umfeld eine solche Überlassung vornehmen, ohne dass eine entsprechende Erwerbserlaubnis vorliegt.

[1274] *„Vorrang des Gesetzes" gem. Art. 20 Abs. 3 GG; zum „Bedürfnis" Kap. 2.11.4*

[1275] *WaffVwV zu § 12, Nr. 12.1.1*

[1276] *Die Anzeige muss gleichzeitig mit Anfangen des Betriebs erfolgen; bei erlaubnispflichtigem Handeln oder Herstellen von Waffen setzt dies aber stets die vorherige Erteilung einer Erlaubnis nach § 21 WaffG voraus.*

[1277] *§ 15 Abs. 2 GewO; da Waffen- und Gewerbebehörde idR nicht identisch sind, erfolgt hier in der Praxis eine Abstimmung des Vorgehens zwischen den Behörden.*

[1278] *§ 34 Abs. 1 Satz 1 WaffG*

Angestellte (Verkäufer) im Einzelhandel bedürfen als weisungsgebundene Beschäftigte des Erlaubnisinhabers nicht einer eigenen Fachkunde, ebenso nicht **Auszubildende** oder **Lagerhilfen.**[1279] Aus Gründen der Haftung ist es für Unternehmer ratsam, dass Mitarbeiter mindestens sachkundig sind.

Die Erlaubnis nach § 21 WaffG kann auf **bestimmte Arten von Schusswaffen und Munition** beschränkt werden, wobei sich die erlaubten Arten an den in der **Anlage der AWaffV** zusammengefassten Gruppen orientieren.

Zu beachten ist, dass die gewerbsmäßige Waffenherstellungserlaubnis dann eine Erlaubnis zum Waffenhandel einschließt, wenn der Erlaubnisinhaber ein in die Handwerksrolle eingetragener Büchsenmacher ist (in der Regel „Meister").[1280] In anderen Fällen beschränkt sich die Erlaubnis zur Herstellung auf die Überlassung an andere Inhaber einer Herstellungs- oder Handelserlaubnis sowie auf den Erwerb von Waffen zum Zwecke der Herstellung, beschränkt auf jene Arten von Schusswaffen oder Munition, auf die sich die Herstellungserlaubnis erstreckt.

2.11.2 Fachkunde

2.11.2.1 Übersicht

Wer die Erlaubnis zum Waffenhandel beantragt, muss seine Fachkunde durch Prüfung vor der IHK nachgewiesen haben, wenn er nicht die Voraussetzungen für die Eintragung eines Büchsenmacherbetriebes in die Handwerksrolle erfüllt (Fachkundeprüfung). Umfang und Durchführung der Prüfung ergeben sich aus §§ 15, 16 A-WaffV.[1281]

Der Nachweis der **Fachkunde** ist entbehrlich, wenn der Antragsteller nicht selbst den Waffenhandel in der Funktion eines Betriebsleiters im Sinne von § 7 Abs. 1 Handwerksordnung (HwO) betreibt, sondern eine andere Person damit beauftragt. Dies setzt aber voraus, dass kein Vertretungsberechtigter (Geschäftsführer, Prokurist o. ä.) des Unternehmens in einen Vorgang eingebunden ist, der unter den waffenrechtlichen Begriff „Waffenhandel treiben" nach Anlage 1 A2 Nr. 9 WaffG fällt. Danach treibt Waffenhandel, wer gewerbsmäßig oder selbstständig im Rahmen einer wirtschaftlichen Unternehmung Schusswaffen oder Munition ankauft, feilhält, Bestellungen entgegennimmt oder aufsucht, anderen überlässt oder den Erwerb, den Vertrieb oder das Überlassen vermittelt. Bereits das Anbahnen eines Verkaufs

---

[1279] § 12 Abs. 1 Nr. 3 lit. a WaffG; der Mitarbeiter ist hier lediglich „verlängerter Arm" des Erlaubnisinhabers, der nur auf allgemeine oder spezielle Weisung tätig wird; da aber bei Verkäufern, die in der Praxis meist ohne Aufsicht Erwerbserlaubnisse prüfen und entsprechende Überlassungen vornehmen, eine breite Kenntnis waffenrechtlicher Vorschriften erforderlich ist, ist nicht nachvollziehbar, warum der Gesetzgeber nicht auch für diesen Personenkreis einen Nachweis der Fachkunde fordert; ergänzend zur Thematik siehe Kapitel 1.15.1.1

[1280] § 21 Abs. 2 Satz 2 WaffG

[1281] siehe dazu auch Kapitel 1.15.2

durch einen Vertretungsberechtigten oder einen Mitarbeiter seines Unternehmensbereiches fällt unter den Begriff des Waffenhandels und bedingt somit den Nachweis der Fachkunde. Ist aufgrund der internen Organisation und Komplexität eines Unternehmens nicht davon auszugehen, dass ein Vertretungsberechtigter in keinem Falle eine der vorgenannten Handlungen weisungsungebunden vornimmt, ist der Nachweis der Fachkunde von jedem Vertretungsberechtigten des Unternehmens zu fordern.

Die Erlaubnis zum Waffenhandel wird bei Benennung eines **Betriebsleiters** auf den Inhaber des Unternehmens ausgestellt[1282], ist aber nur in Verbindung mit der Benennung des Betriebsleiters und mit Nachweis der Fachkunde dieser Person[1283] zulässig und bedarf der Erteilung einer **Stellvertretungserlaubnis** nach § 21a WaffG für den Unternehmer. Mit Ausscheiden des Betriebsleiters ist die Erlaubnis zu widerrufen, wenn keine neue fachkundige Person benannt wird und für diese eine Stellvertretererlaubnis erteilt wird.

Die Stellvertretererlaubnis nach § 21a WaffG orientiert sich hinsichtlich der zu erfüllenden Voraussetzungen vollumfänglich an § 21 WaffG. Im Falle einer personellen Veränderung ist diese umgehend der zuständigen Behörde mitzuteilen, die dann wiederum alle Voraussetzungen, insbesondere des Vorliegens der Fachkunde, zu prüfen und im Zweifel gegenüber dem Unternehmer die Erlaubnis zum Waffenhandel zu widerrufen hat.

Die erforderliche Fachkunde ist seit Inkrafttreten des WaffG 2008 nicht mehr „ersitzbar", eine mindestens dreijährige Tätigkeit im Waffenhandel reicht somit nicht mehr aus, die Fachkunde ersatzweise nachzuweisen, wie es bis dahin[1284] möglich war. Bereits damals war aber zu beachten, dass die ausgebübte Tätigkeit geeignet sein musste, die erforderlichen Fachkenntnisse zu erwerben, die einen eigenverantwortlichen Handel möglich machen würden[1285] – dabei sollen die Kenntnisse in Umfang und Qualität den nach § 15 AWaffV geforderten Inhalten der Fachkundeprüfung entsprechen. Das Führen eines Kehrbesens reichte also auch damals nicht aus.

Leiter[1286] einer **Zweigniederlassung** oder einer **unselbständigen Zweigstelle** dürfen erst dann tätig werden, wenn die zuständige Behörde dem Unternehmer eine **Stell-**

1282 Im Falle einer GmbH auf das Unternehmen, das aber durch seinen/seine Geschäftsführer vertreten wird

1283 Stellvertretererlaubnis nach § 21 a WaffG; zum Begriff siehe folg. Ausführungen

1284 vor dem 1. April 2003: § 9 Abs. 2 Nr. 2 WaffG aF; seit dem 1. April 2003 bis 31. März 2008: § 22 Abs. 1 Nr. 2 WaffG; maßgeblich ist nach ständiger Rechtsprechung des BVerwG das zum Zeitpunkt der Antragstellung geltende Recht

1285 VG Kassel 2 G 708/04, Urteil vom 30. März 2004

1286 Bei bloßer Herausgabe von Waren, ohne dass vor Ort eine Entscheidung über die Überlassung getroffen wird, ist dies nicht erforderlich.

vertretungserlaubnis nach § 21a WaffG erteilt hat. Da es insbesondere in Zweigstellen und Zweigniederlassungen faktisch unmöglich ist, dass der waffenrechtlich verantwortliche Inhaber der Erlaubnis die waffenrechtlich relevanten Vorgänge „am Verkaufstresen" persönlich überwacht, ist hier[1287] aus gutem Grunde der Nachweis einer entsprechenden Fachkunde unbedingt erforderlich. **Zuständig** für die Erteilung der Erlaubnis wie auch für die waffenrechtliche Überwachung des Betriebes ist die für den Ort der **Hauptniederlassung** zuständige **Waffenbehörde.**[1288]

2.11.2.2 Fachkundeprüfung

Der Antragsteller wird idR durch die zuständige Behörde bei der örtlich zuständigen[1289] Industrie- und Handelskammer (IHK) zur Prüfung angemeldet. Da im Rahmen der Fachkunde unterschiedlich umfangreiche Gebiete geprüft werden können, ist bei der Antragstellung auf Erteilung der Waffenhandelserlaubnis eine sorgfältige Auswahl der beantragten[1290] Waffen- und Munitionsarten nach der Anlage zu § 15 AWaffV notwendig. Diese ist bei Anmeldung des Antragstellers an die IHK zu übermitteln. Beachten Sie **zur Fachkundeprüfung** die Ausführungen in Kapitel 1.15.2.

2.11.3 Qualifikation für die Herstellung

§ 21 WaffG benennt die qualifizierende Voraussetzung, die gewerbsmäßige Herstellung von Schusswaffen zu betreiben, nicht mit einem besonderen Begriff, sondern spricht für die Person des Antragstellers von erforderlichen Voraussetzungen, die nach den Bestimmungen der Handwerksordnung von dem Antragsteller zu erfüllen sind.[1291]

Für die Erteilung einer Erlaubnis für die Herstellung und damit auch die Bearbeitung und Instandsetzung von Waffen ist der Nachweis der handwerklichen Qualifikation dann nicht erforderlich, wenn die Tätigkeiten *nicht in handwerkstypischer Organisationsform* vorgenommen werden[1292] (§ 21 Abs. 3 Nr. 2 WaffG). Wenn eher von

---

[1287] § 21 a WaffG

[1288] § 49 Abs. 1 Nr. 2 WaffG

[1289] Die Prüfung ist nicht in dem Bundesland abzulegen, in dem der Handel betrieben werden soll; VG Freiburg Az. 5 K 2298/14, 18. Aug. 2015

[1290] Das Bestehen der Fachkundeprüfung setzt eine intensive Vorbereitung und umfassende Kenntnisse Recht und Technik voraus. Nicht zuletzt deswegen ist es möglich, die Fachkunde von vornherein auf bestimmte Waffen- und Munitionsarten zu beschränken oder den Nachweis der Fachkunde in diesem Sinne zu beschränken, wenn einzelne Wissensgebiete nicht ausreichend beherrscht werden.

[1291] Im Falle einer in einem anderen EU-Mitgliedsstaat abgelegten qualifizierenden Prüfung kann auch diese als gleichwertig anzusehen sein; durch das Abstellen auf die HwO sind die dortigen Vorschriften zur Gleichwertigkeit ausländischer Berufsabschlüsse und Zugangsvoraussetzungen anzuwenden.

[1292] Ergänzende Informationen in Kapitel 1.15.1.2

einer industriellen Organisation mit einem hohen Grad an Arbeitsteilung auszugehen ist, ist der Befähigungsnachweis zum Ausüben des Handwerks nach der Handwerksordnung (HwO) entbehrlich, der nach HwO unter anderem für das Betreiben des Büchsenmacherhandwerks die erfolgreich abgelegte Meisterprüfung fordert. Um ein Bearbeiten, das handwerkliche Tätigkeiten an der Waffe erfordert, auszuschließen, kann die Erlaubnis beschränkt werden.

Für das Betreiben der Waffenherstellung unter Einbeziehung eines Stellvertreters, der als **Betriebsleiter** seine persönliche Qualifikation einbringt, beachten Sie die Hinweise im vorangehenden Kapitel zur Fachkunde.

2.11.4 Bedürfnis

Der Nachweis eines Bedürfnisses ist nicht erforderlich. Es ist aber zu beachten, dass es sich um eine auf Dauer und Erzielung von Gewinn ausgerichtete gewerbsmäßige oder selbständige Tätigkeit handeln muss. So ist in der Regel auch der Nachweis geeigneter Betriebsräume zu fordern,[1293] mindestens aber einer sicheren Aufbewahrung einer größeren Anzahl erlaubnispflichtiger Schusswaffen (Erfordernis eines Aufbewahrungskonzepts durch besonders qualifizierten Sachverständigen).

2.11.5 Widerruf der Erlaubnis

Im Falle des wirksamen **Widerrufs** hat die Überlassung des Waffenbestandes an einen Berechtigten oder die Behörde[1294] unverzüglich zu erfolgen; ein Zeitraum von 14 Tagen für die behördlich angeordnete Überlassung der Schusswaffen und Munition an einen Berechtigten ist angemessen,[1295] da es im besonderen öffentlichen Interesse liegt, nicht fachkundige Personen vom Handel mit Schusswaffen oder Munition zu auszuschließen.

[1293] *Nr. 8.2 WaffVwV aF, durch die seinerzeit nicht vorhandene Form des Internethandels mittlerweile aber nicht mehr nachvollziehbar*

[1294] *§ 46 Abs. 2 WaffG*

[1295] *VG Kassel 2 G 708/04, Urteil vom 30. März 2004*

2.11.6 Prüfung des Antrages

❑ **Handel**: Erfolgt der Nachweis der Fachkunde nach § 15 AWaffV?

▼ *Der bloße Nachweis der Sachkunde nach § 7 WaffG ist ebenso wie der Hinweis auf eine langjährige Tätigkeit im Bereich der Jagd oder des Bewachungsgewerbes ohne Belang. Allein der Nachweis der Fachkunde durch Prüfung vor der IHK ist durch das Gesetz vorgesehen und zulässig. Zu beachten ist die Ausnahme von der Fachkundepflicht für denjenigen, der die Voraussetzungen für die Eintragung eines Büchsenmacherbetriebes in die Handwerksrolle erfüllt.*

❑ Wenn nicht, ist der Antragsteller bei der zuständigen IHK zur Fachkundeprüfung angemeldet?

▼ *Beantragte Waffen- und Munitionsarten nach Anlage AWaffV sind der IHK mit der Anmeldung unbedingt mitzuteilen!*

❑ Bei Benennung eines Fachkundigen, der nicht Antragsteller ist: Ist durch interne Ablaufregelungen und verbindliche Prozessanweisungen ausgeschlossen, dass ein anderer Vertretungsberechtigter eine nicht weisungsgebundene Tätigkeit im Betrieb übernimmt, die Waffenhandel im Sinne des WaffG ist?

❑ **Herstellung** in handwerklicher Betriebsweise: Erfolgt der Nachweis der erforderlichen Befähigung nach HwO?

❑ Wenn nicht: Ist ein Stellvertreter als Betriebsleiter benannt?

❑ Hat der Antragsteller das 18. Lebensjahr vollendet?

❑ Bei Antragstellern unter 25 Jahren: Befürwortet die MPU den Umgang mit Schusswaffen und Munition?

❑ Ist der Antragsteller Deutscher im Sinne von Art. 116 GG?

▼ *Ausländer aus EU-Mitgliedsländern: §§ 26, 27 AWaffV!*

❑ Legen Beobachtungen oder Informationen den Verdacht nahe, dass die persönliche Eignung (§ 6 WaffG) überprüft werden muss?

❑ Anfrage örtliche Polizeidienststelle: Schweben derzeit Straf-, Bußgeld- oder Ermittlungsverfahren gegen den Antragsteller?

❑ Anfrage BZR: Bestehen Einträge gemäß § 5 WaffG, die einer waffenrechtlichen Erlaubnis entgegenstehen?

❑ Anfrage ZStV: Bestehen Einträge gemäß § 5 WaffG, die einer waffenrechtlichen Erlaubnis entgegenstehen?

❑ Anfrage LfV: Liegen Erkenntnisse vor, die einer waffenrechtlichen Erlaubnis entgegenstehen?

❑ Anfrage Erziehungsregister: Bestehen Einträge gemäß § 6 WaffG, die einer waffenrechtlichen Erlaubnis entgegenstehen?

❑ Anfrage Gewerbezentralregister: Bestehen Einwände?

❑ Anfrage Schuldnerkartei des für den Wohnort des Antragstellers zuständigen Amtsgerichts: Bestehen Einwände?

▼ *Anzufragen sind die Amtsgerichte der Wohnorte der vergangenen 5 Jahre!*

❑ Anfrage Industrie- und Handelskammer: Bestehen Einwände?

❑ Liegt der Nachweis der sicheren Aufbewahrung vor?

▼ *Aufgrund der großen Zahl von Waffen, die im Rahmen eines gewerbsmäßigen Umgangs, wenn auch nur kurzfristig, aufbewahrt werden, ist die Vorlage eines Aufbewahrungskonzepts durch einen besonders qualifizierten Sachverständigen unbedingt zu fordern!*

Hinweis: Es kann in der Praxis sinnvoll sein, seitens der Behörde eine Unbedenklichkeitsbescheinigung des zuständigen Finanzamtes zu fordern. Diese ist durch den Antragsteller beizubringen.

3 Beschussgesetz (BeschG)

3.1 Geltungsbereich und Zweck

Die in Deutschland legal angebotenen und genutzten Waffen sowie Munition unterliegen strenger staatlicher Kontrolle, bezogen auf den Handel, aber auch auf Herstellung und Instandsetzung. Die Kräfte, die auf die Waffe wirken, stellen höchste Ansprüche an Konstruktion, Material und Verarbeitung der Waffe. Zugleich fordert die EU-Gesetzgebung eine strenge Überwachung der Unbrauchbarmachung von Feuerwaffen.

Schusswaffen, die der Beschusspflicht unterliegen, dürfen anderen nur überlassen oder nur dann zum Schießen verwendet werden, wenn sie ein **gültiges Beschusszeichen** tragen.[1296] Das gilt nicht, wenn die zuständige Behörde (idR Beschussamt) bescheinigt, dass die amtliche Prüfung nicht durchgeführt werden kann – eine Verwendung ist dann nicht mehr zulässig.[1297] Die Bescheinigung wird vom Moment der Gültigkeit an untrennbarer Bestandteil der Waffe („zusammengesetzte Urkunde") und muss bei jeder Überlassung mit dieser Waffe dem neuen Besitzer übergeben werden – damit wird sichergestellt, dass die Waffe nicht aus Unkenntnis benutzt wird. Diese Regelung kann auch auf **Sammlerwaffen** und **historische Waffen** angewandt werden, bei denen die Anbringung der Prüfzeichen auf Wunsch des Sammlers unterbleiben soll. Änderungen an vorhandenen Zeichen (Wehrmachtsstempel etc.) werden nicht durchgeführt.

Die **Beschusspflicht**, der Hersteller und Importeure von Schusswaffen und Munition unterliegen, **soll** den Benutzer und Dritte bei bestimmungsgemäßer Verwendung **vor Gefahren schützen**. Geregelt wird der Beschuss im Waffengesetz sowie im **Beschussgesetz** (BeschG) nebst den dazugehörigen Verordnungen. Das BeschG regelt die Prüfung und Zulassung von Feuerwaffen, Böllern, Munition und sonstigen Waffen sowie Geräten, bei denen zum Antrieb Munition oder hülsenlose Treibladungen verwendet werden. Der Beschussprüfung unterliegen die **höchstbeanspruchten Teile** von Feuerwaffen im Sinne des BeschG, deren nicht abschließende Aufzählung sich in § 2 Abs. 2 BeschG findet.

Beschusszeichen finden sich in der **Beschussverordnung** (BeschussV). Die nachfolgend genannten **Kennzeichnungen** nach § 24 WaffG sind keine Beschusszeichen im Sinne des Beschussgesetzes.[1298]

Waffen, die nach dem 31.12.1890 hergestellt wurden (ab dem Baujahr 1891), unterliegen grundsätzlich der Beschusspflicht. Sofern sie kein Beschusszeichen nach

---

[1296] *§ 12 Abs. 1 Satz 1 BeschG; zu beachten sind die Ausnahmen von der Beschusspflicht, etwa für Prototypen im Rahmen der Waffenentwicklung, die auch für den Umgang durch weisungsgebundene Mitarbeiter des Herstellers gelten.*

[1297] *§ 12 Abs. 1 Satz 2 BeschG, § 10 Abs. 2 BeschussV*

[1298] *Eine **Übersicht der Prüfzeichen** finden Sie ab Seite 487.*

dem aktuellen Beschussgesetz oder ein anerkanntes Beschusszeichen eines anderen Staates tragen[1299], müssen sie zumindest eine andere anerkannte Markierung aufweisen, wie etwa die Prüfzeichen deutscher Behörden.[1300] **Waffen der Bundeswehr oder anderer Bundes- und Landesbehörden** (Polizei, Zoll o. ä.), die **nach dem 1. Dezember 1968** beschossen wurden, müssen **nicht erneut (zivil) nachbeschossen** werden, wenn diese Waffen den Vorschriften des Beschussgesetzes entsprechen. Für alle anderen Dienstwaffen (Reichswehr, Wehrmacht, aber eben auch Polizei, Bundeswehr o. ä. bis einschließlich 1. Dezember 1968) gilt: Das Prüfzeichen kann nicht als Beschusszeichen anerkannt werden.[1301] Entsprechende Kennzeichen des **Deutschen Reiches** oder der **DDR** für zivile Waffen haben dagegen eine **uneingeschränkte Gültigkeit**. Zu beachten ist allerdings, dass die behördlichen Prüfzeichen BMI/BWB zwar national, aber nicht außerhalb Deutschlands im Bereich der CIP anerkannt sind.[1302]

Die **Beschussprüfung** erfolgt in der Regel mit zwei **Beschusspatronen** pro Lauf, bei Revolvern mit einer Beschusspatrone pro Patronenlager (Kammer).[1303] Der Gasdruck, der von den Beschusspatronen (optisch und haptisch erkennbar am **geriffelten Bodenrand der Patrone**) erzeugt wird, ist je nach Waffenart 25 bis 30 Prozent höher als der gesetzlich vorgeschriebene **Höchstgebrauchsgasdruck**. Übersteht die Waffe diesen Beschuss, der die Waffe außergewöhnlich belastet, ist idR sichergestellt, dass bei der Verwendung von normaler Munition in dieser Waffe keine Unglücksfälle durch Laufsprengungen oder ähnliches passieren können. Darum ist es sinnvoll, **alte Waffen**, mit denen nach längerer Zeit wieder einmal geschossen werden soll, vor der Benutzung einem **erneuten Beschuss** zu unterziehen.

Geprüft werden die zu prüfenden Stücke auf

- Haltbarkeit, Funktionssicherheit, Maßhaltigkeit und
- Erfüllung der Vorschriften zur Kennzeichnung.

Der Beschusspflicht unterliegt nicht erst die vollständig hergestellte und zum Verkauf vorbereitete Waffe, sondern bereits die weißfertige. **Weißfertig** im Sinne des Beschussgesetzes sind Gegenstände, wenn alle materialschwächenden (im Sinne von Bohren, Abdrehen o. ä.) oder materialverändernden (wie etwa das Schweißen oder Härten) Arbeiten beendet sind – ausdrücklich ausgenommen von dieser Regelung sind Gravurarbeiten, da es sich bei dieser Behandlung des Gegenstandes nur um minimale Eingriffe in die Oberflächenstruktur handelt.[1304] Auch das Brünieren oder Polieren der Läufe ist keine Tätigkeit, die vor dem Zustand der „Weißfertigkeit"

[1299] *§ 4 Abs. 2 BeschG*

[1300] *§ 6 Abs. 2 in Verbindung mit § 4 Abs. 1 Nr. 3 lit. d BeschG*

[1301] *Rundschreiben IS 5 – 681 260/2 des BMI vom 22. Dezember 1987*

[1302] *zu CIP siehe Kapitel 3.9*

[1303] *Anlage I Nr. 1.2.5 BeschussV; weitere Informationen ab Seite 480*

[1304] *§ 2 Abs. 5 BeschG; zu beachten ist die Beschränkung auf „übliche Gravuren"*

erfolgt sein muss. Voraussetzung für die Beschussprüfung ist, dass der Prüfgegenstand mindestens weißfertig ist.[1305]

Grundsätzlich werden beim **Beschuss** nicht nur Stichproben durchgeführt – **jede einzelne Waffe** wird beschossen (beachten Sie Ausnahmen wie Bauartzulassungen etc.). Dies gilt auch für **SRS-Waffen** – es handelt sich bei diesen um **Munitionsabschussgeräte**, die unter den Begriff der **Feuerwaffe** im Sinne des Beschussgesetzes fallen.[1306] Sie werden sowohl mit einem Beschusszeichen als auch mit der Kennzeichnung „PTB im Kreis" versehen. Eine Ausnahme bilden SRS-Waffen im Kaliber 6 mm Flobert Platz.[1307]

Durch die Einzelprüfung gelangen nur Waffen in den Handel, die auf Verwendungssicherheit geprüft wurden. Die **Beschusspflicht** gilt zudem **nach Arbeiten an der Waffe**, bei denen ein höchstbeanspruchtes Teil ausgetauscht, verändert[1308] oder instandgesetzt worden ist oder eine Anpassung eines bereits beschossenen wesentlichen Teiles (in der Regel ein anzupassender Wechsellauf im Sinne des WaffG) notwendig war.[1309]

Zu beachten ist insbesondere, dass **auch nach Austausch eines höchstbeanspruchten Teils** einer Feuerwaffe die gesamte Waffe einem Beschussamt zur Prüfung vorzulegen ist. Dies gilt nicht für Feuerwaffen, deren höchstbeanspruchte Teile ohne Nacharbeit lediglich ausgetauscht worden sind, solange alle höchstbeanspruchten Teile dieser Feuerwaffe zu diesem Zeitpunkt mit dem für diese Waffen vorgeschriebenen Beschussgasdruck beschossen worden sind.[1310] Wird also ein **Wechselsystem** mit einem Griffstück zusammengesetzt, das bei seiner ursprünglichen Prüfung einem geringeren Beschussgasdruck ausgesetzt worden war, oder ein Lauf in einen Verschluss, dessen Gebrauchsgasdruck über dem dieses Verschlusses liegt, muss die entstandene Feuerwaffe dem Beschussamt zur erneuten Prüfung vorgelegt werden.

Ausnahmen von der generellen Beschusspflicht für jedes einzelne Stück bestehen für bestimmte Feuerwaffen und Gegenstände, deren Gefährlichkeit für den Bediener und Dritte derart gering ist, dass eine **Bauartzulassung** als ausreichend angesehen wird, um eventuelle Gefahren, insbesondere konstruktive Schwächen, zu erkennen. Bauartgeprüfte Feuerwaffen, ausgenommen SRS-Waffen, und Gegenstände tragen

---

[1305] § 3 BeschussV; der Begriff „weißfertig" leitet sich von der hellen Farbe des Metalls vor dem Brünieren („Schwärzen") ab.

[1306] § 2 Abs. 1 Nr. 2 BeschG; Prüfungsumfang s. Anl. 1 BeschussV

[1307] § 4 Abs. 1 Nr. 2 BeschG

*[1308] Als „verändern" im Sinne des § 3 Abs. 2 BeschG gelten zB das **Kürzen** des Laufes sowie das **Schneiden eines Außengewindes** bei einer Langwaffe für die Montage eines Schalldämpfers; eine „materialschwächende Bearbeitung" oder ein „spanabhebendes Verfahren" ist dagegen nicht erforderlich.*

[1309] § 3 Abs. 2 BeschG

[1310] § 3 Abs. 2 Satz 2 BeschG

ein **Zulassungszeichen** („CIP T", bis 2014: PTB im Viereck) anstelle eines Beschusszeichens.

Die Bauartzulassung anstelle des Einzelbeschusses ist zulässig für[1311]

- pyrotechnische Munition
- Gasböller[1312]
- bestimmte Einsteckläufe und Reduzierpatronen (Einsätze)
- Feuerwaffen im Kaliber 4 mm und 6 mm Flobert
- Schussapparate und ihre Zusatzgeräte

Schussapparate sind tragbare Geräte für gewerbliche oder technische Zwecke, bei denen zum Antrieb Munition verwendet wird.

Laufvorsätze (einschraubbare Laufverlängerungen) und **Wechselchokes** unterliegen nicht der Beschusspflicht.

Böller sind Geräte, die ausschließlich zur Erzeugung eines Schussknalls bestimmt und keine Feuerwaffen oder Geräte zum Abschießen von Munition sind, somit keine Waffen. Unter den Begriff fallen sowohl tragbare (Handböller) als auch nicht tragbare (Standböller) Geräte. **Kanonen**, etwa für das sportliche Schießen, sind dagegen Schusswaffen und unterliegen der entsprechenden Beschusspflicht, nicht aber dem wiederholten Beschuss. Die Herstellung von Böllern bedarf keiner Erlaubnis, weshalb im Gegensatz zur Schusswaffe, deren Herstellung dazu berechtigten Personen vorbehalten ist (§§ 21, 26 WaffG), der Böller nicht nur einmal, sondern mindestens alle fünf Jahre erneut einem Beschussamt zur Prüfung vorzustellen ist.

Ausgenommen von der Beschusspflicht sind **Feuerwaffen**, die **vor dem 1. Januar 1891 hergestellt** wurden und **nicht verändert** worden sind.[1313]

Ebenfalls ausgenommen sind **Schusswaffen mit einem Patronen- oder Kartuschenlager unter 6 mm Durchmesser und unter 7 mm Länge** sowie **Gegenstände**, die per Definition Feuerwaffen und damit beschusspflichtig sind, aber **nach einmaligem Gebrauch nicht mehr zu verwenden** sind, zB **Handraketen** im Seenotrettungs-

---

[1311] § 7 Abs. 1 BeschG; insb. Einsteckläufe § 11 Abs. 1 BeschussV

[1312] Gasböller sind Geräte zur Erzeugung des Schussknalls, bei denen der Schussknall durch die Explosion bestimmter Gase erzeugt wird. Das Dosiergerät, das die Zuführung und Dosierung der Gase regelt, bedarf der Zulassung durch die PTB. Nach Anlage I Nr. 2.3 BeschussV muss der Gasböller bei einem Beschussamt zur Prüfung vorgestellt werden. Es wird dort die Übereinstimmung des Gerätes mit der Zulassung überprüft und eine Funktionsprüfung durchgeführt. Nach Ablauf von fünf Jahren ist der Gasböller zur Wiederholungsprüfung vorzustellen.

[1313] § 4 Abs. 1 Nr. 3 b BeschG

dienst; dies gilt für solche Gegenstände, deren Bauart nach § 7 oder § 8 BeschG der Zulassung bedarf.[1314]

Wird eine Feuerwaffe aus bereits geprüften höchstbeanspruchten Teilen **zusammengesetzt**, entfällt gemäß § 3 Abs. 1 Satz 3 BeschG die Beschusspflicht für die entstandene (hergestellte) Schusswaffe, wenn keines dieser Teile zu seiner Einpassung (nach Einzelbeschuss dieses Teiles) nachgearbeitet werden musste und alle Teile mindestens mit dem vorgeschriebenen Beschussgasdruck beschossen worden sind, der sich an der stärksten mit dieser Waffe verwendbaren Munition orientieren muss. In anderen Fällen ist ein Beschuss der entstandenen Waffe vorgeschrieben.

Gleiches gilt gemäß § 3 Abs. 2 Satz 2 BeschG für Feuerwaffen, deren höchstbeanspruchte Teile ohne Nacharbeit lediglich ausgetauscht worden sind, sofern alle höchstbeanspruchten Teile mindestens mit dem für diese Waffen vorgeschriebenen Beschussgasdruck beschossen worden sind. Das gilt zB für die Nutzung von **Austauschläufen** und **Wechselsystemen**.

Nicht anzuwenden ist das BeschG auf **unbrauchbar gemachte Schusswaffen**[1315] sowie Feuerwaffen, die zum Verschießen von Munition mit einer **Ladung von höchstens 15 mg Gewicht** bestimmt sind. Auf sonstige beschusspflichtige Gegenstände ist das BeschG nicht anzuwenden, wenn diese in **verschlossenen Zoll-Lagern** oder **in Freizonen** lagern.[1316]

Druckluft-, Federdruck- und Druckgaswaffen unterliegen nicht der Beschusspflicht. Waffenrechtlich unterliegen sie der Erwerbserlaubnispflicht, wenn die Bewegungsenergie der Geschosse 7,5 J[1317] übersteigt. Der sichtbare Nachweis, dass dieser Wert nicht überschritten wird, ist das Zeichen **„F im Fünfeck“** auf der Waffe. Es darf durch den Hersteller auf den Waffen einer Serie dauerhaft angebracht werden, wenn er der Physikalisch-Technischen Bundesanstalt (**PTB**) fünf Messprotokolle und ein Hinterlegungsmuster überlassen hat. Die Erstellung der Messprotokolle kann durch ein Beschussamt oder bei dem Hersteller der Waffe durch Verwendung eines kalibrierten Geschwindigkeitsmessgeräts erfolgen.[1318]

Ältere Schusswaffen können bei Einhaltung des Energie-Grenzwertes durch Prüfung bei einem Beschussamt ein „F im Fünfeck“ erlangen. Zusätzlich ist das Ortszeichen des prüfenden Beschussamtes anzubringen.

Die **Unbrauchbarmachung** von Schusswaffen ist durch Vorlage bei einem Beschussamt prüfen und bestätigen zu lassen. Die entsprechenden Prüfzeichen sind anzubringen. Zudem ist unbrauchbar gemachten Feuerwaffen eine Bescheinigung

---

[1314] *§ 4 Abs. 1 Nr. 2 BeschG*

[1315] *§ 1 Abs. 2 Nrn. 1, 2 BeschG; zur Thematik der unbrauchbar gemachten Schusswaffen vertiefend Kapitel 1.3.2.3.3.1*

[1316] *§ 1 Abs. 2 Nr. 3 BeschG*

[1317] *„J“ steht für die Energie-Maßeinheit „Joule“*

[1318] *§ 11 Abs. 6 BeschussV*

beizugeben, die bei Überlassung der Waffe dem jeweiligen Erwerber auszuhändigen ist.

3.2 Begriffsbestimmungen

Beschusszeichen bestehen aus dem Kürzel „CIP" [1319] (Böller: Bundesadler) sowie Kennbuchstaben. Sie geben die Art des erfolgten Beschusses an.

Ortszeichen erlauben den Rückschluss auf das Beschussamt, das den Beschuss durchgeführt hat. Das Ortszeichen ist auch wichtig für die Wiedervorlage der Waffe, sofern beim zuvor beantragten Beschuss ein Mangel festgestellt wurde. Die Wiedervorlage soll nur bei dem Beschussamt erfolgen, dessen **Rückgabezeichen** auf der Waffe angebracht wurde.

Prüfzeichen ist die Bezeichnung für **Beschuss-** und **Ortszeichen sowie andere Zeichen**, die im Rahmen der Beschussprüfung an der Waffe angebracht werden, zum Beispiel **Jahreszahlen** oder Deaktivierungszeichen.

Zu **Kennzeichen** auf Schusswaffen beachten Sie bitte Kapitel 1.15.3.

3.3 Anbringung der Prüfzeichen

Prüfzeichen sind **an jedem höchstbeanspruchten Teil** der Waffe **deutlich sichtbar und dauerhaft** anzubringen.[1320]

Höchstbeanspruchte Teile sind die Teile einer Waffe, die dem **Gasdruck** ausgesetzt sind. Nach § 2 Abs. 2 Satz 2 BeschG sind dies <u>insbesondere</u>[1321]:

- **Lauf** (auch Austauschlauf, Wechsellauf)
- **Verschluss** („Schlitten")
- **Patronen**- oder **Kartuschenlager**, **Trommeln**, **Wechseltrommeln**
- **Verbrennungskammer** und die **Einrichtung zur Erzeugung des Gemisches** bei Schusswaffen und Geräten mit Bauartzulassung, bei denen zum Antrieb ein entzündbares flüssiges oder gasförmiges Gemisch verwendet wird

---

[1319] *bis 2014: Bundesadler*

[1320] *§ 9 Abs. 1 BeschussV; Ausnahmen von dieser Regelung sind nicht vorgesehen; die im Fall einer nicht durchführbaren Beschussprüfung bestehende Möglichkeit, gemäß § 12 Abs. 1 Satz 2 BeschG, § 10 Abs. 2 BeschussV durch Nachweisdokument des Beschussamts auch ohne gültigen Beschuss eine Waffe überlassen zu dürfen, ist auf die Anbringungspflicht für Prüfzeichen nicht anwendbar.*

[1321] *Keine abschließende Aufzählung; in Zweifelsfällen ist die Entscheidung des Beschussamtes einzuholen, ob ein Waffenteil der Beschusspflicht unterfällt.*

- **Antriebsvorrichtung** bei Schusswaffen mit anderem Antrieb und Geräten mit Bauartzulassung, sofern sie fest mit der Schusswaffe oder dem Gerät verbunden ist
- **Griffstück** bei Kurzwaffen oder sonstige Waffenteile, soweit sie für die Aufnahme des Auslösemechanismus bestimmt sind

Jedes dieser Teile erhält ein **Beschusszeichen**. Außerdem muss **auf einem höchstbeanspruchten Teil** der Waffe (nicht auf jedem) das **Ortszeichen** aufgebracht werden sowie die codierte oder uncodierte Jahreszahl.

Die **Jahreszahl** ist zweistellig, uncodiert Ziffern 0 bis 9, codiert Buchstaben A bis K (ohne J). Beispiele: 2005 „05" oder „AF", 2043 „43" oder „ED".

0	1	2	3	4	5	6	7	8	9
A	B	C	D	E	F	G	H	I	K

Bei einer **Einzelprüfung**, zum Beispiel eines einzelnen Laufes, sind **alle Prüfzeichen** auf diesem einzelgeprüften Stück anzubringen.

Jeder Waffenbesitzer kann seine Waffe direkt dem Beschussamt zur Prüfung vorlegen. Grundsätzlich wird jede Waffe zum Zeitpunkt der Überlassung beschossen sein. Allerdings ist **nach Arbeiten** an den höchstbeanspruchten Teilen (zum Beispiel nach Verkürzen des Laufes) ein **erneuter Beschuss** gesetzlich vorgeschrieben,[1322] wenn durch die Arbeiten das **Material geschwächt oder verändert** wurde. Gleiches gilt für Schusswaffen, bei denen ein höchstbeanspruchtes Teil **eingepasst** werden musste oder nicht mit dem für diese Waffe vorgeschriebenen Beschussgasdruck beschossen wurde. Auch nach dem Einsetzen eines höchstbeanspruchten Teils, das mit einem höheren Gebrauchsgasdruck beschossen worden ist und das Verschießen von Munition zulässt, die einen höheren Gasdruck erzeugt als Munition des Kalibers der Ursprungswaffen (zB Einsetzen eines Austauschlaufs .357 SIG in eine Waffe, die ursprünglich für die Verwendung mit einem Lauf im cal. .40 S&W eingerichtet war), ist ein erneuter Beschuss der Gesamtwaffe mit dem Höchstgebrauchsdruck des neuen Bauteils vorgeschrieben.

Bei der Überprüfung von **Deko-Waffen** muss nach Maßgabe der „Durchführungsverordnung (EU) 2015/2403 der Kommission" vom 15. Dezember 2015 (Deaktivierungsverordnung zur EU-Feuerwaffenrichtlinie) nach Feststellung der Unbrauchbarmachung das Prüfzeichen deutlich sichtbar und nicht entfernbar angebracht werden. Die ursprüngliche Seriennummer der Feuerwaffe ist dabei beizubehalten, bei verschiedenen Teilenummern gilt das für alle Teilenummern. Das vollständige Zeichen wird dabei nur auf dem Rahmen (Griffstück) der Feuerwaffe angebracht, das

[1322] § 3 Abs. 1 Satz 3 BeschG

Deaktivierungszeichen („EU“) und der **Ländercode** des Landes, in dem die Deaktivierung geprüft wurde (auf allen anderen wesentlichen Bestandteilen.[1323]

Beispiele für Kennzeichen und Beschusszeichen

Abb. links: Pistole Heckler & Koch SFP 9, Herstellungsland Deutschland (DE), Beschussamt Ulm, Beschusszeichen ab 2014 „Normaler Beschuss“ (CIP N) im Jahr 2014 (BE), Seriennummer 224-000210, Kaliber 9 mm x 19;

Abb. rechts: Pistole Walther P99, Herstellungsland Deutschland (DE), Beschussamt Ulm, Beschusszeichen vor 2014 „Normaler Beschuss“ (Adler N) im Jahr 2009 (AK), Seriennummer FAH9901, Kaliber 9 mm x 19.

Wenn die dem Beschussamt vorgelegte Waffe erst einmal in den Händen des Prüfers ist, hat der Verwaltungsakt begonnen – wird jetzt ein Mangel an der Waffe festgestellt, wird die Waffe an den Antragsteller zurückgegeben. Diese Rückgabe wird auf der Waffe festgehalten, und zwar in Form des **Rückgabezeichens**. Da es sich beim Rückgabezeichen um einen Teil der Kennzeichnung handelt, die bei bestandener Beschussprüfung auf der Waffe angebracht wird, ist es möglich, den Mangel noch zu beheben. Das **Rückgabezeichen** besteht aus dem **Ortszeichen** des Beschussamtes sowie dem **Jahrescode** – es fehlt nur das **Prüfzeichen**, zum Beispiel „CIP N“. Darum sollte die Waffe zur erneuten Prüfung wieder dem Beschussamt übergeben werden, das den ersten Beschuss durchgeführt hatte. Besteht die Waffe die erneute Prüfung, muss lediglich das Prüfzeichen ergänzt werden.

Vorhandene Prüfzeichen sind durch **Einschlagen eines „X“** auf oder neben dem Prüfzeichen auf jedem höchstbeanspruchten Teil zu **entwerten**.[1324]

[1323] Der Umfang der erforderlichen Arbeiten an den betroffenen Teilen der jeweiligen Waffe unterscheidet sich nach Waffenarten und geht teilweise über die bis zum Erlass der Richtlinie in Deutschland geltenden Vorschriften hinaus; er ist aus Vereinfachungsgründen hier nicht abgedruckt und kann unter Angabe der Richtlinien-Nummer „2015/2403“ im EU-Portal http://eur-lex.europa.eu in der aktuellen Fassung abgerufen werden.

[1324] § 9 Abs. 5 BeschussV

Bei einem **Import** von **Softair- oder Paintballwaffen** ist zu beachten, dass der Importeur, also auch die Einzelperson, eine Genehmigung der zuständigen Behörde für die Einfuhr dieser Waffe benötigt - ohne das Kennzeichen „F im Fünfeck" handelt es sich um eine erwerbscheinpflichtige Waffe. Diese Einfuhrgenehmigung ist kostenpflichtig. Anschließend ist die Waffe einem Beschussamt zur Prüfung vorzulegen. Die Zusendung der Waffe aus dem Ausland direkt an ein Beschussamt ist nicht gestattet.

3.4 Kennzeichnung und Prüfung von Munition

Auf der **kleinsten Verpackungseinheit**, die im Handel an Endverbraucher überlassen werden soll, müssen neben dem Prüfzeichen (Ortszeichen im Patronensymbol mit Bundesadler, ab 2014 „CIP" mit Kennbuchstaben „M" und Ortszeichen) der Hersteller, die Fertigungsserie, die Bezeichnung der Munition sowie die Zahl der enthaltenen Patronen oder Kartuschen angegeben sein. Oftmals sind auch Angaben zur Bewegungsenergie und Mündungsgeschwindigkeit der Geschosse auf der Verpackung zu finden.

Die **Patronenhülse** muss so gekennzeichnet sein, dass sowohl der Hersteller als auch die Bezeichnung der Munition abgelesen werden können. **Randfeuerpatronen** werden nur mit dem Herstellerzeichen gekennzeichnet.[1325] Die Kennzeichnung erfolgt üblicherweise auf dem Hülsenboden.

Die Kennzeichnung verschiedener Munitionsarten wie Randfeuermunition, Kartuschen- oder pyrotechnischer Munition regelt § 17 BeschussV. Die Kennzeichnung kann auf dem Hülsenboden oder durch die Farbe der Kartuschenabdeckung erfolgen. So tragen zum Beispiel **Kleinkaliberpatronen** auf dem Hülsenboden **nur das Herstellerkennzeichen**.

Die Zusätze bei der Kaliberbezeichnung sind für die Praxis von enormer Bedeutung – jede Waffe darf nur mit der für sie vorgesehenen Munition geladen werden. Zusätze wie Magnum, Special oder JS müssen unbedingt beachtet werden.

Anders als bei Schusswaffen erfolgt die **Prüfung von Munition** nur **stichprobenartig** nach Maßgabe der Anlage III der BeschussV. Alle **Lose** eines Herstellers unterliegen dabei einer Fabrikationskontrolle. Der Begriff des Loses ist in der BeschussV für inländische Produktion bestimmt als Gesamtheit einer Munition desselben Typs, der von demselben Hersteller in einer Serie gefertigt wird, ohne Änderung wesentlicher Komponenten.[1326]

Munition, die Teil einer **Sammlung** ist oder werden soll, muss keine Zeichen tragen.[1327] Eine Erwerbserlaubnis[1328] ist durch den Erwerber vorzulegen.

[1325] *Zur Ausnahme für Randfeuerpatronen siehe Fußnote 659 und deren Kontext*

[1326] *§ 28 Abs. 2 BeschussV*

[1327] *§ 11 Abs. 2 Nr. 2 BeschG, § 37 Abs. 1 Nr. 4 BeschussV*

[1328] *§ 10 Abs. 3 WaffG*

Ausgenommen[1329] von Zulassungspflicht, Fabrikationskontrolle und regelmäßiger behördlicher Kontrolle sind

- **Treibladungen** nach § 11 Abs. 1 BeschG und
- nicht gewerbsmäßig **wiedergeladene Munition**.

Gleiches gilt für **Beschussmunition** und **Munition für Sammlungen**, sofern grundlegende Sicherheitsforderungen[1330] erfüllt werden.

3.5 Beschuss nach Lauf- und Waffenarten

Der Beschuss erfolgt grundsätzlich mit mindestens zwei Beschusspatronen pro Patronenlager und Lauf. Anlage 1 BeschussV bestimmt für die unterschiedlichen Waffenarten teilweise davon abweichende Prüfverfahren.

3.5.1 Pistolen

Pistolen sind unabhängig vom höchstzulässigen Gasdruck der Gebrauchsmunition mit mindestens zwei Beschusspatronen pro Lauf zu beschießen.

3.5.2 Revolver

Bei Revolvern erfolgt der Beschuss unabhängig vom maximal zulässigen Gasdruck der Gebrauchsmunition mit mindestens einer Beschusspatrone in jedem Patronenlager, also pro Kammer der Trommel.

3.5.3 Langwaffen mit glattem Lauf

Glatte Läufe unterliegen je nach Tiefe des Patronenlagers unterschiedlichen Beschussverfahren, nämlich dem normalen und dem verstärkten Beschuss. Die Verfahren unterscheiden sich lediglich im Gasdruck, der von der Beschusspatrone erzeugt wird. Die Anzahl der mindestens zu verwendenden Beschusspatronen ist in beiden Verfahren gleich.

Der **normale Beschuss** ist für solche glatten Läufe vorgeschrieben, deren Patronenlager eine **Nenntiefe** (in der Praxis: zweite Zahl der Kaliberangabe, zum Beispiel 65 mm bei Kaliber 12/65) von weniger als 73 mm haben. Dieser normale Beschuss erfolgt mit mindestens zwei Beschusspatronen, wobei sich der Gasdruck in den verschiedenen Kalibern unterscheidet. So darf er für das Kaliber 12 einen maximalen Wert von 740 bar nicht überschreiten, ansonsten unterliegt der Lauf dem verstärkten Beschuss mit dem entsprechend höheren Gasdruck.

Läufe mit einer Patronenlager-Nenntiefe von mindestens 73 mm werden einem **verstärkten Beschuss** mit mindestens zwei Beschusspatronen unterzogen. Gleiches gilt

---

[1329] *§ 37 Abs. 1 BeschussV*

[1330] *§ 29 iVm § 37 Abs. 2 BeschussV*

für Läufe, die unabhängig von der Nenntiefe des Patronenlagers für eine Munition mit einem erhöhten maximalen Gebrauchsgasdruck bestimmt sind.

Läufe in den Kalibern 12 und 20 für **Stahlschrotmunition mit verstärkter Ladung** werden je Lauf mit mindestens drei Beschusspatronen mit Stahl- schroten einer Härte nach Vickers HV 1 zwischen 80 und 110 und einem Durchmesser von 4,6 mm für cal. 12 und von 3,7 mm für cal 20 geprüft.

3.5.4 Langwaffen mit gezogenem Lauf

Langwaffen, die für eine Gebrauchsmunition mit einem zulässigen Höchstwert des Gasdruckes P_{max} nach den Maßtafeln von 1.800 bar oder mehr bestimmt sind, werden mit mindestens zwei Beschusspatronen pro Lauf geprüft.

Bei Langwaffen, die für eine Gebrauchsmunition mit einem zulässigen Höchstwert des Gasdruckes P_{max} nach den Maßtafeln bis zu 1.800 bar bestimmt sind, also für einen geringeren Gasdruck ausgelegt sind, wird dagegen bereits der Beschuss mit mindestens einer Beschusspatrone pro Lauf als ausreichend angesehen.

3.5.5 Kombinierte Waffen

Bei kombinierten Waffen gelten die zuvor gemachten Aussagen für die jeweilige Laufart. Jeder Lauf ist einzeln zu beschießen.

3.5.6 Schwarzpulverwaffen und Böller

Der Beschuss ist mit zwei Schüssen durchzuführen. Bei Revolvern und Waffen, deren Lauf nicht mit dem Patronenlager verbunden ist, erfolgt der Beschuss mit mindestens einem Schuss je Patronenlager.

3.5.7 Einsteckläufe

Einsteckläufe sind gemäß § 8 Abs. 2 Satz 2 BeschussV in der Waffe zu beschießen, mit der sie verwendet werden sollen.

3.5.8 Sonstige Waffen

Bei Waffen, bei denen **Patronenlager und Lauf getrennt** sind, erfolgt der Beschuss unabhängig vom maximal zulässigen Gasdruck der Gebrauchsmunition durch Beschuss mit mindestens einer Beschusspatrone pro Patronenlager.

Druckluft-, Federdruck- und Druckgaswaffen unterfallen nicht der Beschusspflicht, da es sich nicht um Feuerwaffen handelt. Einzig die Einhaltung der Begrenzung von 7,5 J Mündungsenergie wird durch Messreihen geprüft und bestätigt, um einen erlaubnisfreien Erwerb und Besitz des betreffenden Waffenmodells zu ermöglichen.

3.6 Ältere Kaliberangaben auf Flinten

Eine abweichende Form der Kaliberangabe kann sich auf den Läufen oder Laufbündeln älterer kombinierter Waffen oder Flinten finden.[1331] Die Kaliberangabe wird hier lediglich in Form der nachstehenden Zeichen (Zahl im Kreis) in den Lauf eingeschlagen. Die Zahl steht für die Abmessung des Lagers und damit der Munition, die verschossen werden darf, sowie des in die WBK einzutragenden Kalibers – die Länge des Patronenlagers kann daneben angegeben sein. Ohne zusätzliche Angabe des Längenmaßes gilt:

Angabe Zahl im Kreis	**Patrone bis Kaliber**
⑫	12/65
⑯	16/65

[1331] Nach „Bekanntmachung, betreffend die Ausführung des Gesetzes über die Prüfung der Läufe und Verschlüsse der Handfeuerwaffen vom 19. Mai 1891", veröffentlicht am 29. Juni 1892

3.7 Ortszeichen

Kiel, Schleswig-Holstein (aufgelöst)
(Nesselblatt des Landeswappens von Schleswig-Holstein)

Köln, Nordrhein-Westfalen
(Die Drei Kronen des Kölner Stadtwappens)

Mellrichstadt, Bayern
(Halbrundschild mit Rautenmuster)

München, Bayern
(Halbrundschild mit erweiterten Spitzen, „Bierschürze")

Suhl, Thüringen
(Sohle mit Hacke aus dem Wappen der Bergbaustadt)

Ulm, Baden-Württemberg
(Geweihstange, Zeichen des Ulm-Vorläufers Oberndorf a.N.)

Hannover, Niedersachsen (aufgelöst)
(Sachsenross des niedersächsischen Landeswappens)

PTB

Braunschweig

Physikalisch-Technische Bundesanstalt, Braunschweig

3.8 Zeichen

Bis 12/2013	Ab 01/2014	
N	CIP N	Normaler Beschuss, Verschießen von Munition mit normalem Gebrauchsdruck
L	CIP N	Normalbeschuss bei Antrieb mit flüssigem (Liquid) oder gasförmigem entzündbaren Gemisch oder Treibladung*
J	CIP N	Instandsetzungsbeschuss*
F	CIP N	Freiwilliger Beschuss*
V	CIP S	Verstärkter Beschuss, Verschießen von Munition mit überhöhtem Gasdruck (zB Magnum-Schrot)
SP	CIP PN	Normalbeschuss, Verschießen von Schwarzpulver (SP) (frz. „poudre noir", als Kürzel „PN" gestempelt 1991 bis 2006 unter dem Bundesadler, ab 2014 unter CIP)
B	B	Böllerbeschuss
	CIP	Stahlschrotbeschuss
PTB	CIP T PTB	Zulassungszeichen für Schussapparate, Zusatzgeräte für diese Apparate, Einsteckläufe ohne eigenen Verschluss für Munition mit dem zulässigen höchsten Gebrauchsgasdruck bis 2.000 bar sowie Feuerwaffen nach § 7 Abs. 1 und § 8 Abs. 3 BeschG (ab 2014 mit Ortszeichen „PTB")
	CIP M	Prüfzeichen für Munition (alt hier: Beschussamt München); Systematik: Prüfzeichen mit Ortszeichen nebenstehend

* Diese Art des Beschusses wird ab 2014 als Normaler Beschuss (CIP N) gekennzeichnet.

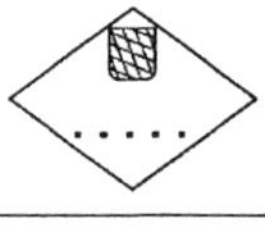

Zulassungszeichen Abb. 11 nach Anlage II BeschussV (bestimmte unbrauchbar gemachte Schusswaffen und Salutwaffen); „Bauartgeprüft nach § 9 Abs. 1 BeschG" (Systematik: Raute mit Ortszeichen innen und Nummer)

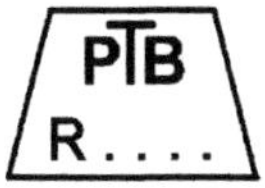

Zulassungszeichen
„Bauartgeprüft nach § 9 Abs. 2 Nr. 2 - 4 BeschG"

E: Elektroimpulsgerät

R: Reizstoffe

Kennzeichen für Waffen, deren Geschosse nicht mehr als 7,5 Joule Bewegungsenergie erhalten (zB Druckluftwaffe)

Prüfzeichen Beschussstelle der Bundespolizeidirektion nach § 1 Abs. 7 BPolZV am Standort St. Augustin, ehemals Grenzschutzpräsidium West

Buchstabe B: Erstbeschuss
Buchstabe J: Instandsetzungsbeschuss

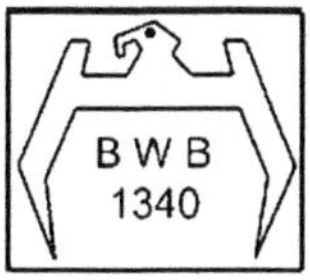

Prüfzeichen des Bundesamtes für Wehrtechnik und Beschaffung (BWB) für Beschuss; die Nachfolgedienststelle Bundesamt für Ausrüstung, Informationstechnik und Nutzung der Bundeswehr (BAAINBw) stempelt mit gleichem Symbol und Prüfernummer, aber ohne Schriftzug

---

Ab 1.1.2022: Amtliche Beschusszeichen der Beschussämter (§ 9 Absatz 1 Satz 2); die Zeichenfolge „BA" ist durch das jeweilige Beschussamt zu ersetzen.

Zulassungszeichen der PTB (Physikalisch-Technische Bundesanstalt) nach § 8 BeschG für bauartgeprüfte Schreckschuss-, Reizstoff-, Signalwaffen

---

Ab 1.1.2022: Beschuss von Feuerwaffen oder höchstbeanspruchten Teilen nach § 2 Abs. 2 BeschG in Kalibern, die nicht den Maßtafeln entsprechen oder mit von den Maßtafeln abweichenden Maßen, die für in- oder ausländische Behörden bestimmt sind; die Zeichenfolge „BA" ist durch das jeweilige Beschussamt zu ersetzen.

EU DE 2017	Deaktivierungszeichen (EU) am Beispiel einer Deko-Waffe, in Deutschland (Ländercode DE) im Beschussamt Köln (Ortszeichen) 2017 geprüft
	Zulassungszeichen der BAM (Bundesanstalt für Materialforschung und -prüfung) für pyrotechnische Munition nach § 10 Abs. 1 BeschG

3.9 Beschusszeichen anderer Staaten

Die Beschusspflicht gilt nicht, wenn die Waffe ein gültiges Beschusszeichen eines CIP-Staates trägt. Die **CIP-Staaten** (Commission Internationale Permanente pour l'Epreuve des Armes à Feu Portatives) haben die gegenseitige **Anerkennung der Beschusszeichen** vereinbart. CIP-Staaten sind:

Belgien

Chile

Finnland

Frankreich

Großbritannien

Italien

Österreich

Russland

Slowak. Rep.

Spanien

Tschech. Rep.

Ungarn

Vereinigte Arabische Emirate

Deutschland

Portugal

Serbien

Die oben abgebildeten Zeichen stehen für Beschussstellen der jeweiligen Staaten; national können verschiedene Beschussstellen tätig werden, deren Zeichen sich erheblich von denen der anderen Beschussstellen dieses Landes unterscheiden können.

Trägt eine Waffe nur Beschusszeichen eines anderen Staates, der aber kein CIP-Staat ist, ist **vor In-Verkehr-bringen**[1332] dieser Waffe in Deutschland eine **erneute Beschussprüfung** durch ein Beschussamt eines CIP-Staates vorgeschrieben. Dies gilt auch für Waffen aus den USA oder der Schweiz – schauen Sie oben nach, die **USA und auch die Schweiz zählen nicht zu den CIP-Staaten**, darum tragen Revolver und Pistolen der US-amerikanischen Hersteller wie etwa Smith & Wesson, Ruger oder Colt, die in Deutschland gehandelt oder verwendet werden, ein deutsches Beschusszeichen oder das eines anderen CIP-Staates.

Ältere Beschusszeichen sowie **Beschusszeichen untergegangener Staaten** sind **weiterhin gültig**, wenn der betreffende Staat CIP-Staat gewesen ist und die Prüfung der Waffe während der Zeit erfolgt ist, in welcher nachweislich eine Anerkennung des Beschusses innerhalb der CIP erfolgte. Dies gilt aus der heutigen Perspektive zB für den Beschuss durch die zuständigen Behörden Jugoslawiens oder der **DDR**.

Wenn die Nachfolgestaaten eines untergegangenen Landes nicht CIP-Mitglied geworden sind, wie etwa Slowenien und Kroatien als Nachfolgestaaten Jugoslawiens, sind die dort verwendeten Zeichen und Prüfverfahren nach Untergang des CIP-Mitgliedsstaates für nach dem Moment des Staatsuntergangs erfolgende Prüfungen von Waffen oder Munition nicht mehr anerkannt und stellen somit keine gültigen Beschusszeichen dar, so dass auch keine Anerkennung in den anderen CIP-Staaten erfolgen kann. Die neu entstandenen Staaten müssen vielmehr eigene Beschussvorschriften einführen, die von der CIP anerkannt werden können (zB Tschechische und Slowakische Republik als Nachfolgestaaten der CSSR oder Serbien). Dagegen sind bis zu diesem Moment vorgenommene Prüfungen und Stempelungen gültig.

3.10 Folgen von Verstößen

Verstöße gegen die Vorschriften des Beschussgesetzes sind Ordnungswidrigkeiten und werden nach § 21 BeschG mit Geldbußen bis zu 50.000 Euro geahndet.

Das BeschG ist im Kanon der Gesetze in § 5 Abs. 2 Nr. 1 lit. c WaffG nicht genannt, womit mehrfache oder gröbliche Verstöße gegen das BeschG nicht zur Regelunzuverlässigkeit nach § 5 Abs. 2 Nr. 5 WaffG führen können. Da aber nach § 1 BeschG dessen Vorschriften zum Schutz des Benutzers und Dritter bei bestimmungsgemäßer Verwendung durch den Gesetzgeber erlassen wurden, ist im Einzelfall zu prüfen, ob durch die konkret vorwerfbare Handlung der Schutzbereich des § 5 Abs. 1 Nr. 2 lit. b WaffG berührt wird, indem mit einer Waffe nicht sachgemäß umgegangen worden ist, wenn er diese trotz fehlenden Beschusses verwendet oder überlassen hat und dadurch eine Gefahr entstanden ist oder entstehen kann. In diesem Fall wäre durch die Behörde gemäß § 5 Abs. 1 Nr. 2 lit b. WaffG eine Prognose zu erstellen, ob durch die vorliegenden Tatsachen die Annahme gerechtfertigt ist, dass der Betroffene auch zukünftig nicht sachgemäß mit Schusswaffen umgehen wird.[1333]

[1332] Zum Begriff „In-Verkehr-bringen“ ausführlich Fußnote 253

[1333] Zu Begriff und Verfahren siehe Kapitel 1.7.3.3

4 Kriegswaffenkontrollgesetz (KrWaffKontrG)

4.1 Einführung

Das *Ausführungsgesetz zu Artikel 26 Abs. 2 des Grundgesetzes* oder ***Gesetz über die Kontrolle von Kriegswaffen*** *(KrWaffKontrG)*[1334], kurz auch als ***Kriegswaffenkontrollgesetz*** bezeichnet, ist nach § 57 Abs. 1 Satz 1 WaffG anzuwenden, wenn es sich bei dem zu betrachtenden Gegenstand zwar um eine Schusswaffe im Sinne des WaffG handelt, diese aber in der **Kriegswaffenliste** (KWL) aufgeführt und darum Kriegswaffe ist. Kriegswaffen im Sinne des KrWaffKontrG unterliegen nicht den Regelungen des WaffG, solange sie nicht ihre **Kriegswaffeneigenschaft** verloren haben.

Die **Kriegswaffenliste** enthält als Anlage zum KrWaffKontrG, systematisch ähnlich der Anlage 1 zum Waffengesetz, eine abschließende Liste von Gegenständen, Stoffen und Organismen, die dadurch[1335] Kriegswaffen im Sinne des KrWaffKontrG sind und damit dessen Regelungen unterliegen. Ist die Einordnung in der KWL nicht eindeutig, sind neben der KWL im Zweifel die ergänzenden Schriften der zuständigen Behörden heranzuziehen, etwa die ***Dienstvorschrift zu Kriegswaffen*** oder die ***Erläuterungen zur Kriegswaffenliste***[1336] des Bundesministeriums der Finanzen.

Das KrWaffKontrG zählt zum **Außenwirtschaftsrecht** (AWR) und unterfällt dem Geschäftsbereich des Bundesministeriums für Wirtschaft und Klimaschutz (BMWK). Administrativ ist das Bundesamt für Wirtschaft und Außenkontrolle (**BAFA**, Bundesoberbehörde) zuständig für die **Kriegswaffenkontrolle**. In der Praxis ist zu beachten, dass unter Umständen auch solche Zubehör- oder Anbauteile von den Vorschriften des AWR erfasst werden können, die weder dem KrWaffKontrG noch dem WaffG unterfallen, aber aufgrund der Verwendung in einem Kriegswaffen-Kontext besonderen Exportverboten unterfallen, zB Dual-Use-Güter wie Zielfernrohre[1337].

[1334] *Das auch heute noch in amtlichen Dokumenten verwendete Kürzel „KWKG" wird seit dessen Inkrafttreten für das Kraft-Wärme-Kopplungsgesetz verwendet, wobei es sich nicht um eine amtliche Abkürzung handelt. Obwohl die Abkürzung KrWaffKontrG praktisch kaum aussprechbar und darum als erleichterndes Kürzel in der Kommunikation nur bedingt verwendbar ist, sollte auf die Verwendung der Abkürzung „KWKG" im Zusammenhang mit Kriegswaffen verzichtet werden.*

[1335] *§ 1 Abs. 1 KrWaffKontrG*

[1336] *„Erläuterungen zur KWL Stand 02/2015", abrufbar unter www.zoll.de*

[1337] *EU-VO Nr. 833/2014 Anhang VII Teil B Tab. 3 Nr. 9013 10 (Stand 02/24)*

4.2 Definitionen

4.2.1 Umgangsarten

Nach §§ 2, 3 KrWaffKontrG sind Erwerben, Überlassen, Herstellen und Befördern[1338] erlaubnispflichtig. Eine Bestimmung dieser Begriffe enthält das KrWaffKontrG nicht.[1339] Mit Ausnahme des Beförderns sind die Definitionen aus Anlage 1 A2 WaffG analog anwendbar. Forschung ist keine Form der Herstellung.[1340] § 5 KrWaffKontrG führt **Befreiungstatbestände** auf.

4.2.2 Kriegswaffe

Kriegswaffen im Sinne des KrWaffKontrG sind gemäß § 1 Abs. 1 KrWaffKontrG zur Kriegsführung bestimmte Waffen. Es sind die in der Anlage zum KrWaffKontrG abschließend aufgelisteten Gegenstände, Stoffe und Organismen. Diese Anlage wird als **Kriegswaffenliste** (KWL) bezeichnet.

Dazu zählen Panzer und Schusswaffen ebenso sowie Handgranaten, Kriegsschiffe und Atomwaffen. Überschneidungen mit dem WaffG ergeben sich in der Praxis bei den halbautomatischen Gewehren, als „Rohrwaffen" im Abschnitt V der Kriegswaffenliste Teil B als Nr. 29 lit. d geführt.

4.2.2.1 Rohrwaffen

Das KrWaffKontrG regelt nicht nur den Umgang mit vollautomatischen Waffen, da auch **halbautomatische Langwaffen zu Kriegszwecken** konstruiert wurden. Beispiele dafür sind etwa das amerikanische Springfield SAR-48 in *7,62 mm x 51* oder das sowjetische Dragunov im Kaliber *7,62 mm x 54R*. Grundsätzlich sind alle Halbautomaten in den Kalibern *.338 Lapua Magnum* und *.50 BMG* Kriegswaffen im Sinne des KrWaffKontrG.[1341]

[1338] Befördern entspricht dem waffengesetzlichen Führen, umfasst aber auch Umgang im eigenen befriedeten Besitztum, Geschäfts- oder Wohnraum

[1339] Die Bestimmung, dass für die Begriffsbestimmungen die Definitionen der Anlage 1 A2 WaffG anzuwenden sind, findet sich dagegen in der Verordnung über die Unbrauchbarmachung von Kriegswaffen und den Umgang mit unbrauchbar gemachten Kriegswaffen (KrWaffUnbrUmgV).

[1340] Potrykus, „Waffenrecht", C.H.Beck 1973, K 189, zu § 1 Abs. 1

[1341] Nr. 29 in „Erläuterungen zur KWL Stand 02/2015", www.zoll.de

Bildtafel Rohrwaffen der KWL Nr. 29 (Beispiele)

Maschinengewehr (KWL Nr. 29 a): HK MG5

Maschinenpistole (KWL Nr. 29 b): HK MP5

Vollautomatisches Gewehr (KWL Nr. 29 c): HK G36

Halbautomatisches Gewehr (KWL Nr. 29 d): HK 91

Maschinengewehre[1342], ausgenommen wassergekühlte, sind Kriegswaffen, unabhängig von dem Datum ihrer Einführung bei einer militärischen Streitmacht. Es handelt sich um Waffen mit einem Kaliber unter 20 mm.[1343]

Maschinenpistolen sind vollautomatische Waffen zum Verschießen von Pistolenmunition im Sinne der CIP-Maßtafeln und **zur Kriegsführung bestimmt**, etwa die israelische UZI oder die MP5 der Firma Heckler & Koch. Entscheidend ist die objektive Eignung als Mittel der Gewaltanwendung bei bewaffneten Auseinandersetzungen zwischen Staaten, gemessen am Stand der wissenschaftlichen, technischen und militärischen Erkenntnisse. **Vollautomatische Pistolen** wie die Glock 18 oder die Beretta 93R sind keine Maschinenpistolen und **keine Kriegswaffen** im Sinne des KrWaffKontrG.[1344]

Vollautomatische Gewehre sind Kriegswaffen, wenn ihr Modell nicht vor dem 2. September 1945 bei einer militärischen Streitkraft eingeführt worden ist.

Halbautomatische Gewehre sind Kriegswaffen, wenn ihr Modell nicht vor dem 2. September 1945 bei einer militärischen Streitkraft eingeführt worden ist und es sich nicht um Jagd- oder Sportwaffen handelt.[1345]

[1342] *Die Abgrenzung von Maschinengewehren (KWL Nr. 29 a) gegenüber automatischen Gewehren nach KWL Nr. 29 c und d ist wesentlich, da die KWL im Text zu KWL Nr. 29 b bis d nur im Falle der Maschinenpistolen und automatischen Gewehre eine zeitabhängige Beschränkung vorsieht, die auf die Einführung bei einer militärischen Streitmacht vor dem 2. September 1945 abstellt. Neben der Modellbezeichnung „MG" oder „Maschinengewehr" ist auf eine bestimmungsgemäße Verwendung auf einer Lafette oder, im Falle leichter MGs, mit einem Zwei- oder Dreibein abzustellen, auf im Vergleich zu Standardwaffen schwerere Läufe oder die Verwendung von Patronengurten. Maschinengewehre sind idR nur für das Schießen im vollautomatischen Modus ausgestattet (eine Ausnahme ist das mit einem Einzelfeuermodus ausgestattete MG 34), so dass Feuerstöße oder Einzelfeuer nur durch den Schützen erzeugt werden. Der für den Infanteristen in Bewegung vorgesehene Maschinenkarabiner, der neben Einzelfeuer oft auch Feuerstöße abgeben kann und als Sturmgewehr bezeichnet wird, unterfällt nicht dem Begriff des Maschinengewehrs.*

[1343] *Maschinenwaffen ab einem Kaliber von 20 mm werden als* ***Maschinenkanone*** *bezeichnet und in der KWL als Nr. 32 erfasst.*

[1344] *Sie unterliegen als automatische Schusswaffen dem WaffG, insbesondere dem Verbot nach Anlage 2 A1 Nr. 1.2.1.1 WaffG für Vollautomaten.*

[1345] *Für eine Einstufung als Jagd- oder Sportwaffe nennt der Gesetzgeber Merkmale wie Eignung für Randfeuer- oder Schrotpatronen, Kipplauf, Stecherabzug, Sportschäftung oder Gravuren an Schaft oder System; halbautomatische Kleinkaliber-Waffen, Flinten oder kombinierte Waffen fallen nicht unter das KrWaffKontrG, ebenso nicht Repetierwaffen.*

Bestimmte Teile und Zubehör von Kriegswaffen[1346], bei automatischen Gewehren der Lauf (im Gesetz und im militärischen Sprachgebrauch „**Rohr**" genannt) und der Verschlusskopf, **sind Kriegswaffen**. Dies gilt auch nach Einbau in Waffen, die nicht dem KrWaffKontrG unterliegen – die Kriegswaffeneigenschaft geht nicht verloren[1347], wenn die Kriegswaffe, etwa der Verschlusskopf, funktionsfähig bleibt. Da das KrWaffKontrG den waffenrechtlichen Begriff des „wesentlichen Teils" und Regelungen zur Gleichstellung dieser wesentlichen Teile nicht enthält, ist das KrWaffKontrG nur auf die Kriegswaffe selbst anzuwenden, es sei denn, dass diese Teile selbst als Kriegswaffe in der KWL aufgelistet sind, zB Nrn. 34 und 35.

4.2.2.2 Munition für Rohrwaffen

Munition für die Waffen der KWL Nr. 29 (Kriegswaffenmunition) unterfällt dem KrWaffKontrG. Ausgenommen ist Patronenmunition mit **Vollmantelweichkerngeschoss**, sofern das Geschoss keine Zusätze, insbesondere keinen Lichtspur-, Brand- oder Sprengsatz, enthält, und wenn **Patronenmunition des gleichen Kalibers** für **Jagd- oder Sportzwecke** verwendet wird.[1348]

4.2.2.3 Biologische Kampfstoffe

Eine Abgrenzungsproblematik ergibt sich bei biologischen Kampfstoffen. Da einige der in der KWL aufgelisteten Substanzen unter anderem aus Pflanzen gewonnen werden können, beispielsweise das biologische Agens **Rizin** (KWL Teil A II 3.1 lit. d Nr. 4) aus dem Samen des Wunderbaums (lat. *ricinus communis*), stellt sich in der Praxis die Frage, ab welcher Stufe des Gewinnungsprozesses ein Umgang mit Kriegswaffen im Sinne des KrWaffKontrG vorliegt. Die Rechtsprechung geht davon aus, dass ein Gegenstand, Stoff oder Organismus ab demjenigen Zeitpunkt als Kriegswaffe anzusehen ist, in dem er so bearbeitet oder zusammengesetzt ist, dass er seinem spezifischen Verwendungszweck dienen kann, er also objektiv einsatzfähig ist, um als Kriegswaffe verwendet zu werden.[1349] Der Grad der Aufbereitung oder Wirksamkeit ist darum in jedem Einzelfall zu prüfen.

[1346] *Im **Militaria-Handel** sind Teile von Kriegswaffen anzutreffen, die nach WaffG nicht als wesentliche Teile gelten, die aber Kriegswaffe sind, etwa die Trommeln von **Maschinenkanonen**, (KWL Nr. 36), die waffenrechtlich keine wesentlichen Teile sind (Begriff der „Trommel" abweichend von dem eines Revolverbauteils, hier nur Behälter für Patronenvorrat).*

[1347] *Nr. 7 in „Erläuterungen zur KWL Stand 02/2015", www.zoll.de*

[1348] *KWL Nr. 50; zu Jagd- und Sportzwecken siehe auch vorangehende Hinweise zu Jagd- und Sportwaffen (Fn. 1345) sowie die Informationen zu Munition in dem ergänzenden Band zur Waffen- und Munitionskunde zu diesem Buch; die Sportzwecken dienenden Kaliber ergeben sich aus den Sportordnungen genehmigter Schießsportverbände; jagdliche Kaliber beschränken sich nicht auf Patronen mit Rand.*

[1349] *OLG Düsseldorf 6 StS 1/19, Rn. 356, Urteil vom 26.03.2020; das Gericht stellte fest, dass das hergestellte Rizin-Extrakt, das zur Durchführung eines An-*

4.3 Verlust der Kriegswaffeneigenschaft

Eine Kriegswaffe kann ihre Kriegswaffeneigenschaft verlieren, womit sie keine Kriegswaffe im Sinne des KrWaffKontrG mehr ist. Dieser Verlust kann einerseits eintreten **durch dauerhaften Verlust der Funktionsfähigkeit**, womit lediglich beschädigte Kriegswaffen, die wieder instand gesetzt werden können, ohne dass diese Instandsetzung Maßnahmen außerhalb eines vernünftigen (im Sinne eines wirtschaftlich vertretbaren) Rahmens erfordert, auch im Zustand der vorübergehenden Funktionsfähigkeit ihren Kriegswaffenstatus nicht verlieren.[1350] Andererseits tritt der Verlust der Eigenschaft „Kriegswaffe" **durch Streichung aus der KWL** ein, der Gegenstand wäre dann nicht mehr Kriegswaffe im Sinne des KrWaffKontrG.

Wird eine Kriegswaffe zerlegt, etwa zur Wartung oder auch zur Einlagerung unter Einsatz von Konservierungsmitteln, führt das nicht zum Verlust der Kriegswaffeneigenschaft.[1351] Die KWL erfasst grundsätzlich die vollständige Kriegswaffe, soweit nicht ausdrücklich oder erkennbar auch Bestandteile der Kontrolle unterworfen sind, etwa Rohr und Verschluss im Falle der Gewehre. Wird der Kriegswaffe ein Teil entnommen, wird diese nur vorübergehend unvollständig und funktionsunfähig sein. Diese nur vorübergehende Unvollständigkeit hebt die Kriegswaffeneigenschaft nicht auf.

4.3.1 Unbrauchbarmachung

Nach der Definition des § 13a KrWaffKontrG ist eine Kriegswaffe dann unbrauchbar gemacht, wenn sie durch technische Veränderungen endgültig die Fähigkeit zum bestimmungsgemäßen Einsatz verloren hat und nicht mit allgemein gebräuchlichen Werkzeugen wieder funktionsfähig gemacht werden kann. Insbesondere ist zu beachten, dass nicht die technisch möglichen Verfahren einer Wiederherstellung bei

---

schlags durch den Angeklagten mithilfe einfachster Haushaltsgegenstände gewonnen worden war, als Kriegswaffe konkret für die Kriegsführung geeignet war und führte bezüglich der Einsatzfähigkeit des Rizins aus: „Sowohl das rizinhaltige Pulver als auch die Creme waren zur Tötung von Menschen insbesondere durch inhalative Aufnahme oder durch Eindringen in die Blutbahn und damit für den Einsatz als Kriegswaffe geeignet, ohne dass es zuvor noch einer weiteren Verarbeitung oder Aufbereitung des Stoffes bedurft hätte. Bei einem Sprengstoffanschlag oder einer Messerattacke hätten die rizinhaltigen Substanzen entsprechend ihrem Verwendungszweck als tödliches Toxin verwendet werden können."

[1350] *Nr. 6 in „Erläuterungen zur KWL Stand 02/2015", www.zoll.de; „Die Kriegswaffeneigenschaft geht verloren, sobald der Gegenstand als Kriegswaffe dauernd funktionsunfähig geworden ist. Dauernde Funktionsunfähigkeit liegt insbesondere dann vor, wenn die Wiederherstellung der Einsatzfähigkeit entweder unmöglich ist oder einen technischen und finanziellen Aufwand erfordert, der in keinem sinnvollen Verhältnis zum Wert einer funktionsfähigen Waffe steht (zB bei einem der Neuherstellung nahekommenden Aufwand)."*

[1351] *Nr. 3 in „Erläuterungen zur KWL Stand 02/2015", www.zoll.de*

der Einschätzung einer möglichen Reaktivierung zu betrachten sind, sondern davon ausgegangen werden muss, dass der Prognose nur ein zeitlich und wirtschaftlich vertretbarer Aufwand zugrunde gelegt werden kann. Von einer Wiederherstellbarkeit der Funktionsfähigkeit ist in der Regel dann nicht auszugehen, wenn die betreffende Kriegswaffe mit dem möglichen Verfahren und Werkzeug nicht nur wiederhergestellt, sondern auch hergestellt werden könnte.

Die **Unbrauchbarmachung von Kriegswaffen** erfolgte davor zuletzt aufgrund der Richtlinie des BMWi vom April 1999, die aber ersatzlos aufgehoben wurde.[1352] Die ***Verordnung über die Unbrauchbarmachung von Kriegswaffen und den Umgang mit unbrauchbar gemachten Kriegswaffen*** vom 1. September 2018 (KrWaffUnbrUmgV) ersetzte die *Verordnung über den Umgang mit unbrauchbar gemachten Kriegswaffen* (KrWaffUmgV).

Kindern und Jugendlichen ist der Umgang mit unbrauchbar gemachten Kriegswaffen verboten. Wird eine unbrauchbar gemachte Kriegswaffe nach KWL Nr. 29 (Maschinengewehre, Maschinenpistolen, Gewehre), KWL Nr. 30 (Granatmaschinenwaffen, Granatgewehre, Granatpistolen), KWL Nr. 37 (tragbare Panzerabwehrwaffen) oder KWL Nr. 46 (Handgranaten) geführt, darf dies für Dritte nicht erkennbar sein.[1353] Dies gilt nicht bei Film- oder Fernsehaufnahmen sowie bei Theateraufführungen. Zu beachten ist aber das **Führverbot nach § 42a WaffG**, das auch das verdeckte Führen von unbrauchbar gemachte Kriegswaffen nach KWL Nr. 29 vollumfänglich erfasst.

Wurde eine Kriegswaffe **umgebaut** oder **unbrauchbar** gemacht, deren Modell noch in der KWL aufgeführt ist, verliert sie ebenfalls ihre Kriegswaffeneigenschaft. Sie ist in diesem Falle dem WaffG unterworfen. Dem Verbot nach § 2 Abs. 3 WaffG iVm Anlage 2 A1 Nr. 1.1 WaffG unterliegt sie allerdings nicht, weil sich die Tatbestandsvoraussetzung „nach Verlust der Kriegswaffeneigenschaft" ausschließlich auf solche ehemaligen Kriegswaffen beschränkt, die aus der KWL durch eine Entscheidung der Bundesregierung gestrichen worden sind.[1354] Aus dem Wortlaut der Anlage 2 ist

---

[1352] *BMWi Geschäftszeichen VB 3 – 10 17 03 vom 21. April 1999; das Merkblatt BMWi IV B 5 - 10 17 03 vom August 1968 hatte für den Verlust der Kriegswaffeneigenschaft des Verschlusses einer Maschinenpistole lediglich ein Abschleifen des Stoßbodens in einem Winkel von mindestens 30 Grad gefordert, nicht aber eine dauerhafte Funktionsunfähigkeit.*

[1353] *Es handelt sich um einen eigenen Tatbestand der KrWaffUnbrUmgV, das „offene Führen", der im WaffG nicht verwendet wird. Darunter ist ein Führen einer unbrauchbar gemachten Kriegswaffe zu verstehen, bei dem die Kriegswaffe für einen Außenstehenden nicht erkennbar geführt wird, etwa unter der Jacke oder in einem Koffer. Das WaffG differenziert seinerseits nicht zwischen offenem und verdecktem Führen, gleichwohl sind Auflagen bezüglich der Art des Führens bekannt, zB die Auflage zum ausschließlich verdeckten Führen von SRS-Waffen bei Erteilung eines Kleinen Waffenscheins, ausgestellt vom Land Berlin.*

[1354] *BT-Drs. 14/7758, Seite 90, zu Anlage 2 Abschnitt 1, Absatz 2*

diese Beschränkung auf aus der KWL gestrichene Kriegswaffen nicht ersichtlich. Darum wird in Teilen der Literatur die Erstreckung des Verbots auf solche ehemaligen Kriegswaffen bejaht, die ihre Kriegswaffeneigenschaft durch Unbrauchbarmachung verloren haben. Bei ausschließlicher Abstellung auf die Formulierung der Anlage 2 könnte dieser Auslegung gefolgt werden.

Zu beachten ist die Änderung des WaffG bezüglich der rechtlichen Behandlung von unbrauchbar gemachten Schusswaffen ab 1. September 2020. Die Ausnahme vom WaffG für unbrauchbar gemachte Schusswaffen nach Anlage 2 A3 UA2 Nr. 4 WaffG wurde aufgehoben. Selbst wenn sich das Verbot vor der Gesetzesänderung auf unbrauchbar gemachte Kriegswaffen erstreckt hätte, wären unbrauchbar gemachte Kriegswaffen vor dem 1. September 2020 durch Anlage 2 A3 UA2 WaffG von der Anwendung des Gesetzes und insbesondere vom waffengesetzlichen Verbot des Umgangs mit ehemaligen Kriegswaffen ausgenommen gewesen, wenn sie auch nach den Vorschriften des WaffG als unbrauchbar einzustufen gewesen wären. Anzuwenden waren seinerzeit auf diese Waffen ausschließlich § 42a WaffG und die Regelungen der KrWaffUnbrUmgV, insbesondere das Erfordernis des Mindestalters von 18 Jahren zum Umgang, wonach in summarischer Betrachtung Schusswaffen, die Kriegswaffen gewesen waren, jetzt aber lediglich unbrauchbar gemachte Schusswaffe und Anscheinswaffe waren, nicht geführt werden durften. Ausgenommen waren der Transport in einem verschlossenen Behältnis sowie die Verwendung bei Film- und Fernsehaufnahmen oder bei Theateraufführungen durch daran beteiligte Personen, wobei Zuschauer nicht als Beteiligte anzusehen sind, solange sie nicht in die künstlerische Darbietung aktiv eingebunden werden.

Unbrauchbar gemachte Kriegswaffen sind keine Kriegswaffen im Sinne des KrWaffKontrG, da sie ihre Kriegswaffeneigenschaft verloren haben.[1355] § 57 Abs. 1 WaffG schließt die Anwendung des WaffG nur für Kriegswaffen im Sinne des KrWaffKontrG aus, somit unterfallen die unbrauchbar gemachten Kriegswaffen als unbrauchbar gemachte Schusswaffen den Regelungen des WaffG für diese Art von Schusswaffen vollumfänglich.[1356]

[1355] *Entschließung des BMWi, AZ IV B 5 - 10 17 02, vom 8. Aug. 1968; die Rechtsauffassung wird nach Auskunft des BMWi, Stand Juni 2020, weiterhin vertreten.*

[1356] *Zur waffenrechtlichen Einstufung von Teilen unbrauchbar gemachter Kriegswaffen, die wesentliche Teile im Sinne des WaffG sind, Kapitel 1.3.2.3.2.1.1*

Bei unbrauchbar gemachten[1357] **Handgranaten** greifen §§ 42, 42a, 42b WaffG allerdings nicht, da diese Gegenstände keine Anscheinswaffen[1358] und auch keine Waffen im Sinne des WaffG sind. Zu beachten ist das *Verbot des offenen Führens* und des *Umgangs durch Kinder und Jugendliche* nach KrWaffUnbrUmgV. Erwachsene dürfen diese Gegenstände verdeckt oder verpackt führen. Da das WaffG keine Anwendung findet, ist auch ein Waffenverbot nach § 41 WaffG unwirksam.

Oben: Splitter-Handgranate DM51A1

[1357] *Aus einer Kriegswaffe entstandene „Deko-Handgranaten", die aus Teilen einer Handgranate bestehen, die metallische Restkörper (Splittermantel, Zündrichter ohne Anzündmittel, keine anzündfähigen Substanzen) ohne eine Restfähigkeit zur Verwendung als Kriegswaffe sind, sind nicht bloß metallischer Restmüll, wenn sie so zusammengesetzt werden können oder worden sind, dass der Anschein einer Handgranate erweckt wird; sie gelten nach Stellungnahme des BMWi, dem Verfasser auf Anfrage mitgeteilt im Mai 2021, als unbrauchbar gemachte Kriegswaffen im Sinne der KrWaffUnbrUmgV und unterfallen somit deren Regelungen zum Führen und zum Mindestalter für den Umgang; siehe Beispielbild auf Folgeseite.*

[1358] *Es müsste der „Anschein einer Feuerwaffe" erweckt werden; Handgranaten sind keine Schuss- oder Feuerwaffen im Sinne des WaffG, da es an einem Lauf und einem zu verschießenden Geschoss fehlt; der Begriff der Anscheinswaffe setzt allerdings zwingend den Anschein einer Feuerwaffe voraus; somit werden unbrauchbar gemachte Handgranaten nicht von § 42a WaffG erfasst.*

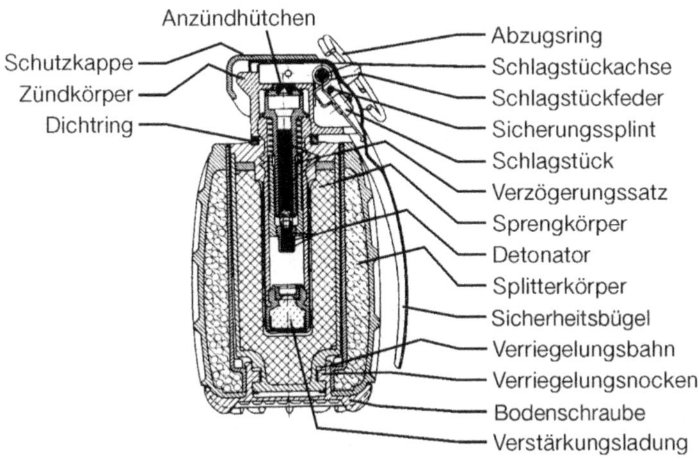

Oben: Darstellung des Aufbaus der DM51A1

Unten: Links unbrauchbar gemachte Handgranate (Werbeartikel), rechts Detailaufnahme entnommener (zerstörter) „Zündkörper" dieses Werbeartikels

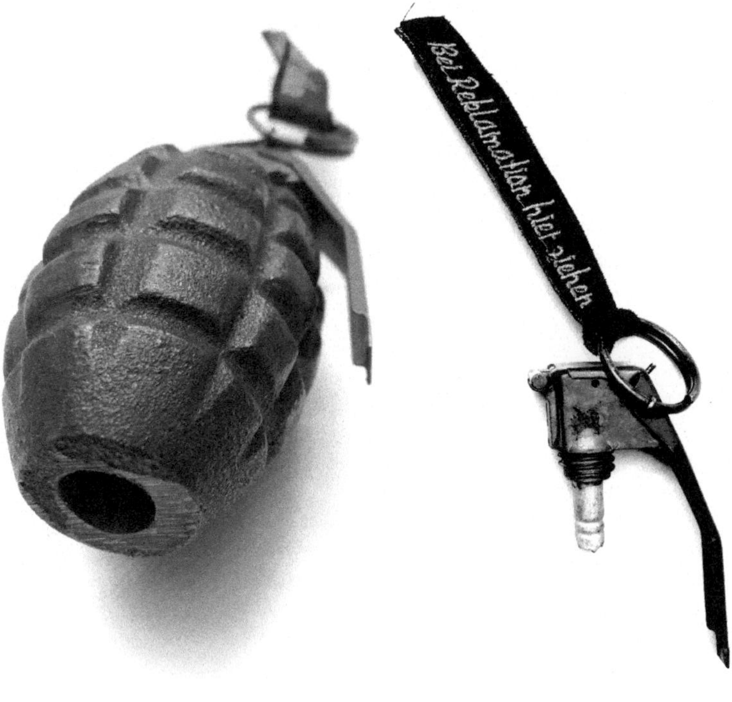

Als *deaktivierte Feuerwaffe* oder *deactivated firearm* im Sinne der EU-Deaktivierungsverordnung gelten solche Feuerwaffen, die durch von der nationalen Behörde des EU-Mitgliedstaats oder des Teilnehmerstaats des Wassenaar-Arrangements[1359] festgelegte Verfahren außerstande gesetzt worden sind, ein Geschoss zu verschießen. Durch diese Verfahren werden die wesentlichen Teile der Feuerwaffe auf Dauer geändert. Entsprechend den nationalen Rechts- und Verwaltungsvorschriften kann die Deaktivierung der Feuerwaffe durch eine von einer zuständigen Behörde ausgestellte Bescheinigung bestätigt und auf der Feuerwaffe durch die Anbringung eines Stempels auf einem wesentlichen Teil der Waffe gekennzeichnet werden.

4.3.2 Streichung aus der Kriegswaffenliste (KWL)

Wird eine **Waffe aus der Kriegswaffenliste** in der Fassung der Bekanntmachung vom 22. November 1990 oder jünger **gestrichen** und **verliert** aus diesem Grunde ihre **Kriegswaffeneigenschaft**, gelten die Vorschriften nach § 57 Abs. 2 WaffG.

Zu beachten ist die in der Praxis bedeutendere Regelung, dass nach dem Verlust der Kriegswaffeneigenschaft durch Streichung aus der Kriegswaffenliste eine Waffe dem waffengesetzlichen **Umgangsverbot** nach Anlage 2 A1 Nr. 1.1 in Verbindung mit § 2 Abs. 3 WaffG unterfällt, ausgenommen **halbautomatische tragbare Schusswaffen**. Dieses Verbot bezieht sich ausschließlich auf solche Gegenstände, die dem Waffenbegriff nach § 1 Abs. 2 WaffG unterfallen und funktionsfähig sind. Sonstige etwaige aus der KWL gestrichene Kriegswaffen, die keine Waffe im Sinne von § 1 Abs. 2 WaffG und damit nicht Waffe im Sinne des WaffG sind, unterfallen nicht dem waffengesetzlichen Verbot.

4.4 Film- und Theaterwaffen

Bei einem Umgang mit Film- und Theaterwaffen, die Kriegswaffen sind, handelt es sich um einen gesetzlich nicht gesondert geregelten Spezialfall. Da diese, wie auch die im Waffengesetz geregelten Salutwaffen, zum Verschießen von Kartuschenmunition fähig sein müssen, um in der Film- oder Theaterproduktion den Effekt einer

---

[1359] *„Das Regime des Wassenaar-Arrangements (WA) wurde geschaffen, um einen Beitrag zur regionalen und internationalen Sicherheit und Stabilität zu leisten, indem Transparenz und ein verantwortungsvolleres Verhalten bei Exporten von konventionellen Rüstungsgütern und Dual-Use-Gütern (Waren, Software und Technologie) gefördert und auf diese Weise destabilisierende Waffenanhäufungen verhin--ert werden. Ziel dieses Regimes ist es auch, den Erwerb dieser Güter durch Terro--isten zu verhindern. Die Teilnehmerstaaten versuchen, über ihre nationale Politik zu verhindern, dass Exporte dieser Güter zur Entwicklung oder zum Ausbau militärischer Fähigkeiten beitragen, die diesen Zielsetzungen zuwiderlaufen, und zur Unterstützung derartiger Fähigkeiten umgeleitet werden.“ (Entnommen mit weiteren Informationen: http://www.wassenaar.org)*

Schusswaffe hervorzurufen, handelt sich bei Film- und Theaterwaffen nicht um deaktivierte Feuerwaffen.

Die **KrWaffUnbrUmgV** ist **auf Film- und Theaterwaffen nicht anwendbar**, ebenso wenig die Regelungen des WaffG für Salutwaffen, da diese Film- und Theaterwaffen **Kriegswaffen im Sinne des KrWaffKontrG** sind,[1360] weil sie mangels einer umfassenden Unbrauchbarmachung nach der EU-Deaktivierungsverordnung ihre Kriegswaffeneigenschaft nicht verloren haben, auch wenn sie aktuell keine Patronenmunition, sondern in der Regel nur Kartuschenmunition verschießen können.

Gleichwohl existiert aufgrund der Erfordernisse insbesondere der Produktion von TV- und Filmproduktionen, in denen Kriegswaffen effekthaschend und in der Regel auch zur Abbildung der gegenwärtigen Realität im Bereich der Schwerkriminalität und des Terrorismus zum Einsatz kommen, eine besondere Regelung für Film- und Theaterwaffen.[1361]

Film- und Theaterwaffen dürfen ausschließlich für den gewerblichen Gebrauch umgebaut werden. Der Umbau darf nur durch den Inhaber einer gewerblichen Waffenherstellungserlaubnis erfolgen. Die umgebaute Waffe muss einem Beschussamt zur Abnahme vorgelegt werden, bevor sie erstmalig gewerblich verwendet werden darf. Das Beschussamt prüft insbesondere die Funktionssicherheit. Dabei ist es zulässig, dass die Filmwaffe Dauerfeuer und Feuerstöße „schießen" kann, was ebenfalls zu prüfen ist. Die bestandene Beschussprüfung ist durch ein Funktionsbeschusszeichen zu bestätigen, das auf der Waffe angebracht werden muss.

Produktionsfirmen bedürfen zum Umgang mit diesen Film- und Theaterwaffen einer **Genehmigung zum Umgang mit Kriegswaffen** nach dem KrWaffKontrG. Damit verbunden sind auch Abstimmungen über die Sicherheitsvorkehrungen, die insbesondere am Drehort zu ergreifen sind, um diese Waffen während der Dreharbeiten und in Drehpausen gegen unbefugte Wegnahme zu schützen. Hier sind dem nachvollziehbaren Interesse des Unternehmens stets die Belange der öffentlichen Sicherheit und Ordnung gegenüberzustellen, die im Falle von noch teilweise funktionsfähigen Kriegswaffen einen besonders aufmerksamen Umgang im Zuge der Aufbewahrung und Beförderung erfordern. Auch hier tritt das Interesse des Einzelnen hinter die Interessen der Allgemeinheit zurück, insbesondere dürfen Kostengründe nicht zu einem Absenken von Sicherungsvorgaben führen.

In diesem Zusammenhang[1362] gilt auch für Film- und Theaterwaffen, dass

---

[1360] Richtlinie des Bundesministeriums für Wirtschaft und Technologie über Anforderungen an tragbare Handfeuerwaffen für Theateraufführungen, Film- und Fernsehzwecke, die Kartuschenmunition verfeuern können, vom 5. Mai 1999, Geschäftszeichen V B 3 - 10 17 03

[1361] Die diesbezüglichen Regelungen sind dem sogenannten „Pracejus-Brief" an die Zeitschrift VISIER vom März 2003 zu entnehmen.

[1362] Merkblatt „Filmwaffen/Theaterwaffen", Download unter www.bafa.de

1. jede Beförderung von Kriegswaffen sowie jeder Erwerb und jede Überlassung der tatsächlichen Gewalt über Kriegswaffen nur nach vorher erteilter Genehmigung erfolgen darf,
2. eine Beförderung von Kriegswaffen nur von arbeitsvertraglich fest an das jeweilige Unternehmen gebundenem Personal vorgenommen werden darf, was den Einsatz freier Mitarbeiter für diese Tätigkeit ausschließt, und
3. dem Bundesamt für Wirtschaft und Ausfuhrkontrolle (BAFA) sämtliche Mitarbeiter zu benennen sind, die unter den in Ziffer 2 beschriebenen Personenkreis fallen, wobei ein späterer Personalwechsel dem BAFA unverzüglich mitzuteilen ist.

4.5 Folgen von Verstößen

Verstöße gegen die **Genehmigungspflicht** zum Umgang mit Kriegswaffen sind mit einer **Mindestfreiheitsstrafe** von **einem Jahr** bewehrt, somit also **Verbrechen** im Sinne des StGB. Das gilt gemäß § 22a Abs. 1 Nr. 6 lit. a KrWaffKontrG insbesondere für den unbefugten **Besitz**. Da der ungenehmigte Erwerb (Abs. 1 Nr. 2 1. Alt.) als abgeschlossener Vorgang, der nach Erlangung der tatsächlichen Gewalt beendet ist, durch **Verjährung**[1363] unter Umständen nicht mehr bestraft werden könnte, ist stets auch der unbefugte Besitz zu prüfen.

4.6 Anwendbarkeit des WaffG

Auf Kriegswaffen im Sinne des KrWaffKontrG ist gemäß § 57 Abs. 1 WaffG das **Waffengesetz nicht anzuwenden**. Dies gilt beispielsweise für **Munition**, die in der Kriegswaffenliste im Teil B Abschnitt VIII aufgeführt und damit Kriegswaffe ist, zB Munition für Rohrwaffen nach Nr. 29. Eine generelle Unanwendbarkeit des WaffG auf Gegenstände, die KrWaffKontrG oder auch KrWaffUnbrUmgV unterfallen, ist aber nicht gegeben. Das gilt insbesondere für unbrauchbar gemachte Kriegswaffen, die mangels Verwendbarkeit zur Kriegführung keine Kriegswaffen sind, aber trotzdem dem KrWaffKontrG unterfallen. **Bauteile von Kriegswaffen**, die nicht Kriegswaffe sind, da sie in der KWL nicht aufgeführt sind, etwa Griffstück oder Gehäuse, unterfallen dem WaffG, wenn sie wesentliche Teile im Sinne des WaffG sind.

Kriegswaffe im Sinne des KrWaffKontrG sind nur vollständige[1364] Kriegswaffen, aber auch Rohr oder Verschluss für Waffen der KWL Nr. 29 allein. Der Gesetzgeber hat

---

[1363] § 78 StGB; Verstöße gegen das KrWaffKontrG verjähren idR nach fünf Jahren

[1364] Die Kriegswaffeneigenschaft entfällt nicht, wenn für die Verwendung erforderliche Teile nur vorübergehend entnommen werden, etwa zum Zwecke der Reinigung oder des Transports in demontiertem Zustand. Auch die Zerlegung, die allein dem Zweck dient, die Kriegswaffe dem Zugriff des KrWaffKontrG zu entziehen, beseitigt nicht die Kriegswaffeneigenschaft („Surrogat der Teile für die Verwendbarkeit im montierten Zustand").

mit Wirkung ab 1. April 2008 eine Regelung in die Begriffe der wesentlichen Teile in Anlage 1 A1 UA1 Nr. 1.3 WaffG eingefügt:

„Teile von Kriegswaffen im Sinne des Gesetzes über die Kontrolle von Kriegswaffen in der Fassung der Bekanntmachung vom 22. November 1990 (BGBl. I S. 2506), zuletzt geändert durch Artikel 24 der Verordnung vom 31. Oktober 2006 (BGBl. I S. 2407), die nicht vom Gesetz über die Kontrolle von Kriegswaffen erfasst und nachstehend als wesentliche Teile aufgeführt sind, sowie Schalldämpfer zu derartigen Waffen werden von diesem Gesetz erfasst;"

Durch diese Bestimmung werden Teile von Kriegsschusswaffen mit Ausnahme von Rohr und Verschluss im Sinne einer Auffangregelung dem WaffG unterworfen,[1365] wenn

- das KrWaffKontrG diese Teile nicht erfasst, da sie nicht in der KWL aufgeführt und damit keine Kriegswaffe sind, und
- diese Teile die Definition eines wesentlichen Teils im Sinne des WaffG erfüllen.[1366]

Erlaubnispflichten und Verbote des WaffG sowie Vorschriften zur behördlichen Zuständigkeit sind auf diese Teile von Kriegswaffen anzuwenden. Dies betrifft auch die Regelungen zur Gleichstellung der wesentlichen Teile mit den Schusswaffen, für die sie bestimmt sind; diese Gleichstellung gilt, wenn das Waffengesetz bezüglich der Gleichstellung nicht anderes bestimmt.[1367] Gleiches gilt für Schalldämpfer.

Die Verbindung mit einem Gegenstand, der dem Regelungsumfang des KrWaffKontrG unterfällt, ohne Kriegswaffe zu sein (beispielhaft die unbrauchbar gemachte Kriegswaffe), nimmt das mit diesem Gegenstand verbundene Bauteil nicht von der Anwendbarkeit des WaffG aus. Somit sind die Vorschriften des WaffG, insbesondere Anlage 1 A1 UA1 Nr. 1.3 WaffG, auf diese Bauteile anwendbar, wenn es sich um ein wesentliches Teil oder einen Schalldämpfer im Sinne des WaffG handelt.

Bestandteile von Kriegswaffen, die selbst nicht in der KWL gelistet und damit nicht Kriegswaffe im Sinne des KrWaffKontrG sind, unterfallen bei dauerhafter Verbin-

---

[1365] BT-Drs. 16/7717, S. 23, zu Nummer 1.3 (Anlage 1 WaffG)

[1366] Dies ist durch die Änderungen des WaffG 2020 praxisrelevant, da insbesondere durch die Einstufung des Gehäuses einer Schusswaffe als wesentliches Teil im Sinne des WaffG mehr Teile von Rohrwaffen der KWL Nr. 29 im dauerhaft ausgebauten Zustand den Vorschriften des WaffG unterfallen, in den meisten Fällen als wesentliches Teil einer verbotenen Schusswaffe; der Umgang wäre strafbar.

[1367] So auch BKA-Feststellungsbescheid SO11-5164.01-Z-86 zu Griffstücken von Maschinenpistolen; Auszug: „Da das Griffstück im KWKG nicht als wesentliches Teil aufgeführt ist, handelt es sich bei dem Griffstück einer Maschinenpistole, die Kriegswaffe im Sinne des KWKG ist, nicht um ein Teil, das dem KWKG unterliegt." (Hinweis: abweichende Schreibweise „KWKG" zur heute gebräuchlichen Kurzschreibweise „KrWaffKontrG" in der Quelle; die Quellenschreibweise wurde in diesem Falle beibehalten)

dung mit einem Gegenstand, der nicht die Kriegswaffe ist, für die sie bestimmt sind, oder überhaupt Kriegswaffe im Sinne des KrWaffKontrG ist, nicht der Regelung des § 57 WaffG, womit auch auf sie das Waffengesetz anzuwenden ist, wenn es sich funktionell um wesentliche Teile von Schusswaffen oder Schalldämpfer im Sinne des WaffG handelt.

Unbrauchbar gemachte Kriegswaffen unterfallen den Regelungen des KrWaffKontrG, insbesondere der KrWaffUnbrUmgV in Verbindung mit § 13a KrWaffKontrG, ohne dadurch weiterhin Kriegswaffe im Sinne des KrWaffKontrG zu sein. Da unbrauchbar gemachte Kriegswaffen keine Kriegswaffen im Sinne des KrWaffKontrG sind und die Sperrnorm des § 57 WaffG aus diesem Grunde die Anwendbarkeit des WaffG auf die betroffenen Gegenstände nicht verbietet, ist das WaffG auf unbrauchbar gemachte Kriegswaffen vollumfänglich anzuwenden. Unbrauchbar gemachte Kriegswaffen unterliegen somit beiden Gesetzen.

5 Bestimmungstafeln

Bei der Klärung der Frage, ob es sich bei einem Gegenstand um eine Waffe im Sinne des WaffG handelt, ist zunächst (Stufe 1 der Klärung) zu prüfen, ob es sich um eine **Schusswaffe oder einen ihr gleichgestellten Gegenstand** handelt. Trifft dies nicht zu, ist die **Bestimmung** (Stufe 2), danach die **Erwähnung im Gesetz und Eignung** (Stufe 3) zur Herabsetzung oder Beseitigung der Angriffs- oder Abwehrfähigkeit eines Menschen zu prüfen. Zum Beispiel das **Blasrohr** – es unterfällt dem Schusswaffenbegriff, somit wären Ausnahmen, in diesem Falle § 2 Abs. 4 WaffG iVm Anlage 2 A3 UA2 Nr. 2 WaffG, zu prüfen. Unterfällt ein Gegenstand keiner der genannten drei Stufen, handelt es sich nicht um eine Waffe im Sinne des WaffG. Gleichwohl könnte der Gegenstand Regelungen des WaffG unterfallen, wie es etwa beim Einhandmesser oder bestimmten Messern mit feststehender Klinge der Fall ist, somit ist auch dies stets zu prüfen.

Bei der Einordnung von Schusswaffen kann es aufgrund der Konstruktion die Möglichkeit geben, dass eine Waffe mehreren Kategorien zugeordnet werden muss, beispielsweise eine Vorderschaftrepetierflinte mit zuschaltbarem halbautomatischem Nachladesystem – diese Waffe wäre als Repetierwaffe und Automat anzusehen. Hier ist jeweils die im Einzelfall für die Allgemeinheit gefahrenmindernde Einordnung vorzunehmen – so wäre in diesem Beispiel davon auszugehen, dass der Zustand „Automat" als Art der Waffe bei der Beantragung einer Erwerbserlaubnis anzusetzen wäre, bei dem Verbot der „Vorderschaftrepetierflinte mit Kurzwaffengriff" dagegen der Zustand „Repetierwaffe", da in beiden Fällen der Einordnung Gefahren durch einen nicht bedürfnisbegründeten Umgang oder durch eine Verhinderung des Umgangs durch das Verbot vermindert werden.

In der nachfolgenden Übersicht und auf den Bestimmungstafeln werden die in der Praxis wichtigsten Gegenstände dargestellt. Gehören zu einer Kategorie mehrere Gegenstände, wird das jeweils erfüllte Merkmal hervorgehoben. Es wird, anders als im alltäglichen Sprachgebrauch, zwischen Hieb und Schlag unterschieden. Der **Hieb** ist als Schlag mit einem scharfen Gegenstand (Klinge) zu verstehen. Der **Stich** setzt das Vorhandensein einer Spitze am verwendeten Gegenstand voraus, damit dieser in den Körper eindringen kann. **Schlag** und auch **Stoß** dagegen sind die Einwirkungen eines bewegten Körpers auf einen anderen, wobei ein Stoß ein gerade geführter Angriff ist, während ein Schlag kreisförmig ausgeführt wird. **Wurf** ist Folge einer Bewegung, die einem Körper die notwendige Bewegungsenergie vermittelt, um sich aus der werfenden Hand in eine Richtung zu bewegen, die von der Fallbewegung aufgrund der einwirkenden Schwerkraft abweicht.

Bezeichnung (Variante)	Waffe nach § 1 Abs. 2	Definition Anlage 1 A1	Kategorie
Armbrust	Nr. 1	UA1 Nr. 1.2.3	Gleichgestellter Gegenstand
Druckluftwaffe (F im Fünfeck)	Nr. 1	UA1 Nr. 1.1, 2.9	Schusswaffe
Einhandmesser, Messer über 12 cm		§ 42a Abs. 1 Nr. 3	
Nachtsichtvorsatz- / -aufsatzgerät	Nr. 1	UA1 Nr. 4.3	Sonstige Vorrichtung für Schusswaffen
Nunchaku	Nr. 2 lit. a	UA2 Nr. 1.2.6	Tragbarer Gegenstand
Pfeilabschussgerät	Nr. 1	UA1 Nr. 1.2.3	Gleichgestellter Gegenstand
Reizstoffsprühgerät (mit Prüfzeichen)	Nr. 2 lit. a	UA2 Nr. 1.2.2	Tragbarer Gegenstand
Salutwaffe	Nr. 1	UA1 Nr. 1.5	Schusswaffe (im weiteren Sinne)
Schalldämpfer	Nr. 1	UA1 Nr. 1.3.3	Gleichgestellter Gegenstand
Schlagring, Stahlrute, Totschläger	Nr. 2 lit. a	UA2 Nr. 1.1	Tragbarer Gegenstand (Hieb- und Stoßwaffe)
Schlagstock, Teleskopschlagstock	Nr. 2 lit. a	UA2 Nr. 1.1	Tragbarer Gegenstand (Hieb- und Stoßwaffe)
Spring-, Fall, Faust-, Faltmesser	Nr. 2 lit. b	UA2 Nr. 2.1.1 bis 2.1.4	Tragbarer Gegenstand
SRS-Waffe (PTB im Kreis)	Nr. 1	UA1 Nr. 1.2.1	Gleichgestellter Gegenstand
Tierabwehrspray			
Unbrauchbar gem. Schusswaffe	Nr. 1	UA1 Nr. 1.4	Schusswaffe (im weiteren Sinne)
Wurfstern	Nr. 2 lit. a	UA2 Nr. 1.1	Tragbarer Gegenstand (Hieb- und Stoßwaffe)

Beachten Sie, dass für alle genannten Gegenstände, die Waffe im Sinne des WaffG sind, ein Mindestalter von 18 Jahren für den Umgang gefordert ist, wenn nicht anders angegeben.

Verbot gem. Anlage 2 A1	Erlaubnis-pflicht	**Ausnahmen Anlage 2 A2 UA2 /** ***Ausnahmen nach anderer Norm***	**Zu beachten /** ***Anmerkung***
		Erwerb, Besitz, Führen, Herstellung, Handel, Verbringen, Mitnahme	
	WS	Nr. 1.1, 1.2: Erwerb, Besitz ohne Erlaubnis	§ 12 Abs. 3, 4 WaffG
		§ 42a Abs. 2, 3 WaffG: Berecht. Interesse, Film/TV, Behältnis	§§ 42–42b WaffG
1.2.4.2	WBK/JS	*§ 40 Abs. 3 WaffG*	
1.3.8			
	WBK WS		
(o. Prüfzeichen: 1.3.5)		*§ 3 Abs. 2 WaffG: Mindestalter 14 Jahre*	§ 42 WaffG (öfftl. VA) beachten
1.2.8*	WBK WS		§ 39b WaffG
	WBK JS/WS		§ 13 Abs. 9 WaffG
1.3.2			
1.3.1*		*§ 42a Abs. 2, 3 WaffG: Berecht. Interesse, Film/TV, Behältnis*	§ 42a WaffG (Führverbot)
1.4.1*, 1.4.2 bis 1.4.3		*§ 40 Abs. 3 WaffG (nur Faustmesser)*	§§ 42–42b WaffG
	KWS	Nr. 1.3: Erwerb, Besitz ohne Erlaubnis	
			nicht dem WaffG unterworfen
	Alt-Deko: WBK/WS	Neu-Deko: Nr. 2b (div. Umgangsarten)	§§ 25a ff. AWaffV
1.3.3			

Legende: „WBK": Waffenbesitzkarte; „(K)WS": (Kleiner) Waffenschein; „JS": Jagdschein;
** Verbotsbeschränkung aufgrund Bauart oder Eigenschaft in der Norm beachten*

Bezeichnung	**Vollautomat**
Kategorie	Schusswaffe
Definition	Schusswaffen, die nach Abgabe eines Schusses selbsttätig erneut schussbereit werden und bei denen aus demselben Lauf durch einmalige Betätigung des Abzuges oder einer anderen Schussauslösevorrichtung mehrere Schüsse abgegeben werden können (Vollautomaten). Als automatische Schusswaffen gelten auch Schusswaffen, die mit allgemein gebräuchlichen Werkzeugen in automatische Schusswaffen geändert werden können. Als Vollautomaten gelten auch in Halbautomaten geänderte Vollautomaten, die mit den genannten Hilfsmitteln wieder in Vollautomaten zurückgeändert werden können.
Synonym	Maschinengewehr, -pistole, MPi, Sturmgewehr
Waffe nach ...	§ 1 Abs. 2 Nr. 1 WaffG, wenn es sich nicht um eine Kriegswaffe handelt (siehe Kapitel 4.6)
Norm Begriff	Anlage 1 A1 UA1 Nr. 2.2
Möglicher Verstoß	§ 2 Abs. 3 WaffG in Verbindung mit Anlage 2 A1 Nr. 1.2.1.1 (Umgangsverbot)

Bei Vollautomaten sorgen in der Regel der Rückstoß oder der am Lauf abgenommene und zurückgeführte Gasdruck nach Schussabgabe für die Repetierbewegung des Verschlusses. Automatische Büchsen sind vorwiegend im militärischen und sportlichen Bereich anzutreffen. In Abgrenzung zum **Halbautomaten** sind **Vollautomaten** bei Betätigung des Abzugs nach Schussabgabe wieder schussbereit, der nächste Schuss wird ohne Unterbrechung ausgelöst, bis sich der Finger vom Abzug löst oder das Magazin geleert ist.

Nicht jeder Vollautomat ist gleichzeitig auch **Kriegswaffe** im Sinne des Kriegswaffenkontrollgesetzes, beispielsweise die vollautomatisch schießende Glock 18. Entscheidend ist die Bestimmung zur Kriegsführung. Zahlreiche „Klone" von Vollautomaten sind als Halbautomaten im Handel. Handelt es sich um eine Kriegswaffe, ist das Waffengesetz gemäß § 57 WaffG auf diesen Vollautomaten nicht anzuwenden; beachten Sie dazu die vertiefenden Ausführungen in Kapitel 4.6, zum Verbot auch Kapitel 1.13.1.2.

Bezeichnung	**Halbautomat**
Kategorie	Schusswaffe
Definition	Schusswaffen, die nach Abgabe eines Schusses selbsttätig erneut schussbereit werden und bei denen aus demselben Lauf durch einmalige Betätigung des Abzuges oder einer anderen Schussauslösevorrichtung jeweils nur ein Schuss abgegeben werden kann (Halbautomaten); als automatische Schusswaffen gelten auch solche Schusswaffen, die mit allgemein gebräuchlichen Werkzeugen in Automaten geändert werden können.
Synonym	Pistole, Selbstladeflinte (SLF), Selbstladebüchse (SLB), Sturmgewehr
Waffe nach ...	§ 1 Abs. 2 Nr. 1 WaffG
Norm Begriff	Anlage 1 A1 UA1 Nr. 2.2
Möglicher Verstoß	§§ 41 (Waffenverbot), 42 WaffG (Führverbot)

Bei Halbautomaten sorgen in der Regel der Rückstoß oder der am Lauf abgenommene und zurückgeführte Gasdruck nach Schussabgabe für die Repetierbewegung des Verschlusses. Halbautomatische Waffen sind als Büchsen eher im militärischen und sportlichen Bereich anzutreffen, zunehmend aber auch im jagdlichen Bereich als halbautomatische Flinten.

Jäger dürfen halbautomatische Langwaffen erwerben und besitzen, wenn die Jagd mit ihnen nach § 19 Abs. 1 BJagdG nicht verboten ist. Das Bundesjagdgesetz untersagt lediglich den **Schuss aufs Wild** mit solchen halbautomatischen Langwaffen, die mit mehr als drei Schuss **geladen sind**. Das Einführen eines Magazins mit mehr als zwei Schuss Kapazität stellt somit keinen Verstoß gegen das Waffengesetz dar, da der Besitz der so entstehenden Waffe von der zugrundeliegenden Erwerbserlaubnis (gültiger Jagdschein) des § 13 Abs. 3 WaffG umfasst wird. Gleiches gilt für Schüsse, die nicht auf Wild abgegeben werden, wenn die Waffe mit mehr als drei Patronen geladen ist, etwa beim Ein- und Anschießen.

Halbautomatische Langwaffen mit mehr als zehn Patronen Magazinkapazität sind nach § 6 AWaffV vom **Schießsport** ausgeschlossen.

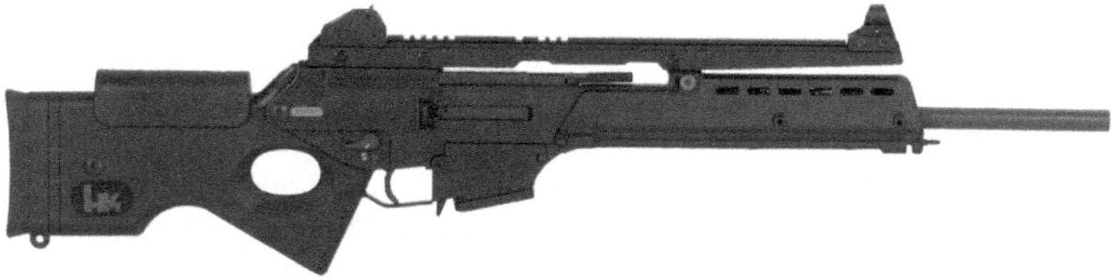

SLB 2000 LIGHT

Bezeichnung	**Repetierwaffe**
Kategorie	Schusswaffe
Definition	Schusswaffen, bei denen das Zuführen der Patrone aus einem Magazin, das Abfeuern und das Entfernen der Patrone oder Patronenhülse mit Hilfe eines nur von Hand zu betätigenden Mechanismus erfolgt
Synonym	Repetierbüchse, Unterhebelrepetierer (UHR, engl. „lever action"), Winchester, Vorderschaftrepetierer (VSR), Vorderschaftrepetierflinte (VSRF), Vorderschaftrepetierbüchse (VSRB), Repetierpistole
Waffe nach ...	§ 1 Abs. 2 Nr. 1 WaffG
Norm Begriff	Anlage 1 A1 UA1 Nr. 2.3
Möglicher Verstoß	§§ 41 (Waffenverbot), 42 WaffG (Führverbot)

Repetierwaffen führen Munition in einem Magazin. Das Magazin ist fest in die Waffe eingebaut (auch als Trommel) oder als Wechselmagazin vorgesehen. Der Begriff „Mehrlader" für Repetierwaffen ist in der Praxis untauglich, da auch automatische Waffen Mehrlader sind.

Repetierbüchsen gelten im Vergleich zu Automaten als präziser. Zudem sind automatische Büchsen im Bereich der Jagd vielerorts nicht gern gesehen. Auch hinsichtlich der Sicherheit bieten Repetierer einen Vorteil – der Schütze entscheidet selbst, wann die Waffe wieder schussbereit ist. Beim Automaten übernimmt das die Waffe.

Beachten Sie zur möglichen Einordnung von Revolvern als Repetierwaffen Kapitel 1.3.2.2.10 sowie die nachfolgende Bildtafel zum Waffentyp „Revolver" ab Seite 522.

Bezeichnung	**Einzelladerwaffe**
Kategorie	Schusswaffe
Definition	Schusswaffen ohne Magazin mit einem oder mehreren Läufen, die vor jedem Schuss aus demselben Lauf von Hand geladen werden
Synonym	Flinte, Büchse, Drilling, Bockbüchse, Bockflinte, siehe auch „Kombinierte Waffen“, Tingle-Pistole, Terzerol, Derringer, Duellpistole, Vorderlader, Perkussionspistole
Waffe nach ...	§ 1 Abs. 2 Nr. 1 WaffG
Norm Begriff	Anlage 1 A1 UA1 Nr. 2.4
Möglicher Verstoß	§§ 41 (Waffenverbot), 42 WaffG (Führverbot)

Einzellader verfügen nicht über eine Vorrichtung, die eine Zuführung von Munition aus einem Magazin, einer Trommel oder einem Gurt in das Patronenlager ermöglicht. Der Verschluss muss händisch geöffnet, die Patrone eingelegt und der Verschluss wieder geschlossen werden.

Auch eine Doppelflinte oder ein Drilling sind Einzellader im Sinne des Waffengesetzes, da aus jedem Rohr nur ein einziger Schuss abgegeben werden kann und dann per Hand nachgeladen werden muss. Gleiches gilt für **Vorderladerwaffen**.

Im Bereich der Langwaffen findet man Einzellader hauptsächlich im Bereich der Jagdwaffen und der Kleinkaliber-Matchbüchsen, bei den Kurzwaffen vereinzelt im Bereich der Matchpistolen zum Silhouettenschießen. Ein klassischer Einzel-, weil Vorderlader, ist der ein- oder zweiläufige **Terzerol**, eine besonders kleine Pistole.

Zur Abgrenzung gegenüber einer automatischen oder Repetierwaffe bedarf es immer der Überprüfung, ob die Waffe über eine Ladevorrichtung oder Munitionszuführung verfügt. Hat die Waffe einen Magazineinschub oder ein eingebautes (funktionsfähiges) Kasten- oder Röhrenmagazin, handelt es sich nicht um einen Einzellader.

Bezeichnung	**Magazin**
Kategorie	Waffe
Definition	Für die Verwendung in Schusswaffen bestimmte Munitionsbehältnisse, die der Aufbewahrung und Zuführung von Patronen im Rahmen des Ladevorgangs dienen.
Synonym	Ladevorrichtung, Stangenmagazin
Waffe nach ...	§ 1 Abs. 2, 4 WaffG iVm Anlage 1 A1 UA1 Nr. 4.4, Anlage 2 A1 Nr. 1.2.4.1 WaffG
Norm Begriff	Anlage 1 A1 UA1 Nr. 4.4 WaffG
Möglicher Verstoß	§ 2 Abs. 3 WaffG in Verbindung mit Anlage 2 A1 Nr. 1.2.4.3 ff. (Umgangsverbot); Verstoß nicht straf- oder bußgeldbewehrt, siehe Kapitel 1.13.1.8; §§ 42, 42b WaffG
Hinweis	Magazin-artige Kartuschenlager einiger SRS-Waffen (Abb. rechts) sind rechtlich keine Magazine, da sie nur zur Aufnahme von Kartuschen bestimmt sind und die Kartuschen in ihnen liegend abgeschossen werden.

Bezeichnung	**Kombinierte Waffe (Drilling etc.)**
Kategorie	Schusswaffe, Einzellader-Langwaffe
Definition	Mehrläufige Schusswaffen, bei denen ein Lauf ein gezogener oder glatter Lauf ist und mindestens ein weiterer nicht dieser Laufart entspricht
Synonym	Siehe Angaben der nachfolgenden Bildtafeln
Waffe nach ...	§ 1 Abs. 2 Nr. 1 WaffG
Norm Begriff	-
Möglicher Verstoß	§§ 41 (Waffenverbot), 42 WaffG (Führverbot)

Kombinierte Waffen sind klassische **Jagdwaffen**. Sie verfügen in der Regel über mindestens zwei verschiedene Laufarten und mindestens zwei Kaliber. Sie sind im Jagdbereich anzutreffen, zum Beispiel als Kombination aus glattem Flintenlauf und gezogenem Büchsenlauf übereinander, der **Bockbüchsflinte**. Die Bezeichnung „Bock" leitet sich vom *Aufbocken* der Läufe ab, im Gegensatz zur früher üblichen Anordnung der Läufe nebeneinander.

Kombinierte Waffen werden als Kipplaufsysteme angeboten und sind **Einzellader**. Neben der beschriebenen Bockbüchsflinte gibt es die verschiedensten Kombinationen von Flinten- und Büchsenläufen, darunter der **Doppelbüchsdrilling** (ein Flintenlauf, zwei Büchsenläufe) und der klassische **Drilling** (zwei Flintenläufe mit einem zusätzlichen Büchsenlauf). Ein Flintenlauf kann mit einem Einstecklauf ohne großen Aufwand in einen Kugellauf umgewandelt werden, was insbesondere Besitzer eines klassischen Drillings im Bedarfsfall schätzen.

Die nachfolgenden Ansichten zeigen den Lauf von der „unfreundlichen Seite", sprich aus der Perspektive des Zieles. Dabei steht ein vollständiger Kreis für einen glatten Flintenlauf, ein Kreis „mit Kerben" stellt den gezogenen Büchsenlauf dar. Die Bezeichnung der jeweiligen Kombination (es sind mehrere Synonyme möglich) befindet sich links daneben.

Neben den kombinierten Waffen sind auf den nachfolgenden Bildtafeln auch **Laufbündel** gleicher Laufarten aufgeführt. Waffen dieser Konstellation werden lediglich als „mehrläufige Waffen" bezeichnet.

Laufbündel mit ausschließlich glatten Läufen

Doppelflinte
Querflinte

Bockflinte
Bockdoppelflinte
BDF

Flintendrilling
Schrotdrilling

Laufbündel mit ausschließlich gezogenen Läufen

Doppelbüchse

Bockbüchse
Bockdoppelbüchse
BDB

Büchsdrilling

Kombinierte Laufbündel

Bergstutzen links

Bergstutzendrilling rechts

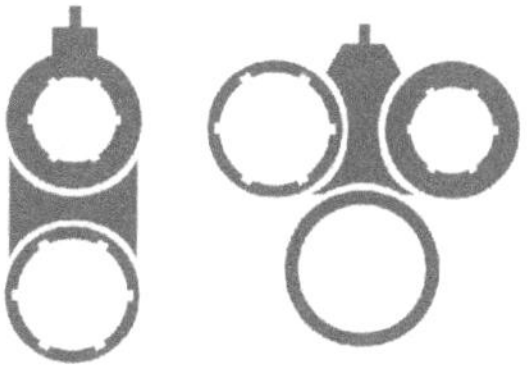

Büchsflinte

Bockbüchsflinte
BBF

Drilling

(„Schienendrilling“ / „Waldläufer“ bei Lage des Kugellaufes über den glatten Rohren)

Doppelbüchsdrilling

Bockdrilling

Bezeichnung	**Revolver**
Kategorie	Schusswaffe
Definition	Keine gesetzliche Definition vorhanden; hilfsweise: Waffe, die den Patronenvorrat in einer drehbaren Trommel (Walze) enthält, die das jeweilige Kartuschen-, Geschoss- oder Patronenlager (Kammer) bei Spannung des Schlagstücks vor dem Lauf positioniert
Synonym	Revolverbüchse, Revolvergewehr, Revolverflinte, Drehling (mehrschüssiger Vorläufer des Revolvers im 15. Jhdt.)
Waffe nach ...	§ 1 Abs. 2 Nr. 1 WaffG
Norm Begriff	keine gesetzliche Definition (siehe oben)
Möglicher Verstoß	§§ 41 (Waffenverbot), 42 WaffG (Führverbot)

Der Revolver stellt keine *Art einer Schusswaffe* im Sinne der Anlage 1 A1 UA1 Nr. 2 WaffG dar. Er ist nicht als Waffenart aufgeführt und weder Einzelladerwaffe noch Repetierwaffe. Die Einordnung als Automat wird, allerdings nur für Double-Action-Revolver, gesetzlich ausdrücklich verneint.

Bezüglich der mechanischen Abläufe ist, muss eine Zuordnung zu einer der drei vorgenannten Arten von Schusswaffen erfolgen, die Einordnung als Repetierwaffe naheliegend. Das Nationale Waffenregister (NWR) stützt diese Überlegung und ordnet Revolver, die Kurzwaffe sind, als *kurze Repetierfeuerwaffe* ein und damit als Waffe der Kategorie B.

In der Praxis ist diese klare Abgrenzung nur im Falle von Langwaffen relevant, da im Falle von Kurzwaffen eine Einordnung als Repetierwaffe den Revolver bezüglich der gesetzlichen Folgen weder besser noch schlechter stellt als eine Kurzwaffe ohne derartige Kategorisierung.

Moderne Revolver sind in der Regel mehrschüssige Kurzwaffen für Patronenmunition, die über einen Double-Action-Abzug verfügen. Klassische (Western-) Revolver verfügen meist über einen Single-Action-Abzug, oftmals handelt es sich um Modelle mit Perkussionszündung.

Kapitel 1.3.2.2.10 enthält weiterführende Informationen zu den gesetzlichen Vorschriften.

Beachten Sie zu den Abzugs- und Zündungsarten den Ergänzungsband zu diesem Buch.

Smith & Wesson
357 Magnum

Bezeichnung	**Signalwaffe**
Kategorie	Schusswaffe oder Waffe durch Gleichstellung
Definition	Schusswaffe nach Anlage 1 A1 UA1 Nr. 1.1 WaffG oder tragbare Gegenstände mit einem Patronen- oder Kartuschenlager nach Anlage 1 A1 UA1 Nr. 1.2.1 WaffG, die zum Verschießen pyrotechnischer Munition bestimmt sind
Synonym	SigPi (Signalpistole), Leuchtpistole
Waffe nach ...	§ 1 Abs. 2 Nr. 1 WaffG
Norm Begriff	Anlage 1 A1 UA1 Nr. 2.8
Möglicher Verstoß	§§ 41 (Waffenverbot), 42 WaffG (Führverbot)

Signalwaffen sind in der Regel Einzellader. Sie unterliegen der WBK-Pflicht, sofern sie nicht als bauartgeprüft gemäß Anlage 2 A2 UA2 Nr. 1.3 WaffG („PTB im Kreis" oder gleichwertige Kennzeichnung) gekennzeichnet sind (SRS-Waffe).

Hinweis ohne Abbildung: Die Möglichkeit, Geschosse mit dieser Schusswaffe zu verschießen, die nicht allein zur Signalgebung dienen, wurde mit dem Modell ***„Leuchtpistole Z" mit gezogenem Lauf*** *genutzt. Sie diente im Zweiten Weltkrieg zum gezielten Verschießen von Sprenggeschossen sowie zur Panzerbekämpfung mit Hohlladungsgranaten. Das Bundesministerium für Wirtschaft und Technologie als zuständige Stelle hat die Leuchtpistole Z mit gezogenem Lauf als* ***Granatpistole*** *im Sinne von Nummer 30 der Kriegswaffenliste klassifiziert. Mit Erlass vom 21. Januar 2010 ordnete das Bundesministerium des Innern an, dies bei der Durchführung des Waffengesetzes zu beachten (Az. KM 5 - 681 201-1/2).*

Bezeichnung	**Gotcha (Halbautomat)**
Kategorie	Schusswaffe
Definition	Druckluftwaffen, die nach Abgabe eines Schusses selbsttätig erneut schussbereit werden und bei denen aus demselben Lauf durch einmalige Betätigung des Abzuges oder einer anderen Schussauslösevorrichtung jeweils nur ein Schuss abgegeben werden kann (Halbautomaten)
Synonym	Markierer, Farbmarkierer, Paintballwaffe
Hinweis	Nachfolgendes gilt nur für Modelle mit E_0 über 0,5 J
Waffe nach ...	§ 1 Abs. 2 Nr. 1 WaffG
Norm Begriff	Anlage 1 A1 UA1 Nr. 2.9
Möglicher Verstoß	§§ 41 (Waffenverbot), 42, 42a, 42b WaffG (Führverbote), § 2 Abs. 1 (Mindestalter)

Gotcha-Waffen verschießen in der Regel mit Druckluft Farbkugeln im Kaliber .68, die auf Körper oder Kleidung des Mitspielers Treffer markieren. Es sind Schusswaffen, die Vorschriften des WaffG sind grundsätzlich anzuwenden. Das Führen bedarf der Erlaubnis nach § 10 Abs. 4 WaffG (Waffenschein). Erwerb und Besitz sind erlaubnisfrei, ebenso Verbringen und Mitnahme in den, durch den oder aus dem Geltungsbereich des Gesetzes, wenn die Waffe das Zeichen „F im Fünfeck" trägt (Anlage 2 A2 UA2 1.1, 1.2 und 7 WaffG); in diesem Falle ist der Umgang ab 18 Jahren erlaubt und zur sicheren Aufbewahrung nach § 36 Abs. 1 WaffG kein qualifiziertes Behältnis erforderlich, nur Aufbewahrung in einem verschlossenen Behältnis. Vollautomatische Gotcha-Waffen sind verbotene Schusswaffen (§ 2 Abs. 3 WaffG iVm Anlage 2 A1 1.2.1.1 WaffG).

Bezeichnung	**Verbotene Vorderschaftrepetierflinte (VSRF)**
Kategorie	Schusswaffe, Repetierwaffe
Definition	... bei denen anstelle des Hinterschafts ein **Kurzwaffengriff** vorhanden ist **oder** die **Waffengesamtlänge** in der kürzest möglichen Verwendungsform weniger als 95 cm **oder** die **Lauflänge** weniger als 45 cm beträgt
Synonym	Pumpe, Pump-Action-Flinte, Pumpgun, Riotgun, VSRF, „Grabenbesen“
Waffe nach ...	§ 1 Abs. 2 Nr. 1 WaffG
Norm Begriff	Anlage 1 A1 UA1 Nr. 2.3 in Verbindung mit Anlage 2 A1 Nr. 1.2.1.2
Möglicher Verstoß	§ 2 Abs. 3 WaffG in Verbindung mit Anlage 2 A1 Nr. 1.2.1.2

Verbotsmerkmale sind bei Vorhandensein eines **Kurzwaffengriffs** (der Begriff „Pistolengriff“, im Text des WaffG 2002 verwendet, wurde mit Inkrafttreten der Änderung des WaffG im Jahre 2008 ersetzt) ein **Klappschaft** oder das Fehlen eines Schaftes, da sich die verbotsbegründende Gefahr aus der besonderen Führigkeit der Waffe ohne Schaft ergibt; die Gesamtlänge der Waffe darf 95 cm nicht unterschreiten, die Lauflänge (Lauf einschließlich Patronenlager) nicht unter 45 cm sein. Auch bei VSR-Waffen mit gezogenen Läufen in einem „typischen Flintenkaliber“ gilt das Verbot, obwohl es sich per definitionem nicht um eine Flinte handelt (dazu Kapitel 1.36.6.2); zum Verbot siehe Kapitel 1.13.1.3.

Bezeichnung	**Getarnte Schusswaffe**
Kategorie	Schusswaffe, (meist) Einzellader
Definition	Ihrer Form nach geeignet, einen anderen Gegenstand vorzutäuschen oder mit Gegenständen des täglichen Gebrauchs verkleidet
Synonym	Schießkugelschreiber, Stockgewehr, Koppelschlosspistole, Taschenlampenpistole
Waffe nach ...	§ 1 Abs. 2 Nr. 1 WaffG
Norm Begriff	Anlage 1 A1 UA1 Nr. 1.1 in Verbindung mit Anlage 2 A1 Nr. 1.2.2
Möglicher Verstoß	§ 2 Abs. 3 WaffG in Verbindung mit Anlage 2 A1 Nr. 1.2.2

Die besondere Gefährlichkeit einer getarnten Schusswaffe liegt einerseits in der Möglichkeit, diese Waffe unbemerkt für eine Straftat zu verwenden oder sich einem arglosen Opfer mit schussbereiter Waffe zu nähern, andererseits in der Gefahr der Verwendung durch andere Personen, die nicht um die Gefährlichkeit des Gegenstandes wissen.

Weitere Informationen zum Verbot siehe Kapitel 1.13.1.4.

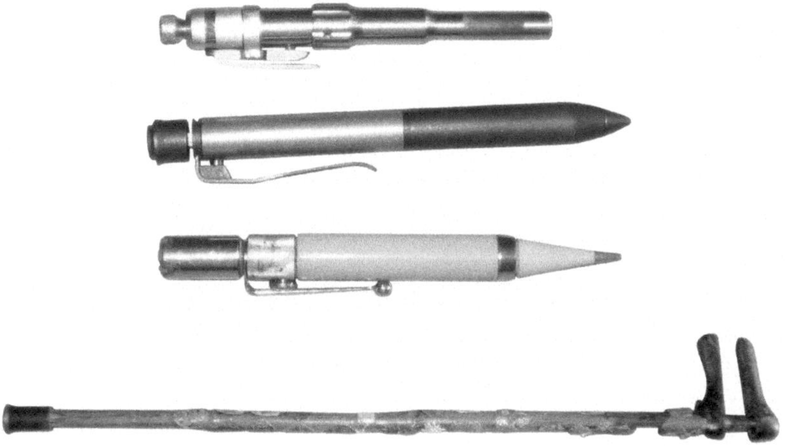

Bezeichnung	**Wilderergewehr**
Kategorie	Schusswaffe, (meist) Einzellader
Definition	Kann über den für Jagd- und Sportzwecke allgemein üblichen Umfang hinaus zusammengeklappt, zusammengeschoben, verkürzt oder schnell zerlegt werden
Synonym	Wilddiebgewehr
Waffe nach ...	§ 1 Abs. 2 Nr. 1 WaffG
Norm Begriff	Anlage 1 A1 UA1 Nr. 1.1 in Verbindung mit Anlage 2 A1 Nr. 1.2.3
Möglicher Verstoß	§ 2 Abs. 3 WaffG in Verbindung mit Anlage 2 A1 Nr. 1.2.3

Die Abgrenzung zwischen erlaubter schneller Demontage-Möglichkeit (**Take-down-Waffe**) und der verbotenen Wildererwaffe, die ebenfalls schnell in kurze, leicht versteckbare Teile zerlegbar sein muss, ist in der Praxis äußerst mühselig. Es müssen daher im Einzelfall durch die Fachabteilung des LKA oder des BKA Ermittlungen geführt werden, um eine rechtlich einwandfreie Einordnung zu erreichen.

Hinweis auf eine Wildererwaffe ist zB die Möglichkeit, die demontierten Bestandteile im Schaft unterzubringen, um sie unauffällig in der Kleidung verbergen zu können. Gleiches gilt für die schnelle Demontage mit Hilfe einer händisch lösbaren Überwurfmutter mit Rändelung, die zur Laufbefestigung dient (wie in der nebenstehenden Abbildung). Nach Änderung des WaffG 2020, das Jägern den Erwerb bestimmter Schalldämpfer ohne gesonderte Bedürfnisprüfung erlaubt, ist mittlerweile ein Außengewinde am Laufende kein hinreichendes Merkmal mehr für eine Einstufung als Wildererwaffe.

Weitere Informationen zum Verbot siehe Kapitel 1.13.1.5.

Abbildung zeigt oben Gewehr im fast verpackten Zustand (Schaftkappe als Deckel), unten die drei Bestandteile der demontierten Waffe (Schaft mit aufgesteckter Kappe, Lauf mit gerändelter Überwurf-Mutter für eine schnelle Befestigung oder Lösung ohne Werkzeugeinsatz, Verschlussgehäuse mit Abzugsgruppe und Magazin, von oben nach unten).

Bezeichnung	**Lauf**
Kategorie	Waffe
Definition	Ein aus einem ausreichend festen Werkstoff bestehender rohrförmiger Gegenstand, der Geschossen, die hindurchgetrieben werden, ein gewisses Maß an Führung gibt, wobei dies in der Regel als gegeben anzusehen ist, wenn die Länge des Laufteils, der die Führung des Geschosses bestimmt, mindestens das Zweifache des Kalibers beträgt.
Synonym	Rohr, Austauschlauf
Waffe nach ...	§ 1 Abs. 2 Nr. 1, Anl. 1 A1 UA1 Nr. 1.3 WaffG
Norm Begriff	Anlage 1 A1 UA1 Nr. 1.3.1.1 WaffG
Erlaubnispflicht	Wenn Schusswaffe erlaubnispflichtig: Voreintrag
Bemerkungen	Erwerb ohne Voreintrag möglich nach Anlage 2 A2 UA2 Nr. 2.1 WaffG, wenn die Waffe, für die dieser Austausch- oder Wechsellauf bestimmt ist, in der WBK eingetragen ist und ihr Kaliber größer oder gleich ist; ist das **Patronenlager** Teil des Laufes, ist es nicht als gesondertes wesentliches Teil zu sehen. Ein **Gaslauf** leitet ausschließlich Verbrennungsgase ab. Er ist durch seine Gestaltung oder durch Sperren nicht geeignet, um Geschosse hindurchzuführen. Ein Gaslauf kommt in SRS-Waffen zum Einsatz. Auch das **Gasrohr** halbautomatischer Waffen erfüllt die Definition.

Bezeichnung	**Einstecklauf**
Kategorie	Waffe
Definition	Lauf ohne eigenen Verschluss, der in einen Lauf größeren Kalibers eingesteckt werden kann.
Synonym	Futterlauf (in einen ausgeschossenen Lauf eingelöteter kleinkalibriger Lauf), „Schonzeitläufchen“
Waffe nach ...	§ 1 Abs. 2 Nr. 1, Anl. 1 A1 UA1 Nr. 1.3 WaffG
Norm Begriff	Anlage 1 A1 UA1 Nr. 3.3 WaffG
Erlaubnispflicht	Erwerbserlaubnis ist erforderlich, wenn die Schusswaffe erlaubnispflichtig ist, für die der Einstecklauf bestimmt ist; Erwerb und Besitz erlaubnisfrei ohne Eintragungspflicht nach Anlage 2 A2 UA2 Nr. 2a WaffG, wenn die Waffe, für die dieser Einstecklauf bestimmt ist, in der WBK eingetragen ist. Einsteckläufe müssen nach Einpassung mit der betroffenen Waffe beschossen werden.

Einstecklauf im Flintenlauf eines Drillings, Justierung erfolgt durch Schrauben im Verstellelement im Mündungsbereich des Drillings.

Abb. m. frdl. Genehmigung KEPPELER Tech. Entwicklungen GmbH, Fichtenberg

Bezeichnung	**Einsatz**
Kategorie	Waffe
Definition	Teil, das den Innenmaßen des Patronenlagers einer Schusswaffe angepasst und zum Verschießen von Munition kleinerer Abmessungen (aus dieser Waffe) bestimmt ist.
Synonym	Reduzierhülse, Fangschussgeber, Reduzieradapter, Reduzierstück
Waffe nach ...	§ 1 Abs. 2 Nr. 1, Anl. 1 A1 UA1 Nr. 1.3 WaffG
Norm Begriff	Anlage 1 A1 UA1 Nr. 3.7 WaffG
Erlaubnispflicht	Die Gleichstellung mit der Waffe, für die der Einsatz bestimmt ist, führt im Falle erlaubnispflichtiger Waffe zur Erlaubnispflicht des Einsatzes; beachten Sie aber, dass Erwerb und Besitz nach Anlage 2 A2 UA2 Nr. 2a WaffG erlaubnisfrei sind, wenn die Waffe, für die der Einsatz bestimmt ist, in der WBK des Erwerbers eingetragen ist; eine Eintragungs- oder Anzeigepflicht besteht in diesem Falle nicht.

Schematische Darstellung eines klassischen Fangschussgebers für einen Flintenlauf zum Verschießen einer Randfeuer-Patrone .22 lfB.; die nicht zentriert gesetzte Laufbohrung ist erforderlich, um mit dem zentrisch aufschlagenden Schlagbolzen der Flinte (konstruiert für das Zünden einer Patrone mit Zentralfeuerzündung in dem Patronenlager, in das nun der Fangschussgeber eingelegt ist) in den Rand der Kleinkaliber-Patrone (Randfeuerzündung) auf das darin liegende Anzündmittel zu schlagen.

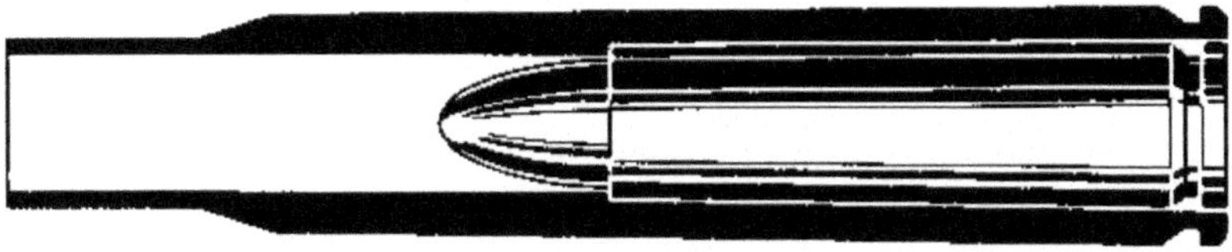

Schematische Darstellung eines Reduzieradapters für eine Büchse in Zentralfeuerkaliber zum Verschießen einer Zentralfeuerpatrone mit kleinerer Hülsenform; während der Adapter außen an das Patronenlager der Waffe angepasst ist, hat er innen Form und Maße des normierten Patronenlagers für das zu verschießende Kaliber.

Gewehradapter (rechts) mit Zündschlagübersetzer (links); die Zündung der in den Adapter eingelegten Randfeuerpatrone (Mitte) erfolgt durch das Eindringen der Warze am Stoßboden des Zündschlagübersetzers in den Rand der Patrone (siehe untenstehende vergrößerte Darstellung); der Zündschlagübersetzer überträgt dazu den Impuls des auf ihn treffenden Schlagbolzens über diese Warze auf den Patronenrand und wird dazu nach Einführen der Patrone ebenfalls in den Adapter eingeschoben.

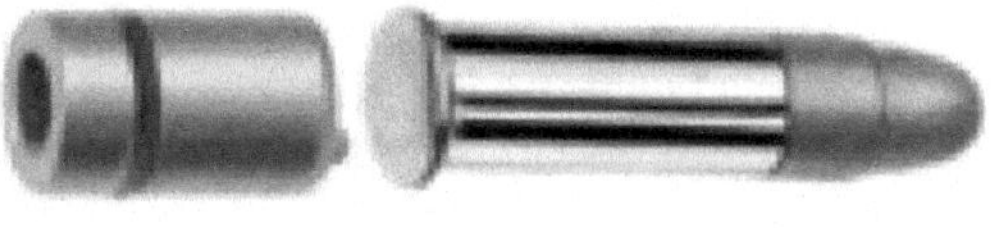

Salut-Adapter cal. 12, der das Verschießen von Kartuschenmunition für SRS- oder Salutwaffen kleinerer Kaliber aus einem Flintenlauf ermöglicht

Bezeichnung	**Modularwaffe (Modulwaffe)**
Kategorie	Schusswaffe

Eine aktuelle Entwicklung am Waffenmarkt ist der zunehmende Absatz von Modularwaffen. Es handelt sich dabei um eine spezielle Gattung von Schusswaffen, die es durch ihre Art der Konstruktion im Sinne eines „Baukasten"-Systems dem Käufer ermöglichen, seine Wunschwaffe aus einer Vielzahl von Möglichkeiten für den jeweiligen Verwendungszweck optimal zusammenzufügen. Ein Modularsystem eines Herstellers geht von einem Grundmodell bezüglich der Waffenart und der grundlegenden Konstruktionsmerkmale aus und stellt unterschiedliche Varianten wesentlicher Teile bereit, um daraus eine vollständige Waffe nach den speziellen Erfordernissen des Kunden kombinieren zu können.

Grundsätzlich wären mit dem Begriff aber auch solche Systeme zu bezeichnen, bei denen Komponenten verschiedener Hersteller unter Nutzung definierter Kontaktstellen, insbesondere aufgrund form- oder kraftschlüssiger Verbindungsmöglichkeiten ohne Verlust der Maßhaltigkeit und Verwendungssicherheit zu einer an die Kundenbedürfnisse angepassten Waffe zusammengesetzt werden.

Vorteil für den Verwender ist die Möglichkeit eines flexiblen Wechsels zwischen Kalibern und Lauflängen ebenso wie von Schäftungen oder auch Verschlussvorrichtungen für Links- oder Rechtshänder, die er ohne Spezialwerkzeug oder handwerkliche Kenntnisse eines Büchsenmachers zusammenfügt.

Zu beachten sind Regelungen des BeschG ebenso wie waffengesetzliche Erwerbsregelungen, insbesondere Freistellungen im Bereich der Jagdwaffen, da es sich um ein Zusammenfügen wesentlicher Teile zu einer Schusswaffe handelt.

Da der Begriff der Modularwaffe keine *Art einer Schusswaffe* im Sinne des WaffG darstellt und der Begriff der Herstellung auch das erstmalige Zusammenfügen von Waffen aus Teilen umfassen kann, ist der Gesetzgeber gefordert, bezüglich der Modularwaffen eindeutige Regelungen zu schaffen.

Zu Modularwaffen siehe auch Fußnoten 94 (S. 49 zu BKA-Leitfaden) und 251 (S. 104 zu Begriff Herstellung und Nichtanwendung auf Modularwaffen).

Die Abbildungen auf der Folgeseite zeigen links drei Läufe für unterschiedliche Erfordernisse, zB mit Mündungsgewinde zum Einsatz mit Schalldämpfer, für die Jagd (Gewichtsersparnis durch Kannelierung des Laufes) und mit offener Visierung „Kimme und Korn" (von links nach rechts). Rechts sind Verschlüsse für Links- oder Rechtsschützen abgebildet, die Teile des Modulsystems Blaser R8 sind. Es sind gerade solche Anpassungen an die Bedürfnisse des Schützen, die die Entwicklung von Modularwaffen insbesondere für Jäger interessant machen.

(Abbildungen mit freundlicher Genehmigung der Firma Blaser GmbH, Isny)

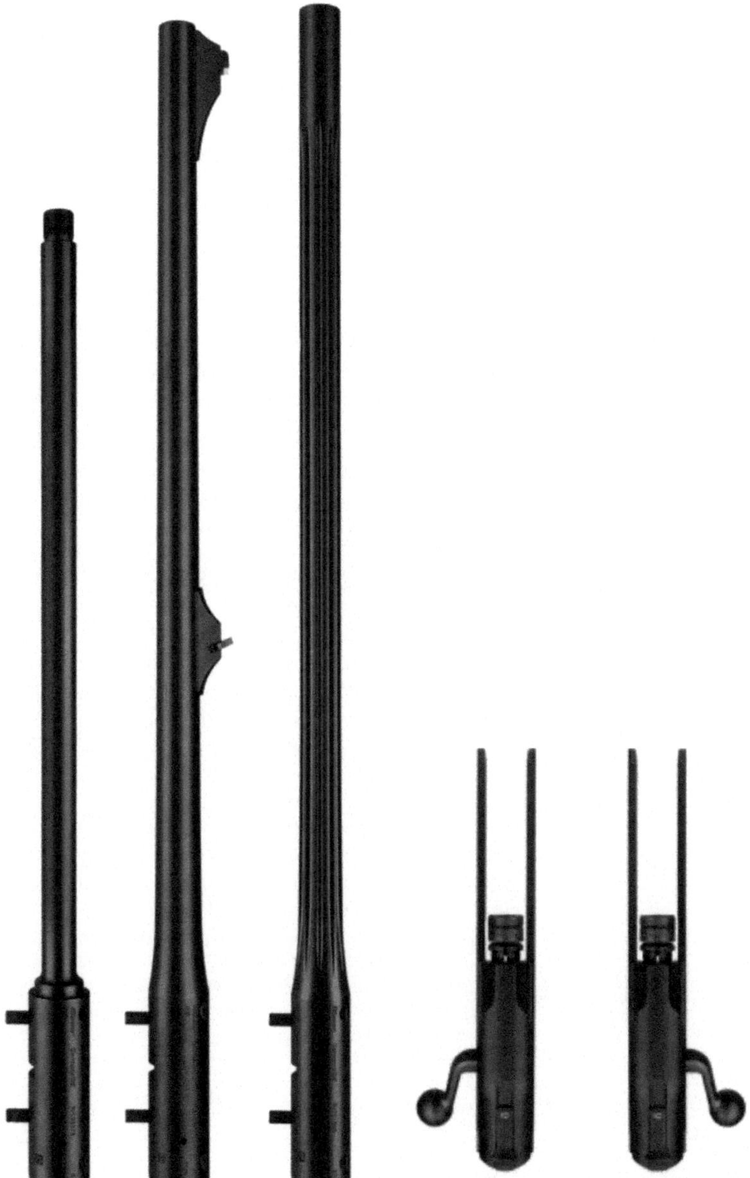

Bezeichnung	**Schalldämpfer**
Kategorie	Waffe
Definition	Für Schusswaffen bestimmte Vorrichtung zur wesentlichen Dämpfung des Mündungsknalls
Synonym	Silencer, Schallschlucker, Dämpfer
Waffe nach ...	§ 1 Abs. 2 Nr. 1, Anl. 1 A1 UA1 Nr. 1.3 WaffG
Norm Begriff	Anlage 1 A1 UA1 nach Nr. 1.3.3 WaffG
Erlaubnispflicht	Die Erlaubnispflicht richtet sich nach der Waffe, für die der Schalldämpfer bestimmt ist; Ausnahme für Jäger in § 13 Abs. 9 WaffG beachten.
Bemerkungen	Eine wesentliche Dämpfung des Mündungsknalls liegt dann vor, wenn für einen Ohrenzeugen eine wahrnehmbare Verminderung des Mündungsknalls erfolgt; dies ist bereits ab 3 dB (A) der Fall. Zur maximalen Dämpfung des Gesamtknalls einer Schusswaffe, der sich aus dem Knall des Gases und dem Knall des Geschosses zusammensetzt, ist neben dem Schalldämpfer die Verwendung von Munition erforderlich, dessen Geschoss lediglich Unterschallgeschwindigkeit erreicht („Subsonic"). Die Verwendung von Subsonic-Munition bei der Jagd ist in der Regel nicht zuläs--ig, siehe Kapitel 2.9.10. Kriminaltaktisch stellen Schalldämpfer, anders als lange Zeit vermutet, keine besondere Gefährdung dar. Insbesondere Schalldämpfer von Sportschützen und Jägern sind statistisch unauffällig (so BKA-Bericht zu Schalldämpfern SO 11 101 – 2013-0014079990). Beachten Sie zur Aufbewahrung von Schusswaffen mit integriertem Schalldämpfer (Schallabsorberwaffe) die Ausführungen in Kapitel 1.21.6.

Bezeichnung	**Griffstück**
Kategorie	Waffe
Definition	Bei Kurzwaffen Bezeichnung für das **Gehäuseunterteil**; wesentliches Teil einer Schusswaffe, wenn es zur Aufnahme des Auslösemechanismus bestimmt ist und dieser nicht als vollständige Baugruppe (Rahmen) entnommen werden kann.
Synonym	Griff, Gehäuseunterteil
Waffe nach ...	§ 1 Abs. 2 Nr. 1, Anl. 1 A1 UA1 Nr. 1.3 WaffG
Norm Begriff	Anl. 1 A1 UA1 Nr. 1.3.1.6 WaffG
Erlaubnispflicht	Ja, wenn Schusswaffe erlaubnispflichtig: Voreintrag zum Erwerb erforderlich
Bemerkungen	-

Bezeichnung	**Verschluss**
Kategorie	Waffe
Definition	Baugruppe einer Schusswaffe, die das Patronen- oder Kartuschenlager nach hinten abschließt. Bei teilbaren Verschlüssen ist auch der Verschlussträger mit Änderung des WaffG am 1. September 2020 wesentliches Teil (damit gegenstandslos BKA-Feststellungsbescheid SO 11-5164.01-Z-245 vom 23. März 2012).
Synonym	Schlitten, Kammer
Waffe nach ...	§ 1 Abs. 2 Nr. 1, Anlage 1 A1 UA1 Nr. 1.3 WaffG
Norm Begriff	Anlage 1 A1 UA1 Nr. 1.3.1.2 WaffG
Erlaubnispflicht	Wenn Schusswaffe erlaubnispflichtig: Voreintrag
Bemerkungen	Erwerb ohne Voreintrag möglich nach Anlage 2 A2 UA2 Nr. 2.1 WaffG, wenn der Verschluss erforderlich (siehe ebenda) ist, um die Waffe mit einem Austausch- oder Wechsellauf eines gleichen oder geringeren Kalibers zu nutzen.

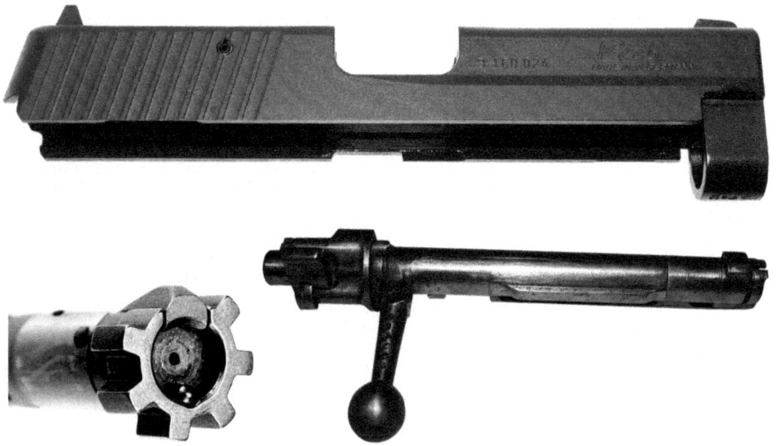

Bezeichnung	**Zielpunktprojektor**
Kategorie	Waffe
Definition	Zielpunktprojektoren sind für Schusswaffen bestimmte Vorrichtungen, die das Ziel markieren.
Synonym	Laser
Waffe nach ...	§ 1 Abs. 2, 4 WaffG iVm Anlage 1 A1 UA1 Nr. 4.2, Anlage 2 A1 Nr. 1.2.4.1 WaffG
Norm Begriff	Anlage 1 A1 UA1 Nr. 4.2 WaffG
Möglicher Verstoß	§ 2 Abs. 3 WaffG in Verbindung mit Anlage 2 A1 Nr. 1.2.4.1 (Umgangsverbot)
Bemerkungen	Ein Ziel wird markiert, wenn auf diesem für den Schützen erkennbar ein Ziel<u>punkt</u> projiziert wird. Das flächige Beleuchten eines Zielbereichs ist keine Markierung im Sinne der Norm. **Leuchtpunktzielgeräte** fallen <u>nicht</u> unter den Begriff des Zielpunktprojektors, wenn sie keine Strahlung in Richtung des Zieles abgeben. Maßgebliche Verbotseigenschaft ist die Montage oder Montage<u>möglichkeit</u> an einer Schusswaffe, wenn die Vorrichtung <u>ausschließlich für diesen Zweck bestimmt</u> ist (BVerwG 6 C 21.08).

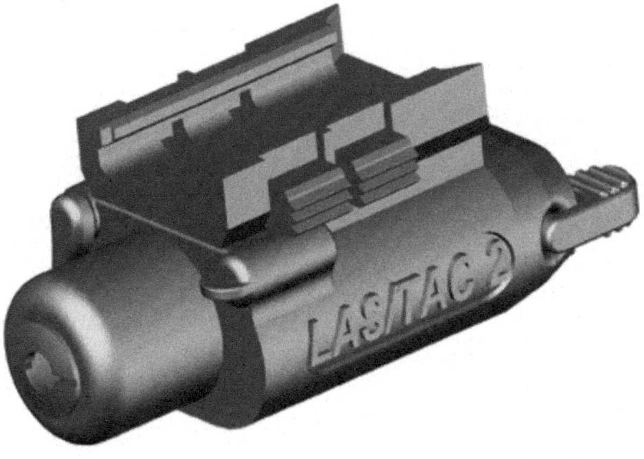

Bezeichnung	**Zielscheinwerfer**
Kategorie	Waffe
Definition	Zielscheinwerfer sind für Schusswaffen bestimmte Vorrichtungen, die das Ziel beleuchten. Ein Ziel wird dann beleuchtet, wenn es mittels Lichtstrahlen bei ungünstigen Lichtverhältnissen oder Dunkelheit für den Schützen erkennbar dargestellt wird. Dabei ist es unerheblich, ob das Licht sichtbar oder unsichtbar (zB infrarot) ist und ob der Schütze weitere Hilfsmittel für die Zielerkennung benötigt.
Synonym	Lampe, Leuchte, Scheinwerfer
Waffe nach ...	§ 1 Abs. 2, 4 WaffG iVm Anlage 1 A1 UA1 Nr. 4.1, Anlage 2 A1 Nr. 1.2.4.1 WaffG
Norm Begriff	Anlage 1 A1 UA1 Nr. 4.1 WaffG
Möglicher Verstoß	§ 2 Abs. 3 WaffG in Verbindung mit Anlage 2 A1 Nr. 1.2.4.1 (Umgangsverbot)
Bemerkungen	Verbotseigenschaft ist die Montage oder Montagemöglichkeit an einer Schusswaffe, wenn die Vorrichtung ausschließlich für diesen Zweck bestimmt ist.[1368]

[1368] *BVerwG 6 C 21.08, Urteil vom 24. Juni 2013, vertiefend Kapitel 1.3.1.3*

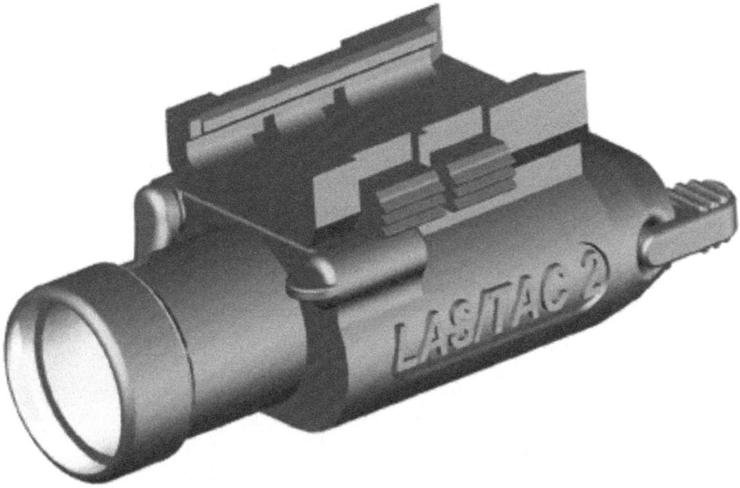
LAS/TAC 2

USP COMPACT

Bezeichnung	**Nachtsichtgerät / Nachtzielgerät / Nachtsichtvorsätze und Nachtsichtaufsätze für Zielhilfsmittel**
Kategorie	Waffe
Definition	Für Schusswaffen bestimmte Vorrichtung, die eine elektronische Verstärkung oder einen Bildwandler und eine Montageeinrichtung für Schusswaffen besitzt. Erfasst sind auch Nachtsichtvorsätze und Nachtsichtaufsätze für Zielhilfsmittel (Zielfernrohre), sie gelten als Nachtzielgerät. **Wärmebildwandler** fallen unter Begriff und Verbot.[1369]
Synonym	Restlichtverstärker
Waffe nach ...	§ 1 Abs. 2, 4 WaffG iVm Anlage 1 A1 UA1 Nr. 4.3, Anlage 2 A1 Nr. 1.2.4.2 WaffG
Norm Begriff	Anlage 1 A1 UA1 Nr. 4.3 WaffG
Möglicher Verstoß	§§ 2 Abs. 3 WaffG in Verbindung mit Anlage 2 A1 Nr. 1.2.4.2 (**Umgangsverbot**), 42, 42b WaffG
Bemerkungen	Zu unterscheiden[1370] sind • **Single-Use**-Geräte, die ausschließlich zur Verwendung an Schusswaffen bestimmt sind, und • **Dual-Use**-Geräte, die zwar an einer Waffe montiert werden könnten, aber grundsätzlich auch anderen Zwecken dienen sollen, etwa als Anbaugerät an Fernglas oder Fotoapparat. Maßgebliche Verbotseigenschaft ist die **Montagemöglichkeit** an einer Schusswaffe oder im Falle der Nachtsichtvorsätze und Nachtsichtaufsätze an einem Zielhilfsmittel, wenn die Vorrichtung ausschließlich für diesen Zweck bestimmt ist.[1371] Werden „Dual-Use"-Geräte an einer Waffe befestigt, etwa mit Klebeband oder mit einer Klemmmontage, verwirklicht der Verwender auch mit einem Dual-Use-Gerät im Zeitraum zwischen Montage und Demontage die gesetzlich missbilligte Handlung, womit er sich strafbar macht, ohne dass in diesem

[1369] *BKA-Feststellungsbescheid SO11 – 5164.01-Z-382*

[1370] *Zur Thematik vertiefend Kapitel 1.3.1.3*

[1371] *BVerwG 6 C 21.08, Urteil vom 24. Juni 2013*

	Moment das Dual-Use-Gerät Waffe im Sinne des WaffG ist oder wird.[1372]
Ergänzung	**Jäger** dürfen nach § 40 Abs. 3 WaffG abweichend von dem Verbot nach § 2 Abs. 3 WaffG in Verbindung mit Anlage 2 A1 WaffG Umgang mit Nachtsichtvorsätzen und Nachtsichtaufsätzen haben, die für Single-Use-Geräte bestehende Erlaubnispflicht ist aber zu beachten. Gleiches gilt für Inhaber einer Waffenhandels- oder Waffenherstellungserlaubnis. Vertiefung der Thematik in Kapitel 1.3.2.5.3, bezüglich des Verbots Kapitel 1.13.1.7.

Beispielbild: Wärmebildgerät (Dual-Use) „Leica CALONOX Sight", hier montiert als Vorsatz an Zielfernrohr unter Verwendung eines Montageadapters; oben Übersicht, unten als Detailaufnahme (Abb. m. frdl. Gen. Leica Camera AG, Wetzlar)

[1372] *BKA-Feststellungsbescheid SO11 – 5164.01-Z-355*

Bezeichnung	**SRS-Waffe**
Kategorie	Waffe, den Schusswaffen gleichgestellt
Definition	Tragbare Gegenstände, bestimmt zum Abschießen von Munition zum Angriff oder zur Verteidigung, zur Signalgebung, zur Jagd, zur Distanzinjektion, zur Markierung, zum Sport oder zum Spiel
Synonym	Schreckschusswaffe, Gasrevolver, Gaspistole
Waffe nach ...	§ 1 Abs. 2 Nr. 1 WaffG
Norm Begriff	Anlage 1 A1 UA1 Nr. 1.2.1 iVm Anlage 2 A2 UA2 Nr. 1.3
Möglicher Verstoß	§§ 41 (Waffenverbot), 42 WaffG, 42b (Führverbot), § 2 Abs. 1 (Mindestalter)

Das Kürzel SRS steht für die Anfangsbuchstaben der ausführlichen Bezeichnung Schreckschuss-, Reizstoff- und Signalwaffe.

In SRS-Waffen wird, anders als in Schusswaffen, anstelle eines Laufes ein Gaslauf verwendet, der Verbrennungsgase und Reizstoffe ableitet. Er ist durch seine Gestaltung oder durch Sperren (siehe nebenstehende obere Abbildung, Mündungsbereich einer GECO P35) nicht geeignet, um Geschosse hindurchzuführen. Laufsperren sind in der Regel von vorn sichtbar, bei Revolvern auch laufseitige Ein--ngungen der Trommelkammern.

Neben einem gültigen Beschusszeichen (auch SRS-Waffen unterliegen der Pflicht zum Einzelbeschuss) müssen SRS-Waffen wie nebenstehend unten abgebildet das Zeichen „PTB im Kreis" oder eine andere gesetzliche erforderliche Kennzeichnung nach Anlage 2 A2 UA2 Nr. 1.3 WaffG tragen, um erlaubnisfrei erworben und besessen werden zu dürfen. Zum Führen ist eine Erlaubnis in Form des sogenannten „Kleinen Waffenscheins" erforderlich.

SRS-Waffen sind keine Anscheinswaffen, da es zum Führen einer Erlaubnis bedarf (Ausnahme für die Einstufung als Anscheinswaffe nach Anlage 1 A1 UA 1 Nr. 1.6 WaffG). Die Erfolgsaussichten, durch Drohung mit einer anscheinend „scharfen" Schusswaffe einen Angriff abzuwehren, sind zumindest fraglich. Gleichwohl sind SRS-Waffen in der Regel sehr vorbildgetreu gestaltet und für den unkundigen Beobachter, insbesondere im Zwielicht, kaum von ihren Vorbildern zu unterscheiden.

P35
PTB
456
MADE IN WEST GERMANY

Bezeichnung	**Gegenstand zum gezielten Verschießen fester Körper**
Kategorie	Waffe, den Schusswaffen gleichgestellt
Definition	Tragbare Gegenstände, bei denen bestimmungsgemäß feste Körper gezielt verschossen werden, deren Antriebsenergie durch Muskelkraft oder eine andere Energiequelle eingebracht und durch eine Sperrvorrichtung gespeichert oder gehalten werden kann
Erscheinungsformen	Armbrust, Harpune, Pfeilabschussgerät
Waffe nach ...	§ 1 Abs. 2 Nr. 1 WaffG
Norm Begriff	Anlage 1 A1 UA1 Nr. 1.2.3
Möglicher Verstoß	§§ 41 (Waffenverbot), 42, 42a, 42b WaffG (Führverbote), § 2 Abs. 1 (Mindestalter)

Armbrust und Harpune, die denen keine Munition zum Antrieb verwendet sind, erfüllen beispielhaft die in der Definition in Anlage 1 A1 UA1 Nr. 1.2.3 WaffG genannten Voraussetzungen, ebenso Pfeilabschussgeräte. Die Gleichstellung mit Schusswaffen ist vollumfänglich, so dass auch Normen, die speziell auf das Schießen abstellen, auf diese tragbaren Gegenstände anzuwenden sind.

Zu beachten ist, dass die Gleichstellung und damit die Einstufung als Waffe im Sinne des WaffG nicht erfolgt, wenn bestimmungsgemäß solche festen Körper verschossen werden, die mit elastischen Geschossspitzen (zB Saugnapf aus Gummi) versehen sind, bei denen eine maximale Bewegungsenergie der Geschossspitzen je Flächeneinheit von 0,16 J/cm2 nicht überschritten wird.

Eine Bestimmung des Gegenstandes zu einem Zweck, der Voraussetzung zur Einordnung als Schusswaffe oder Munitionsabschussgerät ist, ist hier nicht vorgesehen. Somit unterfallen auch solche Gegenstände, die anderen Zwecken dienen sollen, der Gleichstellung bei Erfüllung der technischen Anforderungen, wenn damit ein gezieltes Verschießen fester Körper möglich ist.

Armbrüste unterliegen speziellen Regelungen, die sie von einigen Vorschriften freistellen, etwa von der WBK-Pflicht, nicht aber vom Mindestalterserfordernis.

Harpunengeräte sind nach Anlage 2 A3 UA 1 WaffG nur dann von den Vorschriften des Waffengesetzes ausgenommen, wenn es sich um Unterwassersportgeräte handelt, bei denen zum Antrieb der Geschosse keine Munition verwendet wird. Volljährige Personen dürfen mit ihnen Umgang haben, wenn ihnen behördlich kein Waffenverbot nach § 41 WaffG erteilt wurde.

Das WaffG enthält für **Pfeilabschussgeräte** keine besonderen Regelungen. Auf sie sind die Vorschriften für Schusswaffen vollumfänglich anzuwenden.

Armbrust *(Abb. m. frdl. Genehmigung Fa. Scherrer Mechanik, Amriswil, CH)*

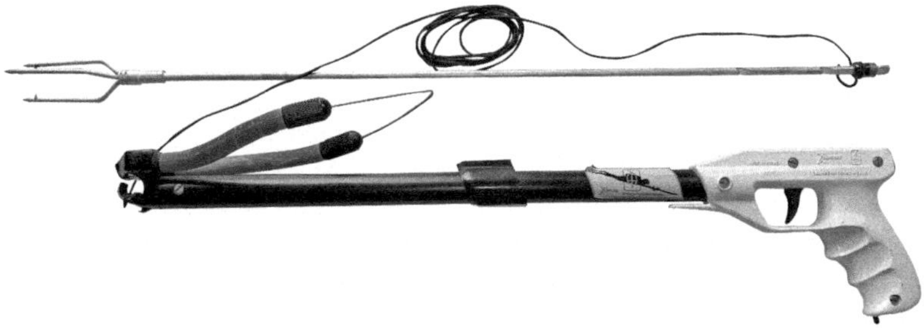

Harpune *mit handspannbarem Gummiriemen-Antrieb und Pfeil am Seil*

Pfeilabschussgerät*, hier mit Zielfernrohr und zwei hohlen Pfeilen; oberer Pfeil wird nur in einer Klemmvorrichtung zum späteren Einsatz bereitgehalten, unterer Pfeil auf das in ihm liegende Rohr aufgeschoben und so abschussbereit; die Energie wird durch schlagartige Druckerhöhung in dem nach vorn offenen Rohr auf den Pfeil übertragen, der beim „Abschuss" (im Sinne eines Nach-vorn-drückens) von dem Rohr geschoben wird, wobei das Rohr dem Hohlpfeil die in der Schubphase erforderliche Führung gibt.*

Bezeichnung	**Tierabwehrspray**
Kategorie	Keine Waffe im Sinne des WaffG
Definition	-
Synonym	Pfefferspray, Hundeabwehrspray, Pfeffergas, Pepper Fog (auch Foam, Gel, Powder), Abwehrspray, Gas, Nebel
Waffe nach ...	-
Norm Begriff	-
Möglicher Verstoß	-

Mangels Bestimmung zum Einsatz gegen Menschen und fehlende Nennung im Gesetz unterliegen Tierabwehrsprays nicht dem Waffengesetz.

Bekanntmachungen von Verbotszonen, in denen der Umgang mit solchen Gegenständen untersagt wird, müssen somit ausdrücklich diese zur Tierabwehr bestimmten Geräte erfassen - die bloße Eignung zur Abwehr menschlicher Angriffe ist allein nicht ausreichend, um diese Geräte als Waffen im Sinne des WaffG einzuordnen.

Beachten Sie die Ausführungen in den Kapiteln 1.12.2.13 und 1.13.1.17, insbesondere zur Abgrenzung des Tierabwehrsprays zum Reizstoffsprühgerät.

Die nebenstehende Abbildung zeigt neben einem komplett montierten Tierabwehrspray das zur Wartung zerlegte Gerät (ohne Kopf). Der nachfolgende Hinweistext, durch den die Bestimmung ausgedrückt wird, ist auf dem Gehäuse sichtbar angebracht (mit freundlicher Genehmigung von DEF-TEC Defense Technology GmbH, Frankfurt am Main).

FIRST DEFENSE ®

RED PEPPER SPRAY MK-6

Spray auf Augen oder Schleimhäute richten. Reichweite bis 6 Meter. Nicht unter einem Meter Entfernung anwenden. Wirkt unmittelbar und stoppt praktisch sofort jeden Angriff. Unerwünschte Nebenwirkungen sind nicht bekannt. Erste-Hilfe-Maßnahmen: Betroffene Stelle mit viel Wasser spülen und Frischluft zuführen, ggf. Arzt aufsuchen. Pepperspray ist nicht brennbar. Verfall: siehe Dosenboden. Dieses Reizstoffsprühgerät enthält den natürlichen Wirkstoff OC (Oleoresin Capsicum). Es darf in der BRD von Privatpersonen nur zur Tierabwehr eingesetzt werden (**Tierabwehrspray**). Bei diesem Verwendungszweck unterliegt es nicht dem deutschen Waffengesetz und dessen Prüfvorschriften.

FIRST DEFENSE
RED PEPPER SPRAY MK-6
28 ml
FIRST DEFENSE
RED
PEPPER
SPRAY
MK-6

Bezeichnung	**Reizstoffsprühgerät (RSG)**
Kategorie	Waffe
Definition	Tragbare Gegenstände, aus denen Reizstoffe versprüht oder ausgestoßen werden, die eine Reichweite bis zu 2 m haben
Synonym	CS-Gas, CN-Gas, Tränengas, Abwehrspray
Waffe nach ...	§ 1 Abs. 2 Nr. 2 lit. a WaffG
Norm Begriff	Anlage 1 A1 UA2 Nr. 1.2.2 WaffG
Möglicher Verstoß	§§ 41 (Waffenverbot), 42, 42b WaffG (Führverbot); ohne Prüfzeichen: Verbotene Waffe nach § 2 Abs. 3 WaffG iVm Anlage 2 A1 Nr. 1.3.5

Anders als Tierabwehrspray, das mangels Bestimmung zur Abwehr menschlicher Angriffe nicht unter das Waffengesetz fällt, ist ein Reizstoffsprühgerät eine Waffe nach § 1 Abs. 2 Nr. 2 lit. a WaffG, da es dazu bestimmt ist, die Angriffs- oder Abwehrfähigkeit von Menschen zu beseitigen oder herabzusetzen.

Der Begriff „Reizstoffsprühgerät" wird durch Anlage 1 A1 UA2 Nr. 1.2.2 WaffG auf solche Geräte beschränkt, die eine Reichweite bis zu 2 m haben. Bei größerer Reichweite unterfällt der Gegenstand der Definition nach Anlage 1 A1 UA2 Nr. 1.2.3 lit. a WaffG. Trotz dieser Unterscheidung werden beide Gegenstandsarten durch die Nennung in der Anlage 1 Waffen im Sinne des WaffG. Beachten Sie die ergänzenden Ausführungen in den Kapiteln 1.12.2.13 und 1.13.1.17.

Das **Mindestalter** für den Umgang mit geprüften Reizstoffsprühgeräten ist durch § 3 Abs. 2 WaffG auf **14 Jahre** herabgesetzt.

Nach Anlage 2 A1 Nr. 1.3.5 WaffG ist der Umgang mit Reizstoffsprühgeräten verboten, es sei denn, sie sind in ihrer Reichweite und Sprühdauer begrenzt und der Reizstoff als gesundheitlich unbedenklich eingestuft worden.

Ein Zulassungszeichen nach Bauartprüfung nach § 9 Abs. 2 Nr. 3 BeschG (Abb. rechts, „PTB R im Trapez"), das Nachweis der beiden genannten Voraussetzungen für eine Ausnahme von dem Umgangsverbot ist, muss auf dem Reizstoffsprühgerät angebracht sein.

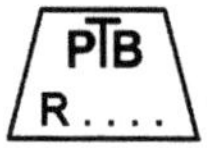

Hinweis: Zulassungen nach §§ 7 bis 11 BeschG, die vor Inkrafttreten des Gesetzes erteilt wurden, sind weiterhin gültig, diesbezüglich anerkannte oder erteilte Prüfzeichen (siehe Detailaufnahme „BKA-Raute" auf folgender Seite) gelten als Prüfzeichen im Sinne des geltenden Rechts (§ 22 Abs. 1, 2 BeschG).

(Produktbilder TW 1000 mit freundlicher Genehmigung der CARL HOERNECKE CHEM. FABRIK GMBH & CO. KG, Oberstenfeld)

Auf **Kombinationen** aus RSG und Schlagstock (siehe rechts) sind sowohl Vorschriften für Hieb- und Stoßwaffen als auch für Reizstoff-Sprühgeräte anzuwenden. Somit ist in diesem Falle ein Mindestalter von 18 Jahren zum Umgang erforderlich.

Nebenstehende Abbildung mit freundlicher Genehmigung (Copyright) „Soldier of Fortune GmbH"

Bezeichnung	**Elektroimpulsgerät**
Kategorie	Waffe
Definition	siehe Anlage 1 A1 UA2 Nrn. 1.2.1 und 2.2 WaffG
Synonym	Taser, Elektroschocker, Viehtreiber, Tierabwehrgerät
Waffe nach ...	§ 1 Abs. 2 Nr. 2 lit. a oder b WaffG
Norm Begriff	Anlage 1 A1 UA2 Nr. 1.2.1 oder 2.2 WaffG
Möglicher Verstoß	§§ 41 (Waffenverbot), 42, 42b WaffG (Führverbot); ohne Prüfzeichen o. außerhalb Tierhaltung: § 2 Abs. 3 WaffG iVm Anlage 2 A1 Nr. 1.3.6 oder 1.4.4 WaffG

Zu **unterscheiden** ist sowohl nach Art der Waffe als auch nach Verbotsbestimmung zwischen Geräten, die zum **Einsatz gegen Menschen** (1.2.1) bestimmt sind und Geräten, die zum **Einsatz am Tier** (2.2) bestimmt sind. Die Bestimmung lässt sich in der Praxis oft nur aus Modellbezeichnung oder Beschriftung ableiten, da Geräte für beide Anwendungsbereiche sich optisch ähneln können.

Es gilt ein **Mindestalter** von 18 Jahren für den Umgang mit Elektroimpulsgeräten, die Waffen im Sinne des WaffG sind. Elektroimpulsgeräte unterfallen nicht Erlaubnispflichten für den Umgang, Besitz und Führen sind also erlaubnisfrei.

Das **Führen von Elektroimpulsgeräten** unterfällt nicht der Erlaubnispflicht. Das Führverbot nach § 42a WaffG ist auf Elektroimpulsgeräte nicht anwendbar.

Auf **Kombinationen** aus Elektroimpulsgerät und Schlagstock sind Vorschriften für Hieb- und Stoßwaffen, etwa das Führverbot nach § 42a WaffG, und für Elektroimpulsgeräte anzuwenden. Dazu muss das Gerät dazu bestimmt (Herstellerwille) und geeignet (Form und Materialfestigkeit) sein, etwa durch einen Schlag oder Stoß die Angriffs- oder Abwehrfähigkeit eines Menschen herabzusetzen.

Bei **bestimmungsgemäßer Verwendung** in der Tierhaltung oder -ausbildung ist das **Waffengesetz** auf Elektroimpulsgeräte nach Nr. 2.2 **nicht anzuwenden**, da es weder Waffe ist noch dem Verbot unterfällt. Bei der Verwendung als Viehtreiber (siehe zB Produkt auf nachfolgender Seite) ist **kein Prüfzeichen erforderlich**.

Das Gerät muss ein **amtl. Prüfzeichen** als Nachweis der gesundheitlichen Unbedenklichkeit gem. § 9 Abs. 2 Nr. 2 BeschG tragen, wenn außerhalb der o.g. Tierhaltung die **Verbote** nach Anlage 2 A1 Nrn. 1.3.6 und 1.4.4 WaffG nicht gelten sollen.

Zulassungen nach §§ 7 bis 11 BeschG, die vor Inkrafttreten des Gesetzes erteilt wurden, sind weiterhin gültig; vormals anerkannte oder erteilte Prüfzeichen gelten als Prüfzeichen im Sinne des geltenden Rechts (§ 22 Abs. 1, 2 BeschG).

Beachten Sie auch die ausführlichen Erläuterungen zur Differenzierung in den Kapiteln 1.12.2.11 und 1.13.1.18 sowie für „Viehtreiber" 1.13.1.25.

(dritte Abbildung mit frdl. Genehmigung der Albert Kerbl GmbH, Buchbach)

Bezeichnung	**Schlagstock**
Kategorie	Hieb- und Stoßwaffe
Definition	Gegenstände, die ihrem Wesen nach dazu bestimmt sind, unter unmittelbarer Ausnutzung der Muskelkraft durch Hieb, Stoß, Stich, **Schlag** oder Wurf Verletzungen beizubringen
Synonym	Baton, Escrima-Stick, Kali-Stick, Arnis-Stick
Waffe nach ...	§ 1 Abs. 2 Nr. 2 lit. a WaffG
Norm Begriff	Anlage 1 A1 UA2 Nr. 1.1
Möglicher Verstoß	§§ 41 (Waffenverbot), 42, 42a, 42b WaffG (Führverbote), § 2 Abs. 1 (Mindestalter)
Bemerkungen	Bei Prüfung einer Ausnahmegenehmigung für beruflich bedingtes Führen wird die Verpflichtung zum Nachweis der Befähigung zum sicheren Umgang mit dieser Hieb- und Stoßwaffe empfohlen (Lehrgang mit medizinischen Inhalten o. ä.) Auch Escrima-Sticks (philippinischer Kampfstock aus Rattan) fallen aufgrund ihrer Bestimmung und Eignung unter den Begriff der Schlagwaffe.

Bezeichnung	**Tonfa**
Kategorie	Hieb- und Stoßwaffe
Definition	Gegenstände, die ihrem Wesen nach dazu bestimmt sind, unter unmittelbarer Ausnutzung der Muskelkraft durch Hieb, **Stoß**, Stich, **Schlag** oder Wurf Verletzungen beizubringen
Synonym	Mehrzweckeinsatzstock (MES), SHB (Side-Handle-Baton), RMS (Rettungsmehrzweckstock), Teleskop-Tonfa
Waffe nach ...	§ 1 Abs. 2 Nr. 2 lit. a WaffG
Norm Begriff	Anlage 1 A1 UA2 Nr. 1.1
Möglicher Verstoß	§§ 41 (Waffenverbot), 42, 42a, 42b WaffG (Führverbote), § 2 Abs. 1 (Mindestalter)
Bemerkungen	Bei Prüfung einer Ausnahmegenehmigung für beruflich bedingtes Führen wird die Verpflichtung zum Nachweis der Befähigung zum sicheren Umgang mit dieser Hieb- und Stoßwaffe empfohlen (Lehrgang mit medizinischen Inhalten o. ä.)

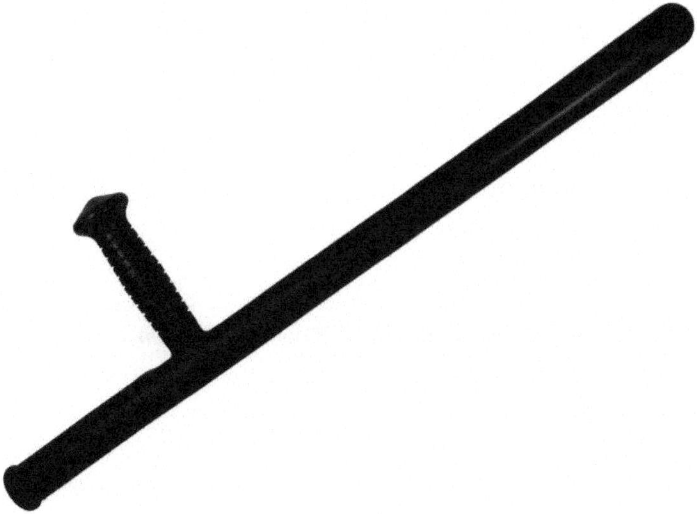

Bezeichnung	**Teleskopschlagstock**
Kategorie	Hieb- und Stoßwaffe
Definition	Gegenstände, die ihrem Wesen nach dazu bestimmt sind, unter unmittelbarer Ausnutzung der Muskelkraft durch Hieb, Stoß, Stich, **Schlag** oder Wurf Verletzungen beizubringen
Synonym	ASP, Stahlteleskop, EKA („Einsatzstock")
Waffe nach ...	§ 1 Abs. 2 Nr. 2 lit. a WaffG
Norm Begriff	Anlage 1 A1 UA2 Nr. 1.1
Möglicher Verstoß	§§ 41 (Waffenverbot), 42, 42a, 42b WaffG (Führverbote), § 2 Abs. 1 (Mindestalter)
Bemerkungen	Die Einordnung als „Stahlrute" (Bildtafel S. 557) ist für den Teleskopschlagstock zu verneinen, weil der Schlagkörper nicht flexibel (biegbar) ist; der Umgang ist somit nicht vollständig verboten. Bei Prüfung einer Ausnahmegenehmigung für beruflich bedingtes Führen wird die Verpflichtung zum Nachweis der Befähigung zum sicheren Umgang mit dieser Hieb- und Stoßwaffe empfohlen (Lehrgang mit medizinischen Inhalten o. ä.)

unten: Vergrößerte Darstellung des vorderen Teiles

Bezeichnung	**Stahlrute**
Kategorie	Hieb- und Stoßwaffe
Definition	Gegenstände, die ihrem Wesen nach dazu bestimmt sind, unter unmittelbarer Ausnutzung der Muskelkraft durch Hieb, Stoß, Stich, **Schlag** oder Wurf Verletzungen beizubringen
Synonym	-
Waffe nach ...	§ 1 Abs. 2 Nr. 2 lit. a WaffG
Norm Begriff	Anlage 1 A1 UA2 Nr. 1.1
Möglicher Verstoß	§ 2 Abs. 3 WaffG in Verbindung mit Anlage 2 A1 Nr. 1.3.2 (Verbotene Waffe)
Bemerkungen	Häufig verwechselt mit Teleskopschlagstock, siehe Bildtafel S. 556; ausführliche Darstellung siehe Kapitel 1.13.1.12.

unten: Vergrößerte Darstellung des vorderen Teiles

Bezeichnung	**Totschläger**
Kategorie	Hieb- und Stoßwaffe
Definition	Gegenstände, die ihrem Wesen nach dazu bestimmt sind, unter unmittelbarer Ausnutzung der Muskelkraft durch Hieb, Stoß, Stich, **Schlag** oder Wurf Verletzungen beizubringen
Synonym	-
Waffe nach ...	§ 1 Abs. 2 Nr. 2 lit. a WaffG
Norm Begriff	Anlage 1 A1 UA2 Nr. 1.1
Möglicher Verstoß	§ 2 Abs. 3 WaffG in Verbindung mit Anlage 2 A1 Nr. 1.3.2 (Verbotene Waffe)
Bemerkungen	Meist aus Leder angefertigt, um ein Durchschwingen (Peitscheneffekt) zu ermöglichen; in der Spitze mit einer Kugel aus Eisen oder Blei beschwert; ausführliche Darstellung siehe Kapitel 1.13.1.13.

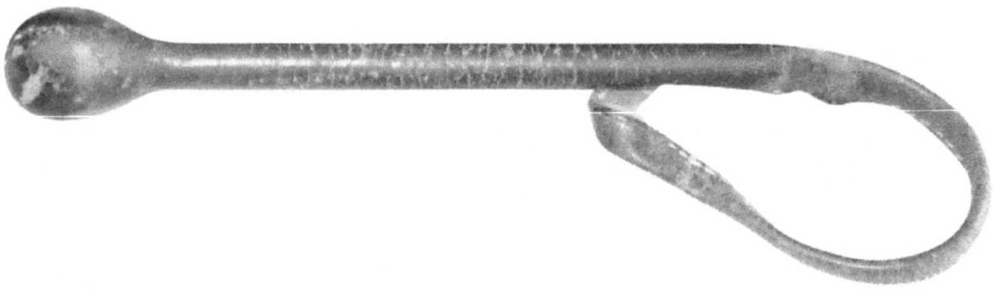

Bezeichnung	**Wurfstern**
Kategorie	Hieb- und Stoßwaffe
Definition	Gegenstände, die ihrem Wesen nach dazu bestimmt sind, unter unmittelbarer Ausnutzung der Muskelkraft durch Hieb, Stoß, Stich, Schlag oder **Wurf** Verletzungen beizubringen
Synonym	Shuriken, Shaken
Waffe nach ...	§ 1 Abs. 2 Nr. 2 lit. a WaffG
Norm Begriff	Anlage 1 A1 UA2 Nr. 1.1
Möglicher Verstoß	§ 2 Abs. 3 WaffG in Verbindung mit Anlage 2 A1 Nr. 1.3.3 (Verbotene Waffe)
Bemerkungen	Auch im nicht angeschliffenen Zustand kann diese Waffe tödliche Verletzungen beibringen. Es ist daher keine Voraussetzung für ein Verbot oder die Einordnung als Waffe, dass der Gegenstand angeschliffen ist, da er den durch das Gesetz missbilligten Erfolg auch im stumpfen Zustand ermöglicht; ausführliche Darstellung in Kapitel 1.13.1.15.

Bezeichnung	**Morgenstern, Streitkolben**
Kategorie	Hieb- und Stoßwaffe (Wuchtwaffe)
Definition	Gegenstände, die ihrem Wesen nach dazu bestimmt sind, unter unmittelbarer Ausnutzung der Muskelkraft durch **Hieb**, Stoß, Stich, **Schlag** oder Wurf Verletzungen beizubringen
Synonym	Flegel, Streitflegel, Streithammer
Waffe nach ...	§ 1 Abs. 2 Nr. 2 lit. a WaffG
Norm Begriff	Anlage 1 A1 UA2 Nr. 1.1
Möglicher Verstoß	§§ 41 (Waffenverbot), 42, 42a, 42b WaffG (Führverbote), § 2 Abs. 1 (Mindestalter)
Bemerkungen	Die Wirkung der Waffe wird über die Wucht des schweren, oft mit Dornen besetzten Kopfes erzielt; es sind Modellvarianten bekannt mit einer oder mehreren Kugeln an Ketten (Streitflegel) oder mit einem massiven und teilweise mit Spitzen besetzten Kopf, der ohne Kette direkt am Griff montiert ist (Streitkolben). Ebenso effektiv wirkt der Streithammer, dessen eiserner Hammerkopf auf der einen Seite abgeflacht ist, während die andere Seite eine Eisenspitze aufweist; damit sind sowohl stumpfe Wuchtschläge als auch Stahlplatten-durchdringende Wirkungstreffer zu erzielen.

Bezeichnung	**Nunchaku**
Kategorie	a) Hieb- und Stoßwaffe b) Gegenstand, der nach seiner Beschaffenheit und Handhabung bestimmt ist, durch Drosseln die Gesundheit zu schädigen
Definition	a) Gegenstände, die ihrem Wesen nach dazu bestimmt sind, unter unmittelbarer Ausnutzung der Muskelkraft durch Hieb, Stoß, Stich, **Schlag** oder Wurf Verletzungen beizubringen b) siehe oben (Kategorie)
Synonym	Tschaku, Würgeholz
Waffe nach ...	§ 1 Abs. 2 Nr. 2 lit. a WaffG
Norm Begriff	a) Anlage 1 A1 UA2 Nr. 1.1 b) Anlage 1 A1 UA2 Nr. 1.2.6
Möglicher Verstoß	§ 2 Abs. 3 WaffG in Verbindung mit Anlage 2 A1 Nr. 1.3.8 (Verbotene Waffe)
Bemerkungen	Die Nutzung des Nunchaku als Würgeholz tritt in der Praxis hinter die enorme Schlagwirkung zurück; das Verbot von Soft-Nunchakus aus Schaumstoff (Feststellungsbescheid BKA KT 21/ZV 25 – 5164.01 – Z – 23/2004 vom 5. Februar 2004) ist nicht nachvollziehbar, aber dadurch wird klargestellt, dass die Kombination aus zwei Elementen, die flexibel verbunden sind, unabhängig vom Material immer verboten ist; ausführliche Darstellung siehe Kapitel 1.13.1.20.

Bezeichnung	**Präzisionsschleuder**
Kategorie	Schleuder
Definition	Schleudern, die zur Erreichung einer höchstmöglichen Bewegungsenergie eine **Armstütze oder eine vergleichbare Vorrichtung** besitzen oder für eine solche Vorrichtung eingerichtet sind (Präzisionsschleudern) **sowie Armstützen und vergleichbare Vorrichtungen** für die vorbezeichneten Gegenstände
Synonym	Zwille, Katschi, Flitsche
Waffe nach ...	§ 1 Abs. 2 Nr. 2 lit. a WaffG
Norm Begriff	Anlage 1 A1 UA2 Nr. 1.3
Möglicher Verstoß	§ 2 Abs. 3 WaffG in Verbindung mit Anlage 2 A1 Nr. 1.3.7 (Verbotene Waffe)
Bemerkungen	Begriff und Verbot beziehen sich nicht allein auf die Schleuder, sondern auch auf die **Armstütze** als separates Teil; schon das Vorhandensein einer Aufnahmevorrichtung (Öse) für die Armstütze erfüllt das Verbotsmerkmal; vertiefend Kapitel 1.13.1.19. Die Abbildung zeigt eine Schleuder mit beweglicher Armstütze; bei Verwendung ist die Armstütze links in einer Endposition und nimmt beim Dehnen der Schleuderbänder das (ohne Armstütze) auf das Handgelenk wirkende Drehmoment auf; die Stütze nimmt dem Handgelenk die Möglichkeit zur Knickbewegung, macht aus dem Gelenk somit eine starre Verbindung.

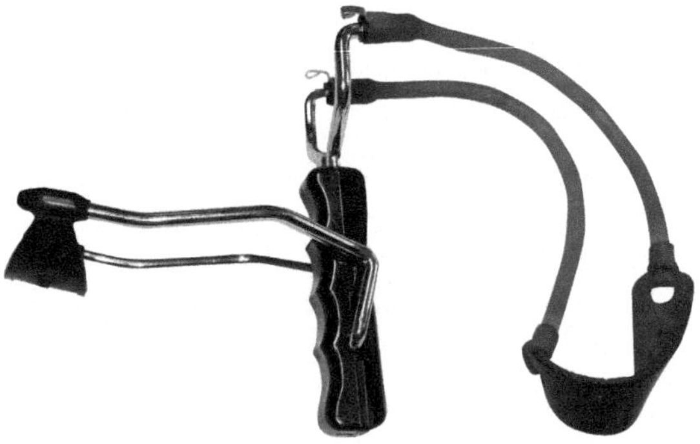

Bezeichnung	**Springmesser**
Kategorie	**Messer**
Definition	Messer, dessen Klinge auf Knopf- oder Hebeldruck hervorschnellt und hierdurch oder beim Loslassen der Sperrvorrichtung festgestellt werden kann
Synonym	Stellmesser, Springer
Waffe nach ...	§ 1 Abs. 2 Nr. 2 lit. b WaffG
Norm Begriff	Anlage 1 A1 UA2 Nr. 2.1.1
Möglicher Verstoß	§ 2 Abs. 3 WaffG in Verbindung mit Anlage 2 A1 Nr. 1.4.1 (Verbotene Waffe), § 2 Abs. 1 (Mindestalter)
Bemerkungen	**Nicht verboten (Ausnahme** vom Umgangsverbot), wenn a) die Klinge seitlich aus dem Griff springt und der Klingenteil außerhalb des Griffs höchstens 85 mm lang ist und die Klinge nicht zweiseitig geschliffen ist sowie b) eine einhändige Nutzung für ein berechtigtes Interesse erforderlich ist oder der Umgang im Zusammenhang mit der Berufsausübung erfolgt. **Keine Waffe** gemäß § 1 Abs. 2 Nr. 2 lit. b nach BKA-Feststellungsbescheid KT21/SO 11-5164.01-Z-76, wenn die Klinge bis zu 41 mm lang und bis zu 10 mm breit ist („Kleinstmesser"); somit würde das Verbot nicht greifen, als **Einhandmesser** würde dieses Kleinstmesser von den Regelungen des § 42a WaffG erfasst sein. Bei **defekter Feder** entfällt die verbotsbegründende Eigenschaft und damit die Einordnung als verbotene Waffe; zu prüfen wäre dann die Einstufung als (ebenso) verbotenes Fallmesser, wenn die Klinge in ausgefahrener Stellung verriegelt werden kann (BGH 1 StR 35/17). Ausführliche Darstellung siehe Kapitel 1.13.1.21.

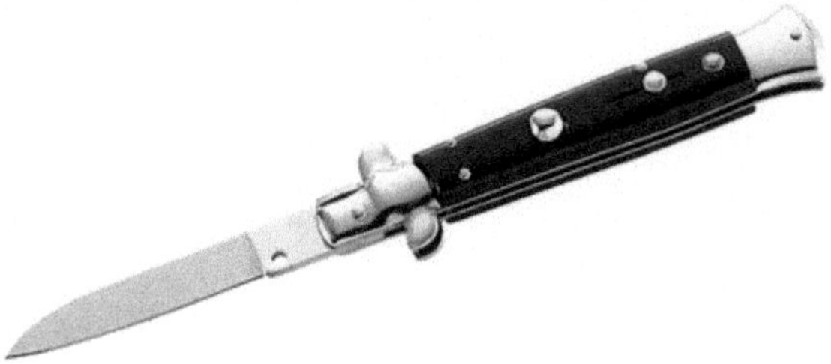

Bezeichnung	**Fallmesser**
Kategorie	Messer
Definition	Messer, deren Klingen beim Lösen einer Sperrvorrichtung durch ihre Schwerkraft oder durch eine Schleuderbewegung aus dem Griff hervorschnellen und selbsttätig oder beim Loslassen der Sperrvorrichtung festgestellt werden
Synonym	Fallschirmjägermesser
Waffe nach ...	§ 1 Abs. 2 Nr. 2 lit. b WaffG
Norm Begriff	Anlage 1 A1 UA2 Nr. 2.1.2
Möglicher Verstoß	§ 2 Abs. 3 WaffG in Verbindung mit Anlage 2 A1 Nr. 1.4.1 (Verbotene Waffe)
Bemerkungen **(gelten auch für das Springmesser)**	**Freistellung** sog. „Rettungsmesser" oder „Rescue-Tools" durch BKA-Feststellungsbescheid KT21/ZV25-5164.01-Z-20/2003; **Berechtigte nach dem Bundesversorgungsgesetz** (Kriegsopfer etc.), die ein solches Messer vor dem 30. Juni 2003 durch die Versorgungsbehörden der Länder erhalten haben, dürfen es nach BKA-Ausnahmegenehmigung, ZV 25-2-5166.00-489/03 vom 10. November 2003 sowohl **besitzen** als auch **führen**. § 42a WaffG ist auf dieses Einhandmesser nicht anzuwenden. Ausführliche Darstellung siehe Kapitel 1.13.1.22.

Bezeichnung	**Faustmesser**
Kategorie	Messer
Definition	Messer, mit einem quer zur feststehenden oder feststellbaren Klinge verlaufenden Griff, die bestimmungsgemäß in der geschlossenen Faust geführt oder eingesetzt werden
Synonym	Skinner, Stoßdolch, Kürschnermesser, Hibben-Claw
Waffe nach ...	§ 1 Abs. 2 Nr. 2 lit. b WaffG
Norm Begriff	Anlage 1 A1 UA2 Nr. 2.1.3
Möglicher Verstoß	§ 2 Abs. 3 WaffG in Verbindung mit Anlage 2 A1 Nr. 1.4.2 (Verbotene Waffe); §§ 42, 42b WaffG
Bemerkungen	**Ausnahme** vom Umgangsverbot nach § 40 Abs. 3 WaffG für Inhaber einer jagdrechtlichen Erlaubnis und Angehörige Leder-und Pelz-verarbeitender Berufe, soweit das Messer zur Ausübung der Tätigkeit erforderlich ist; Aufbewahrung in qualifiziertem Behältnis gemäß § 13 AWaffV erforderlich; ausführliche Darstellung siehe Kapitel 1.13.1.23.

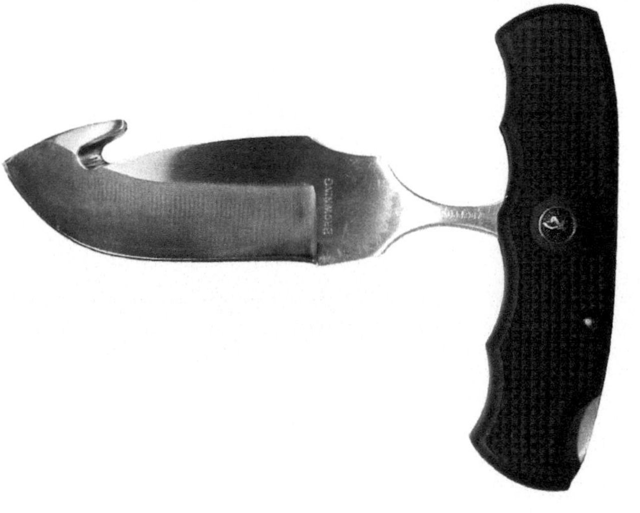

Bezeichnung	**Butterflymesser**
Kategorie	Messer
Definition	Faltmesser mit zweigeteiltem, schwenkbarem Griff
Synonym	Balisong, Butterfly, Faltmesser
Waffe nach ...	§ 1 Abs. 2 Nr. 2 lit. b WaffG
Norm Begriff	Anlage 1 A1 UA2 Nr. 2.1.4
Möglicher Verstoß	§ 2 Abs. 3 WaffG in Verbindung mit Anlage 2 A1 Nr. 1.4.3 (Verbotene Waffe)
Bemerkungen	Ausführliche Darstellung siehe Kapitel 1.13.1.24.

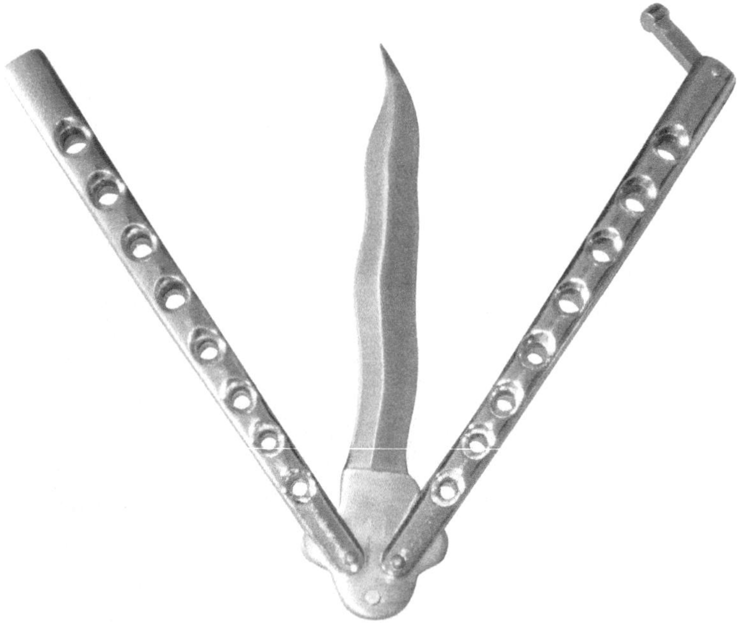

Bezeichnung	**Einhandmesser**
Kategorie	Messer, in bestimmten Fällen auch Waffe
Definition	Messer mit einhändig feststellbarer Klinge
Betrifft auch ...	Bestimmte Teppichmesser, Cuttermesser
Waffe nach ...	Keine Waffe bei einseitig geschliffener Klinge und fehlender Bestimmung zur Verwendung gegen Menschen
Norm Begriff	§ 42a Abs. 1 Nr. 3 WaffG
Möglicher Verstoß	§§ 42, 42a, 42b WaffG (Führverbote)
Bemerkungen	Zu beachten ist, dass auch Fall- und Springmesser als Einhandmesser anzusehen sind, wenn sie die vorgenannte Definition erfüllen. In diesem Falle würde es sich um Einhandmesser handeln, die Waffen sind. „Multitools" können unter das Führverbot fallen, wenn es dem Träger möglich ist, mit lediglich einer Hand eine Klinge des Multitools festzustellen. Ist dies nicht möglich, unterliegt das Multitool nicht dem Führverbot. Beachten Sie auch die Bildtafel auf Seite 573. Vertiefende Ausführungen zur Definition entnehmen Sie bitte Kapitel 1.4.3

Bezeichnung	**Kampfmesser**
Kategorie	Hieb- und Stoßwaffe
Definition	Gegenstände, die ihrem Wesen nach dazu bestimmt sind, unter unmittelbarer Ausnutzung der Muskelkraft durch **Hieb**, Stoß, **Stich**, Schlag oder Wurf Verletzungen beizubringen
Synonym	-
Waffe nach ...	§ 1 Abs. 2 Nr. 2 lit. a WaffG
Norm Begriff	Anlage 1 A1 UA2 Nr. 1.1
Möglicher Verstoß	§§ 41 (Waffenverbot), 42, 42a, 42b WaffG (Führverbote), § 2 Abs. 1 (Mindestalter)
Bemerkungen	Kampfmesser weisen besondere Merkmale wie Parierstange, geschwärzte Klinge oder hohes Gewicht auf; die Werbung eines Herstellers oder Händlers kann Hinweise enthalten; nicht selten wird es als „**Survivalmesser**" (untere Abbildung) bezeichnet, womit es nicht unbedingt Waffe wäre.

Bezeichnung	**Bajonett**
Kategorie	Hieb- und Stoßwaffe
Definition	Gegenstände, die ihrem Wesen nach dazu bestimmt sind, unter unmittelbarer Ausnutzung der Muskelkraft durch **Hieb**, Stoß, **Stich**, Schlag oder Wurf Verletzungen beizubringen
Synonym	Seiten(ge)wehr
Waffe nach ...	§ 1 Abs. 2 Nr. 2 lit. a WaffG
Norm Begriff	Anlage 1 A1 UA2 Nr. 1.1
Möglicher Verstoß	§§ 41 (Waffenverbot), 42, 42a, 42b WaffG (Führverbote), § 2 Abs. 1 (Mindestalter)
Bemerkungen	Auch als Zubehörteil einer Kriegswaffe fällt das Bajonett nicht unter das KrWaffKontrG; der Unterschied zum Kampfmesser ist die typische, oftmals ringförmige Aufnahme für den Lauf der Schusswaffe, an dem das Bajonett befestigt wird; zur Befestigung können auch Schienen verwendet werden, deren Gegenstücke an der Waffe sich im Bereich der Laufmündung finden.

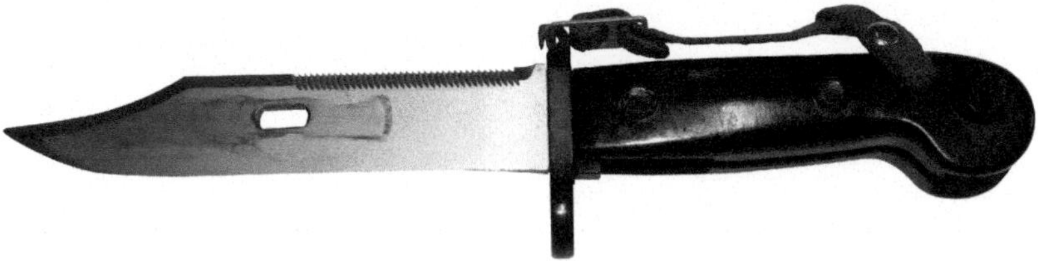

Bezeichnung	**Feststehende Messer über 12 cm Klingenlänge**
Kategorie	Messer
Synonym	Hirschfänger, Jagdnicker, Machete, Haumesser, Buschmesser, Fahrtenmesser, Pfadfindermesser
Waffe nach ...	Keine Waffe bei einseitig geschliffener Klinge und fehlender Bestimmung zur Verwendung gegen Menschen
Norm Begriff	§ 42a Abs. 1 Nr. 3 WaffG
Möglicher Verstoß	§§ 42, 42a, 42b WaffG (Führverbot), Ausnahmen sind möglich (zB berechtigtes Interesse)
Bemerkungen	Durch das bloße Abstellen auf eine feststehende Klinge mit mehr als 12 cm Länge werden neben Macheten, Jagdnickern und Hirschfängern auch Haushaltsmesser (Küchenmesser) und Filettiermesser erfasst, die keine Hieb- und Stoßwaffe sind, sondern als Werkzeuge, Gebrauchsmesser oder Zierrat anzusehen sind (WaffVwV zu Anlage 1 A1 UA2 Nr. 1.1 WaffG); gleiches gilt für Fahrtenmesser mit entsprechender Klingenlänge. Streitaxt und Hellebarde sind ebenso wie geschliffene Säbel, Schwerter oder Mensurschläger gemäß WaffVwV Hiebwaffen und damit Waffe im Sinne von § 1 Abs. 2 Nr. 2 lit. a WaffG iVm Anlage 1 A1 UA2 Nr. 1.1 WaffG.

Bezeichnung	**HJ-Fahrtenmesser**
Kategorie	Messer
Bemerkungen	Durch das bloße Abstellen auf eine feststehende Klinge mit mehr als 12 cm Länge ist das Führverbot aus § 42a WaffG auf kurze Fahrtenmesser, deren Klingenlänge 12 cm nicht überschreitet, nicht anwendbar; bei der Wahrnehmung eines berechtigten Interesses, etwa bei einer Pfadfinderfreizeit oder im Zusammenhang damit, entfällt das Führverbot gemäß § 42a Abs. 2, 3 WaffG für Fahrtenmesser über 12 cm Klingenlänge. Die Führverbote aus §§ 42, 42b WaffG sind von der Klingenlänge unabhängig. Im Falle des Führens eines HJ-Fahrtenmessers (unten abgebildet eine Replik mit mehr als 12 cm Klingenlänge), das von Mitgliedern der „Hitlerjugend" (HJ), der Jugendorganisation der NSDAP, genutzt wurde, ist waffenrechtlich die Klingenlänge maßgeblich; darüber hinaus ist aber strafrechtlich zu beachten, dass es einen **Gesetzesverstoß nach § 86a StGB** darstellen kann, ein solches Messer mit Emblem und Beschriftung in der Öffentlichkeit oder in Versammlungen, bei dem Abzeichen (Hakenkreuz) oder Klingenbeschriftung („Blut und Ehre") für Dritte erkennbar sind, zu verwenden. Eine zu bejahende Verwerflichkeit der Verwendung würde wiederum ein berechtigtes Interesse im Sinne von § 42a Abs. 2 Nr. 3 WaffG ausschließen. Der beidseitig geschliffene HJ-Dolch (hier nicht abgebildet), der speziell an *„Führer"* der Hitlerjugend ausgegeben wurde, ist dagegen durch den beidseitigen Schliff waffenrechtlich als Stichwaffe einzustufen, somit Hieb- und Stoßwaffe und in der Folge Waffe im Sinne des WaffG.

Bezeichnung	**Karambit**
Kategorie	Hieb- und Stoßwaffe
Definition	Gegenstände, die ihrem Wesen nach dazu bestimmt sind, unter unmittelbarer Ausnutzung der Muskelkraft durch **Hieb**, Stoß, **Stich**, Schlag oder Wurf Verletzungen beizubringen
Synonym	Krallenmesser, Sichelmesser
Waffe nach ...	§ 1 Abs. 2 Nr. 2 lit. a WaffG
Norm Begriff	Anlage 1 A1 UA2 Nr. 1.1
Möglicher Verstoß	§§ 41 (Waffenverbot), 42, 42a, 42b WaffG (Führverbote), § 2 Abs. 1 (Mindestalter)
Bemerkungen	Bei einem Karambit handelt es sich ursprünglich um ein **Erntemesser**; die Form entspricht einem Bogen, der aus einer Klinge und einem oft mit Fingermulden versehenen Griff besteht; am Ende des Griffs befindet sich ein Ring; es handelt sich meist um eine einseitig geschliffene Klinge; das Karambit wird mittels des Rings am Griffende am kleinen Finger „eingehängt"; es sind Karambits mit nicht feststehender Klinge erhältlich, insbesondere als Spring- oder Einhandmesser; Karambits werden durch das BKA regelmäßig als Hieb- und Stoßwaffe eingestuft; je nach Stellung des Griffs zur Klinge kann ein Karambit als **Faustmesser** eingestuft werden, siehe BKA-FB SO 23-5164.01-Z-481 „Ka-Bar: Last Ditch".

Abb. mit frdl. Genehmigung von Haller Stahlwarenhaus GmbH, Michelbach/Bilz

Bezeichnung	**Multitool**
Kategorie	Messer
Definition	Siehe Messerdefinition in Kapitel 1.4.1
Synonym	Multifunktionswerkzeug
Möglicher Verstoß	§§ 42 Abs. 4a, 42b WaffG (Führverbote)
Bemerkungen	Multitools sind im Falle nicht herstellerseitiger Bestimmung und bei fehlender Nennung im Gesetz keine Waffe im Sinne des Waffengesetzes. Da Multitools aber idR mindestens eine Klinge enthalten, unterfallen sie im Regelfall dem Messerbegriff. Somit sind die Regelungen für Messer vollumfänglich auf solche Multitools anwendbar, sofern das Gesetz selbst lediglich auf den Messerbegriff abstellt. Dem allgemeinen Führverbot nach § 42a Abs. 1 Nr. 3 WaffG, das das Führen von Einhandmessern verbietet, ist das Multitool nur dann unterworfen, wenn mindestens eine Klinge einhändig aus dem Griff geschoben bzw. geschwenkt und dann festgestellt werden kann; in diesem Falle wäre die Legaldefinition für eine Einhandmesser aus § 42a Abs. 1 Nr. 3 WaffG erfüllt. Beachten Sie zur möglichen Einordnung als Einhandmesser die Bildtafel auf Seite 567 sowie die vertiefenden Ausführungen in Kapitel 1.4.3, insbesondere die Kriterien der Zuordnung zum Begriff sowie die ausführlichen Anmerkungen zu Multitools in Kapitel 1.4.5.

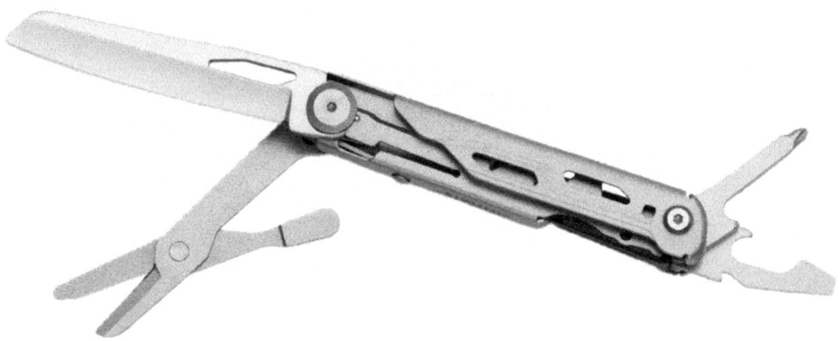

Abb. mit frdl. Genehmigung von Haller Stahlwarenhaus GmbH, Michelbach/Bilz

Bezeichnung	**Kubotan**
Kategorie	-
Definition	-
Synonym	Kubaton, Fightingstick, Palmstick
Waffe nach ...	-
Norm Begriff	-
Möglicher Verstoß	-
Bemerkungen	Nach Feststellungsbescheid AZ SO11- 5164.01-Z-170 des BKA vom 5. März 2008 handelt es sich bei einem Kubotan **weder um eine Hieb- und Stoßwaffe noch um eine verbotene Waffe** **Wichtig**: Beurteilt wurde durch das BKA nur ein einfacher Kubotan; bei anderer Ausstattung (etwa mit besonderem Handschutz, Teleskopteil o.ä.) könnte es sich um eine Hieb- und Stoßwaffe handeln, so etwa bejaht im Falle des „Kubotee", Feststellungsbescheid SO 23-5164.01-Z-479.

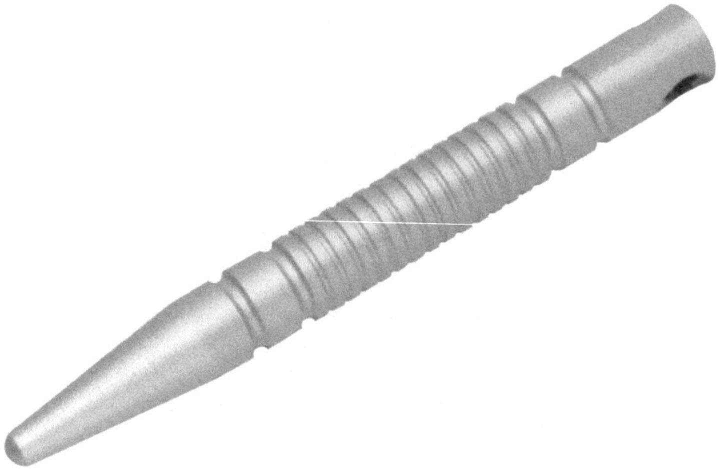

Bezeichnung	**Schlagring**
Kategorie	Hieb- und Stoßwaffe
Definition	Gegenstände, die ihrem Wesen nach dazu bestimmt sind, unter unmittelbarer Ausnutzung der Muskelkraft durch Hieb, **Stoß**, Stich, **Schlag** oder Wurf Verletzungen beizubringen
Synonym	„Zahnfee“
Waffe nach ...	§ 1 Abs. 2 Nr. 2 lit. a WaffG
Norm Begriff	-
Möglicher Verstoß	§ 2 Abs. 3 WaffG in Verbindung mit Anlage 2 A1 Nr. 1.3.2 (Verbotene Waffe)
Bemerkungen	Ein Schlagring muss nicht zwingend aus Metall gefertigt sein, entscheidend ist die Erhöhung der Stoß- bzw. Schlagwirkung. Bearbeitete und dadurch umbestimmte (im Sinne einer neuen Bestimmung, die von jener des ursprünglichen Herstellers abweicht, siehe vertiefend Kapitel 1.3.1.3) Gegenstände wie das unten rechts abgebildete bearbeitete Ventilrad, die die Funktion eines Schlagrings erfüllen und wie ein solcher eingesetzt werden sollen, unterfallen dem Verbot nur dann, wenn sie sich am Handballen abstützen, was im Einzelfall zu prüfen ist; ausführliche Darstellung in Kap. 1.13.1.14.

Bezeichnung	**Alltagsgegenstand, zur Waffe umbestimmt**
Kategorie	beispielhaft in diesem Falle: Hieb- und Stoßwaffe
Definition	Tragbare Gegenstände, die zwar ursprünglich ihrem Wesen nach und nach dem Willen des Herstellers nicht dazu bestimmt sind, unter unmittelbarer Ausnutzung der Muskelkraft durch Hieb, Stoß, Stich, Schlag oder Wurf Verletzungen beizubringen, aber **durch den Besitzer durch Umarbeitung dazu bestimmt** sind, die Angriffs- oder Abwehrfähigkeit eines Menschen herabzusetzen, also Waffe im Sinne des WaffG zu sein.
Waffe nach ...	§ 1 Abs. 2 Nr. 2 lit. a WaffG
Norm Begriff	Anlage 1 A1 UA2 Nr. 1.1
Möglicher Verstoß	§§ 41 (Waffenverbot), 42, 42a, 42b WaffG (Führverbote), § 2 Abs. 1 (Mindestalter)
Bemerkungen	Der nachfolgend abgebildete Abschnitt eines **Starkstromkabels**, der mit ca. 40 cm Länge effektiv als Schlagstock eingesetzt werden könnte, bleibt ein Stromkabel und wird nicht Waffe im Sinne des WaffG, da er nicht technisch verändert wurde; beachten Sie die Ausführungen zu Herstellerbestimmung und Umbestimmung in Kapitel 1.3.1.3.

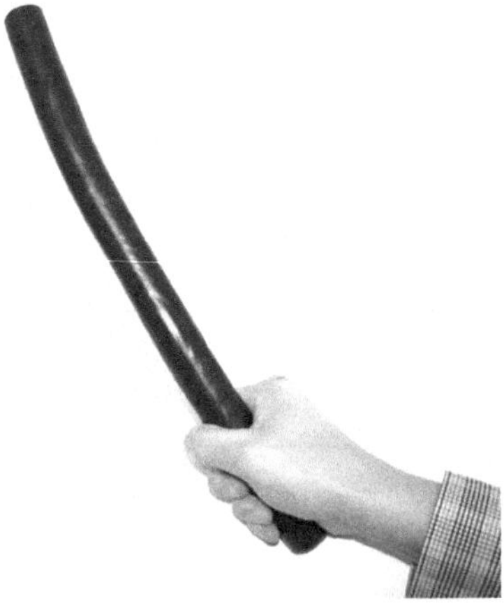

Bezeichnung	**Getarnte Hieb- oder Stoßwaffen**
Kategorie	Hieb- und Stoßwaffe
Definition	Gegenstände, die ihrem Wesen nach dazu bestimmt sind, unter unmittelbarer Ausnutzung der Muskelkraft durch Hieb, Stoß, Stich, Schlag oder Wurf Verletzungen beizubringen und ihrer Form nach geeignet sind, einen anderen Gegenstand vorzutäuschen oder die mit Gegenständen des täglichen Gebrauchs verkleidet sind.
Synonym	Stockdegen, Stockmesser, Schirmdegen
Waffe nach ...	§ 1 Abs. 2 Nr. 2 lit. a WaffG
Norm Begriff	Anlage 1 A1 UA2 Nr. 1.1 iVm Anlage 2 A1 Nr. 1.3.1
Mögl. Verstoß	§ 2 Abs. 3 WaffG in Verbindung mit Anlage 2 A1 Nr. 1.3.1 (Verbotene Waffe); falls lediglich die Tarnung verneint wird, aber die Eigenschaft als Hieb-/Stoßwaffe gegeben ist: §§ 41 (Waffenverbot), 42, 42a, 42b WaffG (Führverbote), § 2 Abs. 1 (Mindestalter)
Bemerkungen	Entscheidend ist die Waffeneigenschaft des Gegenstandes, der verkleidet ist, oder die Verwendbarkeit als Waffe, obwohl der Gegenstand vortäuscht, ein harmloser Gegenstand zu sein, der den Waffenbegriff nicht erfüllt. Dies ist insbesondere bei Stockmessern zu prüfen, da nicht jede Klinge Waffe im Sinne des WaffG ist. **Handschuhen mit Füllung** (Blei- oder Stahlstaub oder –granulat, Quarzsand oder Sand), „tactical gloves", fehlt es an der Zweckbestimmung zur Hieb- und Stoßwaffe, und die Verletzungsgefahr wird durch die Füllung nicht signifikant erhöht (BKA KT 21 / SO 11-5164.01 – Z-41); sie unterfallen nicht dem Verbot aus Anlage 2 A1 Nr. 1.3.1 WaffG; vertiefend Kapitel 1.13.1.11.

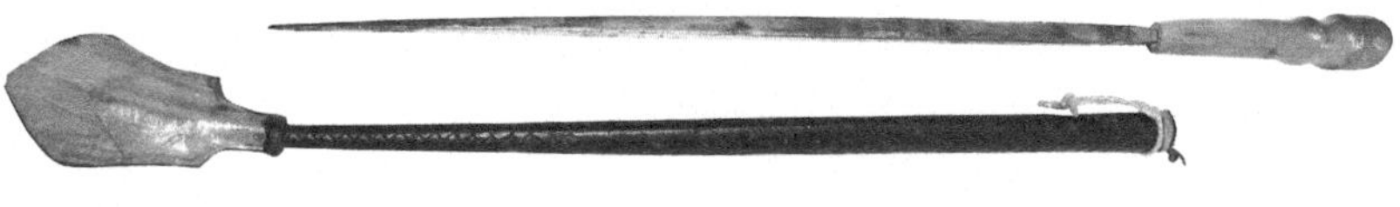

Stichwaffe, als Reitgerte getarnt; der Lederkörper der Gerte dient als (Transport-) Scheide und verdeckt als Tarnvorrichtung die Klinge.

In die Kante einer EC-Karte eingelassene Rasierklinge; ***nicht erfasst*** *vom Begriff der getarnten Hieb- und Stoßwaffe, weil die Rasierklinge selbst keine Waffe ist, die mit der Karte verkleidet wird; aufgrund der geringen Schnitttiefe wäre zudem zu prüfen, ob eine Eignung der Konstruktion als Waffe im Sinne des WaffG überhaupt vorliegt.*

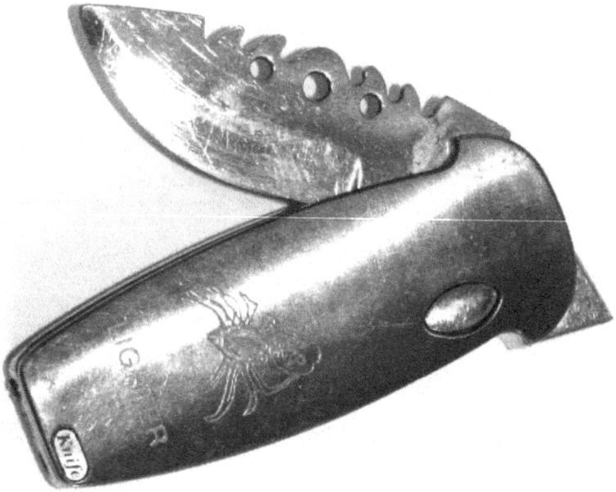

Als Feuerzeug getarntes Einhandmesser; da ***Einhandmesser nicht in jedem Falle Waffen*** *sind,* ***entfällt*** *wie oben auch in diesem Falle das* ***Verbot****.*

Bezeichnung	**Delta-Dart**
Kategorie	Hieb- und Stoßwaffe
Beschreibung	Kunststoffmesser mit Bajonettklinge, auch anzutreffen mit Kunststoffscheide und Kette
Synonym	Stoßdolch
Waffe nach ...	§ 1 Abs. 2 Nr. 2 lit. a WaffG
Norm Begriff	Anlage 1 A1 UA2 Nr. 1.1
Mögl. Verstoß	§ 2 Abs. 3 WaffG in Verbindung mit Anlage 2 A1 Nr. 1.3.1 (verbotene Waffe), wenn sich der Delta-Dart in der Scheide befindet und er dann nicht als Stoßdolch erkannt würde, sondern zB als Schreibstift; §§ 41 (Waffenverbot), 42, 42a, 42b WaffG (Führverbote), § 2 Abs. 1 (Mindestalter)
Bemerkungen	Gemäß § 1 Abs. 2 Nr. 2 lit. a WaffG in Verbindung mit Anlage 1 A1 UA2 Nr. 1.1 nach BKA-Feststellungsbescheid KT21/SO 11-5164.01-Z-222 eine Hieb- und Stoßwaffe im Sinne des WaffG; wird der Delta-Dart in die Kunststoffscheide gesteckt und beispielsweise am Hals getragen, täuscht er dagegen einen Alltagsgegenstand vor (zB einen Kugelschreiber oder Filzstift in großer Steckhülle) und ist in diesem Zustand eine verbotene, weil getarnte Waffe.

Bezeichnung	**Stachelarmband**
Synonym	Nietenarmband
Waffe nach ...	-
Bemerkungen	Mit Feststellungsbescheid SO11 – 5164.01-Z-64 hat das BKA die Einordnung als Hieb- und Stoßwaffe verneint. Begründet wurde dies damit, dass bei der bestimmungsgemäßen Anwendung als Armband am Unterarm eine kontrollierte Führung der Stacheln nur begrenzt möglich wäre, was aber Voraussetzung wäre für die Einordnung als Hieb- und Stoßwaffe. Die bei dem seinerzeit geprüften Stachelarmband (Abbildung zeigt eine ähnliche Ausführung) montierten Nieten knickten aufgrund ihrer Länge und instabilen Befestigung zur Seite, so dass die aufgebrachte Schlagenergie nicht gezielt umgesetzt werden konnten. Somit ist auch bei einer derartigen Konstruktion stets jeder Einzelfall zu prüfen, da durch gezielte Verstärkungen des Bandes eine stabile Ausrichtung und damit gezielt ausgeführte Schlagbewegung erreicht werden könnte.

6 Übersichten zur Aufbewahrung

6.1 Aufbewahrung nicht verbotener Waffen oder Munition

Die nachfolgende tabellarische Übersicht nennt die Mindestanforderung für die Aufbewahrung nach aktuellem Stand von WaffG und AWaffV. Regelungen für die Nutzung älterer Behältnisse werden im Kapitel 1.21.3 behandelt.

Ist lediglich der Schutz vor Wegnahme durch eine Person einer bestimmten Altersgruppe vorgeschrieben (U14/U18), kann ein verschlossener Behälter ohne besondere Qualifikation verwendet werden. Ausreichend ist aber auch eine wirksame Befestigung an einer ausreichend festen Wand oder einem Möbelstück, die dem einfachen (spontanen) Wegnahmeversuch durch einen Minderjährigen widersteht, der ohne Werkzeug diese Befestigung beseitigen oder aufheben will.

Bezeichnung des Gegenstands	**WBK-Pflicht**	**Aufbewahrungsniveau / Schutz vor...**
Messer / Gebrauchsmesser	nein	Kein Schutz erforderlich
Messer über 12 cm Klingenlänge	nein	Kein Schutz erforderlich
Einhandmesser	nein	Kein Schutz erforderlich
Messer, die Waffe sind (Kampfmesser, Dolch)	nein	Wegnahme durch U18
Geprüftes Reizstoffsprühgerät	nein	Wegnahme durch U14
Tierabwehrspray	nein	Kein Schutz erforderlich
Hieb- und Stoßwaffe	nein	Wegnahme durch U18
Säbel, Streitaxt, Streitkolben	nein	Wegnahme durch U18
Magazin für Patronenmunition	nein	Wegnahme durch U18
Druckluftgewehr bis 7,5 J	freigestellt	Verschlossener Behälter
Salutwaffe	ja	Verschlossener Behälter
Unbrauchbar gem. Schusswaffe	ja / freigestellt	Verschlossener Behälter
SRS-Waffe	freigestellt	Verschlossener Behälter

Bezeichnung des Gegenstands	**WBK- / MES-Pflicht**	**Aufbewahrungsniveau / Schutz vor...**
Armbrust	freigestellt	Verschlossener Behälter
Harpune	nein	Wegnahme durch U18
Softair bis 0,5 J	nein	Kein Schutz erforderlich
Schusswaffen-Nachbildung	nein	Kein Schutz erforderlich
Spielzeugwaffe	nein	Kein Schutz erforderlich
Waffe nach Modell vor 1871	freigestellt	Verschlossener Behälter
Pfeilabschussgerät	ja	Behältnis WG 0
Erlaubnispflichtige Kurzwaffe		Behältnis WG 0
Erlaubnispflichtige Langwaffe		Behältnis WG 0
Wesentliche Teile erlaubnispflichtiger Waffen		Behältnis WG 0
Schalldämpfer für erlaubnispflichtige Waffen		Behältnis WG 0
Seenotsignalpistole cal. 4 an Land		Behältnis WG 0
Seenotsignalpistole cal. 4 an Bord		„Hamburger Kasten"
Munition für SRS/Salutwaffe	nein	Verschlossener Behälter
Munition für KW/LW/SigPi	ja	Stahlblechbehältnis mit Schwenkriegelschloss

Legende: U18: Personen unter 18 Jahren, somit Kinder und Jugendliche;

U14: Personen unter 14 Jahren, somit nur Kinder, nicht aber Jugendliche

Ergänzender Hinweis: **Anscheinswaffen**, die unter die Ausnahmen gemäß § 2 Abs. 4 WaffG iVm Anlage 2 A3 WaffG fallen (insbesondere Nachbildungen), unterliegen nur § 42a WaffG und damit lediglich dem Führverbot, nicht aber den Regelungen zur sicheren Aufbewahrung nach § 36 WaffG.

6.2 Verbotene Waffen, Munition und Geschosse

Für die Aufbewahrung verbotener Waffen, in der Regel durch Behörden oder amtlich beauftragte Sachverständige, aber auch durch § 40 Abs. 3, 4 WaffG oder § 58 WaffG vom Verbot befreite Personen, [1373] ist die Regelung in § 13 Abs. 2 AWaffV zu beachten.

§ 13 Abs. 1, 2 AWaffV legt für verbotene Waffen eine Aufbewahrung in einem Behältnis nach DIN EN 1143-1 fest. Altbesitzer unterfallen gemäß § 36 Abs. 4 WaffG den Regeln zur Aufbewahrung verbotener Waffen, die vor Änderung des WaffG 2017 galten, womit die Aufbewahrung in einem Behältnis der Stufe B nach VDMA 24992 Stand Mai 1995 erlaubt ist.

Wie bei erlaubnispflichtigen Kurzwaffen ist die Höchstzahl bestimmter verbotener Waffen, die in diesem Behältnis aufbewahrt werden dürfen, abhängig von dem Eigengewicht des Behälters. Dieses Eigengewicht kann nicht durch eine Abrisslast ersetzt werden, die durch eine Verankerung nur im Moment des Abrisses wirksam wird; diesbezügliche Regelungen sind allein auf Schränke der Stufe B nach VDMA 24992 in Altbesitz anwendbar, auf Behältnisse des Widerstandsgrades 0 nach DIN EN 1143-1 dagegen nicht. Zudem differenziert die Regelung nach der Art der verbotenen Waffen.

Zu beachten sind in § 13 Abs. 2 AWaffV festgelegte Höchstmengen nach Behälterart und –masse. Grundsätzlich gelten diese Mengenbegrenzungen:

- WG 0, Masse des Behälters unter 200 kg: Bis zu fünf bestimmte verbotene Waffen und Kurzwaffen, sonstige verbotene Waffen und Langwaffen dürfen ohne zahlenmäßige Begrenzung aufbewahrt werden, ebenso Munition, es sei denn, die Aufbewahrung ist nur erlaubt in einem Behältnis WG I;
- WG 0, Masse des Behälters mindestens 200 kg: Bis zu zehn bestimmte verbotene Waffen und Kurzwaffen; sonstige verbotene Waffen und Langwaffen dürfen ohne zahlenmäßige Begrenzung aufbewahrt werden, ebenso Munition, es sei denn, die Aufbewahrung ist nur erlaubt in einem Behältnis WG I;
- WG I: Unbegrenzte Anzahl und Arten verbotener Waffen, Kurzwaffen und Langwaffen sowie Munition.

[1373] *Insbesondere durch die Altbesitzregeln des § 58 WaffG erweitert sich der Adressatenkreis um ein Vielfaches, etwa durch Personen, die als Altbesitzer nach geltendem Recht verbotene Magazine weiterhin besitzen dürfen. Da das Verbot gegen diese Personen nicht wirksam wird, die betroffenen Gegenstände aber gleich--ohl verbotene Waffen sind, hat die Aufbewahrung auch im Falle des Altbesitzers so zu erfolgen, wie es das Gesetz für die Aufbewahrung dieser verbotenen Waffe vorsieht.*

Aufgeschlüsselt nach den Arten der verbotenen Waffen gilt:

- Aufbewahrung mindestens in einem Behältnis WG 0:
    - Verbotene Waffen nach Anlage 2 A1 **Nr. 1.1 bis 1.2.3 und 1.2.5** WaffG
    - Verbotene Waffen nach Anlage 2 A1 **Nr. 1.2.4 bis 1.2.4.2 und 1.3. bis 1.4.4**
- Aufbewahrung mindestens in einem Behältnis WG I:
    - Verbotene Waffen nach Anlage 2 A1 **Nr. 1.2.4.3 bis 1.2.4.5 und 1.2.6 bis 1.2.8** WaffG

Die folgenden tabellarischen Aufstellungen listen **verbotene Waffen** nach Anlage 2 A1 WaffG auf, die auf die Zahl der in dem Behältnis aufbewahrten Mengen und Arten von Waffen **anzurechnen** oder von dieser Anrechnung **ausgenommen** sind.

Beachten Sie, dass im Falle der **Nachtsichtvorsatz- und aufsatzgeräte** zu differenzieren ist zwischen **Single-Use**-Geräten und **Dual-Use**-Geräten. Die Dual-Use-Geräte sind keine Waffen im Sinne des WaffG und damit nicht der Pflicht zur sicheren Aufbewahrung nach § 36 WaffG unterworfen.

Gemäß § 13 Abs. 2 AWaffV sind folgende verbotene Waffen bei der Zählung des Inhalts eines Waffenschranks anzurechnen, wenn in diesem Behältnis aufgrund seiner Einstufung eine Aufbewahrung verbotener Waffen zahlenmäßig beschränkt ist:

Bezeichnung (gesetzlich / umgangssprachlich)	**Anlage 2 A1 WaffG**
Kriegswaffen, Ausnahme Halbautomaten, nach Verlust der Kriegswaffeneigenschaft	1.1
Vollautomatische Schusswaffen	1.2.1.1
Sehr kurze oder mit KW-Griff anstelle eines Hinterschaftes ausgerüstete VSRF (Pumpgun)	1.2.1.2
Getarnte Schusswaffen	1.2.2
Wildererwaffen	1.2.3
Mehrschüssige Kurzwaffen für Zentralfeuermunition in Kalibern unter 6,3 mm (PSM) ab Baujahr 1970	1.2.5

Ausschließlich[1374] in einem Behältnis WG I nach EN 1143-1 sind aufzubewahren:

Bezeichnung (gesetzlich / umgangssprachlich)	**Anlage 2 A1 WaffG**
Magazine und Magazingehäuse	1.2.4.3 bis 1.2.4.5
Halbautom. Kurzwaffe mit fest eingeb. Magazin	1.2.6
Halbautom. Langwaffe mit fest eingeb. Magazin	1.2.7
Verbotene Salutwaffe	1.2.8

Gemäß § 13 Abs. 2 AWaffV dürfen in Behältnissen nach EN 1143-1 nachfolgende verbotene Waffen **in unbegrenzter Zahl** aufbewahrt werden:

Bezeichnung (gesetzlich / umgangssprachlich)	**Anlage 2 A1 WaffG**
Zielscheinwerfer, Laser, Projektoren	1.2.4.1
Nachtsichtgerät, Nachtzielgerät, -vor und -aufsatz	1.2.4.2
Getarnte Hieb- und Stoßwaffen	1.3.1
Stahlruten, Totschläger, Schlagringe	1.3.2
Wurfsterne	1.3.3
Molotow-Cocktails, Brandsätze mit Fluid	1.3.4
Reizstoffsprühgeräte ohne Zulassung	1.3.5
Elektroimpulsgeräte ohne Zulassung	1.3.6
Präzisionsschleudern, Armstützen	1.3.7
Nunchaku, Drosselgeräte	1.3.8
Spring[1375]- und Fallmesser	1.4.1
Faustmesser[1376]	1.4.2
Faltmesser / Butterflymesser	1.4.3
Viehtreiber (Freistellung beachten!)	1.4.4

[1374] § 13 Abs. 2 AWaffV erfasst verbotene Magazine und Nachtsichtgeräte; Abs. 3 sieht keine Befreiung mit Ausnahme der Anrechnung vor. Berechtigte Altbesitzer dieser Magazine sind verpflichtet, diese in einem Schrank WG I (bei Altbesitz auch Stufe B zulässig) aufzubewahren; siehe auch Fußnote 170 zu Kapitel 1.3.2.5.4.

[1375] Die Verpflichtung zur Aufbewahrung als verbotene Waffe gilt auch bei persönlicher Freistellung vom Verbot des Umgangs.

[1376] Die Verpflichtung zur Aufbewahrung als verbotene Waffe gilt auch bei persönlicher Freistellung vom Verbot des Umgangs.

Nicht anzurechnen auf die Waffenanzahl sind gemäß § 13 Abs. 3 AWaffV:

Bezeichnung (gesetzlich / umgangssprachlich)	**Fundstelle**
Wesentliche Teile und Schalldämpfer	**Anlage 1** A1 UA1 1.3
Zielscheinwerfer, Laser, Projektoren	**Anlage 2** A1 1.2.4.1
Nachtsichtgerät, -vor und -aufsatz, Nachtzielgerät	**Anlage 2** A1 1.2.4.2

Grundsätzlich wird durch eine Ausnahme von dem Verbot des Umgangs der Gegenstand nicht von seiner Eigenschaft „verbotene Waffe" befreit, vielmehr gilt diese Befreiung nur für die betreffende Person und ihren persönlichen Umgang mit diesem Gegenstand. Wie eine erlaubnispflichtige Kurzwaffe, die aufgrund der Ausnahme nach § 12 Abs. 1 Nr. 1 lit. a WaffG („Leihe") von der Erlaubnispflicht freigestellt wird, auch durch den vorübergehenden Besitzer nach den Vorschriften des § 13 Abs. 2 AWaffV aufbewahrt werden muss, gilt dies ebenfalls für Magazine, die dem Verbot nach § 2 Abs. 2 iVm Anlage 2 A1 WaffG unterfallen, auch wenn eine Person von dem Verbot des Umgangs freigestellt ist. Bewahrt diese Person die verbotene Waffe auf, ist durch die gesetzlich festgelegten Maßnahmen die Inbesitznahme durch einen unbefugten Dritten zu verhindern, und die Intensität dieser Maßnahme muss sich an der abstrakten Gefahr orientieren, die von dieser Waffe ausgeht und die ursächlich ist für das Verbot. Diese Forderung nach einer bestimmten Qualität der Sicherungsmaßnahme wird durch die Ausnahmen nach § 40 WaffG nicht allgemein aufgehoben, sondern nimmt nur den Betroffenen aus.

Da **verbotene**[1377] **<u>Munition</u>** nach Anlage 2 A1 Nr. 1.5 WaffG in § 13 Abs. 2 AWaffV nicht gesondert geregelt wird, ist auf diese die generelle Regelung in § 13 Abs. 1 Satz 1 AWaffV anzuwenden. Danach ist verbotene Munition in einem Behältnis nach EN 1143-1 aufzubewahren. Dabei ist der geringste Widerstandsgrad 0 ausreichend. Im Falle der fortgesetzten Nutzung von Behältnissen gemäß § 36 Abs. 4 WaffG dürfen Berechtigte verbotene Munition auch in einem Behältnis der Stufe B nach VDMA 24992 Stand Mai 1995 aufbewahren.[1378] Grundsätzlich sollte die Anwendbarkeit von § 13 Abs. 5, 6 AWaffV im Falle von Sammlungen geprüft werden.

Verbotene <u>Geschosse</u> unterfallen nicht dem Munitionsbegriff und damit grundsätzlich keiner Pflicht zur Aufbewahrung in einem qualifizierten Behältnis, sondern sind lediglich durch geeignete Maßnahmen gegen unbefugte Wegnahme zu schützen; in der Praxis wird die zuständige Behörde eine entsprechende Auflage erteilen.

[1377] *Vorschriften zur Aufbewahrung <u>erlaubnispflichtiger</u> Munition können auf verbotene nicht angewandt werden; eine Aufbewahrung in einem* ***Stahlblechbehältnis mit Schwenkriegelschloss*** *erfüllt somit nicht die gesetzlichen Anforderungen.*

[1378] *Die Aufbewahrung verbotener Munition war im vor dem 6. Juli 2017 geltenden Fassung von WaffG und AWaffV nicht geregelt; gleichwohl ist davon auszugehen, dass analog zur Aufbewahrung verbotener Waffen in einem Behälter der Stufe B auch verbotene Munition aufbewahrt werden kann.*

Schlagwortverzeichnis